Ihr Vorteil als Käufer dieses Buches

Auf der Bonus-Webseite zu diesem Buch finden Sie zusätzliche Informationen und Services. Dazu gehört auch ein kostenloser **Testzugang** zur Online-Fassung Ihres Buches. Und der besondere Vorteil: Wenn Sie Ihr **Online-Buch** auch weiterhin nutzen wollen, erhalten Sie den vollen Zugang zum **Vorzugspreis**.

So nutzen Sie Ihren Vorteil

Halten Sie den unten abgedruckten Zugangscode bereit und gehen Sie auf **www.sap-press.de**. Dort finden Sie den Kasten **Die Bonus-Seite für Buchkäufer**. Klicken Sie auf **Zur Bonus-Seite/ Buch registrieren**, und geben Sie Ihren **Zugangscode** ein. Schon stehen Ihnen die Bonus-Angebote zur Verfügung.

Ihr persönlicher **Zugangscode** f9b2-gedn-pqrm-6xjv

SAP® for Utilities

SAP PRESS ist eine gemeinschaftliche Initiative von SAP und Galileo Press. Ziel ist es, Anwendern qualifiziertes SAP-Wissen zur Verfügung zu stellen. SAP PRESS vereint das fachliche Know-how der SAP und die verlegerische Kompetenz von Galileo Press. Die Bücher bieten Expertenwissen zu technischen wie auch zu betriebswirtschaftlichen SAP-Themen.

Jörg Frederick, Tobias Zierau

SAP® for Utilities

Das umfassende Handbuch für Energieversorger

Bonn • Boston

Liebe Leserin, lieber Leser,

vielen Dank, dass Sie sich für ein Buch von SAP PRESS entschieden haben.

Erinnern Sie sich an das Weihnachtsfest 2010? Ich habe es am Fenster stehend erlebt, atemlos den Tanz riesiger Flocken beobachtend und voller Erstaunen, dass meine Pläne nur Pläne blieben, weil alles eingeschneit war. Ein besonderes Fest, das mir wieder gezeigt hat, wie abhängig der gesamte Alltag davon ist, dass gewisse Rahmenbedingungen stimmen. Unternehmen aus der Versorgungsindustrie sorgen dafür, dass diese Rahmenbedingungen gegeben sind, dass Heizung, Strom und alles, was nicht wegzudenken ist, funktionieren. Und so habe ich auch an Weihnachten an SAP for Utilities denken müssen.

Sie müssen das jeden Tag – und dieses Buch unterstützt Sie dabei, möglichst effizient mit dieser Branchenlösung zu arbeiten. Die Autoren führen Sie durch alle wichtigen Bereiche von SAP for Utilities, erläutern Funktionen der Software und zeigen zum Beispiel detailliert, wie Sie Ihre Kunden- sowie Ihre internen Prozesse abwickeln und den Anforderungen der Deregulierung nachkommen. Ich bin sicher, dass dieses Buch manches Aha-Erlebnis für Sie bereithält.

Wir freuen uns stets über Lob, aber auch über kritische Anmerkungen, die uns helfen, unsere Bücher zu verbessern. Am Ende dieses Buches finden Sie daher eine Postkarte, mit der Sie uns Ihre Meinung mitteilen können. Als Dankeschön verlosen wir unter den Einsendern regelmäßig Gutscheine für SAP PRESS-Bücher.

Ihre Patricia Kremer
Lektorat SAP PRESS

Galileo Press
Rheinwerkallee 4
53227 Bonn

patricia.kremer@galileo-press.de
www.sap-press.de

Auf einen Blick

Der Name Galileo Press geht auf den italienischen Mathematiker und Philosophen Galileo Galilei (1564–1642) zurück. Er gilt als Gründungsfigur der neuzeitlichen Wissenschaft und wurde berühmt als Verfechter des modernen, heliozentrischen Weltbilds. Legendär ist sein Ausspruch *Eppur si muove* (Und sie bewegt sich doch). Das Emblem von Galileo Press ist der Jupiter, umkreist von den vier Galileischen Monden. Galilei entdeckte die nach ihm benannten Monde 1610.

Lektorat Patricia Kremer
Korrektorat Friedericke Daenecke, Zülpich/Angelika Glock, Wuppertal
Einbandgestaltung Silke Braun
Titelbild iStockphoto/posteriori/13128568
Typografie und Layout Vera Brauner
Herstellung Norbert Englert
Satz SatzPro, Krefeld
Druck und Bindung Bercker Graphischer Betrieb, Kevelaer

Gerne stehen wir Ihnen mit Rat und Tat zur Seite:
patricia.kremer@galileo-press.de bei Fragen und Anmerkungen zum Inhalt des Buches
service@galileo-press.de für versandkostenfreie Bestellungen und Reklamationen
thomas.losch@galileo-press.de für Rezensionsexemplare

Bibliografische Information der Deutschen Nationalbibliothek
Die Deutsche Nationalbibliothek verzeichnet diese Publikation in der Deutschen Nationalbibliografie; detaillierte bibliografische Daten sind im Internet über *http://dnb.d-nb.de* abrufbar.

ISBN 978-3-8362-1690-6

1. Auflage 2011, 1., korrigierter Nachdruck 2012

Inhalt

Teil III: Veränderte Anforderungen an Versorgungsunternehmen und ihre Unterstützung im SAP-System

Vorwort

Werden die Utilities-Experten bei der SAP AG aufgefordert, in wenigen Sätzen den funktionalen Leistungsumfang der Business Process Platform *SAP for Utilities* zu beschreiben, so benutzen sie gerne Abbildung 1. Diese fasst übersichtlich zusammen, was bisher mehrere Tausend Personenjahre an Entwicklungsarbeit zur Realisierung erfordert hat.

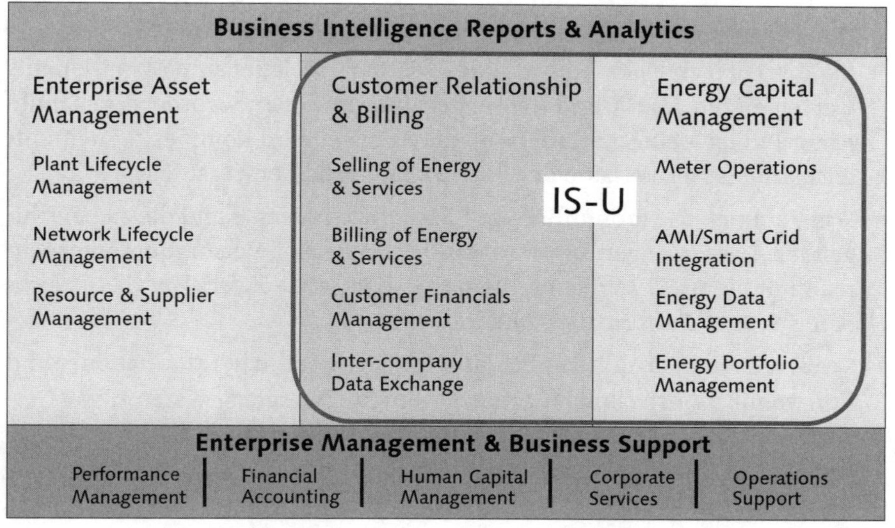

Abbildung 1 Leistungsumfang von SAP for Utilities – Business Process Platform (Quelle: SAP)

Die Autoren dieses Buches haben sich in sehr sachkundiger Weise auf den sicherlich interessantesten Prozessbereich konzentriert: die logistischen, administrativen, vertrieblichen und finanziellen Prozesse zur Verwaltung, Betreuung und Abrechnung der Kunden eines Versorgungsunternehmens. Die Entwicklung dieser Lösung hat eine bemerkenswerte Historie, auf die ich in diesem Vorwort etwas näher eingehen möchte.

Als die Entwicklungsarbeiten an SAP for Utilities im Jahr 1995 begannen, konnten die Entwickler die vor ihnen liegenden Herausforderungen teilweise nur erahnen:

- Die Vorgabe des SAP-Vorstandes war es, eine international einsetzbare *Standardlösung* für den Vertrieb in der Versorgungsindustrie zu entwickeln.
- Die *Deregulierung der Versorgungsindustrie* war ein viel diskutiertes Thema, jedoch fehlten seinerzeit noch alle gesetzlichen Vorgaben. Es war 1995 unklar, welche Auswirkungen dieser Paradigmenwechsel auf die Geschäftsprozesse in der Versorgungsindustrie haben würde und ob die Deregulierung einem weltweit angewandten Modell folgen würde (was, wie wir heute wissen, leider nicht gelang).
- Es galt, sich gegenüber vielen Wettbewerbern im internationalen Markt durchzusetzen, die sich das gleiche Ziel gesetzt hatten.
- Die Integration der Lösung in sich und mit den Kernprozessen der Logistik, der Finanzbuchhaltung und des Customer Relationship Managements war eine vom Markt und den ersten Interessenten zuvorderst genannte Anforderung – eine Anforderung, deren ungeheure Komplexität den Entwicklern erst im Verlaufe der Entwicklungsarbeit bewusst wurde.
- Das Volumen der Frontoffice- und Backoffice-Prozesse und die zu bewältigenden Datenmengen und Prozessdurchläufe bei Versorgungsunternehmen mit bis zu 35 Millionen Kunden ließen große Zweifel an der erreichbaren System-Performance aufkommen.
- Selbstverständlich sollten auch alle Innovationen der Informations- und Kommunikationstechniken genutzt werden. Zu Anfang waren Client-Server-Architekturen und Techniken der Prozessintegration bekannt, später kamen z. B. folgende hinzu: offene Business Process Platforms, Computer Telephony Integration (CTI), Serviceorientierte Architekturen (SOA), die Nutzung des Internets, von mobilen Endgeräten und letztlich von In-Memory-Datenbanken.

Heute, im August 2011, steht fest, dass SAP diese Herausforderungen bestanden hat:

- Über 800 Versorgungsunternehmen in mehr als 70 Ländern nutzen SAP for Utilities für den Kundenservice und die Abrechnung von ca. 750 Millionen Verträgen zur Lieferung von Strom, Gas, Wasser/Abwasser etc. – insgesamt werden mit SAP for Utilities jährlich Rechnungen über einen Gesamtbetrag von ca. 2 Billionen Euro gestellt.
- Unternehmen, die SAP for Utilities selbstständig einsetzen, betreuen zwischen 20.000 und 35 Millionen Kunden. Kleinere Unternehmen nutzen das System im Business Process Outsourcing, darunter Gemeindewerke mit gerade einmal 1000 Kunden.

- Die Integration der SAP for Utilities-Backoffice-Komponenten mit der Standard-Frontoffice-Lösung SAP CRM stellte eine große Herausforderung dar: für Entwickler, aber auch für die Pilot-Kunden, da diese Integration erst mit späteren Releases geliefert wurde. Der weit überwiegende Teil der IS-U-Anwender betreibt das System ohne wartungserschwerende Modifikationen, was für eine breite und flexibel konfigurierbare Funktionalität spricht. Zudem führen Unternehmen das Upgrade auf aktuelle Releases in aller Regel recht zügig durch.
- Die evolutionäre Entwicklung der internationalen Utilities-Industrie stellte das Entwicklungsteam vor schwierige Aufgaben:
  - Wie konnte das Unbundling, der Datenaustausch und der Wettbewerb im deregulierten Markt unterstützt werden, wenn sich die internationalen Märkte nicht auf ein gemeinsames Modell einigen konnten, widersprüchliche Modelle entwickelten oder die Deregulierung völlig ignorierten?
  - Wie konnte die Anbindung intelligenter *Smart Meter* an SAP for Utilities gelingen – wiederum ohne Einigung auf ein Standardmodell? Wie konnten neue *Smart-Grid*-orientierte Geschäftsprozesse entstehen? Wie konnte SAP den Unternehmen einen allmählichen Übergang ermöglichen?

  Beide Fragen konnte SAP letztlich zufriedenstellend lösen, nicht nur durch gute Konzepte und effiziente Entwicklung, sondern durch intensive Kooperation mit den Kunden. Kooperationen wie z. B. Arbeitskreis VV2, ACCU (Advisory Customer Council Utilities), AMI Lighthouse Council werden vielen Lesern ein Begriff sein. Ohne diese Zusammenarbeit wäre die permanente Anpassung der SAP-Lösung an die sich schnell verändernden Anforderungen nicht möglich gewesen. Diese Arbeitsgemeinschaften haben auch Einfluss auf unternehmerische Entscheidungen von SAP genommen, z. B. auf die Gründung des SAP Utilities Competence Center zur Entwicklung der Deregulierungskomponenten wie IDEX.

Die ungebrochen hohe Nachfrage des Marktes nach den branchenspezifischen Komponenten in SAP for Utilities überrascht also nicht und ist das Ergebnis einer kontinuierlichen Weiterentwicklung durch SAP, auch in Zusammenarbeit mit den Kunden. SAP investiert dabei keineswegs nur in neue Funktionalitäten, etwa zur Integration von AMI-Systemen, sondern ganz im Gegenteil investiert SAP z. B. im Entwicklungszyklus 2011/12 das gleiche Budget in die Anpassung von bestehender Funktionalität an neue Anforderungen. Das langjährige Engagement von SAP und SAP-Kunden in den Substanzerhalt und die kontinuierliche Weiterentwicklung des Systems hat ein Vertrauensverhältnis geschaffen, das ganz maßgeblich zum geschilderten Erfolg der SAP for Utilities-Lösung beitrug.

Welche Entwicklung wird SAP for Utilities in der Zukunft nehmen? Immer stärker stimmt SAP die *SAP for Utilities Roadmap* mit den Anwendern ab und nutzt Gelegenheiten wie die im April 2011 durchgeführte 8. Internationale SAP Utilities-Konferenz in Mannheim, um diese Roadmap vorzustellen und mit den Anwendern zu diskutieren.

Hier die wichtigsten Elemente zur zukünftigen Weiterentwicklung:

- Ausbau der AMI-Integration in funktionaler Hinsicht und bezüglich der Berücksichtigung marktübergreifender Standards. Um die Entstehung dieser Standards kümmert sich SAP in Zusammenarbeit mit der Industrie, den Regulatoren und der Politik.
- Ergänzung der AMI-Integration um neue Geschäftsprozesse, wie z. B. Demand-Response-Prozesse, die die verfügbare Technologie des Smart Grid voll ausschöpfen.
- Nutzung der jüngst von SAP freigegebenen *In-Memory-Technologie* (SAP HANA) zur Analyse sehr großer Datenvolumina, wie sie z. B. durch die 15-Minuten-Messung des Verbrauchs in Smart Metern entstehen. Die Autoren gehen hierauf in Kapitel 14 ein.
- Verlagerung der Kommunikation vom Callcenter auf das Internet. Die hierzu zu entwickelnden Internet Self-Services beruhen auf »Master Services«, die wiederum nach kundenindividuellen Wünschen ausgeprägt werden.
- Weitere Maßnahmen zur Erhaltung der SAP for Utilities-Substanz, z. B. die weitere Ausprägung rollenspezifischer Funktionalität für Messstellenbetreiber, Netzbetreiber und vor allem Energielieferanten.
- Weitere Berücksichtigung erneuerbarer Energiequellen, sowohl im Bereich der Planung und Instandhaltung von Anlagen als auch im Bereich Vertrieb und Kundenservice für kundeneigene Erzeugungsanlagen.
- Einbindung der SAP for Utilities-Plattform in eine erweiterte Architektur, die die Entwicklung von Networked Solutions und mobiler Datenendgeräte fördert. Dies ist in Abbildung 2 skizziert.

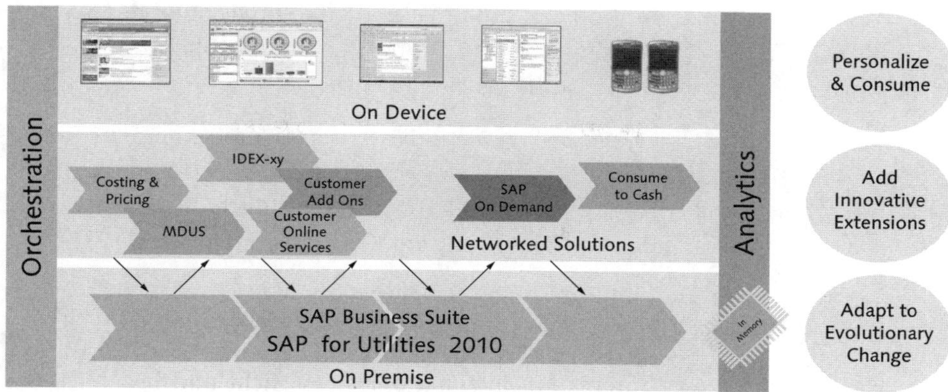

Abbildung 2 Architektur-Einbindung von SAP for Utilities – Lösungsstrategie (Quelle: SAP)

Abschließend möchte ich dieses Vorwort und die hoffentlich hohe Verbreitung dieses Fachbuches nutzen, um mich stellvertretend für die Utilities Practice von SAP bei Kunden und Partnern für ihren signifikanten Beitrag zum Erfolg der SAP for Utilities-Lösung bedanken. Wir freuen uns auf die weitere Zusammenarbeit mit Ihnen.

Klaus Heimann
SAP AG

Danksagung

Ein Buch wie das vorliegende Werk fordert einen hohen persönlichen Einsatz der Beteiligten. Gemeinsam mit unserem Team durften wir erfahren, was die zahlreichen Autoren ähnlicher Werke vor uns meinten, wenn sie ihren Familien dankten, die sie während der langen Phase der Bucherstellung entbehrten.

Das Zusammenleben mit Beratern ist gemeinhin nicht leicht, wenn Berater dann auch noch zu Autoren werden, erreicht man schnell ein neues Beziehungs-Belastungs-Niveau. Eines, das man lieber nicht mehr steigern möchte...

Um diese Erfahrung reicher möchten auch wir uns bei unseren Familien für ihre Geduld und Nachsicht bedanken. Alexia, Claudia, Aaron und Cara: Dieses Buch ist für unsere Leser und für euch!

Neben unseren privaten Hauptpersonen haben viele andere zum Gelingen dieses Buches beigetragen. Wir versuchen eine Aufzählung:

In erster Linie gilt unser Dank den Co-Autoren für ihren außergewöhnlichen Einsatz neben dem normalen Beraterallag. Wir bedanken uns bei Frank Bornemann, Lukas Duddek, Marc Fischer, Frank Herbert, Daniel Hermening, Patrick Laak, Christian Mertens, Manuel Simbeck und Philipp Südfeld. Mit Fleiß und Geduld haben sie die Erstellung von großen Textteilen, Qualitätssicherung, Strukturierung und die häufige Überarbeitung des Inhalts bewältigt.

Weiterhin möchten wir »vielen Dank« sagen an:

- die Kunden der best practice consulting AG, mit denen wir in den letzten Jahren so viele großartige Projekte bearbeiten und Lösungen erarbeiten durften
- die Kollegen der best practice consulting AG, mit denen wir in den vergangenen fast zwölf Jahren so intensiv zusammengearbeitet haben. Zahlen belegen den wirtschaftlichen Unternehmenserfolg. Unser Betriebsklima ist der Ansporn, das Unternehmen so weiter zu entwickeln.
- Herrn Heimann für die Bereitschaft, ein Vorwort zu diesem Werk zu verfassen
- Herrn Dr. Engelhardt für die Unterstützung dieses Buchprojekts

- Markus Lehr von der EnBW Operations GmbH für die Qualitätssicherung von Textteilen
- unsere Ex-Kollegen Anita Krahmann für ihre Textbeiträge und Jens Lorentz für seine hilfreichen Tipps und Hinweise
- unsere studentischen Hilfskräfte Svenja Lütgens und Torben Schulze für ihren unermüdlichen Einsatz bei der Administration der Bucherstellung
- das Lektorat von SAP PRESS und Frau Kremer für ihre Unterstützung von der Grobkonzeption über die Realisierung bis zum Go-Live des Buchprojekts
- die SAP AG für die ständige Ent- und Weiterentwicklung von Software-Lösungen, mit der wir gerne die Abläufe unserer Kunden optimieren
- alle, die wir hier nicht mehr persönlich erwähnen können

Trotz der wertvollen Hilfe, die wir erfahren haben, übernehmen wir als Autoren natürlich die Verantwortung für die verbliebenen Fehler.

Jörg Frederick und **Tobias Zierau**

Teil I
Die Lösung SAP for Utilities

In der Einleitung schildern wir die gegenwärtige Ausgangssituation in der Versorgungsbranche sowie Motivation und Zielgruppe für dieses Buch. Zudem erhalten Sie einen Überblick über den Inhalt des Buches.

1 Einleitung

Die Versorgungswirtschaft befindet sich in einem tiefgreifenden Wandel: Die Energiewende sowie die Deregulierung des Marktes zwingen die Unternehmen zu einer Anpassung und Erweiterung ihrer Geschäftsprozesse und damit zu mehr IT-Investitionen und -Projekten. Die Marktentwicklung hat erhebliche Auswirkungen auf die bestehende SAP-Landschaft, aber auch für die unternehmensindividuelle SAP-Roadmap. Durch die hohe Dichte an SAP-Installationen in der Versorgungsbranche besteht ein großes Interesse an der Umsetzung bzw. den Konsequenzen der Auswirkungen.

Ein wesentlicher Aspekt für Entscheidungsträger, Projektmanager, IT-Berater und sonstige Interessierte ist es, die Komplexität der gewachsenen SAP-Landschaft zu verstehen und den Wandel dieser Landschaft aktiv zu steuern. Insbesondere in der sich immer stärker integrierenden Energiewirtschaft und damit in deren IT-Systemen sind die Auswirkungen von IT-Entscheidungen kritisch. Hierfür ist das Wissen über Prozesse und Funktionen sowie über zukünftige Weiterentwicklungen von großer Bedeutung. Unternehmen verfolgen daher wieder verstärkt die Strategie, SAP-Wissen intern aufzubauen und zu halten.

Um ein Verständnis für die aufkommenden Problemstellungen zu erhalten, sollten Sie sich einen Gesamtüberblick über die SAP-Lösung für Energieversorger verschaffen. Die Praxis zeigt, dass viele Mitarbeiter in den Fachbereichen, IT-Koordinatoren und Berater aufgrund der Komplexität und Vielschichtigkeit der Branche nur Ausschnittswissen bereitstellen können. Um die Diskussionen über Anforderungen zu verbessern und Lösungen schnell herbeizuführen, ist es aber notwendig, den Gesamtzusammenhang nachzuvollziehen.

Eine derartige Gesamtschau über die Prozesse, die Funktionen und das Customizing der *SAP for Utilities*-Lösung ist am Markt derzeit nicht verfügbar. Diese »Lücke« veranlasste uns, das vorliegende Buch zu schreiben.

Das Buch »SAP for Utilities« ist das erste Nachschlagewerk, das einen umfassenden Überblick über die Funktionen, Prozesse und das Customizing der SAP-Lösung für Energieversorger bietet. Hierbei wird einerseits Basiswissen vermittelt, andererseits werden aktuelle Themen aufgegriffen und Ausblicke geboten, um Ihnen weiterführende Informationen an die Hand zu geben. Sie werden so zielgerichtet durch alle relevanten Gebiete geführt und erhalten einen tiefen Einblick in die sich verändernde Systemlandschaft und die daraus entstehenden Anforderungen. Aufgrund dieser Informationen können Sie bei Ihrer Tätigkeit in IT-Abteilungen und Fachbereichen Entscheidungen einfacher vorbereiten und treffen; als Unternehmensberater können Sie Ihre Kunden besser unterstützen.

Bücher haben in der Regel einen begrenzten Umfang – dies trifft auch auf das vorliegende Buch zu. Darum war es leider nicht möglich, für jeden Funktionsbereich einen detaillierten Customizing-/Entwicklungsleitfaden bereitzustellen. So ist das Buch vor allem dazu geeignet, Integrationsaspekte hervorzuheben; es eignet sich nicht zur vertiefenden Einarbeitung eines Modulexperten in sein Spezialthema.

Das Buch ist in drei Teile gegliedert. Die einzelnen Kapitel bauen aufeinander auf, wobei jedes Kapitel eine in sich geschlossene Einheit bildet und einzeln durchgearbeitet werden kann.

In Teil I werden die Grundlagen der Lösung *SAP for Utilities* vorgestellt:

- In **Kapitel 2**, »Die technische Basis SAP NetWeaver«, werden Basistechnologien, wie der SAP NetWeaver Application Server, der SAP Solution Manager sowie Workflow- und Schnittstellentechnologien vorgestellt.
- Darauf aufbauend gehen wir in **Kapitel 3**, »Kaufmännische SAP-Komponenten in der Versorgungswirtschaft«, und **Kapitel 4**, »Logistische SAP-Komponenten in der Versorgungswirtschaft«, auf die grundsätzlichen SAP-Komponenten ein.
- **Kapitel 5**, »Spezielle SAP-Komponenten in der Versorgungswirtschaft«, beschäftigt sich mit den speziellen Komponenten in der Versorgungswirtschaft, wie IS-U, dem Vertragskontokorrent (FI-CA) sowie SAP CRM und den relevanten Datenobjekten.

Teil II stellt tiefergehende Informationen zu den Kundenprozessen sowie zum Reporting zur Verfügung:

- In **Kapitel 6**, »Kundenprozesse«, werden die wichtigsten Kundenprozesse, wie Lieferbeginn und -ende, Geräte- und Zählerdatenmanagement, Kundenservice, Tarifierung und Abrechnung sowie die Marktkommunikation dargestellt. Hier wird u. a. auf die Auswirkung der Deregulierung eingegangen.
- In **Kapitel 7**, »Interne Prozesse«, werden die wesentlichen unternehmensinternen Prozesse erläutert. Hier sind die Finanzprozesse und das Reporting auf Basis von SAP NetWeaver Business Warehouse zu nennen.

Teil III greift den Status quo der Marktliberalisierung in IS-U auf und gibt einen Überblick über Umfeldthemen, die in Zukunft größeres Gewicht erlangen werden:

- Aktuelle Themen werden in **Kapitel 8**, »Marktliberalisierung«, zusammengefasst. Sie finden hier die Grundlagen, um gesetzliche Erweiterungen und ihre Auswirkungen auf die SAP-Systemarchitektur zu verstehen. Hier werden u. a. den Themen *Systemtrennung, Marktkommunikation, neue Marktrollen* und *Systemharmonisierung* eigene Abschnitte gewidmet.

  Dabei wird in der Darstellung darauf geachtet, die Prozesse aus der Sicht der jeweiligen Organisationseinheit »Lieferant« oder »Verteilnetzbetreiber« zu beschreiben. Auf die Erweiterung der Marktrollen gehen wir im Kontext des Messstellenbetreibers/-dienstleisters ein. Grundsätzlich haben wir versucht, die Sicht auf die jeweiligen Massen- bzw. Standardprozesse zu lenken, d. h., wir argumentieren primär aus der Sicht des Lieferanten. Sollten Prozesse aus der Sicht der anderen Marktrollen dargestellt werden, wird dies angemerkt.
- Durch den erhöhten Wettbewerb in der Versorgungswirtschaft ist das Kundenbeziehungsmanagement ein bedeutendes Thema, dem wir uns in **Kapitel 9**, »Kundenorientierung mit SAP CRM verbessern«, widmen. Hier wird die Einführung von SAP CRM bei Energieversorgern beschrieben.
- In **Kapitel 10**, »Steuerung mit SAP NetWeaver BW, SAP BusinessObjects und SAP CRM 7.0 «, wird das analytische CRM beschrieben. Das Ziel des analytischen CRM ist eine systematische Bearbeitung und Auswertung der in den operativen Systemen gesammelten Daten mit dem Fokus auf Kundendaten.
- Abgerundet werden die Ausführungen zur Kundenbindung mit der Vorstellung der Einsatzmöglichkeiten von E-Services in **Kapitel 11**, »Kunden-

prozesse mit Utility Customer E-Services (UCES)«, und der Darstellung der mobilen Lösungen in **Kapitel 13**, »Mobile Anwendungen«.

- Die neuen Herausforderungen durch AMI, Smart Metering und Elektromobilität werden in **Kapitel 12**, »Neue Herausforderungen durch intelligente Zähler und Elektromobilität«, aufgenommen und bewertet.
- Das Buch schließt mit **Kapitel 14**, »Ausblick«, einer kurzen Zusammenfassung und einer Vorschau auf zukünftige IS-U-Entwicklungen in der Versorgungswirtschaft.

Da Ihnen dieses Buch in Ihrer Berufspraxis helfen soll, wurde verstärkt auf praxisrelevante Informationen, etwa besondere Tipps, Warnhinweise oder auch Beispiele, geachtet. Diese Informationen finden Sie in den grauen Infokästen, die mit folgenden Symbolen gekennzeichnet sind:

[!] - Dieses Symbol warnt vor häufig gemachten Fehlern oder Problemen, die in der Praxis auftreten können.

[+] - Mit diesem Symbol werden Tipps markiert, die Ihnen die Arbeit erleichtern. Auch Hinweise auf wichtige Transaktionen oder Datenbanktabellen werden mit diesem Symbol gekennzeichnet.

[zB] - Praktische Beispiele zu den jeweiligen Themen sind mit diesem Symbol markiert.

Das Buch liefert eine gute Grundlage als Einstieg, zur Weiterbildung und zur Bewertung von zukünftigen Themen und bildet somit eine solide Basis für Ihre operativen und strategischen Entscheidungen.

Dieses Kapitel befasst sich mit den SAP NetWeaver-Infrastrukturkomponenten und erläutert technische Grundbegriffe, die Sie kennen müssen, um die IS-U-Prozesse besser zu verstehen.

2 Die technische Basis SAP NetWeaver

Um Ihnen eine umfassende Grundlage zum Verständnis der Prozesse von *SAP for Utilities* zu bieten, befasst sich dieses Kapitel hauptsächlich mit den Werkzeugen des SAP NetWeaver, der als technische Plattform für SAP-Anwendungen dient. Sie lernen im Folgenden den *SAP NetWeaver Application Server* kennen, um ein allgemeines Verständnis für die möglichen Anwendungsbereiche im Umfeld der Entwicklungs- und Laufzeitumgebung eines SAP-Systems zu gewinnen. Anschließend bieten wir Ihnen einen Einblick in die Administration einer SAP-Systemlandschaft mithilfe des *Solution Managers*. Der SAP Business Workflow gehört, ebenso wie ALE-Verbindungen und das Datenformat IDoc, zu den grundlegenden Werkzeugen zur Nutzung des SAP-Systems. Auch diese Aspekte werden im vorliegenden Kapitel erläutert.

2.1 SAP NetWeaver Application Server

Als Grundlage für alle Anwendungen von SAP NetWeaver dient der SAP NetWeaver Application Server, früher als SAP Web Application Server bezeichnet. Der SAP NetWeaver Application Server umfasst eine breite Palette an Funktionen und Einsatzmöglichkeiten innerhalb eines Unternehmens und unterteilt sich in einen ABAP- und einen Java-Application Server, die beide sowohl einzeln als auch gemeinsam genutzt werden können. Die daraus resultierenden Java- und ABAP-Anwendungen werden von SAP auch als *Verwendungsarten* bezeichnet und können auf allen auf dem NetWeaver basierenden Produkten, wie z. B. dem ERP-System, installiert werden.

Zu den wichtigsten *Verwendungsarten* eines SAP NetWeaver Application Servers zählen:

- *Application Server ABAP (AS ABAP)*
- *Application Server Java (AS Java)*
- *EP Core (EPC)*
  Die Verwendungsart EPC stellt grundlegende Portalfunktionen von SAP NetWeaver zur Verfügung.
- *Enterprise Portal (EP)*
  Die Verwendungsart EP bietet erweiterte Portalfunktionen, wie die Nutzung von Knowledge Management oder Funktionen zur Kollaboration.
- *Business Intelligence (BI)*
  In der Verwendungsart Business Intelligence stehen ein Data-Warehouse-System (SAP NetWeaver BW), eine BI-Plattform (SAP BusinessObjects), verschiedene Entwicklertechnologien sowie verschiedene Präsentationswerkzeuge zur Verfügung (siehe Abschnitt 7.4 und Kapitel 10).
- *Mobile Infrastructure (MI)*
  Die Mobile Infrastructure dient zur Unterstützung von Mitarbeitern, die remote arbeiten. Durch die besondere Architektur ist die Abwicklung von zeitkritischen Geschäftsvorfällen sowohl online als auch offline möglich.
- *Process Integration (PI)*
  Die Verwendungsart Process Integration (oder SAP NetWeaver PI) ist eine Integrationsplattform zur Unterstützung der Kommunikation verschiedener SAP- und Nicht-SAP-Systeme.
- *Development Infrastructure (DI)*
  Die Verwendungsart Developer Infrastructure (oder auch SAP NetWeaver Development Infrastructure genannt) ist eine moderne Java-Entwicklungsumgebung. Sie enthält u. a. ein integriertes Design Time Repository (DTR), einen Component Build Service (CBS) sowie einen Change Management Service (CMS).

Sie erfahren in diesem Abschnitt, welche Bedeutung Instanzen/Installationen, Mandanten und Transportwege haben, und lernen die Einstellungen zu diesen Objekten kennen.

2.1.1 System Landscape Management

Eine *SAP-Systemlandschaft* kann sich aus einer Vielzahl von unterschiedlichen Hard- und Softwarekomponenten zusammensetzen, die sowohl auf SAP-Produkten als auch auf Fremdanwendungen, wie z. B. Archivierungssystemen, basieren.

Aufgrund der ständig wachsenden Anforderungen, der daraus resultierenden Komplexität der Systemlandschaft und den Abhängigkeiten zwischen den einzelnen Komponenten steigt auch der Bedarf an Verwaltungswerkzeugen zur besseren Übersicht und Unterstützung bei der Durchführung administrativer Aufgaben. SAP bietet eine Vielzahl von Werkzeugen zur einfacheren und organisierten Verwaltung der Systemlandschaft an.

SAP Solution Manager

Der SAP Solution Manager ist die zentrale Verwaltungsplattform von SAP, über die ein großer Teil der anfallenden administrativen Aufgaben in einer SAP-Systemlandschaft abgedeckt werden kann. Zusätzlich dient er, wie Abbildung 2.1 zeigt, als Support-Anlaufstelle und zum Datenaustausch mit SAP. Der SAP Solution Manager wird als eigenständiges SAP-System installiert.

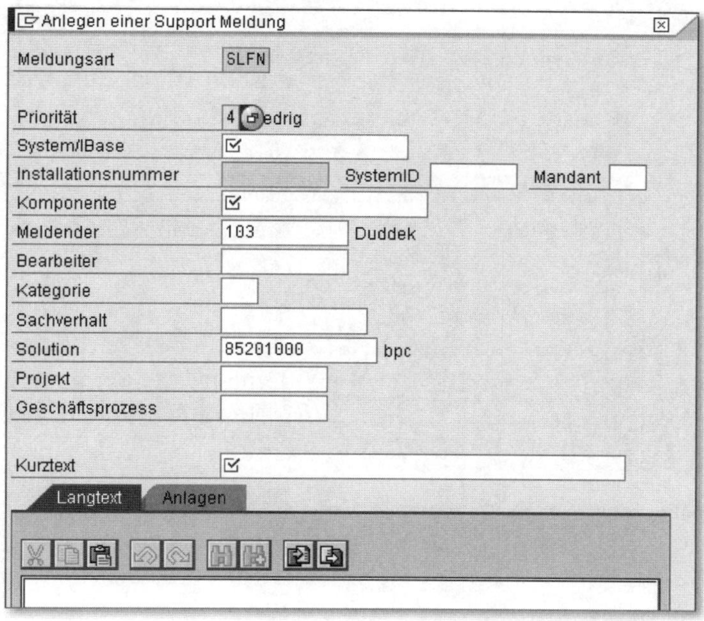

Abbildung 2.1 Support-Meldung im SAP-System erfassen

SAP NetWeaver Process Integration

SAP NetWeaver Process Integration (PI, ehemals Exchange Infrastructure, XI) bietet eine Möglichkeit zum Datenaustausch – sowohl zwischen SAP-Systemen untereinander als auch mit Nicht-SAP-Systemen. Die technische Infrastruktur für den Datenaustausch basiert auf der Auszeichnungssprache XML.

Dabei können die von SAP zur Verfügung gestellten Integrationsszenarien verwendet werden, die die Kommunikationsschnittstellen beschreiben und somit als Grundlage für den Datenaustausch zwischen zwei Partnern dienen. Dazu werden auf dem PI-System entsprechende Kommunikationskanäle für die Sender- und Empfängerseite eingerichtet (siehe Abbildung 2.2). Durch diese Schnittstellen können systemübergreifende Geschäftsprozesse realisiert werden.

PI ist eine Verwendungsart von SAP NetWeaver und basiert auf einem Dual-Stack-System (ABAP- und Java-Stack).

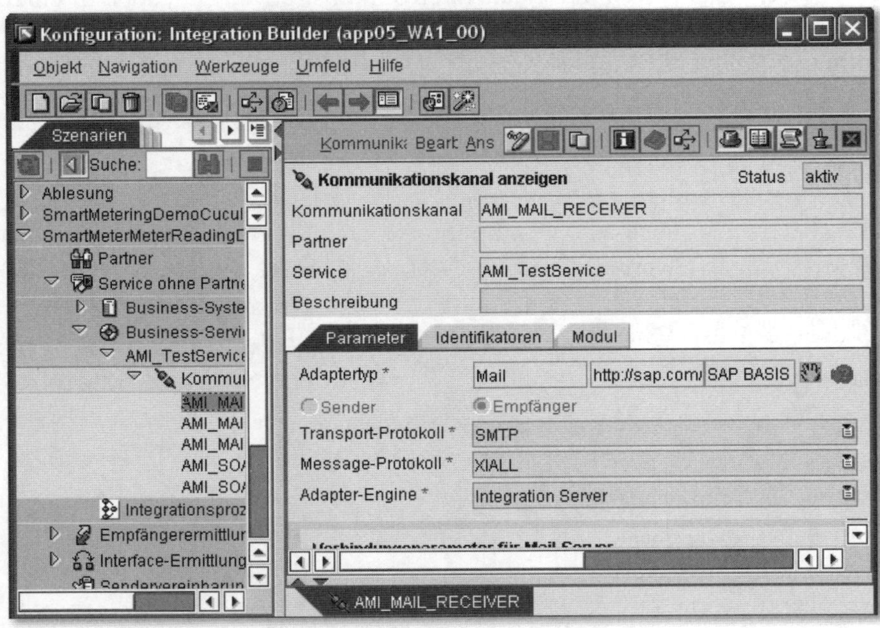

Abbildung 2.2 Definition einer Kommunikationsschnittstelle im SAP NetWeaver PI Integration Builder

System Landscape Directory

Die einzelnen Systeme und Komponenten, aus denen eine SAP-Systemlandschaft zusammengesetzt sein kann, werden auf der Startseite des System Landscape Directory (SLD) beschrieben (siehe Abbildung 2.3). Das SLD dient als zentrale Anlaufstelle, wenn es darum geht, einzelne SAP-Bestandteile und auch Fremdanwendungen (Drittsysteme) miteinander zu koppeln.

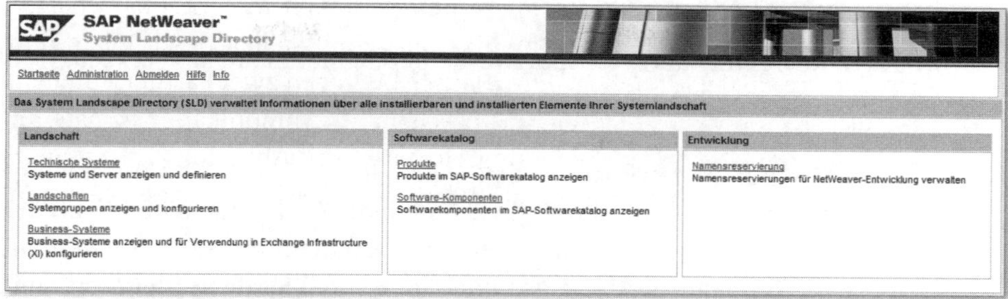

Abbildung 2.3 Startseite des System Landscape Directory (SLD)

Über das SLD werden die einzelnen Komponenten abgebildet und können für den Datenaustausch verwendet werden. Zu beachten ist, dass das SLD kein eigenständiges SAP-Produkt ist, sondern ein Bestandteil von SAP NetWeaver 04 (oder höher). Die Installation des SLD wird automatisch bei der Installation eines NetWeaver Application Servers (AS Java) mit eingebunden und ist ein Bestandteil des Java-Stacks. Die Informationen – sowohl aus den SAP-Systemen als auch aus den Fremdsystemen – können automatisch zum SLD transportiert werden. Dieser Datentransfer sollte periodisch erfolgen, um zu gewährleisten, dass sich die Beschreibungen der Systeminformationen auf dem aktuellsten Stand befinden.

SAP NetWeaver Development Infrastructure

Mit der SAP NetWeaver Development Infrastructure (NWDI) wird von der SAP ein Verwaltungswerkzeug für die komplette Entwicklungsumgebung im Umfeld des Java-Stacks angeboten. Für die Verwendung der NWDI wird zusätzlich das SAP NetWeaver Developer Studio (NWDS) benötigt, das als eine clientbasierte Anwendung ebenfalls von SAP zur Verfügung gestellt wird. Das NWDI besteht aus folgenden Teilen:

- dem *Design Time Repository*,
  das die Quellcodes der Entwicklungen verwaltet
- dem *Component Build Service*, der die zentrale Verwaltung aller Archive übernimmt, die für ein Entwicklungsprojekt benötigt werden
- dem *Change Management Service* (CMS), über den der Transport und das Management der Entwicklungen stattfindet

Das NWDI ist ein Bestandteil des Java-Stacks und kann als Verwendungsart bei einer SAP NetWeaver-Installation mit eingebunden werden.

2.1.2 Korrektur- und Transportwesen

Mit dem Korrektur- und Transportwesen bezeichnet man ein Werkzeug von SAP, mit dem man Entwicklungsprojekte im Umfeld des Workbench Organizers – durch den die mandantenunabhängigen Erweiterungen wie z. B. Reports (Programme) erfasst werden – und im Rahmen des Customizings organisieren und steuern kann. Dabei können die Änderungen innerhalb der Systemlandschaft (und damit zwischen den Systemen) transportiert werden. Dafür wird im Transportmanagementsystem eine Strategie definiert, mit deren Hilfe die Entwicklungen vom Entwicklungssystem bis hin zum Produktivsystem transportiert werden können.

Dieses Verfahren hat den Vorteil, dass z. B. neue Entwicklungen oder Systemeinstellungen nicht direkt in einem produktiven System ausgeführt werden müssen, sondern zunächst in einem Entwicklungssystem vorgenommen werden können. Dort werden sie einem ersten Entwicklertest unterzogen, damit offensichtliche Fehler sofort behoben werden können.

Mithilfe des Korrektur- und Transportwesens werden diese Einstellungen dann auf das Qualitätssicherungssystem gebracht und dort erneut getestet. Dieses System sollte dann einen dem produktiven System möglichst ähnlichen Stand aufweisen. Bei erfolgreichen Tests werden neue Einstellungen und Entwicklungen dann auf das Produktivsystem transportiert. Dieses Transportverfahren kann über die sogenannte 3-Systemlandschaft realisiert werden und gewährleistet die Konsistenz und Verfügbarkeit des Produktivsystems, da nur getestete Erweiterungen auf dieses transportiert werden und es somit vor Fehlern geschützt ist. Der beschriebene Weg kann und sollte im Übrigen für alle Systemanpassungen eingehalten werden, auch für Updates von SAP selbst.

2.1.3 Berechtigungswesen

Ein SAP-System bietet ein großes Spektrum an Funktionalitäten und Einsatzmöglichkeiten, das auch ein umfangreiches Berechtigungswesen beinhaltet. Dabei kann eine fehlerhafte Vergabe von Zugriffsberechtigungen schnell zu einem Datenmissbrauch führen. Um einen solchen Missbrauch zu vermeiden und den Sicherheitsrichtlinien und Datenschutzanforderungen eines Unternehmens gerecht zu werden, ist eine sorgfältige Ausarbeitung eines zuverlässigen Berechtigungskonzeptes unausweichlich und zwingend erforderlich.

Ein Berechtigungskonzept basiert auf der Einschränkung der vom System zur Verfügung gestellten Ressourcen auf die von dem Benutzer erforderlichen

Verwendungsbereiche und trägt maßgeblich zum Schutz vor Datenmissbrauch bei.

Die Ausarbeitung des Berechtigungskonzeptes setzt eine sorgfältige Planung voraus. Diese Planung ist erforderlich und beinhaltet folgende Schritte:

1. Zunächst werden die Benutzeranforderungen festgehalten, indem die Aufgabenbereiche der Mitarbeiter analysiert, dokumentiert und ausgewertet werden. Hierbei sollten auch die Funktionalitäten und Daten identifiziert werden, die aufgrund ihrer Inhalte eines besonderen Schutzes bedürfen.
2. Nach der Analyse der Benutzeranforderungen und Bestimmung der daraus resultierenden erforderlichen Berechtigungen sollte der Benutzerstammsatz nach dem Minimalprinzip angelegt werden. In einer Testphase sollten die Berechtigungen dann unter Berücksichtigung der Benutzeranforderungen auf ihre Vollständigkeit überprüft und bei Bedarf angepasst werden.

   Der Benutzerstammsatz enthält alle Informationen des Benutzers und alle dem Benutzer zugeordneten Berechtigungen.
3. Nach der Implementierung der Benutzerstammsätze ist eine sorgfältige Dokumentation erforderlich, um auch im laufenden Betrieb die anfallenden Aufgaben im Bereich des Berechtigungswesens ausführen zu können. Somit endet das Berechtigungskonzept eines Unternehmens nicht bei der Erstellung der Benutzerstammsätze, sondern sollte auch im Produktivbetrieb berücksichtigt werden. Dabei sollten z. B. die Vorgehensweisen bei Vertretungen oder Änderungen der Aufgabenbereiche eines Mitarbeiters sowie weitere organisatorische Maßnahmen berücksichtigt und festgehalten werden.

Das Berechtigungskonzept der SAP basiert auf Rollen, die sich aus Berechtigungsobjekten zusammensetzen, die über Profile verwaltet und generiert werden.

Einem Benutzer können einzelne Rollen bzw. Sammelrollen zugeordnet werden, die sich wiederum aus einzelnen Rollen zusammensetzen. In der Rolle selbst kann ein Menübaum vordefiniert werden, der dem zur Rolle zugeordneten Benutzer als Standardmenü nach der Anmeldung angezeigt wird. Bei der Erstellung der Rolle werden Profile generiert, die die der Rolle zugeordneten Berechtigungsobjekte enthalten. Die Berechtigungsobjekte beschreiben den Zugriff auf die betriebswirtschaftlichen Objekte und Anwendungen im Umfeld des SAP-Systems und basieren auf Berechtigungsfeldern, denen Werte, wie z. B. Aktivitäten, zugeordnet werden.

2.1.4 Werkzeuge zur Systemerweiterung

SAP bietet unterschiedliche System- und Branchenlösungen an, durch die vordefinierte Geschäftsprozesse in unterschiedlichsten Anwendungsumgebungen abgebildet werden können. Da jedes Unternehmen eigene organisatorische Begebenheiten aufweist, können die Geschäftsprozesse eines jeden Unternehmens aber auch trotz gleicher Branche stark voneinander abweichen. Aus diesem Grund ist jedes SAP-System erweiterbar, um den kundenspezifischen Anforderungen gerecht zu werden. Durch diese Erweiterbarkeit und Anpassungsfähigkeit von SAP-Systemen können die Unternehmensprozesse eines Kunden auf dessen spezielle Anforderungen optimiert werden und so zur Steigerung der Produktivität und des Unternehmenserfolges beitragen. Zur Durchführung der entsprechenden Erweiterungen und Anpassungen werden dem Kunden von SAP spezielle Werkzeuge wie die ABAP Workbench und sogenannte User Exits zur Verfügung gestellt.

Grundsätzlich müssen bei der Entwicklung von Anwendungen die von SAP vordefinierten Namenskonventionen beachtet werden. Zusätzlich sollten kundeninterne Namenskonventionen zur Programmerstellung und weitere Vorgaben, wie z. B. Definitionen von Variablen, dokumentiert werden, um die Entwicklungsprojekte möglichst übersichtlich und nachvollziehbar gestalten zu können.

ABAP Workbench

Mit der in Abbildung 2.4 dargestellten ABAP Workbench bietet SAP eine grafische Entwicklungsumgebung zur Erstellung kundeneigener Anwendungsprogramme im Umfeld von SAP-Systemen. Die ABAP Workbench besteht aus einer Vielzahl von Entwicklungswerkzeugen, die über die Transaktion SE80 (Object Navigator) aufgerufen werden können. Die ABAP Workbench setzt sich hauptsächlich aus zwei Oberflächenkomponenten zusammen:

- Der linke Teil wird als *Navigationsbereich* bezeichnet und dient zur strukturierten Darstellung der Entwicklungsobjekte. Er liefert, abhängig von den Selektionskriterien, die dazu gehörenden Objektlisten.
- Auf der rechten Seite befindet sich der *Werkzeugbereich*, in dem die Entwicklungswerkzeuge ausgeführt werden.

Abhängig von dem ausgewählten Entwicklungsobjekt wird automatisch das dazu gehörende Entwicklungswerkzeug gestartet, mit dem dann das entsprechende Objekt bearbeitet werden kann.

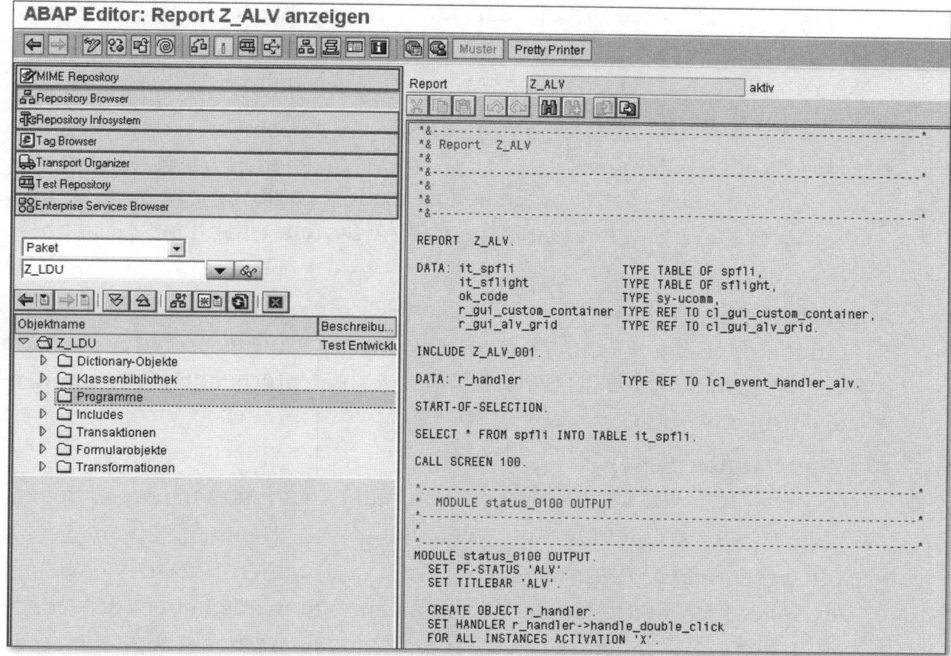

Abbildung 2.4 ABAP Workbench

Zu den wichtigsten Entwicklungswerkzeugen, die größtenteils auch direkt über eine Transaktion aufgerufen werden können, zählen:

- **ABAP Editor (SE38)**
  Im ABAP Editor kann der Quellcode für Programme neu angelegt bzw. bestehender Quellcode angepasst werden. Zusätzlich bietet das Werkzeug die Möglichkeit zur Fehlersuche im Quellcode anhand einer Syntaxprüfung.
- **ABAP Dictionary (SE11)**
  Über das ABAP Dictionary werden Datendefinitionen wie z. B. Tabellen verwaltet, die für die weitere Verarbeitung der Daten notwendig sind. Damit liegt das komplette Repository offen und kann in kundeneigenen Auswertungen, für Migrationsprojekte oder für Erweiterungen verwendet werden.
- **Function Builder (SE37)**
  Mit dem Function Builder können sogenannte Funktionsbausteine (systemweit nutzbare Unterprogramme) bearbeitet werden. Der Function Builder bietet auch eine Testumgebung zum Testen der entsprechenden

Bausteine. Die Funktionsbausteine enthalten definierte Eingabe- und Ausgabeschnittstellen zur Verarbeitung von Informationen nach dem EVA-Prinzip (Eingabe, Verarbeitung, Ausgabe). Auch hier besteht die Möglichkeit einer Syntaxprüfung.

- **Class Builder (SE24)**
  Der Class Builder dient zur Erstellung und Verwaltung von Klassen und Interfaces und verwaltet damit die im SAP-System enthaltene Klassenbibliothek.
- **Screen Painter (SE51)**
  Mithilfe des Screen Painters können grafische Oberflächen (Dynpros) zu Programmen neu erstellt, verwaltet und den entsprechenden Programmen zugeordnet werden.
- **Menu Painter (SE41)**
  Mit dem Menu Painter werden die Funktionen und Aktivitäten der Benutzeroberfläche in einem Dynpro verwaltet.
- **Splitscreen-Editor (SE39)**
  Der Splitscreen-Editor ist ein Werkzeug zur Unterstützung bei der Quellcodeanalyse. Dabei können zwei Programmquellen parallel angezeigt, modifiziert und verglichen werden.
- **Web Application Builder**
  Der Web Application Builder dient als Entwicklungswerkzeug für Business Server Pages (BSP), die auf Webanwendungen basieren und als HTML-Seiten dargestellt werden können.
- **Textelementpflege (SE32)**
  Über die Textelementpflege werden die Textelemente von Programmen verwaltet. Mithilfe des Werkzeugs erfolgt auch die Übersetzung und Sprachverwaltung innerhalb des SAP-Systems.
- **Nachrichtenpflege (SE91)**
  Die Nachrichtenpflege übernimmt die Kommunikation des Programms mit dem Anwender. Innerhalb der Nachrichtenpflege werden Meldungen definiert, die anschließend über ein Programm aufgerufen werden können. Nachrichten können in verschiedenen Sprachen gepflegt werden.
- **Variantenpflege (SE38)**
  Mithilfe von Varianten können Eingabeparameter für SAP-Programme vordefiniert und systemweit oder anwenderspezifisch gespeichert werden, um z. B. Routineaufgaben schneller erledigen zu können.

- **Debugger**
  Der Debugger ist ein Entwicklungswerkzeug von SAP, das zur Analyse und Fehlersuche von ABAP-Quellcode dient. Der Debugger bietet eine Vielzahl an Analysemöglichkeiten und Einsatzbereichen innerhalb des SAP-Systems.

Abschließend sei darauf hingewiesen, dass Code in SAP-Systemen grundsätzlich quelloffen ist. Jegliche Anwendungsprogramme, seien es SAP-Standard-Programme, Erweiterungen von Kunden, Drittfirmen oder Beratern, werden in der SAP-eigenen Programmiersprache ABAP entwickelt und sind damit für jeden nachvollziehbar. Somit lassen sich effizient aus Standard-Logiken kundeneigene Anpassungen entwickeln.

Weiterhin sind Stamm- und Bewegungsdaten, Entwicklungen und die kundenindividuellen Einstellungen vollkommen hardware- und datenbankunabhängig abgelegt. Damit ist es jederzeit möglich, Daten zwischen Systemen unterschiedlicher Betriebssysteme, Datenbank- und Serverarchitekturen auszutauschen.

2.1.5 Instrumente zur Systemerweiterung

Im Laufe der Entwicklung und Weiterentwicklung der SAP-Systeme sind verschiedene Instrumente zur Erweiterung des Funktionsumfangs entstanden. Die zuvor erwähnte Programmiersprache ABAP – **A**dvanced **B**usiness **A**pplication **P**rogramming – war zunächst erstellt worden, um mit ihr benötigte Berichte flexibel erzeugen zu können. Da aber die SAP-eigene Programmlogik ebenfalls in ABAP entwickelt ist, bot es sich an, auch Kundenprogramme damit erstellen zu können, um den unternehmensspezifischen Anforderungen gerecht zu werden. Aus diesem Grund werden von SAP die folgenden Möglichkeiten angeboten, um Anpassungen an dem von SAP ausgelieferten Standard-SAP-System durchzuführen.

User Exits

Von SAP werden sogenannte User Exits angeboten, die zur einfachen Erweiterung von Geschäftsprozessen dienen. Bei den User Exits handelt es sich um von SAP zur Verfügung gestellte Erweiterungsschnittstellen. Diese können von Kunden verwendet werden, um die bestehende Programmlogik zu erweitern, ohne dass der ausgelieferte SAP-Code modifiziert werden muss. User Exits sind von SAP vordefinierte Stellen im Coding, an denen Kunden ihre eigene Erweiterung (Quellcode) hinzufügen können. Da bei diesen Modifikationen das Standard-Coding von SAP von den Kundenmodifikationen unberührt bleibt und die Standard-SAP-Auslieferung beibehalten wird, können auf diesem Wege Konflikte und Verluste von Kundenentwicklungen vermieden werden, die während eines Upgrades bei der Anpassung des SAP Quellcodes entstehen könnten. Aus diesem Grund sollten Sie grundsätzlich auf Modifikationen in dem SAP-eigenen Quellcode und Namensraum verzichten. Die User Exits werden über die Transaktionen SMOD (SAP-Erweiterungen) und CMOD (Projektverwaltung von SAP-Erweiterungen) verwaltet und gesteuert. Abbildung 2.5 stellt als Beispiel eine Übersicht über vorhandene User Exits zur Erweiterung der Abrechnungsfunktionalitäten in IS-U dar.

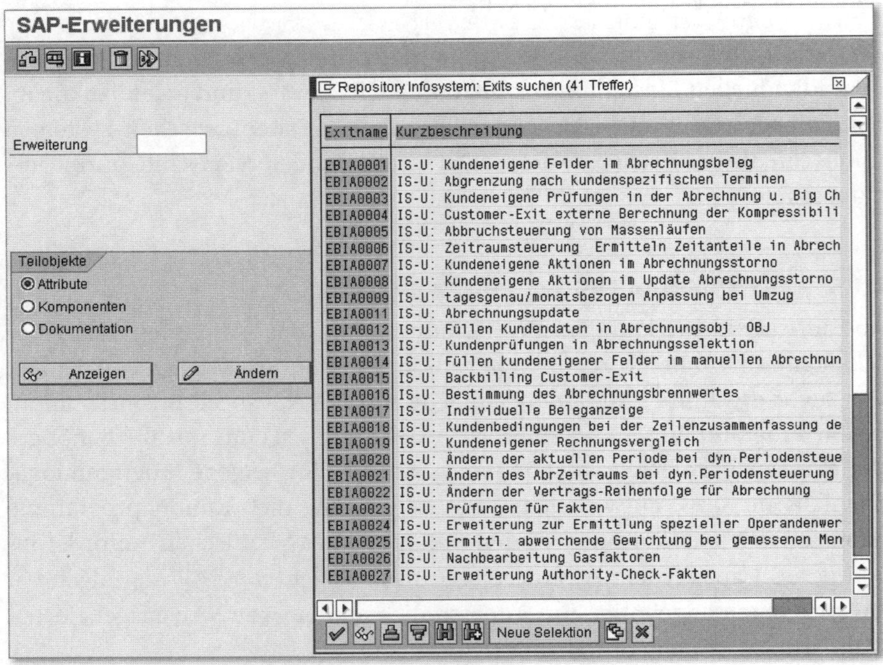

Abbildung 2.5 User Exits in der Vertragsabrechnung

BAPIs

SAP- und Fremdanwendungen können mithilfe von BAPIs auf definierte Standard-Objekte und -Funktionen zugreifen. BAPIs (Business Application Programming Interfaces) stellen von SAP garantierte Schnittstellen dar. Sie sind als sogenannte RFC-Bausteine (RFC = Remote Function Call) realisiert. Auf diesem Weg kann von außerhalb über zuvor definierte Verbindungen auf ein SAP-System zugegriffen werden. Darauf gehen wir noch im Zusammenhang mit ALE-Verbindungen ein (siehe Abschnitt 2.4).

BAdIs

Eine weitere Möglichkeit, um SAP-Standard-Funktionalitäten um zusätzliche Programmlogik zu erweitern, stellen BAdIs dar. Die Abkürzung BAdI steht für Business Add-in; bei diesen handelt es sich um die »objektorientierten Nachfolger« von User Exits.

SAP stellt an verschiedenen Stellen BAdI-Interfaces zur Verfügung, für die Kunden, Berater und Hersteller von Zusatzkomponenten entsprechende Implementierungen ausprägen können.

Damit Sie einen Eindruck von den Möglichkeiten bekommen, ist im Vergleich zu den User Exits aus dem Bereich der Vertragsabrechnung in Abbildung 2.6 eine Auswahl von entsprechenden BAdI-Definitionen aufgeführt.

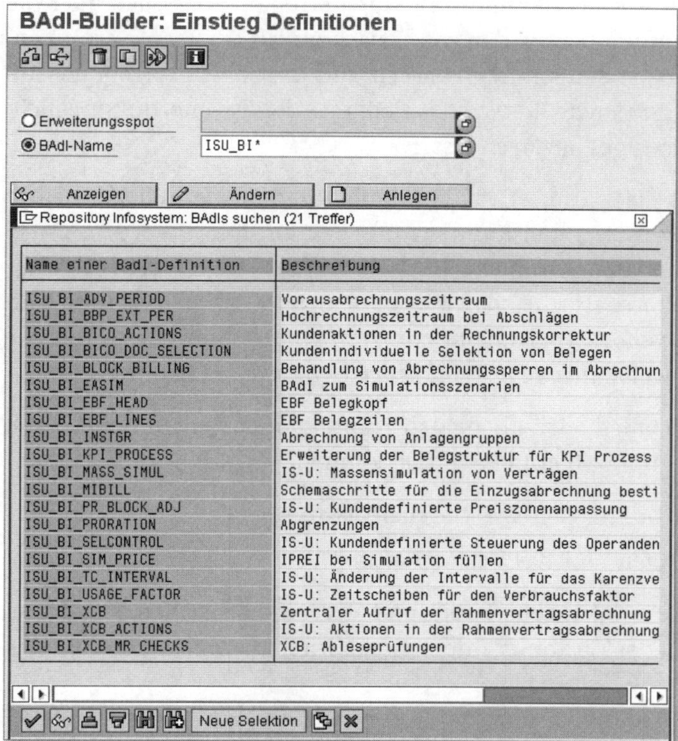

Name einer BadI-Definition	Beschreibung
ISU_BI_ADV_PERIOD	Vorausabrechnungszeitraum
ISU_BI_BBP_EXT_PER	Hochrechnungszeitraum bei Abschlägen
ISU_BI_BICO_ACTIONS	Kundenaktionen in der Rechnungskorrektur
ISU_BI_BICO_DOC_SELECTION	Kundenindividuelle Selektion von Belegen
ISU_BI_BLOCK_BILLING	Behandlung von Abrechnungssperren im Abrechnun
ISU_BI_EASIM	BAdI zum Simulationsszenarien
ISU_BI_EBF_HEAD	EBF Belegkopf
ISU_BI_EBF_LINES	EBF Belegzeilen
ISU_BI_INSTGR	Abrechnung von Anlagengruppen
ISU_BI_KPI_PROCESS	Erweiterung der Belegstruktur für KPI Prozess
ISU_BI_MASS_SIMUL	IS-U: Massensimulation von Verträgen
ISU_BI_MIBILL	Schemaschritte für die Einzugsabrechnung besti
ISU_BI_PR_BLOCK_ADJ	IS-U: Kundendefinierte Preiszonenanpassung
ISU_BI_PRORATION	Abgrenzungen
ISU_BI_SELCONTROL	IS-U: Kundendefinierte Steuerung des Operanden
ISU_BI_SIM_PRICE	IPREI bei Simulation füllen
ISU_BI_TC_INTERVAL	IS-U: Änderung der Intervalle für das Karenzve
ISU_BI_USAGE_FACTOR	IS-U: Zeitscheiben für den Verbrauchsfaktor
ISU_BI_XCB	Zentraler Aufruf der Rahmenvertragsabrechnung
ISU_BI_XCB_ACTIONS	IS-U: Aktionen in der Rahmenvertragsabrechnung
ISU_BI_XCB_MR_CHECKS	XCB: Ableseprüfungen

Abbildung 2.6 BAdIs in der Vertragsabrechnung

Die Definition von BAdIs erfolgt mithilfe der Transaktion SE18 (BAdI-Builder: Einstieg Definitionen), und die Implementierung von entsprechenden Erweiterungen erfolgt mithilfe der Transaktion SE19 (BAdI-Builder: Einstieg Implementierungen).

Events und Zeitpunktkonzept

Schließlich stellt SAP noch ein sogenanntes Zeitpunktkonzept zur Verfügung, mit dessen Hilfe zu bestimmten Zeitpunkten in einem Standard-Programmablauf weitere Logik implementiert werden kann. Dabei definiert SAP mithilfe der genannten Zeitpunkte, an welchen Stellen überhaupt Erweiterungen vorgenommen werden können, ähnlich wie bei User Exits und BAdIs.

Kunden, Berater und Produktanbieter können diese Zeitpunkte nutzen, um eigene Erweiterungen zu implementieren.

Je nach Anwendungsbereich stehen unterschiedliche Transaktionen zur Verfügung, um für derartige Zeitpunkte Erweiterungen auszuprägen.

Für die Hauptbuchhaltung (Standard-FI-Komponente in SAP ERP Financials) steht das Financials Business Framework zur Verfügung, das auch über die Transaktion FIBF aufgerufen werden kann. Nach Aufruf der Transaktion können Sie sich über den Menüeintrag UMFELD und die beiden folgenden Einträge INFOSYSTEM (P/S) sowie INFOSYSTEM PROZESSE die Erweiterungsmöglichkeiten dieses Werkzeuges anzeigen lassen.

Über das Business Data Toolset (BDT) können Stammdaten-Pflege-Dialoge des Vertragskontokorrents den Kundenwünschen angepasst werden. Dabei steht für die Stammdatenelemente »Geschäftspartner« und »Vertragskonto« des Vertragskontokorrents, die später in diesem Buch näher erläutert werden, jeweils ein eigenes Arbeitsmenü zur Verfügung. Allein diese Tatsache lässt erahnen, um welch mächtige Werkzeuge es sich dabei handelt.

An dieser Stelle seien lediglich die beiden Transaktionen genannt, mit deren Hilfe die Arbeitsmenüs aufgerufen werden können:

- BUPT (Arbeitsmenü für den SAP-Geschäftspartner)
- CAWM (Arbeitsmenü für das Vertragskonto)

Allerdings sind diese Werkzeuge aufgrund der umfangreichen Konfigurationsmöglichkeiten des Customer Interaction Centers von geringerer Bedeutung.

Durchaus von praktischer Relevanz hingegen sind Events des Vertragskontokorrents, die über die Transaktion FQEVENTS (Verwaltung von Zeitpunkten) gepflegt werden können. Events sind Ereignisse im Rahmen des Standard-Ablaufes von Programmteilen, zu denen Kunden und Berater Zusatzfunktionen programmieren können. Der vollständige Name der Erweiterungen lautet Business Transaction Events (BTE).

Abbildung 2.7 zeigt den Aufbau des Dialogs zur Selektion und Bearbeitung von Zeitpunkten innerhalb der Transaktion FQEVENTS.

Im linken Teil des Bildschirms können Zeitpunkte ausgewählt werden, zu denen Erweiterungen implementiert werden sollen. Rechts finden Sie zunächst eine Beschreibung des an dieser Stelle möglichen Eingriffs. Über die Registerkarte FUNKTIONSBAUSTEINE können dann zunächst hinterlegte Standardbausteine identifiziert und kundeneigene Erweiterungen hinterlegt werden. Auf diesem Weg können Sie weit über eintausend Zeitpunkte ausprägen.

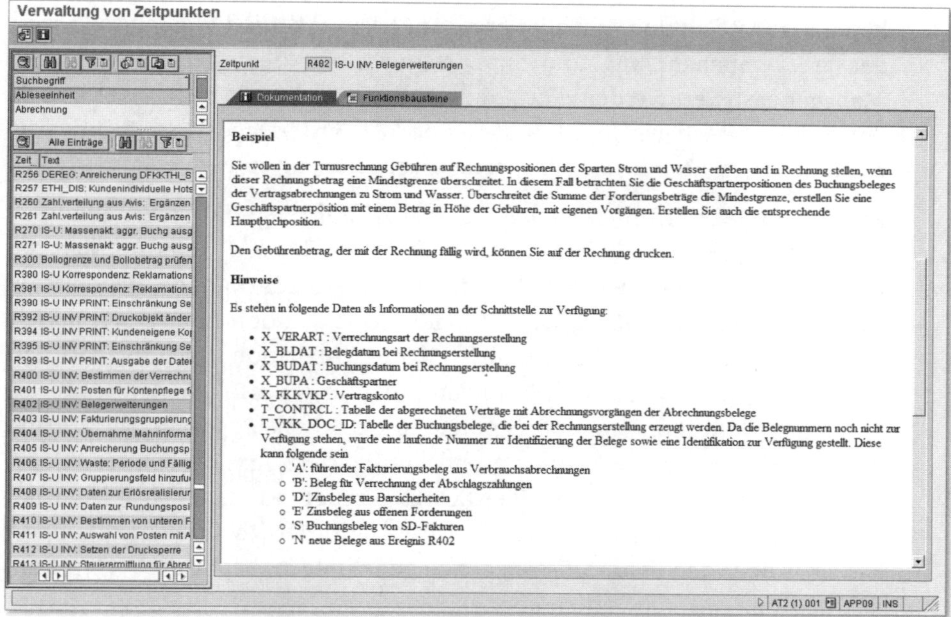

Abbildung 2.7 BTEs im Vertragskontokorrent

Diese Erläuterungen sollten Ihnen einen Eindruck davon vermitteln, welche Möglichkeiten in der Standard-Lösung *SAP for Utilities* neben der Parametrisierung des Systems über das Customizing durch das Ergänzen von Code gegeben sind.

2.2 System-Monitoring mit dem SAP Solution Manager

Bei dem SAP Solution Manager handelt es sich um ein eigenständiges SAP-System, das zur Verwaltung und Administration der vollständigen SAP-Systemlandschaft dient. Zusätzlich können auch Fremdsysteme (Drittsysteme), die über spezifizierte Schnittstellen verfügen, an den SAP Solution Manager angeschlossen werden, sodass auch diese Systeme über den Solution Manager überwacht werden können.

Der Solution Manager übernimmt immer mehr die Funktionen des SAP Online Service Systems (OSS) zur Kommunikation mit SAP beim Betrieb von SAP-Systemen. Dazu zählen auch die Verwaltung und Verarbeitung von Produktfehlern, die innerhalb eines SAP-Systems aufgrund der Komplexität und Vielseitigkeit des Systemaufbaus auftreten können. Für die Suche und Korrektur bekannter Produktfehler bietet SAP eine Lösungsdatenbank, die sogenannte SAP-Hinweise enthält. Die Verwaltung von Problemlösungen kann heute im SAP Solution Manager erfolgen. Hierbei kann der gesamte Prozess der Problembehandlung und Supportabwicklung über den SAP Solution Manager gesteuert werden. Für Kunden wird es so immer mehr erforderlich, den Solution Manager in die bestehende SAP-Systemlandschaft zu integrieren und diesen als ein zentrales Steuerungswerkzeug zu verwenden.

Es ist schon jetzt erforderlich, dass bei der Ausführung zahlreicher administrativer Aufgaben innerhalb der SAP-Systeme auf den SAP Solution Manager zurückgegriffen wird, wie z. B. bei einem SAP-System-Upgrade, bei dem ein Upgrade-Schlüssel benötigt wird, der über den Solution Manager generiert werden kann. Das Gleiche gilt auch für die Installation von Erweiterungspaketen, den sogenannten EHPs (Enhancement Packages), und der damit verbundenen Definition von konsistenten Support Package Stacks, die anhand der SAP-Systemversion bestimmt und konfiguriert werden können. Dabei wird ein Stack Configuration File (XML) erzeugt, das zum Einspielen der Pakete erforderlich ist. Zusätzlich ist es erforderlich, einzelne Support Packages über den Solution Manager zu genehmigen, bevor diese vom Kunden heruntergeladen werden können.

SAP legt großen Wert auf die Verwendung des Solution Managers, da durch die Verwendung sowohl der Support innerhalb eines Unternehmens als auch die Kommunikation mit SAP erleichtert wird und kontrollierter erfolgen kann.

2.3 Steuerung der Kommunikation über SAP Business Workflow

Mit dem SAP Business Workflow stellt SAP ein anwendungsübergreifendes Werkzeug zur Verfügung, über das betriebswirtschaftliche Abläufe abgearbeitet werden können. Dieses Werkzeug dient zur Automatisierung von Arbeitsabläufen, die unabhängig von den Anwendungen und von mehreren

Personen durchlaufen werden können. Im Allgemeinen lässt sich der Begriff Workflow-Management mit dem Worten »Steuerung des Arbeitsflusses« erklären.

Nicht alle Prozesse eignen sich zur Abbildung eines Workflows. Die nachfolgenden Eigenschaften von Geschäftsprozessen deuten aber darauf hin, dass eine Workflowimplementierung von Vorteil sein kann.

Die Prozesse sollten folgendermaßen gestaltet sein:

- strukturiert
- sich regelmäßig wiederholend
- mehrere Aktivitäten umfassend
- mehrere Personen und Abteilungen einbeziehend

Bei einem sinngemäßen Einsatz von SAP Business Workflows entsteht eine Reihe von Vorteilen:

- Die Arbeitsabläufe werden für alle Beteiligten transparent dargestellt, die Prozesskontrolle und -flexibilität steigert sich.
- Die Prozesse beschleunigen sich aufgrund ihrer automatischen Ausführung.
- Die Mitarbeiter werden in erster Linie entlastet und können dadurch anderweitig eingesetzt werden.
- Zusätzlich wird das Konfliktpotenzial konkurrierender Prozesse minimiert.

Zusammenfassend gesagt birgt der Einsatz von Workflows ein enormes Kostensenkungspotenzial. Andererseits müssen bestehende Workflows aber ständiger Wartung unterliegen und bergen die Gefahr des Motivationsverlustes bei den entsprechenden Bearbeitern.

2.3.1 Steuerung von Geschäftsprozessen mit SAP Business Workflow

SAP Business Workflow stellt ein Workflow-Managementsystem innerhalb des SAP-Systems dar. Hier können anwendungs- und systemübergreifende Steuerungen zusammenhängender Aktivitäten vorgenommen werden.

SAP Business Workflow bietet eine Vielzahl von Werkzeugen rund um das Workflow-Management an, die im Folgenden kurz vorgestellt werden:

- Der *Workflow Builder* bietet die Möglichkeit, Workflows anzuzeigen und zu ändern (siehe Abschnitt 2.3.2).

- Der *Workflow Wizard Explorer* gibt einen Überblick über die Workflow Wizards, mit deren Hilfe einzelne Teile eines Workflows erstellt werden können. Im *Business Object Builder* können Business-Objekte angelegt werden, die dann in einem Workflow verwendet werden können (siehe Abbildung 2.8). Die Business-Objekte sind eine Ansammlung von Attributen, Methoden und Ereignissen, die eine Geschäftseinheit abbilden. Sie dienen damit zum Aufbau des Business Workflows, der im SAP ERP-System zum Einsatz kommt.

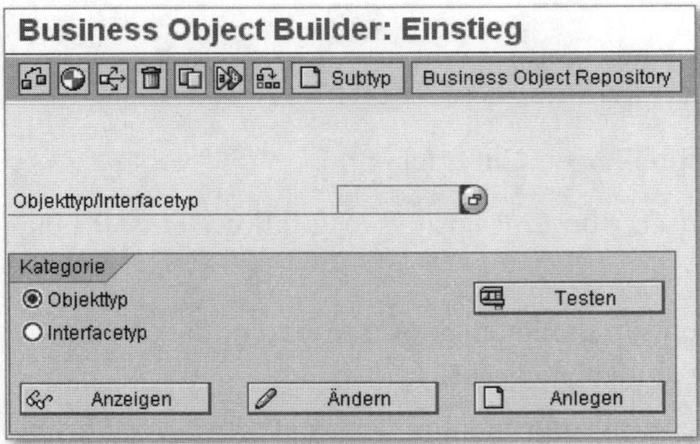

Abbildung 2.8 Einstiegsseite des Business Object Builder

- Der *Business Workflow Explorer* verschafft Ihnen einen Überblick über alle Workflow-Aufgaben. Die Aufgaben dienen zur Nutzung von Methoden eines Objekttyps in einem Workflow (Einzelschrittaufgaben) oder als Rahmen zur Definition eines Workflows (Mehrschrittaufgaben).
- Der *Business Workplace* dient in erster Linie dem Endanwender. Hier kann dieser nachschauen, für welche Tätigkeiten Berechtigungen existieren. Die Einstiegsseite des Business Workplace ist in Abbildung 2.9 dargestellt.

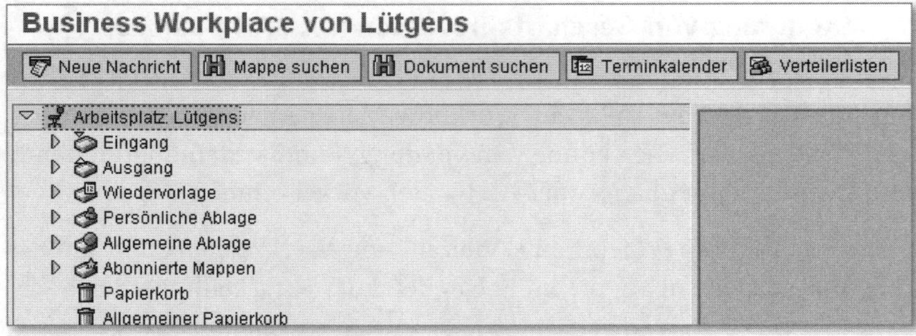

Abbildung 2.9 Business Workplace

SAP Business Workflow bietet eine große Anzahl vordefinierter Workflows, die entweder sofort unverändert eingesetzt oder mithilfe von minimalen Änderungen den betrieblichen Prozessen angepasst werden können.

In erster Linie sollten die Anforderungen an einen Workflow klar definiert werden. Die folgenden Fragen helfen dabei:

- Wer ist beteiligt (direkt und auch indirekt)?
- Was genau soll innerhalb des Workflows erledigt werden?
- Welche Daten sind davon betroffen?
- Wann wird der Prozess ausgeführt?
- In welcher Reihenfolge sollen die einzelnen Aktivitäten ausgeführt werden?

2.3.2 Geschäftsprozesse mit dem Workflow Builder gestalten

Der Workflow Builder gilt als das zentrale Werkzeug des SAP Business Workflow. Mithilfe des Workflow Builders können Workflows angezeigt, bearbeitet und vor allem grundsätzlich definiert werden. Die erstellten Workflows können mit seiner Hilfe zudem getestet werden, und lauffähige Versionen können generiert werden.

Allgemeiner Aufbau des Workflow Builders

Wenn Sie den Workflow Builder über die Transaktion SWDD oder den Pfad im SAP-Menü SAP MENÜ • WERKZEUGE • BUSINESS WORKFLOW • ENTWICKLUNG • DEFINITIONSWERKZEUGE • WORKFLOW BUILDER • WORKFLOW BUILDER aufgerufen haben, gelangen Sie auf die Einstiegsseite des Workflow Builders, die Sie in Abbildung 2.10 sehen. Diese gliedert sich in die folgenden Bereiche:

- **Informationsbereich ❶**
  Hier finden Sie Informationen darüber, welcher Workflow zurzeit geladen ist und in welchem Status sich dieser befindet.
- **Navigationsbereich ❷**
  Hier werden alle Schritte, die sich innerhalb des Workflows befinden, aufgelistet. Eine Verzweigung direkt in die einzelnen Schritte ist möglich.
- **Schritttypen ❸**
  Hier werden alle Schritttypen angezeigt, die in den Workflow eingefügt werden können. Die anzeigbaren Schritttypen gehören zur Standardansicht des Workflow Builders. Alternativ lassen sich in der darüber gelege-

nen Schaltfläche weitere Kategorien auswählen, wie z. B. die Workflow-Container.

- **Workflow ❹**
  Hier wird der aktuelle Workflow angezeigt. Per Doppelklick können Schritte bearbeitet oder neu hinzugefügt werden.
- **Übersicht ❺**
  In der Übersicht werden alle Schritte eines Workflows angezeigt. Ein grüner Kasten markiert den im Workflow-Bereich angezeigten Teil.

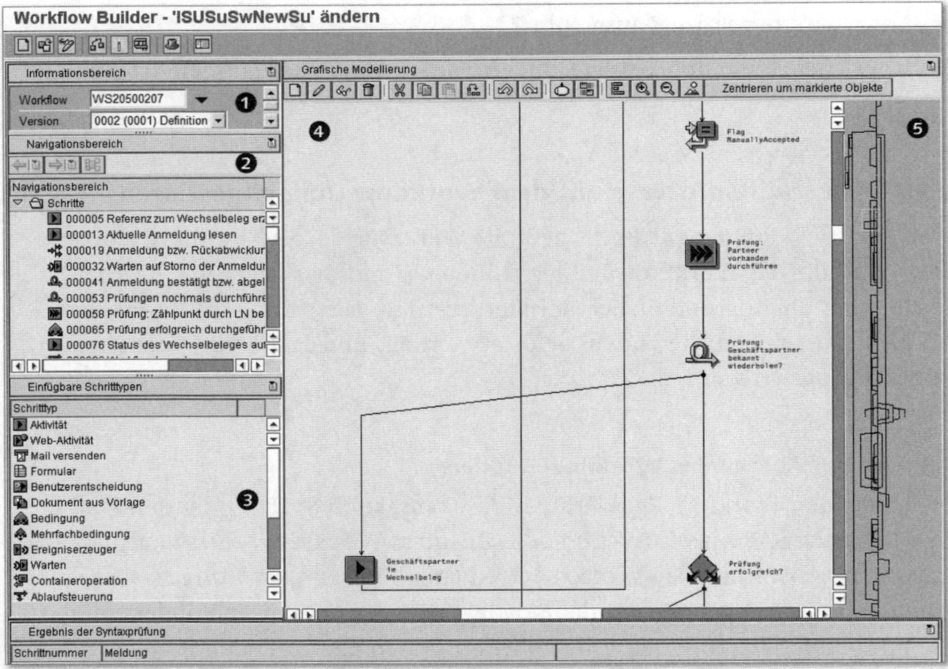

Abbildung 2.10 Einstiegsseite des Workflow Builders

2.3.3 Workflow-Muster in IS-U

Außer der Möglichkeit zur Erstellung von eigenen Business Workflows über den Workflow Builder werden von SAP zahlreiche Vorlagen zur Abbildung von branchenspezifischen Geschäftsprozessen zur Verfügung gestellt, die von Kunden übernommen und an die unternehmensspezifischen Anforderungen angepasst werden können. Die Muster-Workflows sind aufgrund der besseren Überschaubarkeit in Bereiche gegliedert und werden in einer Baumstruktur dargestellt (siehe Abbildung 2.11).

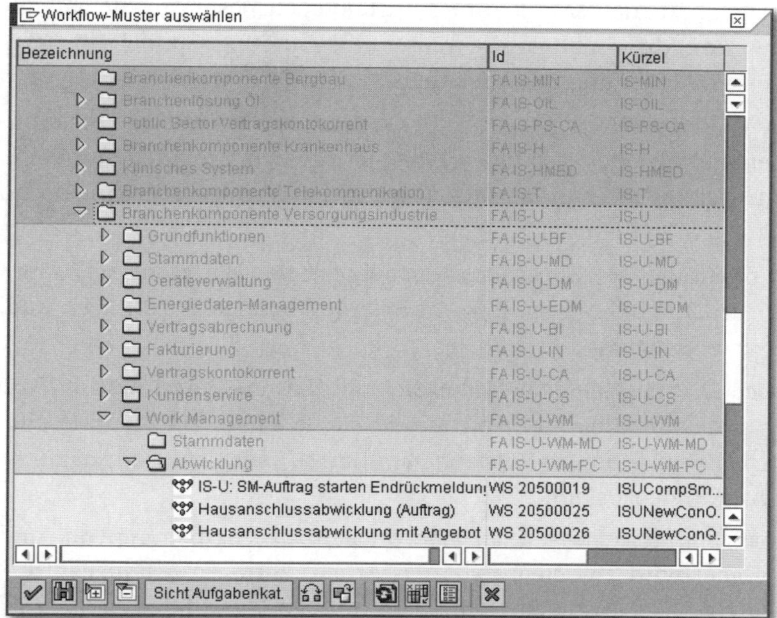

Abbildung 2.11 Auswahl eines Workflows über die Baumstruktur

Um die Vielzahl der unterschiedlichen Geschäftsprozesse möglichst automatisiert durchlaufen zu können, greift auch SAP for Utilities zur Abbildung der einzelnen Abläufe auf SAP Business Workflow zurück. Zum Funktionsumfang der Muster-Workflows für IS-U zählen folgende Bereiche:

- Die Grundfunktionen dienen zur Pflege von Adressen, Regionalstrukturen und zur Terminplanung für Ablesungen, Abschläge und Abrechnungen.
- Im Bereich Stammdaten befinden sich die Mustervorlagen zur Verwaltung der kaufmännischen und technischen Basisdaten der Kunden wie Geschäftspartner, Verträge und Vertragskonten, Gerätezähler, Verbrauchsstellen und Anschlussobjekte.
- Unter Geräteverwaltung befinden sich die Muster-Workflows, über die alle Geräte eines Versorgungsunternehmens verwaltet werden. können. Zu dem Funktionsumfang zählen Installation, Ablesung und Prüfung.
- Das Energiedaten-Management dient zur zentralen Pflege der Energiedaten. Mit seiner Hilfe können die Informationen von Energieverbräuchen und Preisen ermittelt werden. Dazu gehören auch die Real-Time-Pricing-Abrechnung, die eine flexible Tarif- und Preisgestaltung über längere Zeiträume ermöglicht, und die Entwicklung eines Bilanzierungsverfahrens.

- Die unter der VERTRAGSABRECHNUNG angebotenen Lösungen dienen zur Steuerung des Abrechnungsverfahrens für Versorgungs- und Dienstleistungen eines Versorgungsunternehmens.
- Mit den Workflow-Vorlagen für die FAKTURIERUNG können die Steuern, Gebühren und Abgaben ermittelt werden und gemeinsam mit den getätigten Dienstleistungen unter Berücksichtigung der Termine über eine Rechnung fakturiert werden.
- Die unter dem VERTRAGSKONTOKORRENT aufgelisteten Vorlagen sind hauptsächlich für Unternehmen mit einem Belegaufkommen von Nutzen und dienen zur Verwaltung dieser Belege.
- Im Bereich KUNDENSERVICE befinden sich die Muster-Workflows zur Verwaltung und Protokollierung von Kundenstammdaten, zur Fakturierung der durch Dienstleistungen entstandenen Kosten sowie ein Informationssystem zur Kundenauskunft.
- Das WORK-MANAGEMENT enthält die Vorlagen zur Abarbeitung von Aufträgen. Dabei wird zwischen externen Arbeitsaufträgen (Kundenaufträgen), wie z. B. Absperrungen oder Freischaltungen, und internen Aufträgen, wie z. B. Wartung und Reparatur, unterschieden.
- Mit der ENTSORGUNGSWIRTSCHAFT wird von SAP eine umfassende Lösung für Entsorgungsunternehmen angeboten. Sie besteht aus einem Logistik-, Abrechnungs-, Service- und Kundenbetreuungssystem.
- Die Muster-Workflows im Bereich INFORMATIONSSYSTEM dienen zur Auswertung der Daten eines Versorgungsunternehmens.
- Mit den Muster-Workflows im Bereich UNTERNEHMENSÜBERGREIFENDER DATENAUSTAUSCH wird eine Lösung zur Verwaltung von Deregulierungsdaten, zur Prozessbearbeitung und zur Abwicklung von Datenaustauschprozessen angeboten.
- Unter WERKZEUGE befinden sich die Workflow-Vorlagen zur Archivierung, Migration und Ausgabesteuerung.

Zur Erstellung automatisierter Geschäftsprozesse können die zahlreichen Workflow-Mustervorlagen verwendet werden, die auf kundenspezifische Anforderungen angepasst werden können. Zusätzlich besteht die Möglichkeit zur Definition und zum Aufbau eigener Workflows.

2.4 ALE-Verbindungen einrichten und nutzen

Aufgrund der immer komplexer werdenden Systemlandschaften und Abhängigkeiten zwischen den einzelnen SAP-Systemen und den Fremdsystemen werden Werkzeuge benötigt, um den Datenaustausch zwischen den Systemen zu ermöglichen. Zum einen wird eine konsistente Datenhaltung innerhalb der Systemlandschaft benötigt, die aufgrund der Systemtrennung nicht immer gewährleistet werden kann; zum anderen braucht man die Möglichkeit zum Datenabgleich mit Fremdsystemen. Eines der Werkzeuge, die für diesen Zweck von SAP angeboten werden, ist ALE.

2.4.1 Was ist ALE?

Application Link Enabling (ALE) ist ein Verfahren innerhalb des SAP-Systems, das zum Austausch von Anwendungsdaten zwischen lose gekoppelten SAP-Systemen, Mandanten und Systemen von Drittanbietern (die über entsprechende Schnittstellen verfügen und für den Datenaustausch zertifiziert sind) verwendet werden kann. Dabei erfolgt die konsistente Datenhaltung nicht direkt auf Datenbankebene, sondern über synchrone und asynchrone Kommunikation, die auf einem kontrollierten Nachrichtenaustausch basiert. Der wichtigste Bestandteil für die Kommunikation per ALE ist das Intermediate Document (IDoc, siehe Abschnitt 2.5.2), das als Container für die zu übermittelnden Daten dient. ALE ist auf einem Drei-Schichtenmodell aufgebaut, das sich aus Anwendungs-, Verteilungs- und Kommunikationsdiensten zusammensetzt.

- Der *Anwendungsdienst* bildet die Schnittstelle zu den Business-Objekten und ist für die Erzeugung von Nachrichten zuständig. Er übernimmt auch die Funktion zur Verarbeitung eingehender Nachrichten.
- Der *Verteilungsdienst* verbindet die Betriebswirtschaftsebene mit der Anwendungsebene und ist für die Umsetzung und Filterung der Nachrichten sowie die Zuordnung der Empfänger zuständig.
- Der *Kommunikationsdienst* basiert auf einem RFC-Aufruf und leitet die IDocs an das Empfängersystem weiter, das innerhalb der ALE-Konfiguration definiert wurde.
  - Sofern die Kommunikation *innerhalb von SAP-Systemen* erfolgt, werden die auf dem Sendersystem durchgeführten Transaktionen und Änderungen in Tabellen, die in das IDoc aufgenommen wurden, auch auf dem Empfängersystem durchgeführt. So werden Systeme mit mehreren voneinander unabhängigen Datenbanken gleichzeitig mit den gleichen In-

formationen versorgt und können in Bezug auf die Bewegungsdaten einen konsistenten Datenbankbestand aufweisen.

- Bei der Kommunikation mit *Fremdsystemen* müssen die IDocs zuerst über eine Vermittlungsschnittstelle transportiert werden, wo sie in ein für das Empfängersystem verwendbares Format übersetzt werden müssen. Gleichermaßen müssen auch die Antworten des Empfängers zuvor in IDocs gekapselt werden, bevor sie an das SAP-System zugestellt werden.

2.4.2 ALE-Konfigurationen

Für die Verwendung des ALE und den Aufbau einer Kommunikation zwischen SAP-Systemen sind folgende Konfigurationsschritte erforderlich:

- **Logisches System pflegen**
  Der logische Systemname dient in einem Systemverbund mit mehreren SAP-Systemen und Mandanten der eindeutigen Zuordnung eines jeden Mandanten. Um die Eindeutigkeit zu gewährleisten, wird empfohlen, für das logische System das folgende Format zu wählen:

  <System-ID> CLNT <Mandant>, z. B. AT1CLNT001

  Die Pflege des logischen Systems erfolgt über die Transaktion BD54 (Sicht »Logische Systeme« ändern, siehe Abbildung 2.12).

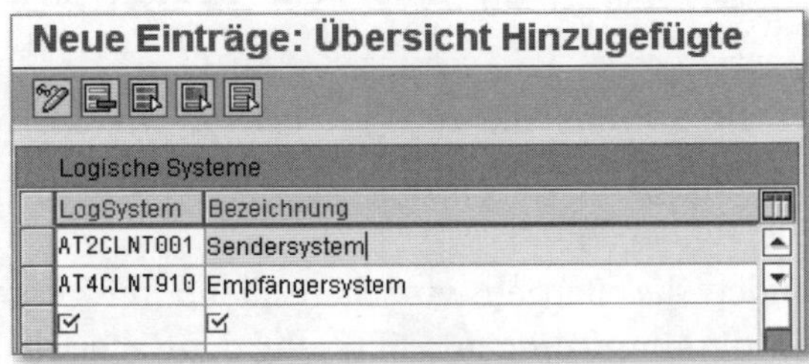

Abbildung 2.12 Logisches System benennen

- **Logisches Systems zu einem Mandanten zuweisen**
  Jedem Mandanten sollte genau ein eindeutiges logisches System zugewiesen werden. Die Zuweisung des logischen Systems zu dem Mandanten erfolgt über die Transaktion SCC4 (Sicht »Mandanten« anzeigen, siehe Abbildung 2.13).

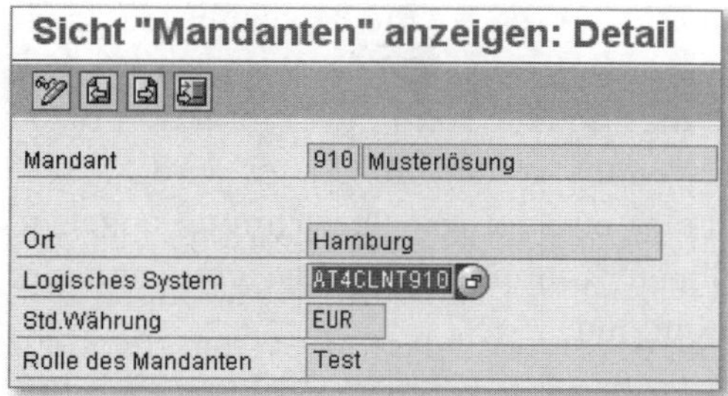

Abbildung 2.13 Logisches System zuweisen

- **RFC-Verbindungen definieren**
  Um die Kommunikation zwischen den beiden Systemen zu gewährleisten, werden anschließend die RFC-Verbindungen (Transaktion SM59, Konfiguration der RFC-Verbindungen) für beide Systeme mit folgenden Parametern gepflegt (siehe Abbildung 2.14):
  - RFC-Destination: Name des logischen Systems
  - Verbindungstyp: 3
  - Zielmaschine: IP-Adresse bzw. Hostname des entsprechenden Systems
  - Systemnummer: die Nummer des entsprechenden logischen Systems
  - Mandant: Mandant des entsprechenden logischen Systems
  - Benutzer: im logischen System gepflegter Kommunikationsbenutzer

RFC Destination AT4CLNT910
Remote-Login
Verbindungstest
Unicode-Test
RFC-Destination
AT4CLNT910
Verbindungstyp
3
ABAP-Verbindung
Beschreibung
Beschreibung
Beschreibung 1
Verbindung Mdt. 910
Beschreibung 2
Beschreibung 3
Verwaltungsinformationen
Technische Einstellungen
Anmeldung & Sicherheit
Zielsystem-Einstellungen
Lastverteilungsstatus
Lastverteilung
ja
nein
Zielmaschine
app03.bpc-sap.bpc.ag
Systemnummer
00
Speicherungsart in Datenbank
Speichern als
Hostname
IP-Adresse
192.168.1.224

Abbildung 2.14 RFC-Verbindungen

- **Verteilungsmodell pflegen**
  Über das Verteilungsmodell werden die zu versenden Nachrichten definiert. Zur Verwaltung der Verteilungsmodelle kann die Transaktion BD64 (Verteilungsmodell anzeigen) verwendet werden. Als Erstes wird im Sendersystem die Modellsicht mit einer eindeutigen Bezeichnung angelegt; anschließend werden die beteiligen Kommunikationssysteme und der Nachrichtentyp gepflegt (siehe Abbildung 2.15).

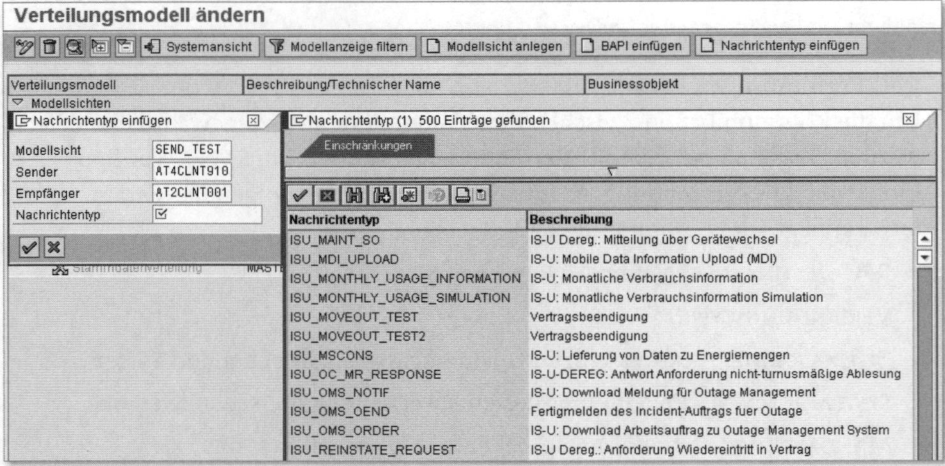

Abbildung 2.15 Pflege des Verteilungsmodells

- **Partnervereinbarungen generieren (Sender)**
  Bei der Generierung der Partnervereinbarungen wird die Art der Datenübertragung für die ALE-Kommunikation definiert. Dies kann über die Transaktion BD82 (Generierung der Partnervereinbarung) erfolgen, wie in Abbildung 2.16 dargestellt.
- **Verteilungsmodell transportieren**
  Im nächsten Schritt wird die Definition des Verteilungsmodells in das Empfängersystem transportiert. Dieser Schritt erfolgt über die Transaktion BD64 (Verteilungsmodell anzeigen) und wird auf dem Sendersystem durchgeführt. Wählen Sie hierzu in der Transaktion BEARBEITEN • MODELLSICHT • VERTEILEN.

  Nach der Auswahl des entsprechenden Verteilungsmodells und des Empfängersystems kann das Programm ausgeführt werden.

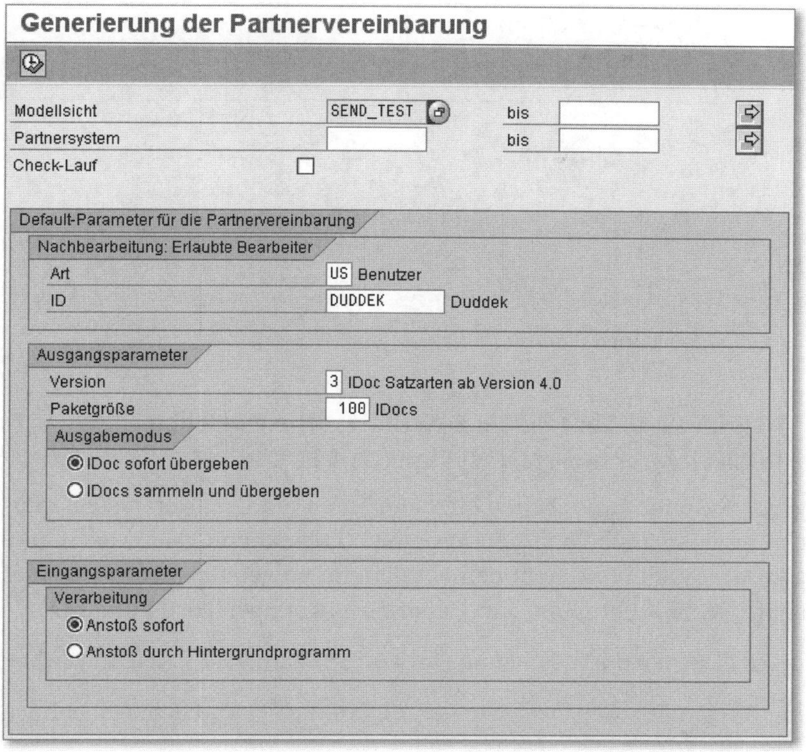

Abbildung 2.16 Generierung der Partnervereinbarung

- **Partnervereinbarungen generieren (Empfänger)**
  Nachdem das Verteilungsmodell in das Empfängersystem transportiert wurde, werden die Partnervereinbarungen auch in diesem System über die Transaktion BD82 (Generierung der Partnervereinbarung) generiert (siehe Abbildung 2.16).

- **Datenaustausch**
  Der Datenaustausch kann über das SAP-Menü angestoßen werden: SAP MENÜ • WERKZEUGE • ALE • ANWENDUNGSVERTEILUNG / STAMMDATENVERTEILUNG.

Zur Prüfung und Überwachung der Kommunikation wird von SAP ein entsprechendes Statusmonitoring-Werkzeug angeboten, das über die Transaktion BD87 (IDocs auswählen) aufgerufen werden kann (siehe Abbildung 2.17). Weitere Analyse-Werkzeuge für ALE können über das SAP-Menü erreicht werden: SAP MENÜ • WERKZEUGE • ALE • ALE-ADMINISTRATION • MONITORING.

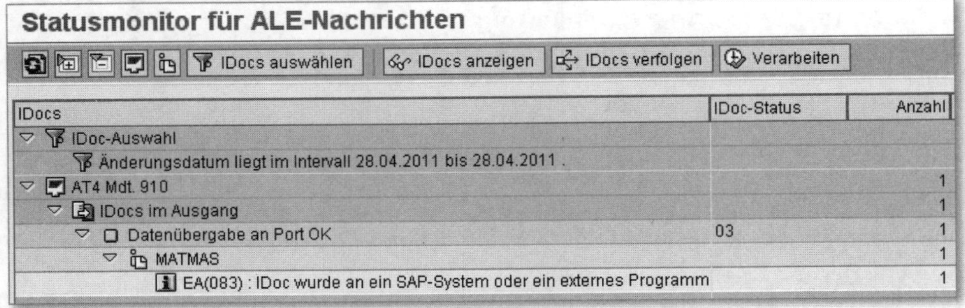

Abbildung 2.17 ALE-Statusmonitoring

2.4.3 ALE im IS-U-Umfeld (ALE-Schnittstelle zwischen IS-U-Lieferanten-/Netzsystem und FI/CO)

Im Zuge von Systemtrennungen in ein Lieferanten- und ein Netzsystem müssen Buchungsdaten aus beiden IS-U-Systemen (Lieferant und Netz) in ein SAP ERP Financials-System übernommen werden. Im Folgenden machen wir das beispielhaft für die Übernahme der Daten für Buchungen aus FI und CO.

Folgende Ziel können durch Nutzung einer ALE-Schnittstelle erreicht werden:

- bessere Abstimmbarkeit zwischen dem Hauptbuch FI und dem Nebenbuch IS-U
- Sicherstellung der korrekten Überleitung ins Hauptbuch FI
- Vermeidung von Umschlüsselungen bei der Überleitung ins Hauptbuch
- Vermeidung von manuellen Umbuchungen im Hauptbuch FI

Fachliches Vorgehen

In den IS-U-Systemen *Lieferant* und *Netz* sowie in FI werden folgende Stammdaten benötigt:

- Kontenplan
- Buchungskreise
- Sachkonten
- Kostenarten
- Kostenstellen

Die Pflege der Stammdaten erfolgt in den jeweiligen Systemen manuell durch die Benutzer (eine automatische Verteilung wäre aber auch möglich).

Die *Integration* der Hauptbücher der IS-U-Systeme *Lieferant/Netz* und des Hauptbuches FI erfolgt über die Kopplung aller Hauptbuchhaltungen. Dabei werden die Hauptbuchhaltungen von IS-U (Lieferant- und Netzsystem) als dezentral und die von FI als zentral betrachtet. Die Hauptbücher von IS-U (Lieferant/Netz) werden über eine ALE-Schnittstelle `NETZ` und eine ALE-Schnittstelle `LIEF` mit dem Hauptbuch FI verbunden.

Um *Buchungen* aus IS-U (Lieferant/Netz) in FI überleiten zu können, werden je zwei Belegarten benötigt. Eine Belagart dient zur Übernahme von Buchungen aus IS-U, während die zweite für die Buchungen für den Bereich der Bankbuchhaltung benötigt wird. In IS-U (Lieferant/Netz) werden für diese Belegarten die Belegnummern intern vergeben. In FI erfolgt für diese Belegarten die Nummernvergabe extern. Damit ist gewährleistet, dass eine identische Belegnummer in dem jeweiligen System vergeben wird.

Buchungen im Vertragskontokorrent von IS-U (Lieferant/Netz) werden unter Abstimmschlüsseln aufgezeichnet. Unter den Abstimmschlüsseln erfolgt die systeminterne Überleitung der Summensätze des Vertragskontokorrents an FI in SAP ERP. Automatisch wird mit der systeminternen Überleitung ein IDoc je Buchungsbeleg für die ALE-Übertragung erzeugt.

Mit der systeminternen Überleitung der Abstimmschlüssel werden neben den Buchungsbelegen in FI auch Belege der Kostenrechnung (in IS-U) erzeugt. Mit der systeminternen Überleitung wird automatisch ein IDoc je Kostenrechnungsbeleg für die ALE-Übertragung erzeugt.

Bei der Eingangsverarbeitung der IDocs in FI ist in einem ersten Schritt automatisch eine Prüfung durchzuführen. Die Stammsätze der Sachkonten und Kostenstellen/Aufträge müssen vorhanden sein; die übergebene Belegnummer ist noch nicht vergeben. Nach erfolgreicher Prüfung wird die weitere Verarbeitung und Übernahme der Belege in FI durchgeführt. Eine regelmäßige Übernahme erfolgt durch Jobeinplanung.

Das Customizing erfolgt unter der Transaktion SALE (Einführungsleitfaden anzeigen). Die weiteren Einstellungen werden im SAP-Menü unter WERKZEUGE • ALE vorgenommen.

2.5 Electronic Data Interchange über IDocs

Durch die Marktliberalisierung sind zahlreiche Datenaustauschprozesse im Unternehmen sowie zwischen verschiedenen Marktteilnehmern erforderlich geworden. In diesem Abschnitt erfahren Sie, wie diese Austauschprozesse grundsätzlich mithilfe der IDoc-Technik abgebildet und durch Workflows gesteuert werden können.

2.5.1 Was ist EDI?

Electronic Data Interchange (EDI) dient wie ALE zum Datenaustausch, wird jedoch zur Kommunikation mit Fremdsystemen verwendet. Dabei können Geschäftsdokumente, wie z. B. Zählerstände, Stammdaten und Rechnungen, mit unterschiedlichen Geschäftspartnern ausgetauscht werden. Bei der Kommunikation werden Nachrichten im IDoc-Format aus dem SAP-System in ein EDI-Subsystem gesendet und dort in ein universelles Standardformat umgewandelt. Genauso werden auch von dem Geschäftspartner versendete Daten in das IDoc-Format umgewandelt und an das SAP-System weitergeleitet. Der entsprechende EDI-Konverter, der als Kommunikationsschnittstelle für das SAP-System dient, wird nicht von SAP zur Verfügung gestellt.

2.5.2 IDocs

Wie schon bei dem Datenaustauschverfahren ALE beschrieben, sind IDocs Nachrichtencontainer, die zum Datenaustausch zwischen SAP-Systemen aber auch mit Fremdsystemen verwendet werden können.

Ein IDoc besteht aus einer Kopfzeile, mehreren Datensegmenten und Statussätzen:

- Die *Kopfzeile* enthält Informationen über Inhalt, Struktur, Kommunikationspartner und die eindeutige Nummer des IDocs.
- Die *Statussätze* beschreiben den bisherigen Verarbeitungsverlauf und den Status.
- Die *Datensegmente* enthalten einen Header mit einer fortlaufenden Nummer, maximal 1000 Byte Verarbeitungsdaten und eine hierarchische Verschachtelung mit maximal 999 möglichen Untersegmenten. Die Datensegmente bestehen aus den Ausprägungen des IDoc-Typs und den damit vordefinierten zu übermittelnden Geschäftsdaten.

Der IDoc-Typ beschreibt das Format der zu übertragenden geschäftlichen Nachricht und definiert alle für den Geschäftsvorgang relevanten Informationen. Ein IDoc-Typ kann eine oder mehreren Arten von Nachrichten übertragen.

[zB]

Nachrichtenübertragung per IDoc

Beispielsweise wird bei einer Bestellung (IDOC-Typ ORDERS01) für die Bestellung selbst der Nachrichtentyp (logische Nachricht) ORDERS verwendet, für eine Bestelländerung kann der Nachrichtentyp (logische Nachricht) ORDCHG verwendet werden. Somit können die zu den IDoc-Typen zugeordneten Nachrichtentypen unterschiedlichen Geschäftsprozessen entsprechen.

Ein Beispiel zur Verarbeitung eines Bestellvorgangs: Eine Bestellung wurde als IDoc an einen Lieferanten versendet. Das IDoc-Format entspricht dem IDoc-Typ ORDER01 und besitzt in den Statussätzen die Werte ERZEUGT und VERSENDET. Die Bestellung entspricht dem Nachrichtentyp ORDERS.

Von der SAP werden zahlreiche IDoc-Typen zur Verfügung gestellt. Es ist jedoch auch möglich, neue Typen anhand der Kundenanforderungen anzulegen. Die Zuordnung der IDoc-Typen zu Nachrichtentypen (logischen Nachrichten) kann, wie in Abbildung 2.18 zu sehen ist, über die Transaktion WE82 (Sicht »Nachrichtenarten und Zuordnung zu IDoc-Typen«) ermittelt und definiert werden.

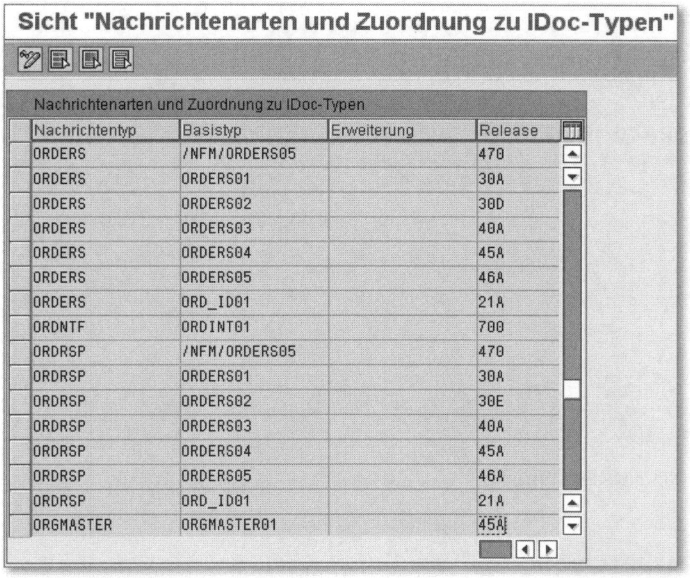

Sicht "Nachrichtenarten und Zuordnung zu IDoc-Typen"

Nachrichtenarten und Zuordnung zu IDoc-Typen

Nachrichtentyp	Basistyp	Erweiterung	Release
ORDERS	/NFM/ORDERS05		470
ORDERS	ORDERS01		30A
ORDERS	ORDERS02		30D
ORDERS	ORDERS03		40A
ORDERS	ORDERS04		45A
ORDERS	ORDERS05		46A
ORDERS	ORD_ID01		21A
ORDNTF	ORDINT01		700
ORDRSP	/NFM/ORDERS05		470
ORDRSP	ORDERS01		30A
ORDRSP	ORDERS02		30E
ORDRSP	ORDERS03		40A
ORDRSP	ORDERS04		45A
ORDRSP	ORDERS05		46A
ORDRSP	ORD_ID01		21A
ORGMASTER	ORGMASTER01		45A

Abbildung 2.18 Nachrichtenarten und Zuordnung zu IDoc-Typen

2.5.3 Einsatz von BAPIs in IDocs

Für eine Datenübertragung zwischen Systemen kann auch ein BAPI als asynchrone Schnittstelle implementiert werden. Bei der Verwendung eines BAPIs zur asynchronen Datenübertragung wird von der Anwendung eine ALE-IDoc-Schnittstelle aufgerufen, die ein IDoc aus dem BAPI erstellt und an das Zielsystem versendet. Im Zielsystem wird das BAPI dann aus dem IDoc erstellt und ausgeführt.

Eine solche Implementierung ist sinnvoll, wenn die Daten sowohl auf dem lokalen als auch auf dem entfernten System konsistent fortgeschrieben werden müssen oder wenn die Schnittstelle häufig verwendet wird bzw. das zu übertragende Datenvolumen sehr groß ist. Um einen asynchronen BAPI-Aufruf verwenden zu können, muss zuvor die BAPI-ALE-Schnittstelle generiert werden. Dabei werden folgende Objekte generiert:

- Nachrichtentyp
- IDoc-Typ einschließlich der erforderlichen Segmente
- ein Funktionsbaustein für die Ausgangsverarbeitung, der aus den BAPI-Daten ein IDoc aufbaut und es versendet
- ein Funktionsbaustein für die Eingangsverarbeitung, der mit den IDoc-Daten das BAPI ausführt

Die BAPI-ALE-Schnittstelle wird über die Transaktion BDBG (ALE-Schnittstelle für BAPI) gepflegt (siehe Abbildung 2.19).

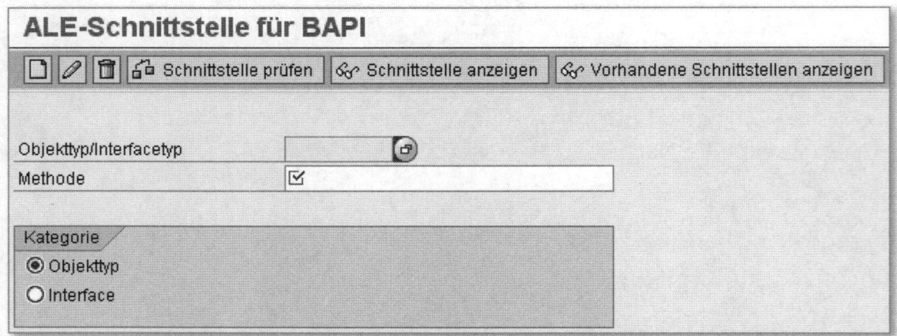

Abbildung 2.19 ALE-Schnittstelle für BAPI

2.5.4 Funktionsbeschreibung

Die Kommunikation zwischen den Systemen per IDoc basiert auf der Ausgangs- und Eingangsverarbeitung von Nachrichten und verwendet zur Datenübertragung eine Kommunikationsschicht, die auf einem tRFC-Aufruf oder einer EDI-Dateischnittstelle aufsetzen kann.

Ausgangsverarbeitung

Die Ausgangsverarbeitung läuft folgendermaßen ab:

1. Als Erstes erfolgt die Empfängerermittlung, bei der geprüft wird, ob die Bedingungen für die Filterobjekte erfüllt sind, die bei der Pflege des Verteilungsmodells erstellt wurden. Dabei erfolgt eine Rückmeldung mit den erlaubten Empfängersystemen.
2. Anschließend wird der generierte Funktionsbaustein für die Ausgangsverarbeitung aufgerufen. Beim Aufruf des Funktionsbausteins werden diesem die Daten für den BAPI-Aufruf und die logischen Empfängersysteme übergeben.

   Sollten im Verteilungsmodell Datenfilter für das BAPI definiert worden sein, werden diese automatisch ausgeführt. Dabei werden zwei Arten unterschieden:

   - eine *Schnittstellenreduzierung*, die Felder ausblendet, sodass sie von dem Empfänger nicht beachtet werden
   - eine *Parameterfilterung*, die es ermöglicht, die Datenmenge zu steuern, sodass BAPI-Tabellenparameter herausgefiltert werden können
3. Im nächsten Schritt erzeugt der Funktionsbaustein aus dem BAPI-Aufruf ein IDoc, das die zu übertragenden Daten enthält.

   Um die Kommunikation zwischen SAP-Systemen unterschiedlicher Releasestände zu gewährleisten und die Nachrichtentypen abzugleichen, wird anschließend eine Konversion der IDoc-Formate durchgeführt. Um dies zu ermöglichen, wird für jeden Empfänger im ALE-Customizing der im Zielsystem verwendete Nachrichtentyp dokumentiert.

Eingangsverarbeitung

Die Eingangsverarbeitung läuft folgendermaßen ab:

1. Als Erstes wird anhand der Übergabesteuerung geprüft, wann das entsprechende BAPI in der Anwendung aufgerufen werden soll. Die Ausführung kann direkt beim Eintreffen des IDocs oder per Hintergrundverarbeitung erfolgen. Zusätzlich kann die Objektserialisierung verwendet werden, die die richtige Reihenfolge der Nachrichten sicherstellt. Sobald der Verarbeitungszeitpunkt des BAPIs gekommen ist, wird der generierte Funktionsbaustein für die Eingangsverarbeitung aufgerufen.
2. Im nächsten Schritt wird das IDoc in einen BAPI-Aufruf umgewandelt. Dabei werden sämtliche Daten aus den Segmenten des IDocs in die entspre-

chenden Parameter des BAPI-Aufrufs übertragen. Sollte eine Schnittstellenreduzierung definiert worden sein, werden die ausgeblendeten Felder nicht gefüllt.

3. Anschließend wird das BAPI ausgeführt. Nach der erfolgreichen Ausführung wird im generierten Funktionsbaustein für die Eingangsverarbeitung, abhängig vom Ergebnis des Aufrufs, der IDoc- Status ermittelt.
4. Nachdem die BAPIs bzw. Pakete vollständig abgearbeitet worden sind, werden die Statussätze aller IDocs und die durch die BAPIs erzeugten Anwendungsdaten gemeinsam in der Datenbank verbucht.

Durch diese Art der Kommunikation der Systeme wird beim Datenaustausch gewährleistet, dass jede Nachricht genau einmal verarbeitet wird. Somit kann kein Datenverlust bzw. keine mehrfache Verarbeitung der gleichen Daten entstehen, die durch Verbindungsabbrüche zwischen den kommunizierenden Systemen entstehen könnten. Zusätzlich wird bei der Kommunikation per IDoc gewährleistet, dass bei einem SAP-System-Upgrade keine Anpassungen an den Fremdsystemen vorgenommen werden müssen, da bei IDoc-Definitionen eine Abwärtskompatibilität besteht.

Wozu dient und wie funktioniert das Rechnungswesen in Versorgungsunternehmen? Welche Aufgaben sind zu bewältigen, und welche Instrumente stellt das SAP-System hierzu zur Verfügung? Letztlich geht es in diesem Kapitel um die Frage, welche Unterstützung SAP-Software zur Unternehmenssteuerung bietet.

3 Kaufmännische SAP-Komponenten in der Versorgungswirtschaft

Eine zentrale Aufgabe von SAP-Systemen ist die Abbildung des Rechnungswesens; das ist traditionell eine der »Kernkompetenzen« von SAP-Software. Neben den im vorigen Kapitel beschriebenen Vorteilen der Infrastrukturkomponenten von SAP NetWeaver verfügen kaufmännische SAP-Systeme seit jeher über die benötigten Werkzeuge zur Planung und Steuerung eines Unternehmens. Naturgemäß sind im Laufe der Zeit die Anforderungen gewachsen, und folgerichtig sind auch die Werkzeuge zu deren Abbildung ständig weiterentwickelt worden.

Im Folgenden stellen wir zunächst das Aufgabenspektrum des Rechnungswesens vor und erläutern anschließend die SAP-Komponenten zu deren Abbildung.

3.1 Rechnungswesen

Das Rechnungswesen lässt sich in das interne und das externe Rechnungswesen untergliedern.

Während sich das *externe Rechnungswesen* im Wesentlichen nach gesetzlichen Anforderungen der Dokumentation und der Aufbereitung von Geschäftsvorfällen richtet sowie der Abschlusserstellung dient, hat das *interne Rechnungswesen* primär die Aufgabe, Funktionen und Informationen zur taktischen, operativen sowie strategischen Unternehmenssteuerung zur Verfügung zu stellen.

Davon unbenommen ist natürlich die Tatsache, dass auch das externe Rechnungswesen wichtige Beiträge zur internen Unternehmenssteuerung liefert; zahlreiche Bilanz- und Liquiditätskennziffern werden aus Daten des externen Rechnungswesens gewonnen.

Der rechtliche Rahmen ist für das externe Rechnungswesen jedoch wesentlich enger gesetzt als für das interne Rechnungswesen. Weil es den Rahmen dieses Buches sprengen würde, wird der Aspekt der Konzern-Konsolidierung jedoch im Weiteren vernachlässigt.

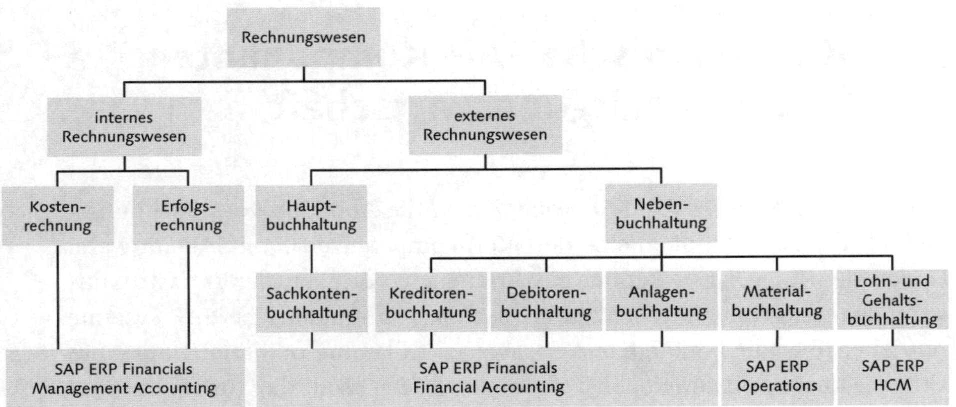

Abbildung 3.1 Struktur des Rechnungswesens

Die folgende Aufzählung stellt für die wichtigsten Fälle kurz dar, durch welche SAP-Komponenten die in Abbildung 3.1 gezeigten Aufgabenbereiche im SAP-System abgebildet werden.

- **Internes Rechnungswesen**
  Das interne Rechnungswesen wird durch die SAP ERP Financials-Komponente Controlling (CO) abgebildet; CO ist in weitere Unter- und Schwesterkomponenten unterteilt. Die Integration zum externen Rechnungswesen wird durch eine zentrale interne Schnittstelle zu FI gewährleistet.
  - *Kostenrechnung*
    Die Kostenrechnung wird ebenfalls durch die SAP ERP Financials-Komponente Controlling (CO) abgebildet; die CO-Komponente bildet mit ihren Unterkomponenten die Kostenrechnung ab.
  - *Erfolgsrechnung*
    Die Erfolgsrechnung wird durch die SAP ERP Financials-Komponente Controlling (CO) und Enterprise Controlling (EC) sowie das Business Warehouse (BW) abgebildet; die Komponenten CO, EC und BW stellen Funktionen zur Abbildung der Erfolgsrechnung bereit.

- **Externes Rechnungswesen**
  Das externe Rechnungswesen wird durch die SAP ERP Financials-Komponente Finanzbuchhaltung (FI) abgebildet; die Komponente FI gliedert sich wiederum in weitere Unterkomponenten, die nachfolgend dargestellt werden.

  - *Hauptbuchhaltung*
    General Ledger (FI-GL); FI ist in verschiedene Bücher unterteilt. Das Hauptbuch (GL) liefert die wesentlichen Stammdaten, Funktionen und Informationen zur Erstellung der Gewinn- und Verlustrechnung sowie der Bilanz. Aktuell kann das Hauptbuch in einer neuen Variante (New GL) abgebildet werden, die verschiedene Verbesserungen, wie zusätzliche Kontierungsobjekte, beinhaltet.
  - *Kreditorenbuchhaltung*
    Accounts Payable (FI-AP); die Verwaltung von Lieferantenstammsätzen und Verbindlichkeiten sowie deren Ausgleich wird mithilfe dieser Komponente gewährleistet.
  - *Debitorenbuchhaltung*
    Accounts Receivable (FI-AR); analog zur Kreditorenbuchhaltung wurde auch für die Kundenabwicklung eine Nebenbuchhaltung entwickelt. Diese stellte sich im Laufe der Zeit als nicht performant genug für Kunden mit großem Belegaufkommen heraus. Daher wurde für SAP-Anwender mit einer großen Anzahl von Kunden und/oder Kundenbelegen – wie dies in Versorgungsunternehmen der Fall ist – das Vertragskontokorrent entwickelt.
  - *Vertragskontokorrent*
    Contract Accounts (FI-CA); das Vertragskontokorrent kann sowohl die Aufgabe der Debitoren- als auch der Kreditorenbuchhaltung übernehmen. Es wurde aus technischen Gründen als Massenkontokorrent entwickelt und verfügt seinerseits über verschiedene Unterkomponenten.
  - *Anlagenbuchhaltung*
    Asset Accounting (FI-AA); die FI-Anlagenbuchhaltung erlaubt die Verwaltung des Anlagevermögens.
  - *Materialbuchhaltung*
    Materials Management (MM); MM ist eine eigenständige Komponente innerhalb von SAP ERP Operations, die mit der Hauptbuchhaltung voll integriert ist. Die Anforderungen der Materialbuchhaltung werden in zwei SAP-Komponenten umgesetzt. Logistische Funktionen der Materialwirtschaft sind in der Komponente MM abgebildet, während die

buchhalterischen Funktionen der Materialbuchhaltung in FI auf entsprechenden Materialkonten abgebildet werden.

- *Lohn- und Gehaltsbuchhaltung*
  Human Capital Management (SAP ERP HCM, ehemals Human Resources, HR); HCM wird häufig aus Sicherheitsaspekten als eigenes System aufgesetzt und ist wie MM über entsprechende Sachkonten mit FI integriert.

Betrachtet man ein SAP ERP-System aus der Sicht auf den Kunden, steht in der Mitte der sogenannte *Geschäftspartner*. Der Geschäftspartner stellt in einem SAP-System eines Unternehmens aus der Ver- und Entsorgungswirtschaft einen Kunden oder Lieferanten dar. In jedem Fall ist der Geschäftspartner ein Stammdatenobjekt aus dem Vertragskontokorrent, das ein spezielles Nebenbuch zur Abbildung einer Geschäftspartnerbuchhaltung darstellt (siehe Abbildung 3.2).

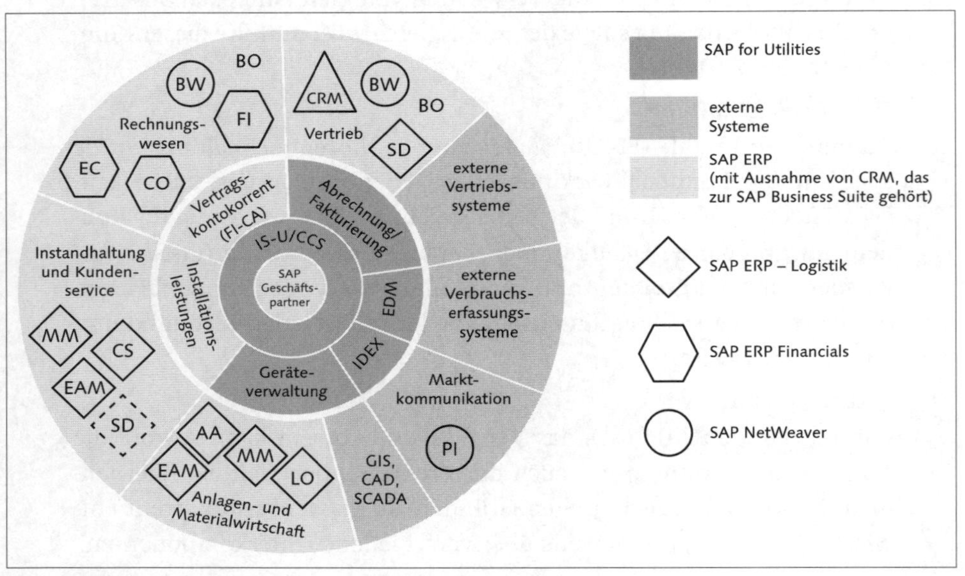

Abbildung 3.2 IS-U/CCS Integrationsmodell (Quelle: SAP)

Typische Geschäftsvorfälle von Versorgungsunternehmen im Zusammenhang mit ihren Geschäftspartnern sind die Entstehung und Begleichung von Forderungen und Verbindlichkeiten. Buchhalterisch resultieren *Forderungen* meist aus Umsatzerlösen, *Verbindlichkeiten* aus Leistungsminderungen oder Aufwänden. Dabei werden Buchungsdaten im Nebenbuch Vertragskontokorrent (FI-CA) mit allen Kontierungen für die nachgelagerten Komponenten erzeugt und später nach FI übergeleitet. Dabei werden Buchungen in CO und EC erzeugt.

Vor allem Kosten und Leistungen, aber natürlich auch die anderen Wertgrößen der betrieblichen Wertschöpfungskette, müssen analysiert werden. Hierzu dienen unter anderem die Lösungen aus dem Bereich Business Warehouse (BW).

In diesem Kapitel werden nun die Rechnungswesenkomponenten betrachtet, mithilfe derer Geschäftsbeziehungen und -prozesse zu Kunden und Lieferanten sowie die internen Geschäftsprozesse im Rechnungswesen abgewickelt werden (siehe auch Abbildung 3.2). Kapitel 4 beschreibt im Anschluss die logistischen Komponenten und Kapitel 5 die spezifischen Komponenten in einem SAP-System für die Versorgungswirtschaft (z. B. das Vertragskontokorrent, IS-U und CRM).

3.2 Externes Rechnungswesen/Finanzbuchhaltung

Wie bereits erläutert, dient die SAP ERP Financials-Komponente FI in erster Linie zur Abbildung des externen Rechnungswesens, also zur Finanzbuchhaltung. FI ist dazu konzipiert, den nationalen und branchenspezifischen Anforderungen in nahezu allen Ländern sowie internationalen Rechnungslegungsstandards zu genügen.

Die Hauptaufgabe von FI ist die lückenlose Dokumentation aller Geschäftsvorfälle sowie die Aufbereitung des Buchungsstoffes, um daraus Bilanzen, Gewinn- und Verlustrechnungen sowie andere Abschlussbestandteile zu erstellen.

3.2.1 Strukturen in FI

Um den Bedürfnissen verschiedener Branchen und Länder, in denen SAP-Software eingesetzt wird, zu genügen, ist das SAP-System flexibel konfigurierbar.

Nachfolgend werden zunächst einige der Strukturelemente vorgestellt, mit deren Hilfe ein SAP-System parametrisiert werden kann.

Mandant

Der Mandant bildet die höchste Hierarchieebene im SAP-System ab und stellt eine organisatorisch und datentechnisch eigenständige Einheit dar. Einige Einstellungen, die auf Mandantenebene getätigt werden, werden automatisch auf alle zugeordneten Buchungskreise und andere organisatorische Einheiten übertragen. So kann ein einheitlicher Datenbestand sichergestellt werden, ohne dass Eingaben mehrfach getätigt werden müssen. Ein Produktivsystem eines Versorgungsunternehmens benötigt mindestens einen ausgeprägten Mandanten.

Kontenrahmen

Kontenrahmen stellen meist branchenbezogene Vorschläge, im Sinne einer Richtlinie, zur Strukturierung von Sachkonten dar. Sie bilden ein Gerüst, an dem sich (branchenzugehörige) Unternehmen orientieren können. Meist existieren Kontierungsrichtlinien zur einheitlichen Buchung von Geschäftsvorfällen in Anlehnung an Kontenrahmen.

SAP-Systeme werden mit einigen Beispielkontenrahmen ausgeliefert. Diese dienen in der Regel als Vorlage für den Aufbau des Unternehmens- und/oder Konzernkontenplans. Die am häufigsten genutzten Kontenrahmen sind der Industriekontenrahmen (IKR) und der Gemeinschaftskontenrahmen der Industrie (GKR). Beide Kontenrahmen unterscheiden sich maßgeblich durch die Integration der Finanzbuchhaltung in die Kostenrechnung. Während im GKR Grundkosten die gleiche Kontonummer wie die entsprechenden Aufwendungen haben, sind im IKR Aufwendungen und Kosten in unterschiedlichen Kontenbereichen angesiedelt.

Kontenplan

Der Kontenplan stellt ein Verzeichnis aller Sachkonten dar, die in einem Unternehmen verwendet werden dürfen. Dabei können die Konten von einem oder auch von mehreren Unternehmen genutzt werden. Es wird zwischen folgenden Arten des Kontenplans unterschieden:

- **Operativer Kontenplan**
  Er beinhaltet alle Sachkonten, die im Tagesgeschäft (der Gesellschaft, der dieser Kontenplan zugeordnet ist) bebucht werden können.
- **Konzernkontenplan**
  Er umfasst alle Sachkonten, die innerhalb eines Konzerns gültig sind.
- **Landeskontenplan**
  Er umfasst alle Sachkonten, die den landesrechtlichen Anforderungen genügen.

Auf dieser Basis ist es möglich, diverse Auswertungen nach verschiedenen Anforderungen durchzuführen.

Buchungskreis

Ein Buchungskreis wird in der Regel für eine selbstständig bilanzierende Einheit in der Komponente FI eines SAP-Systems angelegt. Für jeden Buchungskreis kann es eine eigene Finanzbuchhaltung geben. Mehrere Buchungskreise können in einem Mandanten angelegt und zu Zwecken der Kostenrechnung gemeinsam ausgewertet werden.

Einem Mandanten muss somit mindestens ein Buchungskreis zugeordnet werden, um darin eine Finanzbuchhaltung abzubilden.

Geschäftsbereich

Ein Geschäftsbereich ist als ein eigener Teil eines Unternehmens zu sehen, der einen abgegrenzten Tätigkeits- oder Verantwortungsbereich besitzt. Durch die Definition von mehreren Geschäftsbereichen (das kann sich auf unterschiedliche Standorte oder Produktlinien beziehen) ist es möglich, jeweils eigene Berichte für die jeweiligen Geschäftsbereiche zu erzeugen. Diese Untergliederung dient also in erster Linie einer internen Kontrolle; die Verwendung von Geschäftsbereichen ist optional.

Segment

Ein Segment ist ein neues Kontierungselement, das mit der Einführung des sogenannten *Neuen Hauptbuches* (New-GL) verwendet werden kann. Es dient in erster Linie der nach International Accounting Standards (IAS) und United States Generally Accepted Accounting Principles (US-GAAP) geforderten Segmentberichterstattung. Das Segment kann manuell kontiert, aus einem Profit-Center (siehe Abschnitt 3.3) abgeleitet oder über ein BAdI nach individuellen Regeln gefüllt werden.

Grundsätzlich sei an dieser Stelle darauf verwiesen, dass mit der Einführung des neuen Hauptbuches diverse Verbesserungen eingeführt wurden, von denen hier nur einige aufgelistet werden sollen:

- **Segment Reporting**
  Das Segment als neues Kontierungselement ist zuvor schon kurz erläutert worden. Da es in den wesentlichen Verkehrszahlen-Tabellen fortgeschrieben wird, ist damit auch ein Reporting über das Segment möglich. In der Auswertung über einzelne Konten, Salden oder Bilanzen lassen sich »Teilergebnisse« über Segmente ermitteln.
- **Parallele Rechnungslegung**
  Während Unternehmen in Deutschland grundsätzlich nach dem deutschen

Handelsgesetzbuch (HGB) bilanzieren, müssen börsennotierte Unternehmen gemäß einer Entscheidung der EU zum 1. Januar 2005 grundsätzlich auch nach IFRS (International Financial Reporting Standards) bilanzieren. Mit dem neuen Hauptbuch wird dies komfortabel unterstützt.

- **Fast Close**
  Der Begriff *Fast Close* steht für die beschleunigte Abschlusserstellung. Dazu sind natürlich organisatorische Maßnahmen in einem Unternehmen erforderlich. Darüber hinaus liefert das neue Hauptbuch technische Rahmenbedingungen, wie die FI-CO-Online-Integration oder die sogenannte Belegaufteilung, mit deren Hilfe manuelle Abstimmungen zwischen Unternehmenseinheiten teilweise komplett überflüssig oder zumindest deutlich reduziert werden. Durch die so erreichte Verringerung von Datenredundanzen wird der Buchungsstoff übersichtlicher und insgesamt leichter auswertbar.
- **Erweiterbarkeit**
  Die Summentabelle des neuen Hauptbuches (New-GL) umfasst nicht nur mehr Felder als das Pendant des herkömmlichen Hauptbuches (FI-GL), sondern ist auch erweiterbar. Hier können nun neben branchenbezogenen Erweiterungen auch Kundenfelder ergänzt werden, die dann bei FI-Buchungen, aber auch in CO zur Verfügung stehen.

Weitere CO-Kontierungen, die ebenfalls als Kontierungen im FI-Beleg zur Verfügung stehen, werden ebenfalls in Abschnitt 3.3 erläutert.

3.2.2 Belegprinzip

Belege stellen das Bindeglied zwischen einem Geschäftsvorfall und einer Buchung in FI dar. Dabei wird zwischen Originalbelegen und FI-Belegen unterschieden: Unter *Originalbelegen* versteht man Quittungen, Rechnungen, Schecks und auch Bankauszüge; *FI-Belege* können z. B. Buchhaltungsbelege, Musterbelege oder Dauerbelege sein. Ein Buchhaltungsbeleg repräsentiert den Originalbeleg im SAP-System. Die anderen FI-Belege dienen lediglich als Erfassungshilfen.

Alle Belege in FI haben den gleichen logischen Aufbau. Ein Beleg besteht immer aus einem *Belegkopf*, in dem Informationen festgehalten werden, die für den gesamten Beleg gelten. Dazu gehören unter anderem die Belegart, die einen Beleg klassifiziert, die eindeutige Belegnummer, das Beleg-, das Buchungs-, das Erfassungsdatum sowie der Erfasser.

Mithilfe eines sogenannten *Buchungsschlüssels* wird die Erfassung und Bearbeitung von Belegpositionen gesteuert. Ein Buchungsschlüssel legt u. a. fest, ob ein Konto im Soll oder im Haben bebucht wird und welche Kontoart damit kontiert werden darf. Eine typische Kombination von Buchungsschlüsseln ist *Per 40 (Aufwandskonto) an 31 (Kreditor)*. Buchungsschlüssel dienen der Erfassung und Validierung von Eingaben.

Jeder Beleg enthält mehrere *Belegpositionen* (2 bis 999). Es müssen für jede Belegposition mindestens die folgenden Informationen angegeben werden:

- Buchungsschlüssel
- Kontonummer
- Kontierungen für die Kosten- und Erfolgsrechnung
- weitere Angaben, die vom Buchungsvorgang abhängig sind, wie Mehrwertsteuerkennzeichen, Valutadaten, Mengen usw.
- Betrag

Jeder gebuchte Beleg erhält eine *Belegnummer*, über die er innerhalb eines Mandanten (optional in Verbindung mit einem Geschäftsjahr) eindeutig identifiziert werden kann.

Die Vergabe dieser Belegnummer kann sowohl extern als auch intern geschehen. Bei der *externen Vergabe* der Belegnummer durch den Benutzer wird die Nummer des Originalbelegs eingegeben oder maschinell erfasst. Bei der *internen Vergabe* der Belegnummer vergibt das System eine lückenlos fortlaufende Nummer. Die externe Nummernvergabe wird hauptsächlich dann angewendet, wenn Belegnummern z. B. bei Übernahmen aus Vorsystemen übernommen werden.

3.2.3 Stammdaten in FI

In der Finanzbuchhaltung können verschiedene Stammdaten angelegt werden, um damit Geschäftsvorfälle buchhalterisch abzubilden. In diesem Abschnitt werden sie kurz vorgestellt.

Darstellung in diesem Kapitel [+]

Am Ende jeder Erläuterung finden Sie im Folgenden einen Infokasten mit den Pflegetransaktionen sowie die Datenbanktabellen, in denen die Stammdaten und ihre Beziehungen zueinander gespeichert werden.

Sachkonten

An erster Stelle stehen hier die Sachkonten. Sie sind die wesentlichen Kontierungselemente der Finanzbuchhaltung. Sie bilden die Kontierungsträger für die wesentlichen Abschlüsse und die Basis zentraler Unternehmenskennziffern. Abbildung 3.3 zeigt den Pflegedialog für Sachkonten.

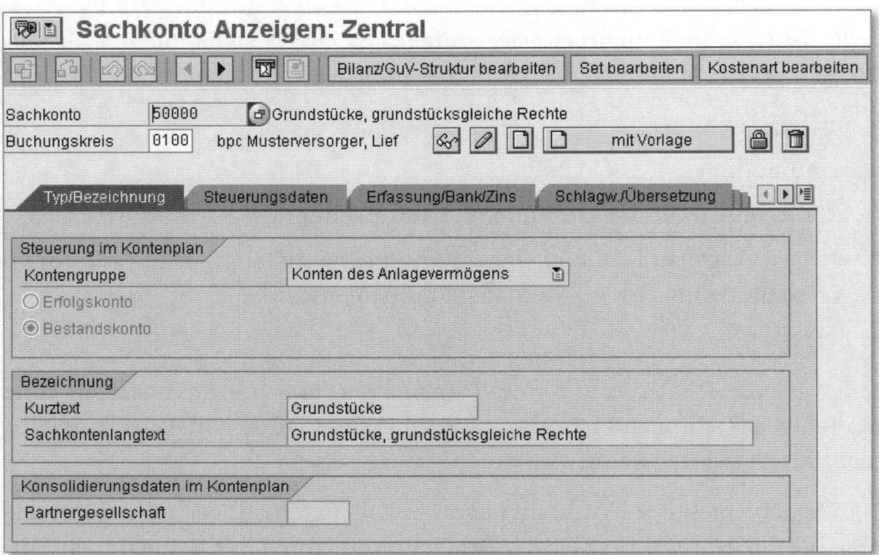

Abbildung 3.3 Pflege eines Sachkontos

Sachkontenbezeichnungen (in den Feldern KURZTEXT und SACHKONTENLANGTEXT) sind vom Buchungskreis abhängig und können dementsprechend für verschiedene Gesellschaften unterschiedlich gewählt werden. So können die Umsatzerlöse für einen Lieferanten »Umsatzerlöse für die Energielieferung« und für einen Netzbetreiber »Umsatzerlöse für die Netzbereitstellung« genannt werden. In einem Konzernkontenplan würden diese dann unter einer einheitlichen Bezeichnung »Umsatzerlöse« zusammengeführt werden.

Aus dem Sachkonto kann über den Button BILANZ/GUV-STRUKTUR BEARBEITEN direkt in die Struktur der Bilanz bzw. GuV sowie in die zugehörige Kostenart verzweigt werden. Die zugehörige Kostenart erhält in dem Fall den gleichen Schlüssel wie das Sachkonto (Feld SACHKONTO). Daraus wird deutlich erkennbar, dass es sich hierbei um ein Einkreissystem handelt, das sich dadurch auszeichnet, dass Grundaufwendungen die gleiche Kontonummer haben wie die korrespondierenden Primärkostenarten. Demzufolge können sie auch automatisch per Programm generiert werden.

Auf den Registerkarten, die nach der Registerkarte Typ/Bezeichnung folgen, lassen sich diverse Einstellungen zum Sachkonto vornehmen, die z. B. den Bildaufbau von Buchungsdialogen, die Steuerung der Mehrwertsteuererfassung oder die Sortierung von Postenauswertungen für dieses Konto steuern.

Wie bereits erläutert wurde, können Sachkonten buchungskreisabhängig gepflegt werden. Dazu müssen sie allerdings zunächst im Kontenplan angelegt sein. Um den Vorgang des Anlegens zu vereinfachen, kann die Pflege gleichzeitig im Kontenplan und im Buchungskreis erfolgen. Dann erscheint der Zusatz Zentral in der Pflegetransaktion. Aus diesem Grund existieren die Sachkonten-Pflegetransaktionen dreimal (im Buchungskreis, im Kontenplan und zentral).

Pflegetransaktionen und Datenbanktabellen [+]

Die folgenden Pflegetransaktionen sind die wichtigsten zum Sachkonto:

- FS00 (Sachkonto pflegen Zentral)
- FSP0 (Sachkonto pflegen – im Kontenplan),
- FSS0 (Sachkonto pflegen – im Buchungskreis)

Die wichtigsten Datenbanktabellen zeigt Tabelle 3.1.

Tabelle	Beschreibung
SKAS	Sachkontenstamm (Kontenplan: Schlagwortverzeichnis)
SKB1	Sachkontenstamm (Buchungskreis)

Tabelle 3.1 Datenbanktabellen zum Sachkonto (Auswahl)

Kreditoren

Kreditoren sind die Personenkonten, gegenüber denen in erster Linie Verbindlichkeiten entstehen. Diese Verbindlichkeiten sind zu buchen, zu überwachen und unter Nutzung der vereinbarten Zahlungsziele zu regulieren.

Es können durch geeignete Geschäftsvorfälle auch debitorische Kreditoren entstehen, für die dann auch der Zahlungseingang zu überwachen ist. Für Kreditoren werden neben Namens- und Adressdaten u. a. auch Bankverbindungen gespeichert.

[+]

Pflegetransaktionen und Datenbanktabellen

Die folgenden Pflegetransaktionen sind die wichtigsten zum Kreditor:

- FK01/FK02/FK03 (Kreditor anlegen/ändern/anzeigen)
- FK04 (Änderungen Buchhaltung)
- FK05 (Kreditor sperren/entsperren)
- FK06 (Löschvormerkung setzen)
- XK01/XK02/XK03 (Kreditor anlegen zentral/ändern zentral/anzeigen zentral)
- XK04 (Änderungen anzeigen zentral)
- XK05 (Kreditor sperren/entsperren zentral)
- XK06 (Löschvormerkung setzen zentral)

Die wichtigsten Datenbanktabellen zeigt Tabelle 3.2.

Tabelle	Beschreibung
LFA1	Lieferantenstamm (allgemeiner Teil)
LFB1	Lieferantenstamm (Buchungskreis)
LFB5	Lieferantenstamm (Mahndaten)
LFBK	Lieferantenstamm (Bankverbindungen)
LFC1	Lieferantenstamm (Verkehrszahlen)
LFZA	Zulässige abweichende Zahlungsempfänger

Tabelle 3.2 Datenbanktabellen zum Kreditor (Auswahl)

Debitoren

Debitoren sind Personenkonten, gegenüber denen in erster Linie Forderungen gebucht werden; die Begleichung dieser Forderungen wird überwacht bzw. werden die Forderungen selbst eingezogen. Im Kontext dieses Buches spielen die Debitoren in FI-AR eine untergeordnete Rolle, da die Debitorenbuchhaltung in der Versorgungswirtschaft im Vertragskontokorrent abgebildet wird (siehe Kapitel 5).

Anlagen

Anlagen werden in der Finanzbuchhaltung als einzelne Stammdaten für Wertgegenstände oberhalb einer gesetzlichen Wertgrenze gepflegt.

Anlagen in FI und in IS-U [!]

Die Anlagen der Finanzbuchhaltung sind nicht mit den technischen Stammdaten in IS-U zu verwechseln, die ebenfalls als Anlagen bezeichnet werden.

Die Anlagen der Finanzbuchhaltung werden mit einer Bezeichnung, diversen Parametern zur Wertentwicklung, Kontierungen und sonstigen Informationen erfasst.

Pflegetransaktionen und Datenbanktabellen [+]

Die folgenden Pflegetransaktionen sind die wichtigsten zu Anlagen:

- AS01/AS02/AS03 (Anlage anlegen/ändern/anzeigen)
- AW01N (Asset Explorer)

Die wichtigsten Datenbanktabellen zeigt Tabelle 3.3.

Tabelle	Beschreibung
ANLA	Anlagenstammsatz-Segment
ANLB	Anlagenklasse: Bewertungsbereich
ANLBZA	Zeitabhängige Abschreibungsparameter
ANLBZW	Anlagenindividuelle Bezugswerte
ANLC	Anlagen-Wertfelder

Tabelle 3.3 Datenbanktabellen zu Anlagen (Auswahl)

Informationen zum Stammdatum *Material* bzw. zur Materialwirtschaft finden Sie in Kapitel 4. *Bewerber* und *Mitarbeiter* sind Stammdaten der ERP-Komponente SAP Human Capital Management (SAP HCM). Diese ist nicht Bestandteil dieses Buches und wird daher nicht weiter erläutert.

3.3 Internes Rechnungswesen/Controlling

Das Controlling hat die Aufgabe, den gewöhnlichen betrieblichen Werteverzehr zur Leistungserbringung transparent zu machen und den Leistungen gegenüberzustellen. So kann je Produkt und Zeiteinheit die Wirtschaftlichkeit ermittelt werden. Klassischerweise werden die Instrumente *Kostenartenrechnung*, *Kostenstellenrechnung* und *Kostenträgerrechnung* hierzu eingesetzt: Zunächst werden die Kosten in der Kostenartenrechnung gegliedert und anschließend – abhängig davon, ob es sich um Gemeinkosten oder Einzelkosten handelt – an die Kostenstellenrechnung oder die Kostenträgerrechnung weitergegeben.

3.3.1 Strukturen in CO

Die Strukturen im Controlling sind etwas übersichtlicher als in der Finanzbuchhaltung.

Der im Abschnitt zu den FI-Strukturen erwähnte *Mandant* hat die gleiche Bedeutung für CO wie für FI: Er stellt die oberste Hierarchieebene in einem SAP-System dar. Auch die Ausführungen zu *Kontenrahmen* und *Kontenplan* gelten für CO (siehe Abschnitt 3.2.1).

Analog zum Buchungskreis existiert in CO ein *Kostenrechnungskreis*. Dieser beinhaltet alle Vorgänge in der zu steuernden Organisation; diese kann ein Konzern oder eine rechtlich selbstständige Einheit sein. Einem Kostenrechnungskreis (Konzern) können mehrere Buchungskreise (Vertriebsgesellschaft A, Vertriebsgesellschaft B und ein Verteilnetzbetreiber) zugeordnet sein, ein Buchungskreis ist aber immer genau einem Kostenrechnungskreis zugeordnet.

3.3.2 Kostenartenrechnung

Im Rahmen der Kostenartenrechnung werden die Kosten nach verschiedenen Kriterien gegliedert. Es erfolgt somit keine Rechnung, sondern vielmehr eine Ordnung der Kosten. Die zentrale Frage der Kostenartenrechnung lautet: Welche Kosten sind in welcher Höhe angefallen?

Beim Anlegen der Kostenarten unterscheidet das SAP-System zwischen primären und sekundären Kostenarten, also zwischen der Herkunft der Kosten:

- *Primäre Kosten* entstehen außerhalb der Kostenrechnung. Dazu gehören z. B. Lohnkosten oder Kosten für Büromaterial.
- *Sekundäre Kosten* entstehen im Rahmen der innerbetrieblichen Leistungsverrechnung. Ein Beispiel für sekundäre Kosten ist die betriebseigene Werkstatt, die die Reparatur eines Stromzählers übernimmt, der nur intern genutzt wird.

In Abbildung 3.4 wird der Pflegedialog für Kostenarten gezeigt.

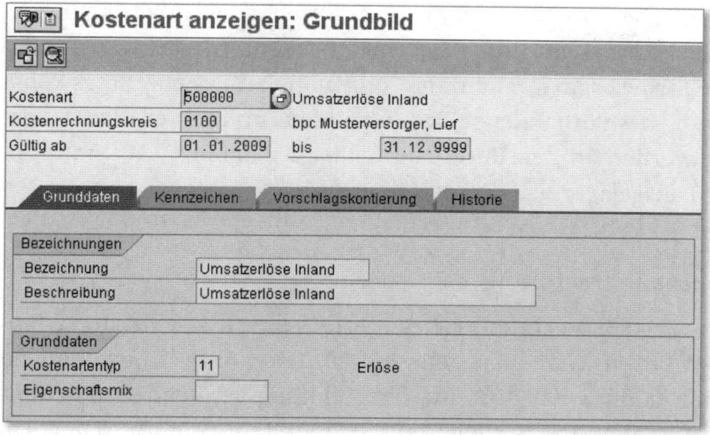

Abbildung 3.4 Pflege einer Kostenart

Pflegetransaktionen und Datenbanktabellen [+]

Die folgenden Pflegetransaktionen sind die wichtigsten zu Kostenarten:

- KA01/KA02/KA03/KA04 (Kostenart anlegen primär/ändern/anzeigen/löschen)
- KA05 (Änderungen anzeigen)
- KA06 (Kostenträger anlegen sekundär)

Die wichtigsten Datenbanktabellen zeigt Tabelle 3.4.

Tabelle	Beschreibung
CSKA	Kostenarten (Kontenplanabhängige Daten)
CSKB	Kostenarten (Kostenrechnungskreisabhängige Daten)
CSKU	Kostenartentexte

Tabelle 3.4 Datenbanktabellen zu Kostenarten (Auswahl)

In einer *Kostenartengruppe* lassen sich mehrere Kostenarten zusammenfassen, die inhaltlich zusammengehören. Es können z. B. Lohnnebenkosten und Fertigungslöhne der Kostenartengruppe »Personalkosten« zugeordnet werden.

Kostenartengruppen haben den Vorteil, dass mit ihrer Hilfe an verschiedenen Stellen im Berichtswesen oder bei innerbetrieblichen Verrechnungen eine hierarchische Gliederung von Kosten zu Kostengruppen genutzt werden kann.

SAP stellt verschiedene *Berichte* in der Kostenartenrechnung zu Verfügung. Es lassen sich darüber hinaus vielfältige Berichte erstellen, die nach verschiedenen Kriterien gegliedert sein können. Im Controlling gibt es allerdings keine Weiterentwicklung des vorhandenen Berichtswesens und seiner Werkzeuge; diese Aufgaben werden an den Business-Intelligence-Bereich (BW und SAP BusinessObjects) ausgelagert (siehe Kapitel 10).

3.3.3 Kostenstellenrechnung

Aufgabe der Kostenstellenrechnung ist es, Kosten, die sich nicht direkt Produkten zuordnen lassen (Gemeinkosten), an den Orten ihrer Entstehung zu sammeln. Die im Rahmen der Kostenstellenrechnung verwendeten Stammdatenobjekte sind die Kostenstellen (räumlich und organisatorisch abgegrenzte Bereiche, in denen Kosten entstehen). Mithilfe geeigneter Verrechnungsmethoden werden sie im Rahmen der Arbeiten zum Periodenabschluss auf Kostenträger verrechnet.

Kostenstellen werden in einer sogenannten Standardhierarchie und zeitabhängig gepflegt. Die Standardhierarchie stellt eine mögliche Auswertungsstruktur dar. Abbildung 3.5 zeigt ein Beispiel für eine Kostenstellenhierarchie.

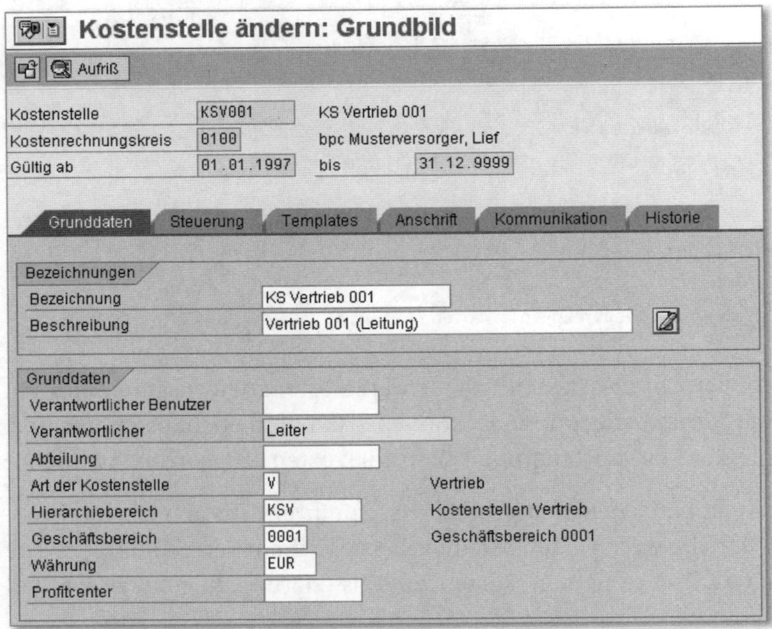

Abbildung 3.5 Pflege einer Kostenstelle

Pflegetransaktionen und Datenbanktabellen [+]

Die folgenden Pflegetransaktionen sind die wichtigsten zu Kostenstellen:

- KS01/KS02/KS03/KS04 (Kostenstellen anlegen/ändern/anzeigen/löschen)
- KS05 (Änderungen anzeigen)

Die wichtigsten Datenbanktabellen zeigt Tabelle 3.5.

Tabelle	Beschreibung
CSKS	Kostenstellenstammsatz
CSKT	Kostenstellentexte

Tabelle 3.5 Datenbanktabellen zu Kostenstellen (Auswahl)

Kostenstellen lassen sich zu *Kostenstellengruppen* zusammenfassen. Die Kostenstellen können beispielsweise nach organisatorischen oder funktionalen Gesichtspunkten gegliedert werden. Die Organisation der Kostenstellengruppen kann variabel an die Anforderungen des Unternehmens angepasst werden.

Neben der bereits erwähnten Standardhierarchie können so mithilfe von Kostenstellengruppen weitere Hierarchien aufgebaut werden. So lassen sich beispielsweise Kostenstellen nach Funktionsbereichen oder nach Produktbereichen in parallelen Hierarchien gliedern. Dies erleichtert später produkt- und funktionsbezogene Auswertungen.

In einem Versorgungsunternehmen lassen sich so Kostenstellen zusammenfassen, die der Leistungserbringung für eine Sparte zuzuordnen sind. Dies können für die Sparte »Strom« Mitarbeiter sein, die sich mit der Produktbildung sowie der Tarifierung für Strom beschäftigen.

Mithilfe von *Leistungsarten* lassen sich innerbetriebliche Leistungen zum Zwecke der späteren Verrechnung strukturieren.

Eine Leistungsart kann dann die Definition von Produkten sein. Sie kann für unterschiedliche Sparten erbracht werden. Eine andere Leistungsart kann die Wartung von PCs sein. Die Leistungsarten werden in Mengen erfasst und in Form von Leistungseinheiten verrechnet. Die Bewertung der Leistungsmengen erfolgt mithilfe von *Tarifen*.

3.3.4 Kostenträgerrechnung

Die Aufgabe der Kostenträgerrechnung ist die Ermittlung des Erfolgsbeitrages einzelner Produkte in einem Zeitraum (Kostenträgerzeitrechnung) oder zu einem Zeitpunkt (Kostenträgerstückrechnung).

Als Stammdatenelemente der Kostenträgerrechnung können unterschiedliche Objekte verwendet werden. In nicht industriell fertigenden Branchen – wie z. B. Gesellschaften zum Vertrieb von Energie – können sogenannte Innenaufträge als Produkte verwendet werden.

Innenaufträge erlauben die Abrechnung von Kosten und Leistungen und können zur Aktivierung von (Zwischen-)Erzeugnissen abgerechnet werden. Abbildung 3.6 zeigt einen Innenauftrag als Sammelprodukt für verschiedene Dienstleistungen.

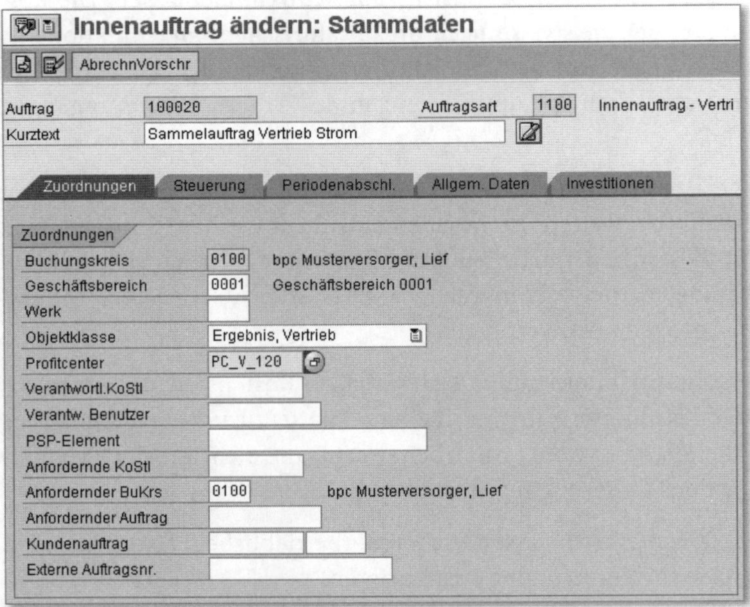

Abbildung 3.6 Pflege eines Innenauftrages

[+]

Pflegetransaktionen und Datenbanktabelle

Die folgenden Pflegetransaktionen sind die wichtigsten zu Innenaufträgen:

- KO01/KO02/KO03 (Innenauftrag anlegen/ändern/anzeigen)
- KO04 (Order Manager)

Die wichtigste Datenbanktabelle zeigt Tabelle 3.6.

Tabelle	Beschreibung
AUFK	Auftragsstammdaten

Tabelle 3.6 Datenbanktabelle zu Innenaufträgen (Auswahl)

Analog zu den bisher erläuterten Kostenarten- und Kostenstellengruppen lassen sich auch Innenaufträge zu Innenauftragsgruppen zusammenfassen und damit strukturieren. Auf diese Weise wird die Auswertung deutlich vereinfacht.

Zudem können sowohl Kostenstellen als auch Innenaufträge sogenannten *Profit-Centern* zugeordnet werden. Profit-Center stellen eigene Stammdaten der Komponente EC-PCA (Profit-Center-Rechnung) dar. Mithilfe der Profit-Center können wiederum neue Auswertestrukturen erzeugt werden; auch Profit-Center lassen sich zu Gruppen zusammenfassen.

3.4 Integration und Werteflüsse im Rechnungswesen

Bislang wurden im Wesentlichen die einzelnen Komponenten des Rechnungswesens mit ihren Stammdatenelementen erläutert. In diesem Abschnitt soll nun kurz auf die Werteflüsse zwischen den bereits erwähnten Komponenten eingegangen werden (siehe Abbildung 3.7).

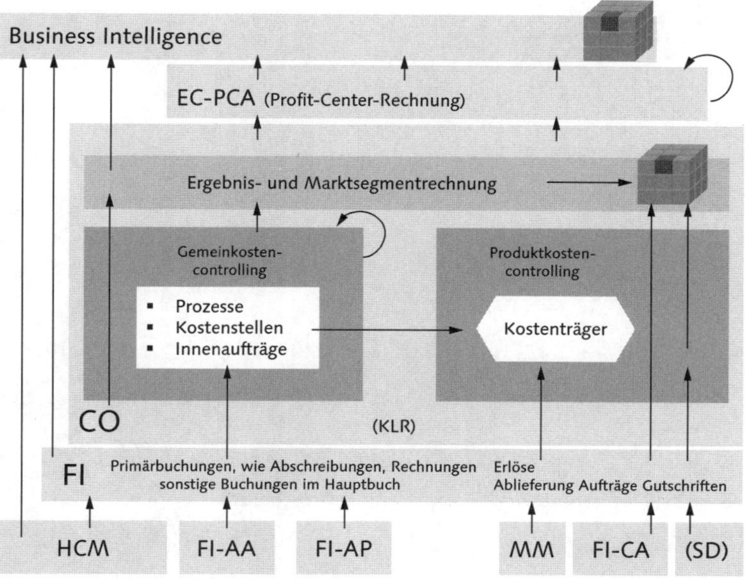

Abbildung 3.7 Werteflüsse im Rechnungswesen

Beginnt man die Betrachtung von unten, werden in Abbildung 3.7 aus den vorgelagerten Komponenten (HCM, FI-AA, FI-AP, MM) Gehaltsbuchungen für Mitarbeiter, Abschreibungen auf Anlagen (z. B. interne EDV), Verbindlichkeiten für den Kauf von Anlagen (z. B. Beschaffung von Stromzählern) oder Buchungen durch Inventurverluste in der Finanzbuchhaltung (FI) ausgelöst. Diese Buchungen führen wiederum zu Buchungen im Controlling. Hierbei handelt es sich zunächst um Primärkostenbuchungen, die durch interne Leistungsverrechnungen von Kostenstellen über mehrstufige Verrechnungen letztlich auf Innenaufträgen (Produkten) verrechnet werden und damit zur Ermittlung der Produktkosten in CO führen. Über FI-CA werden Ausgangsrechnungen gebucht, die ebenfalls auf Kostenträger kontiert werden.

Weitere Auswertungen können nun in der Ergebnis- und Marktsegmentrechnung, in der Profit-Center-Rechnung oder mithilfe von Business-Intelligence-Lösungen (BW und SAP BusinessObjects) erfolgen. Die Würfel in der Ergebnis- und Marktsegmentrechnung und bei BI sollen andeuten, dass hier mehrdimensionale Auswertestrukturen für komplexe Analysen erzeugt werden können (siehe Abschnitt 7.4).

Bei der Entwicklung von SAP for Utilities wurden logistische Komponenten wie MM, EAM und SD verwendet. Die Einsatzbereiche dieser logistischen Komponenten werden in diesem Kapitel kurz zusammengefasst.

4 Logistische SAP-Komponenten in der Versorgungswirtschaft

In diesem Kapitel werden die SAP-Komponenten zur Abbildung der Materialwirtschaft, des Vertriebs, des Kundenservice und der Instandhaltung beschrieben, soweit dies für das weitere Verständnis der Prozesse in der Versorgungswirtschaft erforderlich ist.

4.1 Überblick über die Integration der Logistikmodule

Abbildung 3.2 auf Seite 64 gibt einen Überblick über die Integration der Logistikmodule (MM, EAM, SD) in die Branchenlösung SAP for Utilities (IS-U).

Mit der SAP ERP Operations-Komponente Materialwirtschaft (MM) werden parallel zu den in IS-U geführten Gerätetypen Materialstammsätze verwaltet. Der Einkauf und die Lagerhaltung von Geräten (z. B. Zählern) werden über MM abgewickelt.

Gerät, Geräteplatz und Anschlussobjekt sind IS-U-spezifische Ausprägungen des technisches Platzes bzw. des Equipments aus der Komponente Instandhaltung (Enterprise Asset Management, EAM, früher Plant Maintenance, PM). Diese IS-U-Ausprägungen wurden um IS-U-spezifische Aspekte erweitert.

Ein Hausanschluss wird als Equipmentstammsatz in der Komponente Instandhaltung (EAM) abgebildet. Sofern der Hausanschluss als »Kundenequipment« angelegt wird, kann er in SD z. B. für die Abbildung von Installationsserviceleistungen genutzt werden. In der Regel wird der Hausanschlussprozess als Workflow abgebildet. Der Ablauf der Geschäftsprozesse zum Hausanschlusswesen wird in SD über die Angebots-/Auftragsbearbeitung sowie über den Auftragsabschluss und die Fakturierung abgewickelt.

Die Logistikkomponenten werden in der Versorgungswirtschaft nicht ausschließlich dazu genutzt, um IS-U-Prozesse durchführen zu können (Ausprägung eines Mini-Core in IS-U), sondern auch in SAP ERP werden die Logistikkomponenten in vielfältiger Art genutzt. Im Folgenden gehen wir auf die verschiedenen Einsatzgebiete ein.

[+] **Darstellung in diesem Kapitel**

Am Ende jeder Erläuterung finden Sie im Folgenden einen Infokasten mit den Pflegetransaktionen sowie den Datenbanktabellen, in denen die Stammdaten und ihre Beziehungen zueinander gespeichert werden.

4.2 Materialwirtschaft

Der Einsatzbereich des Moduls MM in SAP ERP bezieht sich auf den Energielieferanten sowie den Verteilnetzbetreiber. Beim Lieferanten werden eher Produkte und Dienstleistungen der Verwaltung beschafft. Der Schwerpunkt der materialwirtschaftlichen Prozesskette liegt bei dem Verteilnetzbetreiber. Die Materialwirtschaft setzt sich im Wesentlichen aus den Komponenten Beschaffung, Bestandsführung und Logistik-Rechnungsprüfung zusammen.

4.2.1 Beschaffung

Das Einsatzgebiet der Materialwirtschaft bei Energieversorgern bezieht sich auf die Beschaffung (MM-PUR) von Dienstleistungen und Materialien für die Verwaltung sowie für das Leitungsnetz und die Anlagen (z. B. Kraftwerke, eigene Fahrzeuge/Maschinen) von Energieversorgern (und in Querverbundunternehmen, die neben der Versorgung auch weitere Dienstleistungen erbringen, auch häufig für Verkehrsbetriebe, Bäder etc.).

[+] **Pflegetransaktionen und Datenbanktabelle**

Folgende sind die wichtigsten Pflegetransaktionen zur Bestellanforderung:

- ME51N/ME52N/ME53N (Bestellanforderung anlegen/ändern/anzeigen)

Die wichtigste Datenbanktabelle zeigt Tabelle 4.1.

Tabelle	Beschreibung
EKKO	Einkaufsbelegkopf

Tabelle 4.1 Datenbanktabelle zur Bestellanforderung (Auswahl)

Hierzu werden unterschiedliche Stammdaten wie Materialien, Leistungen, Warengruppen, Lieferanten, Einkaufsinfosätze etc. verwaltet. Der Einsatz und die Abbildung von Rahmenverträgen sind möglich.

Energieversorger beschaffen Lagermaterial (Rohre, Kabel, Zähler etc.) sowie Nicht-Lagermaterial (Verbrauchsmaterial wie Büromaterial) und Leistungen (zum Bau, zur Wartung und Instandhaltung).

Pflegetransaktionen und Datenbanktabelle [+]

Folgende sind die wichtigsten Pflegetransaktionen zum Material:

- MM01/MM02/MM03 (Material anlegen/ändern/anzeigen)

Die wichtigste Datenbanktabelle zeigt Tabelle 4.2.

Tabelle	Beschreibung
MARA	allgemeine Materialdaten

Tabelle 4.2 Datenbanktabelle zum Material (Auswahl)

Die Beschaffung von Lagermaterial erfolgt über die Disposition oder die Anforderung aus Neubau-, Instandhaltungs-, Wartungs- und/oder Serviceaufträgen. Die Beschaffungsvorgänge werden im System ermittelt, gebündelt und durch den Einkauf über Bestellanforderungen oder direkt über Bestellungen umgesetzt.

Zur Beschaffung von Materialien für die Verwaltung kann die Komponente SAP Supplier Relationship Management (SAP SRM) optional eingesetzt werden. SRM ist eine eigene Installation, die auf MM-Funktionen zugreift; im klassischen Szenario werden Bestellungen, Wareneingänge und Rechnungen im Backend-System verwaltet. SRM stellt die folgenden Prozesse zur Verfügung:

- Beschaffung per Self-Service, inklusive Freigabeverfahren
- planungsgesteuerte Beschaffung
- Dienstleistungsbeschaffung
- strategische Bezugsquellenfindung
- Verwaltung operativer Kontrakte
- Lieferantenqualifizierung
- Verwaltung von Kataloginhalten
- analytische Funktionen

Zur optimierten Dienstleistungsbeschaffung über Leistungsverzeichnisse – das sind strukturiert gegliederte Aufstellungen und Beschreibungen der Leistungen eines Lieferanten – wird häufig die Komponente Dienstleistungsbeschaffung (MM-SRV) eingesetzt. Als Dienstleistungen werden in der Versorgungswirtschaft primär Installations- und Wartungsleistungen beschafft. In MM-SRV werden Aufmaße – die Nachweise über die erbrachten Einzelleistungen – im System festgehalten. Dies erfolgt in der Regel über eine (internetbasierte) Leistungserfassung durch den Lieferanten und die Freigabe eines Mitarbeiters. Über eine vereinfachte Prüfung der erbrachten Leistungen können Rechnungen inklusive Skonto schnell verbucht werden.

4.2.2 Bestandsführung

Die Bestandsführung (MM-IM) wird in der Versorgungswirtschaft in folgenden Fällen eingesetzt:

- mengen- und wertmäßige Führung der Materialbestände
- Planung, Erfassung und Nachweis aller Warenbewegungen
- Durchführung der Inventur

Das Lagermaterial umfasst Kleinteile von Schrauben oder Verbindern über Zähler bis hin zu Kabeln und Rohren. Insbesondere bei Kabeln ist die gesonderte Trommelabwicklung (Mehrwegtransportverpackung) zu beachten. In der Regel liegt das Lagermaterial im Betriebshof und wird von den Mitarbeitern (oder externen Vertragspartnern) zu den Baustellen, Netzanschlüssen oder Instandhaltungsmaßnahmen beordert und dorthin ausgelagert (bzw. Reste werden wieder eingelagert). Hierbei sind die klassischen Prozesse Warenein- und -ausgang und gegebenenfalls Umbuchungen abzuwickeln.

[+]

Pflegetransaktionen

Folgende sind die wichtigsten Pflegetransaktionen zu Warenbewegungen:

- MB0A (Wareneingang zur Bestellung)
- MB01 (Wareneingang zur Bestellung unbekannt)
- MB1A (Warenentnahme)
- MB1B (Umbuchung)
- MB1C (Wareneingang Sonstige)
- MIGO (Warenbewegung)

Die Bestandsverwaltung erfolgt heute häufig über mobile Geräte; zum Teil sind Sonderbestände wie z. B. bei der Streckenabwicklung zu beachten.

Für das Lagermaterial sind die unterschiedlichen Inventurverfahren durchzuführen. Hierzu wird pro Lagerort ein Inventurbeleg erstellt. In der Regel wird die Stichtagsinventur eingesetzt.

Pflegetransaktionen [+]

Folgende sind die wichtigsten Pflegetransaktionen zur Inventur:

- MIDO (Inventurübersicht)
- MI01/MI02/MI03 (Inventurbeleg anlegen/ändern/anzeigen)
- MI04 (Inventurzählung erfassen mit Beleg)
- MI05/MI06 (Inventurzählung ändern/anzeigen)
- MI21 (Inventurbeleg drucken)
- MI22 (Inventurbelege zum Material anzeigen)
- MI23 (Inventurdaten zum Material anzeigen)
- MI24 (Inventurliste)

Lagerverwaltungssysteme (Bestandsführung unterhalb von Lagerorten) sind in der Versorgungswirtschaft selten anzufinden.

4.2.3 Logistik-Rechnungsprüfung

Den Abschluss der logistischen Prozesskette bildet die Logistik-Rechnungsprüfung. Diese ist von der Rechnungsprüfung in SAP ERP Financials zu unterscheiden.

In der Logistik-Rechnungsprüfung werden Rechnungen für Dienstleistungen, Lagermaterial sowie für Verbrauchskontierungen (Kostenstelle, Auftrag etc.) auf sachliche, preisliche und rechnerische Richtigkeit geprüft und anschließend gebucht. Mit dem Buchen der Rechnung werden die Daten der Rechnung im System gesichert. Das System aktualisiert die gesicherten Daten der Rechnungsbelege in der Materialwirtschaft und im Rechnungswesen.

Pflegetransaktionen und Datenbanktabelle [+]

Folgende sind die wichtigsten Pflegetransaktionen zur Eingangsrechnung:

- MIRO (Eingangsrechnung erfassen)
- MIR4 (Aufruf MIRO – Status ändern)

- MIR6 (Übersicht Rechnungen)
- MIR7 (Eingangsrechnung vorerfassen)

Die wichtigste Datenbanktabelle zeigt Tabelle 4.3.

Tabelle	Beschreibung
BSEG	Belegsegment Buchhaltung

Tabelle 4.3 Datenbanktabelle zur Eingangsrechnung (Auswahl)

Die Logistik-Rechnungsprüfung eines Energieversorgers unterscheidet sich nicht maßgeblich von anderen Unternehmen.

4.3 Vertrieb und Kundenservice

Das Modul Sales and Distribution (SD) wird sowohl für Geschäftsvorfälle des Lieferanten als auch für Geschäftsprozesse des Verteilnetzbetreibers eingesetzt. Vom Ursprung her ist SD zur Abwicklung von Vertriebs- und Kundenserviceprozessen konzipiert. Durch die Regulierung der Energiewirtschaft wird SD aber auch zur Abwicklung bzw. Unterstützung von Prozessen des Verteilnetzbetreibers herangezogen. Insbesondere der Prozess zur Erstellung des Hausanschlusses wird bei zahlreichen Verteilnetzbetreibern mittels SD abgewickelt bzw. fakturiert.

SD kann den gesamten Prozess der Kundenauftragsabwicklung bedienen, aber auch nur einzelne Teilprozesse wie z. B. die Fakturierung abdecken.

[+] **Pflegetransaktionen und Datenbanktabellen**

Folgende sind die wichtigsten Pflegetransaktionen zu Kundenaufträgen und zur Faktura:

- VA01/VA02/VA03 (Kundenauftrag anlegen/ändern/anzeigen)
- VA05 (Liste Aufträge)
- VF02 (Faktura ändern)
- VF11 (Faktura stornieren)

Die wichtigsten Datenbanktabellen zeigt Tabelle 4.4.

Tabelle	Beschreibung
VBAK	Verkaufsbeleg: Kopfdaten
VBAP	Verkaufsbeleg: Positionsdaten

Tabelle 4.4 Datenbanktabellen zu Aufträgen (Auswahl)

Der Geschäftsprozess der Kundenauftragsabwicklung kann mit einer Kundenanfrage beginnen, aus der dann ein Angebot angelegt wird. Der Prozess endet mit der Fakturierung der gelieferten Waren oder erbrachten Dienstleistungen. Hierzu werden Stammdaten wie Debitoren, Materialien, Leistungen und Konditionen benötigt. Auf diese Weise können Aufträge über pauschale und aufwandsbezogene Dienstleistungen wie z. B. Hausanschlüsse, Entstördienstkosten und diverse Wartungsarbeiten gemeinsam erfasst werden. Die Preise für diese kundenindividuellen Leistungen können nicht immer als Festpreise hinterlegt werden. Es ist hier erforderlich, die für einen Kunden bzw. Auftrag aufgewendeten Ressourcen (z. B. Personalkosten und aufgewendete Materialien) aufwandsbezogen abzurechnen. Nach Abschluss des Auftrags erfolgt die Erstellung einer Faktura automatisch durch die Übernahme der Daten aus einer Lieferung oder einem Auftrag.

Die Erzeugung eines Buchhaltungsbelegs stellt die Schnittstelle zur Finanzbuchhaltung (FI) dar. Die Anbindung von SD an das Kontokorrent (FI-CA) erfolgt über IS-U. In diesem Bereich werden für jeden Kunden ein zentraler Geschäftspartner sowie ein zugehöriger SD-Debitor und ein Vertragskonto zur Abwicklung der Nebengeschäfte eingerichtet.

Pflegetransaktionen [+]

Folgende sind die wichtigsten Pflegetransaktionen zu Debitoren:

- VD01/VD02/VD03 (Debitor anlegen/ändern/anzeigen)
- VD04 (Kontoänderungen)

Neben den »ursächlichen« Aufgaben eines Energieversorgungsunternehmens wie z. B. Hausanschlüsse oder Entstördienst werden auch zunehmend vertriebliche Produkte und Dienstleistungen über SD unterstützt bzw. fakturiert. Hierzu zählen unter anderem Wärmeservice, Energieberatung oder Contracting.

Aber nicht nur durch vertriebliche Produkte und Dienstleistungen steigt der Einsatz von SD bei Energieversorgungsunternehmen. Auch die zunehmende Interaktion zwischen den Marktpartnern im Rahmen von Prozessvorgaben bzw. -leitlinien sorgt dafür, dass diverse Prozesse in SD abgewickelt bzw. fakturiert werden. Hier ist insbesondere der Prozess »Unterbrechung der Anschlussnutzung« und die damit verbundene Rechnungsstellung vom VNB an den Lieferanten zu nennen (siehe Abschnitt 8.1.6).

Durch die neuen Geschäftsprozesse auf Basis der Beschlüsse BK6-09-034 und BK7-09-001 (Wechselprozesse im Messwesen) der Bundesnetzagentur sind weitere Prozesse umzusetzen, die mithilfe von SD unterstützt werden können. Insbesondere der Prozess der Geräteübernahme bietet sich hier an (siehe Abbildung 4.2). Dieser Prozess beschreibt die Interaktionen zwischen den Marktbeteiligten, wenn im Fall des Übergangs eines Messstellenbetriebs die vorhandenen Messeinrichtungen zum Kauf oder zur Nutzung angeboten werden (§ 4 Abs. 2 Nr. 2a MessZV). MSBN steht dabei für Messstellenbetreiber neu und MSBA für Messstellenbetreiber alt. Die Bestandteile der Messeinrichtungen können dabei einzeln oder vollständig angeboten werden.

Durch die hohe Integration des Moduls SD mit IS-U, MM und SAP ERP Financials kann in Abbildung 4.1 ein effizienter Geschäftsprozess abgebildet werden.

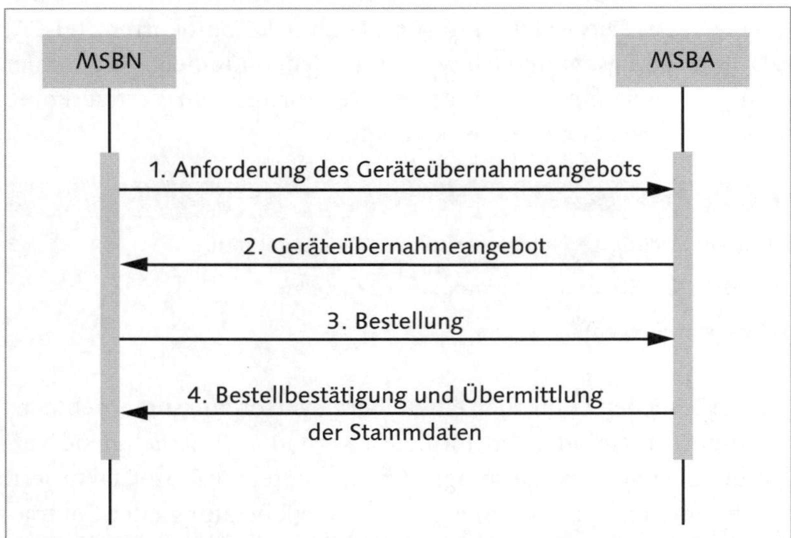

Abbildung 4.1 Prozess der Geräteübernahme (Quelle: Bundesnetzagentur)

4.4 Instandhaltung und Neubau

Im Rahmen der Tätigkeiten eines Energieversorgers sind umfangreiche Aufgaben durchzuführen, und zwar von der Neuerstellung von Anlagen und Netzanschlüssen bis hin zu Instandhaltungs- und Wartungsarbeiten an Objekten. Diese Tätigkeiten werden in der Regel vom Verteilnetzbetreiber geplant und durchgeführt. Gegebenenfalls ist der Lieferant Ansprechpartner für den Kunden und vermittelt/verkauft die Leistungen des VNB.

Zur Instandhaltung sind die entsprechenden technischen Objekte zu pflegen. Technische Objekte sind Stammdaten wie Equipments, technische Plätze, Anlagenkonfigurationen und Stücklisten. Equipments sind individuelle Objekte, die eigenständig instand zu halten sind; sie können auf technischen Plätzen ein- und ausgebaut werden. Technische Plätze sind Elemente einer technischen Struktur (z. B. Funktionseinheiten in einer Gesamtanlage), die hierarchisch gegliedert sind.

Equipments und technische Plätze werden beide auch in IS-U eingesetzt (siehe Abschnitt 5.3).

Pflegetransaktionen [+]

Folgende sind die wichtigsten Pflegetransaktionen zu den technischen Stammdaten:

- IECS (technische Objekte)
- IE01/IE02/IE03 (Equipment anlegen/ändern/anzeigen)
- IE05 (Equipment ändern)
- IE07 (Equipmentliste (mehrstufig))
- IE08 (Equipment anlegen)
- IH01 (technischer Platz Strukturdarstellung)
- IH02 (Referenzplatz Strukturdarstellung)
- IH03 (Equipment Strukturdarstellung)
- IH05 (Material Strukturdarstellung)
- IH06 (technischen Platz anzeigen)

Das Instandhaltungsmodul Enterprise Asset Management (EAM, ehemals Plant Maintenance, PM) wird für die regelmäßige Inspektion, Wartung und Instandsetzung des eigenen Anlagen- und Leitungsnetzes (z.T. auch für Gebäude, technische Anlage etc.) genutzt. Es ist auch möglich, dass ein Energieversorger seine technischen Dienstleistungen anderen Kunden anbietet und hierfür die Instandhaltungskomponenten einsetzt (in diesem Fall häufig in Form der SAP ERP-Komponente Customer Service (CS) kombiniert mit SD).

Der Kundenservice (CS) verwendet Funktionen aus unterschiedlichen SAP-Anwendungskomponenten, insbesondere aus der Instandhaltung (EAM) und aus dem Vertrieb (SD). CS umfasst z. B. die Planung und Bearbeitung von Fremdleistungen wie z. B. die Verträge über die Wartung und Reparatur von Geräten, die ein Kunde entweder gekauft oder gemietet hat. Die Planung und Durchführung der Wartung erfolgen in EAM, die entsprechenden Serviceverträge können in SD angelegt und gepflegt werden. Vertragsbezogene Kosten, die in EAM entstehen, werden in der Form von Fakturaanforderungen an SD weitergeleitet.

Durch die Integration mit anderen Modulen (z. B. Materialwirtschaft, Vertrieb, Personalwirtschaft, Controlling) werden Daten aktuell gehalten und Prozesse, die für die Instandhaltung und den Kundenservice notwendig sind, in anderen Bereichen automatisch ausgelöst (z. B. eine Bestellanforderung für Nicht-Lagermaterial im Bereich Materialwirtschaft/Einkauf). Damit werden sämtliche Instandhaltungsmaßnahmen gemäß DIN 31051 (Inspektion, Wartung und Instandsetzung) abgedeckt:

- **Inspektion**

  Die Inspektion beschreibt die Maßnahmen zur Feststellung des Ist-Zustands eines technischen Systems.

- **Wartung**

  Die Wartung beschreibt den regelmäßigen Instandhaltungsprozess. Hierbei wird nach unterschiedlichen Kriterien (Leistung, Termin etc.) automatisch ein Instandhaltungsauftrag (ein erweiterter CO-Innenauftrag) erstellt.

  Mit dem Instandhaltungsauftrag (IH-Auftrag) lassen sich IH-Maßnahmen gezielt planen, es lässt sich damit deren Durchführung überwachen/verfolgen, und die entstandenen Kosten (Material, Personal, externe Leistungen) können mithilfe dieses Auftrags erfasst und abgerechnet werden. IH-Aufträge können mit oder ohne Bezug zur (Stör-)Meldung angelegt werden. In der Regel werden die Aufträge zu einem technischen Bezugsobjekt angelegt, aus denen Vorschlagsdaten ermittelt werden.

  Der Instandhaltungsauftrag enthält die Informationen zu den technischen Stammdaten (technischer Platz und Equipment). Gegebenenfalls sind Arbeitspläne, also Handlungsanweisungen, hinterlegt. Weiterhin gibt es hier die Möglichkeit, über Rahmenvertragsabrufe direkt externe Dienstleistungen und gegebenenfalls Material zu ordern; alternativ werden Eigenleistungen und Lagermaterialien ergänzt. Der IH-Auftrag dient als Kostensammler und wird nach Abschluss/Rückmeldung intern verrechnet (auf andere CO-Objekte) oder extern aufwandsbezogen fakturiert.

Pflegetransaktionen [+]

Folgende sind die wichtigsten Pflegetransaktionen zum Wartungsplan:

- IP01/IP02/IP03 (Wartungsplan hinzufügen/ändern/anzeigen)

- **Instandsetzung**

  Bei ungeplanten Maßnahmen (Instandsetzung) wird in der Betriebsführung eine Störmeldung angelegt (entweder manuell durch den Sachbearbeiter oder auch automatisch durch vorgelagerte Systeme). Meldungen beinhalten/dokumentieren technische und ereignisorientierte IH-Informationen. Meldungen beschreiben Ereignisse (Schäden, Ursachen) sowie den Zustand der IH-Objekte, fordern IH-Maßnahmen an und dokumentieren die durchgeführten Tätigkeiten. Meldungen sind zudem für Auswertungen und zukünftige Planungen von höchster Bedeutung. Über die Meldungen können Schadensauswertungen zum technischen Objekt durchgeführt werden.

  Aus einer Störmeldung wird in der Prozesskette ein Instandhaltungsauftrag. Die weitere Abwicklung erfolgt analog zum Wartungsprozess.

Pflegetransaktionen und Datenbanktabelle [+]

Folgende sind die wichtigsten Pflegetransaktionen zur Instandhaltung:

- IW21 (IH-Meldung anlegen – allgemein)
- IW22/IW23 (IH-Meldung ändern/anzeigen)
- IW24 (IH-Störmeldung anlegen)
- IW25 (IH-Tätigkeitsmeldung anlegen)
- IW26 (IH-Anforderung anlegen)
- IW28/IW29 (Meldungen ändern)
- IW31/IW32 (Auftrag anlegen/ändern)
- IW33 (IH-Auftrag anzeigen)
- IW34 (IH-Auftrag zur IH-Meldung)
- IW36 (IH-Unterauftrag anlegen)
- IW37 (Vorgänge ändern)
- IW38/IW39 (IH-Aufträge ändern/anzeigen)

- IW40 (Aufträge mehrstufig anzeigen)
- IW41 (Rückmeldung IH-Aufträge erfassen)
- IW42 (Gesamtrückmeldung)

Die wichtigste Datenbanktabelle zeigt Tabelle 4.5.

Tabelle	Beschreibung
ILOA	Standort und Kontierung zum IH-Objekt

Tabelle 4.5 Datenbanktabelle zur Instandhaltung (Auswahl)

- **Einsatz mobiler Lösungen**
  Im Rahmen der Instandhaltungstätigkeiten bekommen mobile Applikationen (siehe Kapitel 13) einen immer größeren Stellenwert. Beispielhafte Prozesse sind Informationen zu technischen Anlagen, Materialverfügbarkeit, durchzuführende Instandhaltungs- und Servicetätigkeiten, Bearbeitung von Störungen, technische Rückmeldung, Zeitrückmeldung, Historie ansehen sowie die Kopplung an Kartenmaterial. Leider sind die SAP-Standardfunktionen Mobile Asset Management (MAM) und Mobile Asset Management for Utilities (MAU) abgekündigt. Hier wird auf die neue *Sybase Unwired Platform* bzw. auf *SAP NetWeaver Mobile 7* aufzusetzen sein.
- **Neubau/Projektierung**
  Für größere Projektierungen wie z. B. den Bau eines Blockheizkraftwerks oder großer IT-Projekte werden detailliertere Planungs- und Überwachungsfunktionen benötigt. Hierzu ist der Funktionsumfang von EAM nicht ausreichend. Zur Steuerung dieser Aufgaben wird das Modul Projektsystem (PS) eingesetzt. Der Projektverantwortliche muss die termin-, kosten- und leistungsgerechte Durchführung des Projekts sicherstellen und die notwendigen Ressourcen und Finanzmittel optimal bereitstellen.

  Der Einsatz von weiteren SAP-Komponenten wie *SAP Portfolio and Project Management* und *cProject Suite* ist je nach Bedarfslage zu prüfen. Eine nähere Ausführung dieser Funktionen würde an dieser Stelle zu weit führen.

Zusammenfassend kann man feststellen, dass es zwei Anwendungsgebiete der logistischen Komponenten in der Versorgungswirtschaft gibt: Zum einen die Anwendung im Rahmen eines Mini-ERP von IS-U, um Kernstammdaten und -prozesse der Versorgung abzubilden, und zum anderen die Anwendungen in SAP ERP, um die logistischen Prozesse eines Energieversorgers umzusetzen.

Vielfältige Versorgungsleistungen, Abschlagspläne, Energiedatenmanagement: Die Versorgungswirtschaft stellt besondere Anforderungen an ein ERP-System. Im vorliegenden Kapitel werden die speziellen Funktionen und Komponenten beschrieben, die SAP zur Abbildung dieser Anforderungen bereitstellt.

5 Spezielle SAP-Komponenten in der Versorgungswirtschaft

Für einige Branchen stellt SAP branchenspezifische Zusatzfunktionen zur Verfügung; die Zusatzfunktionen für die Ver- und Entsorgungswirtschaft sind in der Branchenlösung *SAP for Utilities* (IS-U) enthalten. Nachdem wir in den Kapiteln 3 und 4 auf die kaufmännischen und logistischen SAP-Komponenten eingegangen sind, legen wir nun dar, wie diese Komponenten im Zusammenspiel mit IS-U eingesetzt werden können und welche weiteren Funktionalitäten IS-U hierfür enthält.

Hierzu gehen wir auf die verschiedenen SAP-Komponenten und ihre Verwendung in der Versorgungswirtschaft ein und stellen die wichtigsten Stammdaten vor, die für die Prozesse in einem Versorgungsunternehmen notwendig sind. Dabei unterscheiden wir einzelfallbezogene und einzelfallunabhängige Stammdaten.

Zudem erhalten Sie einen Überblick über die Grundkonzepte der Komponente FI-CA (Contract Accounting: Vertragskontokorrent als separates Nebenbuch zur Verarbeitung von Massendaten) und über IS-U. Außerdem stellen wir Ihnen das Customer Relationship Management (CRM) und seine Anbindung an IS-U vor. Die entsprechenden Kundenprozesse, die von diesen Komponenten bereitgestellt werden, finden Sie anschließend in Kapitel 6.

Zunächst jedoch möchten wir kurz darstellen, welche Objekte aus der realen Welt für die systemseitige Abbildung einer Kundenbeziehung und der damit verbundenen versorgungswirtschaftlichen Prozesse relevant sind.

5.1 Der Kunde im versorgungswirtschaftlichen Kontext

Für ein Unternehmen, das einen Kunden mit Energie beliefert, dessen Anschluss an das Versorgungsnetz abrechnet oder eine Messdienstleistung erbringt, sind verschiedene Objekte aus dem versorgungswirtschaftlichen Umfeld des Kunden relevant.

Diese Objekte müssen im SAP-System vorgehalten bzw. abgebildet werden, um sie für die kundenbezogenen Prozesse nutzen zu können. In SAP werden dazu für jede Kundenbeziehung mehrere, einzelfallbezogene Stammdaten angelegt (siehe Abschnitt 5.3). Die wichtigsten dieser Objekte und Stammdaten möchten wir Ihnen anhand eines Beispiels (siehe Abbildung 5.1) kurz vorstellen.

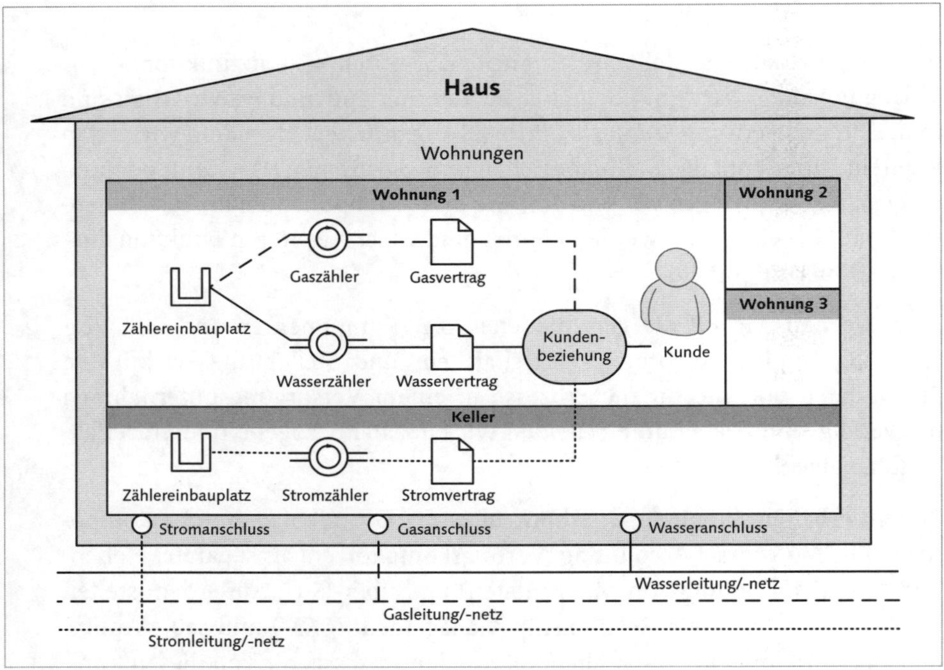

Abbildung 5.1 Der Kunde in seinem versorgungswirtschaftlichen Kontext (Quelle: SAP)

Ausgangspunkt unserer Betrachtung ist der Kunde, der von einem Versorgungsunternehmen mit Strom, Gas oder Wasser beliefert wird; hierbei kann es sich um eine Person oder eine Firma handeln. Im vorliegenden Beispiel ist das Versorgungsunternehmen in mehreren Sparten aktiv (Strom, Gas und Wasser). Die *Sparte* wird auch in IS-U als Unterscheidungsmerkmal benutzt, um z. B. Customizingeinstellungen wie die Tarifierung oder die Kontenfindung spartenspezifisch definieren zu können oder um festzulegen, für welches Geschäftsfeld bestimmte Stammdaten benutzt werden können.

Im SAP-System wird ein Kunde als *Geschäftspartner* (siehe Abschnitt 5.3.1) abgebildet. Die Belieferung mit Energie kommt dann zustande, wenn der Kunde mit dem Energieunternehmen einen Vertrag geschlossen hat. Dieser wird auch in IS-U als *Vertrag* (siehe Abschnitt 5.3.3) abgebildet. Allerdings ist eine 1:1-Darstellung nicht immer möglich; während in der Realität ein spartenübergreifender Vertrag (z. B. Gas und Strom aus einer Hand) nicht unüblich ist, wird ein IS-U-Vertragskonstrukt immer spartenspezifisch angelegt. Verschiedene Verträge zum selben Kunden können in IS-U jedoch unter einem *Vertragskonto* (siehe Abschnitt 5.3.2) gebündelt werden, mit dem somit die gesamte Kundenbeziehung abgebildet werden kann.

Gegenstand eines Vertrags zwischen dem Kunden und dem Versorgungsunternehmen ist die Energiebelieferung seiner Wohnung. Bei Gewerbekunden kann der zu beliefernde Ort der Gewerbebetrieb, eine Lagerhalle oder auch ein Teilbereich der Firmengebäude sein. Ein solcher Ort wird in IS-U als *Verbrauchsstelle* abgebildet (siehe Abschnitt 5.3.5). Das Haus, in dem die Wohnung liegt, wird in IS-U als *Anschlussobjekt* (siehe Abschnitt 5.3.4) bezeichnet. Wie in der Realität auch, gehören oft mehrere Verbrauchsstellen zu einem Anschlussobjekt.

Zur Abrechnung der an den Kunden gelieferten Energie sind ein oder mehrere Zähler nötig. Diese werden im SAP-System als *Geräte* oder *Geräteinfosätze* dargestellt (siehe Abschnitte 5.3.9 und 5.3.12). Neben den Zählern können weitere technische Geräte, wie z. B. Mengenumwerter oder Kommunikationseinheiten, beim Kunden verbaut sein, die ebenfalls systemtechnisch abzubilden sind. Die Zähler und sonstigen Geräte befinden sich üblicherweise an verschiedenen Stellen in der Wohnung oder auch im Keller. Diese Orte sind in Abbildung 5.1 als Zählereinbauplätze aufgeführt. Um auch im SAP-System nachzuhalten, wo genau sich welche Zähler und Geräte befinden, werden *Geräteplätze* angelegt (siehe Abschnitt 5.3.10). An ihnen kann eine nähere Beschreibung des Ortes hinterlegt werden.

Die technische Verbindung zwischen dem Versorgungsnetz und den hausinternen Leitungen wird in SAP als *Anschluss* gespeichert (siehe Abschnitt 5.3.6). Allerdings werden Anschlüsse im System nur benötigt, wenn deren technische Daten, wie z. B. die Leitungslänge, verwaltet werden müssen. In einem Lieferantensystem ist dies üblicherweise nicht der Fall.

Neben den hier erwähnten SAP-Stammdatenobjekten gibt es weitere einzelfallbezogene Stammdaten, deren Äquivalente der Realwelt in Abbildung 5.1

nicht dargestellt sind; hier sind nur die wichtigsten Objekte enthalten. Auch diese Stammdaten finden Sie, wie alle schon angesprochenen Stammdatenobjekte, mit den entsprechenden Erläuterungen in Abschnitt 5.3.

5.2 Einsatz der SAP-Anwendungskomponenten in der Versorgungswirtschaft

Für die Abbildung der versorgungswirtschaftlichen Prozesse in einem SAP-System sind verschiedene *Anwendungskomponenten* relevant, die SAP anbietet, z. B. IS-U, FI, BW, CRM. Nicht alle Komponenten werden dabei in gleichem Umfang genutzt; aus einigen der Komponenten werden lediglich einige der für die Prozesse benötigten Stammdaten verwendet, während von anderen Komponenten viele der dort angebotenen Programme und Prozesse eingesetzt werden.

Die zentrale Anwendungskomponente für die Ver- und Entsorgungswirtschaft ist die Branchenlösung IS-U. Abbildung 5.2 zeigt eine Übersicht der weiteren, für die verschiedenen Bereiche und Aufgaben im Unternehmen relevanten SAP-Komponenten, deren Verwendung im Folgenden jeweils kurz erläutert wird.

Verwaltung IT, Einkauf, Finanz- und Personalwesen	BC	FI	CO	EC	MM	HCM	BW	BO
Marketing und Vertrieb Produkt- und Preisbildung	CRM	SD	BW	BO				
Kundenservice	IS-U	CRM	FI-CA	LO	EAM	CS	HCM	Workflow
Tarifierung und Abrechnung	IS-U	SD						
Zahlungsabwicklung und -verfolgung, VKK	FI-CA	FI						
Marktkommunikation, EDM	IS-U	IDoc	ALE	PI	Workflow			
Unternehmensführung Reporting und Steuerung	BW	BO	CO	EC	FI			

Abbildung 5.2 Verwendete SAP-Komponenten in der Versorgungswirtschaft

Aus der Anwendungskomponente *EAM* (*Enterprise Asset Management*, ehemals Plant Maintenance, PM) werden verschiedene Stammdaten verwendet, um technische Objekte (Anschlussobjekt, Gerät etc.) abzubilden, die für die Kundenprozesse benötigt werden. Prozesse aus EAM können ebenfalls zum Einsatz kommen, um z. B. den Fuhrpark oder die Instandhaltung von Gebäuden zu verwalten, für das Kerngeschäft eines Versorgungsunternehmens sind sie jedoch nicht relevant.

Die für die Geräte bzw. Equipments zur Verfügung stehende Lagerverwaltung ist ein Bestandteil der Komponente *LO (Logistics)*. Weitere Prozesse aus LO werden für das versorgungswirtschaftliche Kerngeschäft üblicherweise nicht benötigt.

Im Kontext von EAM/PM zu nennen ist die Komponente *CS (Customer Service)*, die ursprünglich als Subkomponente von PM konzipiert war, nun aber als eigene Anwendungskomponente angelegt ist und häufig noch zusammen mit EAM/PM unter dem Namen PM/CS firmiert. Sie dient zur Abwicklung der Kundenserviceprozesse in der Instandhaltung und enthält einige für IS-U relevante Funktionalitäten, wie das Customer Interaction Center (CIC, siehe Abschnitt 5.6.2), Stammdatenvorlagen und den Data Finder, mit dem nach verschiedenen technischen Stammdaten gesucht werden kann. Außerdem stellt CS die Logik der Kundenkontakte sowie deren Integration in das CIC zur Verfügung. Die von IS-U benutzten CS-Komponenten existieren in ihrer branchenspezifischen Ausprägung auch als Subkomponente IS-U-CS.

Aus der Anwendungskomponente *HCM (Human Capital Management)* werden für das CIC Funktionen aus dem Organisationsmanagement benutzt. Dort können z. B. Planstellen definiert werden, die eine Zuordnung von Anwendern zu Rollenprofilen ermöglichen, mit denen das Aussehen und die Berechtigungen im CIC gesteuert werden. Außerdem kann HCM in der Personalverwaltung des Unternehmens eingesetzt werden. HCM hieß unter SAP R/3 noch *HR (Human Resources)* und wurde mit Release 6.0 (SAP ERP) umbenannt. Häufig setzen größere Unternehmen ein separates HCM-System ein, um die internen Personaldaten vom operativen IS-U-System zu trennen. Für das CIC wird allerdings auch in diesem Fall das HCM-Organisationsmanagement auf dem System benutzt, auf dem IS-U läuft.

Die Komponente *MM (Materials Management)* kommt im Rahmen von Beschaffungsprozessen (z. B. Zählerbeschaffung) zum Einsatz. Sie enthält aber auch Stammdatenstrukturen, die von anderen Komponenten verwendet werden. So werden z. B. Gerätetypen als Material angelegt. Auch in manuellen Abrechnungen, die in der Komponente SD erfasst werden, kommen Materialien zum Einsatz.

Zur Abrechnung verschiedener Dienstleistungen eines VNB oder eines Lieferanten kann die Komponente *SD (Sales and Distribution)* eingesetzt werden. Hier können Sie Kundenanfragen erfassen, die anschließend zu einem Kundenangebot und letztlich zu einem Kundenauftrag führen. Auch die direkte Erfassung eines Kundenauftrags ist möglich. Beispielsweise für Wartungsarbeiten oder Sperrgebühren können so in SD Rechnungen erstellt werden. Häufig werden SD-Rechnungen auch für die Abrechnung von Hausanschlüssen durch den Verteilnetzbetreiber genutzt. Durch Kombination verschiedener Materialien, Mengen und Preise lässt sich ein Kundenauftrag flexibel gestalten. Über die Preis- und Steuerfindung sind mengenabhängige Zu- und Abschläge, aber auch kundenindividuelle Preise möglich. Die anschließende Fakturierung der Kundenaufträge mit optionalem Rechnungsdruck stellt die Schnittstelle zu den kaufmännischen Anwendungskomponenten dar. Bei der Fakturierung werden Belege in FI-CA erzeugt, die später auch Belege in FI und in CO zur Folge haben.

Als zentrale Komponente für die Folgeprozesse, die sich an die Abrechnung in IS-U und die SD-Faktura anschließen, spielt das *Vertragskontokorrent* (VKK) eine nicht unwesentliche Rolle im IS-U-System. Das Vertragskontokorrent ist keine eigene Anwendungskomponente, sondern wird zum einen als Unterkomponente der Finanzbuchhaltung unter dem Namen *FI-CA*, zum anderen in seiner branchenspezifischen Ausprägung auch als *IS-U-CA* geführt, wobei das CA für *Contract Accounting* steht. Einen Überblick über die Funktionen des Vertragskontokorrents finden Sie in Abschnitt 5.5.

Die Anwendungskomponente *FI (Financial Accounting)* beinhaltet alle Funktionen der Finanzbuchhaltung. Dazu zählt unter anderem das Hauptbuch mit den bilanzrelevanten Sachkonten, auf denen aus den verschiedenen Komponenten heraus Belege erzeugt werden. Auch die Bankbuchhaltung und die Kreditorenbuchhaltung zur Abwicklung eingehender Rechnungen sind Bestandteil dieser Komponente. Weitere Informationen finden Sie in Abschnitt 3.2.

Während die Buchungssummen im FI-Hauptbuch vor allem der externen Rechnungslegung dienen, stehen für das Controlling und das interne Rechnungswesen die Komponenten *CO (Controlling)* und *EC (Enterprise Controlling)* zur Verfügung (siehe Abschnitt 3.3). CO enthält Kontierungselemente für eine Kostenstellen- und eine Auftragsrechnung. Die Profit-Center-Rechnung ist der Komponente EC zugeordnet. Eine Grundfunktion der beiden Komponenten ist neben der Erlösplanung und der Ergebnisrechnung auch die Buchung von Umlagen und Umverteilungen, z. B. im Rahmen der Spartenergebnisermittlung unter Unbundling-Voraussetzungen. Darüber hinaus stellt CO über eine enge Verzahnung der IS-U-Abrechnung und der CO-Ergebnisrechnung eine Möglichkeit dar, Verbrauchs- bzw. Verkaufshochrechnungen abzubilden sowie die bilanzielle Abgrenzung durchzuführen.

Der Komponente *BC (Basis Components)* sind die Basisfunktionen eines SAP-Systems zugeordnet. Dazu zählen unter anderem die ABAP-Laufzeitumgebung, Kommunikationsschnittstellen (PI, IDoc, ALE etc.), das Transportsystem und die Datenbankschnittstelle. Im Kontext von IS-U ist vor allem die Subkomponente *Business Workflow (BC-BMT-WFM)* nennenswert, mit der Workflows für die Unterstützung der Geschäftsprozesse in Versorgungsunternehmen modelliert, ausgeführt und überwacht werden können. Nähere Informationen zu diesen Funktionen finden Sie in Kapitel 2.

Neben den bisher genannten Anwendungskomponenten, die sich auf dem SAP-System befinden, auf dem IS-U im Einsatz ist, gibt es weitere Komponenten bzw. SAP-Produkte, die fast immer auf separaten Systemen vorgehalten werden. Zum einen ist dies *CRM (Customer Relationship Management)*, das in den Abschnitten 5.7, 6.6 und in Kapitel 9 beschrieben ist. Zum anderen werden auch die Komponenten *BW (SAP NetWeaver Business Warehouse)* und *SAP BusinessObjects* auf eigenen Systemen betrieben. BW und SAP BusinessObjects stellen die Business-Intelligence-Lösungen von SAP dar und werden dazu benutzt, Massendaten, die zuvor aus den produktiv genutzten Komponenten von IS-U-Systems extrahiert wurden, auszuwerten und zu veranschaulichen. Alternativ zu CO kann somit eine Verkaufsstatistik oder die bilanzielle Abgrenzung auch mithilfe von BW/SAP BusinessObjects abgebildet werden. Über eine Anbindung an das CRM-System können BW und SAP BusinessObjects außerdem zur Unterstützung und Auswertung der dortigen Prozesse genutzt werden. Nähere Informationen hierzu finden Sie in Kapitel 10.

5.3 Einzelfallbezogene Stammdaten

In IS-U wird wie in jeder anderen Lösung mit Stamm- und Bewegungsdaten gearbeitet. Eine Besonderheit von IS-U ist jedoch, dass zwischen einzelfallbezogenen und einzelfallunabhängigen Stammdaten unterschieden wird.

Stammdaten – einzelfallbezogen und einzelfallunabhängig [+]

Als *einzelfallbezogen* werden Stammdaten bezeichnet, die für eine einzelne Kundenbeziehung bzw. ein einzelnes, mit Energie oder Wasser zu versorgendes Objekt, angelegt werden. Die Anlage und Bearbeitung solcher Stammdaten kann in vielen Fällen direkt vom Kundenservice-Mitarbeiter vorgenommen werden.

Einzelfallunabhängige Stammdaten werden einmalig angelegt und können anschließend in mehreren Kundenbeziehungen genutzt werden. Die Anlage und Verwaltung einzelfallunabhängiger Stammdaten obliegt meist wenigen Personen, die auch Aufgaben im Customizing wahrnehmen.

In diesem Abschnitt werden die Stammdatenobjekte vorgestellt, die zur die Abwicklung der Prozesse in einer Kundenbeziehung notwendig sind. Für jede einzelne Kundenbeziehung sind dabei neue Stammdaten anzulegen, die sich in *kaufmännische* und *technische* Stammdaten unterscheiden lassen.

- Als *technische* Stammdaten werden die Konstrukte bezeichnet, die für die Versorgung der Endkunden mit Energie und zur Kommunikation mit Marktpartnern verwendet werden (siehe Abschnitt 6.7).
- Als *kaufmännische* Stammdaten werden Objekte bezeichnet, die zur buchhalterischen Abbildung benötigt werden.

[+] **Darstellung in diesem Abschnitt**

Die Erläuterung der kaufmännischen Stammdaten finden Sie in den Abschnitten 5.3.1 bis 5.3.3, anschließend werden die verschiedenen technischen Stammdaten erläutert. Dabei finden Sie am Ende jedes Abschnitts einen Infokasten mit den Pflegetransaktionen sowie den Datenbanktabellen, in denen die Stammdaten und ihre Beziehungen zueinander gespeichert werden. In Abschnitt 5.3.14 werden abschließend noch einmal die Zusammenhänge der Stammdatenobjekte untereinander schematisch dargestellt.

5.3.1 Geschäftspartner

Das Stammdatenkonzept im Vertragskontokorrent (FI-CA) sieht drei hierarchisch strukturierte Abbildungsebenen vor: *Geschäftspartner*, *Vertragskonto* und *Vertrag*.

Auf der obersten Ebene repräsentiert der sogenannte Geschäftspartner einen Kunden im System. Dabei können Geschäftspartner grundsätzlich als Personen, Organisationen oder Gruppen im System angelegt werden. In Abhängigkeit davon wird die Feldauswahl der Stammdatenpflege-Dialoge gesteuert.

Der Geschäftspartner des FI-CA bildet eine Klammer um sparten- und produktspezifische Daten. Hier werden Adress-, Bank-, Identifizierungs- und Ansprechpartnerinformationen gespeichert. Unter einem im System eindeutigen Schlüssel – der Geschäftspartnernummer – werden diese Informationen im System abgelegt.

Im buchhalterischen Sinne entspricht ein Geschäftspartner einem Personenkonto. Anders als in der SAP-Kreditorenbuchhaltung (FI-AP) oder in der SAP-Debitorenbuchhaltung (FI-AR) ist einem Geschäftspartner allerdings kein starres Abstimmkonto zugeordnet, sondern dieses wird zur Laufzeit über eine spezielle Kontenfindungslogik abgeleitet.

Geschäftspartner können allgemein mithilfe der Transaktion BP (Geschäftspartner bearbeiten) bearbeitet werden. Es kann ausschließlich auf Geschäftspartner der Rolle »Vertragspartner« kontiert und damit gebucht werden. Diese lassen sich mithilfe der Transaktionen FPP1, FPP2 und FPP3 anlegen, bearbeiten und anzeigen. Geschäftspartner anderer Rollen können beispielsweise als Korrespondenzempfänger genutzt werden. Abbildung 5.3 zeigt die Geschäftspartnerpflege.

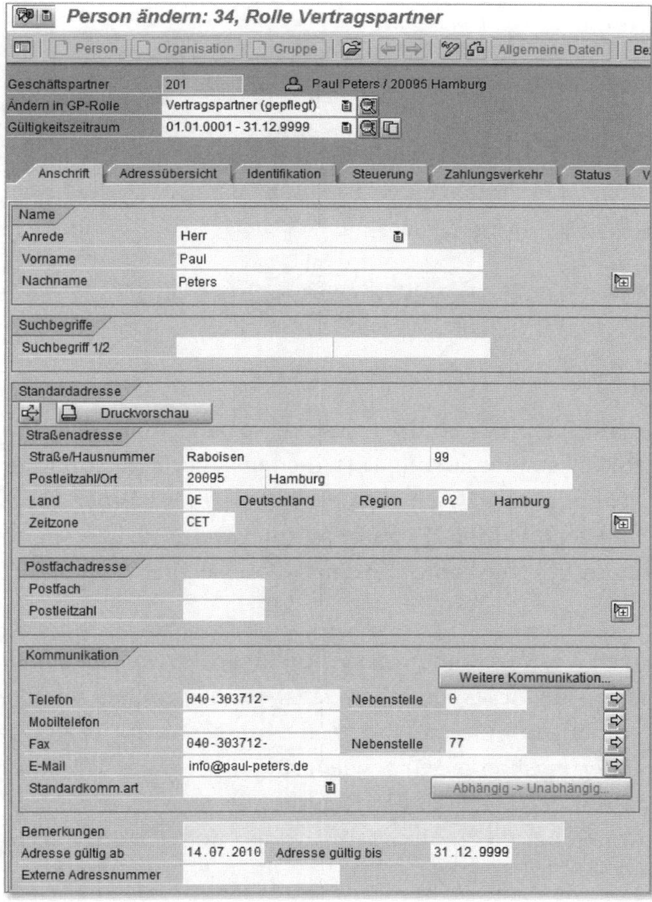

Abbildung 5.3 Dialog zur Pflege von Geschäftspartnerdaten

[+]

Pflegetransaktionen und Datenbanktabellen

Die folgenden Pflegetransaktionen sind die wichtigsten zum Geschäftspartner:

- BP (GP in verschiedenen Rollen pflegen)
- FPP1/FFP2/FPP3 (Vertragspartner anlegen, ändern, anzeigen)

Die wichtigsten Datenbanktabellen zeigt Tabelle 5.1.

Tabelle	Beschreibung
BUT000	Geschäftspartner-Stammdaten
BUT100	Rollen zum Geschäftspartner
BUT020	Adressen zum Geschäftspartner
BUT021_FS	Adressverwendungen zum Geschäftspartner
ADRC	Adress-Stammdaten
BUT0BK	Bankverbindungen zum Geschäftspartner
BUT0ID	Identifikationsnummern zum Geschäftspartner
BUT0IS	Branchen zum Geschäftspartner
BUT050	Geschäftspartnerbeziehungen

Tabelle 5.1 Datenbanktabellen zum Geschäftspartner (Auswahl)

5.3.2 Vertragskonto

Auf der nächsten Hierarchiestufe nach dem Geschäftspartner folgt das Vertragskonto. Es dient zur Zusammenfassung verschiedener Verträge von Kunden, z. B. Sparten oder Produkten. Zu einem Geschäftspartner können mehrere Vertragskonten angelegt werden. Es kann beispielsweise für die Sparte »Strom« ein gemeinsames Vertragskonto für einen Geschäftspartner geführt werden.

In Abbildung 5.4 dienen Vertragskonten zur Abbildung der verschiedenen Sparten. Zu jeder Sparte, für die es eine Geschäftsbeziehung eines Versorgungsunternehmens mit einem Kunden gibt, wird dann genau ein Vertragskonto angelegt. Das Vertragskonto wird wiederum über eine Nummer eindeutig identifiziert. Auf der Ebene des Vertragskontos werden die Fakturierung, die Mahnabwicklung, die Zahlungsabwicklung und Tilgungsregeln abgebildet.

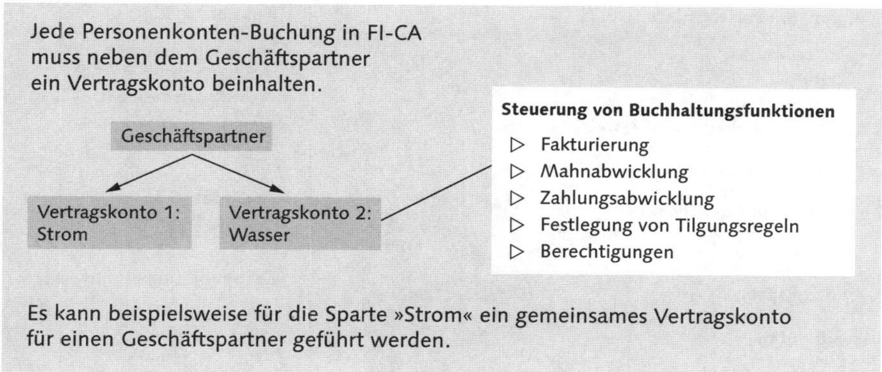

Jede Personenkonten-Buchung in FI-CA
muss neben dem Geschäftspartner
ein Vertragskonto beinhalten.
Geschäftspartner
Vertragskonto 1:
Strom
Vertragskonto 2:
Wasser
Steuerung von Buchhaltungsfunktionen
▷ Fakturierung
▷ Mahnabwicklung
▷ Zahlungsabwicklung
▷ Festlegung von Tilgungsregeln
▷ Berechtigungen
Es kann beispielsweise für die Sparte »Strom« ein gemeinsames Vertragskonto
für einen Geschäftspartner geführt werden.

Abbildung 5.4 Daten zum Vertragskonto

Pflegetransaktionen und Datenbanktabellen [+]

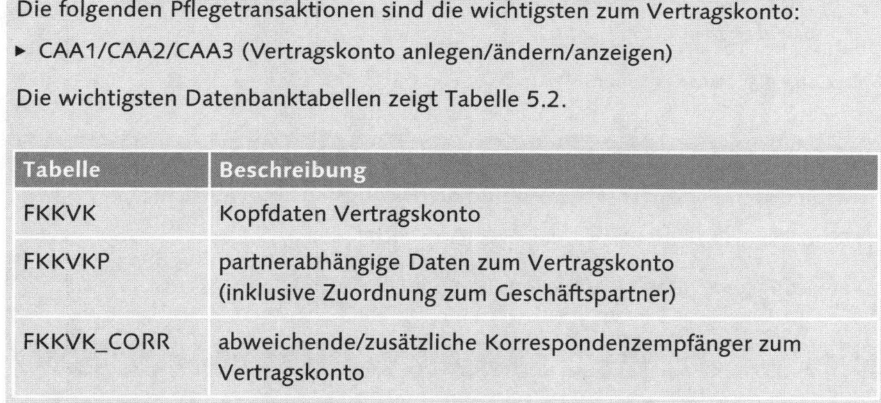

Die folgenden Pflegetransaktionen sind die wichtigsten zum Vertragskonto:

- CAA1/CAA2/CAA3 (Vertragskonto anlegen/ändern/anzeigen)

Die wichtigsten Datenbanktabellen zeigt Tabelle 5.2.

Tabelle	Beschreibung
FKKVK	Kopfdaten Vertragskonto
FKKVKP	partnerabhängige Daten zum Vertragskonto (inklusive Zuordnung zum Geschäftspartner)
FKKVK_CORR	abweichende/zusätzliche Korrespondenzempfänger zum Vertragskonto

Tabelle 5.2 Datenbanktabellen zum Vertragskonto (Auswahl)

5.3.3 Vertrag

Für jede konkrete vertragliche Vereinbarung mit einem Kunden ist in FI-CA ein sogenannter Vertrag anzulegen. Er verbindet genau ein Vertragskonto und eine Versorgungsanlage miteinander; es können aber mehrere Verträge einem Vertragskonto zugeordnet sein.

Nachdem die generellen Eigenschaften eines Kunden beim Geschäftspartner gespeichert sind, sind am Vertrag nur die spezifischen Attribute der zugehörigen Leistungsvereinbarung hinterlegt. Abbildung 5.5 gibt einen Überblick darüber.

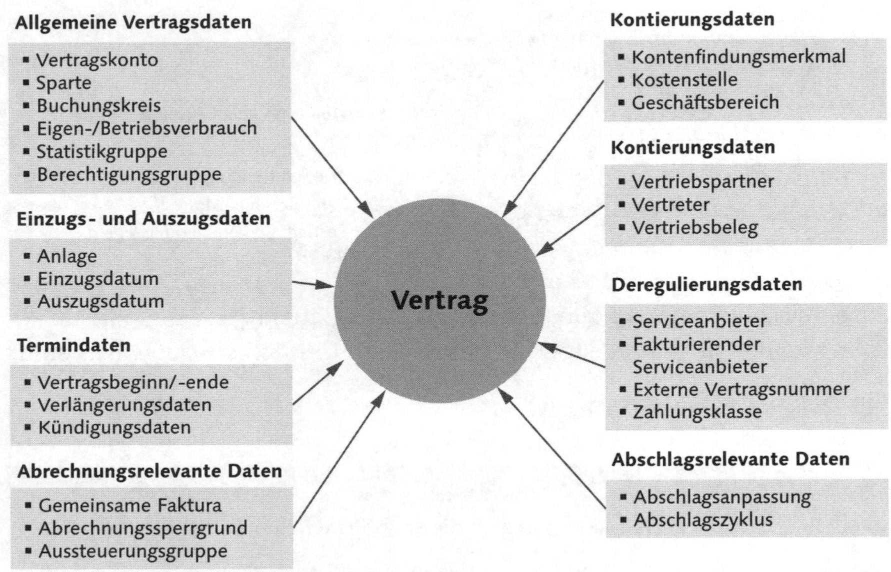

Abbildung 5.5 Daten zu einem Vertrag

[+]

Pflegetransaktionen und Datenbanktabellen

Die folgenden Pflegetransaktionen sind die wichtigsten zum Vertrag:

- ES20/ES21/ES22 (Vertrag anlegen/ändern/anzeigen)

Die wichtigsten Datenbanktabellen zeigt Tabelle 5.3.

Tabelle	Beschreibung
EVER	Vertrags-Stammdaten (inklusive Zuordnung zum Vertragskonto und zur Anlage)
EVERH	zeitabhängige Daten zum Vertrag (inklusive CRM-Replikationsdaten)

Tabelle 5.3 Datenbanktabellen zum Vertrag (Auswahl)

5.3.4 Anschlussobjekt

Ein Ort, der mit Energie versorgt wird, wird in IS-U als *Anschlussobjekt* abgebildet. Meist entspricht ein Anschlussobjekt einem Gebäude; es kann aber auch Anschlussobjekte für Telefonzellen, Werbetafeln oder andere Orte mit Energiebezug geben. Gebäude mit mehreren Wohneinheiten oder Gewerbegrundstücke mit mehreren Gebäuden unter gleicher Anschrift werden meist als ein Anschlussobjekt abgebildet. Für die einzelnen Wohnungen oder Teile des Grundstücks können Sie jeweils Verbrauchsstellen anlegen (siehe Abschnitt 5.3.5).

Anschlussobjekte sind spartenunabhängig. Für die Versorgung eines Hauses mit Strom und Wasser ist somit nur ein Anschlussobjekt notwendig. Das Anschlussobjekt wird sowohl auf der Lieferanten- als auch auf der Netzbetreiberseite verwendet und bildet den Ausgangspunkt für viele weitere technische Stammdaten, die dem Anschlussobjekt untergeordnet sind (siehe die nächsten Abschnitte). Über den Menüpfad UMFELD • DATEN in der Anzeige eines Anschlussobjekts können Sie in das Datenumfeld zum Anschlussobjekt springen, in dem die zugehörigen Stammdaten hierarchisch aufgelistet sind.

Ein Anschlussobjekt wird als *technischer Platz* in der Anwendungskomponente Instandhaltung (Enterprise Asset Management, EAM, ehemals Plant Maintenance, PM) angelegt und in der Datenbanktabelle IFLOT gespeichert. Jedes Anschlussobjekt besitzt eine Adresse (siehe Abbildung 5.6), die dem Anschlussobjekt über einen sogenannten *Standort* in den Tabellen ILOA und IFLOT zugeordnet ist.

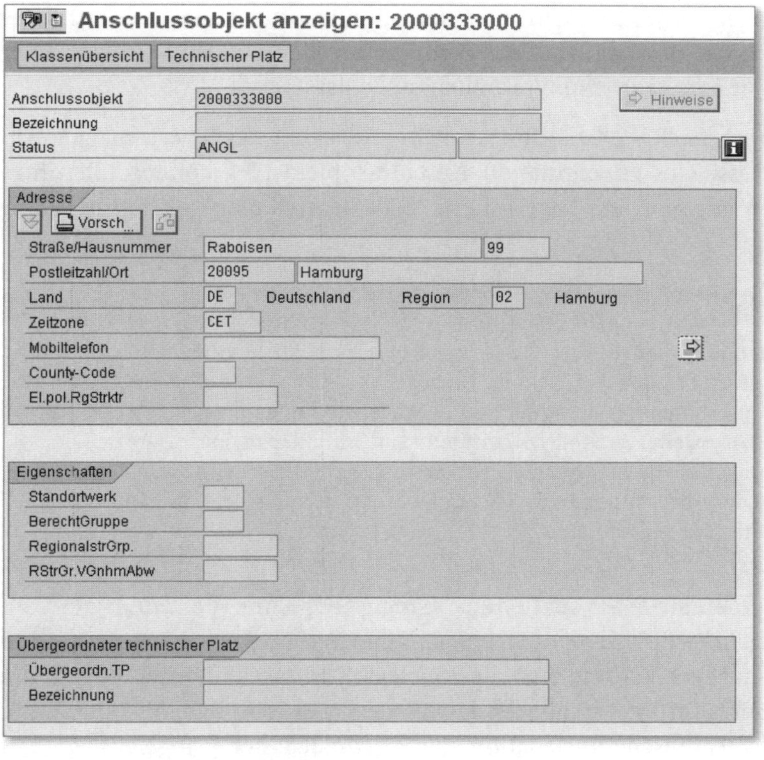

Abbildung 5.6 Anschlussobjekt

[+]

Pflegetransaktionen und Datenbanktabellen

Die folgenden Pflegetransaktionen sind die wichtigsten zum Anschlussobjekt:

- ES55/ES56/ES57 (Anschlussobjekt anlegen/ändern/anzeigen)

Die wichtigsten Datenbanktabellen zeigt Tabelle 5.4.

Tabelle	Beschreibung
IFLOT	Anschlussobjekt-Stammdaten (technischer Platz)
ILOA	Standort- und Kontierungsdaten zum Anschlussobjekt
ADRC	Adress-Stammdaten
EHAUISU	Regionalstruktur- und CRM-Anbindung Anschlussobjekt

Tabelle 5.4 Datenbanktabellen zum Anschlussobjekt (Auswahl)

5.3.5 Verbrauchsstelle

Eine *Verbrauchsstelle* ist der Ort in einem Anschlussobjekt, an dem die Energie tatsächlich verbraucht wird und der räumlich abgeschlossen ist. Ist das Anschlussobjekt ein Haus, sind die Verbrauchsstellen z. B. Wohnungen. Aber auch das Flurlicht kann eine Verbrauchsstelle darstellen.

An einer Verbrauchsstelle ist in IS-U keine Adresse gespeichert, maßgeblich ist die Adresse des zugeordneten Anschlussobjekts. Es können allerdings Zusatzdaten zur genauen Lage innerhalb des Anschlussobjekts gespeichert werden.

[zB]

Zusatzdaten zur Lage der Verbrauchsstelle in einem Anschlussobjekt

Diese Zusatzdaten helfen dem Kundenservice z. B. beim Identifizieren der neuen Wohnung eines Kunden nach einem Umzug. Hier ist z. B. die Angabe von Stockwerk, Wohnungsnummer und weiteren Lagebeschreibungen möglich (siehe Abbildung 5.7). Außerdem können Informationen zur Grundfläche und zur Anzahl der für die Verbrauchsstelle gemeldeten Personen vorgehalten werden. Diese Daten können auch in der Abrechnung berücksichtigt werden, sofern sie für die Ermittlung der Rechnungssumme relevant sind.

Eine Verbrauchsstelle ist spartenunabhängig. Für eine Wohnung, die vom Versorgungsunternehmen mit Strom, Gas und Wasser versorgt wird, wird in der Regel nur eine Verbrauchsstelle angelegt. Technische Einrichtungen, die nicht als Gerät im System abgebildet werden (z. B. ein Sicherungsschrank), können als technische Installation zur Verbrauchsstelle angelegt werden (siehe Abschnitt 5.3.11). Pro Sparte kann zu einer Verbrauchsstelle nur eine technische Installation hinterlegt werden.

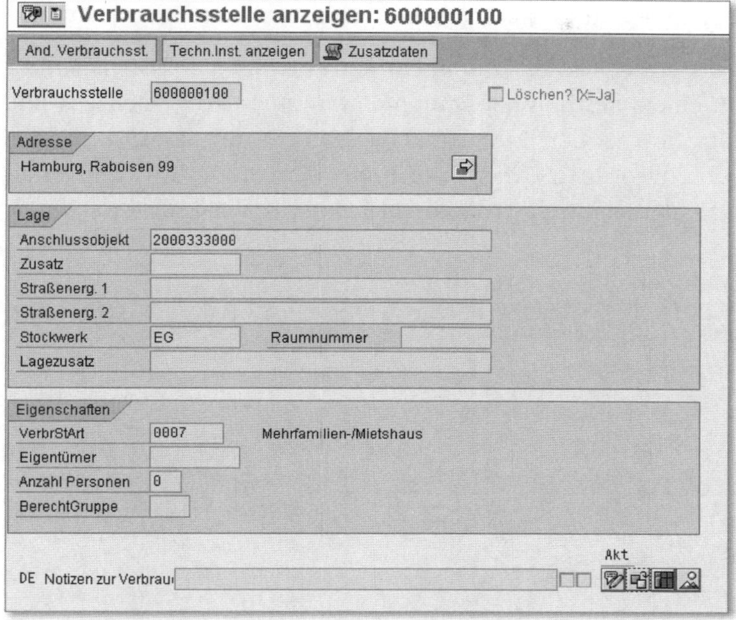

Abbildung 5.7 Verbrauchsstelle

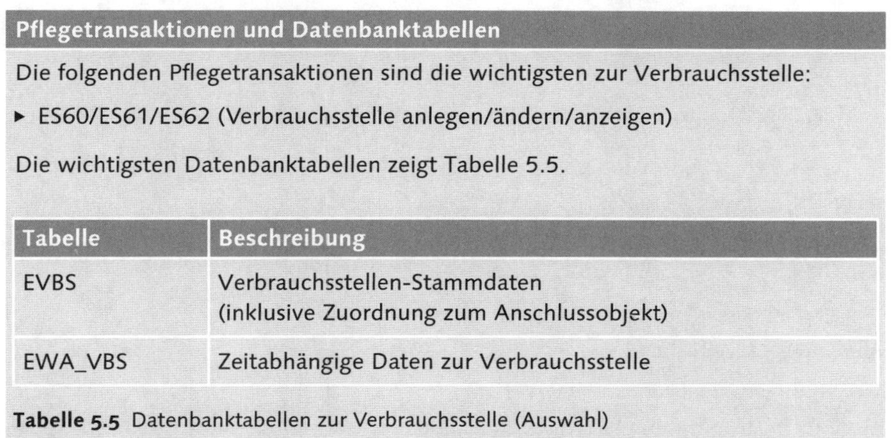

Pflegetransaktionen und Datenbanktabellen [+]

Die folgenden Pflegetransaktionen sind die wichtigsten zur Verbrauchsstelle:

- ES60/ES61/ES62 (Verbrauchsstelle anlegen/ändern/anzeigen)

Die wichtigsten Datenbanktabellen zeigt Tabelle 5.5.

Tabelle	Beschreibung
EVBS	Verbrauchsstellen-Stammdaten (inklusive Zuordnung zum Anschlussobjekt)
EWA_VBS	Zeitabhängige Daten zur Verbrauchsstelle

Tabelle 5.5 Datenbanktabellen zur Verbrauchsstelle (Auswahl)

5.3.6 Anschluss

Der *Anschluss* ist ein Stammdatenobjekt zur Abbildung technischer Eigenschaften eines Versorgungsanschlusses. Beispielsweise können Sie hierüber die Leitungslänge oder bestimmte bauliche Besonderheiten zu einem Anschluss im SAP-System speichern. Diese Informationen sind allerdings lediglich für Netzbetreiber relevant, sodass der Anschluss als Stammdatenobjekt in einem Lieferantensystem üblicherweise nicht zum Einsatz kommt.

Technisch ist der Anschluss als Equipment der Komponente *Instandhaltung* (EAM/PM) mit einem bestimmten Equipmenttyp (meist A) gespeichert und über seinen Standort in der Datenbanktabelle ILOA dem entsprechenden Anschlussobjekt zugeordnet. Dieses wird in der Ansicht des Anschlusses als *technischer Platz* angezeigt (siehe Abbildung 5.8).

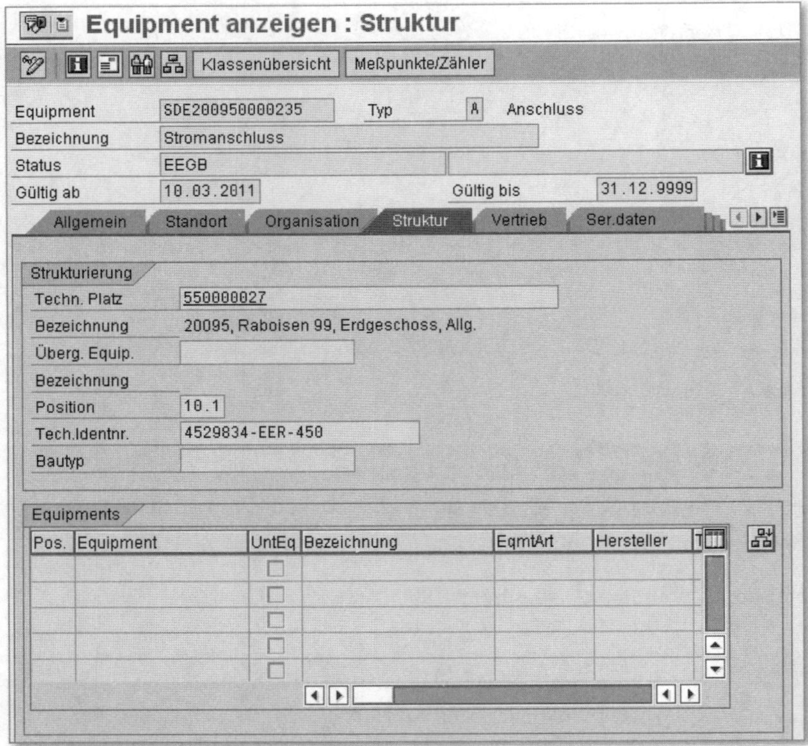

Abbildung 5.8 Anschluss

[+]

Pflegetransaktionen und Datenbanktabellen

Die folgenden Pflegetransaktionen sind die wichtigsten zum Anschluss:

- IE01_ISU_C/IE02/IE03 (Anschluss anlegen/ändern/anzeigen)

Die wichtigsten Datenbanktabellen zeigt Tabelle 5.6.

Tabelle	Beschreibung
EQUI	Anschluss-Stammdaten (Equipment)
EQUZ	Zeitabhängige Daten zum Anschluss (Equipment)
ILOA	Standort- und Kontierungsdaten zum Anschluss (inklusive Zuordnung zum Anschlussobjekt)

Tabelle 5.6 Datenbanktabellen zum Anschluss (Auswahl)

5.3.7 Zählpunkt

Der *Zählpunkt* ist die Stelle, an der der Energiefluss messtechnisch erfasst wird. Er entspricht somit dem Ort, an dem die entsprechenden Messeinrichtungen, wie beispielsweise ein Strom- oder Gaszähler, installiert sind.

Zählpunkt und Geräteplatz [+]

Dabei ist der Zählpunkt nicht mit dem Geräteplatz (siehe Abschnitt 5.3.10) zu verwechseln, der ebenfalls den Ort abbildet, an dem Zähler und andere technische Geräte eingebaut sind.

- **Geräteplatz**
  Der Geräteplatz enthält vor allem Daten zur Lage und Beschaffenheit des Ortes, dient zur Verbindung von Geräten und Anschlussobjekten und wird nur für Geräte, nicht aber für Geräteinfosätze (siehe Abschnitt 5.3.12) eingesetzt.
- **Zählpunkt**
  Ein Zählpunkt hingegen wird für die Kommunikation der Teilnehmer im Energiemarkt untereinander benutzt (Marktkommunikation), damit z. B. Zählerstände anhand eines unternehmensübergreifend eindeutigen Identifikationsmerkmals ausgetauscht werden können.

Die eindeutige, alphanumerische 33-stellige Zählpunktbezeichnung wird vom Netzbetreiber vergeben, in dessen Netz sich der Zählpunkt befindet (siehe Tabelle 5.7).

Bestandteil	Ländercode	Netzbetreibercode	Postleitzahl	Zählpunktnummer
Stellen	2	6	5	20
Beispiel 1	DE	100001	20095	00657EERA98420547211
Beispiel 2	DE	000777	48159	00BE0129342RT3342342

Tabelle 5.7 Bildungsvorschrift für Zählpunktbezeichnungen

Eine Zählpunktbezeichnung wird einmalig angelegt und danach nicht mehr verändert, auch wenn sich die Postleitzahl oder der zugehörige Netzbetreiber ändern sollte. Während ein Netzbetreiber in seinem System somit neue, nicht von einem anderen Netzbetreiber übernommene Zählpunkte selbst nummerieren und anlegen kann, muss ein Lieferant die Zählpunktbezeichnungen von den entsprechenden Netzbetreibern erfragen.

Der Zählpunkt ist das zentrale Objekt der Marktkommunikation (siehe Abschnitt 6.7). Dabei wird grundsätzlich die eindeutige, externe Bezeichnung verwendet, die wie oben beschrieben gebildet wird. Innerhalb des IS-U-Systems wird im Hintergrund eine 22-stellige, interne Zählpunkt-ID genutzt; der Anwender sieht in den Oberflächen aber die externe Bezeichnung (siehe Abbildung 5.9). Eine weitere wichtige Rolle spielt der Zählpunkt im Rahmen der Bilanzierung (siehe Abschnitt 8.2). Daher können Sie in jedem Zählpunkt eine Bilanzierungseinheit eintragen.

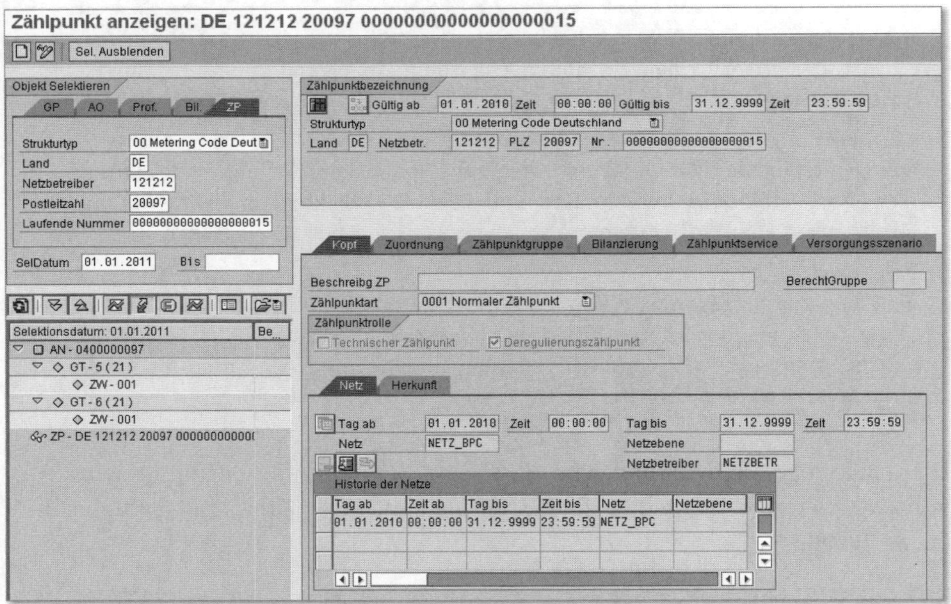

Abbildung 5.9 Zählpunkt

Es werden zwei Arten von Zählpunkten unterschieden:

- **Deregulierungszählpunkt**
  Die für die Marktkommunikation relevanten Zählpunkte, für die Energiemengen erfasst und in IS-U über Anlagen (siehe Abschnitt 5.3.13) abge-

rechnet werden, sind im System als *Deregulierungszählpunkte* angelegt. Deregulierungszählpunkte können darüber hinaus auch für die Kommunikation mit Fernablesesystemen oder IS-U-EDM (Energy Data Management, siehe Abschnitt 5.6.3) verwendet werden, um die zugehörigen Verbrauchsdaten automatisiert zu erfassen. Ein Zählpunkt kann theoretisch für mehrere Sparten (Strom, Gas etc.) angelegt werden und mehreren Anlagen zugeordnet sein. Üblicherweise wird aber für jede Sparte ein eigener Zählpunkt verwendet.

- **Technischer Zählpunkt**
  Einen Zählpunkt, der nicht an der Marktkommunikation teilnimmt und dessen Zählpunktbezeichnung nicht der für den Markt festgelegten Logik entspricht, können Sie als *technischen Zählpunkt* anlegen. Auch ein technischer Zählpunkt kann in der Kommunikation mit externen Systemen verwendet werden, nicht jedoch für den Datenaustausch mit Marktpartnern. Dazu können dem technischen Zählpunkt Zählwerke zugeordnet werden.

  Sie haben außerdem die Möglichkeit, einen technischen Zählpunkt zur Zusammenfassung mehrerer bestehender Zählpunkte zu verwenden. Hierzu müssen Sie im Customizing eine Zählpunktart definieren, die dem Zählpunkttyp »virtueller Zählpunkttyp« zugeordnet ist, und diese Zählpunktart beim Anlegen des virtuellen Zählpunktes angeben. Somit ist es z. B. möglich, die Verbräuche mehrerer Zählpunkte unter einem virtuellen Zählpunkt zusammenzufassen.

Der Begriff »Zählpunkt« in diesem Buch [+]

In den folgenden Kapiteln ist mit einem *Zählpunkt* zumeist ein Deregulierungszählpunkt gemeint, sofern nicht explizit von einem technischen Zählpunkt die Rede ist.

Außer der zum Zeitpunkt der Zählpunktanlage gültigen Postleitzahl in der Zählpunktbezeichnung sind keine weiteren Adressdaten direkt am Zählpunkt gespeichert. Die Zuordnung zu einer Adresse erfolgt im Rahmen des Lieferbeginns (siehe Abschnitt 6.2), wodurch der Zählpunkt indirekt mit einem Anschlussobjekt und dessen Adresse verbunden wird.

Pflegetransaktionen und Datenbanktabellen [+]

Die folgenden Pflegetransaktionen sind die wichtigsten zum Zählpunkt:

- EEDM09/EEDM10/EEDM11 (Zählpunkt anlegen/ändern/anzeigen)

Die wichtigsten Datenbanktabellen zeigt Tabelle 5.8.

Tabelle	Beschreibung
EUIHEAD	Kopfdaten Zählpunkt (inklusive optionaler Zuordnung zur Verbrauchsstelle)
EUITRANS	Transformation interne/externe Zählpunktnummer
EDEREGPODGROUP	Zählpunktgruppen
EUIPODGROUP	Zählpunktgruppe zum Zählpunkt
EDEXPROCUI	Datenaustauschprozess zum Zählpunkt
EEDMUISETTLUNIT	Bilanzierungseinheit zum Zählpunkt
EEDMSETTLUNITPOD	Bilanzierungszählpunkt zur Bilanzierungseinheit
EGRIDPOD	Bilanzierungszählpunkt zum Netz
EUIGRID	Zuordnung Zählpunkt zu Netz
EUIINSTLN	Zuordnung Anlage zu Zählpunkt
EUILZW	Zuordnung Zählwerk zu Zählpunkt

Tabelle 5.8 Datenbanktabellen zum Zählpunkt (Auswahl)

5.3.8 Service

Im deregulierten Energiemarkt gibt es verschiedene Funktionen, die ein Versorgungsunternehmen innehaben kann; diese Funktionen werden häufig auch als *Marktrollen* bezeichnet und in IS-U als *Servicearten* geführt. Die Ausprägung einer Marktrolle in Bezug auf einen Kunden bzw. eine Entnahmestelle wird als *Service* (mit einer bestimmten Serviceart) am Zählpunkt abgebildet. Dabei ist zwischen *abrechenbaren* und *nicht abrechenbaren* Services zu unterscheiden.

Marktrollen, die vom eigenen Versorgungsunternehmen wahrgenommen werden und für die dem Kunden direkt oder indirekt Leistungen in Rechnung gestellt werden, werden als abrechenbare Services angelegt. Für einen Stromlieferanten ist z. B. die Serviceart »Lieferant«, also die Stromlieferung als Service, abrechenbar; für einen Netzbetreiber ist dagegen die Serviceart »Verteilnetzbetreiber (VNB)« abrechenbar. Darüber hinaus können die Servicearten »Messstellenbetreiber (MSB)« und »Messdienstleister (MDL)« abgerechnet werden, sofern sie vom eigenen Unternehmen wahrgenommen werden. Abrechenbare Services werden am Zählpunkt als abrechenbar markiert und über einen Vertrag abgerechnet.

Auch für weitere Marktrollen gibt es Servicearten, wie z. B. die des Bilanzkoordinators. Wenn die entsprechende Leistung dem Kunden nicht in Rechnung gestellt wird oder ein anderes Unternehmen (*Serviceanbieter*) die Rolle innehat, kann sie als nicht abrechenbarer Service mit dem zugehörigen Serviceanbieter am Zählpunkt hinterlegt werden. Dies ist für die Marktkommunikation (siehe Abschnitt 6.7) sowie die Prüfung der summarischen Abrechnungen zwischen den Versorgungsunternehmen von Bedeutung. Ein Lieferant, der z. B. von einem Netzbetreiber eine Netznutzungsentgeltrechnung bekommt, kann anhand der in seinem System hinterlegten Services ermitteln, für welche der von ihm belieferten Zählpunkte der Netzbetreiber zuständig ist und welche Netznutzungsgebühren aufgrund dieser Daten zu zahlen sind. Damit kann der Lieferant prüfen, ob die empfangene Netznutzungsentgeltrechnung aus seiner Sicht korrekt ist.

Die Kombination bestimmter Servicearten und ihre Aussteuerung als eigener oder fremder Service sowie als abrechenbarer oder nicht abrechenbarer Service kann im Customizing in einem *Versorgungsszenario* vordefiniert werden. Einem Zählpunkt können Sie anschließend das passende Versorgungsszenario zuordnen, das sich im Laufe der Zeit, z. B. bei einer Gebietsabgabe oder einem Gerätewechsel, ändern kann.

Die jeweiligen Serviceanbieter zu den im Versorgungsszenario enthaltenen Servicearten können manuell angegeben oder automatisiert über im Customizing zu definierende Findungsmethoden ermittelt werden.

Für die Kommunikation und die summarische Abrechnung untereinander, ist jedem Serviceanbieter ein Geschäftspartner zugeordnet. Da ein Serviceanbieter immer für eine bestimmte Serviceart angelegt wird, müssen für ein Energieunternehmen, das mehrere Marktrollen einnimmt, mehrere Serviceanbieter in IS-U angelegt werden, die dann allerdings auf den gleichen Geschäftspartner verweisen können. Nähere Informationen zum Zusammenspiel der unterschiedlichen Marktrollen erhalten Sie in den Abschnitten 6.7 und 8.3.

In Abbildung 5.10 sind die Zusammenhänge zwischen Services, Serviceanbietern und den zugehörigen Geschäftspartnern exemplarisch aus Sicht eines Lieferanten (Serviceanbieter A) dargestellt.

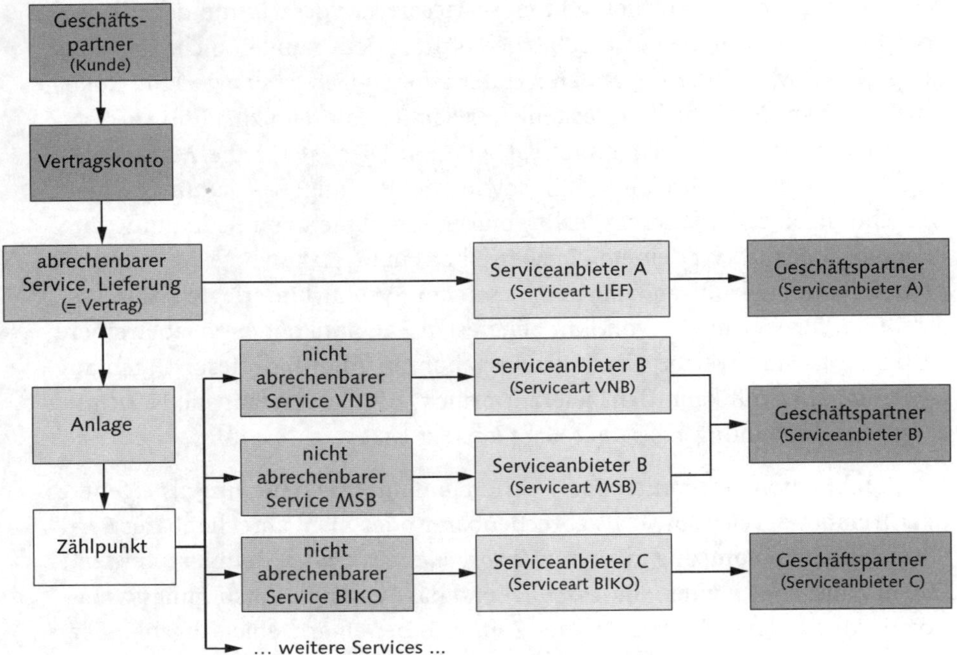

Abbildung 5.10 Abrechenbare und nicht abrechenbare Services

[+]

Pflegetransaktionen und Datenbanktabellen

Die folgenden Pflegetransaktionen sind die wichtigsten zum Service:

- EPODSRVC1/EPODSRVC2/EPODSRVC3 (Service anlegen/ändern/anzeigen)
- über die Pflege des Zählpunktes (EEDM09, EEDM10, EEDM11)

Die wichtigsten Datenbanktabellen zeigt Tabelle 5.9.

Tabelle	Beschreibung
ESERVICE	Zählpunktservice-Stammdaten (inklusive Zuordnung zum Zählpunkt)
EDEREGSCENARIO	Versorgungsszenarien
EDEREGSCENSERV	Services zum Versorgungsszenario
TECDE	Servicearten
EOPAREA	Servicegebiete
EOPAREADET	Servicegebiet zum Netzbetreiber

Tabelle 5.9 Datenbanktabellen zum Service (Auswahl)

Tabelle	Beschreibung
ESERVPROV	Serviceanbieter
ESERVPROVP	Zuordnung Serviceanbieter zu Geschäftspartner
ESERVICEDET	Serviceanbieter zu Servicegebiet und Serviceart
EDEREGSPAGREE	Serviceanbietervereinbarungen

Tabelle 5.9 Datenbanktabellen zum Service (Auswahl) (Forts.)

5.3.9 Gerät und Zählwerk

Die Ausprägung der Gerätestammdaten – Gerät und Zählwerk – hängt davon ab, ob das System bezüglich des Geräteeinsatzes rein abrechnungsorientiert oder auch verwaltungsorientiert eingesetzt werden soll.

- **Verwaltungsorientierter Geräteeinsatz**
  Bei einer verwaltungsorientierten (technischen) Ausprägung kommen Geräte zum Einsatz. Netzbetreiber, Messstellenbetreiber und Messstellendienstleister, die Geräte physisch betreuen und abrechnen, arbeiten in der Regel mit *Geräten*.
- **Abrechnungsorientierter Geräteeinsatz**
  Stromlieferanten, die die Zähler nur zum Abrechnen verwenden, arbeiten meist mit *Geräteinfosätzen*. Beim rein abrechnungsorientierten Einsatz ist keine erweiterte Integration mit der Komponente Logistik erforderlich.

Die Installation von Geräten und Geräteinfosätzen, der Ableseprozess sowie die Geräteprüfung und Beglaubigung werden in den Abschnitten 6.3.2 und 6.3.3 erläutert.

Gerät

Das Gerät ist eine physisch vorhandene messtechnische Einrichtung, die entweder zählt, steuert, schützt oder Daten verarbeitet. Im System wird das Gerät spartenspezifisch definiert und unterscheidet sich nach Grundtypen, wie z. B. Zähler, Umwerter, Druckregler, Rechenwerter, Fühler, Smart Meter.

Bei der Anlage eines Gerätes gehen Sie folgendermaßen vor: Nachdem Sie z. B. einen Beschaffungsprozess in MM durchgeführt haben, legen Sie das *Gerät* mit der Transaktion IQ01 in IS-U an.

Bei der Anlage eines Gerätes ist immer ein Gerätetyp anzugeben. Der Gerätetyp entspricht bei einer Integration von IS-U mit der Komponente MM dem

Material (siehe Abschnitt 4.2). Ein *Gerätetyp* kann als Muster mit definierten Eigenschaften wie z. B. Anzahl von Zählwerken, Bauklassen verstanden werden, der im Gerät um spezifische Informationen ergänzt bzw. von diesen überschrieben wird. Im Customizing unter VERSORGUNGSINDUSTRIE • GERÄTEVERWALTUNG • TECHNIK • GERÄTETYP können Sie die Eigenschaften für Gerätetypen wie etwa die Auswahlmöglichkeiten für Bauklassen, Hersteller etc. sowie Eigenschaften und Verknüpfungen der IS-U-Gerätetypen definieren.

Als Serialnummer wird in IS-U die im Allgemeinen bekannte *Zählernummer* bezeichnet. Diese ergibt sich entweder automatisch aus der Nummernkreisvergabe des Customizings, oder Sie geben diese bei Anlage eines Gerätes individuell vor. Ein neues Gerät wird mit der *Equipmentnummer* als eindeutigem Schlüssel im System angelegt. Das Equipment ist mandantenübergreifend eindeutig. Die Serialnummer kann mehrfach im System vergeben werden. Dies kann z. B. bei einem Lieferanten der Fall sein, der in mehreren Netzen mit der gleichen Sparte aktiv ist. Die Zählernummer A23456 kann z. B. für ein Gerät in München vergeben werden; ein anderes Gerät kann mit gleicher Nummer in Hamburg stehen.

Über den *Equipmenttyp* werden die grundlegenden Eigenschaften eines Equipmentstammdatensatzes der Instandhaltung definiert, die für das neue IS-U-Gerät übernommen werden. Durch den Typ werden z. B. normale Zähler von Anlagen zur Einspeisung differenziert. Die Equipmenttypen können Sie im Customizing definieren.

Zur Anlage eines neuen Gerätes in IS-U geben Sie in der Einstiegsmaske der Transaktion IQ01 einen Gerätetyp (Material), den Equipment-Typ für IS-U-Geräte und die Serialnummer an. Das neu angelegte Gerät erbt die Eigenschaften der beiden vorgegebenen Typen. Dazu zählen u. a. die Sparte, die Zählwerksgruppe und der Sperrstatus. Zusätzlich können Sie weitere Daten des Gerätes ergänzen oder vorbelegte überdefinieren. Zu den wichtigsten IS-U-Basisdaten zählen u. a. Baujahr, Gültigkeit und Prüfrelevanz. Wie in Abbildung 5.11 zu sehen ist, besitzt das Gerät mehrere Reiter, auf denen insbesondere zahlreiche technische Daten aus den Logistikkomponenten aufgeführt sind.

Auf dem Reiter IS-DATEN befinden sich die wichtigsten IS-U-Informationen zur Klassifizierung des Gerätes, den damit verbundenen anderen Stammdatenobjekten sowie den betroffenen Prozessen. Zu diesen Informationen gehören insbesondere:

Abbildung 5.11 Gerät

- **Kopfdaten**
  SERIALNUMMER, SPARTE, GERÄTETYP, GÜLTIGKEIT und SPERRSTATUS
- **Gruppendaten**
  Besteht aus Angaben zur Struktur des Gerätes und dessen Zählwerken:
  - ZÄHLWERKSGRUPPE
    Regelt Eigenschaften der Zählwerke eines Gerätes
  - KOMMANDOGRUPPE
    Steuert Signale an Geräten, z. B. das Einschalten von Straßenleuchten
  - WICKELGRUPPE
    Definiert das Übersetzungsverhältnis, z. B. für Wandler
  - EIN-/AUSGANGS-GRUPPE
    Schnittstelle zu Geräten, z. B. zu Fernzählgeräten/Smart Meter

Die Eigenschaften und Steuerungsfunktionen der einzelnen Bereiche innerhalb der Gruppendaten können im Customizing unter VERSORGUNGSINDUSTRIE • GERÄTEVERWALTUNG • TECHNIK definiert werden.

- **Stammdaten**
  Abhängige oder verknüpfte Stammdaten im Umfeld des Gerätes
- **Beglaubigungs-, Wechsel- und Prüfdaten**
  Prüfrelevanz, zugeordnetes Los des Stichprobenverfahrens (siehe Abschnitt 6.3.3)

Zählwerk

Unter den Gruppendaten sind die in dem Gerät vorhandenen Zählwerke hinterlegt. Ein Gerät kann ein oder mehrere Zählwerke haben. Die Zählwerke messen den Verbrauch und die Leistung des Gerätes; und hier sind die relevanten Zählwerksinformationen definiert. Abbildung 5.12 zeigt einen Doppeltarifzähler mit zwei abrechnungsrelevanten Zählwerken. Dort sehen Sie z. B. die Anzahl von Vor- und Nachkommastellen, die Ablesemaßeinheit, die Abrechnungsrelevanz von Zählwerken und die OBIS-Kennziffer (Object Indentification System) für den elektronischen Datenaustausch.

Zählwerksgruppe anzeigen: Details 11010

Zählwerksgruppe 11010 — Suchbegriff 0260W — 2 ZW; 6,0 Stellen; Wirk
FührSpartentyp 1 Strom — ZWGInform. HT/NT=6,0; +A
Gültig ab 03.02.2005 — Gültig bis 31.12.9999

Zählwerksdaten

ZWrk	ST	Z...	VZ	BW	Z...	VK	NK	AblME	Z...	ZW-Faktor	AA	Anz	StGrp	TG	N..	ZW-Kennzif	N..
1	1	5	☑	2	HT	6	0	kWh	A	1,00000	ME	1			☐	1-1:1.8.1	☐
2	1	5	☑	2	NT	6	0	kWh	A	1,00000	ME	1			☐	1-1:1.8.2	☐

Abbildung 5.12 Zählwerke

Die Anzahl und Eigenschaften der Zählwerke und Zählwerksbeziehungen eines Gerätes werden durch die jeweils vorgegebene *Zählwerksgruppe* im Gerät definiert. Diese Eigenschaften können Sie im Bedarfsfall individuell anpassen. Die Eigenschaften der Zählwerksgruppe legen Sie im Customizing unter VERSORGUNGSINDUSTRIE • GERÄTEVERWALTUNG • TECHNIK • ZÄHLWERKSGRUPPE • ZÄHLWERKSARTEN DEFINIEREN fest. Dazu gehören u. a. die Zählwerksarten eines Doppeltarifzählers HT (Hochtarif) und NT (Niedertarif).

Neben den Änderungsbelegen auf Geräte- und Feldebene befinden sich auch Buttons mit Verweisen auf die Ergebnisse der Ableseprozesse im Dialog zur Anzeige des Gerätes.

[+]

Pflegetransaktionen und Datenbanktabellen

Die folgenden Pflegetransaktionen sind die wichtigsten zum Gerät:

- IQ01/IQ02/IQ03 (Gerät anlegen/ändern/anzeigen)

Die wichtigsten Datenbanktabellen zeigt Tabelle 5.10.

Tabelle	Beschreibung
EGERS	Geräte-Stammdaten
EQUI	Geräte-Stammdaten (Equipment)
EQUZ	Zeitabhängige Daten zum Gerät (Equipment)
EGERH	Zeitabhängige Daten zum Gerät (inklusive Zuordnung zum Geräteplatz)
ETYP	Gerätetypen
EZUG	Zuordnung Gerät zu abhängigem Gerät (für nicht-zählende Geräte)
EASTL	Zuordnung Gerät zu Anlage (inklusive Tarifierung)
EZWG	Zählwerksgruppen-Stammdaten
EZWG_HEAD	Kopfdaten Zählwerksgruppe
ETDZ	Zählwerks-Stammdaten (inklusive Zuordnung zum Gerät)
EASTS	Zählwerkstarifierung auf Anlagenebene
EADZ	Anlagenunabhängige Zählwerkstarifierung
EPROFASS	Lastprofile zum Zählwerk
EASTE	Periodenverbrauch zum Zählwerk
EASTI	Zählwerksbeziehungen
EASTIH	Kopfdaten Zählwerksbeziehung
EZWGEASTI	Zählwerksbeziehungen auf Zählwerksgruppenebene
EZWGEASTIH	Kopfdaten Zählwerksbeziehung auf Zählwerksgruppenebene
EZUZ	Zuordnung Zählwerk zu abhängigem Gerät (für zählende Geräte)
EUILZW	Zuordnung Zählwerk zu Zählpunkt

Tabelle 5.10 Datenbanktabellen zu Gerät und Zählwerk (Auswahl)

5.3.10 Geräteplatz

Der Geräteplatz ist ein Ort im Anschlussobjekt, an dem Geräte spartenübergreifend technisch eingebaut werden. Dies kann zum Beispiel die Wohnung, die der Zähler versorgt, oder ein Zählerkeller sein.

Der Geräteplatz wird nur bei der verwaltungsorientierten Verwendung von Geräten benötigt, also bei Netzbetreibern und Messstellenbetreibern. Die Zuordnung eines Gerätes zu einem Geräteplatz führen Sie über den technischen Einbau im Rahmen der Installation durch (siehe Abschnitt 6.3.1).

Ein Geräteplatz wird als technischer Platz in der Komponente *Instandhaltung* (EAM/PM) abgebildet. Daher finden Sie ihn in der Tabelle IFLOT.

[+]

Pflegetransaktionen und Datenbanktabellen

Die folgenden Pflegetransaktionen sind die wichtigsten zum Geräteplatz:

- ES65/ES66/ES67 (Geräteplatz anlegen/ändern/anzeigen)

Die wichtigsten Datenbanktabellen zeigt Tabelle 5.11.

Tabelle	Beschreibung
IFLOT	Geräteplatz-Stammdaten (technischer Platz; inklusive Zuordnung zum Anschlussobjekt)
ILOA	Daten zu Standort und Kontierung zum Geräteplatz
ADRC	Adress-Stammdaten
EGPLTX	Standortzusatz zum Geräteplatz

Tabelle 5.11 Datenbanktabellen zum Geräteplatz (Auswahl)

5.3.11 Technische Installation

Eine technische Einrichtung, die im System nicht als Gerät angelegt werden soll, kann auch als *technische Installation* zur Verbrauchsstelle abgebildet werden. Dies kann z. B. bei Sicherungskästen oder Verteilerschränken der Fall sein, zu denen bestimmte technische Daten im System vorgehalten werden sollen. Relevant sind diese Informationen nur für den Netzbetreiber; im SAP-System eines Lieferanten wird die technische Installation daher normalerweise nicht benutzt.

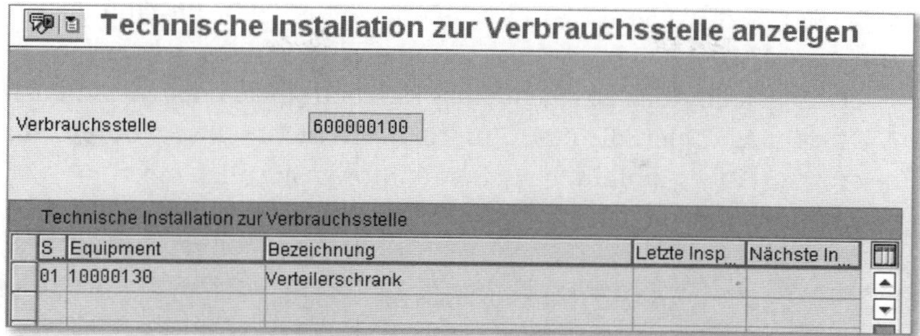

Abbildung 5.13 Technische Installation

Wie ein Gerät ist auch die technische Installation ein Equipment der SAP-Komponente *Instandhaltung* (EAM/PM). Über die Pflegetransaktionen der Verbrauchsstelle können Sie der Verbrauchsstelle technische Installationen zuordnen (siehe Abbildung 5.13). Pro Sparte ist allerdings nur eine technische Installation an einer Verbrauchsstelle möglich.

[+]

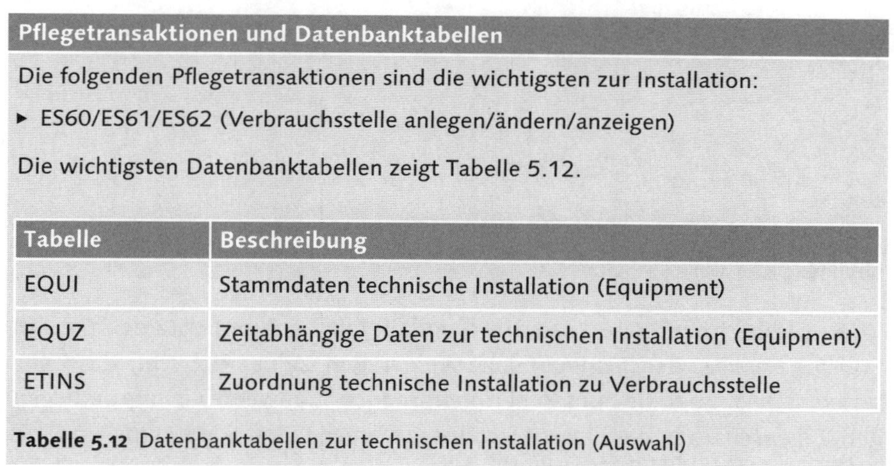

Pflegetransaktionen und Datenbanktabellen

Die folgenden Pflegetransaktionen sind die wichtigsten zur Installation:

- ES60/ES61/ES62 (Verbrauchsstelle anlegen/ändern/anzeigen)

Die wichtigsten Datenbanktabellen zeigt Tabelle 5.12.

Tabelle	Beschreibung
EQUI	Stammdaten technische Installation (Equipment)
EQUZ	Zeitabhängige Daten zur technischen Installation (Equipment)
ETINS	Zuordnung technische Installation zu Verbrauchsstelle

Tabelle 5.12 Datenbanktabellen zur technischen Installation (Auswahl)

5.3.12 Geräteinfosatz

Der Zähler, der beim Endkunden verbaut ist und zur Abrechnung der Energiemenge benutzt wird, gehört dem Messstellenbetreiber (MSB). Sofern diese Rolle vom Verteilnetzbetreiber (VNB) wahrgenommen wird, wie es in der Praxis zurzeit häufig noch der Fall ist, muss der Zähler in einem Lieferantensystem nicht notwendigerweise als Gerät mit allen technischen Daten, der Lagerverwaltung etc. angelegt werden. Benötigt wird in diesem Fall lediglich ein Objekt, das die Zählwerke mit den entsprechenden Zählerständen abbildet und für die Abrechnung verwendet werden kann.

Hierfür steht der *Geräteinfosatz* zur Verfügung. Er ist kein Bestandteil der Instandhaltung (EAM/PM), wie etwa das Gerät, und wird demnach auch nicht als Equipment angelegt. Auch aus Sicht eines Netzbetreibers oder Messdienstleisters (MDL) gibt es Zähler, die dem Unternehmen nicht selbst gehören. Für sie ist eine systemseitige Abbildung als Geräteinfosatz ausreichend.

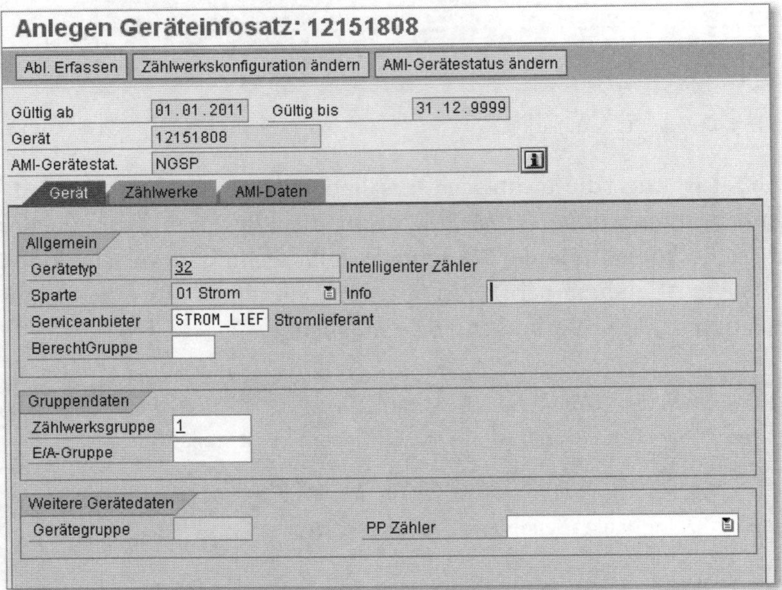

Abbildung 5.14 Geräteinfosatz

Wie in Abbildung 5.14 zu sehen ist, enthält ein Geräteinfosatz den GERÄTETYP, die SPARTE, den SERVICEANBIETER, der den Zähler betreibt, die ZÄHLWERKSGRUPPE und alle zum Zähler gehörenden Zählwerke. Die grundlegenden Eigenschaften definieren Sie durch Angabe des Gerätetyps und der Zählwerksgruppe. Wie bei den als Gerät angelegten Zählern kann es sich bei einem Zählwerk um ein echtes Zählwerk handeln, das reell Energiemengen misst, oder um ein Konstrukt zum Rechnen, das indirekt mit Zählerständen versorgt wird. Ein Beispiel für den zweiten Fall sind Zählwerke für die Berechnung von Hochtarif- und Niedertarif-Strommengen nach der Zeitzoneneinteilung des Netzbetreibers.

Auch in einem Lieferantensystem sind nicht alle Zähler als Geräteinfosätze angelegt. Zum einen steht es dem Lieferanten natürlich frei, beliebige Zähler als Gerät anzulegen. Zum anderen gibt es zuweilen auch Zähler, die dem Lieferanten gehören und für die der Lieferant somit Messstellenbetreiber ist.

Dies kann z. B. bei intelligenten Stromzählern der Fall sein, die dem Lieferanten gehören und über eine elektronische Anbindung an das Lieferantensystem angeschlossen sind. In diesem Fall wird der Zähler im Lieferantensystem als Gerät angelegt, im System des Netzbetreibers reicht ein Geräteinfosatz.

[+]

Pflegetransaktionen und Datenbanktabellen

Die folgenden Pflegetransaktionen sind die wichtigsten zum Geräteinfosatz:

- EG44/EG41/EH43 (Geräteinfosatz anlegen/ändern/anzeigen)

Die wichtigsten Datenbanktabellen zeigt Tabelle 5.13, weitere Tabellen zu Zählwerken finden Sie in Tabelle 5.10.

Tabelle	Beschreibung
EGERR	Geräteinfosatz-Stammdaten
EASTL	Zuordnung Geräteinfosatz zu Anlage (inklusive Tarifierung)

Tabelle 5.13 Datenbanktabellen zum Geräteinfosatz (Auswahl)

5.3.13 Anlage

Die *Versorgungsanlage* (kurz: *Anlage*) stellt das Bindeglied zwischen den kaufmännischen und den technischen Stammdaten dar. Auf der kaufmännischen Seite ist der Vertrag, über den der Kunde die Versorgungsleistungen in Rechnung gestellt bekommt, einer Anlage zugeordnet; auf der technischen Seite ist die Anlage einer Verbrauchsstelle und einem Zählpunkt zugeordnet, und es sind Geräte bzw. Geräteinfosätze in der Anlage installiert. Darüber hinaus werden zahlreiche abrechnungsrelevante Einstellungen auf Anlagenebene gepflegt. Daher kommt der Anlage eine zentrale Bedeutung für die Vertragsabrechnung zu. Sie entspricht jedoch keinem Objekt aus dem realen Leben, so wie etwa die Verbrauchsstelle eine Wohnung darstellen kann.

Eine Anlage wird im Gegensatz zu einer Verbrauchsstelle spartenspezifisch angelegt, sodass bei Verbrauchsstellen mit mehreren Sparten entsprechend viele Anlagen notwendig sind. Falls für eine Verbrauchsstelle mehrere Zähler für eine Sparte existieren, wird häufig für jeden Zähler eine eigene Anlage eingerichtet.

Bei der Installation eines Gerätes (z. B. Stromzähler) wird das Gerät bzw. der Geräteinfosatz über den sogenannten *abrechnungstechnischen Einbau* in die Anlage eingebaut (siehe Abschnitt 6.3.1). Durch die Verknüpfung zum Gerät ist gewährleistet, dass die über das Gerät erfassten Zählerstände in die

Abrechnung einfließen können. Üblicherweise ist in einer Anlage nur ein Gerät, der Zähler, eingebaut; es können aber auch mehrere Geräte zugeordnet sein. Dabei muss es sich nicht immer um Zähler handeln.

[zB]

Einbau mehrerer Geräte in eine Anlage

Bei intelligenten Stromzählern kann es hilfreich sein, eine bestehende, separate Kommunikationseinheit zur Echtzeitübermittlung der Zählerdaten nicht nur technisch, sondern ebenfalls abrechnungstechnisch in die Anlage einzubauen.

Die Kommunikationseinheit selbst ist zwar nicht für die Abrechnung relevant, durch die Zuordnung zur Anlage kann aber eine implizite Verbindung zum entsprechenden Zähler hergestellt werden. Außerdem können so Prozesse, bei denen die Identifikationsnummer des Kommunikationsmoduls bekannt ist, auf einfachem Wege die zugehörige Anlage sowie die umliegenden technischen Stammdaten ermitteln.

Weitere Messeinrichtungen, die direkt oder indirekt die Abrechnung beeinflussen, wie z. B. Mengenumwerter oder Kontrollzähler, werden ebenfalls abrechnungstechnisch in eine Anlage eingebaut. In der Anlage werden auch Parameter für die Steuerung der eingebauten Geräte definiert. Dies sind z. B. Gründe für Ablesesperren oder Grenzen, wie oft Zählwerke geschätzt oder vom Kunden abgelesen werden dürfen.

In einem Lieferantensystem wird die Anlage zum Zeitpunkt des Lieferbeginns mit einem Vertrag (siehe Abschnitt 5.3.3) verknüpft. Dadurch besteht eine Verbindung zwischen den auf technischen Stammdaten operierenden Prozessen (Geräteverwaltung, Zählerstandserfassung etc.) und den Folgeprozessen im kaufmännischen Bereich. Als Prozess-Bindeglied wirkt die *Vertragsabrechnung*, die auf Anlagenebene durchgeführt wird.

In den Sparten Strom und Gas muss der Anlage für die Marktkommunikation (siehe Abschnitt 6.7) ein Zählpunkt zugeordnet werden. Dadurch ist die Anlage implizit mit dem zugehörigen Netz verbunden. Der am Zählpunkt hinterlegte Netzbetreiber sowie die Serviceanbieter (z. B. Messstellenbetreiber, Messdienstleister oder Bilanzkoordinator) können über diese Verbindung für die Abrechnung benutzt werden, um Netznutzungs- oder Dienstleistungsentgelte zu berechnen und auszuweisen.

Die Verknüpfung der Anlage mit einem Zählpunkt stellt außerdem eine Verbindung des Zählpunktes mit den in der Anlage eingebauten Geräten dar. Somit ist diese Verbindung auch für die Marktkommunikation von Zählerständen zwischen den einzelnen Marktrollen (Lieferant, VNB, Messdienstleister etc.) von Bedeutung.

Auch in anderen Sparten wie Wärme oder Wasser, die zurzeit noch weniger stark reguliert sind und in denen ein Unternehmen meist gleichzeitig Lieferant und Netzbetreiber ist, wird in der Praxis die Verbindung der Anlage zum Zählpunkt genutzt, um die Übermittlung von Verbrauchsdaten zwischen der Lieferantengesellschaft und der Netzbetreibergesellschaft des Unternehmens zu vereinfachen. In Abbildung 5.15 sehen Sie als Beispiel eine Anlage, die dem Zählpunkt DE101010200950000000000010000011 (unten im Bild) zugeordnet ist und über den Vertrag 100000009 (Feld Aktueller Vertrag) abgerechnet wird.

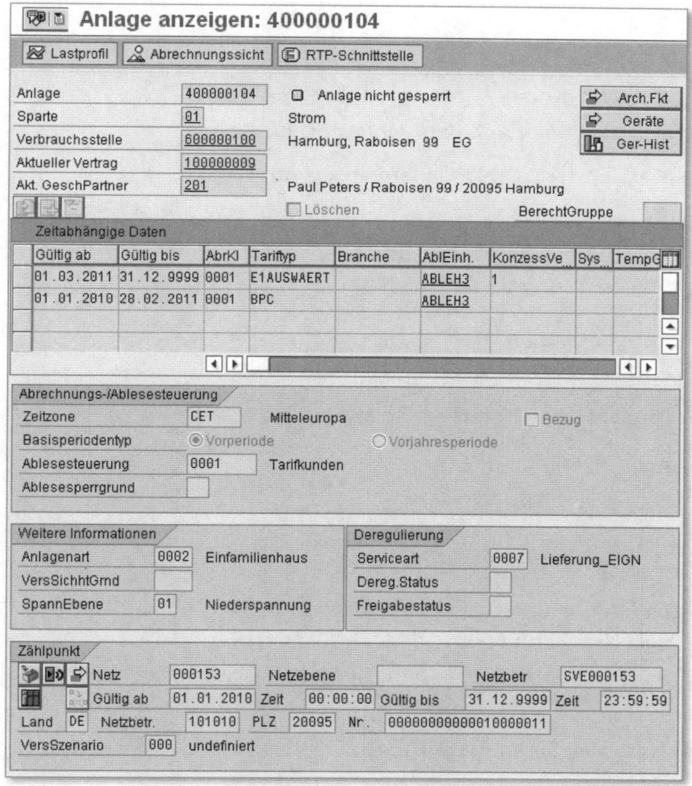

Abbildung 5.15 (Versorgungs-)Anlage

Für die Zählerstandserfassung und die Vertragsabrechnung werden Ablese- und Abrechnungsaufträge auf Anlagenebene erstellt. Die Terminierung der Auftragserstellung findet über die *Terminsteuerung* statt. Hierzu ist jeder Anlage eine *Ableseeinheit* zugeordnet, die die Termine für Turnusablesungen und -abrechnungen sowie die Anzahl und Verteilung der Abschläge über den Abrechnungszeitraum steuert (siehe Abschnitt 5.4.2).

Die Ableseeinheit kann sich im Laufe der Zeit ändern und wird daher in einer sogenannten *Anlagenzeitscheibe* gespeichert. Anlagenzeitscheiben sind zeitliche Abgrenzungen von abrechnungsrelevanten Attributen einer Anlage (siehe Tabelle ZEITABHÄNGIGE DATEN in Abbildung 5.15). Zu diesen Attributen gehören auch Hinterlegungen zur Tarifierung. So sind die Abrechnungsklasse und der Tariftyp in der Anlagenzeitscheibe zwei wichtige Komponenten für die Tariffindung. Zusätzlich zur Pflege der vorgegebenen Attribute einer Anlage ist es möglich, eigene Attribute in den *Anlagefakten* frei zu definieren. Hier können auch weitere Faktoren für die Tarifierung hinterlegt werden. Für eine genauere Darstellung der Tariffindung und Tarifierungslogik lesen Sie Abschnitt 5.4.3.

[+] **Pflegetransaktionen und Datenbanktabellen**

Die folgenden Pflegetransaktionen sind die wichtigsten zur Anlage:

- ES30/ES31/ES32 (Geräteplatz anlegen/ändern/anzeigen)

Die wichtigsten Datenbanktabellen zeigt Tabelle 5.14.

Tabelle	Beschreibung
EANL	Anlagen-Stammdaten (inklusive Zuordnung zur Verbrauchsstelle)
EANLH	Zeitabhängige Daten zur Anlage
ETTIFN	Anlagefakten (normal)
ETTIFB	Anlagefakten (Bezugsgrößen)
EUIINSTLN	Zuordnung Anlage zu Zählpunkt
EASTL	Zuordnung Gerät/Geräteinfosatz zu Anlage (inklusive Tarifierung)
EASTS	Zählwerkstarifierung auf Anlagenebene

Tabelle 5.14 Datenbanktabellen zur Anlage (Auswahl)

5.3.14 Übersicht

Abbildung 5.16 zeigt noch einmal alle einzelfallabhängigen Stammdatenobjekte der Versorgungswirtschaft und ihre Beziehungen zueinander.

Dabei sind die Kardinalitäten der Beziehungen in Min-Max-Notation angegeben. Sie stellen dar, wie häufig ein Stammdatum mit einem anderen Stammdatum in Verbindung treten kann.

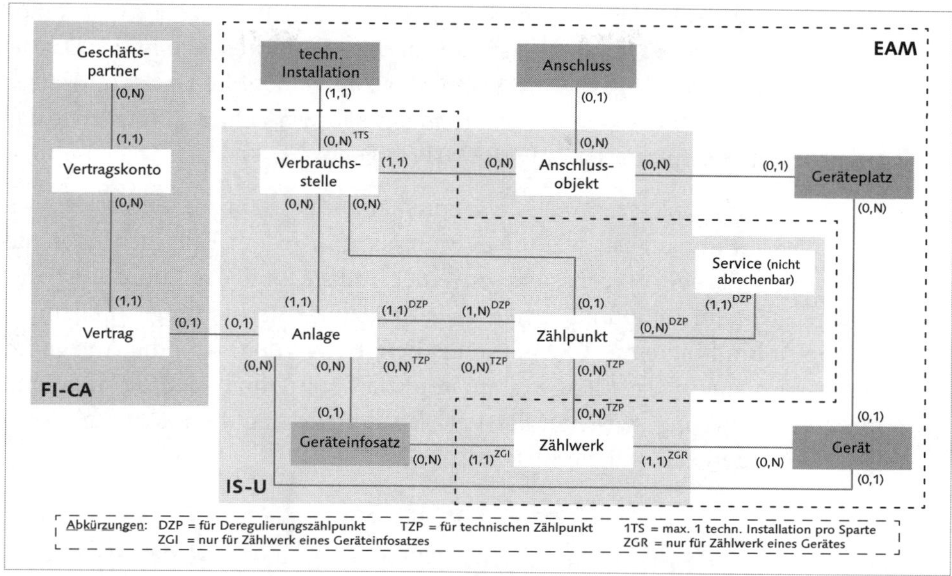

Abbildung 5.16 Überblick über einzelfallabhängige IS-U-Stammdaten

Ein Beispiel zum Verständnis von Abbildung 5.16: Eine Verbrauchsstelle ist immer genau einem Anschlussobjekt zugeordnet (Kardinalität 1,1), ein Anschlussobjekt kann jedoch beliebig vielen Verbrauchsstellen zugeordnet sein. Es ist auch möglich, dass ein Anschlussobjekt (noch) keiner Verbrauchsstelle zugeordnet ist (Kardinalität 0,N). Die Kardinalitäten in Abbildung 5.16 beziehen sich immer auf einen bestimmten Betrachtungszeitpunkt. Somit kann z. B. eine Anlage zu einem Stichtag nur höchstens einem Vertrag zugeordnet sein (Kardinalität 0,1); im Zeitablauf kann es aber mehrere Verträge zu einer Anlage geben.

Außerdem sind die angegebenen Kardinalitäten so gewählt, dass sie dem üblichen Einsatz der Stammdaten in einem Versorgungsunternehmen entsprechen. Teilweise bietet das SAP-System weitere Möglichkeiten wie z. B. die Zuordnung eines Vertragskontos zu mehreren Geschäftspartnern, die aber in der Praxis höchstens in Ausnahmefällen eingesetzt werden.

Die Stammdatenobjekte, die mit einem dunklen Hintergrund versehen sind, werden vor allem in den SAP-Systemen der Netzbetreiber verwendet, weil diese zurzeit meist auch Messstellenbetreiber sind. Dagegen wird der etwas heller hinterlegte Geräteinfosatz vor allem in Lieferantensystemen benutzt. Über die großen, grauen Flächen sowie die gestrichelte Begrenzung ist die Zuordnung der Stammdatenobjekte zu den SAP-Anwendungskomponenten dargestellt. Dabei ist das Anschlussobjekt als technischer Platz in der Instandhaltung angelegt, es gibt aber auch IS-U-spezifische Daten, die in der Datenbanktabelle EHAUISU gespeichert sind. Das Zählwerk eines Geräteinfosatzes kann IS-U zugerechnet werden, während das Zählwerk eines Gerätes, wie das Gerät selbst, zur Instandhaltung (EAM/PM) gehört.

Zur Zuordnung der Verbrauchsstelle zum Zählpunkt ist anzumerken, dass sie eigentlich redundant ist, weil die Verbindung in jedem Fall auch über die Zuordnung der Verbrauchsstelle zu einer Anlage und die Zuordnung der Anlage zu einem Zählpunkt besteht. Die zusätzliche Verbindung kann jedoch für die Anbindung eines CRM-Systems benutzt werden, weil die Anlage im Standard nicht in das CRM-System repliziert wird und in CRM nur eine direkte Verbindung zwischen der Verbrauchsstelle und dem Zählpunkt hergestellt werden kann (siehe Abschnitt 6.7).

5.4 Einzelfallunabhängige Stammdaten und Strukturen

Neben den Stammdaten, die pro Kundenbeziehung anzulegen sind, existieren in IS-U weitere Stammdaten und Strukturen, die einzelfallunabhängig gepflegt werden. Dazu zählt das Stammdatenobjekt *Netz* (siehe Abschnitt 5.4.1), das für den unternehmensübergreifenden Datenaustausch relevant ist und in einigen der bereits vorgestellten Stammdatenobjekten hinterlegt werden kann. Außerdem sind für die Steuerung der Ablesung und der Abrechnung verschiedene Einstellungen in Form von Ablese- und Abrechnungsstammdaten festzulegen (siehe Abschnitte 6.4.2 und 6.4.3).

5.4.1 Netz

Die Verteilnetze, an die die Endverbraucher angeschlossen sind, werden im System als *Netz* abgebildet. Es können Netze verschiedener Spannungsebenen (Strom) bzw. Druckebenen (Gas) angelegt werden. Über die Zuordnung mehrerer Netze zu einem übergeordneten Netz wird eine Netzhierarchie aufgebaut. Zu jedem Netz sind der zugehörige Netzbetreiber und der Bilanzkoordinator gespeichert. Diese Hinterlegung erfolgt mithilfe von Zeitscheiben, sodass sie sich im Zeitablauf ändern kann und bei der Übertragung eines Verteilnetzes an einen anderen Anbieter kein neues Netz im System angelegt werden muss (siehe Abbildung 5.17).

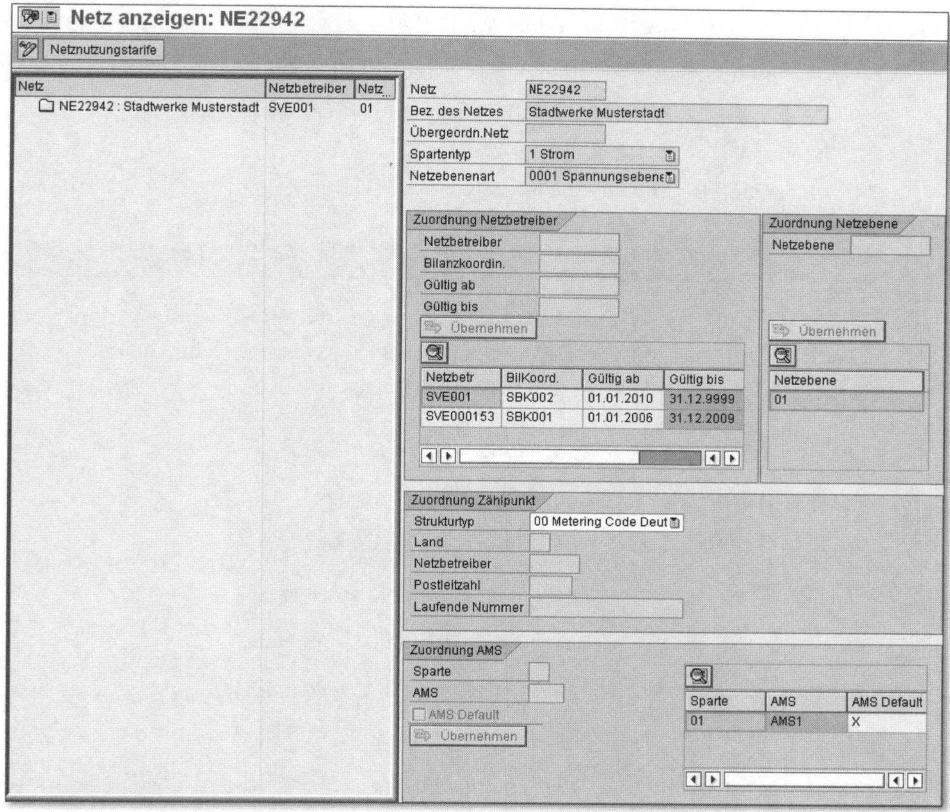

Abbildung 5.17 Netz

Die Abbildung der Netze inklusive der zugehörigen Netzbetreiber und der Netzhierarchie in IS-U ist für die Marktkommunikation und die Bilanzierung wichtig (siehe Abschnitte 6.7 und 8.2). Dabei sind die zu verwendenden Netzbetreibercodes standardisiert und werden vom Bundesverband der Energie- und Wasserwirtschaft (BDEW) festgelegt.

Für die Abrechnung in einem Lieferantensystem können am Netz die Netznutzungstarife hinterlegt werden, die der jeweilige Netzbetreiber dem Lieferanten in Rechnung stellt und die der Lieferant an den Endverbraucher weitergibt. Damit zu einer Adresse jederzeit ohne zusätzliche Kommunikationswege das gültige Verteilnetz gefunden werden kann, ist es möglich, in der systeminternen Adressverwaltung (IS-U-Regionalstruktur) zu einer Straße oder einem Ort das zugehörige Netz anzugeben. Auch diese Hinterlegung ist zeitabhängig, um bei Gebietsabgaben die Zuordnung ändern zu können.

[+]

Pflegetransaktionen und Datenbanktabellen

Die folgenden Pflegetransaktionen sind die wichtigsten zum Netz:

- EEDMIDE_GRID01/EEDMIDE_GRID02/EEDMIDE_GRID03 (Netz anlegen/ändern/anzeigen)

Die wichtigsten Datenbanktabellen zeigt Tabelle 5.15.

Tabelle	Beschreibung
EGRID	Netz-Stammdaten
EGRIDH	Netzbetreiber und Bilanzkoordinator zum Netz
EADRCITYGRID	Zuordnung Netz zu Ort
EADRCITYGRID_NEW	Zuordnung Netz zu Ort (neu)
EADRSTRTGRID	Zuordnung Netz zu Straße
EADRSTRTGRID_NEW	Zuordnung Netz zu Straße (neu)
EUIGRID	Zuordnung Zählpunkt zu Netz
EGRIDPOD	Bilanzierungszählpunkt zum Netz
EGRIDVL	Spannungsebene zum Netz
EGRIDL	Netzebene zum Netz
EGRIDRATEDET	Tariffindung zum Netz

Tabelle 5.15 Datenbanktabellen zum Netz (Auswahl)

5.4.2 Ablesestammdaten

Zur Organisation, Steuerung und Verwaltung der Ableseprozesse werden einige Ablesestammdaten benötigt. Dies betrifft insbesondere die Vorbereitung der periodischen Ablesung, die in Abschnitt 6.3.2 näher beschrieben ist.

Stammdaten der Terminsteuerung

Die Terminstammdaten werden für die periodischen Ablesungen benötigt. Über diese Daten definieren Sie die Ablese-, Abrechnungs- und Abschlagstermine. Sie sind Grundlage zur Erstellung von Terminsätzen im Zuge der Ablesevorbereitung (siehe Abschnitt 6.3.2).

Parametersatz

Der Parametersatz ist ein Datensatz mit Steuerungsdaten, der beim Generieren von Terminsätzen verwendet wird, um Abschlagstermine zu erzeugen, z. B. J02 (02. DES LAUFENDEN MONATS, siehe Abbildung 5.18). Ein Parametersatz wird zur Anlage einer Portion benötigt.

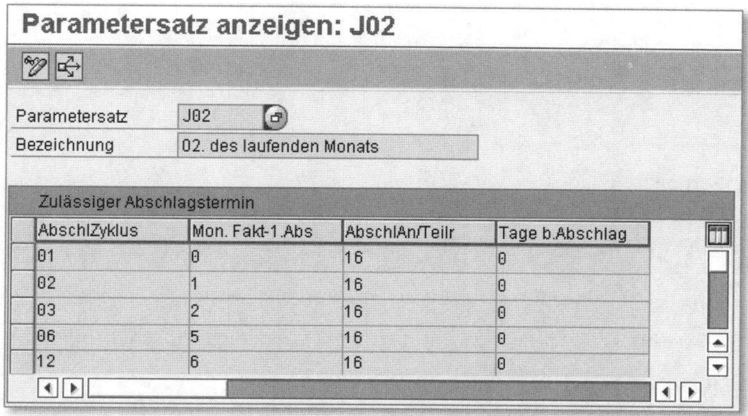

Abbildung 5.18 Parametersatz

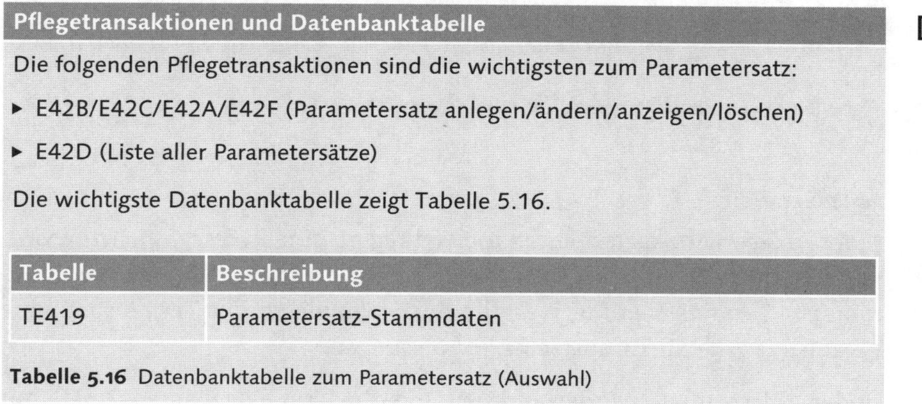

Pflegetransaktionen und Datenbanktabelle [+]

Die folgenden Pflegetransaktionen sind die wichtigsten zum Parametersatz:

- E42B/E42C/E42A/E42F (Parametersatz anlegen/ändern/anzeigen/löschen)
- E42D (Liste aller Parametersätze)

Die wichtigste Datenbanktabelle zeigt Tabelle 5.16.

Tabelle	Beschreibung
TE419	Parametersatz-Stammdaten

Tabelle 5.16 Datenbanktabelle zum Parametersatz (Auswahl)

Portion

Die Portion ist eine Zusammenfassung von Verträgen, die gemeinsam abgerechnet werden sollen. Jede Portion erhält einen Parametersatz, der die Aktivitätszyklen für Ablesung und Abrechnung vorgibt. In der Portion verknüpfen Sie die Aktivitätszyklen mit Zeitpunkten, z. B. jährlich am 02.02., wie in Abbildung 5.19 zu sehen ist.

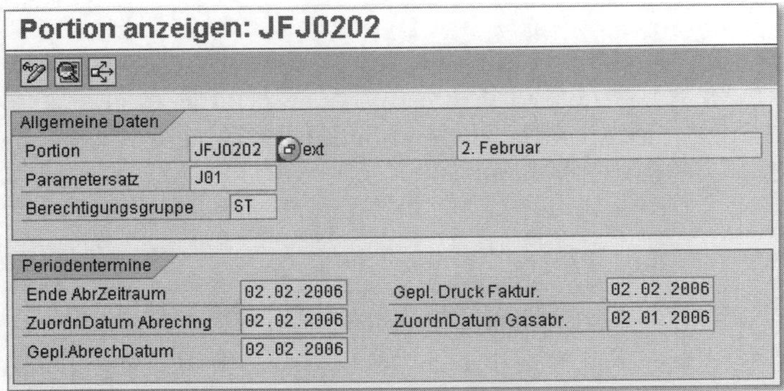

Abbildung 5.19 Portion

[+]

Pflegetransaktionen und Datenbanktabelle

Die folgenden Pflegetransaktionen sind die wichtigsten zur Portion:

- E41B/E41C/E41A/E41E/E41J (Portion anlegen/ändern/anzeigen/löschen/pflegen)
- E41D (Liste aller Portionen)

Die wichtigste Datenbanktabelle zeigt Tabelle 5.17.

Tabelle	Beschreibung
TE420	Portions-Stammdaten (inklusive Zuordnung zu Parametersatz)

Tabelle 5.17 Datenbanktabelle zur Portion (Auswahl)

Ableseeinheit

Jeder Anlage wird spätestens zum Lieferbeginn eine Ableseeinheit zugeordnet. Über die der Ableseeinheit zugeordnete Portion besteht eine Verknüpfung zur Terminsteuerung. Mithilfe der Stammdaten der Terminsteuerung organisieren Sie die turnusmäßigen Ablesungen.

In der Ableseeinheit werden Anlagen und die darin eingebauten Geräte mit ihren Zählwerken zum Zwecke der Ablesung zusammengefasst. Wie Sie in Abbildung 5.20 sehen, ist jeder Ableseeinheit eine Portion zugeordnet. Die Kriterien zur Terminierung der Ablesung leiten Sie entweder aus der Regionalstruktur (z. B. ein bestimmtes Stadtgebiet, in dem abgelesen werden soll) oder aus fachlichen Gesichtspunkten (z. B. Pflicht des Kunden zur Ablesung über das Internet) ab. Über die Stammdaten der Terminsteuerung in der Ableseeinheit (z. B. jährlich zum 02.02.) bestimmen Sie die Ablesereihenfolge.

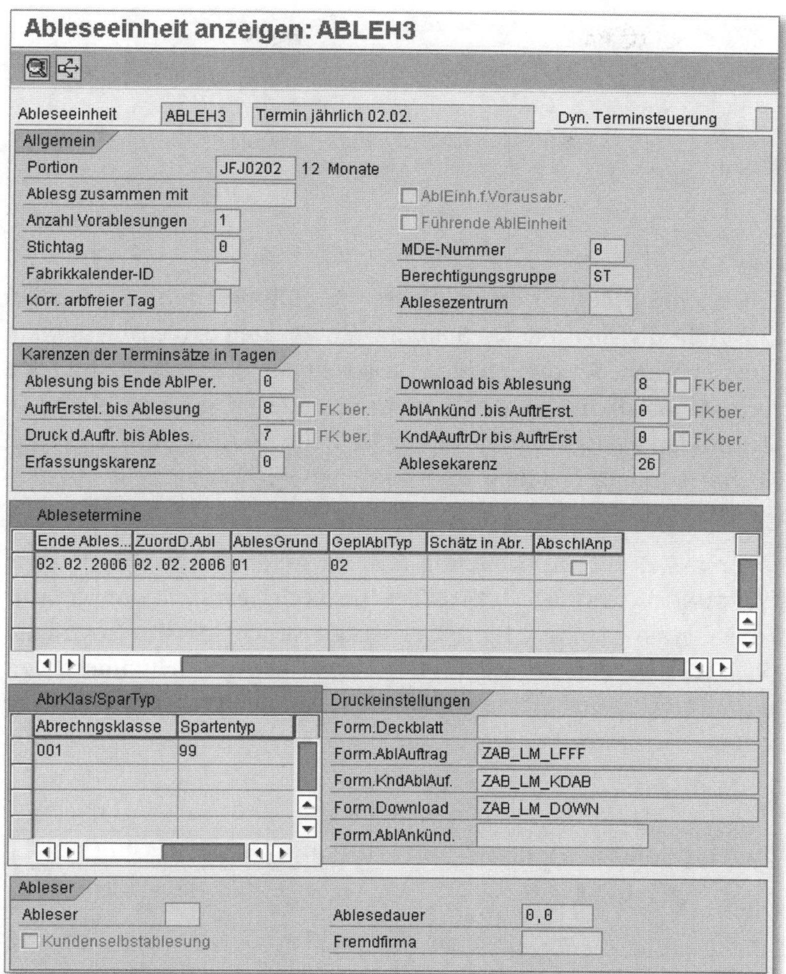

Abbildung 5.20 Ableseeinheit

Pflegetransaktionen und Datenbanktabelle [+]

Die folgenden Pflegetransaktionen sind die wichtigsten zur Ableseeinheit:

- E41H/E41G/E41F/E41I (Ableseeinheit anlegen/ändern/anzeigen/löschen)
- E41D (Liste aller Ableseeinheiten)
- E43D (Liste Ableseeinheiten zu Portion)
- E43E (Ableseeinheiten zu Portion aktivieren)

Die wichtigste Datenbanktabelle zeigt Tabelle 5.18.

Tabelle	Beschreibung
TE422	Ableseeinheiten-Stammdaten (inklusive Zuordnung zu Portion)

Tabelle 5.18 Datenbanktabelle zur Ableseeinheit (Auswahl)

Ablesehinweise

Um den Prozess der Ablesung durch Ableser zu optimieren, ist es möglich, Hinweise zur Ablesung aus anderen Stammdatenobjekten in die Ablesedokumente zu übernehmen. So können Sie z. B. auf Ebene der Anschlussobjekte und der Verbrauchsstellen statische Hinweise hinterlegen, die als Meldung in den Ableseformularen ausgewiesen werden (z. B. für ein Anschlussobjekt den Hinweis »Beim Empfang melden« oder bei einer Verbrauchsstelle »Gegenüber klingeln«).

Diese definieren Sie, wie in Abbildung 5.21 zu sehen ist, im Customizing unter Versorgungsindustrie • Geräteverwaltung • Ablesung • Ableseauftrag • Auftragserstellung • Statische Hinweise an den Aussendienst definieren. Dabei werden für jeden Hinweistext laufende Nummern vergeben und die Priorität der Meldung definiert. Des Weiteren kann über die Formulargruppe die Ausgabe auf bestimmte Ableseformulare beschränkt werden.

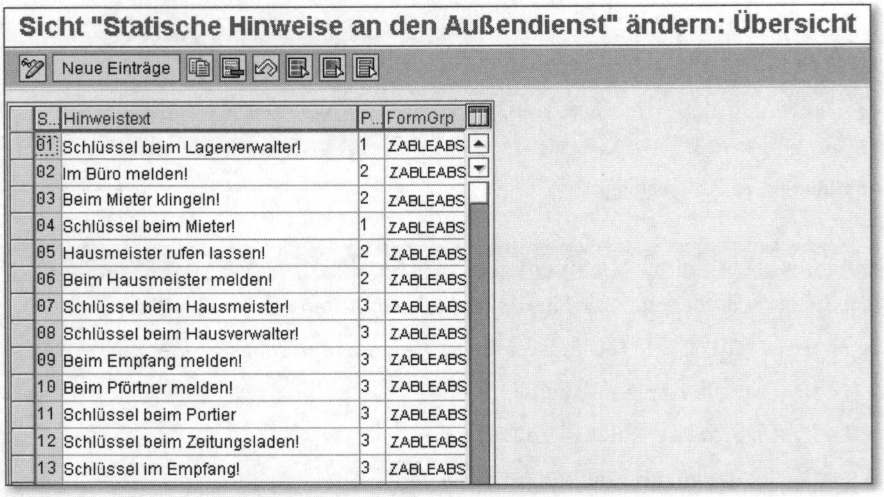

Sicht "Statische Hinweise an den Außendienst" ändern: Übersicht

Neue Einträge

S...	Hinweistext	P...	FormGrp
01	Schlüssel beim Lagerverwalter!	1	ZABLEABS
02	Im Büro melden!	2	ZABLEABS
03	Beim Mieter klingeln!	2	ZABLEABS
04	Schlüssel beim Mieter!	1	ZABLEABS
05	Hausmeister rufen lassen!	2	ZABLEABS
06	Beim Hausmeister melden!	2	ZABLEABS
07	Schlüssel beim Hausmeister!	3	ZABLEABS
08	Schlüssel beim Hausverwalter!	3	ZABLEABS
09	Beim Empfang melden!	3	ZABLEABS
10	Beim Pförtner melden!	3	ZABLEABS
11	Schlüssel beim Portier	3	ZABLEABS
12	Schlüssel beim Zeitungsladen!	3	ZABLEABS
13	Schlüssel im Empfang!	3	ZABLEABS

Abbildung 5.21 Ablesehinweis

Außerdem können Sie dynamische Hinweise aus der Versorgungsanlage, den Geräten oder den Zählwerken (z. B. »Gerät gesperrt«) in die Ablesedokumente übergeben.

Ebenfalls über das Customizing unter VERSORGUNGSINDUSTRIE • GERÄTEVERWALTUNG • ABLESUNG • ABLESEAUFTRAG • AUFTRAGSERSTELLUNG • DYNAMISCHE HINWEISE AN DEN AUSSENDIENST DEFINIEREN weisen Sie die statischen und dynamischen Hinweise den Ablesedokumenten zu.

Pflegetransaktion und Datenbanktabelle [+]

Die folgende Pflegetransaktion ist die wichtigste zum Ablesehinweis:

- S_KK4_74000753 (Ablesehinweise pflegen)

Die wichtigste Datenbanktabelle zeigt Tabelle 5.19.

Tabelle	Beschreibung
TE582	Ablesehinweis-Stammdaten

Tabelle 5.19 Datenbanktabelle zum Ablesehinweis (Auswahl)

5.4.3 Abrechnungsstammdaten

Mithilfe der Abrechnungsfunktion in IS-U können Verträge verschiedenster Art und Preisgestaltung abgebildet werden. Damit lassen sich sowohl die unterschiedlichen Anforderungen der Versorgungssparten Strom, Gas und Wasser als auch der Entsorgungsbranche abbilden. Nachfolgend werden die Stammdaten der Versorgungsbranche dargestellt; die Betrachtung erfolgt dabei primär aus Sicht eines Lieferanten. Die im Folgenden erläuterten Einstellungen erfolgen bei einer Systemeinrichtung, -migration oder im laufenden Betrieb, wenn sich Produkte, Preise oder andere Tarifbestandteile ändern.

Dabei ist der Begriff *Stammdaten* an dieser Stelle etwas gewöhnungsbedürftig. Die nachfolgend beschriebenen Einstellungen sind – gemäß der strukturellen Eingliederung dieses Abschnittes – allesamt einzelfallunabhängig. Sie werden angelegt, um für verschiedene Verträge und Anlagen genutzt zu werden.

Die nachfolgende Beschreibung der Abrechnungsstammdaten beginnt bei der Betrachtung einer Versorgungsanlage, die in den vorherigen Abschnitten erläutert wurde.

Überblick über die Abrechnungsstammdaten

Einer Versorgungsanlage ist ein Vertrag aus dem Vertragskontokorrent zugeordnet, der wiederum über ein Vertragskonto mit einem Geschäftspartner verknüpft ist. Somit spiegelt der IS-U-Vertrag die Leistungsvereinbarung des Versorgungsunternehmens (Vertrag) mit dem Kunden (Geschäftspartner) wider. Darin sind die konkreten Konditionen hinterlegt, zu denen der Lieferant dem Kunden Versorgungsleistungen überlässt. Genau zu diesen Konditionen müssen die erbrachten Leistungen später natürlich abgerechnet werden. Dabei sind möglicherweise neben Grund- und Arbeitspreisen auch Rabatte, Zuschläge, Boni und Skonti sowie versorgungsspezifische Sonderaspekte zu berücksichtigen, wie beispielsweise der Ausweis von Netzentgelten nach § 42 Abs. 6 EnWG.

Diese kurze Auflistung lässt die mögliche Komplexität der Abrechnung erahnen. Dazu kommen diverse vertriebliche Anforderungen, mit deren Hilfe Kunden im zunehmenden Wettbewerb gewonnen oder zumindest gebunden werden sollen. Abbildung 5.22 zeigt überblicksartig wesentliche Stammdatenelemente der Tarifierung, mit deren Hilfe die angedeuteten Anforderungen abgedeckt werden können.

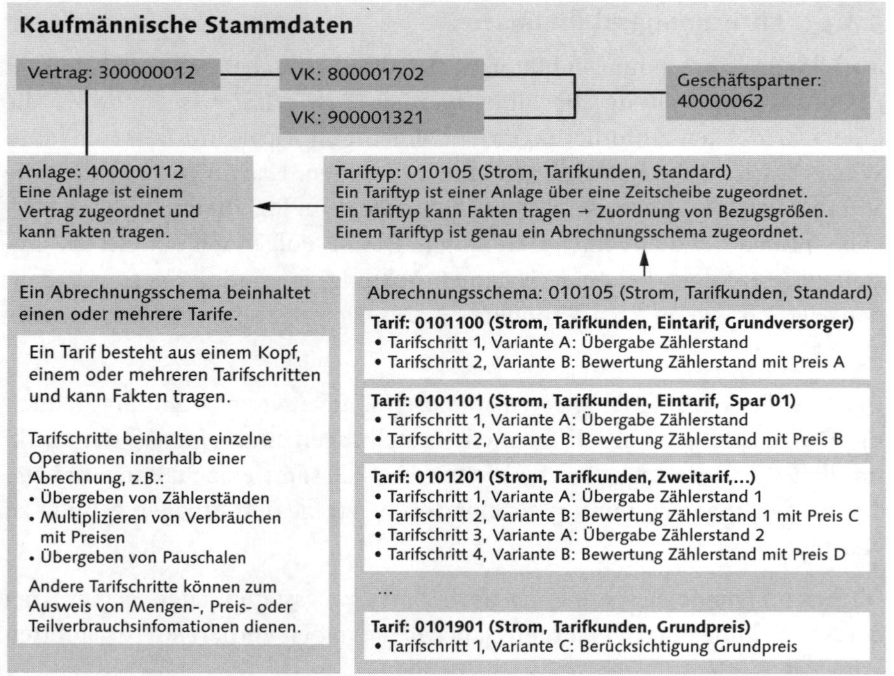

Kaufmännische Stammdaten
Vertrag: 300000012
VK: 800001702
VK: 900001321
Geschäftspartner: 40000062
Anlage: 400000112
Eine Anlage ist einem Vertrag zugeordnet und kann Fakten tragen.
Tariftyp: 010105 (Strom, Tarifkunden, Standard)
Ein Tariftyp ist einer Anlage über eine Zeitscheibe zugeordnet.
Ein Tariftyp kann Fakten tragen → Zuordnung von Bezugsgrößen.
Einem Tariftyp ist genau ein Abrechnungsschema zugeordnet.
Ein Abrechnungsschema beinhaltet einen oder mehrere Tarife.
Ein Tarif besteht aus einem Kopf, einem oder mehreren Tarifschritten und kann Fakten tragen.
Tarifschritte beinhalten einzelne Operationen innerhalb einer Abrechnung, z.B.:
• Übergeben von Zählerständen
• Multiplizieren von Verbräuchen mit Preisen
• Übergeben von Pauschalen
Andere Tarifschritte können zum Ausweis von Mengen-, Preis- oder Teilverbrauchsinfomationen dienen.
Abrechnungsschema: 010105 (Strom, Tarifkunden, Standard)
Tarif: 0101100 (Strom, Tarifkunden, Eintarif, Grundversorger)
• Tarifschritt 1, Variante A: Übergabe Zählerstand
• Tarifschritt 2, Variante B: Bewertung Zählerstand mit Preis A
Tarif: 0101101 (Strom, Tarifkunden, Eintarif, Spar 01)
• Tarifschritt 1, Variante A: Übergabe Zählerstand
• Tarifschritt 2, Variante B: Bewertung Zählerstand mit Preis B
Tarif: 0101201 (Strom, Tarifkunden, Zweitarif,...)
• Tarifschritt 1, Variante A: Übergabe Zählerstand 1
• Tarifschritt 2, Variante B: Bewertung Zählerstand 1 mit Preis C
• Tarifschritt 3, Variante A: Übergabe Zählerstand 2
• Tarifschritt 4, Variante B: Bewertung Zählerstand mit Preis D
...
Tarif: 0101901 (Strom, Tarifkunden, Grundpreis)
• Tarifschritt 1, Variante C: Berücksichtigung Grundpreis

Abbildung 5.22 Überblick zu Abrechnungsstammdaten

Nehmen wir an, mit Vertrag 300000012 sei die Lieferung von Strom an den Geschäftspartner 40000062 vereinbart; dem Vertrag 300000012 sei eine Anlage 400000112 zugeordnet. Der Anlage wiederum ist über eine Zeitscheibe (Gültigkeitszeitraum) aktuell ein *Tariftyp* mit dem Schlüssel 010105 (Strom, Tarifkunden, Standard) zugeordnet. Die Definition des genannten Tariftyps enthält unter anderem das *Abrechnungsschema* 010105 (Strom, Tarifkunden, Standard).

Das Abrechnungsschema ist ein Muster der Abrechnungslogik, das sich aus *Tarifen* zusammensetzt, die wiederum aus einem *Tarifkopf* und einem oder mehreren *Tarifschritten* bestehen. Die genannten Abrechnungs-Stammdatenobjekte werden nachfolgend erläutert.

Tariftyp

Durch die Zuordnung eines *Tariftyps* zu einer Anlage erfolgt eine wesentliche Steuerung der Abrechnung, indem zusammen mit der Tarifart gültige Tarife bestimmt werden. Diese Zuordnung ist zeitabhängig, daher können in einem Abrechnungszeitraum (nacheinander) unterschiedliche Tariftypen gelten. Zu einem Zeitpunkt ist der Tariftyp allerdings eindeutig.

Ein Tariftyp ist für genau eine Sparte definiert und ihm ist genau ein Abrechnungsschema zugeordnet. Bei der Abrechnung können über sogenannte *Aussteuerungsprüfungen* Plausibilisierungen/Plausibilitätsprüfungen vorgenommen werden, die ebenfalls über den Tariftyp gesteuert werden.

Pflegetransaktionen und Datenbanktabellen [+]

Die folgenden Pflegetransaktionen sind die wichtigsten zum Tariftyp:

- EA53/EA54/EA55 (Tariftyp anlegen/ändern/anzeigen)
- Sammeltransaktion S_KK4_74000825 (Tariftypen definieren)

Die wichtigsten Datenbanktabellen zeigt Tabelle 5.20.

Tabelle	Beschreibung
ETTA	Tariftyp-Stammdaten (inklusive Zuordnung zum Abrechnungsschema)
ETTAF	Tariftypfakten
EANLH	Anlagenzeitscheiben (inklusive Zuordnung von Tariftypen zu Anlagen)

Tabelle 5.20 Datenbanktabellen zum Tariftyp (Auswahl)

Abrechnungsschema

Das *Abrechnungsschema* umfasst alle Abrechnungsschritte, die für die Abrechnung eines Vertrags nötig sind. Allerdings müssen nicht alle in einem Abrechnungsschema enthaltenen Schritte für jede Anlage, die darüber abgerechnet wird, berücksichtigt werden. Um dies zu veranschaulichen, sei nochmals auf Abbildung 5.22 verwiesen. Das dort gezeigte Abrechnungsschema 010105 (Strom, Tarifkunden, Standard) enthält u. a. die folgenden Tarife:

- 0101100 (Strom, Tarifkunden, Eintarif, Grundversorger)
- 0101101 (Strom, Tarifkunden, Eintarif, Spar 01)
- 0101201 (Strom, Tarifkunden, Zweitarif, ...)
- 0101901 (Strom, Tarifkunden, Grundpreis)

Somit kann z.B. das erwähnte Abrechnungsschema zur Abrechnung von Verträgen mit Ein- und Zweitarifzählern verwendet werden. Mithilfe einer sogenannten *Tariffindung* kann später erreicht werden, dass für einen Vertrag genau die richtigen Tarife in der Abrechnung Berücksichtigung finden.

[+]

Pflegetransaktionen und Datenbanktabellen

Die folgenden Pflegetransaktionen sind die wichtigsten zum Abrechnungsschema:

- EA35/EA36/EA37 (Abrechnungsschema anlegen/ändern/anzeigen)
- Sammeltransaktion S_KK4_74000889 (Abrechnungsschema definieren)
- EA87 (Tariffindung pflegen)

Die wichtigsten Datenbanktabellen zeigt Tabelle 5.21.

Tabelle	Beschreibung
ESCH	Kopfdaten Abrechnungsschema
ESCHS	Abrechnungsschemaschritte
ERTFND	Tariffindung

Tabelle 5.21 Datenbanktabellen zum Abrechnungsschema (Auswahl)

Tarif

Tarife dienen der direkten Abbildung von Preisbestandteilen von Ver- und Entsorgungsprodukten. Sie bestehen aus einem Schlüssel, Kopfdaten und einem oder mehreren *Tarifschritten*. Die im Rahmen dieses Buches wesentlichen Elemente sind die Tarifschritte.

Tarifschritte beinhalten einzelne Operationen innerhalb einer Abrechnung, wie das Übergeben von Zählerständen, das Multiplizieren von Verbräuchen mit Preisen oder das Übergeben von Pauschalen. Andere Tarifschritte können zum Ausweis von Mengen-, Preis- oder Teilverbrauchsinformationen dienen. Je Tarifschritt kann zudem bestimmt werden, ob er buchungs- und/oder statistikrelevant ist. Für buchungsrelevante Tarifschritte sind zur Kontenfindung ein Haupt- und ein Teilvorgang für Abrechnungs- und für Abschlagszeilen anzugeben.

Über Tarife wird weiterhin Folgendes festgelegt:

- wie die gemessenen Verbräuche bei der Ablesedatenbearbeitung und bei Abgrenzungen hochgerechnet bzw. aufgeteilt werden
- welche abrechnungstechnischen Größen durch ein Zählwerk gemessen werden
- welche Bezugsgrößen abgerechnet werden
- in welche Berechnungsformeln die Größen eingehen
- welche Preise verwendet werden
- welcher Sparte und Abrechnungsklasse ein Tarif zugeordnet ist

Die Werteübergabe zwischen Tarifschritten erfolgt mittels sogenannter *Operanden*. Operanden stellen Variablen dar, die als eigene Stammdatenelemente im System verwaltet werden. Die eigentliche Berechnung von Verbräuchen oder die Bewertung mit Preisen erfolgt in speziellen Programmteilen, sogenannten *Varianten* oder *Variantenprogrammen*. Operanden und Varianten werden in den beiden folgenden Abschnitten erläutert.

Pflegetransaktionen und Datenbanktabellen [+]

Die folgenden Pflegetransaktionen sind die wichtigsten zum Tarif:

- EA30/EA31/EA32 (Tarif anlegen/ändern/anzeigen)
- Sammeltransaktion S_KK4_74000887 (Tarife definieren)

Die wichtigsten Datenbanktabellen zeigt Tabelle 5.22.

Tabelle	Beschreibung
ETRF	Kopfdaten Tarif
ETRFV	Tarifschritte
EKDI	Tariffakten

Tabelle 5.22 Datenbanktabellen zum Tarif (Auswahl)

Operand

Operanden sind spartenbezogene Stammdaten, mit deren Hilfe Werte innerhalb der Abrechnung zwischen verschiedenen Abrechnungsschritten ausgetauscht werden. Die zur Laufzeit ermittelten Werte von Operanden stehen nach der Abrechnung zu statistischen Zwecken oder zum Andruck in Rechnungsformularen zur Verfügung. Bei der Definition von Operanden müssen diese immer auf von SAP zur Verfügung gestellte Operandentypen referenzieren, die die Funktion des jeweiligen Operanden festlegen. Unter anderem werden folgende Operandentypen von SAP ausgeliefert (siehe Tabelle 5.23).

Operanden können in einer bis zu dreistufigen Hierarchie von *Operandengruppen* organisiert werden. Operanden, die zur Laufzeit der Abrechnung aus Tarifen, Tariftypen oder Anlagen gelesen oder dorthin geschrieben werden, bezeichnet man als *Fakten*.

Operandentyp	Bezeichnung
AMOUNT	Betrag
DEMAND	Leistung allgemein
FACTOR	Zahl mit Nachkommastellen
LPRICE	Pauschalpreis
QUANT	Menge (Verbrauch) allgemein
QPRICE	Mengenabhängiger Preis
REFVALUE	Bezugsgröße
SEASON	Saison
TPRICE	Zeitabhängiger Preis
USERDEF	Benutzerdefinierter Wert

Tabelle 5.23 Operandentypen in der Standardauslieferung

Mithilfe der Zugriffssteuerung für Operanden kann gesteuert werden, wie mit Mehrfacheinträgen verfahren werden soll. Dabei können Sie einstellen, dass alle Werte zum Ende eines Zeitraums, Werte zu einem Stichtag, Werte zum Beginn oder zum Ende eines Abrechnungszeitraumes oder alle Werte in einem monatsbezogenen Abrechnungszeitraum berücksichtigt werden.

[+]

Pflegetransaktionen und Datenbanktabellen
Die folgenden Pflegetransaktionen sind die wichtigsten zum Operanden:

- EA50/EA51/EA52 (Operand anlegen/ändern/anzeigen)
- Sammeltransaktion S_KK4_74000866 (Operanden definieren)

Die wichtigsten Datenbanktabellen zeigt Tabelle 5.24.

Tabelle	Beschreibung
TE221	Operanden-Stammdaten
TE375	Operandentypen (SAP-Daten)

Tabelle 5.24 Datenbanktabellen zum Operanden (Auswahl)

Variantenprogramm (Variante)

Variantenprogramme, oder kurz *Varianten*, sind spezielle Systemeinstellungen innerhalb der Definition von Tarifschritten, die u. a. die Feinsteuerung von Ein- und Ausgabeoperanden sowie die erzeugten Belegzeilen charakterisieren. Darüber hinaus liegt hinter jedem Variantenprogramm ein Funktionsbaustein, dessen Name sich aus dem Präfix `ISU_` und dem Namen des Variantenprogramms selbst zusammensetzt.

Varianten enthalten somit kleine, eigenständige ABAP-Programmteile, die elementare Rechenschritte ausführen. Viele Variantenprogramme bewerten abrechnungsrelevante Größen und erzeugen dabei Rechnungszeilen. Andere Varianten formen Größen um und stellen das Ergebnis den folgenden Tarifschritten zur Verfügung. Wenn Sie eine Berechnung innerhalb eines Tarifschrittes detailliert nachvollziehen möchten, kann ein Blick in den Funktionsbaustein des benutzten Variantenprogramms hilfreich sein.

Pflegetransaktion und Datenbanktabellen [+]

Die folgende Pflegetransaktion ist die wichtigste zum Variantenprogramm:

- EA88 (Variantenprogramm pflegen)

Die wichtigsten Datenbanktabellen zeigt Tabelle 5.25.

Tabelle	Beschreibung
TE313	Variantenprogramm-Stammdaten
TE923I	Eingabeoperanden zu Variante
TE923O	Ausgabeoperanden zu Variante

Tabelle 5.25 Datenbanktabellen zum Variantenprogramm (Auswahl)

Tabelle	Beschreibung
EDLTYP	Belegzeilenarten zu Variante
EVIND	Variantenkennzeichen/-steuerungen

Tabelle 5.25 Datenbanktabellen zum Variantenprogramm (Auswahl) (Forts.)

Preis

Preise oder *Preisschlüssel* dienen in IS-U der monetären Bewertung von Versorgungsleistungen. In den Kopfdaten der Preise werden steuernde Daten (wie Sparte, Abrechnungsklasse, Zeitbasis, Rundung usw.) hinterlegt. Der Preis enthält außerdem einen Währungsschlüssel. Wenn Sie mehrere verschiedene Währungen zur Abrechnung verwenden, müssen Sie alle Preise in den benutzten Währungen pflegen. Die Ableitung der für den jeweiligen Kunden gültigen Währung erfolgt über das Feld TRANSAKTIONSWÄHRUNG des Vertragskontos. Der Preisbetrag, also der eigentliche Preis, wird auf einem Reiter zur Pflege von historischen Beträgen hinterlegt. Somit können auch zeitabhängige Preisänderungen abgebildet werden.

[+] **Pflegetransaktionen und Datenbanktabellen**

Die folgenden Pflegetransaktionen sind die wichtigsten zum Preis:

- EA89/EA90/EA91 (Preis anlegen/ändern/anzeigen)
- Sammeltransaktion S_KK4_74000893 (Preise definieren)

Die wichtigsten Datenbanktabellen zeigt Tabelle 5.26.

Tabelle	Beschreibung
EPREI	Preis-Stammdaten
EPREIH	Preiszeitscheiben (inklusive Preisbetrag)

Tabelle 5.26 Datenbanktabellen zum Preis (Auswahl)

Tariffaktengruppe

Mithilfe von *Tariffaktengruppen* oder *Faktengruppen* können einzelnen Operanden (z. B. Preisoperanden) unterschiedliche Werte (z. B. Preisschlüssel) zugeordnet werden. Damit lassen sich verschiedenen Kundengruppen auf einfache Weise unterschiedliche Preise zuweisen. Eine Faktengruppe muss immer in Kombination mit einer Tarifart angegeben werden.

Pflegetransaktion und Datenbanktabelle [+]

Die folgende Pflegetransaktion ist die wichtigste zur Tariffaktengruppe:

- S_KK4_74000886 (Tariffaktengruppen pflegen)

Die wichtigste Datenbanktabelle zeigt Tabelle 5.27.

Tabelle	Beschreibung
TE067	Tariffaktengruppen

Tabelle 5.27 Datenbanktabelle zur Tariffaktengruppe (Auswahl)

Abrechnungsklasse

In der Hierarchie der IS-U-Stammdaten befindet sich die *Abrechnungsklasse* auf einer übergeordneten Ebene. Eine Abrechnungsklasse klassifiziert Verträge innerhalb einer Sparte, z. B. für Tarif- oder Sondervertragskunden. Sie gilt in der Regel für mehrere Produkte und kann für Auswertungszwecke genutzt werden. Eine weitere Aufgabe besteht in der Plausibilisierung innerhalb der Terminsteuerung und in den Abrechnungsstammdaten.

Die Abrechnungsklasse wird in den IS-U-Objekten Anlage, Tariftyp, Preis, Tarif, Abrechnungsschema, Portion und Ableseeinheit verwendet.

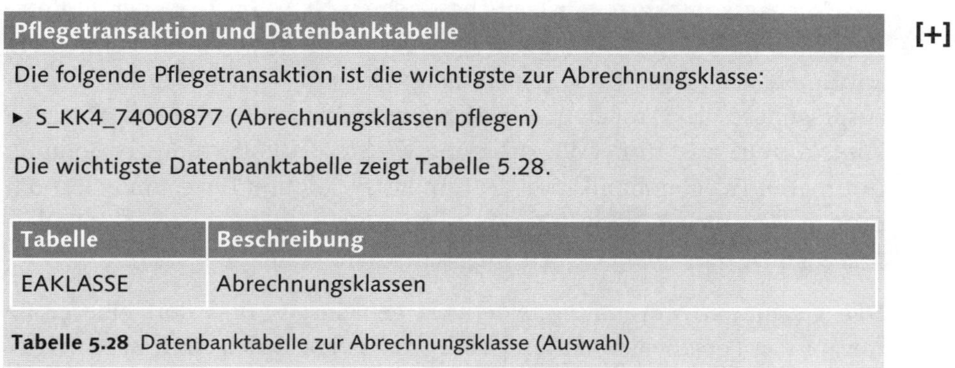

Pflegetransaktion und Datenbanktabelle [+]

Die folgende Pflegetransaktion ist die wichtigste zur Abrechnungsklasse:

- S_KK4_74000877 (Abrechnungsklassen pflegen)

Die wichtigste Datenbanktabelle zeigt Tabelle 5.28.

Tabelle	Beschreibung
EAKLASSE	Abrechnungsklassen

Tabelle 5.28 Datenbanktabelle zur Abrechnungsklasse (Auswahl)

Tarifart

Tarifarten sind Instrumente zur Zuordnung von Tarifen zu Zählwerken, Geräten, Tariftypen und Anlagen. Sie sind zwangsläufig spartenabhängig und optional für bestimmte Anlageklassen gültig. In der Sparte »Strom« sind unterschiedliche Tarifarten für Hoch- und Niedertarife, Grundpreise sowie die Stromsteuer usw. üblich.

In der Regel werden Tarifarten im Zählwerk gepflegt, um damit leistungsabhängige Tarifbestandteile für Wirk- oder Blindarbeit abzubilden. Für Pauschalanlagen (Leistungsverbraucher ohne Zählwerke), wie z. B. Straßenleuchten, werden gesonderte Tarifarten gepflegt, die nicht nach Leistungsdaten, sondern über Zeiträume abgerechnet werden. Allgemein gehören Tarifarten zu Strukturelementen, die innerhalb der Tarifierung eine steuernde Aufgabe haben und der Plausibilisierung von Daten dienen.

[+]

Pflegetransaktion und Datenbanktabelle

Die folgende Pflegetransaktion ist die wichtigste zur Tarifart:

- EA56 (Tarifart pflegen)

Die wichtigste Datenbanktabelle zeigt Tabelle 5.29.

Tabelle	Beschreibung
TE069	Tarifarten-Stammdaten

Tabelle 5.29 Datenbanktabelle zur Tarifart (Auswahl)

5.5 Vertragskontokorrent (FI-CA)

Das Vertragskontokorrent ist ein besonderes Nebenbuch in der FI-Komponente von SAP ERP Financials, das speziell für die Massenverarbeitung konzipiert ist. Es stellt die gemeinsame Basis für verschiedene Branchenausprägungen dar. Außer in der Versorgungsindustrie wird das Vertragskontokorrent z. B. in der Versicherungswirtschaft (IS-IS, Industry Solution Insurance), Telekommunikation (IS-T, Industry Solution Telecommunication) oder in öffentlichen Verwaltungen in der Ausprägung Public Sector Collections and Disbursement (PSCD) eingesetzt (siehe Abbildung 5.23).

Den genannten Anwendungsfeldern ist gemeinsam, dass dort eine große Anzahl von Personenkonten und -belegen zu verarbeiten sind. Bei Energieversorgern sind mehrere Hunderttausend bis zu mehreren Millionen Kunden die Regel. Daraus ergeben sich besondere Anforderungen an Hard- und Software des IT-Systems, die entsprechende Antwortzeiten gewährleisten müssen, um Kundenanfragen entsprechend schnell beantworten oder interne Auswertungen wie Kundenstatistiken erstellen zu können. SAP hat auf diese Anforderungen mit der Entwicklung des FI-CA reagiert.

Wesentliche Funktionen des Vertragskontokorrents werden einheitlich in unterschiedlichen Branchen eingesetzt:

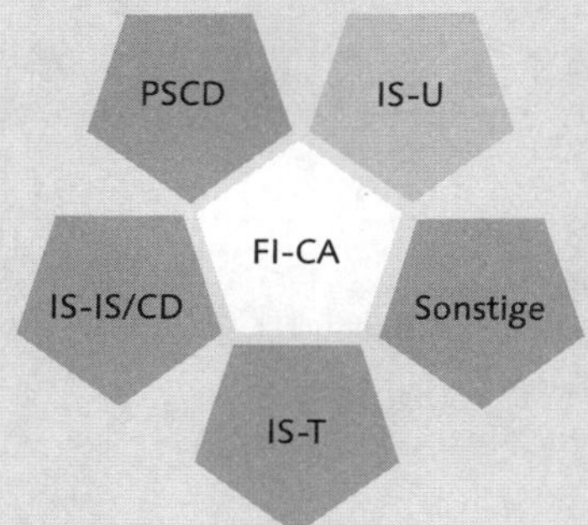

- Energieversorgung (Abrechnung und Buchführung für große Mengen von Verträgen)
- Telekommunikation (Abrechnung von Telefonverträgen)
- Versicherungen (Abrechnung und Buchführung für Versicherungsverträge)
- Öffentliche Einrichtungen (Verwaltung öffentlich rechtlicher Forderungen, wie Steuern und Abgaben)

Wesentliche Funktionen von FI-CA sind seit Jahren im produktiven Einsatz:

- Stammdatenmanagement für Personenkonten (Debitoren)
- Zahlungsabwicklung und -verfolgung
- Integration zum Hauptbuch und anderen Komponenten

Abbildung 5.23 Branchenbezogener Einsatz von FI-CA

Im Gegensatz zu anderen Nebenbüchern wie z. B. der Kreditorenbuchhaltung (FI-AP) oder Debitorenbuchhaltung (FI-AR) verfügt das Vertragskontokorrent nicht über eine Online-Integration zum Hauptbuch (FI-GL). Hauptbuchrelevante Informationen werden zur Laufzeit, also bei der Buchung in Einzelposten-Tabellen (z. B. DFKKKO, DFKKOP, DFKKOPK) und Summen-Tabellen (DFKKSUM) fortgeschrieben und erst mit einer speziellen Transaktion (FPG1 bzw. FPG1M im Massenlauf) an das Hauptbuch weitergeleitet.

Die erfassten Daten werden unter sogenannten Abstimmschlüsseln gesammelt und mit einer speziellen Transaktion aus dem Nebenbuch in das Hauptbuch »übergeleitet« (siehe Abbildung 5.24).

Somit finden Massenprozesse wie Mahnläufe und Auswertungen des Hauptbuches in getrennten Datenbereichen statt.

Darüber hinaus wird den Anforderungen eines Massenkontokorrents durch besondere technische Vorkehrungen Rechnung getragen. In Versorgungsunternehmen gehören Abrechnungs- und Fakturierungsprozesse zu zeitkritischen Vorgängen. Durch die Softwarearchitektur wird gewährleistet, dass diese Vorgänge auch für Millionen von Kundenverträgen performant verarbeitet werden können. Dabei werden Aufgaben durch gezielte Parallelisierung beschleunigt.

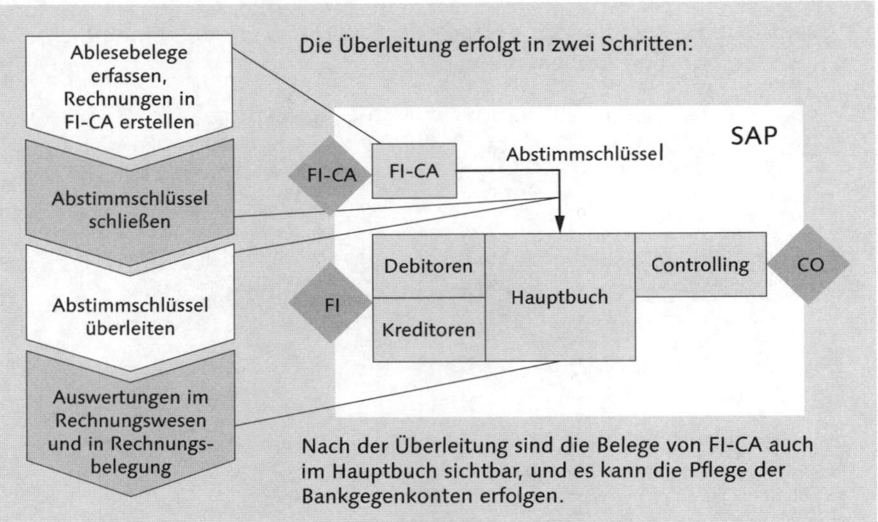

Abbildung 5.24 Integration von FI-CA mit dem Hauptbuch

Dies möchten wir anhand des Beispiels der oben erwähnten Weiterleitung in das Hauptbuch näher erläutern: In der Transaktion FPG1 (Buchungssummen ins Hauptbuch übernehmen) werden alle in FI-CA erfassten Belege, die eine Hauptbuchrelevanz haben – also zu Fortschreibung der Verkehrszahlen in FI führen – sequenziell abgearbeitet. Somit dauert die Überleitung der Informationen aus dem Nebenbuch in das Hauptbuch so lange, wie die Summe der Bearbeitung der einzelnen Belege.

Durch die Parallelisierung mithilfe der Transaktion FPG1M (Übernahme Hauptbuch – Massenlauf) werden mehrere parallele Jobs gestartet, die entsprechend parallel bearbeitet werden. In Abhängigkeit von der Systemparametrisierung kann dies zu einer erheblichen Beschleunigung des zu bearbeitenden Belegvolumens führen. Wird ein Intervall von 1000 Belegen in zehn parallele Jobs aufgeteilt, kann dies im Idealfall zu einer Laufzeitverkürzung auf bis zu 10 % der ursprünglichen Laufzeit führen. In der Praxis wird man bei einer Parallelisierung in *n* Jobs allerdings keine Beschleunigung auf den Faktor *1/n* erreichen.

FI-CA für Versorgungsunternehmen hat viele Funktionen mit Vertragskontokorrentlösungen für andere Branchen gemein. Daneben bringt FI-CA besondere Werkzeuge für kundenspezifische Anpassungen mit: Das *Business Data Toolset* etwa dient zur flexiblen Erweiterung der Stammdatenbearbeitungsfunktionen.

Um die Funktionen des Vertragskontokorrents möglichst individuell an Ihre Bedürfnisse anpassen zu können, wurde neben dem Standard-Erweiterungskonzept von SAP ein zusätzliches Event-Konzept implementiert. Mithilfe der Transaktion FQEVENTS (Zeitpunkte) wird die Verwaltung von Zeitpunkten aufgerufen (siehe Abbildung 5.25).

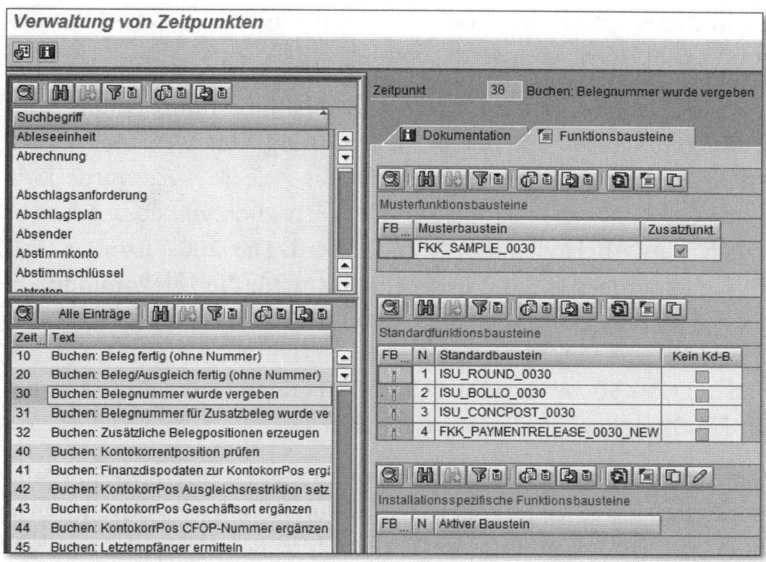

Abbildung 5.25 Verwaltung von Zeitpunkten

In Abbildung 5.25 sehen Sie im linken Bildschirmbereich eine Such- und Auswahlmöglichkeit für sogenannte Zeitpunkte. Hierbei handelt es sich um »Eingriffsstellen« in die von SAP konzipierten Standard-Abläufe.

Die jeweilige Standard-Funktionalität wird dabei bis zu dieser »Eingriffsstelle« – einem Zeitpunkt, der durch einen vierstelligen Schlüssel spezifiziert ist – durchlaufen und prüft dann, ob zu diesem Zeitpunkt Erweiterungen vorliegen. Ist dies der Fall, werden die implementierten, aktiven Erweiterungen durchlaufen, und anschließend wird der Standard-Ablauf fortgesetzt.

Damit haben Entwickler von Zusatzkomponenten, Kunden und Berater, die Möglichkeit, den Standardablauf anforderungsgemäß zu beeinflussen, ohne den SAP-Code modifizieren zu müssen.

Im Laufe der Programmausführung werden zunächst SAP-Standardbausteine aufgerufen und anschließend sogenannte installationsspezifische Implementierungen. In diesen Implementierungen können sich dann die kundenspezifischen Erweiterungen befinden.

5.6 IS-U/CCS

Die Anwendungskomponente IS-U enthält alle wesentlichen Funktionen, die zur Abbildung der speziell in Ver- und Entsorgungsunternehmen auftretenden Geschäftsprozesse notwendig sind, und wird von Zeit zu Zeit durch neue Funktionalitäten ergänzt, die sich aus geänderten Anforderungen des Marktes ergeben. In diesem Buch beschränken wir uns auf die Betrachtung des Einsatzes von IS-U in Versorgungsunternehmen.

Entstanden ist IS-U aus der Komponente RIVA (Realtime Informations- und Verbrauchsabrechnungssystem), der Branchenlösung von SAP für Versorgungsunternehmen im damaligen R/2-System. Bis Release 4.72 wurde IS-U mit dem Zusatz CCS (Customer Care & Service) vertrieben, der auch heute in der Praxis noch häufig beistellend verwendet wird. Seit 2007 firmiert IS-U releasetechnisch zusammen mit der Branchenlösung für die Telekommunikationswirtschaft (IS-T) als IS-UT. Für den mittel- und osteuropäischen Raum gibt es eine gemeinsame Variante, die mit dem Zusatz CEE (Central & Eastern Europe) versehen ist. So bezeichnet z.B. *IS-UT CEE 604* die Auslieferung unter SAP ERP 6.0 mit Erweiterungspaket 4 (EHP4).

Im folgenden Abschnitt finden Sie zunächst einen kurzen Überblick über die Unterkomponenten von IS-U, in denen die für den jeweiligen Anwendungsbereich benötigten Programme und Funktionen bereitgestellt werden. Anschließend stellen wir Ihnen das im Kundenservice häufig eingesetzte Customer Interaction Center (CIC) und seine Möglichkeiten der individuellen Anpassung vor. In Abschnitt 5.6.3 widmen wir uns dem Thema Energiedatenmanagement. Informationen zu IDEX (Intercompany Data Exchange) finden Sie in Abschnitt 6.7.

5.6.1 Komponenten von IS-U

Die einzelnen Anwendungskomponenten eines SAP-Systems besitzen meist Unterkomponenten mit entsprechenden technischen Namen, die ihrerseits weiter in Unterkomponenten untergliedert sein können. Neue Funktionen, die erst ab einem bestimmten Release verfügbar sind, werden häufig als neue Subkomponenten angelegt. Für den Endanwender ist diese Unterteilung im System nicht relevant, zu erkennen ist sie möglicherweise lediglich über die Gliederung im Standardmenübaum. Bei technischen Fragestellungen, wie z.B. der Kategorisierung von Supportanfragen an SAP oder der Suche nach passenden Korrekturanleitungen, ist es jedoch von Vorteil, die jeweiligen Unterkomponenten zu kennen. Außerdem geben die Subkomponenten einen Überblick über die verschiedenen Bereiche von IS-U, die zur Abwicklung der Geschäftsprozesse eines Versorgungsunternehmens zur Verfügung stehen. Tabelle 5.30 enthält die direkten Unterkomponenten von IS-U, die jeweils noch in weitere Subkomponenten unterteilt sein können.

Techn. Name	Bezeichnung der Unterkomponente (Bemerkung)
IS-U-BF	Grundfunktionen (enthält Terminsteuerung, Regionalstruktur etc.)
IS-U-BI	Vertragsabrechnung
IS-U-CA	Vertragskontokorrent
IS-U-CS	Kundenservice
IS-U-DM	Geräteverwaltung (inklusive Ablesung)
IS-U-EDM	Energiedatenmanagement
IS-U-IDE	Unternehmensübergreifender Datenaustausch
IS-U-IDEX	Unternehmensübergreifender Datenaustausch erweitert
IS-U-IN	Fakturierung
IS-U-IS	Informationssystem
IS-U-LIB	Deregulierung/Liberalisierung
IS-U-MD	Stammdaten
IS-U-PCT	Portal Content
IS-U-TO	Werkzeuge (enthält Archivierung, Migration, Druck-Workbench etc.)
IS-U-WA	Entsorgungswirtschaft
IS-U-WM	Work Management (inklusive Schnittstellen)

Tabelle 5.30 Unterkomponenten von IS-U

Wie aus Tabelle 5.30 ersichtlich, kann die für die Ver- und Entsorgungswirtschaft ausgeprägte Version des Vertragskontokorrents systemtechnisch als Subkomponente der Branchenkomponente IS-U betrachtet werden, wobei das Vertragskontokorrent branchenübergreifend ebenfalls unter der Anwendungskomponente FI als Komponente FI-CA geführt wird. Die Funktionen der einzelnen Subkomponenten von IS-U werden in diesem Buch in verschiedenen Abschnitten genauer beschrieben; die Besonderheiten der Sparte »Entsorgungswirtschaft (IS-U-WA)« sind jedoch nicht Thema des Buches.

5.6.2 Customer Interaction Center (CIC)

Das Customer Interaction Center (CIC, Transaktionscode CIC0) ist eine grafische Oberfläche im SAP-System zur Bearbeitung von Kundenanliegen aller Art. Es wird häufig im First-Level-Support bzw. für Mitarbeiter eingesetzt, die Kundenkontakt haben und diverse Anfragen direkt bearbeiten können müssen. Dabei ist die Möglichkeit, (Konten-)Auskünfte zu einem bestimmten Geschäftspartner geben zu können, ebenso von Bedeutung wie die schnelle Ansteuerung verschiedener Bearbeitungsprozesse. Der Sachbearbeiter hat aus dem CIC heraus die Möglichkeit, Bankdaten- oder Adressänderungen, Einzugsmeldungen, Zählerstandsmitteilungen oder Forderungen nach einer Zwischenrechnung direkt in vollem Umfang abzuarbeiten, sodass keine weitere Nachbearbeitung notwendig ist. Auch Beschwerden oder Anmerkungen, die telefonisch, per E-Mail oder per Post eingehen, können über das CIC erfasst und verwaltet werden. Die Anbindung der wichtigsten Prozesse ist bereits Bestandteil der SAP-Standardauslieferung und kann direkt verwendet oder als Vorlage für eigene Prozesse benutzt werden. IS-U-Prozesse, die unabhängig von Kundenanfragen gestartet werden, wie z. B. Mahnläufe, Turnusrechnungen oder die Kontenpflege, werden üblicherweise nicht in das CIC integriert, wenngleich eine Integration möglich wäre. Diese Prozesse werden dann direkt über die entsprechenden Transaktionen in IS-U angesteuert. Welche Prozesse standardmäßig aus dem CIC heraus aufgerufen werden können, zeigen wir Ihnen in Abschnitt 6.4. An dieser Stelle geht es zunächst um einen Überblick, wie das CIC aufgebaut ist und welche Möglichkeiten Sie haben, es kundenindividuellen Anforderungen entsprechend anzupassen.

Das CIC ist programmtechnisch der SAP ERP-Komponente CS (Customer Service) zugeordnet und kann für verschiedene Branchen verwendet werden. Das Grundcustomizing für das CIC finden Sie daher unter KUNDENSERVICE • CUSTOMER INTERACTION CENTER (CIC). Weitergehende Einstellungen sind in den jeweiligen Branchenkomponenten zu finden. Für die Versorgungswirtschaft mit der Komponente IS-U-CS gibt es zusätzlich den Customizingpfad BRANCHENKOMPONENTE VERSORGUNGSINDUSTRIE • KUNDENSERVICE • CUSTOMER INTERACTION CENTER.

CIC-Framework

Damit Sie das CIC Ihren Anforderungen gemäß so frei wie möglich konfigurieren können, ist es modular aufgebaut. Dies gilt sowohl für die Darstellung als auch für die verfügbare Funktionalität. Für das Grundgerüst zur Aufteilung der CIC-Oberfläche, das sogenannte *Framework*, stehen zwei verschiedene Versionen zur Verfügung:

- **Vertikale Anordnung**
  Bei der vertikalen Anordnung sind die einzelnen Komponenten (Kundendaten, Telefonintegration, Menüschaltflächen etc.) untereinander in sogenannten *Slots* angeordnet. In der Praxis wird diese Variante nicht häufig verwendet; auch SAP empfiehlt aus Gründen der effizienteren Bildschirmaufteilung die Verwendung der L-Form.
- **L-Form**
  Die L-Form ist in einer kleinen und in einer großen Variante für Bildschirme ab 21 Zoll verfügbar. Die Benennung des Frameworks als *L-Form* leitet sich daraus ab, dass die wichtigsten drei Bestandteile, der *Suchbereich*, der *Navigationsbereich* und der *Anwendungsbereich* L-förmig angeordnet sind.

In Abbildung 5.26 sehen Sie einen typischen Aufbau des CIC unter Verwendung eines L-Form-Frameworks. In den folgenden Ausführungen wird die Benutzung eines L-Form-Frameworks vorausgesetzt.

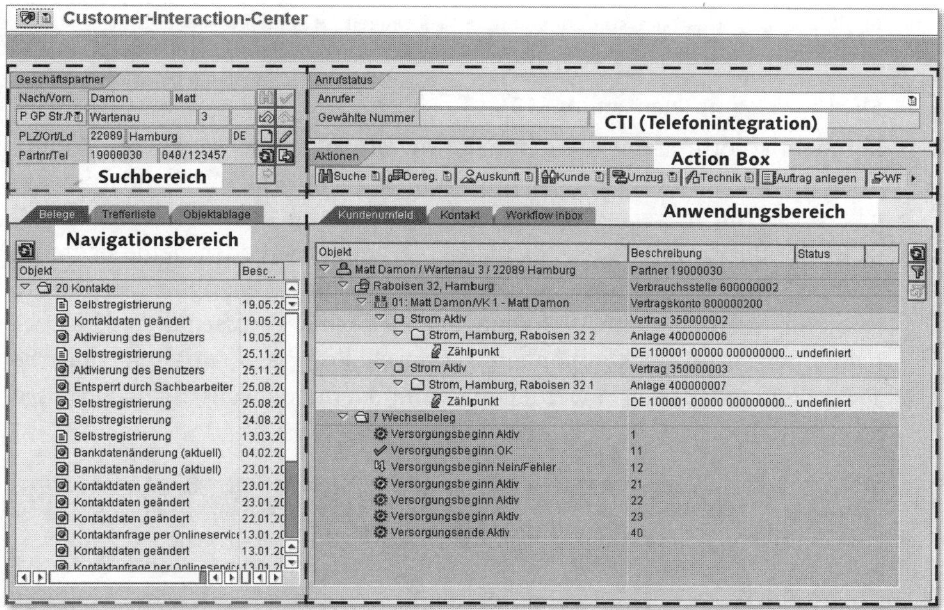

Abbildung 5.26 Aufbau der CIC-Benutzeroberfläche (L-Form)

Ein neues Framework mit einer eindeutigen Framework-ID können Sie im Customizing unter KUNDENSERVICE • CUSTOMER INTERACTION CENTER (CIC) • DEFINITION DES FRONT-OFFICE-FRAMEWORKS anlegen. Hier ist zunächst nur zu entscheiden, ob die vertikale Anordnung oder die L-Form benutzt werden soll und welchen CIC-Titel der Bildschirm tragen soll. Anschließend ordnen Sie dem Framework die benötigten sichtbaren und unsichtbaren Komponenten zu (siehe Abbildung 5.27).

Abbildung 5.27 Sichtbare Komponenten des L-förmigen CIC-Frameworks

Sichtbare Komponenten im CIC

In einem L-Form-Framework sind die zu verwendenden sichtbaren Komponenten sowie ihre Platzierung auf dem Bildschirm vom SAP-Standard vorgegeben und nicht frei wählbar. Über vordefinierte Komponentenvarianten (z. B. ein- oder zweizeilige Schaltflächenleisten, große oder kleine Baumdarstellung) und weitere Einstellungen (siehe Abschnitt »Konfiguration der CIC-Komponenten« auf Seite 159) können Sie jedoch das Aussehen und das Verhalten der einzelnen Komponenten Ihren Bedürfnissen anpassen. Auch bei Verwendung der L-Form werden die Komponenten jeweils einem Slot zugeteilt.

[+] **Komponenten der CIC-Oberfläche (L-Form)**

Die folgenden Komponenten sind in Abbildung 5.26 eingezeichnet:

- Slot 1: Suchbereich
- Slot 2: CTI (Telefonintegration)
- Slot 4: Action Box

- Slot 5: Navigationsbereich
- Slot 6: Anwendungsbereich

Slot 3 und Slot 7 werden im L-Form-Framework nicht genutzt.

Im Folgenden stellen wir Ihnen die Funktion der fünf Standardkomponenten kurz vor.

- **Suchbereich**
  Der *Suchbereich* dient zur Suche nach einem Geschäftspartner. Sie können entweder direkt eine Geschäftspartnernummer eingeben oder mithilfe des Namens, der Adresse oder der Telefonnummer einen Geschäftspartner suchen. Die Suchfunktion kann auch über Kundenerweiterungen dahingehend angepasst werden, dass eine Suche über technische Stammdaten, wie z. B. die Zählernummer oder das Anschlussobjekt mit seiner Adresse, möglich ist. Die Suche eines Geschäftspartners mit anschließender Bestätigung nennt sich *Identifikation*. Sobald ein Geschäftspartner im CIC identifiziert ist, werden die zugehörigen Daten in die dafür vorgesehenen Komponenten *Navigationsbereich* und *Anwendungsbereich* geladen.
- **Navigationsbereich**
  Der *Navigationsbereich* kann mehrere Reiter enthalten und somit verschiedene Informationen kontextbezogen darstellen. Ergibt die Suche nach einem Geschäftspartner (z. B. unter Angabe eines Nachnamens) mehrere Treffer, werden diese untereinander im Navigationsbereich zur Auswahl dargestellt. Außerdem gibt es hier die *Objektablage*, auch *Clipboard* genannt. Dies ist eine Zwischenablage-Funktion, die für die Weitergabe von Kontextinformationen an Prozesse benutzt wird, die aus dem CIC heraus aufgerufen werden.

Weitergabe über das Clipboard [zB]

Sie können z. B. eine im Anwendungsbereich angezeigte Verbrauchsstelle auswählen und mit dem Kontextmenü (rechte Maustaste) in die Objektablage übernehmen. Wenn Sie anschließend den Lieferendeprozess aus dem CIC heraus starten, wird die in der Ablage gespeicherte Verbrauchsstelle für das Lieferende übernommen.

Eine zentrale Rolle im CIC spielen die sogenannten *Kundenkontakte*, die ebenfalls meist im Navigationsbereich in einem eigenen Reiter mit Baumstruktur angezeigt werden und der Protokollierung von Kundengesprächen und kundenbezogenen Aktivitäten dienen. Einen Kundenkontakt können Sie manuell aus dem CIC heraus erstellen, wenn Sie ein Kundenanliegen bearbeiten. Dabei wählen Sie zunächst eine passende Kontaktklasse und -aktion aus, um den Kontakt zu kategorisieren, und haben anschließend die Möglichkeit, weitere Attribute zu füllen und relevante Informationen als Freitext zu hinterlegen. Ein Kundenkontakt wird immer mit Bezug zu einem Geschäftspartner gespeichert. Es können aber auch andere (Stamm-)Daten, wie z. B. ein Vertragskonto, als Business-Objekt mit dem Kundenkontakt verknüpft werden. Neben der manuellen Anlage ist auch das automatische Erstellen von Kundenkontakten im Rahmen der Prozessbearbeitung möglich. In standardisierten Prozessen, für deren Nachvollziehbarkeit keine individuellen Anmerkungen zu speichern sind, kann dies auch im Hintergrund geschehen.

- **Anwendungsbereich**
  Der *Anwendungsbereich* bietet wie der Navigationsbereich die Möglichkeit, bis zu zehn Reiter anzuzeigen. Einige der Reiter werden im Standard mit ausgeliefert, sie können aber auch ausgeblendet oder angepasst werden. Außerdem können Sie weitere, kundenindividuelle Reiter hinzufügen.
  - Der Standardreiter *Kundenumfeld* bietet einen hierarchischen Überblick über die Verträge und Stammdatenstrukturen, die zu einem Geschäftspartner in IS-U vorhanden sind. Auch wichtige Bewegungsdaten, wie z. B. Jahresrechnungen oder Mahnungen, können hier angezeigt werden. Über definierbare Kontextmenüs, die Sie mit der rechten Maustaste ansteuern können, ist es Ihnen möglich, auf den verschiedenen Ebenen zur jeweiligen Anzeigetransaktion für ein Stammdatenobjekt zu navigieren oder Prozesse auf der jeweiligen Ebene auszuführen. Anstelle der Baumstruktur können Sie für das Kundenumfeld auch individuell erstellte HTML- oder BSP-Seiten benutzen, auf denen die relevanten Informationen dargestellt werden.
  - Da einige Prozesse workflowgestützt arbeiten, ist des Weiteren die Einbindung des Standardreiters WORKFLOW INBOX zu empfehlen. In der Workflow Inbox werden alle offenen Workitems aufgelistet, die dem Anwender momentan zugeordnet sind. Die Workitems können auch von hier aus ausgeführt werden, sodass der Sachbearbeiter nicht immer zwischen CIC und Business Workplace hin- und herwechseln muss. In der Workflow Inbox werden unabhängig vom gerade identifizierten Geschäftspartner immer alle Workitems des Users angezeigt.
- **CTI (Telefonintegration)**
  Am rechten oberen Bildrand finden Sie in einem L-Form-Framework die *CTI-Komponente*. CTI steht für *Computer Telephone Integration*. Sie stellt die Anbindung einer Telefonsoftware über CTI-Middleware und SAPphone-

APIs an das SAP-System dar und dient zur automatischen Anzeige von Anruferinformationen bei telefonisch eingehenden Kundenanfragen. Außerdem ist über die CTI eine automatische Identifikation des Geschäftspartners möglich, sofern die Rufnummer am Geschäftspartnerstammsatz gespeichert ist.

Auf die Einstellmöglichkeiten zur CTI gehen wir in diesem Buch nicht näher ein. Weitergehende Informationen finden Sie in der SAP-Dokumentation zu den Customizingpunkten unter KUNDENSERVICE • CUSTOMER INTERACTION CENTER (CIC) • KOMPONENTEN KONFIGURATION • KONFIGURATION DER CTI KOMPONENTE.

- **Action Box**
  Als letzte sichtbare Komponente der CIC-Oberfläche ist die *Action Box* zu nennen. In ihr können Sie Schaltflächen zum Starten von Prozessen definieren. Ob die Schaltflächen in einer oder in mehreren Zeilen angezeigt werden, hängt von der Komponentenvariante ab, die Sie der Komponente Action Box in der Framework-Definition zuordnen. Eine Schaltfläche kann entweder zum direkten Starten eines bestimmten Prozesses oder als Menü angelegt werden. Bei einer Menü-Schaltfläche öffnet sich mit einem Klick auf die Schaltfläche ein Menü, aus dem die gewünschte Aktion bzw. der Prozess ausgewählt werden kann. Dadurch können viele verschiedene Absprungmöglichkeiten in der Action Box auf kleinem Raum dargestellt werden. Die Action-Box-Aufrufe ergänzen somit die im Anwendungsbereich vorhandenen Absprünge über das Kontextmenü. Häufig sind wichtige bzw. häufig genutzte Prozesse sowohl aus der Action Box als auch aus dem Kontextmenü heraus aufrufbar. Welche Absprünge notwendig sind und wie sie angeordnet sein sollen, ist unter der Voraussetzung zu entscheiden, dass die wichtigsten Prozesse mit möglichst wenigen Klicks schnell erreichbar sind. Wie bei den Absprüngen in den Kontextmenüs des Anwendungsbereichs können Sie auch bei der Definition der Action-Box-Aufrufe Kontextinformationen aus dem aktuell angezeigten Kundenumfeld in die aufgerufene Transaktion übernehmen. Somit können z. B. der Geschäftspartner und das Vertragskonto beim Sprung in die Maske zum Ändern einer Bankverbindung automatisch übertragen werden.

Unsichtbare Komponenten im CIC

Für die Hintergrundverarbeitung werden teilweise unsichtbare CIC-Komponenten benötigt, die einem Framework im Customizing unter KUNDENSERVICE • CUSTOMER INTERACTION CENTER (CIC) • DEFINITION DES FRONT-OFFICE-FRAMEWORKS • ZUORDNUNG UNSICHTBARER KOMPONENTEN ZU FRAMEWORK-

IDs hinzugefügt werden können. In jedem Fall wird eine Komponente für die Definition der Menüleiste und der Funktionstastenbelegungen (GUI-Status) benötigt. Hierfür steht die Komponente CIC_TOOLBAR zur Verfügung. Wenn eigene Menüpunkte und Funktionstastenbelegungen benutzt werden sollen, kann stattdessen CIC_TOOLBAR2 der Framework-ID zugeordnet werden. Außerdem gibt es die Komponente BD_MARK für den sogenannten *Markierdienst*. Der Markierdienst wird benutzt, um nach der Rückkehr aus einem gestarteten Prozess in das CIC die sich in der Objektablage befindlichen Objekte so zu ordnen und zu markieren, dass sie sofort für weitere Prozesse zur Verfügung stehen. Weitere unsichtbare CIC-Komponenten stehen für die Telefonintegration CTI zur Verfügung, um z. B. Rückrufe zu verwalten.

Konfiguration der CIC-Komponenten

Alle sichtbaren und unsichtbaren CIC-Komponenten können Sie über sogenannte *Komponentenprofiltypen* anpassen. Ein Komponentenprofiltyp, im Folgenden kurz *Profiltyp* genannt, ist eine Einstellmöglichkeit für eine bestimmte Komponente und kann meist über einen separaten Customizingpunkt gepflegt werden. Die verschiedenen möglichen Ausprägungen eines Profiltyps heißen *Komponentenprofile*. Die Schaltflächenbelegung der Action Box wird z. B. über den Profiltyp ACTION_BOX_CONFIGURATION gesteuert, der der Komponente ACTION_BOX zugeordnet ist. In einem speziellen Customizingpunkt kann für diesen Profiltyp eine bestimmte Schaltflächenbelegung als Komponentenprofil gespeichert werden. Wenn einige Anwender eine andere Schaltflächenbelegung sehen sollen, können Sie hierfür ein weiteres Komponentenprofil anlegen.

Die zur Verfügung stehenden Profiltypen und ihre Zuordnung zu den Komponenten pflegen Sie – ebenso wie die Komponenten und die Komponentenvarianten – im Customizing unter Kundenservice • Customer Interaction Center (CIC) • Kundenspezifische Systemanpassungen für CIC. Hier geben Sie auch die Datenbanktabelle an, in der für einen Profiltyp die angelegten Komponentenprofile gespeichert sind. In Abbildung 5.28 sehen Sie einige Profiltypen, die in der SAP-Standardauslieferung enthalten sind.

Komponenten können einem oder mehreren Profiltypen zugeordnet sein; es gibt aber auch Komponenten ohne Profiltyp. Im Folgenden stellen wir Ihnen kurz die wichtigsten Profiltypen für einige der sichtbaren Komponenten im CIC vor:

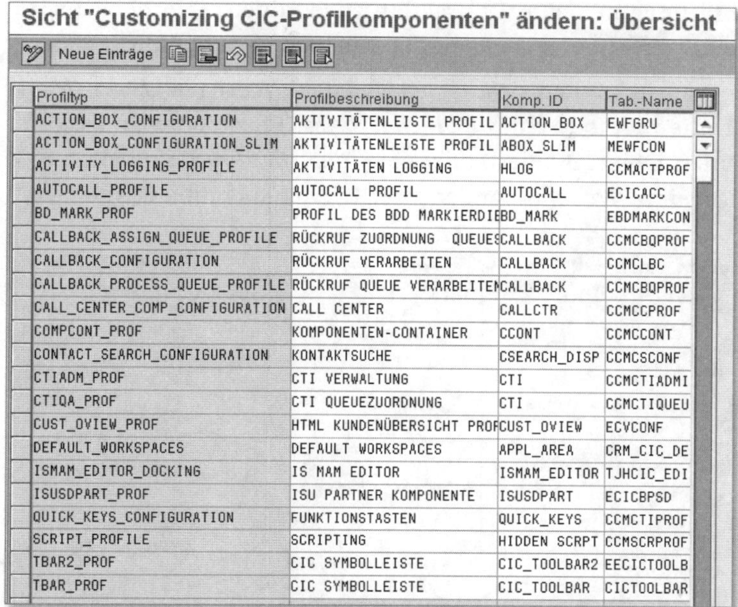
Sicht "Customizing CIC-Profilkomponenten" ändern: Übersicht

Neue Einträge

Profiltyp	Profilbeschreibung	Komp. ID	Tab.-Name
ACTION_BOX_CONFIGURATION	AKTIVITÄTENLEISTE PROFIL	ACTION_BOX	EWFGRU
ACTION_BOX_CONFIGURATION_SLIM	AKTIVITÄTENLEISTE PROFIL	ABOX_SLIM	MEWFCON
ACTIVITY_LOGGING_PROFILE	AKTIVITÄTEN LOGGING	HLOG	CCMACTPROF
AUTOCALL_PROFILE	AUTOCALL PROFIL	AUTOCALL	ECICACC
BD_MARK_PROF	PROFIL DES BDD MARKIERDI	BD_MARK	EBDMARKCON
CALLBACK_ASSIGN_QUEUE_PROFILE	RÜCKRUF ZUORDNUNG QUEUE	CALLBACK	CCMCBQPROF
CALLBACK_CONFIGURATION	RÜCKRUF VERARBEITEN	CALLBACK	CCMCLBC
CALLBACK_PROCESS_QUEUE_PROFILE	RÜCKRUF QUEUE VERARBEITE	CALLBACK	CCMCBQPROF
CALL_CENTER_COMP_CONFIGURATION	CALL CENTER	CALLCTR	CCMCCPROF
COMPCONT_PROF	KOMPONENTEN-CONTAINER	CCONT	CCMCCONT
CONTACT_SEARCH_CONFIGURATION	KONTAKTSUCHE	CSEARCH_DISP	CCMCSCONF
CTIADM_PROF	CTI VERWALTUNG	CTI	CCMCTIADMI
CTIQA_PROF	CTI QUEUEZUORDNUNG	CTI	CCMCTIQUEU
CUST_OVIEW_PROF	HTML KUNDENÜBERSICHT PROF	CUST_OVIEW	ECVCONF
DEFAULT_WORKSPACES	DEFAULT WORKSPACES	APPL_AREA	CRM_CIC_DE
ISMAM_EDITOR_DOCKING	IS MAM EDITOR	ISMAM_EDITOR	TJHCIC_EDI
ISUSDPART_PROF	ISU PARTNER KOMPONENTE	ISUSDPART	ECICBPSD
QUICK_KEYS_CONFIGURATION	FUNKTIONSTASTEN	QUICK_KEYS	CCMCTIPROF
SCRIPT_PROFILE	SCRIPTING	HIDDEN SCRPT	CCMSCRPROF
TBAR2_PROF	CIC SYMBOLLEISTE	CIC_TOOLBAR2	EECICTOOLB
TBAR_PROF	CIC SYMBOLLEISTE	CIC_TOOLBAR	CICTOOLBAR

Abbildung 5.28 Zuordnung von Profiltypen zu CIC-Komponenten

- **Suchbereich**
  Dem Suchbereich (Komponente ISUSDPART) ist der Profiltyp ISUSDPART_PROF zugeordnet. Allerdings gibt es für diesen Profiltyp keine pflegbaren Komponentenprofile. Wenn Sie den Suchbereich anpassen möchten, um z. B. weitere Suchfelder aufzunehmen, können Sie die Erweiterung ECSFO001 nutzen, die über die Transaktionen SMOD (SAP-Erweiterungsverwaltung) und CMOD (Erweiterungen) zugänglich ist.
- **Action Box**
  Für kundenindividuelle Anpassungen der Action Box steht Ihnen der Profiltyp ACTION_BOX_CONFIGURATION zur Verfügung. Die Komponentenprofile zu diesem Profiltyp werden im Customizing unter KUNDENSERVICE • CUSTOMER INTERACTION CENTER (CIC) • KOMPONENTEN KONFIGURATION • EINSTELLUNGEN ZUR ACTION BOX • KONFIGURATIONSPROFILE FÜR ACTION BOX FESTLEGEN gepflegt. Ein Komponentenprofil wird in diesem Fall auch *Konfigurationsprofil* oder *Action-Box-Konfiguration* genannt.

  In einer Action-Box-Konfiguration können Sie Transaktionsgruppen mit einer oder mehreren Transaktionen definieren (siehe Abbildung 5.29). Die Transaktionsgruppen entsprechen den im CIC dargestellten Schaltflächen und die Transaktionen den Menüpunkten mit den dahinterliegenden Prozessen, die beim Klick auf eine Schaltfläche angezeigt werden. Ist einer

Transaktionsgruppe nur eine Transaktion zugeordnet, wird der entsprechende Prozess direkt beim Klick auf die Schaltfläche ausgeführt.

Einen Prozessaufruf können Sie über verschiedene Wege realisieren. Meist wird hierfür die Methode eines *BOR-Objekttyps* (Pflege über Transaktion SWO1 (Business Object Builder)) oder ein *Frontoffice-Prozess* benutzt, aber auch der Start eines Workflows oder einer HTML-Operation ist möglich.

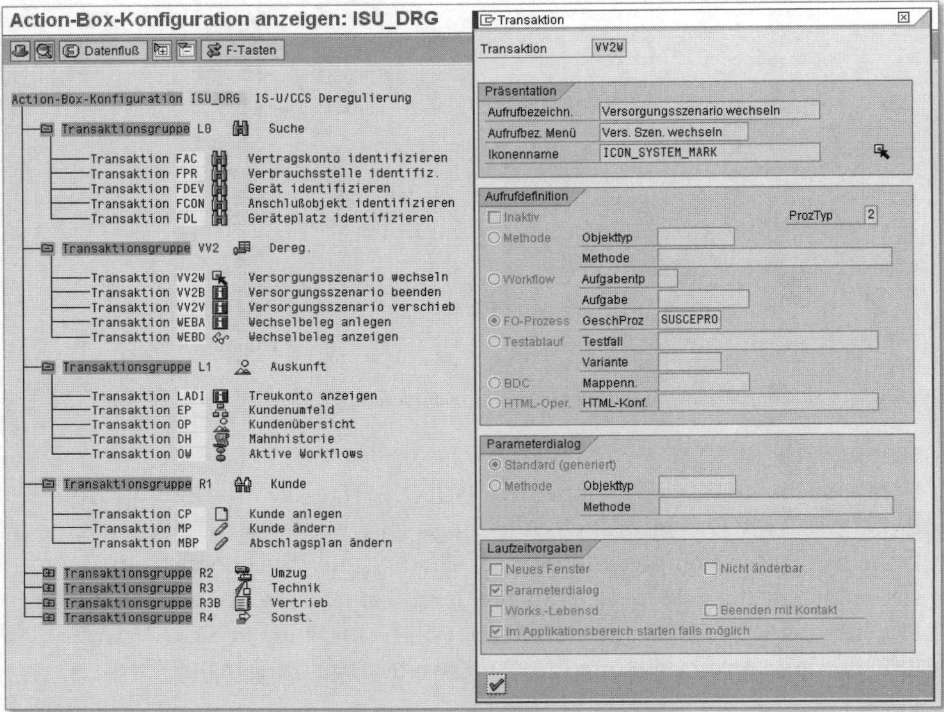

Abbildung 5.29 Beispiel für eine Action-Box-Konfiguration

[+]

Frontoffice-Prozesse

Frontoffice-Prozesse sind definierbare Abfolgen von Methoden, Workflows oder weiteren Frontoffice-Prozessen, die Sie im Customizing unter BRANCHENKOMPONENTE VERSORGUNGSINDUSTRIE • KUNDENSERVICE • FRONT-OFFICE • FRONT-OFFICE-PROZESSE DEFINIEREN anlegen können.

- **Anwendungsbereich und der Navigationsbereich**
  Der Anwendungsbereich und der Navigationsbereich können jeweils bis zu zehn Reitern enthalten. Dabei dient der Profiltyp DEFAULT_WORK-

SPACES zur gemeinsamen Konfiguration von Anwendungs- und Navigationsbereich. Für ihn können Sie Komponentenprofile anlegen, die die Anordnung und den Inhalt der einzelnen Registerkarten bestimmen. Die Pflege dieser Profile erfolgt im Customizing von IS-U unter BRANCHENKOMPONENTE VERSORGUNGSINDUSTRIE • KUNDENSERVICE • CUSTOMER INTERACTION CENTER • NAVIGATIONS- UND ANWENDUNGSBEREICH PFLEGEN. In Abbildung 5.30 sehen Sie als Beispiel die hinterlegten Reiter für das Komponentenprofil ISU_DRG.

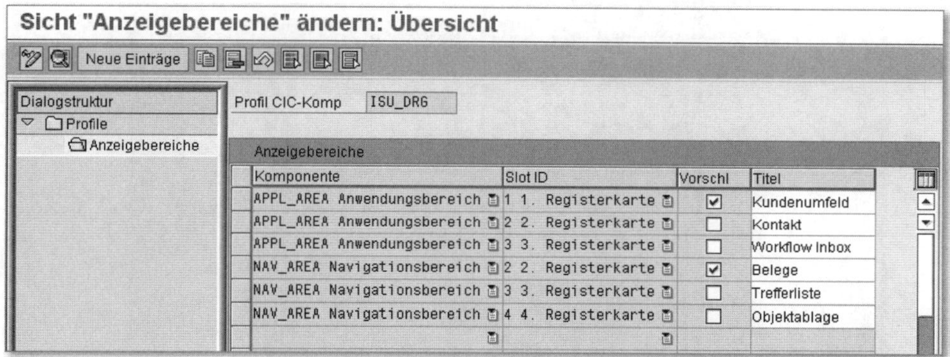

Abbildung 5.30 Pflege der Reiter im CIC-Anwendungs- und Navigationsbereich

Um den Inhalt einer Registerkarte zu bestimmen, ordnen Sie ihr entweder eine zuvor definierte HTML-Konfiguration oder eine speziell für den Anwendungs- und Navigationsbereich zur Verfügung stehende Komponente und gegebenenfalls ein entsprechendes Profil zu (siehe Abbildung 5.31).

Ähnliche Bezeichnungen – andere Komponenten [+]

Auch wenn die Benennung ähnlich ist, entsprechen diese speziellen Komponenten mit den zugehörigen Profilen nicht den Komponenten und Komponentenvarianten, die Sie in das Framework einbinden (wie z. B. die Action Box). Vielmehr handelt es sich um Unterkomponenten der Framework-Komponente *Anwendungsbereich* bzw. *Navigationsbereich*.

Die für die Reiter benutzbaren Komponenten sind fest vorgegeben und können teilweise in eigens dafür vorgesehenen Customizingpunkten über Profile angepasst werden. Einige Komponenten sind nicht veränderbar, sodass Sie für sie auch kein Profil angeben müssen.

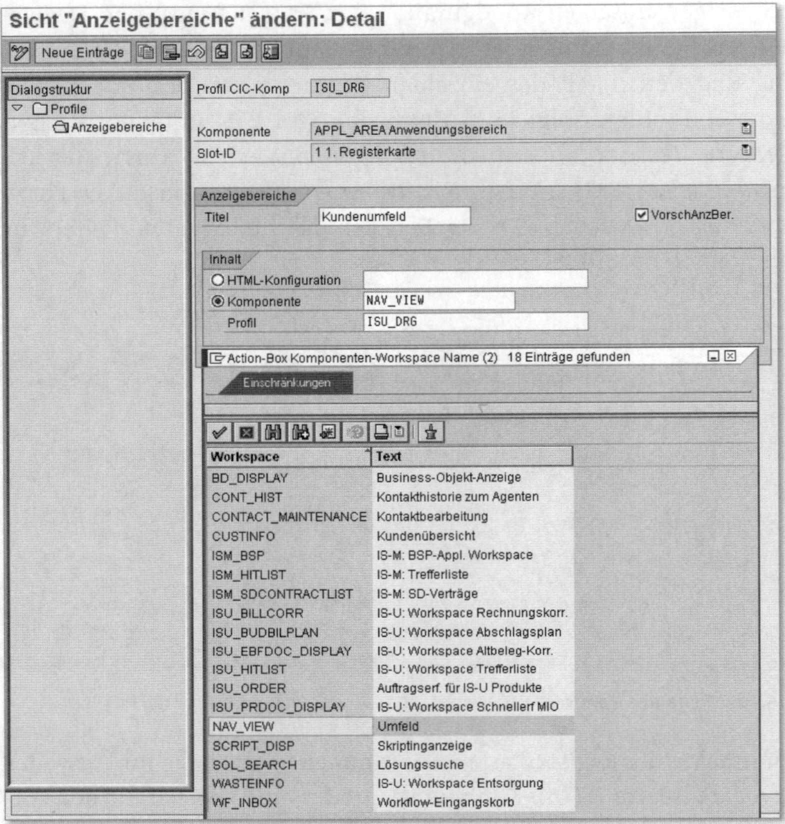

Abbildung 5.31 Komponente für eine Registerkarte im Anwendungsbereich des CIC hinterlegen

Die folgenden Komponenten sind für Registerkarten im Anwendungs- und Navigationsbereich des CIC wichtig: NAV_VIEW, Baumstruktur, die sowohl für das Kundenumfeld im Anwendungsbereich als auch für die Darstellung von Kontakten im Navigationsbereich benutzt werden kann. Die Profile für die Komponente NAV_VIEW können Sie im Customizing unter Branchenkomponente Versorgungsindustrie • Kundenservice • Customer Interaction Center • Datenumfeld für Navigationsbereich definieren pflegen. Hier legen Sie fest, welche Knoten mit welchen Symbolen und Zusatzinformationen in welcher Reihenfolge im Baum angezeigt werden. Außerdem definieren Sie hier in zugehörigen Aktionsprofilen die Kontextmenüeinträge für Absprünge aus dem CIC heraus.

- *CONTACT_MAINTAINANCE*
  Oberfläche zum manuellen Erstellen von Kundenkontakten

- *WF_INBOX*
  Workflow Inbox. Über Profile können Sie bestimmte Workflow-Aufgaben von der Anzeige in der Inbox ausschließen.
- *BD_DISPLAY*
  Business-Objekt-Anzeige; sie kann für die Darstellung der Objektablage verwendet werden.

Auf die vielen weiteren Konfigurationsmöglichkeiten der einzelnen Komponenten und Registerkarten möchten wir an dieser Stelle nicht näher eingehen, da dies den Rahmen dieses Abschnitts sprengen würde.

CIC-Profil

Um verschiedenen Anwendern die jeweils passende CIC-Ausprägung mit den benötigten Funktionalitäten zuzuordnen, werden *CIC-Profile* angelegt. Ein CIC-Profil stellt ein Sammelprofil mehrerer Komponentenprofile dar und ist genau einem Framework zugeordnet. Andererseits kann es für ein Framework mehrere CIC-Profile geben, sodass verschiedene Anwendergruppen das gleiche Framework benutzen, aber durch die Nutzung unterschiedlicher CIC-Profile andere Schaltflächen, Absprungmöglichkeiten und Kundendaten angezeigt bekommen. Sie können ein CIC-Profil im Customizing unter KUNDENSERVICE • CUSTOMER INTERACTION CENTER (CIC) • CIC-PROFILE • CIC-PROFILE PFLEGEN anlegen und einem Framework zuordnen. Anschließend müssen Sie im CIC-Profil für die benötigten Profiltypen das jeweils zu nutzende Komponentenprofil hinterlegen (siehe Abbildung 5.32).

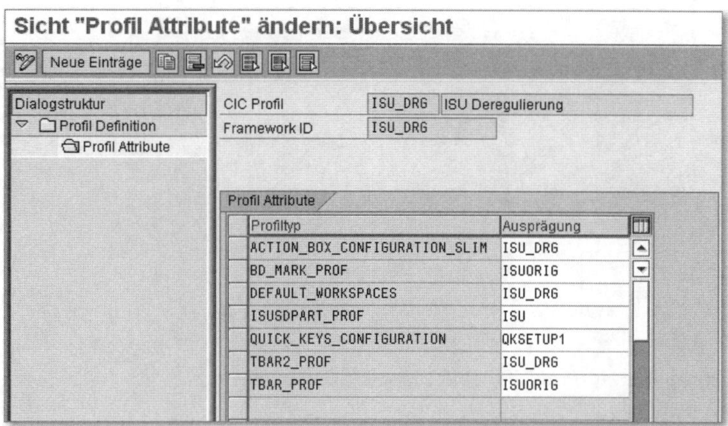

Abbildung 5.32 Zuordnung von Komponentenprofilen in einem CIC-Profil

Zuordnung von CIC-Profilen zu Benutzern

Die Zuordnung der CIC-Profile zu SAP-Usern geschieht auf Ebene der Planstellen oder Organisationseinheiten. Hierfür wird die zur SAP-Anwendungskomponente HCM gehörende Organisationsstruktur benutzt, die Sie über die Transaktionen PPOME (Organisation und Besetzung ändern) und PPOMW (Organisation und Besetzung für Workflows ändern) pflegen können. Dazu selektieren Sie die zu bearbeitende Planstelle oder Organisationseinheit und wählen im Menü SPRINGEN • DETAILOBJEKT • ERWEITERTE OBJEKTBESCHREIBUNG. Im sich öffnenden Fenster haben Sie die Möglichkeit, ein CIC-Profil für die Planstelle oder Organisationseinheit zu hinterlegen. Es ist auch möglich, die Zuordnung eines CIC-Profils zeitabhängig zu gestalten, sodass ab einem bestimmten Datum ein neues CIC-Profil mit anderen Funktionen gültig ist (siehe Abbildung 5.33). Dies ist z. B. sinnvoll, wenn sich ab einem Stichtag Prozessabläufe ändern sollen und den Anwendern bestimmte Funktionen erst zum Stichtag zur Verfügung stehen sollen. Welches Framework momentan genutzt wird und welche Komponentenprofile für die Anzeige aktiv sind, können Sie im Menü des CIC über AGENT • FRAMEWORK-STATUS ermitteln.

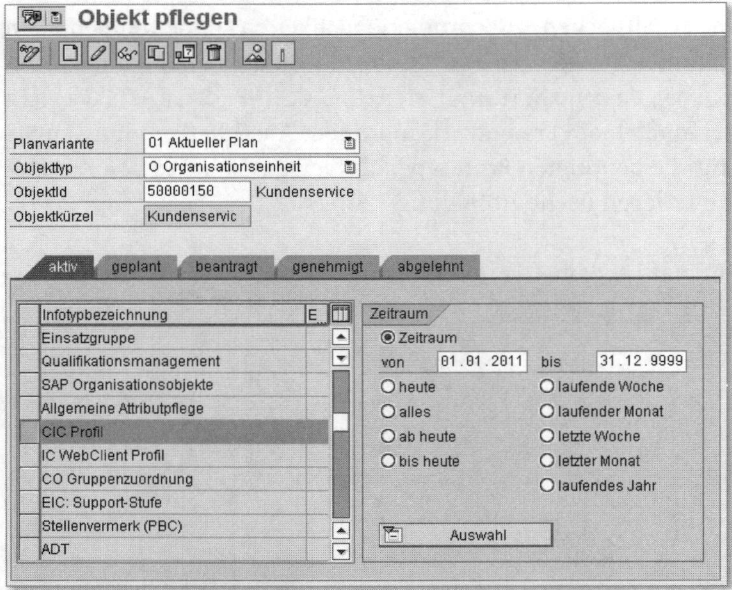

Abbildung 5.33 Pflege des CIC-Profils für eine Organisationseinheit

Ist ein Anwender keiner Organisationseinheit oder Planstelle mit gepflegtem CIC-Profil zugeordnet, wird für ihn immer das Standardprofil 00000001 benutzt. Dieses CIC-Profil sollte daher nicht gelöscht werden. Außerdem sollten Sie gut überlegen, welche Komponentenprofile Sie in das CIC-Profil 00000001 aufnehmen, weil alle User ohne explizite Zuordnung zu einem CIC-Profil dieses Profil mit den darin enthaltenen Schaltflächen und dargestellten Stamm- und Bewegungsdaten angezeigt bekommen – sofern sie eine Berechtigung für den Aufruf des CIC haben. Anwender, die über die Organisationsstruktur mehreren CIC-Profilen zugeordnet sind, erhalten beim Aufruf des CIC ein Pop-up-Fenster für die Auswahl des Profils.

Sie können CIC-Profile auch hierarchisch aufbauen. Dazu legen Sie ein generelles CIC-Profil mit den Komponentenprofilen an, die für alle Mitarbeiter einer Organisationseinheit gelten sollen, und ordnen es dieser Organisationseinheit zu. Für die einzelnen Planstellen unter der Organisationseinheit können Sie weitere CIC-Profile anlegen, die lediglich für diejenigen Komponenten Profile enthalten, die unterschiedlich ausgeprägt sein sollen. Das System selektiert beim Aufruf des CIC zunächst die Komponentenprofile, die im CIC-Profil auf der untersten Ebene der Organisationsstruktur gespeichert sind. Für Komponenten, denen in diesem CIC-Profil keine Komponentenprofile zugeordnet sind, wird versucht, CIC-Profile weiter oben in der Organisationsstruktur zu finden, in denen das gleiche Framework hinterlegt ist und die die fehlenden Komponentenprofile enthalten. So können Sie z. B. einen einheitlichen Anwendungs- und Navigationsbereich für die komplette Organisationseinheit einrichten, die Action Box aber für verschiedene Planstellen unterschiedlich gestalten.

Der Transport von Änderungen an der Organisationsstruktur in Folgesysteme erfolgt nicht automatisch. Außerdem können Sie keine Anpassungen an einzelnen Organisationseinheiten oder Planstellen, sondern immer nur die gesamte Organisationsstruktur transportieren. Daher werden Änderungen an der Organisationsstruktur in der Praxis häufig in jedem System separat vorgenommen.

Zum Schluss dieses Abschnitts möchten wir noch einmal auf Abschnitt 6.4 hinweisen, der die aus dem CIC aufrufbaren Prozesse behandelt.

5.6.3 Energiedatenmanagement (EDM)

Das *Energiedatenmanagement* (EDM) gewinnt im Rahmen der Marktkommunikation wesentlich an Bedeutung, weil immer mehr Informationen immer kurzfristiger bereitgestellt werden müssen. Außerdem wird es für die standardnahe Abbildung von Geschäftsprozessen in IS-U zunehmend wichtiger. Insbesondere im Rahmen der GPKE- bzw. GeLi-Gas-Prozesse werden bilanzierungsrelevante Daten (wie z. B. Lastprofilzuordnung, Jahresverbrauchsprognose oder Zeitreihentypen) ausgetauscht, die für die nachgelagerten Geschäftsprozesse von großer Bedeutung sind. EDM unterstützt diese nachgelagerten Geschäftsprozesse im Zusammenhang mit Energiemengenbilanzierung, MaBiS, Abrechnung von lastganggemessenen Kunden (auch Real Time Pricing oder RTP genannt) usw. durch eine vollständige Integration in IS-U. Durch diese vollständige Integration werden pflegeintensive Schnittstellen vermieden, und es wird eine durchgängige Prozesskette gewährleistet.

Weiterhin ist EDM an den unternehmensübergreifenden Datenaustausch angebunden. Es sind somit z. B. für den Import und Export von Profilwerten eigene Basisprozesse definiert, die die elektronische Weitergabe von Energiedaten nach standardisierten Austauschformaten (z. B. RLM-Lastgänge per Nachrichtenformat MSCONS) und die Abwicklung von unternehmensübergreifenden Geschäftsprozessen ermöglichen. Darüber hinaus bildet das EDM die Grundlage für Themen und Prozesse, die eine Verwaltung von Energiemengendaten zwingend benötigen. Hierzu zählen u. a. MaBiS (siehe Abschnitt 8.2), Energy Portfolio Management oder auch die Abbildung von Smart-Meter-Tarifen (Time-of-Use-Abrechnung).

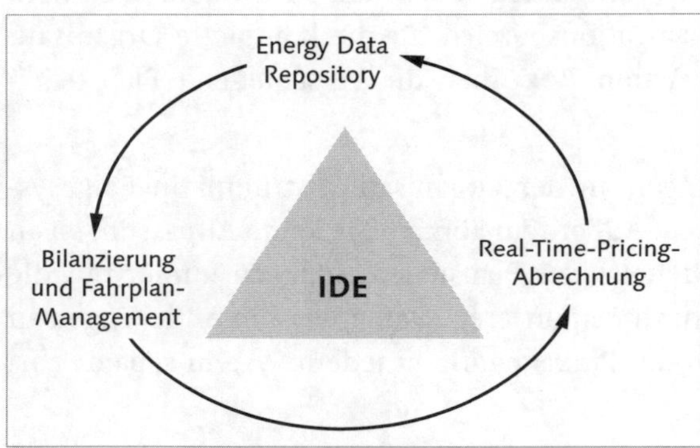

Abbildung 5.34 Funktionen des SAP EDM (Quelle: SAP)

Die Aufgaben und Geschäftsprozesse der einzelnen Marktrollen lassen sich mit den drei wesentlichen Funktionen von EDM abwickeln (siehe Abbildung 5.34):

- Die *zentrale Datenbank (Energy Data Repository)* bildet die Grundlage von EDM und speichert alle Arten von Energiedaten.
- Die *Real-Time-Pricing-Abrechnung (Complex-Billing)* ermöglicht die Abrechnung von intervallbezogenen Daten (Lastgängen) und erlaubt somit eine variable Gestaltung und Abrechnung von Tarifen.

- Mithilfe der *Bilanzierungs-Workbench* kann der VNB die Bilanzierung seines Verteilnetzes durchführen und die Ergebnisse an die Marktpartner (z. B. den Bilanzkoordinator) versenden. Der Lieferant kann im Zuge der MaBiS (siehe Abschnitt 8.2) die Bilanzierungs-Workbench nutzen, um die Lieferantensummenzeitreihen des VNB im Rahmen einer »Schattenbilanzierung« zu verproben und den jeweiligen Prüfstatus zu versenden.

Stammdaten und Strukturen

Um EDM in vollem Umfang nutzen zu können, sind Erweiterungen im Datenmodell notwendig (siehe Abbildung 5.35). Diese Erweiterungen sind durch die Deregulierung in unterschiedlichem Umfang bereits in den meisten IS-U-Installationen vorhanden (z. B. Zählpunkt). Andere sind wiederum in kundenindividuellen Projekten anzulegen bzw. auszuprägen. Hierzu zählt z. B. das synthetische Profil an der Anlage.

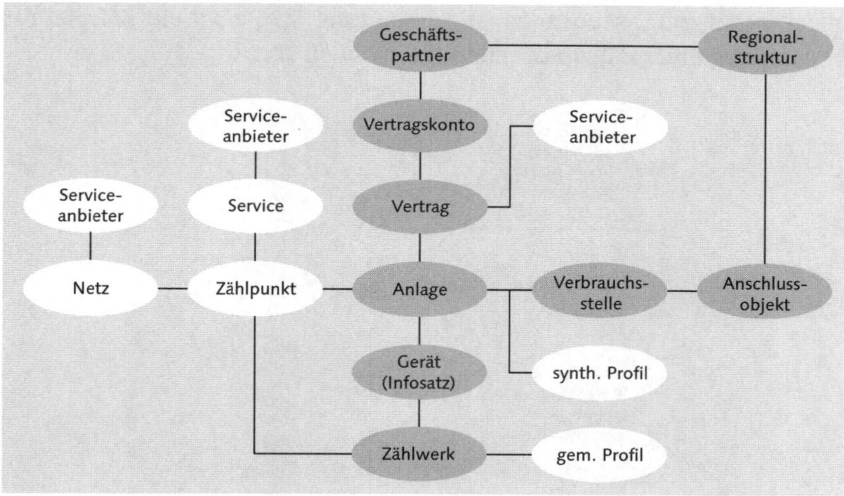

Abbildung 5.35 Datenmodell von EDM

Die Zuordnung von Profilen zu Anlagen bzw. Zählwerken wird mithilfe von Profilrollen vorgenommen. Die Profilrolle legt fest, welche Aufgabe dieses Profil erfüllt (z. B. gemessener Verbrauch).

Profildatenaustausch

Durch die vollständige Integration von EDM stehen die Funktionalitäten von *SAP Inter Company Data Exchange (IDEX)* in vollem Umfang zur Verfügung. Über die bereits ausgelieferten Basisprozesse (z. B. IMPPROFILE) besteht somit die Möglichkeit, entsprechende Datenaustauschprozesse zu definieren (siehe Abschnitt 6.7). Der jeweilige Datenaustauschprozess wird innerhalb des zugehörigen Geschäftsprozesses angestoßen und ausgeführt. Ein Prozessauslöser hierfür kann z. B. eine eingehende MSCONS-Nachricht mit Lastprofilwerten sein. Ebenso werden durch einen Bilanzierungslauf Datenaustauschprozesse angestoßen, wie z. B. der Versand von Bilanzierungsergebnissen oder Lieferantensummenzeitreihen.

Bilanzierung

Bei der Verteilnetzbilanzierung durch den VNB werden sämtliche Energiemengen in dem jeweiligen Verteilnetz einer *Bilanzierungseinheit* zugeordnet. Das Ergebnis einer Bilanzierung besteht darin, dass für den Bilanzierungszeitraum ein Profil (mit den Verbrauchswerten je Zeitintervall) je Bilanzierungseinheit erstellt wird. Einer Bilanzierungseinheit wird ein technischer Zählpunkt zugewiesen. Dies ist notwendig, um Profile unmittelbar einer Bilanzierungseinheit zuzuordnen. Die Abbildung 5.36 zeigt ein Beispiel für die Darstellung eines entsprechenden Datenkonstrukts.

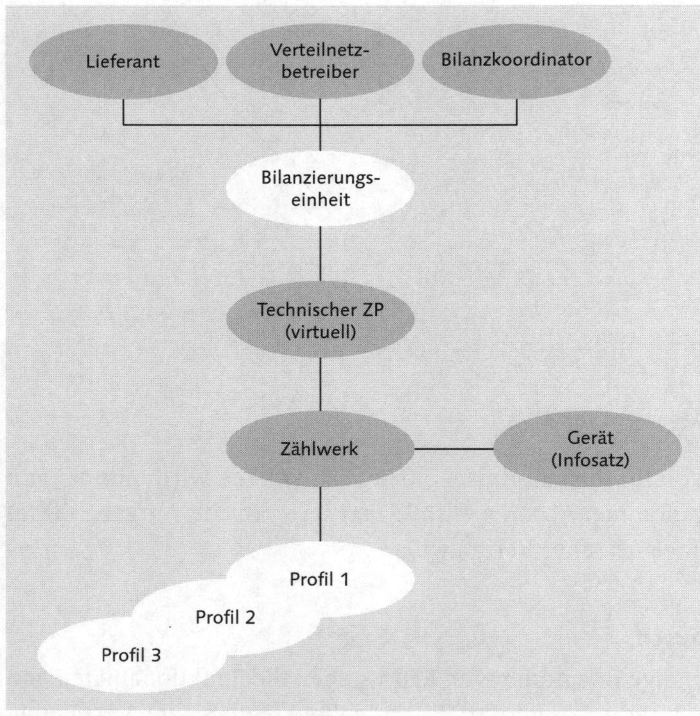

Abbildung 5.36 Zuordnung des technischen Zählpunktes

5.7 Customer Relationship Management (CRM)

Für die Pflege individueller Kundenbeziehungen und die Bearbeitung konkreter Kundenanfragen bietet SAP eine eigene Komponente, das *Customer Relationship Management* (CRM). CRM ist dabei keine Anwendungskomponente auf dem IS-U-System, sondern ein eigenständiges SAP-System, das auf einem separaten Anwendungsserver läuft und eine separate Datenbank besitzt. CRM ist der *SAP Business Suite* (bis einschließlich Release 5.0 mySAP Business Suite) zugeordnet. Es steht für Unternehmen aller Art zur Verfügung, enthält aber auch branchenspezifische Komponenten, wie z. B. Konstrukte zur Abbildung der technischen Stammdaten von IS-U.

In den folgenden Abschnitten möchten wir Ihnen zunächst den grundlegenden Aufbau von CRM sowie seine Anbindung an IS-U darstellen. Wie einzelne Kundenserviceprozesse in CRM abgebildet werden können, erfahren Sie in Abschnitt 6.6. Kapitel 9 geht schließlich auf die Besonderheiten der aktuellen Benutzeroberfläche (ab SAP CRM 2007) ein.

5.7.1 Grundlagen

Jedes Unternehmen sollte daran interessiert sein, seine bestehenden Kunden zu halten und zufriedenzustellen, aber auch Neukunden zu gewinnen. Dies gilt für Versorgungsunternehmen insbesondere im Rahmen der Deregulierung des Marktes, da Kunden im Zuge dessen einen Anbieter frei auswählen können und Kundenwechsel zwischen den Versorgern immer häufiger werden. Für die Neukundengewinnung werden Marketing- und Angebotsprozesse benötigt, und für Bestandskunden soll eine möglichst individuelle Betreuung auch bei einer insgesamt hohen Kundenzahl gewährleistet sein. Wichtig ist vor allem, dass den Mitarbeitern, die direkten Kundenkontakt haben, die Möglichkeit geboten wird, schnell Auskünfte zu geben und dass die Anliegen der Kunden möglichst unkompliziert erfasst und bearbeitet werden können. Für Privatkunden sind dabei zum Teil andere Prozesse erforderlich als für Sondervertragskunden, mit denen individuellere Verträge bestehen. Eine CRM-Software wie SAP CRM stellt Funktionen zur Verfügung, um diese Anforderungen abzudecken.

Grundsätzlich kann ein CRM-System in die folgenden drei Komponenten eingeteilt werden (siehe Abbildung 5.37):

- kollaboratives CRM
- operatives CRM
- analytisches CRM

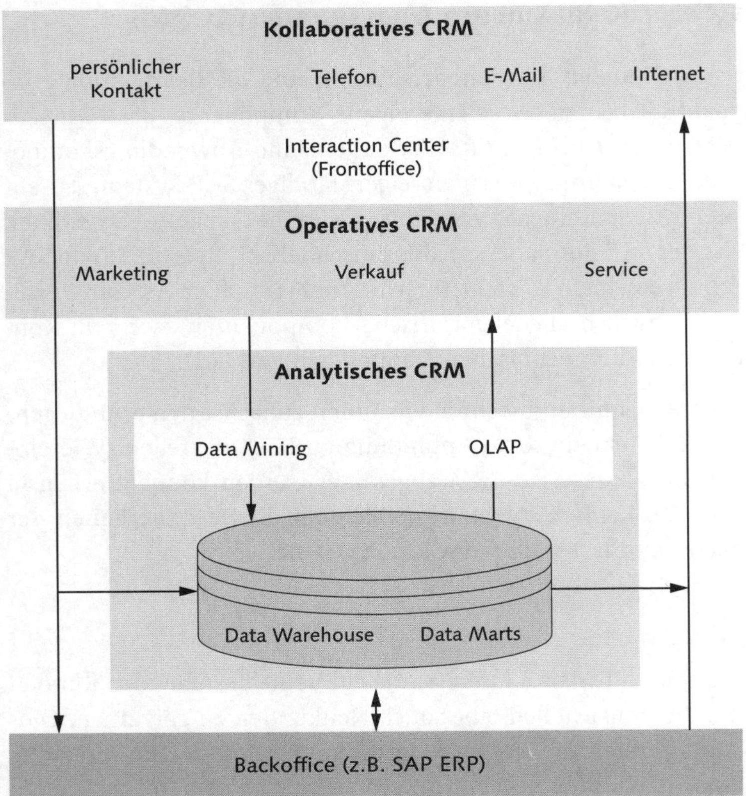

Abbildung 5.37 Komponenten eines CRM-Systems (Quelle: Wilde/Hippner, 2008, S. 14)[1]

Diese drei Bestandteile sind auch in SAP CRM vorhanden.

- **Kollaboratives CRM**
  Im Bereich des *kollaborativen CRM* stehen Ihnen eine E-Mail- und eine Telefonintegration zur Verfügung, mit denen Kundenanfragen über diese am häufigsten genutzten Kommunikationskanäle effizient bearbeitet werden können. So kann z. B. über eine Rufnummernidentifikation bei einem Kundenanruf automatisch die passende Geschäftspartnerübersicht aufgerufen werden. Über die Anbindung eines Endkundenportals können Sie die in CRM vorgehaltenen Informationen dort nutzbar machen. Auch der Internetauftritt eines Versorgungsunternehmens kann Daten aus CRM beziehen, um z. B. aktuelle, regional unterschiedliche Tarife darzustellen. Workflows,

1 Quelle: Wilde, Klaus D.; Hippner, Hajo: CRM – Ein Überblick, in: Helmke, Stefan; Uebel, Matthias F.; Dangelmaier, Wilhelm (Hrsg.): Effektives Customer Relationship Management: Instrumente – Einführungskonzepte – Organisation. 4. Aufl. Wiesbaden: Gabler 2008, S. 3–38.

die für die Abwicklung von Prozessen unter Einbeziehung mehrerer Anwender eingesetzt werden, sind ebenfalls zum kollaborativen CRM zu zählen.

- **Operatives CRM**
  Das *operative CRM* dient der Bearbeitung der Kundenprozesse, also aller Aktivitäten, die sich aus konkreten Kundenkontakten ergeben. Diese Prozesse werden häufig auch *Frontoffice-Prozesse* genannt, im Gegensatz zu den Prozessen im Backoffice, die ohne Kundenkontakt ablaufen. Viele der CRM-Kundenprozesse, wie z. B. Umzug, Gerätewechsel, Zählerstandserfassung oder Kontenauskunft, haben ein Pendant in IS-U, sodass auf eine konsistente Abwicklung in beiden Systemen zu achten ist. Teilweise werden auch direkt die Prozesse in IS-U benutzt und nur aus CRM heraus angestoßen. Darüber hinaus bietet SAP CRM weitere Funktionalitäten aus dem Bereich des Marketings und der Vertragsanbahnung, wie z. B. das Lead und Opportunity Management, das Partner und Channel Management oder das Angebots- und Vertragsmanagement. Näheres zur Abbildung von Kundenprozessen mit SAP CRM finden Sie in Abschnitt 6.6.
- **Analytisches CRM**
  Im *analytischen CRM* werden diverse in CRM anfallende Daten gesammelt, analysiert und aufbereitet, die vor allem für das Marketing und das Controlling nützlich sind. Dazu zählen z. B. Auswertungen von Kundengruppen und Marktsegmenten, Verkaufsstatistiken oder auch Bearbeitungsdauern bestimmter Geschäftsvorgänge. Wenn Sie das *SAP Netweaver Business Warehouse* (siehe Abschnitt 7.4) einsetzen, können Sie es an das CRM-System anbinden und es somit für das analytische CRM nutzen.

Für den Anwender im Frontoffice ist der zentrale Einstiegspunkt in die Prozesse des CRM-Systems das sogenannte *Interaction Center* (IC). Es besitzt eine Oberfläche zur Ansteuerung der operativen Prozesse, bietet aber auch Zugriffsmöglichkeiten auf die kollaborativen Elemente des CRM. Somit ähnelt es von der Funktion her dem CIC in IS-U (siehe Abschnitt 5.6.2), ist aber technisch und von der Oberfläche her zum Teil anders aufgebaut. Häufig wird das IC in CRM von den Anwendern als CIC bezeichnet, weil Sie diese Bezeichnung aus IS-U gewohnt sind und auch der Transaktionscode zum Aufruf einer der beiden IC-Versionen der gleiche ist (CIC0). Wie im CIC von IS-U besteht auch im IC die Möglichkeit, Prozesse workflowgestützt ablaufen zu lassen. Die automatische Anlage von Kundenkontakten zum Nachvollziehen und Steuern der laufenden Prozesse können Sie im IC ebenfalls nutzen. Allerdings werden die Kundenkontakte hier in Form von *Geschäftsvorgängen* abgebildet. Nähere Informationen zur Nutzung von Geschäftsvorgängen finden Sie in Abschnitt 6.6.3.

Das Interaction Center (IC) wurde von SAP seit dem Release 3.1 in zwei Versionen entwickelt; dem *IC WinClient* und dem *IC WebClient*. Während der IC WinClient im SAP GUI aufgerufen wird und auch von der Oberfläche her dem CIC in IS-U ähnelt, arbeitet der IC WebClient browserbasiert und stellt somit ein völlig neues Bedienkonzept außerhalb des SAP GUI dar.

[+]

SAP CRM-Releases

Da es teilweise verwirrend ist, dass bei der Benennung mit den Jahreszahlen (2007 etc.) und mit Nummern (6.0) gearbeitet wird, haben wir die CRM-Releases im Folgenden aufgelistet.

- Release 3.1
- Release 4.0
- Release 5.0 (SAP CRM 2005; aktuell häufig noch im Einsatz)
- Release 5.1 (SAP CRM 2006s; Zwischenrelease)
- Release 5.2 (SAP CRM 2006s/2; Zwischenrelease)
- Release 6.0 (SAP CRM 2007; marktfähiger IC WebClient)
- Release 7.0

Der IC WebClient wurde zwar schon mit den früheren Releases ausgeliefert, bis einschließlich Release 5.0 aber kaum in der Praxis eingesetzt, weil er noch nicht alle Funktionalitäten des CRM bot, die im IC WinClient zur Verfügung standen. Außerdem haben viele Unternehmen den IC WinClient über Kundenerweiterungen und Customizing so individualisiert, dass ein Umstieg auf die webbasierte Lösung mit Funktionalitätseinbußen oder entsprechendem Anpassungsaufwand verbunden wäre. Mit Release 6.0 stellte SAP die Weiterentwicklung des IC WinClients ein, er kann aber auch weiterhin noch aktiviert und verwendet werden. Langfristig werden jedoch alle Unternehmen auf den IC WebClient umstellen. Mehr Informationen zur Oberfläche des IC WebClients und den damit verbundenen neuen Programmierkonzepten erhalten Sie in Kapitel 9.

5.7.2 Kommunikation zwischen IS-U und SAP CRM

Da SAP CRM auf einem eigenen System unabhängig vom ERP-System mit der darauf befindlichen IS-U-Komponente läuft, kann es nicht direkt auf die IS-U-Daten zugreifen. Die Stamm- und Bewegungsdaten aus IS-U werden aber in CRM für die Stammdatenreplikation (siehe Abschnitt 5.7.3) und für diverse Prozesse benötigt. Auch müssen IS-U-Prozesse aus CRM heraus aufgerufen werden können. Andersherum ist in einigen Fällen ebenso ein Zugriff auf CRM-Funktionalitäten aus IS-U heraus notwendig.

Die Kommunikation zwischen den beiden Systemen erfolgt standardmäßig über *Remote Function Calls* (RFC). Dabei ist zwischen dem Aufruf von Funktionen und Prozessen im jeweils anderen System und dem expliziten Versand von Daten zu unterscheiden. Um IS-U-Prozesse aus CRM heraus aufzurufen, können Sie remotefähige IS-U-Funktionsbausteine in CRM mit dem ABAP-Befehl `CALL FUNCTION` und dem Zusatz `DESTINATION` aufrufen. Dadurch bauen Sie eine RFC-Verbindung zu IS-U auf. Für die umgekehrte Richtung ist ein solcher Aufruf natürlich ebenfalls möglich. Der Austausch von Stamm-, Bewegungs- und Customizingdaten zwischen den beiden Systemen erfolgt üblicherweise mithilfe von IDocs, deren Funktionsweise Sie in Abschnitt 2.5 kennengelernt haben. Dabei spielt die zu SAP CRM gehörende Middleware, das sogenannte *CRM Middleware Repository*, eine zentrale Rolle.

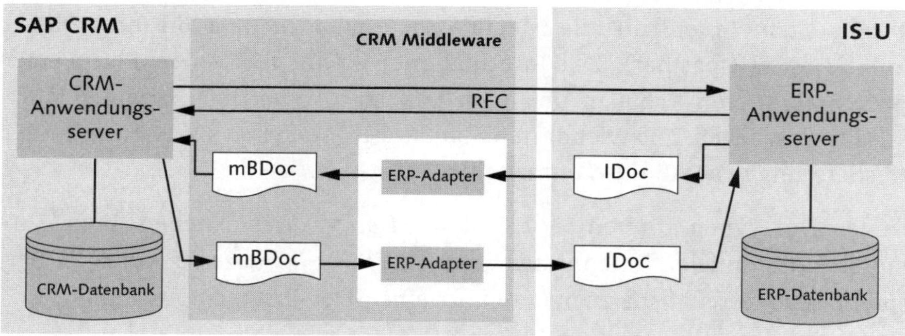

Abbildung 5.38 Kommunikation zwischen IS-U und SAP CRM

Die CRM Middleware dient zur Anbindung externer Systeme an SAP CRM. Sie enthält ein *External Interface Framework* (XIF), das Adapter für verschiedene Systeme bereitstellt (siehe Abbildung 5.38). Für die Anbindung eines SAP ERP-Systems wird der ERP-Adapter in XIF benutzt. Er dient zur Umwandlung der ein- und ausgehenden IDocs in *Business Documents* (BDocs).

Business Documents (BDocs) [+]

Bei BDocs handelt es sich um spezielle Datencontainer für die CRM Middleware, die sowohl für die Kommunikation innerhalb der Middleware als auch für die Kommunikation nach außen benutzt werden. Sie ähneln vom Prinzip her den IDocs, sind jedoch anders aufgebaut und enthalten nicht immer einen vollständigen Datensatz, sondern meist nur Deltawerte, um Veränderungen im Datenbestand abzubilden.

Außerdem können BDocs neben transaktionalen RFC-Aufrufen (tRFC) auch *queued RFC-Aufrufe* (qRFC) benutzen, die eine flexiblere Abarbeitung der Remoteaufrufe ermöglichen und auch für die Anbindung von Nicht-SAP-Systemen benutzt werden können.

Es gibt verschiedene Arten von BDocs:

- Zur Synchronisation einer konsolidierten CRM-Datenbank mit mobilen Clients stehen *Synchronisations-BDocs* (sBDocs) zur Verfügung.
- Die interne Verarbeitung in der Middleware und der Datenaustausch mit externen Systemen (also auch mit IS-U) erfolgt über *Messaging-BDocs* (mBDocs).
- Darüber hinaus gibt es noch *Mobile-Application-BDocs* für die Kommunikation mit mobilen Anwendungen.

Um bestimmte Daten (z. B. Geschäftspartnerstammdaten) zwischen CRM und IS-U austauschen zu können, muss ein entsprechender *BDoc-Typ* zur Verfügung stehen. Er enthält alle Metainformationen zu dem Business-Objekt (hier: Geschäftspartner). Die Informationen können dabei in Form einer Ansammlung von Tabellen und Tabellenfeldern oder auch in einer IDoc-Struktur vorliegen. Die wichtigsten Standard-BDoc-Typen sind bereits in der Auslieferung des SAP CRM enthalten.

Neue BDoc-Typen können Sie mit dem *BDoc Modeler* erstellen. Zum Austausch eines initialen Datenbestands werden *BDoc-Instanzen* benutzt. Im Beispiel ist pro Geschäftspartnerstammsatz eine BDoc-Instanz notwendig.

1. Der initiale Datenbestand bezogen auf einen BDoc-Typ wird einmalig mit einem sogenannten *Initial Load* erzeugt, bei dem die BDoc-Instanzen übertragen werden.
2. Für die anschließende Kommunikation von Änderungen zu einer BDoc-Instanz werden *BDoc-Nachrichten*, die eigentlichen BDocs, verwendet. Sie enthalten lediglich Änderungsinformationen, wodurch sich eine Reduktion der auszutauschenden Datenmenge erreichen lässt. Dieser auch *Delta Load* genannte Nachrichtenaustausch erfolgt über den Versand von IDocs an die jeweilige RFC-Destination des empfangenden Systems.
3. Dabei werden die aus IS-U stammenden IDocs über den ERP-Adapter in der CRM Middleware in mBDocs umgewandelt, die in CRM verarbeitet werden können.
4. In Richtung IS-U zu transferierende Daten werden zunächst als mBDocs generiert und vor dem Versand an die RFC-Destination des IS-U-Systems durch den Adapter in XIF in IDocs umgewandelt.

5.7.3 Datenmodell in SAP CRM

Nachdem wir in Abschnitt 5.3 auf das in IS-U befindliche Datenmodell eingegangen sind, soll dieser Abschnitt einen kurzen Überblick über das korrespondierende Datenmodell in SAP CRM geben sowie die wichtigsten Begrifflichkeiten erläutern. Hierbei wird ein besonderes Augenmerk auf die Unterschiede in den Datenmodellen der beiden Systeme gelegt.

Grundsätzlich befinden sich beim Einsatz von SAP CRM die wichtigsten Stammdatenobjekte nicht nur im IS-U-System, sondern werden in beiden Systemen vorgehalten. Die Replikation der Daten erfolgt über die SAP-Middleware (siehe Abschnitt 5.7.2), die die Synchronisation der Datenbestände beider Systeme vornimmt. So wirkt sich z. B. die Änderung eines Geschäftspartners in IS-U je nach Einstellung der Replikationsintervalle innerhalb kürzester Zeit auch auf den in CRM befindlichen Geschäftspartner aus. Umgekehrt gilt dies natürlich auch für Änderungen, die auf dem CRM-System durchgeführt werden. Die Replikation erfolgt demnach bidirektional.

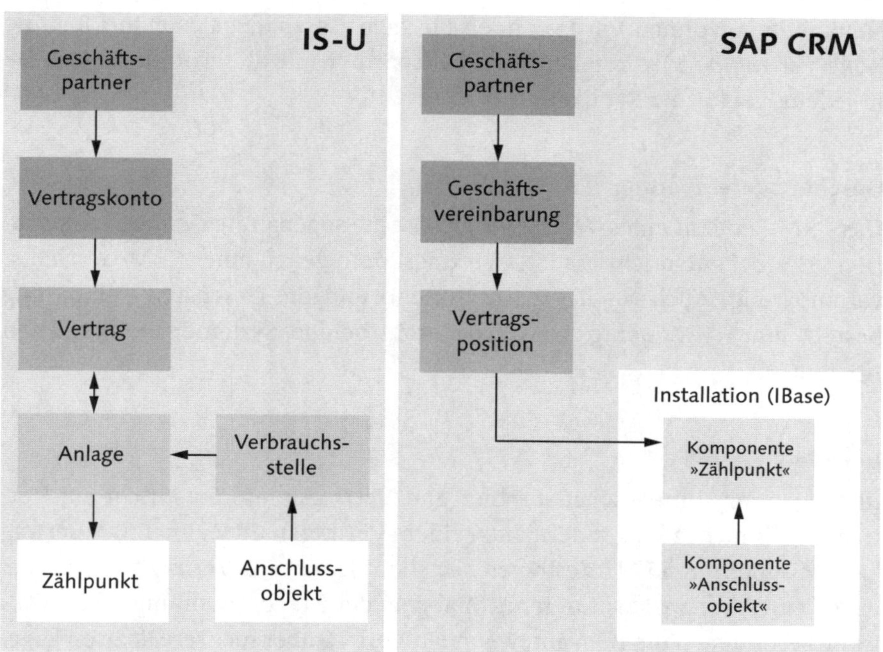

Abbildung 5.39 Stammdaten für die Replikation zwischen IS-U und CRM (Quelle: SAP-Online-Hilfe)

Die in CRM verfügbaren und über die Middleware replizierten Business-Objekte sind in Abbildung 5.39 aufgeführt. Nachfolgend werden die wichtigsten kaufmännischen und technischen Stammdatenobjekte des CRM-Systems kurz erläutert und ihren IS-U-Pendants gegenübergestellt.

Geschäftspartner

Bei der Replikation des Geschäftspartners wird ein 1:1-Mapping der beiden Objekte vorgenommen. Hierbei werden alle in beiden Systemen vorhandenen und relevanten Felder über die Middleware repliziert. Häufig wird von SAP auch der Begriff *Account* für den Geschäftspartner in CRM verwendet. Geschäftspartner können sowohl in IS-U als auch in CRM angelegt oder geändert und anschließend in das jeweils andere System repliziert werden. Häufig werden im CRM-System neue Geschäftspartner, mit denen noch kein gültiger Vertrag besteht, zunächst in der Rolle *Interessent* angelegt. Ob Sie Interessenten in IS-U replizieren möchten oder nicht, steht Ihnen frei. Da für diese Geschäftspartner noch keine Prozesse in IS-U (wie z. B. der Lieferbeginn oder eine Abrechnung) durchgeführt werden, ist eine Replikation nicht unbedingt notwendig. Kommt es hingegen zum Vertragsabschluss, mit dem ein echter Neukunde gewonnen wird, können Sie dem Geschäftspartner in CRM die Rolle *Vertragspartner* zuteilen. Geschäftspartner mit dieser Rolle sollten Sie in jedem Fall für die Replikation vorsehen.

Geschäftsvereinbarung

Das CRM-Pendant eines Vertragskontos ist die sogenannte *Geschäftsvereinbarung*. Hierbei entspricht ein IS-U-Vertragskonto genau einer CRM-Geschäftsvereinbarung. Auch für das Vertragskonto und die Geschäftsvereinbarung besteht ein 1:1-Mapping bezüglich der in beiden Systemen vorhandenen Attribute.

Vertrag

Im Gegensatz zum Geschäftspartner und Vertragskonto entspricht ein Vertrag in IS-U nicht zwingendermaßen einem Vertrag in CRM. Ein CRM-Vertrag kann aus mehreren IS-U-Verträgen bestehen. Jeder IS-U-Vertrag wird hierbei durch eine Vertragsposition in CRM abgebildet (siehe Abbildung 5.40). Dies ist insbesondere dann relevant, wenn ein Vertrag über mehrere Sparten abgeschlossen werden soll. In diesem Fall können Sie in CRM einen Vertrag über alle betroffenen Sparten anlegen, für den anschließend in IS-U pro Sparte jeweils ein separater Vertrag erzeugt wird. Zusätzlich zu den Vertragspositionen existiert in CRM ein Vertragskopf, zu dem es kein direktes IS-U-Gegenstück gibt.

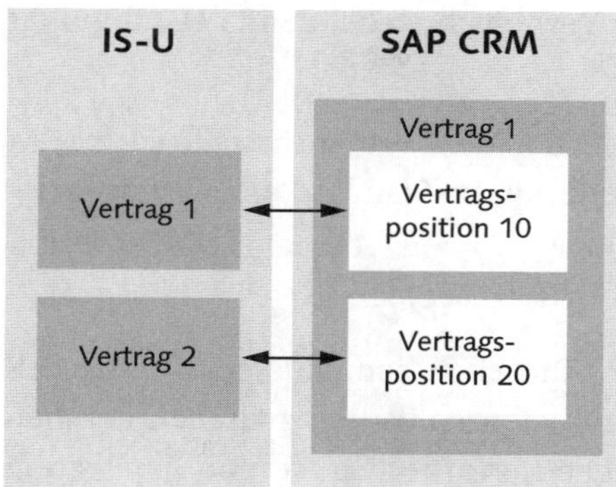

Abbildung 5.40 Vertragsreplikation zwischen IS-U und CRM (Quelle: SAP-Online-Hilfe)

Installation (IBase)

In CRM werden Anschlussobjekte und Zählpunkte als Komponenten einer sogenannten *Installation* modelliert, die auch *Installed Base* (IBase) genannt wird (siehe Abbildung 5.39). Eine Installation stellt eine hierarchische Zusammenfassung verschiedener im ERP- oder CRM-System bestehender Konstrukte (z. B. technischer Stammdaten) dar. Sie ist nicht zu verwechseln mit der ähnlich benannten *Technischen Installation* in IS-U bzw. in der Komponente EAM (ehemals PM, siehe Abschnitt 5.3.11). Installationen können Sie sowohl in CRM als auch in IS-U anlegen, für die Replikation von Anschlussobjekten und Zählpunkten ist dies jedoch nur in CRM-System notwendig. Die manuelle Anlage und Änderung von Installationen erfolgt über die Transaktionen IB51 (Anlegen Installation) und IB52 (Ändern Installation), wird aber in diesem Kontext nicht benötigt, weil die Installationen auf CRM-Seite über die Replikation automatisch angelegt werden. In beiden Systemen werden Installationen in der Datenbanktabelle IBIB und weiteren mit IB beginnenden Tabellen gespeichert.

Bei der Replikation eines in IS-U existierenden Anschlussobjekts wird in CRM eine Installation vom Typ IU angelegt. Innerhalb dieser Installation wird das Anschlussobjekt als oberste Objektkomponente gesetzt. Eine Installation vom Typ IU enthält genau ein Anschlussobjekt mit der zugehörigen Adresse. Für jedes Anschlussobjekt in IS-U wiederum existiert genau eine Installation in CRM. Die Zählpunkte, die in IS-U indirekt über Anlagen einem Anschlussobjekt zugeordnet sind, werden als hierarchisch untergeordnete Komponenten in die Installation des passenden Anschlussobjekts eingefügt. Ein Zählpunkt in CRM (bzw. die entsprechende Komponente in der Installation) bündelt dabei die Informationen mehrerer technischer Objekte aus IS-U. So enthält er z. B. Informationen über die Verbrauchsstelle, den IS-U-Zählpunkt sowie auch Daten aus der Anlage.

In Release 7.0 ist auch eine direkte Replikation der Verbrauchsstelle nach CRM möglich. Die Anlage wird aber auch weiterhin im Standard nicht repliziert.

Umfang der Replikation

Wenn Sie IS-U in Verbindung mit SAP CRM einsetzen, müssen Sie entscheiden, in welchem Umfang Sie die Stammdatenreplikation zwischen den beiden Systemen nutzen möchten. Zwingend erforderlich ist eine Replikation von Geschäftspartnern und Vertragskonten bzw. Geschäftsvereinbarungen. Eine auf diese beiden Objekte beschränkte *Teilreplikation* begrenzt den CRM-Datenbestand und die laufend auszutauschende Datenmenge zwischen den Systemen, allerdings sind für den Zugriff auf Vertragsdaten und Informationen zu den technischen Objekten RFC-Aufrufe zum IS-U-System notwendig. Eine *Vollreplikation* umfasst zusätzlich die Abbildung von Verträgen und Installationen (Anschlussobjekten und Zählpunkten) in CRM. Die Anlage in IS-U, die als zentrales Stammdatenobjekt Informationen zur Abrechnung, den Produkten und Tarifen beinhaltet, ist zurzeit nicht als eigenständiges Objekt in CRM abgebildet. Die für CRM relevanten Anlagendaten können allerdings in der Zählpunktkomponente der Installation gespeichert werden.

Teil II
Geschäftsprozesse in der Versorgungswirtschaft

Wechselprozesse, Geräteverwaltung, Kundenkontakte, Abrechnung von Versorgungsleistungen und deren Fakturierung gehören zu den Kernprozessen eines Versorgungsunternehmens. Hier wird gezeigt, wie sie im System abgebildet werden.

6 Kundenprozesse

Die obige Aufzählung hat die Vielfältigkeit der Aufgaben gezeigt. Dieses Kapitel gibt Ihnen nun einen Einblick in die zahlreichen Abbildungsmöglichkeiten, die die integrierte Lösung *SAP for Utilities* bietet.

6.1 Überblick

Die folgenden Abschnitte beschäftigen sich mit den Hauptprozessen der Versorgungswirtschaft, die eine Schnittstelle bzw. Kommunikation mit dem Kunden beinhalten. Klassischerweise sind dies die Marketing- und Kundenserviceprozesse sowie die Abrechnung und die Fakturierung. Die Hauptprozesse werden aus dem zur Drucklegung (August 2011) aktuellen Status quo heraus geschildert. Das heißt, sie orientieren sich an den Anforderungen, die sich aus dem Energiewirtschaftsgesetz (EnWG) zum 01. Oktober 2010 ergeben haben. Die Trennung in ein Liefer- und ein Netzsystem setzen wir als gegeben voraus. Die Ausprägung und Intensität der Prozesse unterscheidet sich bei Stromlieferanten und Verteilnetzbetreibern (VNB).

Abbildung 6.1 zeigt eine Übersichtsgrafik über die Funktionen und Prozesse eines Energieversorgers. Sie soll als Überblick und Orientierung dienen. Neben den eingerahmten Kundenprozessen muss ein Energieversorger allgemeine Unternehmensprozesse ausführen, die wir jedoch nicht in diesem Kapitel behandeln. Wir haben versucht, die zeitliche Abfolge der Prozesse in Abbildung 6.1 in allgemeiner Form darzustellen: Der Zyklus beginnt bei der Marktanalyse und der Kundengewinnung und endet bei der Jahres- oder Schlussabrechnung eines Kunden. Die einzelnen Prozesse sind zum Teil eng verwoben – z. B. lösen viele Kundenserviceprozesse auch Marktkommunikationsprozesse aus – und setzen sich über mehrere SAP-Komponenten hinweg fort (CRM, IS-U, IS-U IDEX, SAP ERP).

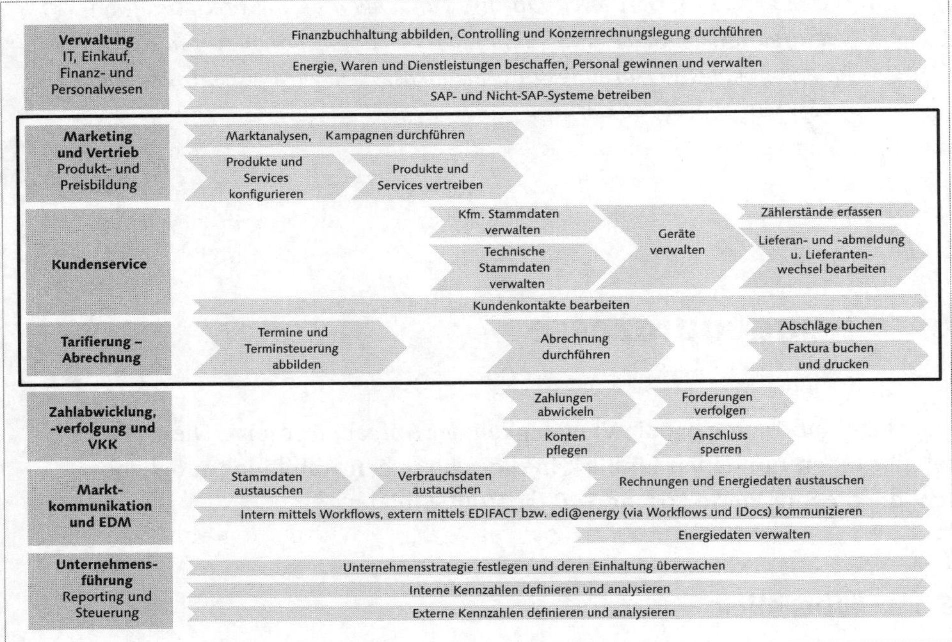

Abbildung 6.1 Funktionsübersicht

Die *Marketingprozesse* der Produkt- und Servicekonfiguration, der *Vertrieb* von Produkten und Services sowie das Kampagnenmanagement sind CRM-Funktionen und haben durch die Marktliberalisierung deutlich an Gewicht gewonnen. Produkte sind im Vergleich zu Tarifen deutlich erweiterte Konstrukte, die der Marktentwicklung Rechnung tragen. Services können zusätzliche Leistungen zu Produkten sein. Dieser Bereich ist aktuell noch nicht weit ausgeprägt, sollte in Zukunft aber deutlich wichtiger werden.

SAP CRM ist zukünftig das zentrale, steuernde Element zur Abwicklung von Kundenprozessen (in enger Verzahnung mit IS-U). Die neuen interessenten-, angebots- und produktbezogenen Prozesse werden nur noch in CRM bereitgestellt. Dieser Bereich ist aktuell noch nicht weit ausgeprägt, sollte in Zukunft aber deutlich wichtiger werden. Der Bereich *Kundenservice* umfasst die Standardanfragen von Kunden: von der Pflege von Stammdaten, wie Adressen und Bankverbindungen, über die Ableseprozesse bis hin zur Bearbeitung von Kundenkontakten. Kundenanfragen können vielschichtig sein und unterschiedliche Prozesse auslösen: Sie werden in der Regel im CRM/IS-U-System dokumentiert und können über unterschiedliche Medien eintreffen (z. B. persönlich/telefonisch, per Post, Internet).

Durch die Deregulierung des Marktes sind die neuen Prozesse Lieferanmeldung und -abmeldung hinzugekommen. Vor der Öffnung des Marktes wurden diese Prozesse als Ein- und Auszug bezeichnet. Durch die Kommunikation mit dem jeweiligen Netzbetreiber sowie beim Lieferantenwechsel auch mit dem alten Lieferanten können die Prozesse nicht in einem Schritt durchgeführt werden. Es muss stattdessen ein Szenario definiert werden, und die Interessentendaten müssen gespeichert werden, bis der Anmelde-/Wechselprozess positiv abgeschlossen wurde. Darüber hinaus muss der Umgang mit negativen Antworten geregelt werden.

Die Prozesse *Lieferbeginn* und *Lieferende* können aus CRM oder aus IS-U angestoßen werden; die Verarbeitung erfolgt jeweils durch die IS-U IDEX-Komponente.

Im Bereich des Gerätewesens werden die Prozesse des Gerätewechsels und des Ein- und Ausbaus von Geräten dargestellt. Darüber hinaus wird die periodische und aperiodische Ablesung sowie die Plausibilisierung von Zählerdaten erläutert. Durch die Systemtrennung ist hier die Entscheidung zu fällen, ob man die Ablesesteuerung an den Rhythmus des Netzbetreibers anpasst.

Im Rahmen der Kundenprozesse *Tarifierung, Abrechnung und Fakturierung* werden die wesentlichen Steuerungselemente der Fakturierung beschrieben. Hierzu gehören die Tarifarten, der Tarif, die Tariftypen und Schemata. Zudem gehen wir auf den Abschlagsprozess sowie die Abrechnung und Fakturierung ein. Durch die Ausprägung neuer, dynamischer Energieversorgungsprodukte (z. B. durch intelligente Zähler) oder durch den auswärtigen Vertrieb kommt einer optimierten Abrechnung eine zentrale Rolle zu: Zum einen wachsen die Anforderungen, und zum anderen müssen die Prozesskosten gesenkt werden. Häufig kann dies nur durch Skaleneffekte erreicht werden.

Das Kapitel schließt mit den Ausführungen zu den Marktkommunikationsprozessen im deregulierten Markt.

Die Prozesse des Lieferbeginns/-endes und Lieferantenwechsels sind die Hauptprozesse. Aufgrund ihrer herausragenden Rolle haben wir diesen einen eigenen Abschnitt gewidmet. Abschließend werden die Prozesse Ersatzversorgung, Stammdatenänderung, Bestandslisten, Geschäftsdatenanfragen, Zählerstandsübermittlung und Netznutzungsabrechnung beschrieben. Es ist eine wesentliche Aufgabe eines Energieversorgers, die Marktkommunikationsprozesse zu beherrschen. Da diese Prozesse häufig durchgeführt werden müssen, sind eine niedrige Fehlerquote und ein hoher Automatisierungsgrad ein wesentliches Erfolgskriterium.

6.2 Lieferbeginn und Lieferende

Die komplexesten Kundenprozesse eines Versorgungsunternehmens sind die Prozesse zu Lieferbeginn und Lieferende, die beim Einzug bzw. Auszug eines Kunden, aber auch bei einem Lieferantenwechsel, stattfinden. Sie greifen am stärksten in die technischen und kaufmännischen Stammdaten ein und ziehen auch Veränderungen in FI-CA nach sich. Daher werden sie ausführlich in einem eigenen Abschnitt beleuchtet. Dabei sollten Sie im Hinterkopf behalten, dass Sie sich in einem deregulierten Marktumfeld befinden und diese Prozesse daher noch zusätzlich in Marktkommunikationsprozesse eingebunden sind. Diese werden wir ausführlich in Abschnitt 6.7 betrachten.

6.2.1 Lieferbeginn

Die Information über einen gewünschten Lieferbeginn zu einem bestimmten Zeitpunkt kann dem Lieferanten persönlich, telefonisch, schriftlich oder über das Kundenportal mitgeteilt werden. Übermittler der Daten können der Kunde selbst oder Dritte sein, wie z. B. die Hausverwaltung oder der Nachmieter. Allerdings ist eine Anmeldung durch Dritte nur möglich, wenn der Lieferant der Grundversorger ist. Ist dies nicht der Fall, muss ein Vertrag mit dem Kunden vorliegen.

Zieht ein Kunde in eine Verbrauchsstelle ein, ohne sich bei einem Lieferanten anzumelden, fällt er automatisch in die *Ersatzversorgung* des für seinen Zählpunkt zuständigen Grundversorgers. In diesem Fall wird der Lieferbeginnprozess nicht durch den Kunden initiiert, sondern durch den VNB. Dieser bemerkt durch die Nachrichten, die über Marktkommunikationsprozesse ausgetauscht werden, dass für den Zählpunkt ein Lieferende, aber kein neuer Lieferbeginn für einen anderen Geschäftspartner oder einen anderen Lieferanten angemeldet ist. Daraufhin beantragt er den Beginn der dreimonatigen Ersatzversorgung beim zuständigen Grundversorger. Wenn der Kunde innerhalb der drei Monate keinen neuen Vertrag mit einem Lieferanten abschließt, wird der bestehende Vertrag zur Ersatzversorgung in einen Vertrag zur *Grundversorgung* umgewandelt.

Nähere Informationen zur Grund- und Ersatzversorgung sowie zu den für die Marktkommunikation relevanten Bestandslisten finden Sie in Abschnitt 6.7.

Beantragt ein Kunde den Lieferbeginn über das Kundenportal des Lieferanten, werden die Daten, nachdem entsprechende Einstellungen vorgenommen wurden, automatisch nach IS-U eingespielt. Bei persönlicher, telefonischer oder schriftlicher Meldung werden sie von einem Sachbearbeiter in das

System eingegeben. Die dabei in aktuellen IS-U-Versionen verwendeten Standardprozesse sind die, die 2003 von SAP in Zusammenarbeit mit Kunden in Bezug auf ihre Prozesseffizienz untersucht und verbessert wurden. Daher tragen die entsprechenden Transaktionen auch ein *E* für *Effizienz* am Ende (z. B. EC50E oder EC55E).

Die Datenaufnahme durch einen Sachbearbeiter werden wir Ihnen im Abschnitt »Prozess abbilden« exemplarisch zeigen.

Zur Protokollierung des Prozesses wird ein *Einzugsbeleg* angelegt. Anschließend findet die Marktkommunikation statt. Der Lieferbeginn kann bis zu sechs Wochen nach dem Stichtag rückwirkend durch den Marktkommunikationsprozess »Lieferbeginn« bearbeitet werden. Liegt der Termin noch weiter in der Vergangenheit, muss ein Lieferantenwechsel durchgeführt werden, weil in diesem Fall durch den schon vorliegenden Energiebezug implizit ein Vertrag zur Ersatzversorgung mit dem zuständigen Grundversorger geschlossen wurde.

Customizing

Um den Prozess des Lieferbeginns an die individuellen Bedürfnisse anzupassen, können im Customizing Einstellungen vorgenommen werden.

- Unter Branchenkomponente Versorgungsindustrie • Kundenservice • Vorgangsbearbeitung • Umzug • Einzug • Register für Einzugsbild konfigurieren kann ein firmenspezifisches Layout definiert werden, das die verschiedenen beim Standard-Einzugsprozess von SAP vorgegebenen Bausteine in neuer Reihenfolge auf andere Reiter verteilt. Das neue Layout tragen Sie dann im Customizing unter Branchenkomponente Versorgungsindustrie • Grundeinstellungen/Unternehmensstruktur • Vorschlagslayout für Register festlegen im Feld ISU-MoveIn ein.
- Über den Customizing-Pfad Branchenkomponente Versorgungsindustrie • Kundenservice • Vorgangsbearbeitung • Umzug • Einzug • Feldauswahl für Einzug Vertragsdaten definieren stellen Sie ein, welche Felder in den Vertragsdatenblättern des Einzugs eingabebereit sind und welche nicht. Auch Mussfelder – also Felder, die das Speichern des Einzugsbeleges verhindern, solange sie initial sind – können hier definiert werden. Des Weiteren kann durch den Button Ausblenden festgelegt werden, dass ein bestimmtes Feld der Vertragsdaten vom Benutzer nicht gesehen wird, da es für den Vertragsschluss nicht relevant ist. Ein Beispiel hierfür ist das Feld Währung für ein nur in Deutschland tätiges Unternehmen,

bei dem die Geschäftswährung immer Euro ist. Eine Anzeige, und erst recht eine Änderung, ist in diesem Fall nicht nötig.

Prozess abbilden

Für den Prozess des Lieferbeginns muss die Verbrauchsstelle, für die ein Kunde neu angemeldet werden soll, im System vorhanden sein. Damit die nötige Marktkommunikation stattfinden kann, muss die Verbrauchsstelle über eine Anlage mit einem Zählpunkt verbunden sein. Diese beiden Punkte setzen wir bei unserer weiteren Beschreibung voraus.

1. Aus dem CIC können Sie über die Action-Box-Schaltfläche UMZUG zwei verschiedene Einstiegsmasken aufrufen: EINZUG-KUNDE BEKANNT und EINZUG-NEUKUNDE. Auf der jeweiligen Einstiegsmaske geben Sie das Datum des Lieferbeginns und die Verbrauchsstelle an.
2. Beim Aufruf des Action-Box-Absprungs EINZUG-KUNDE BEKANNT geben Sie zusätzlich die Geschäftspartnernummer des Kunden ein. Haben Sie den Kunden vorher im CIC aufgerufen, wird seine GP-Nummer übernommen.
3. Nutzen Sie den Absprung EINZUG-NEUKUNDE, werden Vertragskontotyp sowie Geschäftspartnertyp, -art und -gruppierung abgefragt, um im Verlauf des Lieferbeginnprozesses einen neuen Geschäftspartner anlegen zu können.

Das Einstiegsbild zur Erfassung des Lieferbeginns ist in Abbildung 6.2 dargestellt und wird in beiden Fällen genutzt. Hier erfassen Sie Folgendes:

- Wenn es sich um die Anmeldung eines Neukunden handelt, geben Sie die Identifikationsdaten des Kunden ein.
- Für einen Bestandskunden können Sie hier ein Vertragskonto angeben, über das die neu anzumeldende Verbrauchsstelle abgerechnet wird. Geben Sie kein Vertragskonto an, werden Sie beim Übergang auf die nächste Maske gefragt, ob ein bestehendes Vertragskonto übernommen oder ein neues angelegt werden soll.

Falls zu der angegebenen Verbrauchsstelle mehrere Anlagen gehören, wählen Sie beim Speichern der Maske die Anlagen aus, für die ein Vertrag geschlossen werden soll.

Wird an dieser Stelle festgestellt, dass die ausgewählte Verbrauchsstelle bzw. Anlage schon belegt ist, werden Sie gefragt, ob die Belieferung des alten Geschäftspartners an dieser Verbrauchsstelle beendet werden soll. Für eine Anlage darf zu einem bestimmten Zeitpunkt immer nur ein Vertrag mit einem Geschäftspartner existieren. In der Praxis geschieht es sogar relativ häufig, dass ein Geschäftspartner erst durch den Nachfolger abgemeldet wird. Dies ist eine wichtige Änderung im Vergleich zum alten Einzugsprozess über die Transaktion EC50 (Einzugsbeleg anlegen), bei der die Bearbeitung in einem solchen Fall abgebrochen wurde.

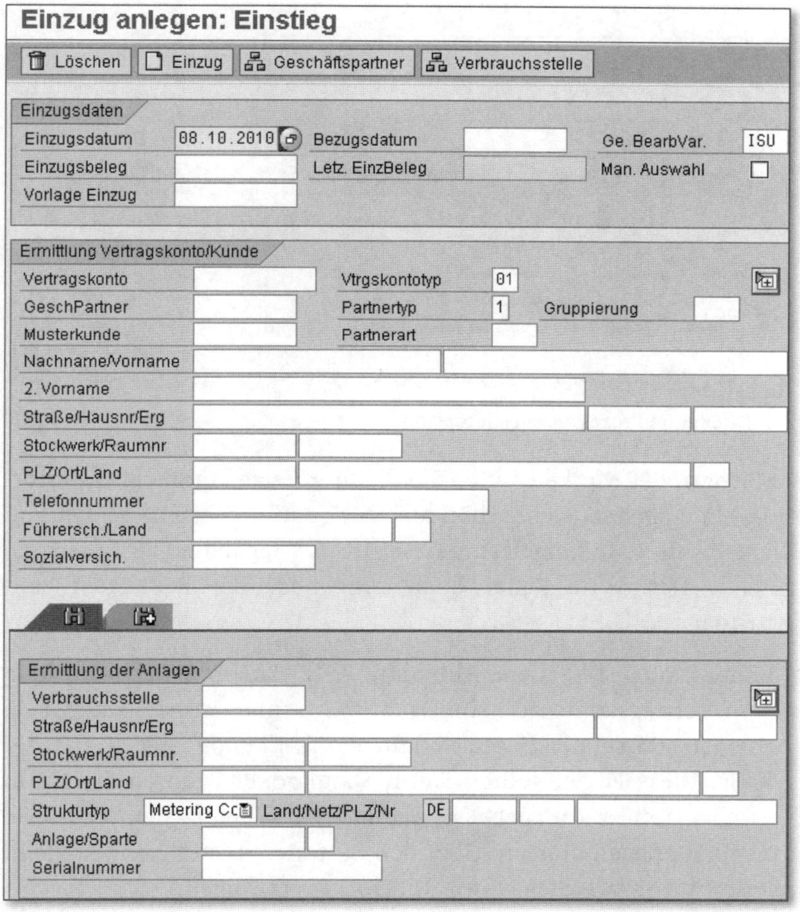

Abbildung 6.2 Einstiegsmaske zum Lieferbeginn

Eine weitere Vereinfachungsmöglichkeit, die Ihnen im neuen Einzugs- bzw. Lieferbeginnprozess zur Verfügung steht, ist die Angabe einer Einzugsbelegnummer im Feld VORLAGE EINZUG auf der Maske in Abbildung 6.2. Hierdurch werden die Daten des Vorlagebelegs für den Vertrag und auch für das Vertragskonto (bei Neuanlage eines Vertragskontos) im neuen Einzugsbeleg automatisch vorgeschlagen.

Voraussetzung dafür ist, dass es im Vorlagebeleg für jede Anlage des neuen Einzugsbelegs genau einen Vertrag mit derselben Sparte und derselben Serviceart gibt. Außerdem müssen die Vertragskontotypen der beiden Einzugsbelege übereinstimmen.

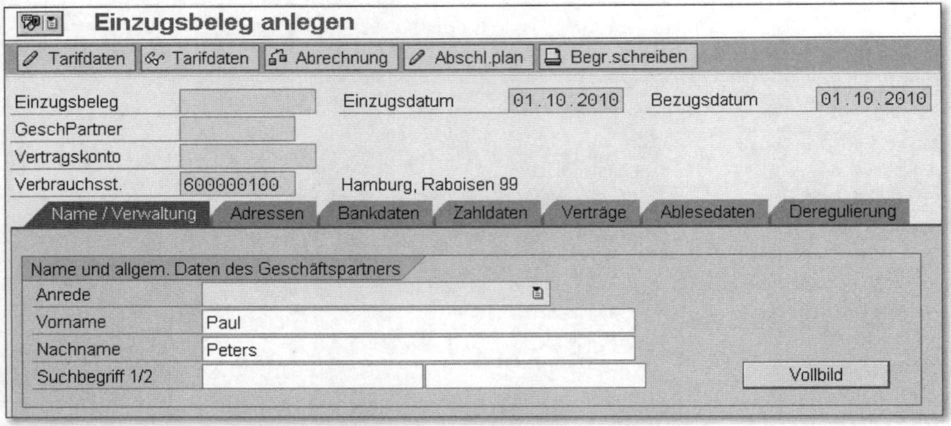

Abbildung 6.3 Reiter im Prozess zum Lieferbeginn

Nach dem Sichern der Maske können Sie die für die Lieferanmeldung erforderlichen Daten eingeben (siehe Abbildung 6.3). Auf den ersten beiden Reitern gleichen Sie die Stammdaten zum Geschäftspartner ab und verändern sie gegebenenfalls. Der dritte Reiter dient zur Pflege der Bankdaten zum Geschäftspartner.

Auf dem Reiter ZAHLDATEN (siehe Abbildung 6.4) können Sie verschiedene Angaben zum Vertragskonto aufnehmen, z. B. Ein- und Ausgangszahlwege. Einige der hier zu erfassenden Daten sind für alle Tarifkunden gleich, z. B. der Buchungskreis. Diese Felder sollten Sie in Standardfällen durch die schon erwähnte Nutzung eines Vorlagebelegs automatisch füllen lassen, sodass Sie sie nicht manuell pflegen müssen. Über den Button VOLLBILD können Sie in die Transaktion VERTRAGSKONTO ÄNDERN (CAA2) verzweigen.

Auf dem Reiter VERTRÄGE sind alle Verträge zusammengefasst, die durch den Prozess des Lieferbeginns geschlossen werden. Die Zählerstände zum Datum des Lieferbeginns können Sie auf dem Reiter ABLESEDATEN erfassen. Sie sind die Berechnungsgrundlage für alle nachfolgenden Rechnungen des Geschäftspartners. Sind keine Zählerstände vorhanden, werden sie anhand der letzten Zählerstände der Anlage geschätzt bzw. übernommen. Der Reiter DEREGULIERUNG stellt alle am Zählpunkt vorhandenen Services dar (siehe Abschnitt 5.3.8).

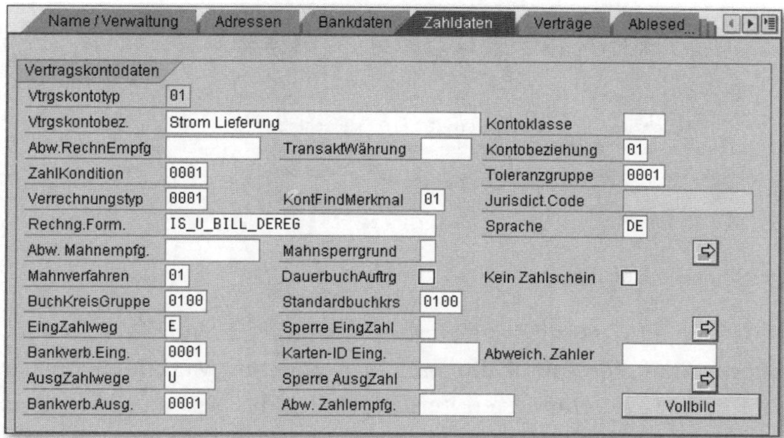

Abbildung 6.4 Reiter »Zahldaten« im Prozess »Lieferbeginn«

Über die Schaltfläche TARIFDATEN, mit dem Stiftsymbol, können Sie zu den in der Anlage hinterlegten Tarifierungsdaten verzweigen, wo Tariftyp, Tarifart und Tariffakten gepflegt werden (siehe Abschnitt 5.4.3). Dies ist allerdings nur möglich, wenn in der Anlage schon ein Gerät oder ein Geräteinfosatz installiert wurde, was bei Lieferbeginn nicht immer der Fall ist. Teilweise werden die hierfür nötigen Daten erst im Zuge des Lieferbeginnprozesses durch den VNB geliefert.

Zum Vertrag wird automatisch ein Abschlagsplan angelegt. Berechnungsgrundlage sind der in der Anlage hinterlegte Periodenverbrauch, der gewählte Tarif und – zur Terminsteuerung – die Ableseeinheit der Anlage. Den Abschlagsplan können Sie sich über die Schaltfläche ABSCHLAGSPLAN anzeigen lassen und gegebenenfalls in Absprache mit dem Kunden ändern. Ein Abschlagsplan kann auch nur erstellt werden, wenn in der Anlage ein Gerät oder ein Geräteinfosatz eingebaut wurde. Denn aus diesem wird der Periodenverbrauch ausgelesen, der Grundlage für die Höhe des Abschlags bildet.

Durch die Schaltfläche BEGR.SCHREIBEN in der Kopfleiste der Einzugstransaktion veranlassen Sie einen Druckauftrag für eine Vertragsbestätigung. Das entsprechende Formular können Sie entweder an dieser Stelle im Dialog auswählen, oder Sie verwenden das Formular, das im Customizing der Versorgungsindustrie unter BRANCHENKOMPONENTE VERSORGUNGSINDUSTRIE • KUNDENSERVICE • VORGANGSBEARBEITUNG • UMZUG • EINZUG • BEGRÜSSUNGSSCHREIBEN EINZUG DEFINIEREN hinterlegt wurde.

Zusammenfassend sind in Abbildung 6.5 die wichtigsten Schritte im Prozess des Lieferbeginns dargestellt.

Verbrauchsstelle und Geschäftspartner identifizieren	Einzugstransaktion aufrufen	Daten zum Geschäftspartner eingeben	Daten zum Vertrag eingeben	Prozess abschließen
▪ CICO	▪ CIC-Action-Box ▪ Verbrauchsstelle ▪ Geschäftspartner ▪ Datum des Lieferbeginns	▪ Bankdaten ▪ Adressdaten	▪ Abschlag ▪ Tarif ▪ Zählerstand	▪ Vertragsbestätigung ▪ Marktkommunikation

Abbildung 6.5 Prozess »Lieferbeginn«

Im Anschluss an die Erfassung des Lieferbeginns findet die über Wechselbelege gesteuerte Marktkommunikation mit den anderen Marktteilnehmern statt, um diese über die veränderten Verhältnisse an der Verbrauchsstelle zu informieren (siehe Abschnitt 6.7).

Auswirkungen im System

Im Lieferbeginnprozess werden nach erfolgter Zustimmung des Netzbetreibers neue Stammdaten erzeugt und so Stammdatentabellen fortgeschrieben.

Gehen Sie davon aus, dass das Anschlussobjekt, die Verbrauchsstelle, die Anlage und die Geräte(-infosätze) schon im System vorhanden sind, werden folgende Objekte neu angelegt:

- Ein neuer *Vertrag* wird geschlossen und stellt die Verbindung des Geschäftspartners mit der Lieferstelle dar.
- Ein *Einzugsbeleg*, der nachträglich noch bearbeitet werden kann, wird erzeugt.
- Ein *Wechselbeleg* zur Steuerung und Dokumentation der Marktkommunikation wird generiert.
- Ein neuer *Abschlagsplan* wird für den Kunden erstellt.
- Ein *Ableseauftrag* für die Einzugsablesung wird erzeugt.
- Eine neue *Zeitscheibe*, die den zum Produkt passenden Tariftyp enthält, wird der Anlage hinzugefügt.

Zusätzlich können, je nach Datenlage, der Geschäftspartner und das Vertragskonto neu erzeugt oder verändert werden.

6.2.2 Lieferende

Zieht ein Geschäftspartner aus einer Verbrauchsstelle aus oder kündigt er den Vertrag beim bisherigen Lieferanten, startet der Lieferant den Prozess zum *Lie-*

ferende, der die notwendige Marktkommunikation beinhaltet. Der Umzug eines Geschäftspartners in eine andere Verbrauchsstelle wurde früher über einen separaten Prozess in IS-U abgewickelt, der im Zuge der Deregulierung obsolet geworden ist. Stattdessen werden bei einem Umzug nun der Lieferende- und anschließend der Lieferbeginnprozess mit der entsprechenden Marktkommunikation durchgeführt. Einige der Programme und Customizingeinstellungen im System tragen aber noch das Wort »Umzug« im Namen.

Die Daten zum Lieferende werden vom Kunden selbst, vom Nachmieter oder von der Hausverwaltung an den Kundenservice übermittelt, der die Daten (außer im Fall der Mitteilung über ein Kundenportal) manuell in das System überträgt.

Customizing

Analog zum Lieferbeginnprozess können auch für den Prozess des Lieferendes die Reiter gestaltet werden. Dies kann im Customizing unter Branchenkomponente Versorgungsindustrie • Kundenservice • Vorgangsbearbeitung • Umzug • Auszug • Register für Auszugsbild konfigurieren vorgenommen werden.

Prozess abbilden

Der Prozessablauf zum Lieferende ähnelt von der Abfolge der Schritte her dem Lieferbeginn und ist in Abbildung 6.6 beschrieben. Aus dem CIC heraus starten Sie den Prozess über den Action-Box-Absprung Umzug • Auszug Partner. Alternativ können Sie den Absprung Umzug • Auszug anlegen oder die Transaktion EC55E (Auszug anlegen) benutzen.

Verbrauchsstelle und Geschäftspartner identifizieren	Auszugs-transaktion aufrufen	Daten zum Geschäftspartner eingeben	Daten zum Vertragsende eingeben	Prozess abschließen
▪ CICO	▪ CIC-Action-Box ▪ Verbrauchsstelle ▪ Geschäftspartner ▪ Datum des Vertragsendes	▪ Bankdaten ▪ Adressdaten	▪ Zählerstand	▪ Kündigungs-bestätigung ▪ Endabrechnung Markt-kommunikation

Abbildung 6.6 Prozess »Lieferende«

In den beiden zuletzt genannten Fällen wird ein anderes Einstiegsbild angezeigt. Auf diesem sind nicht nur die GP-Nummer und das Auszugsdatum anzugeben, sondern es können weitere Eingrenzungen vorgenommen werden, um Verträge bzw. Anlagen zu identifizieren, für die das Lieferende durchgeführt werden soll. In der alten Auszugstransaktion EC50 war dies nur durch Eingabe der Nummern der Verträge möglich, nun kann die Identifikation jedoch auch über die GP-Nummer oder die Verbrauchsstelle vorgenommen werden. Ist die Auswahl noch nicht eindeutig, werden Sie vom System aufgefordert, die zu kündigenden Verträge auszuwählen.

Abbildung 6.7 Reiter im Prozess zum Lieferende

Nachdem die zu beendenden Verträge identifiziert wurden, können Sie auf dem folgenden Bildschirm (siehe Abbildung 6.7) über die Anwahl der entsprechenden Reiter die Bankdaten bearbeiten, eine neue Anschrift des Geschäftspartners angeben, die Auszugszählerstände eingeben und den Prozess Lieferende durch Speichern des Auszugs abschließen.

Auf Wunsch des Kunden kann die Schlussrechnung sofort erstellt werden. Hierfür muss auf dem Reiter Vertr/St.dat ein Abstimmschlüssel eingegeben werden (siehe Abbildung 6.8).

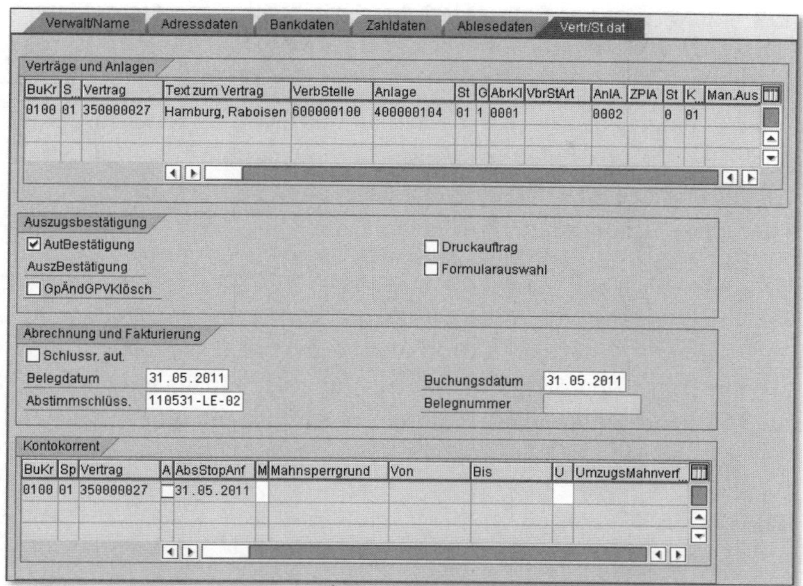

Abbildung 6.8 Reiter »Vertr/St.dat« im Prozess »Lieferende«

Auswirkungen im System

Folgende Objekte werden durch den Prozess zum Lieferende verändert bzw. neu angelegt:

- Ein Auszugsbeleg wird erzeugt.
- Für die Auszugsablesung wird ein Ableseauftrag generiert.
- Es wird ein Abrechnungsauftrag für die Endabrechnung erstellt.
- Ein Wechselbeleg, der die Marktkommunikation dokumentiert, wird angelegt.
- Der Vertrag mit dem Geschäftspartner wird beendet.

Außerdem werden gegebenenfalls das Vertragskonto und der Geschäftspartnerstammsatz modifiziert, um neue Kommunikationswege und veränderte Bankverbindungen aufzunehmen.

6.2.3 Lieferbeginnprozess mit Stammdatenvorlagen realisieren

Stammdatenvorlagen werden benötigt, um die Schnellerfassung zur Umzugsbearbeitung zu verwenden (siehe Abschnitt 6.2.4). Darüber hinaus können Stammdatenvorlagen als Bausteine für kundeneigene Funktionen verwendet werden, um viele gleichartige Stammdatenkonstrukte anzulegen.

Mithilfe des Stammdatengenerators und der darin definierten Stammdatenvorlagen können Sie Stammdaten für verschiedene Geschäftsvorfälle in IS-U automatisiert anlegen. In einer Stammdatenvorlage wird festgelegt, welche Daten manuell eingegeben werden müssen und welche als Konstanten immer gleich sind. Ein Beispiel für eine solche Konstante ist das Kontenfindungsmerkmal »Tarifkunde« bei der Neuanlage eines Vertrags für einen Lieferanten, der keine Sonderkunden beliefert.

Der Einstieg in den Stammdatengenerator befindet sich im Customizing unter BRANCHENKOMPONENTE VERSORGUNGSINDUSTRIE • KUNDENSERVICE • STAMMDATENGENERATOR • STAMMDATENVORLAGE DEFINIEREN. Zunächst müssen Sie hier eine passende Vorlage auswählen. Für einen Einzug in eine schon bestehende Verbrauchsstelle wählen Sie den Stammdatenvorlagentyp PREMISE.

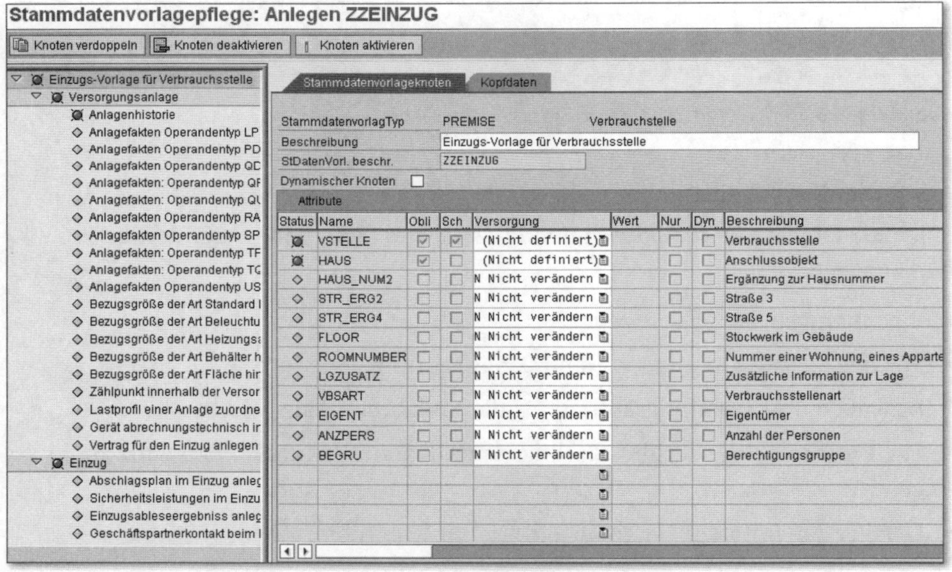

Abbildung 6.9 Stammdatenvorlage vom Typ PREMISE

Im Pflegebild der Stammdatenvorlage (siehe Abbildung 6.9) erscheinen auf der linken Seite hierarchisch verbundene Knoten. Jeder Unterknoten steht für ein Stammdatenobjekt (z. B. Versorgungsanlage) oder einen Teil eines Stammdatenobjekts (z. B. die Anlagenhistorie als Unterknoten der Versorgungsanlage).

Für jeden Knoten können Attribute vordefiniert werden. Die zu pflegenden Attribute eines Knotens sind in der Mitte des Bildschirms zu sehen. Ist ein obligatorisches Attribut gepflegt, erscheint das entsprechende Statussymbol grün, wenn nicht, ist es rot. In Abbildung 6.9 müssen eine Verbrauchsstelle (Eintrag VSTELLE) und ein Anschlussobjekt (Eintrag HAUS) übergeben werden. Nicht obligatorische Attribute sind mit einem grauen Statussymbol gekennzeichnet, sie können ebenso wie die obligatorischen Attribute gepflegt werden.

Die wichtigsten Möglichkeiten, ein Attribut zu befüllen, sind die folgenden:

- **Schlüsselreferenz**
  Das Attribut wird automatisch aus dem Vorlagentyp ermittelt. Ist z. B. in der Vorlage der Knoten VERTRAGSKONTO ein Unterknoten des Knotens GESCHÄFTSPARTNER, wird das Attribut GP-NUMMER des Vertragskontos als Schlüsselreferenz aus dem Knoten GESCHÄFTSPARTNER übernommen. Hierfür muss das Attribut im übergeordneten Knoten als Schlüsselreferenz gekennzeichnet werden.
- **Parameter**
  Dieses Attribut kann von der aufrufenden Funktion übergeben werden. Wird bei Parametern, die als Schlüsselattribute gekennzeichnet sind, kein Wert übergeben, wird ein neuer erzeugt. Zum Beispiel wird beim Einzug der Vertrag als Parameter gekennzeichnet, da ein neuer erzeugt werden soll.
- **Konstante**
  Das Attribut hat immer genau den Wert, der hier eingegeben wird.
- **Virtuell**
  Das Attribut wird durch den hier angegebenen Funktionsbaustein ermittelt. Dieser muss eine spezielle Schnittstelle implementieren (siehe Musterlösung ISU_VIRT_ATTR_REGIO_DEMO).
- **Nicht verändern**
  Das Attribut wird durch den Aufruf der Stammdatenvorlage nicht verändert.

In unserem Beispiel muss die Verbrauchsstelle in der neuen Stammdatenvorlage als Parameter gekennzeichnet werden. Das Anschlussobjekt soll nicht verändert werden. Es braucht auch nicht mit übergeben zu werden, da es durch die Verbrauchsstelle eindeutig identifiziert wird.

In der Baumdarstellung auf der linken Seite (siehe Abbildung 6.9) wird ein Knoten grün dargestellt, wenn für ihn alle obligatorischen Attribute angegeben sind, ansonsten ist der Knoten rot markiert. Deaktivierte Knoten werden im Baum mit einem grauen Symbol dargestellt. Über die Schaltfläche KNOTEN AKTIVIEREN kann ein deaktivierter Knoten aktiviert werden. Wird ein Knoten mehrmals benötigt, können Sie ihn mit der Schaltfläche KNOTEN VERDOPPELN duplizieren, sofern dies nicht durch seine *Kardinalität* verboten ist.

Die Hierarchie der Stammdatenvorlagetypen und die jeweilige Kardinalität, also die Anzahl der erlaubten bzw. benötigten Knoten eines Stammdatenvorlagentyps, können Sie in der Einstiegstransaktion zum Anlegen der Stammdatenvorlage über die Schaltfläche (HIERARCHIE ANZEIGEN) aufrufen. In Abbildung 6.10 ist die hierarchische Einbindung exemplarisch für den Vorlagentyp PREMISE aufgeführt.

Stammdatenvorlagentyp	Kardinal.	Beschreib.
PREMISE		Verbrauchstelle
INSTALLATION	0-n	Versorgungsanlage
INSTALLATION_HISTORY	1	Historische Daten der Anlage
INST_FACTS_ADISCABS	0-n	Anlagefakten Operandentyp ADISCABS
INST_FACTS_ADISCPER	0-n	Anlagefakten Operandentyp ADISCPER
INST_FACTS_AMOUNT	0-n	Anlagefakten Operandentyp AMOUNT
INST_FACTS_DDISCNT	0-n	Anlagefakten Operandentyp DDISCNT
INST_FACTS_DEMAND	0-n	Anlagefakten Operandentyp DEMAND
INST_FACTS_FACTOR	0-n	Anlagefakten Operandentyp FACTOR
INST_FACTS_FLAG	0-n	Anlagefakten Operandentyp FLAG
INST_FACTS_INTEGER	0-n	Anlagefakten: Operandentyp INTEGER
INST_FACTS_LPRICE	0-n	Anlagefakten Operandentyp LPRICE
INST_FACTS_PDISCNT	0-n	Anlagefakten Operandentyp PDISCNT
INST_FACTS_QDISCNT	0-n	Anlagefakten Operandentyp QDISCNT
INST_FACTS_QPRICE	0-n	Anlagefakten Operandentyp QPRICE
INST_FACTS_QUANT	0-n	Anagefaktum zum Operandentyp QUANT
INST_FACTS_RATETYPE	0-n	Anlagefakten Operandentyp RATETYPE
INST_FACTS_SPRICE	0-n	Anlagefakten Operandentyp SPRICE
INST_FACTS_TPRICE	0-n	Anlagefakten Operandentyp TPRICE
INST_FACTS_TQUANT	0-n	Anlagefakten Operandentyp TQUANT
INST_FACTS_USERDEF	0-n	Anlagefakten Operandentyp USERDEF
INST_FACTS_RVAL_STD	0-n	Bezugsgröße der Art Standard hinzufügen
INST_FACTS_RVAL_TRE	0-n	TRE-Zuordnung zur Standardbezugsgröße hinzufügen
INST_FACTS_RVALLIGHT	0-n	Bezugsgröße der Art Straßenleuchte hinzufügen
INST_FACTS_RVAL_OPM	0-n	Betriebsart zur Straßenleuchte hinzufügen
INST_FACTS_RVAL_TRE	0-n	TRE-Zuordnung zur Straßenleuchte hinzufügen
INST_FACTS_RVAL_HEAT	0-n	Bezugsgröße der Art Heizungsanlage hinzufügen
INST_FACTS_RVAL_TRE	0-n	TRE-Zuordnung zur Heizungsanlage hinzufügen
INST_FACTS_RVAL_CONT	0-n	Bezugsgröße der Art Behälter hinzufügen
INST_FACTS_RVAL_SVF	0-1	Servicerhythmus zum Behälter hinzufügen
INST_FACTS_RVAL_AREA	0-n	Bezugsgröße der Art Fläche hinzufügen
INST_FACTS_RVAL_SVF	0-1	Servicerhythmus zur Fläche hinzufügen
POINT_OF_DELIVERY	0-1	Versorgungspunkt
LPROF_INST_ASSIGN	0-n	Lastprofil der Versorgungsanlage zuordnen
LPROF_INST_FACTOR	0-n	Verbrauchsfaktor zum anlagenbezogenen Lastprofil
DEVICE_BILL_INSTALL	0-n	Gerät abrechnungstechnisch in Anlage einbauen
REG_BILL_INSTALL	0-n	Zählwerke abrechnungstechnisch in Anlage einbauen
LPROF_REG_ASSIGN	0-n	Lastprofil logischem Zählwerk zuordnen
CONTRACT	0-1	Vertrag zur Anlage
MOVE_IN	0-1	Einzug (einmal für jede Verbrauchsstelle möglich)
MOVE_IN_BBP	0-n	Abschlagsplan zur Anlage im Einzug anlegen
MOVE_IN_SEC	0-n	Bare Sicherheiten zur Anlage im Einzug anlegen
MOVE_IN_MR	0-n	Einzugsableseergebnis anlegen
MOVE_IN_BCONTACT	0-1	Kundenkontakt im Einzug

Abbildung 6.10 Hierarchie der Stammdatenvorlage PREMISE

Der Wert in der Spalte KARDINALITÄT gibt Auskunft darüber, wie oft dieser Knoten in der Vorlage benötigt wird bzw. zugeordnet werden kann. Hier gibt es folgende Möglichkeiten:

- **0-1**
  Der Knoten ist nicht obligatorisch und kann höchstens einmal aktiviert werden.
- **0-n**
  Der Knoten ist nicht obligatorisch und kann beliebig oft verdoppelt werden.
- **1**
  Der Knoten wird aktiviert, wenn der übergeordnete Knoten aktiviert wird, kann aber weder deaktiviert noch verdoppelt werden.
- **1-n**
  Der Knoten wird aktiviert, wenn der übergeordnete Knoten aktiviert wird; er kann nicht deaktiviert, aber verdoppelt werden.

Um die Pflege der Stammdatenvorlage aus unserem Beispiel fortzuführen, müssen Sie die Knoten VERSORGUNGSANLAGE und EINZUG im Baum auf der linken Seite aktivieren und die zugehörigen Attribute pflegen. Durch die Aktivierung dieser beiden Knoten erweitert sich der Baum um die untergeordneten Knoten VERSORGUNGSANLAGE und EINZUG (siehe Abbildung 6.9). Damit bei der Nutzung der neuen Stammdatenvorlage auch die Vertragsdaten vorbelegt werden, sollten Sie nun zusätzlich unter dem Knoten VERSORGUNGSANLAGE den Unterknoten VERTRAG FÜR DEN EINZUG ANLEGEN aktivieren und die Attribute des Unterknotens pflegen. Anschließend können Sie die Stammdatenvorlage speichern und testen.

Bei einem Test einer Stammdatenvorlage wird für alle Attribute, die als Parameter gekennzeichnet sind, ein Feld zur Eingabe erzeugt (siehe Abbildung 6.11). Nach dem Ausführen des Tests ist im Testprotokoll zu erkennen, welche Stammdaten verändert bzw. neu angelegt wurden. Außerdem kann nach dem Test eine Ablaufinformation angezeigt werden, in der die aufgerufenen Funktionsbausteine aufgelistet sind, die während der automatischen Prozessierung der Stammdatenvorlage benutzt wurden.

Eine funktionierende Stammdatenvorlage kann entweder im Testmodus ausgeführt werden oder in eine Anwendung eingebunden werden. Zur Einbindung muss die Anwendung den Funktionsbaustein `ISU_PRODUCT_IMPLEMENT` aufrufen. Übergabewerte sind der Name der Stammdatenvorlage und die von der Vorlage benötigten Parameter.

Für das Ausführen eines Einzugs durch eine Stammdatenvorlage ist noch zu beachten, dass der Einzug abbricht, wenn die Anlage belegt ist. Dieser Fall sollte daher durch einen aufrufenden Funktionsbaustein vorher abgefangen werden.

Parameter der Stammdatenvorlage ZZEINZUG

Übernehmen

Element	Beschreibung	Attributwert
AB	Datum, ab dem eine Zeitscheibe gültig ist	01.01.11
ABLEINH	Ableseeinheit	1M76FF
AKLASSE	Abrechnungsklasse	STDT
ANLAGE	Anlage	70029128
BUKRS	Buchungskreis	1000
EINZDAT	Einzugsdatum	01.01.11
GEMFAKT	Verträge gemeinsam fakturieren (sog. Mussv	1
HAUS	Anschlussobjekt	400155523
KOFIZ	Kontenfindungsmerkmal für Verträge der Ver	A
SPARTE	Sparte	01
TARIFTYP	Tariftyp	ST_OEKO
VKONT	Vertragskontonummer	803313351
VSTELLE	Verbrauchsstelle	100293111

Abbildung 6.11 Test einer Stammdatenvorlage

6.2.4 Schnellerfassung

Um den Lieferbeginn oder das Lieferende mit weniger Mausklicks und Prozessschritten durchführen zu können, steht außerdem die Transaktion EC70 (Schnellerfassung Einzug/Auszug/Umzug) zur Verfügung. Mit der Schnellerfassung können vier verschiedene Prozesse gestartet werden:

- Lieferbeginn (im Selektionsbild als Einzug anlegen dargestellt)
- Lieferende (Auszug anlegen im Selektionsbild)
- Lieferummeldung zum Geschäftspartner
- Lieferummeldung zur Verbrauchsstelle

Die beiden letzten Prozesse werden in der Praxis jedoch meist nicht mehr verwendet, weil ein Umzug im deregulierten Szenario systemtechnisch durch ein Lieferende und einen anschließenden Lieferbeginn abgewickelt wird.

Beim Einsatz der Schnellerfassung werden die folgenden zwei Stammdatenvorlagen benötigt:

- Eine Vorlage vom Typ BPARTNER wird bei Lieferbeginn und -ende zum Anlegen bzw. Ändern des Geschäftspartners und des Vertragskontos verwendet.
- Eine Vorlage vom Typ NEWCUSTPOD liefert die bei einem Lieferbeginn nötigen Daten zum Vertrag.

Im Customizing müssen diese Vorlagen unter BRANCHENKOMPONENTE VERSORGUNGSINDUSTRIE • KUNDENSERVICE • VORGANGSBEARBEITUNG • UMZUG • SCHNELLERFASSUNG • VORERFASSUNGSVARIANTEN DEFINIEREN angegeben werden. Für Lieferbeginn und -ende können jeweils separate Vorlagen vom Typ BPARTNER verwendet werden. Es gibt hierfür zwei SAP-Standardvorlagen, an denen Sie sich beim Erstellen eigener Vorlagen orientieren können:

- EC70_BPARTNER_MI (Lieferbeginn)
- EC70_BPARTNER_MO (Lieferende)

Mit der Schnellerfassung können die Prozesse sehr effektiv abgewickelt werden. Auf der jeweiligen Einstiegsmaske stehen dann nur wenige, notwendige Felder zur Verfügung. Dadurch wird die Maske – im Gegensatz zu den zahlreichen Suchmöglichkeiten der in den Abschnitten 6.2.1 und 6.2.2 dargestellten Lieferbeginn- und Lieferendetransaktionen – sehr übersichtlich.

Allerdings können alle Verträge hier nur mithilfe von Stammdatenvorlagen geschlossen werden, sodass sich dieses Vorgehen z. B. für Sonderkunden nicht eignet. Als Einstiegstransaktion für ein First-Level-Callcenter für Privatkunden ist sie aber durchaus zu empfehlen.

Da beim Speichern der Daten zunächst ein Vorerfassungsbeleg angelegt wird, muss im Customizing ein Nummernkreis für Vorerfassungsbelege gepflegt werden. Sind alle eingegebenen Daten beim Speichern fehlerfrei, werden aus den Vorerfassungsbelegen Einzugs- bzw. Auszugsbelege. Sind jedoch noch Teile der Daten fehlerhaft, werden sie im Vorerfassungsbeleg gespeichert. Dieser kann zur Korrektur der Daten wieder über die Transaktion EC70 (Schnellerfassung Einzug/Auszug/Umzug) geändert werden.

6.3 Gerätewesen

Das Gerätewesen ist ein zentraler Bestandteil des IS-U-Systems. Es fasst die Komponenten für die Verwaltung von technischen Daten, Installationen, Ablesungen und Prüfungen von Geräten zusammen.

Wie in Kapitel 4 beschrieben, kann IS-U mit SAP-Komponenten der Logistik integriert werden. Entsprechend nutzt IS-U die Daten und Funktionen der Standardkomponente *Logistik*. Die Geräteverwaltung kann dann IS-U-spezifische Daten und Funktionen abbilden, die über die der Komponente *Logistik* hinausgehen. Die für das Gerätewesen relevanten Stammdaten wurden in den Abschnitten 5.3 und 5.4 näher erläutert. Dazu gehören insbesondere das Gerät und der Geräteinfosatz sowie dessen Stammdatenumfeld.

Die beiden maßgeblichen Prozesse des Gerätewesens sind die *Installation*, also der Einbau, Ausbau und Wechsel von Geräten, sowie die *Geräteablesung*. Das Customizing und die Durchführung dieser beiden Vorgänge sind zwingend erforderlich, wenn die Geräte für abrechnungsorientierte Zwecke eingesetzt werden sollen. Die *Geräteprüfung* zielt mehr auf einen verwaltungsorientierten Einsatz, bei dem die physische Prüfung der Geräte technisch organisiert und verwaltet wird.

6.3.1 Installation: Einbau, Ausbau, Wechsel

Im Prozess der Installation verknüpfen bzw. trennen Sie die im System angelegten Geräte mit bzw. von den relevanten Stammdaten für die Abrechnung (Anlage) oder die Bestandsführung (Geräteplatz). Die Installation unterteilt sich in die drei Teilschritte *Einbau*, *Ausbau* und *Wechsel*. Der Einbau eines Gerätes erfolgt meist bei Inbetriebnahme oder bei Lieferbeginn. Der Ausbau oder Wechsel von Geräten wird z. B. im Rahmen der Beglaubigungen und bei defekten Zählern durchgeführt.

Installationsformen

Je nachdem, ob das Gerätewesen abrechnungsorientiert oder auch verwaltungsorientiert genutzt werden soll, werden folgende Formen der Installation unterschieden:

- **Technisch**
  Beim rein technischen Ein- oder Ausbau mit Transaktion EG33 (Einbau technisch) bzw. EG36 (Ausbau technisch) erfolgt die Installation des Gerätes in einen Geräteplatz. Damit wird das Gerät einem Anschlussobjekt zugeordnet, und es besteht keine Verknüpfung zur Abrechnung.
  Bei einer rein abrechnungsorientierten Verwendung des Gerätewesens mit Geräteinfosätzen erfolgt kein technischer Ein- oder Ausbau.
- **Abrechnungstechnisch**
  Beim abrechnungstechnischen Ein- oder Ausbau mit Transaktion EG34 (Einbau abrechnungstechnisch) bzw. EG35 (Ausbau abrechnungstechnisch) erfolgt die Zuordnung eines Gerätes oder Geräteinfosatzes zu einer oder mehreren Versorgungsanlagen. In der Regel wird das Gerät für alle deregulierten Sparten nur in eine Anlage eingebaut, damit eine eindeutige Kommunikation über den Zählpunkt einwandfrei realisiert werden kann.

- **Gesamtinstallation**
  Dies ist eine Kombination aus technischer und abrechnungstechnischer Installation. Der Gesamtein- oder -ausbau über Transaktion EG31 (Einbau gesamt) bzw. EG32 (Ausbau gesamt) wird notwendig, wenn das Gerätewesen sowohl für abrechnungsorientierte als auch für verwaltungsorientierte Zwecke konfiguriert ist. Diese beiden Formen können entweder zusammen oder hintereinander eingesetzt werden.

Für alle Installationsformen werden die jeweils durchgeführten Teilprozesse (Einbau/Ausbau/Wechsel) in Zeitscheiben der Anlage und des Gerätes festgehalten, um dies historisch nachzuvollziehen. Grundlegende Eigenschaften, wie z. B. die in Abbildung 6.12 dargestellten Wechselgründe, aber auch Regeln für die Installation von Geräten können Sie im Customizing definieren: Branchenkomponente Versorgungsindustrie • Geräteverwaltung • Installation • Grundeinstellungen • Einbau/Ausbau/Wechselgründe definieren

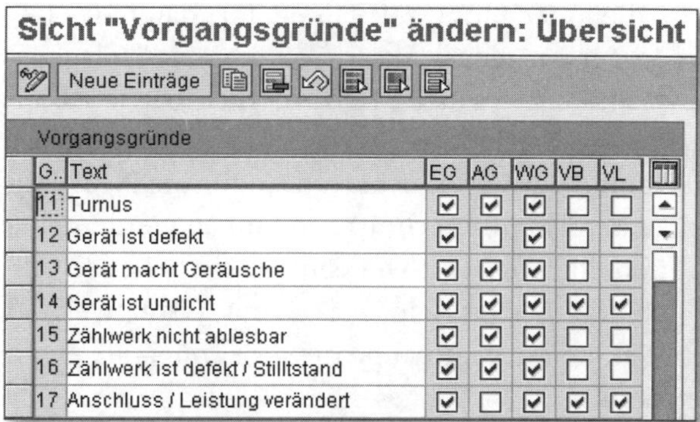

G..	Text	EG	AG	WG	VB	VL
11	Turnus	☑	☑	☑	☐	☐
12	Gerät ist defekt	☑	☐	☑	☐	☐
13	Gerät macht Geräusche	☑	☑	☑	☐	☐
14	Gerät ist undicht	☑	☑	☑	☑	☑
15	Zählwerk nicht ablesbar	☑	☑	☑	☐	☐
16	Zählwerk ist defekt / Stilltstand	☑	☑	☑	☐	☐
17	Anschluss / Leistung verändert	☑	☐	☑	☑	☑

Abbildung 6.12 Wechselgründe

Teilprozesse der Installation

Bei der Installation der Geräte werden im System die folgenden Teilprozesse unterschieden:

- **Einbau**
  Beim *technischen Einbau* wird das Gerät mit dem Geräteplatz verknüpft und damit einem Anschlussobjekt und der Regionalstruktur zugeordnet. In der Transaktion EG33 geben Sie hierzu, wie es Abbildung 6.13 zeigt, die Daten des neuen Gerätes und das zuzuordnende Anschlussobjekt mit dem Geräteplatz an.

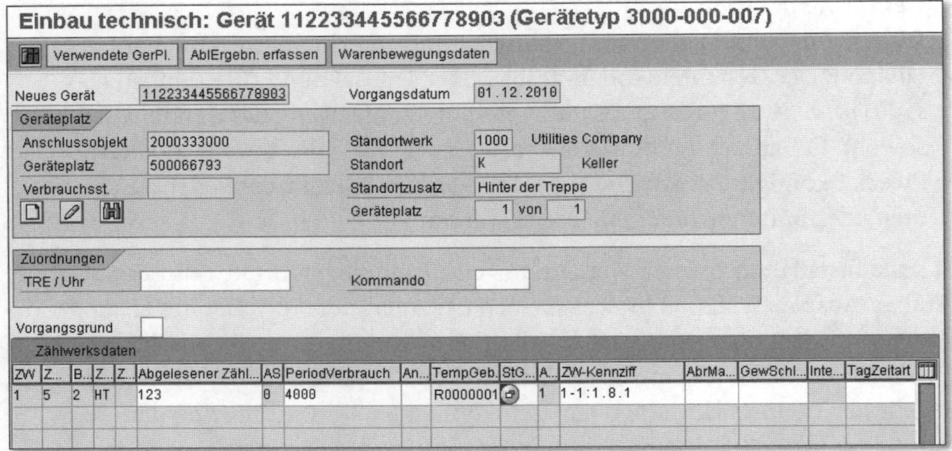

Abbildung 6.13 Geräteeinbau (technisch)

Beim *abrechnungstechnischen Einbau* wird das Gerät mit einer Anlage verbunden. Dabei pflegen Sie die abrechnungsrelevanten Tarifdaten des Gerätes bzw. der Zählwerke in der Anlagenstruktur. Bei einer Neuanlage ist die Angabe des Periodenverbrauchs zwingend erforderlich (siehe Abbildung 6.14). Anhand des Periodenverbrauchs wird, mangels tatsächlicher Zählerstände, die Hochrechnung der Verbrauchsgrenzen für die Plausibilisierung ermittelt. Bei einem abrechnungstechnischen Einbau werden eine logische Gerätenummer und logische Zählwerksnummern erzeugt, die mandantenübergreifend eindeutig sind und bei einem Gerätewechsel übernommen werden. Im Rahmen des Einbauprozesses können Sie einen Einbauzählerstand hinterlegen.

- **Ausbau**
  Beim *technischen Ausbau* wird lediglich die Verknüpfung zum Geräteplatz beendet. Beim *abrechnungstechnischen Ausbau* werden die Verknüpfung zur Versorgungsanlage und damit auch die Tarifdaten auf Geräte- und Zählwerksebene aufgelöst. Zur Abgrenzung der Abrechnung können Sie einen Ausbauzählerstand erfassen.

- **Wechsel**
  Die Transaktion EG30 (Wechsel gesamt) zum Wechseln berücksichtigt einen Gesamtwechsel, also die technischen und abrechnungstechnischen Aspekte. Bei rein abrechnungsorientierter Verwendung des Gerätewesens mit Geräteinfosätzen erfolgt automatisch nur ein abrechnungstechnischer Wechsel.

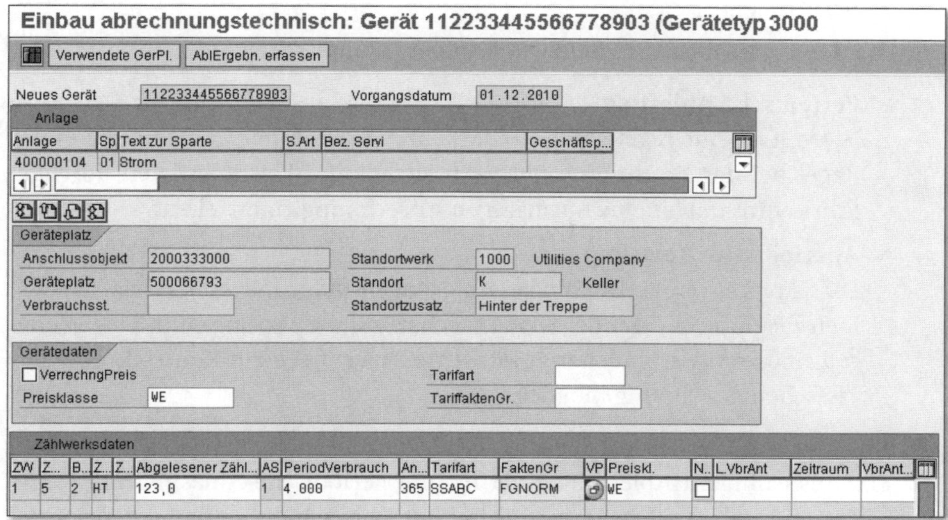

Abbildung 6.14 Geräteeinbau (abrechnungstechnisch)

Der *Wechsel* ist eine Kombination aus den Schritten *Ausbau* und *Einbau*; Sie können diese Schritte entweder zusammen oder hintereinander durchführen. *Gerätewechsel* bezeichnet den Austausch zweier Geräte, die den »gleichen« Gerätetyp haben oder zumindest die gleiche Messaufgabe wie das alte Gerät übernehmen. Trifft dies nicht zu, spricht man von einem *Umbau*.

Beim Wechsel müssen Sie die abrechnungsrelevanten Daten der Anlagestruktur (Tarifdaten, Zählwerksbeziehungen, Gerätebeziehungen, Periodenverbrauch und Sperren) vom alten auf das neue Gerät übertragen. Bei einem Umbau hingegen sind die abrechnungsrelevanten Informationen der Anlagenstruktur entsprechend der veränderten Aufgabenverteilung des neuen, »anderen« Gerätetyps anzupassen. So können sich z. B. Tariftyp oder -art ändern, wenn das neue Gerät mit einem neuen Produkt bzw. Tarif verbunden ist. In beiden Fällen (Wechsel und Umbau) ist ein Einbau- und Ausbauzählerstand zu erfassen.

6.3.2 Ablesung

Der Prozess der *Ablesung* ist ein zentraler Vorgang in IS-U. Die Ablesung der Geräte ist notwendig, um die Verbrauchs- und Leistungsdaten für die Abrechnung abzuleiten. Das System stellt zahlreiche Funktionen zur Organisation, Steuerung und Verwaltung der Ableseprozesse zur Verfügung.

Ableseformen

Bei der Geräteablesung sind zwei Formen zu unterscheiden:

- **Periodische Ablesung**
  Hiermit ist eine regelmäßig wiederkehrende Ablesung gemeint, die in der Regel bei der Ermittlung von Verbrauchs- und Leistungsdaten durchgeführt wird, um eine turnusmäßigen Abrechnung zu erstellen.
- **Aperiodische Ablesung**
  Dies können ereignisbedingte Ablesungen aufgrund von Prozessen wie Lieferbeginn, Lieferende, Gerätewechsel oder Sperrung sein. Des Weiteren sind vom Verbraucher gewünschte Ablesungen zur Kontrolle oder zur Zwischenabrechnung möglich.

Der Prozess der Turnusablesung unterscheidet sich maßgeblich von den ereignisbedingten Ablesungen, da für die periodische Ablesung zahlreiche organisatorische und steuernde Vorarbeiten notwendig sind. Bei den aperiodischen Ablesungen werden nur die Kernfunktionen der Ablesung genutzt.

Der *Ableseauftrag* ist die Grundlage für den Prozess der Ablesung. Bei einer Ablesung wird immer ein Datensatz (*Ablesebeleg*) mit zählwerksspezifischen Daten sowie Informationen für den Ableser erstellt. Die ermittelten Zählerstände werden darauf erfasst und verbucht. Wichtige Daten des Ableseauftrags sind:

- *Kopfdaten und Datenumfeld:* Gerätenummer, Equipment, eindeutige ID des Ablesebelegs
- *Zeitpunktdaten:* geplantes Ablesedatum, geplantes Abrechnungsdatum
- *Zählerstanddaten:* erwarteter Zählerstand, abgelesener Zählerstand
- *erfassungsspezifische Daten:* Ablesegrund, Ablesestatus, Ablesetyp

Den Ableseprozess erläutern wir hier anhand einer periodischen Ablesung, um auch die Schritte zur Ablesevorbereitung darzustellen – wie erwähnt erfolgt bei den aperiodischen Ablesungen in der Regel keine Ableseorganisation.

Abbildung 6.15 zeigt die Schritte der Ablesung und die Verbindung zur Abrechnung.

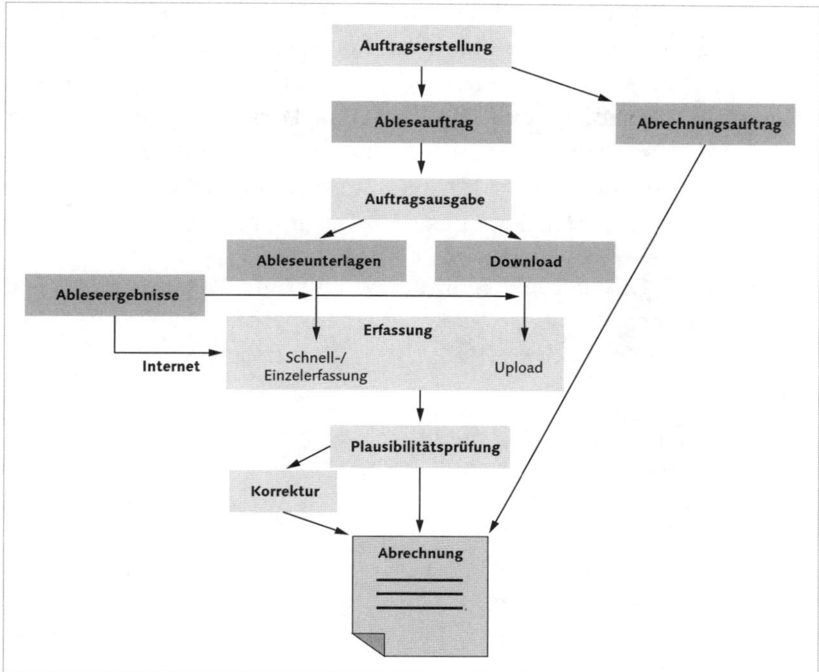

Abbildung 6.15 Ableseprozess

Ablesevorbereitung

Zur Ablesevorbereitung gehören alle vorbereitenden Maßnahmen zur Planung und Steuerung von periodischen Massenablesungen.

In der *Terminsteuerung* erzeugen Sie anhand der angelegten Terminstammdaten die Termine für die Ablesung durch die Erstellung von *Terminsätzen*. Ausführliche Informationen zu den Terminstammdaten wurden in Abschnitt 5.4.2 gegeben.

Die erzeugten Terminsätze der Ablesung dienen dazu, die Ablesung der nächsten Perioden (Jahre, Monate) zu planen. Terminsätze erzeugen Sie, wie in Abbildung 6.16 gezeigt, über die Transaktion EA43 (Einzelne Terminsätze generieren) mit Angabe der PORTION oder der ABLESEEINHEIT sowie des Zeitraums, für den die Terminsätze erstellt werden sollen. Dabei kommen die Einstellungen zur jeweiligen Portion oder Ableseeinheit zum Tragen, die im Customizing unter folgendem Pfad definiert wurden: BRANCHENKOMPONENTE VERSORGUNGSINDUSTRIE • GRUNDFUNKTIONEN • PORTIONIERUNG UND TERMINSTEUERUNG • PORTIONEN DEFINIEREN bzw. ABLESEEINHEITEN DEFINIEREN.

Neben der festen Vergabe von Ableseterminen haben Sie auch die Möglichkeit, dynamische Terminsätze zu erzeugen. Bei dynamischen Terminsätzen sind die Ablesetermine für die abzulesenden Zählwerke gleichmäßig über die Arbeitstage eines Monats verteilt. Die Einstellungen hierzu pflegen Sie im Customizing unter BRANCHENKOMPONENTE VERSORGUNGSINDUSTRIE • GRUNDFUNKTIONEN • PORTIONIERUNG UND TERMINSTEUERUNG • DYNAMISCHE TERMINSTEUERUNG • STEUERUNGSPARAMETER DER DYN. TERMINSTEUERUNG DEFINIEREN.

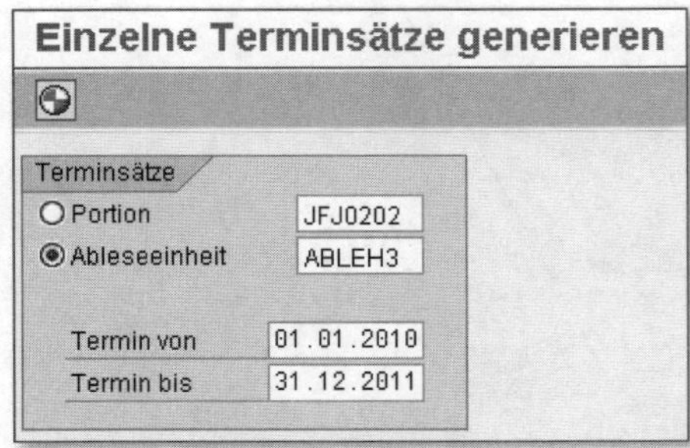

Abbildung 6.16 Generierung Terminsätze

Ableseaufträge erstellen

Für jede Ablesung muss ein zählwerkspezifischer *Ableseauftrag* erstellt werden. Für abrechnungsrelevante Ablesungen wird gleichzeitig ein *Abrechnungsauftrag* erzeugt (Turnusablesung oder Zwischenablesung mit Abrechnung). Sie können folgende Arten von Ableseaufträgen erzeugen:

- **Einzelaufträge**
  Über die Transaktion EL01 (Auftragserstellung) erzeugen Sie einzelne Ableseaufträge für bestimmte Versorgungsanlagen, Verträge oder Geräte. Die Einzelauftragserstellung wird in der Regel für aperiodische Ablesungen, wie z. B. bei einer Zwischenablesung, vorgenommen. Führen Sie dazu die Transaktion EL01 (siehe Abbildung 6.17) nach Eingabe von Gerät, Ablesetermin und Ablesegrund aus. Dabei geben Sie den Ablesegrund sowie das geplante Ablesedatum an.
- **Massenaufträge**
  Über die Transaktion EL06 (Massenauftragserstellung) können Sie alle Ableseaufträge für eine ausgewählte Gruppe von Ableseeinheiten innerhalb bestimmter Termine und definierter Ablesegründe erzeugen.

  Geben Sie in der Einstiegsmaske die Ableseeinheit, den Erstellungszeitraum und den Ablesegrund an. Dieser Prozess wird in der Regel für periodische Ablesungen (Turnusablesung) als Hintergrundjob durchgeführt.

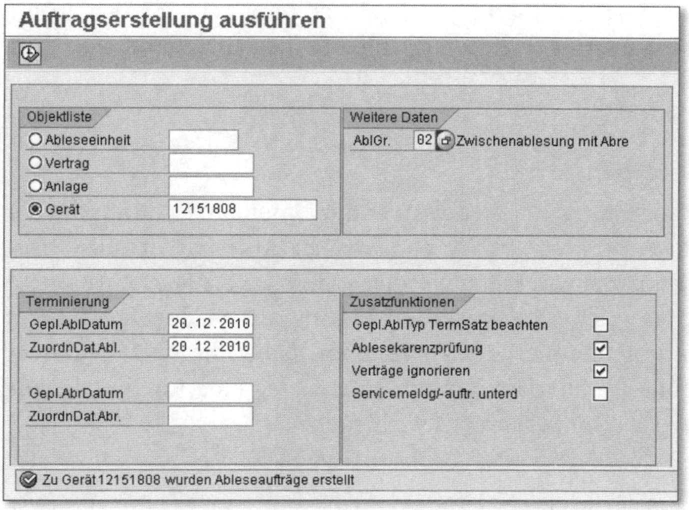

Abbildung 6.17 Auftragserstellung

- **Automatische Ableitung**
  Die automatische Ableitung ermöglicht die automatisierte Hochrechnung eines Ableseergebnisses aus einem anderen Ableseergebnis. Dies ist sinnvoll, wenn kurz vor der geplanten Ablesung bereits ein Ergebnis erfasst wurde (z. B. ist der geplante Termin zur Turnusabrechnung der 22.04., und der Kunde hat am 16.04. eine Zwischenablesung durchgeführt). Für diese Fälle werden bestimmte Karenzen geprüft, die in den Ableseeinheiten gepflegt werden. Im Customizing (siehe Abbildung 6.18) können Sie zudem für die einzelnen Ablesegründe die automatische Ableitung bzw. Priorisierung festlegen. Wählen Sie hierzu den Customizingpfad BRANCHENKOMPONENTE VERSORGUNGSINDUSTRIE • GERÄTEVERWALTUNG • ABLESUNG • ABLESEAUFTRAG • AUFTRAGSERSTELLUNG • PRIORITÄT DER ABLESEGRÜNDE FÜR DIE ABLESEKARENZPRÜFUNG DEFINIEREN.

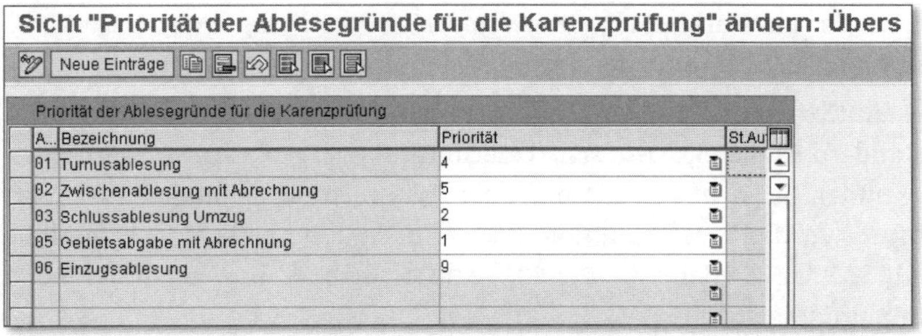

Abbildung 6.18 Customizing Karenzprüfung

Erfolgt keine automatische Ableitung des Zählerstands, schließt sich an die Erstellung des Ableseauftrags dessen Ausgabe und die Zählerstandserfassung an.

Ableseaufträge ausgeben

Die zur Ablesung relevanten Ablesedokumente können Sie in unterschiedlicher Form ausgeben. Dies hängt davon ab, wie die Ablesung organisiert ist und welche Medien dabei eingesetzt werden sollen. Im SAP-System steuern Sie dies über die Ablesesteuerung in der Versorgungsanlage, die die Ableseart für den Ableseauftrag definiert. Des Weiteren spielt die MDE-Nummer (Nummer für mobile Datenerfassung) im Ablesebeleg eine Rolle. Folgende Ausgabeformen werden im System unterschieden:

- **Kundenselbstablesekarten**
  Eine Kundenselbstablesekarte ist ein Musterformular mit den wichtigsten Zählerinformationen und der Adresse des Kunden, der dem Gerät zugeordnet ist. Die Karte wird dem Kunden zugeschickt, der Kunde führt die Ablesung durch und sendet entweder die ausgefüllte Karte zurück oder übermittelt die Werte über andere Medien (z. B. per Anruf, Internet, SMS).
- **MDE-Geräte oder Listen**
  Bei der Zählerstandserfassung durch einen Mitarbeiter des Versorgungsunternehmens (Ableser) haben sich mobile Datenerfassungsgeräte (MDE-Geräte) durchgesetzt. Hierbei werden alle notwendigen Informationen des Ableseauftrags inklusive der Hinweise für die jeweiligen Ableser auf die MDE-Geräte geladen. Der Mitarbeiter kann dann die Zählerstände und weitere Hinweise auf dem MDE-Gerät erfassen.
- **Download**
  Es besteht die Möglichkeit, über die RDI-Schnittstelle (Raw Data Interface) die Daten für die Ablesung zu exportieren. Dies kann im File-Format in den Spool erfolgen oder im Format eines IDocs (siehe Abschnitt 2.5.2) über die Druck-Workbench. Über diesen Weg können Sie die Daten z. B. an externe MDE-Geräte oder Fremdfirmen übermitteln.
- **Ableseaufforderung über E-Mail oder SMS**
  Im Standard ist die elektronische Übermittlung der Ableseaufforderung an den Kunden in Form von E-Mails oder SMS nicht ausgeprägt. In Projektlösungen wurden diese Funktionen für Unternehmen, die ein Online-Portal mit SAP UCES (siehe Kapitel 11) realisiert haben, oder als individuelle Lösung umgesetzt.

Die Ausgabe der Ablesedokumente können Sie über die Transaktion EL35 (Ableseauftrag ausgeben, siehe Abbildung 6.19) starten. Dabei haben Sie die Möglichkeit, anhand der Ableseeinheiten, des Datums und des Ablesegrunds die gewünschten Ablesebelege zu differenzieren. Welche Ausgabeform gewählt wird, können Sie über die Angabe der FORMULARART steuern.

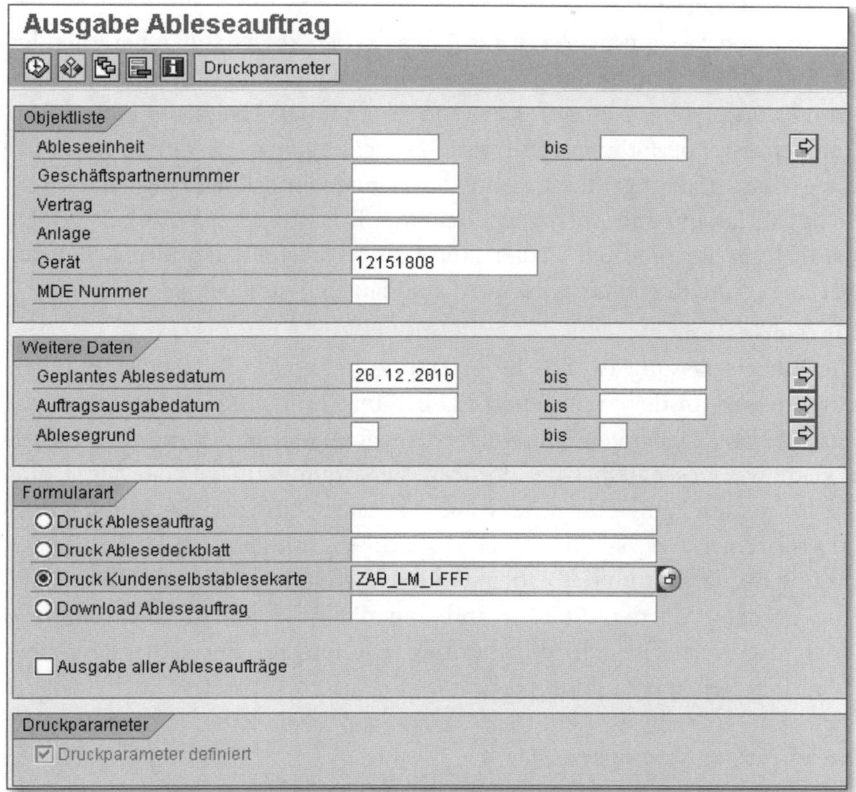

Abbildung 6.19 Ausgabe Ableseauftrag

Die Ausgabesteuerung der Ablesebelege erfolgt über die Formularart bzw. die Anwendungsformulare der Druck-Workbench. Für jede Formularart gibt es eine eigene Formularklasse, zu der Sie ein Anwendungsformular anlegen können. Dies können Sie mit der Transaktion EFRM (Anwendungsformulare definieren) oder im Customizing über den entsprechenden Punkt unter BRANCHENKOMPONENTE VERSORGUNGSINDUSTRIE • GERÄTEVERWALTUNG • ABLESUNG • ABLESEAUFTRAG • AUFTRAGSAUSGABE tun.

Zählerstände erfassen

Zählerstände werden immer auf Basis eines Ablesebelegs erfasst. Bei aperiodischen Ablesungen, die vom Kunden angestoßen werden, wird der Ableseauftrag zum Zeitpunkt der Erfassung generiert. Folgende Arten der Erfassung sind im System zu unterscheiden:

- **Schnellerfassung**
  Die Schnellerfassungsmaske ist zur Eingabe von Zählerständen bestehender Ableseaufträge für eine ganze Ableseeinheit und einen bestimmten Ablesegrund vorgesehen, z. B. auf Basis von ausgefüllten Listen der Ableser im Rahmen einer periodischen Turnusablesung. Es gibt zwei Transaktionen für die Schnellerfassung: EL20 (Schnellerfassung ohne Korrektur) und EL22 (Schnellerfassung mit Korrektur). Bei einer Erfassung mit Korrektur erfolgt parallel zur Eingabe der Zählerstände eine Plausibilitätsprüfung. Bei der Variante ohne Korrektur wird nicht auf Plausibilitäten geprüft.
- **Einzelerfassung**
  Die Einzelerfassung ist auf die Erfassung bei aperiodischen Ablesungen ausgerichtet. In der Transaktion EL28 (Einzelerfassung Zählerstände) haben Sie die Möglichkeit, anhand der Angabe verschiedener Stammdatenobjekte wie Geschäftspartner, Vertrag, Versorgungsanlage oder dem Gerät die passenden Zählwerke auszuwählen und anschließend die Zählerstände zu erfassen. Dabei haben Sie die Möglichkeit, automatisch einen Ableseauftrag für das Datum der Zählerstandserfassung erzeugen zu lassen. Hierfür ergänzen Sie den Ablesegrund und die Ablesedaten sowie weitere Vorschlagswerte für den Ableseauftrag. Die Eingabe der Zählerstände erfolgt dann wie in Abbildung 6.20.

Gerät	ZW	ST	Zä	Z...	AG	Zählerst. abg...	Verbrauch	Abldatum	AS	AA	H...	I...	Ab
12151808	1	1	HT	5	09	81.000	1.092	10.12.2010	1	09			
12151808	2	1	NT	5	09		0	10.12.2010	0	09			

Abbildung 6.20 Einzelerfassung der Ableseergebnisse

In diesem Beispiel liegt ein Doppeltarifzähler mit zwei Zählwerken vor. Für das Hochtarif-Zählwerk (HT) wurde bereits ein Zählerstand erfasst, für das Niedertarif-Zählwerk (NT) noch nicht. Der in Abbildung 6.20 angezeigte Verbrauch ergibt sich aus der Differenz zwischen aktuellem und letztem Zählerstand und wird nicht manuell eingegeben. Er kann zu Kontrollzwecken automatisch schon bei der Eingabe des neuen Zählerstandes berechnet und in der Erfassungsmaske angezeigt werden.

- **Massenerfassung**
  Entsprechend der Erstellung und Ausgabe von Ableseaufträgen können Massenablesungen entweder maschinell oder manuell erfasst werden: manuell z. B. bei Ausgabe und Rücklauf von ausgedruckten Listen oder Ablesekarten, maschinell bei Übergabe der Ableseaufträge an MDE-Geräte oder per Download. Die manuelle Erfassung von Massenablesungen nehmen Sie über die Schnellerfassungsmaske vor. Der Upload erfolgt wie der Download über die Druck-Workbench.
- **Interneterfassung**
  Bei der Erfassung von Zählerständen durch den Kunden über das Internet kommt die Komponente UCES zum Einsatz (siehe Kapitel 11). Über die Formulare des Online-Service kann der Kunde Zählerstände erfassen, die direkt bei der Eingabe auf Plausibilität geprüft und anschließend im System gespeichert werden. Häufig werden in Projekten individuelle Workflows zur Nachbearbeitung von unplausiblen Zählerständen eingerichtet.

Plausibilisierung

Jeder im System erfasste Zählerstand wird plausibilisiert. Grundsätzlich orientiert sich die Plausibilisierung an den zurückliegenden Zählerständen für das Zählwerk, führt eine Hochrechnung durch und leitet den erwarteten Verbrauch ab. Die Prüfung erfolgt nach unterschiedlichen Mechanismen, die Sie im Customizing einstellen können. Neben den fixen Prüfungen und Bedingungen, wie z. B. »Vorablesung darf nicht unplausibel sein« oder »gesperrte Anlagen haben Nullverbrauch«, werden zwei Arten von variablen Prüfungen unterschieden:

- **Unabhängige Prüfungen**
  Diese Prüfungen beziehen sich nur auf das zu prüfende Zählwerk und umfassen z. B. den Zählerüberlauf, die Anzahl zulässiger Kundenablesungen oder Art der Prüfung von Toleranzgrenzen (absolut, relativ oder gleitend). Im Customizing werden Toleranzgrenzen und Prüfparameter über sogenannte *Prüfklassen* gepflegt. Diese Prüfklassen hinterlegen Sie in den Tarifen, die über die Tariffindung aus den Tarifdaten der Zählwerke ermittelt werden.

- **Abhängige Prüfungen**
  Bei der *abhängigen Prüfung* erfolgt eine Abfrage auf mehrere »abhängige« Geräte und Zählwerke, z. B. auf Gruppen hintereinandergeschalteter Geräte (Hinterschaltungsbeziehung). Im Customizing unter BRANCHENKOMPONENTE VERSORGUNGSINDUSTRIE • GERÄTEVERWALTUNG • ABLESUNG • PLAUSIBILITÄTSPRÜFUNGEN • ABHÄNGIGE PLAUSIBILITÄTSPRÜFUNGEN • ABHÄNGIGE PLAUSIBILITÄTSPRÜFUNGEN DEFINIEREN können Sie *Prüfgruppen* anlegen, denen jeweils eine oder mehrere abhängige Plausibilitätsprüfungen zugeordnet sind. In Abbildung 6.21 ist z. B. für die Prüfgruppe HIN die abhängige Prüfung 03 (Hinterschaltung) definiert. Die Prüfgruppen für abhängige Prüfungen können anschließend in den zwischen abhängigen Geräten existierenden Zählwerksbeziehungen hinterlegt werden.

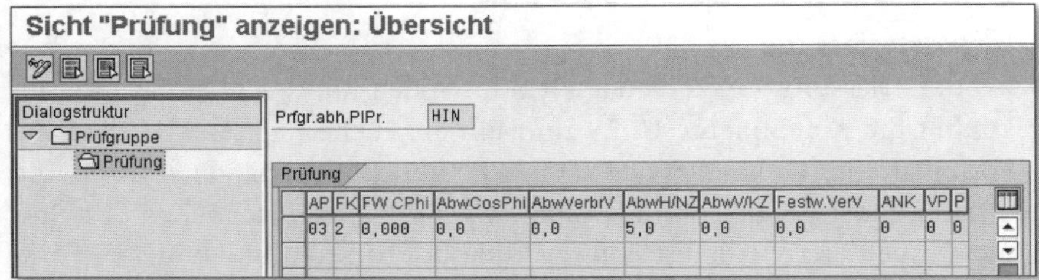

Abbildung 6.21 Customizing einer abhängigen Plausibilitätsprüfung

Es ist sowohl möglich, die Zählerstände direkt bei der Erfassung zu plausibilisieren, als auch erst die Werte ohne Prüfung zu erfassen und anschließend im Rahmen der Überwachung zu prüfen. Die aus der Prüfung resultierenden Aktivitäten können also auch der Überwachung zugeordnet werden.

Bei der direkten Plausibilisierung können Sie folgende Schritte im System ausführen:

- **Korrektur**
  In der Einzelerfassung können Sie den eingegebenen Zählerstand manuell korrigieren, wenn die automatischen Prüfungen ergeben, dass er nicht plausibel ist. In Abbildung 6.22 erkennt eine Prüfroutine, dass der erfasste neue Zählerstand für das NT-Zählwerk kleiner als das letzte hierfür gespeicherte Ableseergebnis ist. In diesem Fall führt auch die automatische Ermittlung des Verbrauchs für die Abrechnungsperiode zu einem falschen Ergebnis. Die zu korrigierenden Zeilen werden farblich hervorgehoben.

  Unplausible Zählerstände, die über die Transaktion EL20 (Schnellerfassung ohne Korrektur) bereits erfasst wurden, können Sie über die Transaktion EL27 (Korrektur unplausibler Ergebnisse) nachträglich manuell korrigieren (siehe Abbildung 6.23). Für plausible Zählerstände, die korrigiert werden sollen, steht analog dazu die Transaktion EL29 (Korrektur plausibler Ergebnisse) zur Verfügung.

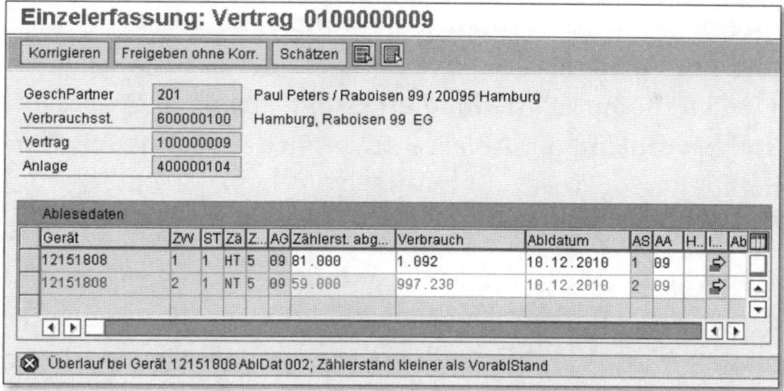

Abbildung 6.22 Plausibilitätsprüfung bei Erfassung

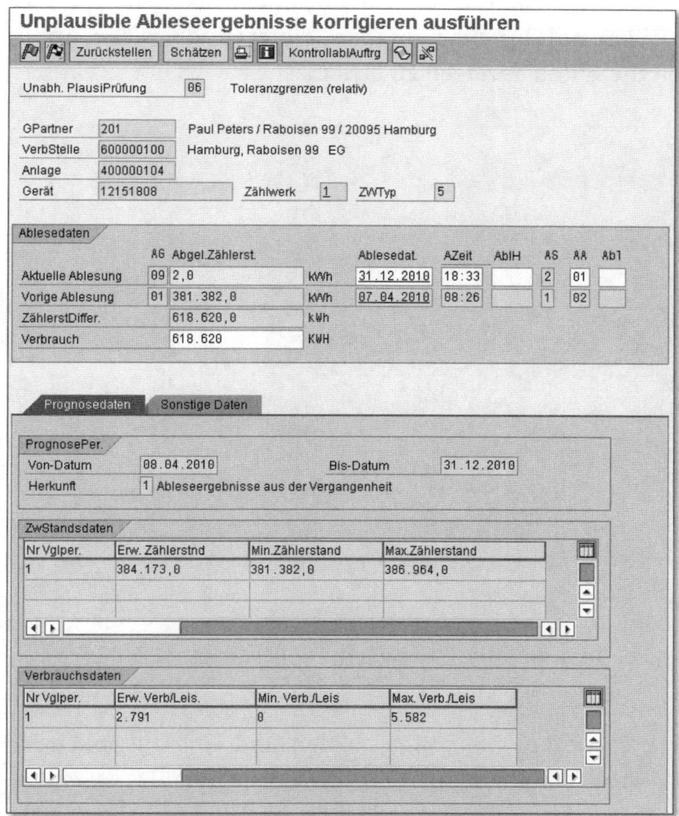

Abbildung 6.23 Nachträgliche Plausibilisierung

- **Freistellung/Zurückstellung**
  Unplausible Zählerstände können Sie in den Transaktionen zur Korrektur von Ableseergebnissen über die Schaltfläche (FREIGEBEN) oder (FREIGEBEN UND SICHERN) manuell freigeben, also auf »plausibel« setzen. Dies ist z. B. notwendig, wenn der Stromverbrauch aufgrund einer Baumaßnahme angestiegen ist und über dem erwarteten Verbrauch der zurückliegenden Messungen liegt. Auch die Zurückstellung eines unplausiblen Zählerstandes ist möglich. Dabei verbleibt der Ableseauftrag mit dem Status »unplausibel« im System.

- **Überwachung**
  Parallel oder im Anschluss an die Ablesung und Plausibilisierung erfolgt die Überwachung fehlender und unplausibler Ablesungen. Hier stehen Ihnen mehrere Funktionen zur Verfügung, die je nach Art der Überwachung (manuell/maschinell) und der verwendeten Kanäle (z. B. IDoc) optimierte Auswahl- und Anzeigeoptionen zur Verfügung stellen. Bei der manuellen Überwachung haben Sie zahlreiche Selektionsmöglichkeiten, um bestimmte offene Ableseaufträge oder erfasste Zählerstände (siehe Abbildung 6.24) zu ermitteln und anzeigen zu lassen.

Ableseergebnisse

Portion	JFJ0202	Einspeiser jährlich 31.03.
Ableseeinheit	ABLEH3	Rückl., jährl., selbst.,31.03.
Geschäftspartner	201	Paul Peters / Raboisen 99 / 20095 Hamburg
Vertrag	100000009	PVA 3,78 kw p
Anlage	400000104	

Gerät	ZWrk	Ablesedatum	AG	MZ	AA	AS	Z...	AbgelZählS	Abgeles.Ver.	Abgerech. Verbrauch
12151808	1	07.04.2010	01		02	7	NZ	381.382,0	451,6	451,6
12151808	1	31.12.2009	09		02	7	NZ	380.930,4	3.062,5	3.062,5
12151808	1	31.03.2009	01		02	7	NZ	377.867,9	544,5	544,5
12151808	1	31.12.2008	09		02	7	NZ	377.323,4	2.996,9	2.996,9
12151808	1	31.03.2008	01		02	7	NZ	374.326,5	729,3	729,3
12151808	1	01.01.2008	06		04	7	NZ	373.597,2	0,0	0,0
12151808	1	31.12.2007	26		02	7	NZ	373.597,2	1.354,9	1.354,9
12151808	1	27.07.2007	06	X	01	7	NZ	372.242,3	0	0

Abbildung 6.24 Ableseergebnisse anzeigen

Folgende Aktivitäten können bei der Überwachung gestartet werden:

- **Schätzung**
  Sollte der für eine Abrechnung benötigte Zählerstand fehlen, können Sie diesen schätzen lassen. Dabei wird aus den zurückliegenden Daten ein erwarteter Verbrauch für das Gerät ermittelt, und die entsprechenden Zählerstände für die Zählwerke werden automatisch geschätzt.

- **Korrekturauftrag/Kontrollablesung**
  Im Bedarfsfall können Sie eine Kontrollablesung anstoßen. Dazu wird auf Basis der bestehenden Ablesung ein neuer Auftrag erstellt und erneut eine Ablesung durchgeführt.
- **Storno**
  Durchgeführte Ablesungen können Sie nachträglich stornieren. In der Regel wird beim Storno der Ablesung auch der Ableseauftrag gelöscht. Bei abrechnungsrelevanten Ablesungen, z. B. für Einzug oder Auszug, kann kein Storno durchgeführt werden. Wenn Sie die durchgeführten Ablesungen anhand von Vertrag, Anlage oder Gerät suchen, wählen Sie, wie in Abbildung 6.25 gezeigt, den gewünschten Datensatz aus und stornieren die Zählerstände.

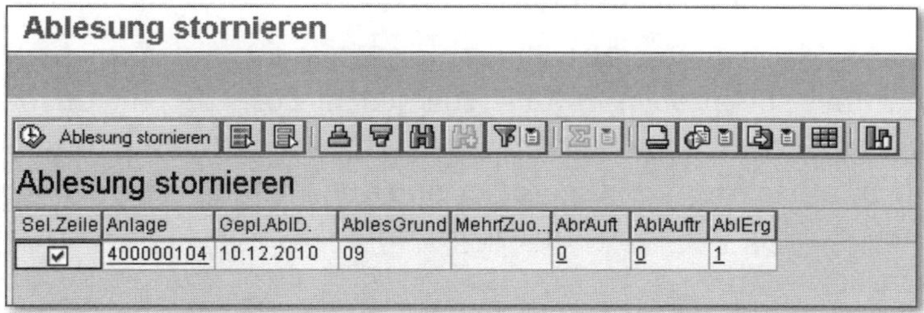

Abbildung 6.25 Ablesung stornieren

Die aus der maschinellen Überwachung resultierenden Folgeaktivitäten können Sie über das Customizing festlegen. Zum Beispiel könnte ein Mitarbeiter für die Ablesung zum Kunden geschickt werden, wenn die Internetablesung erfolglos war.

Für die Bearbeitung von Massenablesungen im Rahmen der Turnusabrechnung stehen Ihnen eigene Transaktionen zum Stornieren und Schätzen von Zählerständen zur Verfügung.

- **Speichern/Datenaustausch/Abrechnung**
  Nach der Plausibilisierung werden die Zählerstände letztlich auf dem Ableseauftrag gespeichert. Im Zuge der Deregulierung werden die Zählerstände je Zählpunkt und mit Angabe der OBIS-Kennziffer über den elektronischen Datenaustausch entsprechend den Richtlinien zwischen Energielieferanten und VNB und/oder Messstellendienstleister ausgetauscht (siehe Abschnitt 6.7). Der Zählerstand wird bei abrechnungsrelevanten Ablesungen für die Verbrauchsermittlung der Abrechnung herangezogen.

6.3.3 Geräteprüfung und Beglaubigung

Für eine korrekte Abrechnung muss sichergestellt sein, dass die Zählwerke die korrekten Werte messen. Aus diesem Grund werden regelmäßige Geräteprüfungen durchgeführt, bei denen die Geräte beglaubigt werden. Dazu werden *Lose* angelegt, die eine bestimmte Menge von Geräten umfassen. Im SAP-System wird zwischen interner und externer Beglaubigung unterschieden. Die *interne Beglaubigung* orientiert sich an unternehmensinternen Richtlinien, sogenannten »innerbetrieblichen« Losen. Bei der *externen Beglaubigung* geht es um die Verlängerung der Eichgültigkeit durch eine amtliche Prüfstelle. Hierbei handelt es sich um »externe« oder »amtliche« Lose. Die Beglaubigung umfasst die im Folgenden dargestellten Phasen.

Losbearbeitung im Stichprobenverfahren

Das Stichprobenverfahren unterstützt Sie bei der Auswahl und Aufnahme von Geräten für eine Stichprobenprüfung. Aus jedem Los, das eine zuvor definierte Menge an Geräten umfasst, wird wiederum eine bestimmte Anzahl von Geräten stichprobenartig herausgezogen und zur Prüfung vorgesehen. Das Ergebnis der Prüfung gilt dann für das gesamte Los. Folgende Schritte sind dabei durchzuführen:

1. **Los anlegen**
   Erzeugen Sie mit der Transaktion EG80 (Stichprobenlos anlegen) einen Losstammdatensatz, der die wichtigsten Daten des Loses enthält.
2. **Los zusammenstellen**
   Über die Transaktion EG83 (Stichprobenlos zusammenstellen) ordnen Sie die Geräte einem Los zu. Bei der Zusammenstellung ist auf Vergleichbarkeit der Geräte zu achten, damit die Ergebnisse der späteren Prüfung repräsentativ für das gesamte Los sind.
3. **Losgeräte ermitteln**
   Zur Vorbereitung der Stichprobenziehung ermitteln Sie über die Transaktion EG84 (Losgeräte ermitteln) die Losgeräte.
4. **Prüflinge ziehen (Stichprobe)**
   Die Ziehung der Prüflinge erfolgt auf Basis der dem Los zugeordneten Geräte. Die Anzahl der Prüflinge hängt von der Art des Loses und den amtlichen Vorgaben ab. Wie in Abbildung 6.26 zu sehen ist, werden in der Transaktion EG85 (Prüflinge des Stichprobenloses ziehen) die Los- und Ziehungsdaten bei den Details angezeigt.

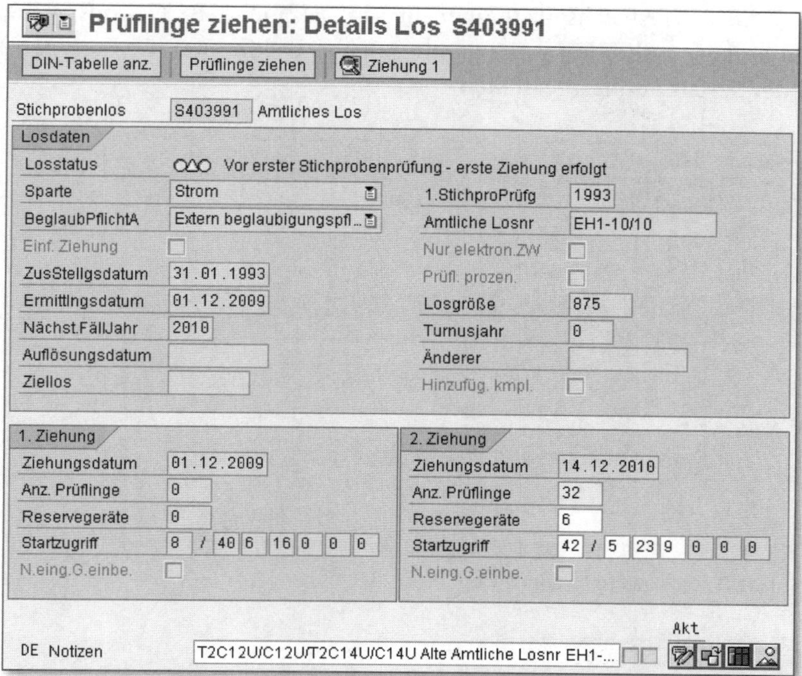

Abbildung 6.26 Prüflinge ziehen

Die ausgewählten Prüflinge der Stichprobe werden anschließend geprüft, was gegebenenfalls mit einem Gerätewechsel verbunden sein kann. Je nach Ergebnis der Prüfung ergeben sich als Folgemaßnahmen entweder die Verlängerung der Beglaubigung für das ganze Los oder die Aufnahme aller Geräte des Loses in die sogenannte *Turnuswechselliste*.

Prüfung mit Turnuswechsel vorbereiten

Die aufgrund einer fehlerhaften Prüfung oder generell zur Beglaubigung anstehenden Geräte (z. B. bei Eichung im laufenden Jahr) werden in der *Turnuswechselliste* zusammengetragen und dort verwaltet. Sie können hier (z. B. für defekte Einzelgeräte) auch einzelne Wechselaufträge erzeugen. Zur Durchführung von Gerätewechseln über die Turnuswechselliste führen Sie folgende Schritte durch:

1. **Turnuswechselliste anlegen**
   In der Turnuswechselliste nehmen Sie diejenigen Geräte spartenbezogen auf, die zum Turnuswechsel anstehen. Das Beglaubigungsjahr errechnet sich aus dem Datum der letzten Beglaubigung und der Eichgültigkeit. Sie

können die Turnuswechselliste über die Transaktion EG88 (Turnuswechselliste anlegen, Abbildung 6.27) mit Angabe bestimmter Gerätetypen, Los- oder Serialnummern erstellen.

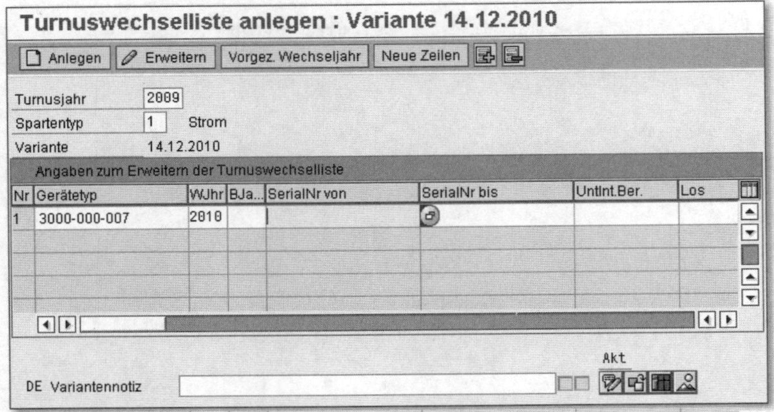

Abbildung 6.27 Turnuswechselliste erstellen

2. **Turnuswechselliste erweitern**
   Beim Anlegen der Turnuswechselliste oder im Anschluss daran können Sie die Selektion der Geräte über verschiedene Parameter erweitern. Dies sind z. B. der Gerätetyp und das Los.
3. **Arbeitsaufträge oder Meldungen erzeugen**
   Nach Erstellung der Turnuswechselliste erzeugen Sie mit der Transaktion EG90 (Wechselaufträge und -meldungen anlegen) Arbeitsaufträge und Meldungen für die Geräte, anhand derer dann der Gerätewechsel durchgeführt wird.

Prüfung und Beglaubigung

Die ausgebauten Geräte werden physisch geprüft und bei positivem Prüfergebnis für einen weiteren Zeitraum beglaubigt. Die Verlängerung der Beglaubigung der Einzelgeräte tragen Sie dann auch im SAP-System ein, sodass die Geräte dort wieder verwendet werden können. Wenn die Kriterien zur Verlängerung der Beglaubigung eines ganzen Loses erfüllt sind, kann das gesamte Los verlängert werden.

Für die Beglaubigung von Geräten in IS-U bzw. der Verlängerung einer Beglaubigung steht Ihnen die Transaktion EG97 (Beglaubigung durchführen) zur Verfügung. Geben Sie hier zunächst das Beglaubigungsjahr und den Spartentyp an. Anschließend können Sie in einer tabellarischen Ansicht (siehe

Abbildung 6.28) mehrere Geräte unter Angabe von Geräte- und Materialnummer beglaubigen.

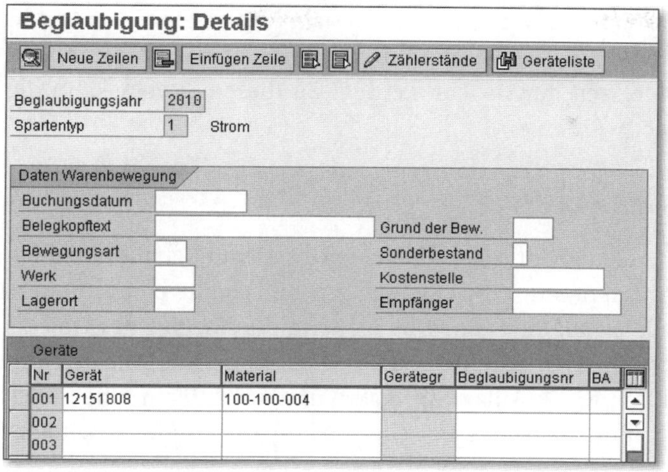

Abbildung 6.28 Beglaubigung durchführen

6.4 Prozesse im Kundenservice

Neben den Prozessen zu Lieferbeginn und -ende, denen wir uns in Abschnitt 6.2 gewidmet haben, gibt es weitere wichtige Prozesse im Kundenservice, auf die wir in diesem Abschnitt eingehen.

Wie in Abschnitt 5.6.2 erwähnt, ist das Standardwerkzeug des Sachbearbeiters für Kundenprozesse das *Customer Interaction Center* (CIC). Wir gehen zunächst auf Standardprozesse ein, die aus dem CIC gestartet werden können. Im Anschluss erläutern wir, wie weitere Prozesse an das CIC angebunden werden können.

6.4.1 Standardprozesse

Unter Standardprozessen werden in diesem Zusammenhang Funktionen verstanden, die nach der Installation eines IS-U-Systems zur Verfügung stehen, ohne dass Erweiterungen entwickelt wurden.

Identifikation

Die Identifikation eines im System vorhandenen Kunden über das CIC ist die Grundlage für alle weiteren personalisierten Prozesse. Eine Möglichkeit zur

Identifikation ist die Angabe einer dem Kunden vom SAP-System zugeordneten Nummer, wie z. B. der GP- oder VK-Nummer. Darüber hinaus kann der Kunde auch über eine mit seinen Kundendaten verbundene technische Nummer identifiziert werden, wie z. B. über die Serialnummer eines Gerätes in seiner Verbrauchsstelle. Zu guter Letzt kann die Geschäftspartnerdatenbank nach Namen und Adressen durchsucht werden. Zu diesem Zweck kann die Wildcard * verwendet werden.

Kundenauskunft

Das CIC bietet beim Aufrufen eines Kunden eine Übersicht über alle aktuellen und beendeten Vertragskonten, Verträge, Anlagen und Geräte eines Kunden. Durch einen Doppelklick auf eines der Objekte wird die Anzeige des Objekts aufgerufen. So starten Sie z. B. durch einen Doppelklick auf die Anlage eines Kunden die Transaktion ES32 (Anlage anzeigen) und können auf einen Blick viele wichtige Informationen über die aktuelle Situation des Kunden gewinnen.

Bankdatenänderung

Im CIC rufen Sie die Transaktion zur Änderung der Bankdaten über einen Rechtsklick auf das Vertragskonto auf. Zunächst gelangen Sie in die Transaktion BP zum Ändern des Geschäftspartners. Hier können Sie auf dem Reiter ZAHLUNGSVERKEHR mehrere Bankverbindungen mit unterschiedlichen IDs eingeben. Nach dem Speichern der Bankverbindungen legen Sie fest, wie diese im entsprechenden Vertragskonto verwendet werden.

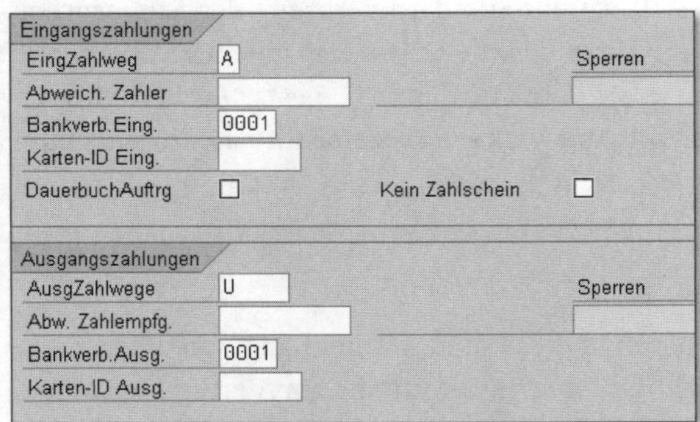

Abbildung 6.29 Verwendung der Bankverbindung

Hierzu gelangen Sie automatisch in die Transaktion CAA2 (Vertragskonto ändern) und können auf dem Reiter ZAHLUNGEN/STEUERN angeben, welche Bankverbindung für Eingangs- und welche für Ausgangszahlungen (aus Sicht des Lieferanten) genutzt werden soll. Im Beispiel aus Abbildung 6.29 wird die Bankverbindung mit der ID 0001 sowohl zum Abbuchen von Forderungen als auch zum Überweisen von Guthaben verwendet.

Wir halten fest, dass Kontoverbindungen auf Geschäftspartnerebene gespeichert sind, deren Verwendung jedoch auf Vertragskontoebene für jedes Vertragskonto unterschiedlich angegeben werden kann. So wird Flexibilität gewahrt und Datenredundanzen werden vermieden.

Ableseergebniserfassung

Wünscht ein Kunde eine Zwischenabrechnung, muss ein aktueller Zählerstand aufgenommen werden. Ein weiterer Grund zur Erfassung einer Kundenablesung besteht, wenn der Kunde bei der Turnusablesung nicht anwesend war. Befindet sich das Gerät innerhalb seiner Verbrauchsstelle, wird er vom Messstellendienstleister (MDL) aufgefordert, ihm den Zählerstand mitzuteilen.

Außerdem wird auch im deregulierten Markt weiterhin der Energielieferant Anrufe und Post bzw. E-Mails zur Ableseergebniserfassung erhalten, weil er für den Kunden das »sichtbarste« Unternehmen ist, also die Stelle, die der Kunde als erstes bei Anliegen rund um seinen Energievertrag kontaktiert. In diesem Fall kann ein Lieferant die vom Kunden gemeldeten Zählerstände erfassen und entscheiden, ob er sie lediglich für interne Zwecke und Abrechnungen benutzt oder an die anderen Marktpartner (Netzbetreiber, MDL etc.) weitergibt.

Aus dem CIC heraus kann der Sachbearbeiter, wie in Abbildung 6.30 gezeigt, nach der Identifizierung der betreffenden Verbrauchsstelle über einen Rechtsklick auf den VERTRAG die Transaktion EL28 (Einzelerfassung Ableseergebnis) aufrufen.

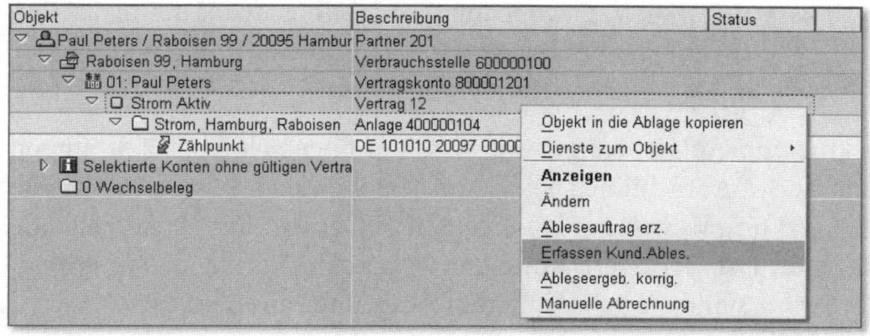

Abbildung 6.30 Absprung zur Ableseergebniserfassung aus dem CIC

Beim Aufruf der Ableseergebniserfassung über das CIC wird zunächst eine etwas andere Maske angezeigt als beim direkten Aufruf der Transaktion EL28. Das CIC-spezifische Bild dient der Validierung des Ablesegrundes und der Ableseart. Als *Ablesegrund* ist die Zwischenablesung mit Abrechnung und als *Ableseart* die Ablesung durch den Kunden am aktuellen Datum schon vorbelegt, die Felder können jedoch bei Bedarf geändert werden. Wird als Ablesegrund die Turnusrechnung eingegeben, muss ein Ableseauftrag zur Turnusrechnung vorliegen. Ist dies nicht der Fall, zeigt das System einen Fehler an.

Nachdem Sie die Angaben auf dem Einstiegsbild bestätigt haben, können Sie in der darauffolgenden Maske den abgelesenen *Zählerstand* eintragen. Mithilfe der [↵]-Taste wird sofort eine Plausibilitätsprüfung auf Basis der letzten aufgenommenen Zählerstände und dem in der Anlage hinterlegten Periodenverbrauch durchgeführt. Ist der Zählerstand laut System plausibel, kann direkt gespeichert werden. Andernfalls kann der Zählerstand korrigiert werden, z. B. wenn es sich um einen Tippfehler handelt, oder durch den Button FREIGEBEN OHNE KORREKTUR gespeichert werden.

Wird bei der Zählerstandserfassung ein Ablesegrund gewählt, für den noch kein *Ableseauftrag* existiert, muss zunächst ein solcher erstellt werden. Aus dem CIC heraus können Sie dies ebenfalls durch einen Rechtsklick auf den VERTRAG und Auswahl des Punktes ABLESEAUFTRAG ERZ. tun. Nachdem Sie hier den Ablesegrund, das Ablesedatum und gegebenenfalls das Abrechnungsdatum angegeben haben, wird der gewünschte Ableseauftrag erzeugt. Handelt es sich um einen Ablesegrund mit Abrechnung, wird gleichzeitig ein *Abrechnungsauftrag* generiert.

Zählerstandskorrektur

Zur Korrektur von Ableseergebnissen in noch nicht abgerechneten Zeiträumen gelangen Sie aus dem CIC über einen Rechtsklick auf den VERTRAG. Alle Ableseergebnisse der aktuellen Abrechnungsperiode, sowohl die plausiblen als auch die unplausiblen, werden angezeigt, und Sie können dasjenige Ergebnis auswählen, das Sie korrigieren möchten.

Zur Korrektur von Ableseergebnissen in schon abgerechneten Zeiträumen muss zunächst der Abrechnungsbeleg storniert werden. Sofern die Abrechnung schon fakturiert wurde, muss außerdem zuvor der entsprechende Druckbeleg storniert werden. Da dies keine Standard-Kundenprozesse sind, gibt es hierfür im Standard keine direkten Absprünge aus dem CIC.

Der Prozess zum *Abrechnungsstorno* wird durch die Transaktion EA20 (Abrechnungsstorno) aufgerufen. Hier können noch nicht fakturierte Abrechnungsbelege durch Angabe der Belegnummer storniert werden. Bereits fakturierte Abrechnungen können Sie mit Transaktion EA13 (Storno Druck- und Abrechnungsbeleg) stornieren. Für die gleichzeitige Rücknahme mehrerer Abrechnungen steht Ihnen Transaktion EA14 (Massenstorno Druck- und Abrechnungsbeleg) zur Verfügung.

Bei einer Korrektur von Ableseergebnissen ist natürlich auch eine Marktkommunikation via MSCONS zum VNB erforderlich, da dieser auch die Netznutzung neu berechnen muss.

Zwischenrechnung

Bei Eingabe eines Zählerstandes mit dem Ablesegrund »Zwischenablesung mit Abrechnung« wird automatisch ein Abrechnungsbeleg erzeugt. Die Faktura kann anschließend mit den bekannten Mitteln generiert werden.

Kontenklärung

Wünscht der Kunde eine Klärung seines aktuellen Kontostandes, verzweigen Sie aus dem CIC mit einem Rechtsklick auf das VERTRAGSKONTO in den Menüpunkt DEBITORENKONTO und dort in die Positionsanzeige des Kundenkontos. Unter dem Punkt CHRONOLOGIE können Sie alle Positionen in chronologischer Reihenfolge sehen, sodass leicht nachvollziehbar wird, welche Zahlungen zum Ausgleich welcher Forderungen verwendet wurden.

Fäll.Datum	Text	Whg		Belastung	Gutschrift	Lfd.Saldo
12.10.2009	IS-U Abschlagsplan	EUR		37,00		37,00
12.10.2009	Zahllauf	EUR			37,00-	0,00
11.11.2009	Zahllauf	EUR			37,00-	37,00-
12.11.2009	IS-U Abschlagsplan	EUR		37,00		0,00
11.12.2009	Zahllauf	EUR			37,00-	37,00-
12.12.2009	IS-U Abschlagsplan	EUR		37,00		0,00
11.01.2010	Zahllauf	EUR			37,00-	37,00-
12.01.2010	IS-U Abschlagsplan	EUR		37,00		0,00
11.02.2010	Zahllauf	EUR			37,00-	37,00-
12.02.2010	IS-U Abschlagsplan	EUR		37,00		0,00
11.03.2010	Zahllauf	EUR			37,00-	37,00-
12.03.2010	IS-U Abschlagsplan	EUR		37,00		0,00
12.04.2010	IS-U Abschlagsplan	EUR		37,00		37,00
12.04.2010	Zahllauf	EUR			37,00-	0,00
14.04.2010	Manuelle Buchung	EUR			10,00-	10,00-
14.04.2010	IS-U Fakturierung	EUR			444,00-	454,00-
14.04.2010	IS-U Fakturierung	EUR		446,80		7,20-
14.04.2010	IS-U Fakturierung					7,20-
19.04.2010	Zahllauf	EUR		7,20		0,00
12.05.2010	IS-U Abschlagsplan	EUR	🔓	37,00		37,00
12.06.2010	IS-U Abschlagsplan	EUR	🔓	37,00		74,00

Abbildung 6.31 Kundenkonto in chronologischer Darstellung

So können Sie z. B. in Abbildung 6.31 gut erkennen, dass die Abschläge bis zum 12.04.2010 immer pünktlich gezahlt werden und auch die Rechnung vom 14.04.2010 ausgeglichen wurde. Die folgenden zwei Abschläge sind jedoch noch offen, erkennbar an dem Icon des offenen Schlosses. Daher beträgt der laufende Saldo am 12.06.2010 auch 74 Euro.

Stammdatenänderung

Die Änderung von Stammdaten auf Kundenwunsch (wie z. B. eine Namensänderung oder die Aufnahme einer neuen Bankverbindung) wird aus dem CIC mit einem Rechtsklick auf das entsprechende Objekt und durch die anschließende Auswahl des Menüpunkts ÄNDERN angestoßen.

Abschlagsplanänderung

Wünscht ein Kunde eine Änderung seines laufenden Abschlagsplans, können Sie über den Menüpunkt ABSCHLAGSPLAN ÄNDERN des Action-Box-Buttons KUNDE einsteigen. Diese Sicht zeigt Abbildung 6.32.

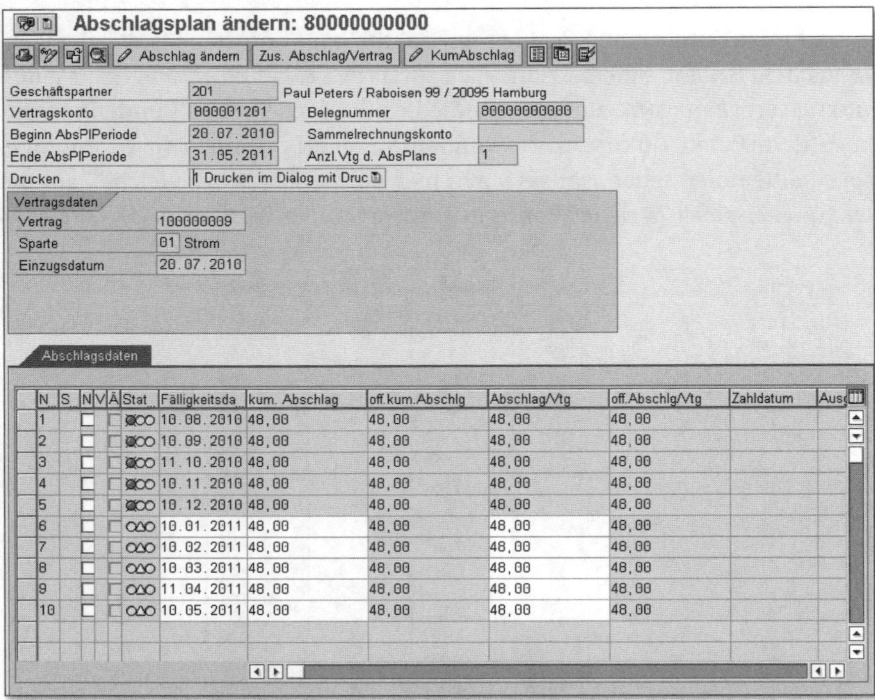

Abbildung 6.32 Abschlagsplan ändern

In Abbildung 6.32 können Sie Beträge und Daten der Abschläge einzeln ändern. Hier wird Ihnen auch angezeigt, welche Abschläge bereits bezahlt wurden. Schon fällige Abschläge sind zunächst gesperrt und können nicht direkt angepasst werden. Über den Menüpunkt BEARBEITEN • POS. ENTSPERREN ist es jedoch möglich, diese Abschlagsplanpositionen freizuschalten und anschließend zu ändern.

Um bei betragsgleichen Abschlägen nicht jede Fälligkeit einzeln anpassen zu müssen, können Sie über die Schaltfläche ABSCHLAG ÄNDERN den Abschlagsbetrag für alle Fälligkeiten ab einem bestimmten Datum in einem Schritt anpassen.

6.4.2 Kundeneigene Funktionen zur CIC-Anbindung definieren

Das CIC lässt sich mithilfe von Customizing-Einstellungen recht einfach unternehmensspezifisch anpassen. In diesem Abschnitt erläutern wir, wie weitere, selbst definierte Funktionen an die Action Box des CIC angebunden werden können, sodass der Sachbearbeiter schnell auf sie zugreifen kann.

Die Konfiguration der Action Box rufen Sie über die Transaktion EWFCO (Action-Box-Konfiguration) auf. In der Einstiegsmaske geben Sie den Namen der Konfiguration ein, die Sie ändern möchten. Über die Schaltfläche (ÄNDERN) gelangen Sie zur Ansicht, die Abbildung 6.33 zeigt; als Beispiel haben wir hier die Konfiguration Z_BPC gewählt.

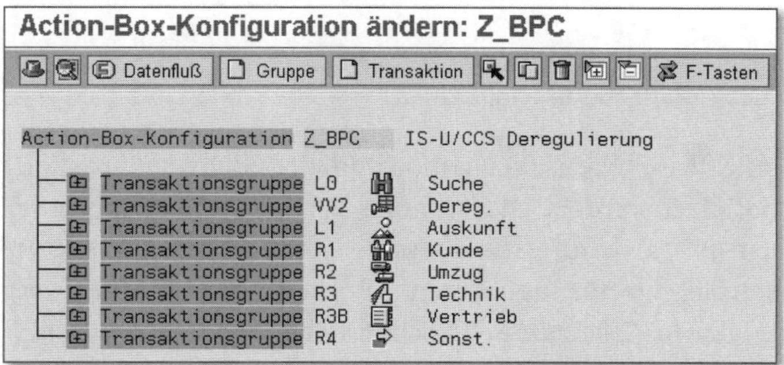

Abbildung 6.33 Transaktion zum Ändern der Action Box

Die Transaktionsgruppen (siehe Abbildung 6.33) sind die Schaltflächen, die Sie im CIC in der Action Box sehen. In jeder Transaktionsgruppe können eine oder mehrere *Action-Box-Transaktionen* hinterlegt sein, die dann im CIC beim einem Klick auf die Schaltfläche der Transaktionsgruppe als Menüpunkte angezeigt werden.

[+]

Action-Box-Transaktionen

Action-Box-Transaktionen werden häufig abgekürzt als Transaktionen bezeichnet, sind aber nicht mit den »normalen« SAP-Transaktionen zu verwechseln, die einen Transaktionscode besitzen und über das Befehlsfeld in der Menüleiste aufgerufen werden können.

Eine Action-Box-Transaktion kann eine Methode, einen Workflow, einen Frontoffice-Prozess, eine Batch-Input-Mappe, einen Testfall oder eine HTML-Operation aufrufen. Um festzulegen, welcher Aufruf für eine Transaktion erfolgt, gehen Sie mit einem Doppelklick auf die Transaktion in deren Detailansicht, und pflegen Sie dort den Bereich AUFRUFDEFINITION (siehe Abbildung 6.34).

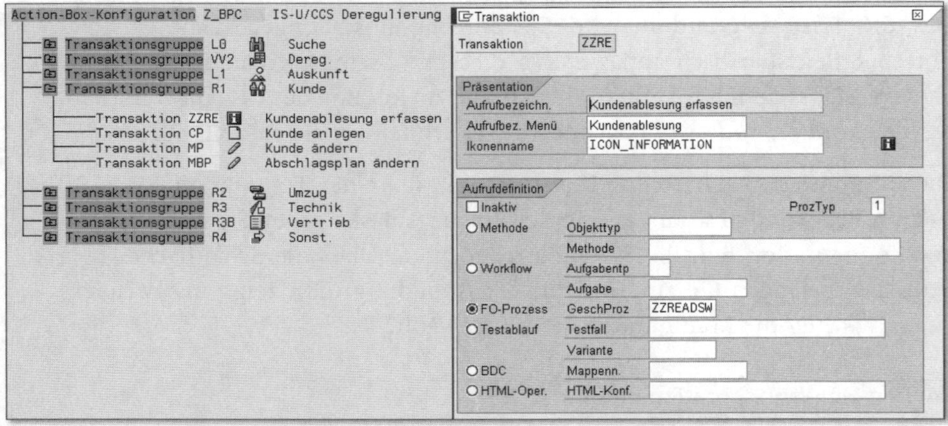

Abbildung 6.34 Definition einer Action-Box-Transaktion

Wenn Sie einen Frontoffice-Prozess nutzen möchten, der noch nicht existiert, muss er zunächst definiert werden. Dies können Sie im Customizing unter BRANCHENKOMPONENTE VERSORGUNGSINDUSTRIE • KUNDENSERVICE • FRONT-OFFICE tun. Als Beispiel hierfür betrachten wir den Frontoffice-Prozess »Bankdaten ändern«, der in Abschnitt 6.4.1 schon näher erläutert wurde.

1. Zunächst müssen Sie die Import- und Exportparameter für den Prozess angeben. Hierzu positionieren Sie den Cursor auf dem Prozess-Container und klicken auf die Schaltfläche zum Hinzufügen von Elementen. Das Element kann z. B. ein Objekttyp sein. Für den Prozess der Bankdatenänderung ist der Import-/Exportparameter `CACCOUNT` ein Objekt vom Typ `ISUACCOUNT`, also ein Vertragskonto.
2. Als Nächstes legen Sie die Prozessschritte so fest, wie es in Abbildung 6.35 auf der linken Seite zu sehen ist. Die Schritte werden dann später beim

Start des Frontoffice-Prozesses nacheinander ausgeführt. Im Änderungsprozess der Bankdaten werden also zunächst der Geschäftspartner und danach das Vertragskonto geändert. Im Anschluss daran wird noch ein Kundenkontakt zur Dokumentation der Änderung angelegt.

Mit der Schalfläche SCHRITT fügen Sie einen neuen Prozessschritt ein. Zunächst legen Sie, genau wie auf der höheren Ebene der Action-Box-Transaktionen, fest, was in dem Prozessschritt geschieht. Hier kann z.B. eine Methode, aber auch wieder ein Frontoffice-Prozess aufgerufen werden. Im Beispiel wird im ersten Schritt, in dem der Geschäftspartner geändert werden soll, die Methode `Edit` des Objekts `ISUPARTNER` aufgerufen.

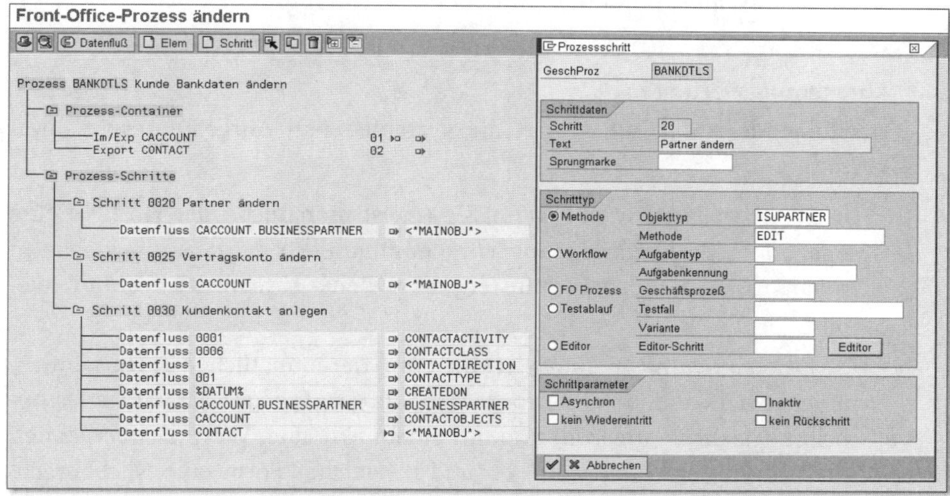

Abbildung 6.35 Frontoffice-Prozess »Bankdaten ändern«

3. Anschließend wird der Datenfluss des Prozessschrittes definiert. Als Input-Parameter geben Sie alle Parameter an, die die Methode als Input benötigt, als Output-Parameter all jene, die von der Methode zurückgegeben werden. Im obigen Beispiel ist der Input-Parameter für den Prozessschritt PARTNER ÄNDERN der aktuelle Geschäftspartner. Diesen erhalten Sie, indem Sie auf die Komponente BUSINESSPARTNER des Objekts `CACCOUNT` verweisen, das der Input-Parameter für die komplette aus CIC aufgerufene Transaktion ist.

6.5 Tarifierung, Abrechnung und Fakturierung

Bei der Abrechnung und der Fakturierung handelt es sich um zentrale Funktionen eines IS-U-Systems. In diesem Abschnitt werden zunächst die Abrechnungsfunktionalitäten anhand eines Beispiels erläutert. Danach gehen wir auf die weitere Bearbeitung im Rahmen der Fakturierung ein.

6.5.1 Abrechnung

Die Vertragsabrechnung wird periodisch oder zu bestimmten Ereignissen (wie z. B. auf expliziten Kundenwunsch) durchgeführt. Daneben existieren in SAP ERP verschiedene Verfahren in der Abrechnung.

Abrechnungsverfahren

Die folgende Auflistung erklärt die verschiedenen Abrechnungsverfahren kurz:

- Im Standardablauf wird regelmäßig (meist monatlich oder jährlich) eine sogenannte *Turnusabrechnung* vorgenommen. Sie wird automatisiert in Abhängigkeit von der Terminsteuerung (siehe Abschnitt 5.4.2) durchgeführt.
- Die *gleitende Nachberechnung* ist eine Form der monatlichen Turnusabrechnung. Dabei werden, falls erforderlich, die vergangenen Monate eines Abrechnungsjahres aufgerollt und mit einem aktuellen Wert nachberechnet. Im Tariftyp wird eingestellt, ob und in welcher Form eine Nachberechnung erfolgen soll.
- Bei einer *Endabrechnung* wird nach dem Ende eines Abrechnungszyklus die Abrechnung für eine bestimmte Anzahl an Turnusperioden neu gerechnet; dabei werden erfolgte Turnusabrechnungen sofern erforderlich aufgerollt und nachberechnet. Die Anzahl der aufzurollenden Turnusperioden wird im Tariftyp festgelegt.
- Eine *Zwischenabrechnung* kann jederzeit manuell ausgelöst werden, weil sie nicht der Terminsteuerung unterliegt.
- Eine *Schlussabrechnung* wird zum Vertragsende veranlasst.

Da es sich bei der Turnusabrechnung um die wichtigste Abrechnungsmethode handelt, soll diese nachfolgend erläutert werden. Die anderen Abrechnungsverfahren nutzen Bausteine dieses Prozesses; insofern gelten die Ausführungen teilweise analog.

Ablauf der Abrechnung

Der Gesamtablauf der Turnusabrechnung ist in Abbildung 6.36 dargestellt.

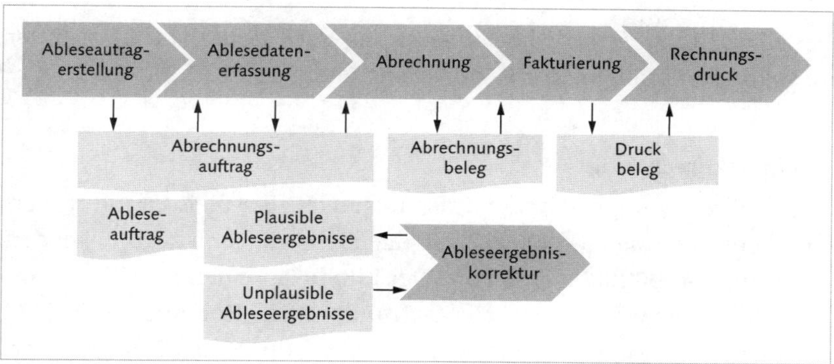

Abbildung 6.36 Ablauf der Abrechnung

In Abschnitt 6.3 wurde bereits die Ablesung erläutert. Sie liefert einerseits die Zählerstände, andererseits werden zum Zwecke der Ablesesteuerung Ableseaufträge und Abrechnungsaufträge erzeugt. Die abgelesenen Zählerstände werden plausibilisiert und müssen gegebenenfalls korrigiert oder freigegeben werden.

Danach erfolgt die eigentliche Abrechnung. Sie gliedert sich in folgende Schritte:

1. Zunächst werden kaufmännische Daten (zum Geschäftspartner und Vertragskonto), technische Daten (Anlage, Bezugsgrößen, Verbrauchseinrichtungen, Anschlussobjekt) und Steuerungsdaten (z. B. Tarife, Tariffindung, Schemata) gesammelt.
2. Bei der *Datenanalyse* wird die Preisabhängigkeit untersucht, z. B. die Umsatzsteuer- und Abgabenabhängigkeit.
3. Anschließend findet die *Umwandlung von Mengen*, z. B. mithilfe von Zähler- oder Wandlerfaktoren, statt.
4. In der Phase der *Abgrenzungen* werden separate Zeitscheiben für Zeiträume definiert, in denen Änderungen von Preisen, Tarifen, Tariftypen, Steuern, Zu- oder Abschlägen sowie anderer Bestandteile der Tarifierungslogik stattgefunden haben.
5. Während der *Schemaausführung* werden unter Beachtung der Reihenfolge der Variantenprogramme Operandenwerte ermittelt.
6. Im Rahmen der *Rechnungszeilenerstellung* werden schließlich die Variantenergebnisse bereitgestellt.

7. In der Phase der *Datenbankänderung* werden Zählerstände als abgerechnet gekennzeichnet, und es wird eine neue Abrechnungszeitscheibe in die Anlage eingefügt. Außerdem können Anlagefakten fortgeschrieben werden.

Nach der Abrechnung erfolgt die Aufbereitung der Faktura, an die sich der Rechnungsdruck anschließt. Zur Fakturierung lesen Sie Abschnitt 6.5.2.

Beispiel einer Abrechnung

Die Vertragsabrechnung soll anhand des folgenden Beispiels erläutert werden: Über den Vertrag 200000012 ist die Lieferung von Strom an den Geschäftspartner 40000080 vereinbart. Der Kunde hat einen Stromliefervertrag geschlossen, gemäß dem ein Netto-Grundpreis in Höhe von 8,56 EUR pro Monat und ein Netto-Arbeitspreis in Höhe von 20,55 Cent pro verbrauchter Kilowattstunde zuzüglich der jeweils geltenden Umsatzsteuer zu zahlen sind. Analog zu den Ausführungen in Abschnitt 5.4 soll die Tarifierung nach dem in Abbildung 6.37 angegebenen Schema aufgebaut werden.

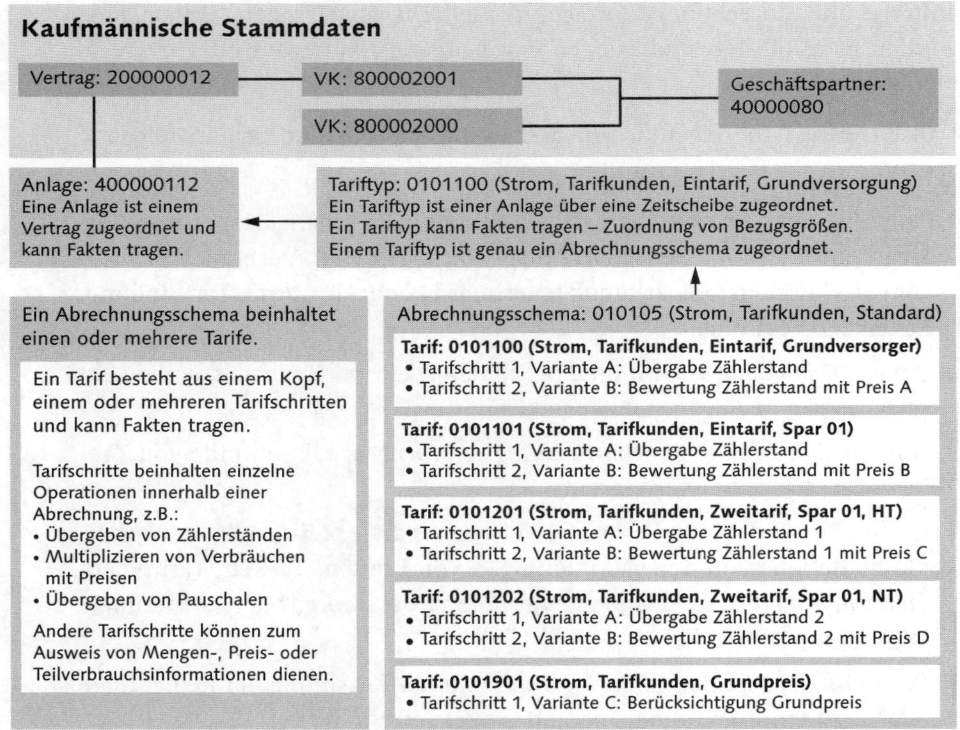

Kaufmännische Stammdaten
Vertrag: 200000012
VK: 800002001
VK: 800002000
Geschäftspartner: 40000080
Anlage: 400000112
Eine Anlage ist einem Vertrag zugeordnet und kann Fakten tragen.
Tariftyp: 0101100 (Strom, Tarifkunden, Eintarif, Grundversorgung)
Ein Tariftyp ist einer Anlage über eine Zeitscheibe zugeordnet.
Ein Tariftyp kann Fakten tragen – Zuordnung von Bezugsgrößen.
Einem Tariftyp ist genau ein Abrechnungsschema zugeordnet.
Ein Abrechnungsschema beinhaltet einen oder mehrere Tarife.
Ein Tarif besteht aus einem Kopf, einem oder mehreren Tarifschritten und kann Fakten tragen.
Tarifschritte beinhalten einzelne Operationen innerhalb einer Abrechnung, z.B.:
• Übergeben von Zählerständen
• Multiplizieren von Verbräuchen mit Preisen
• Übergeben von Pauschalen
Andere Tarifschritte können zum Ausweis von Mengen-, Preis- oder Teilverbrauchsinformationen dienen.
Abrechnungsschema: 010105 (Strom, Tarifkunden, Standard)
Tarif: 0101100 (Strom, Tarifkunden, Eintarif, Grundversorger)
• Tarifschritt 1, Variante A: Übergabe Zählerstand
• Tarifschritt 2, Variante B: Bewertung Zählerstand mit Preis A
Tarif: 0101101 (Strom, Tarifkunden, Eintarif, Spar 01)
• Tarifschritt 1, Variante A: Übergabe Zählerstand
• Tarifschritt 2, Variante B: Bewertung Zählerstand mit Preis B
Tarif: 0101201 (Strom, Tarifkunden, Zweitarif, Spar 01, HT)
• Tarifschritt 1, Variante A: Übergabe Zählerstand 1
• Tarifschritt 2, Variante B: Bewertung Zählerstand 1 mit Preis C
Tarif: 0101202 (Strom, Tarifkunden, Zweitarif, Spar 01, NT)
• Tarifschritt 1, Variante A: Übergabe Zählerstand 2
• Tarifschritt 2, Variante B: Bewertung Zählerstand 2 mit Preis D
Tarif: 0101901 (Strom, Tarifkunden, Grundpreis)
• Tarifschritt 1, Variante C: Berücksichtigung Grundpreis

Abbildung 6.37 Schema der Tarifierung (Beispiel)

Gemäß dem skizzierten Beispiel existiert eine Anlage 400000112, die einer Verbrauchsstelle zugeordnet ist, in die ein Geschäftspartner mit einem Vertragskonto und dem Vertrag 200000012 zum 01.01.2011 eingezogen ist. Abbildung 6.38 zeigt die Anlage 400000112.

Anlage anzeigen: 400000112

Lastprofil | Abrechnungssicht | RTP-Schnittstelle

Anlage	400000112	Anlage nicht gesperrt	Arch.Fkt
Sparte	01	Strom	Geräte
Verbrauchsstelle	600000105	Hamburg, Raboisen 32 3. OG rechts	Ger-Hist
Aktueller Vertrag	200000012		
Akt. GeschPartner	40000080	Max Mustermann / Raboisen 32 / 20095 Hamburg	
		Löschen	BerechtGruppe

Zeitabhängige Daten

Gültig ab	Gültig bis	AbrKl	Tariftyp	Branche	Sys	TempGeb.	KonzessVe	KB	Abl
01.01.2011	31.12.9999	0001	0101100						26T

Abrechnungs-/Ablesesteuerung

Zeitzone	CET	Mitteleuropa	Bezug
Basisperiodentyp	Vorperiode	Vorjahresperiode	
Ablesesteuerung	0001	Tarifkunden	
Ablesesperrgrund			

Weitere Informationen

Anlagenart	0001	Mehrfamilienhaus
VersSichhtGrnd		
SpannEbene		

Deregulierung

Serviceart	0002	Versorgung
Dereg.Status		
Freigabestatus		

Zählpunkt

Netz	BPC_S1	Netzebene		Netzbetr	SVE001 !		
Gültig ab	01.01.2011	Zeit	00:00:00	Gültig bis	31.12.9999	Zeit	23:59:59
Land	DE	Netzbetr.	002334	PLZ	20095	Nr.	00234958129458819134
VersSzenario	000	undefiniert					

Abbildung 6.38 Anlage des Abrechnungsbeispiels

Mit der Transaktion EA00 (Test-Abrechnung eines Vertrags) wird nun die Abrechnung durchgeführt (siehe Abbildung 6.39). Im Massengeschäft kann anstelle der Transaktion EA00 auch eine der Massentransaktionen (EA38 oder EAMABI) verwendet werden.

Das System hat nun einen Abrechnungsbeleg erstellt, der in Abbildung 6.40 und Abbildung 6.41 dokumentiert ist.

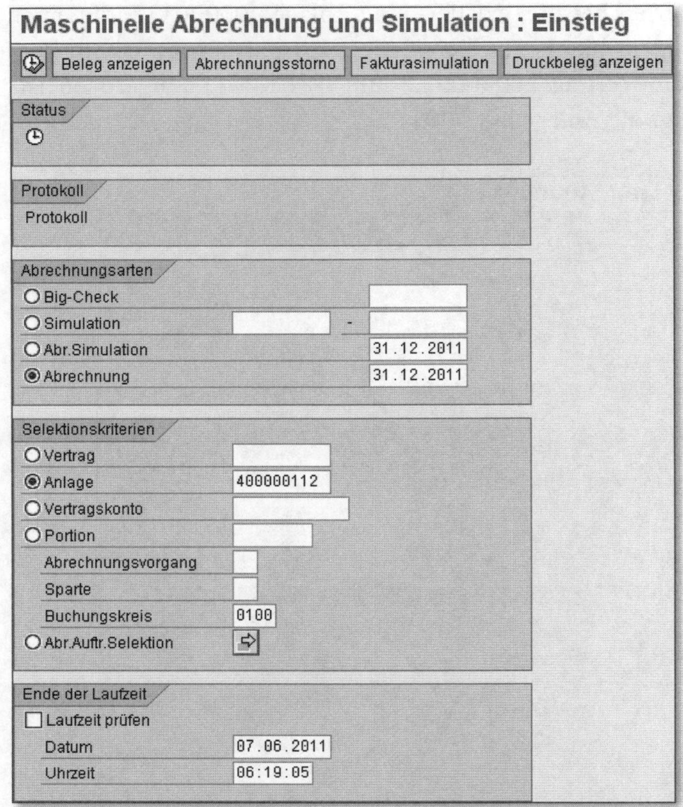

Abbildung 6.39 Ausführung der Abrechnung

In Abbildung 6.40 ist der Kopf des Abrechnungsbeleges dargestellt, der über die Transaktion EA22 angezeigt werden kann. Aus der ANLAGENANSICHT (Transaktion ES32) heraus kann über die Schaltfläche ABRECHNUNGSSICHT in den dortigen Reiter BEL. und mit einem Klick auf die entsprechende Abrechnungsbelegnummer in den Abrechnungsbeleg gesprungen werden. Abbildung 6.41 zeigt die drei in der Beispielabrechnung erzeugten Belegzeilen.

- *Zeile 1* enthält im Feld NETTOBTR. die Jahresgrundgebühr in Höhe von 102,72 EUR, die sich aus der Multiplikation der Monatsgebühr in Höhe von 8,56 EUR (Feld PREISBETRAG) mit den zwölf Monaten des Abrechnungszeitraumes ergibt.
- *Zeile 2* zeigt den Periodenverbrauch an (2.078 kWh).
- In *Zeile 3* wird der Arbeitspreis für den Jahresverbrauch über eine Multiplikation des Preises pro Kilowattstunde (Feld PREISBETRAG) und des zuvor genannten Verbrauches berechnet und im Feld NETTOBTR. ausgewiesen.

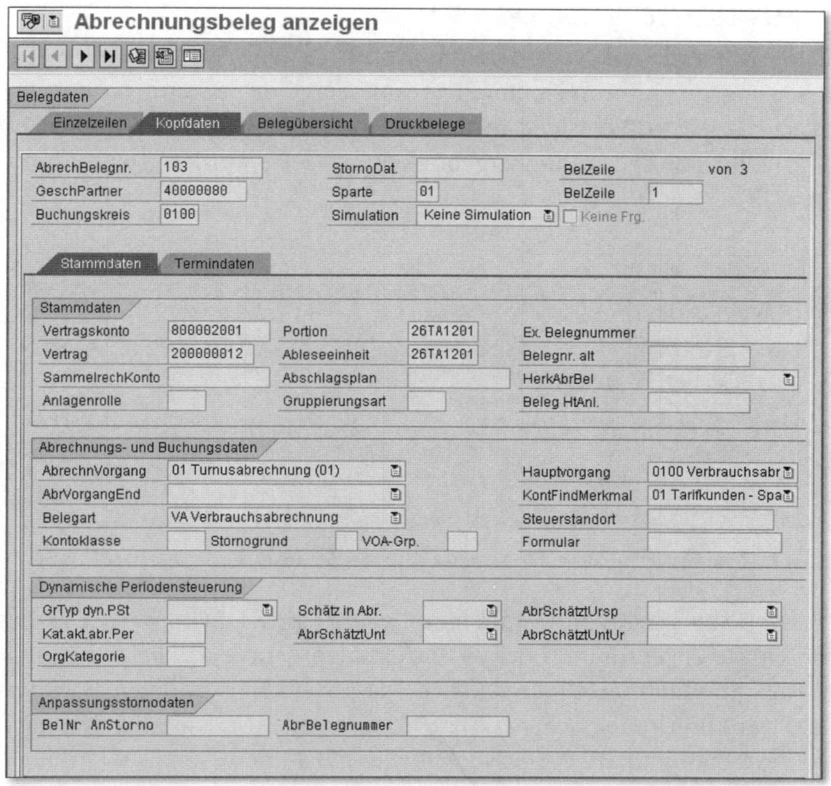

Abbildung 6.40 Abrechnungsbelegkopf

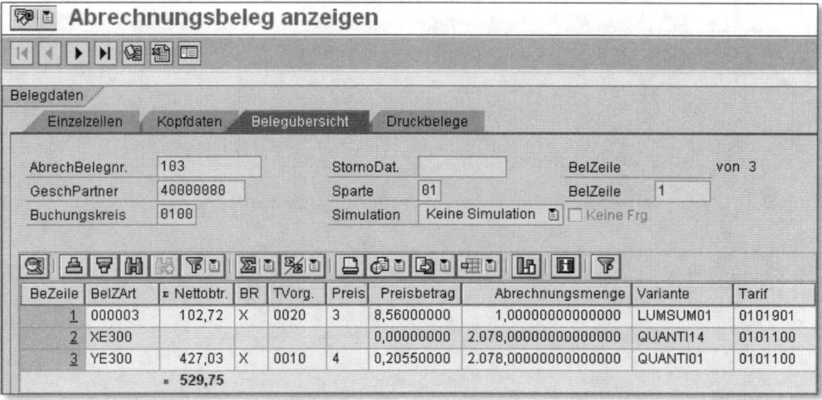

BeZeile	BelZArt	Nettobtr.	BR	TVorg.	Preis	Preisbetrag	Abrechnungsmenge	Variante	Tarif
1	000003	102,72	X	0020	3	8,56000000	1,00000000000000	LUMSUM01	0101901
2	XE300					0,00000000	2.078,00000000000000	QUANTI14	0101100
3	YE300	427,03	X	0010	4	0,20550000	2.078,00000000000000	QUANTI01	0101100
		▪ 529,75							

Abbildung 6.41 Abrechnungsbelegzeilen

Im Folgenden werden einige wesentliche Einstellungen zur Tarifierung dokumentiert, um das Abrechnungsbeispiel besser nachvollziehen zu können.

Voraussetzungen für die Beispielabrechnung

Wie erwähnt wurde, sind ein *Abrechnungsauftrag* und *Ableseergebnisse* die Voraussetzung für die Abrechnung. Die Ableseergebnisse können über die Schaltfläche ABRECHNUNGSSICHT in der Anlagenanzeige (Transaktion ES32) auf dem Reiter ABL.ERG. (Ableseergebnisse) angezeigt werden (siehe Abbildung 6.42).

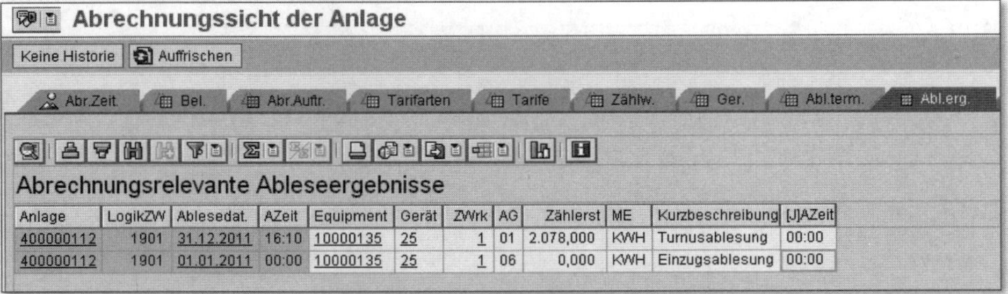

Abrechnungssicht der Anlage

Abrechnungsrelevante Ableseergebnisse

Anlage	LogikZW	Ablesedat.	AZeit	Equipment	Gerät	ZWrk	AG	Zählerst	ME	Kurzbeschreibung	[J]AZeit
400000112	1901	31.12.2011	16:10	10000135	25	1	01	2.078,000	KWH	Turnusablesung	00:00
400000112	1901	01.01.2011	00:00	10000135	25	1	06	0,000	KWH	Einzugsablesung	00:00

Abbildung 6.42 Abrechnungssicht der Anlage – Ableseergebnisse

Dem Reiter TARIFARTEN können die hinterlegten Tarife und Tarifarten sowie der der Anlage zugeordnete Tariftyp entnommen werden (siehe Abbildung 6.43). Aus Abbildung 6.43 ergibt sich, dass dem verwendeten Tariftyp 0101100 das Abrechnungsschema 010105 zugeordnet ist. Die Abrechnungsschritte des Schemas 010105 sind in Abbildung 6.44 dargestellt.

Abrechnungssicht der Anlage

Tarifarten und Tarife

Anlage	Gr.	LogikZW	Log. GerNr	Gültig ab	Gültig bis	Tarifart	Tariftyp	Abr.Schema	Tarif	FaktenGr.	Tarifbezeichnung
400000112		1901		01.01.2011	31.12.9999	1001	0101100	010105	0101100	0001	Strom, Tarifkunden, Eintarif, Grundversorger
400000112			2001	01.01.2011	31.12.9999	GG	0101100	010105	0101901	0001	Strom, Tarifkunden, Grundpreis

Abbildung 6.43 Abrechnungssicht der Anlage – Tarifarten und Tarife

Schema anzeigen: 010105

Schr	Tarif	Variante	St	EingOp1	EingOp2	AusOp1	TLNr	N	VA	B	StGrBt	StGrMn	BArt1	Vor1	BArt2	Vor2	S-TV	H-TV	SATV	HATV	ZS	Stat. Trf.
1	0101901	LUMSUM01		ELPRICE__1	EFACTOR__1	GG_BETRAG	1	◇		☑	000003	000000	000003	Z001			0020	0100	0120	0110	01	0101901
2	0101202	QUANTI14	T	EQUANT___1		BPC_OPW	1	◇		☐			XE300	Z999							01	0101202
3	0101202	QUANTI01	F	BPC_OPW	EQPRICE__1	BRUTTO	2	◇		☑	000001	000001	YE300	Z001	XE300	Z999	0010	0011	0120	0110	01	0101202
4	0101201	QUANTI14	T	EQUANT___1		BPC_OPW	1	◇		☐			XE300	Z999							01	0101201
5	0101201	QUANTI01	F	BPC_OPW	EQPRICE__1	BRUTTO	2	◇		☑	000001	000001	YE300	Z001	XE300	Z999	0010	0011	0120	0110	01	0101201
6	0101101	QUANTI14	T	EQUANT___1		BPC_OPW	1	◇		☐			XE300	Z999							01	0101101
7	0101101	QUANTI01	F	BPC_OPW	EQPRICE__1	BRUTTO	2	◇		☑	000001	000001	YE300	Z001	XE300	Z999	0010	0011	0120	0110	01	0101101
8	0101100	QUANTI14	T	EQUANT___1		BPC_OPW	1	◇		☐			XE300	Z999							01	0101100
9	0101100	QUANTI01	F	BPC_OPW	EQPRICE__1	BRUTTO	2	◇		☑	000001	000001	YE300	Z001	XE300	Z999	0010	0011	0120	0110	01	0101100

Abbildung 6.44 Abrechnungsschema des Beispiels

Analog zur Beschreibung des Fallbeispiels und zu Abbildung 6.37 enthält das verwendete Abrechnungsschema 010105 mehrere Tarife, von denen die Tarife 0101100 und 0101901 in der Beispielabrechnung verwendet wurden.

- **Tarif 0101100 zur Abbildung des Arbeitspreises**
  Tarif 0101100 wird zur Abbildung des Arbeitspreises verwendet. Er enthält eine Tarifzeile zur Übernahme des Verbrauchswertes über den Standard-Operanden EQUANT__1. Zudem enthält er eine Zeile zur Berechnung des Arbeitspreises im Ausgabeoperanden BRUTTO. Letzterer berechnet sich aus dem Ausgabeoperanden der vorherigen Zeile und dem Eingabeoperanden EQPRICE_1. Abbildung 6.45 zeigt die Definition der Schritte des Tarifes 0101100.

Tarif anzeigen: 0101100

Tarifkopf | Fakten

TLNr	Variante	S-TV	H-TV	SATV	HATV	V	O	ZS	St	EingOp1	EingOp2	AusOp1	Stat. Trf.	KA-Gruppe	Log.TSchrt	BArt1	BArt2
1	QUANTI14					☐	☐	01	T	EQUANT___1		BPC_OPW	0101100		0000000072	XE300	
2	QUANTI01	0010	0011	0120	0110	☐	☐	01	F	BPC_OPW	EQPRICE__1	BRUTTO	0101100		0000000079	YE300	XE300

Abbildung 6.45 Tarif für den Arbeitspreis des Beispiels

Wie erläutert wurde, wird der Arbeitspreis mithilfe des Eingabeoperanden EQPRICE__1 bewertet. Dieser wiederum ist, wie Abbildung 6.46 zeigt, als Faktum im Tarif durch einen Preisschlüssel (0000000004) hinterlegt.

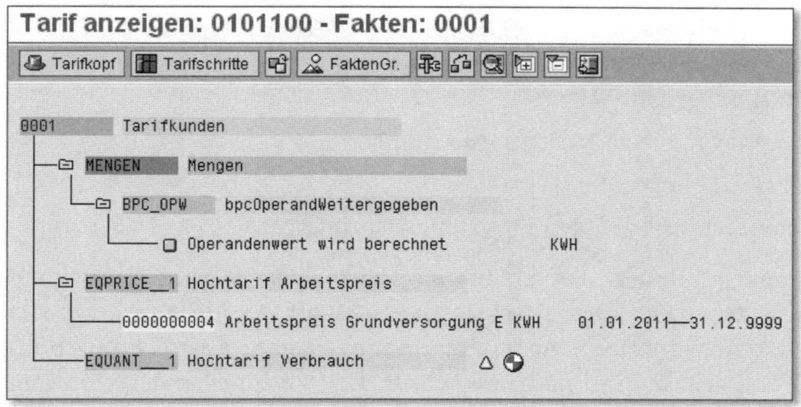

Abbildung 6.46 Tariffakten zum Tarif für den Arbeitspreis

- **Tarif 0101901 zur Berechnung des Grundpreises**
  Die Berechnung des Grundpreises erfolgt analog im Tarif 0101901, allerdings mit dem Unterschied, dass der Preis hier als Pauschale definiert ist und nicht erst eine Verbrauchsmenge zu ermitteln ist.

Der Vollständigkeit halber sei noch die Liste der Tariffindungen erwähnt, die nötig ist, damit die hinterlegten Tarife im Rahmen der Abrechnung gefunden werden (siehe Abbildung 6.47).

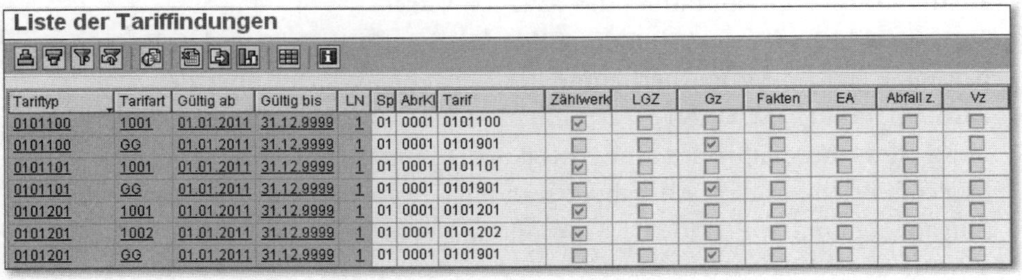

Liste der Tariffindungen

Tariftyp	Tarifart	Gültig ab	Gültig bis	LN	Sp	AbrKl	Tarif	Zählwerk	LGZ	Gz	Fakten	EA	Abfall z.	Vz
0101100	1001	01.01.2011	31.12.9999	1	01	0001	0101100	☑	☐	☐	☐	☐	☐	☐
0101100	GG	01.01.2011	31.12.9999	1	01	0001	0101901	☐	☐	☑	☐	☐	☐	☐
0101101	1001	01.01.2011	31.12.9999	1	01	0001	0101101	☑	☐	☐	☐	☐	☐	☐
0101101	GG	01.01.2011	31.12.9999	1	01	0001	0101901	☐	☐	☑	☐	☐	☐	☐
0101201	1001	01.01.2011	31.12.9999	1	01	0001	0101201	☑	☐	☐	☐	☐	☐	☐
0101201	1002	01.01.2011	31.12.9999	1	01	0001	0101202	☑	☐	☐	☐	☐	☐	☐
0101201	GG	01.01.2011	31.12.9999	1	01	0001	0101901	☐	☐	☑	☐	☐	☐	☐

Abbildung 6.47 Tariffindung für das Abrechnungsbeispiel

Aussteuerung in der Abrechnung

Im Rahmen der Abrechnung können verschiedene Prüfungen durchgeführt werden. Verläuft eine Prüfung nicht erfolgreich, nennt man dies *Aussteuerung*. In diesem Fall müssen die Abrechnungsbelege manuell freigegeben werden; gegebenenfalls sind weitere Recherchen oder Kundenkontakte nötig. Diese Nachbearbeitung kann mithilfe einer *Ausnahmeliste* oder über einen Workflow erfolgen.

Aussteuerungen können aus den folgenden Gründen erfolgen:

- absolute Abweichung des Rechnungsnettobetrags
- absolute oder prozentuale Abweichung des Abschlagsbetrags vom Rechnungsnettobetrag
- Abrechnungen, die zu Nullbeträgen führen
- geschätzte Zählerstände
- kundenindividuell definierte Plausibilitätsprüfungen

Im Customizing unter Branchenkomponente Versorgungsindustrie • Vertragsabrechnung • Abrechnungsdurchführung • Aussteuerung für Abrechnung definieren können zunächst sogenannte Aussteuerungsprüfgruppen definiert und im nächsten Schritt dazu entsprechende Prüfregeln hinterlegt werden. Die Aussteuerungsprüfgruppen werden anschließend in den Tariftypen hinterlegt und können im Vertrag übersteuert werden.

Eine Liste der ausgesteuerten Belege kann mit der Transaktion EA05 (Aussteuerungen anzeigen und freigeben) aufgerufen und bearbeitet werden. In der Praxis wird zusätzlich häufig mit *Aussteuerungs-Workflows* gearbeitet, über die die Belege direkt zur Bearbeitung an die zuständigen Sachbearbeiter geleitet werden. Der Aufruf über den Workflow ausgesteuerter Belege erfolgt über den Business Workplace des Anwenders (Transaktion SBWP).

Simulation, Abrechnungssimulation

Neben der realen Abrechnung kann die Abrechnung auch simuliert werden. Dazu stehen die Funktionen *Simulation* und *Abrechnungssimulation* zur Verfügung.

Während die *Abrechnungssimulation* das Ergebnis einer echten Abrechnung vorwegnimmt und dementsprechend deren Voraussetzungen erfüllt sein müssen (abrechnungsfähiger Abrechnungsauftrag sowie Ableseergebnisse vorhanden), müssen diese Vorbedingungen bei einer *Simulation* nicht erfüllt sein. So kann eine Simulation für einen vom Anwender vorgegebenen Zeitraum durchgeführt werden.

Die bei einer Simulation nicht vorhandenen Ableseergebnisse werden durch Hochrechnungswerte ersetzt. Im Anschluss an eine Simulation kann eine darauf basierende *Fakturasimulation* durchgeführt werden. Eine Einzelsimulation einer Abrechnung erfolgt über die Transaktion EASISI (Einzelsimulation Abrechnung) oder über die Transaktion EA00 (Maschinelle Abrechnung und Simulation), über die auch eine Abrechnungssimulation erfolgen kann.

Als weitere Option steht die Simulation mit Hilfe von *Simulationsszenarien* zur Verfügung. Ein Simulationsszenario enthält eine vordefinierte Logik, mit der die Simulation der Vertragsabrechnung für einen bestimmten Zeitraum durchgeführt wird. Von SAP werden bereits einige Simulationsszenarien standardmäßig ausgeliefert, wie z. B. das Szenario »Zeitraum mit Tariftypvergleich simulieren« oder »Fehlende Abrechnungsaufträge eines Jahres simulieren«. Eigene Szenarien können über das Customizing (Pfad Branchenkomponente Versorgungsindustrie • Vertragsabrechnung • Abrechnungsdurchführung • Simulationsszenarien definieren) definiert werden. Dabei ist jedem Szenario ein *Simulationsszenariotyp* zuzuordnen, der eine ABAP-Klasse referenziert, in der die Logik für die Simulation enthalten ist. Simulationsszenariotypen werden im Customizing über Branchenkomponente Versorgungsindustrie • Werkzeuge • Systemanpassung • Kundeneigene Funktionserweiterung für Abrechnung • Kundeneigene Typen der Simulationsszenarien gepflegt. Mit der Transaktion EASIM kann ein Simulationsszenario für einen bestimmten Vertrag und einen definierten Zeitraum ausgeführt werden. So kann z. B. mit einem der von SAP ausgelieferten Szenarien geprüft werden, welche Ergebnisse eine Abrechnung unter Berücksichtigung alternativer Tariftypen liefern würde.

Abrechnungsstorno

Solange Abrechnungsbelege noch nicht fakturiert wurden, können sie storniert werden. Dies kann z. B. notwendig werden, wenn ein Abrechnungsbeleg ausgesteuert wurde. Ist eine Abrechnung aufgrund eines fehlerhaften Ableseergebnisses ausgesteuert worden, kann das Ableseergebnis nach der Stornierung der Abrechnung korrigiert werden.

Der Abrechnungsstorno hat zunächst keine Auswirkung auf den Kunden, weil die Fakturierung noch nicht durchgeführt wurde und der Kunde daher keine falsche Rechnung vorliegen haben kann. Das Stornieren eines Abrechnungsbeleges erfolgt mit der Transaktion EA20 (Abrechnungsstorno).

Zudem kann ein sogenannter *Anpassungsstorno* (Transaktion EA21) eines Abrechnungsbelegs dann angewandt werden, wenn der Abrechnungsbeleg bereits in die Fakturierung eingegangen ist. Der Kunde hat in diesem Fall möglicherweise die Rechnung schon erhalten, und/oder man möchte einen umständlichen Gesamtstorno von Druckbeleg und Abrechnungsbeleg vermeiden. Bei der erneuten Abrechnung entsteht in diesem Fall ein Differenzbeleg, sodass der Kunde letztendlich nur diese Differenz als Anpassung der letzten Rechnung zu sehen bekommt.

Manuelle Abrechnung

Neben der maschinellen Abrechnung von Verträgen bzw. Anlagen ist es auch möglich, *manuelle Abrechnungen* zu erstellen, die nicht der Terminsteuerung bzw. den Standard-Abrechnungsintervallen unterliegen. Eine manuelle Abrechnung kann z. B. für nachträgliche Korrekturen verwendet werden, die nicht über die Funktion der Rechnungskorrektur (siehe Abschnitt 6.5.2) abgewickelt werden können und bei denen auch nicht die komplette Turnusrechnung storniert und neu berechnen werden soll, weil z. B. schon Zahlungen erfolgt sind.

Für das Erstellen einer manuellen Abrechnung steht die Transaktion EA16 zur Verfügung. Während bei der maschinellen Abrechnung die notwendigen Informationen aus den Anlagen- und Vertragsdaten und über die Tariffindung automatisch ermittelt werden, müssen bei der manuellen Abrechnung die meisten Daten von Hand eingegeben werden. Auf verschiedenen Reitern sind für jede zu erstellende Belegzeile Angaben zu Tarifen, Preisen, Mengen, Geräten etc. vorzunehmen (siehe Abbildung 6.48). Einige Daten, wie z. B. der Tariftyp, werden automatisch aus der Anlage, dem Vertrag oder dem Vertragskonto abgeleitet. Auch finden nach der Eingabe weiterer Daten automatische Ableitungen und Berechnungen (z. B. Tariffindung, Preiskalkulation, Gerätedaten) statt.

Ebenfalls automatisiert ist die *Konzessionsabgabenberechnung*, die aus der Transaktion EA16 heraus angestoßen werden kann. Um die eingegebenen Daten bei ähnlichen Abrechnungen wiederverwenden zu können, ist es möglich, bei der Erstellung einer manuellen Abrechnung eine bestehende Abrechnung als Vorlage anzugeben.

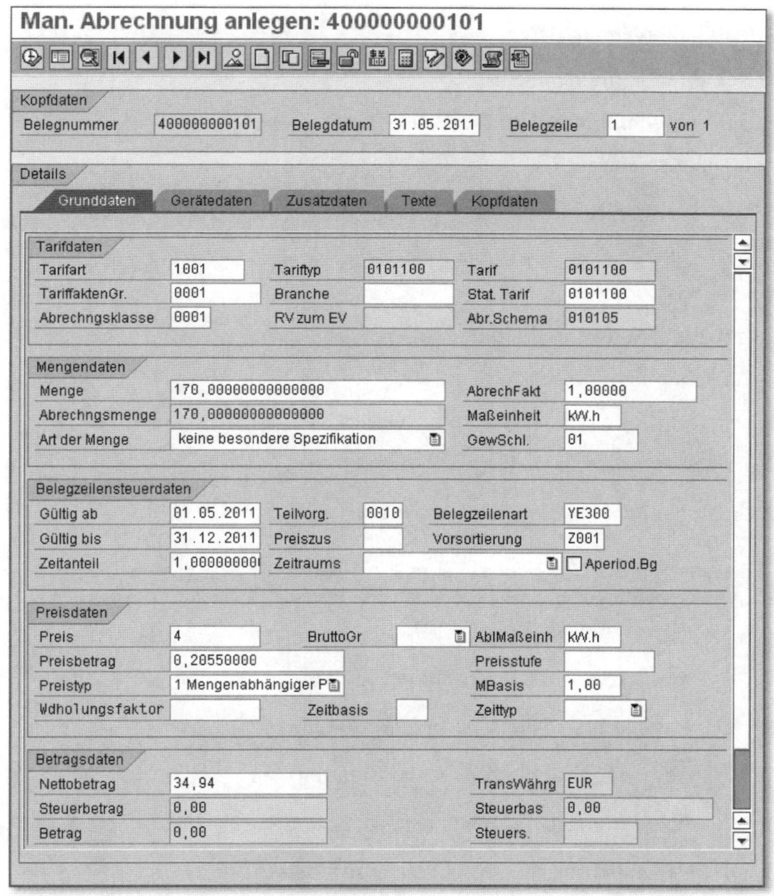

Abbildung 6.48 Manuelle Abrechnung eines IS-U-Vertrags

Manuelle Abrechnungen können alternativ oder zusätzlich zur maschinellen Abrechnung verwendet werden, da manuell erstellte Abrechnungsbelege separat oder auch zusammen mit maschinell erstellten Abrechnungsbelegen fakturiert werden können. Um eine manuelle Abrechnung zu fakturieren, muss sie allerdings explizit zur Faktura freigegeben werden. Dies erfolgt über eine entsprechende Schaltfläche bzw. einen Menüeintrag bei der Anlage oder Änderung der Abrechnung.

[+]

Pflegetransaktionen und Datenbanktabellen

Die folgenden Pflegetransaktionen sind die wichtigsten zur Vertragsabrechnung:

- EA00 (maschinelle Abrechnung und Simulation)
- EASIBI (Einzelabrechnung)
- EAMABI (Massenabrechnung)
- EA38 (Massenabrechnung parallelisiert)
- EA22 (Anzeige Abrechnungsbeleg)
- EA16 (manuelle Abrechnung)
- EA05 (Liste ausgesteuerter Abrechnungsbelege)
- EA20 (Abrechnungsstorno)
- EA21 (Anpassungsstorno)
- EASISI (Einzelabrechnungssimulation)
- EAMASI (Massenabrechnungssimulation)
- EA39 (Massenabrechnungssimulation parallelisiert)
- EASIM (Simulationsszenarien ausführen)

Die wichtigsten Datenbanktabellen zeigt Tabelle 6.1.

Tabelle	Beschreibung
ETRG	Abrechnungsauftrag
ERCH	Kopfdaten Abrechnungsbeleg
DBERCHZ1	Abrechnungsbelegzeilen (Grunddaten)
DBERCHZ2	Abrechnungsbelegzeilen (Gerätedaten)
DBERCHZ3	Abrechnungsbelegzeilen (Preisdaten)
DBERCHV	Verbrauchshistorie für Abrechnungsbelegzeile
ERCHC	Fakturierungs- und Stornohistorie
ERCHO	ausgesteuerte Abrechnungsbelege
TE327	Prüfungen pro Aussteuerungsprüfgruppe für Abrechnung

Tabelle 6.1 Datenbanktabellen in der Abrechnung (Auswahl)

6.5.2 Fakturierung

Nach der Erläuterung der Abrechnung im vorigen Abschnitt erfolgt hier nun die Beschreibung der Rechnungsstellung, im SAP-Sprachgebrauch *Fakturierung* genannt.

Grundsätzlicher Ablauf

Im Rahmen der Fakturierung werden im Wesentlichen die zuvor in der Abrechnung erzeugten Abrechnungszeilen verarbeitet und Buchungsbelege erzeugt. Damit stellt die Fakturierung die Verbindung zwischen zwei Polen dar: Auf der einen Seite stehen die technischen Funktionen in der Ablesung und der Abrechnung, und auf der anderen Seite steht die Buchhaltung, wo Abschläge verrechnet sowie Forderungen und Umsatzerlöse gebucht werden. Im Rahmen der Fakturierung können Abrechnungsbelege verschiedener Verträge eines Vertragskontos zu einer gemeinsamen Rechnung zusammengefasst werden.

Bei der Fakturierung werden ein oder mehrere Abrechnungsbelege eines Vertragskontos, also ggf. auch mehrerer Verträge, zu einem *Druckbeleg* zusammengefasst. Der Druckbeleg kann neben den Abrechnungsbelegzeilen weitere Informationen und Zeilen, z. B. für Steuerberechnungen, enthalten. Außerdem werden in der Fakturierung Belege für die entstehenden Forderungen oder Gutschriften im Vertragskontokorrent gebucht und Abschläge für die folgende Abrechnungsperiode erstellt, sofern die zugrunde liegenden Verträge nicht beendet sind und eine Abschlagsvereinbarung besteht. Die Druckbelege können direkt über die SAP-interne Korrespondenzschnittstelle ausgedruckt oder an ein Druckaufbereitungssystem übergeben werden.

Um das Beispiel aus der Abrechnung in Abschnitt 6.5.1 zu fakturieren, kann die Transaktion EA19 (Rechnung erstellen) verwendet werden. Auch hier werden in der Praxis Massenläufe für Fakturen eingesetzt. Durch die Fakturierung wird der in Abbildung 6.49 dargestellte Beleg erzeugt.

In der Darstellung des Belegkopfes (Reiter KOPFDATEN) ist der Forderungsbetrag bereits erkennbar.

Abbildung 6.50 zeigt auch die Zusammensetzung der Forderung aus den übernommenen Abrechnungszeilen und der zusätzlich erzeugten Umsatzsteuerzeile (Zeile 3).

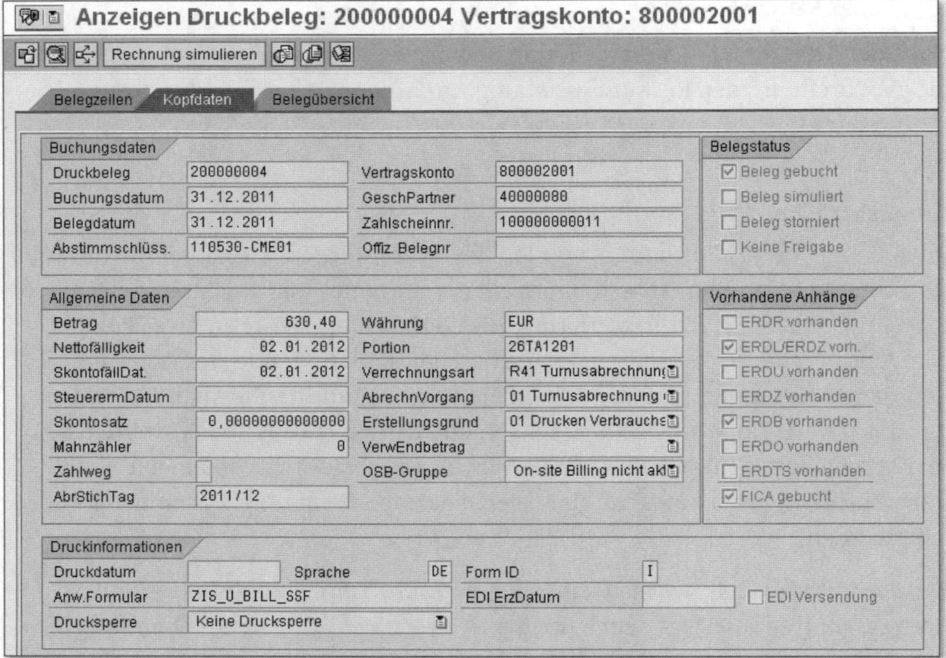

Abbildung 6.49 Druckbelegkopf (Ausschnitt) zum Abrechnungsbeispiel

Anzeigen Druckbeleg: 200000004 Vertragskonto: 800002001

Rechnung simulieren

Belegzeilen | Kopfdaten | Belegübersicht

BeZeile	BelZArt	Σ Nettobtr.	RSum	Steuerbas	Steuerbetr	HVorg.	TVorg.	Preis	Preisbetrag	Abrechnungsmenge	Variante	Tarif	Tariftyp	AbrBelegnr	Gült
1	000003	102,72	X	0,00	0,00	0100	0020	3	8,56000000	1,00000000000000	LUMSUM01	0101901	0101100	103	01.0
2	YE300	427,03	X	0,00	0,00	0100	0010	4	0,20550000	2.078,00000000000000	QUANTI01	0101100	0101100	103	01.0
3	SUBT	100,65	X	529,75	100,65				0,00000000	0,00000000000000					01.0
4	XE300					0100			0,00000000	2.078,00000000000000	QUANTI14	0101100	0101100	103	01.0
		▪ 630,40													

Abbildung 6.50 Druckbelegzeilen zum Abrechnungsbeispiel

Zusätzlich wird zu dem erzeugten Druckbeleg auch ein Buchhaltungsbeleg in FI-CA erzeugt. Abbildung 6.51 zeigt die Belegkopfdaten, eine Personenkontenzeile (Verdichtete Geschäftspartnerpositionen) und zwei Hauptbuchzeilen.

Für die Kommunikation mit dem Kunden ist ein sorgfältig formatierter Rechnungsbeleg erforderlich, der der Corporate Identity des Versorgungsunternehmens entspricht.

In Abbildung 6.52 ist ein beispielhafter Ausdruck abgebildet, der zeigt, wie eine gedruckte Rechnung zu dem vorgestellten Beispiel aussehen könnte.

Beleg anzeigen: Übersicht

GPos | HPos | Steuern | Ausgleichsanalyse

Kopfdaten

Belegdatum	31.12.2011	Belegart	FA
Buchungsdatum	31.12.2011	Währung	EUR
Belegnummer	900000000004	Referenz	200000004
		Schecknummer	

Verdichtete Geschäftspartnerpositionen

Buc	Ge	S	Geschäftsp	Vertragskonto	Vertrag	Ha	Teil	SkontofälID	Nettofälligk	Betrag	Anzahl
0100	0001	01	40000080	800002001	200000012	0100	0002	02.01.2012	02.01.2012	630,40	1

Verdichtete Hauptbuchpositionen

Buc	Gesch	Hauptbuch	Langtext	Betrag	Anzahl
0100	0001	500000	Umsatzerlöse Inland	529,75-	2
0100		480000	Mehrwertsteuer (Ausgangssteuer Deutschland)	100,65-	1

Abbildung 6.51 Vertragskontokorrentbeleg zum Abrechnungsbeispiel

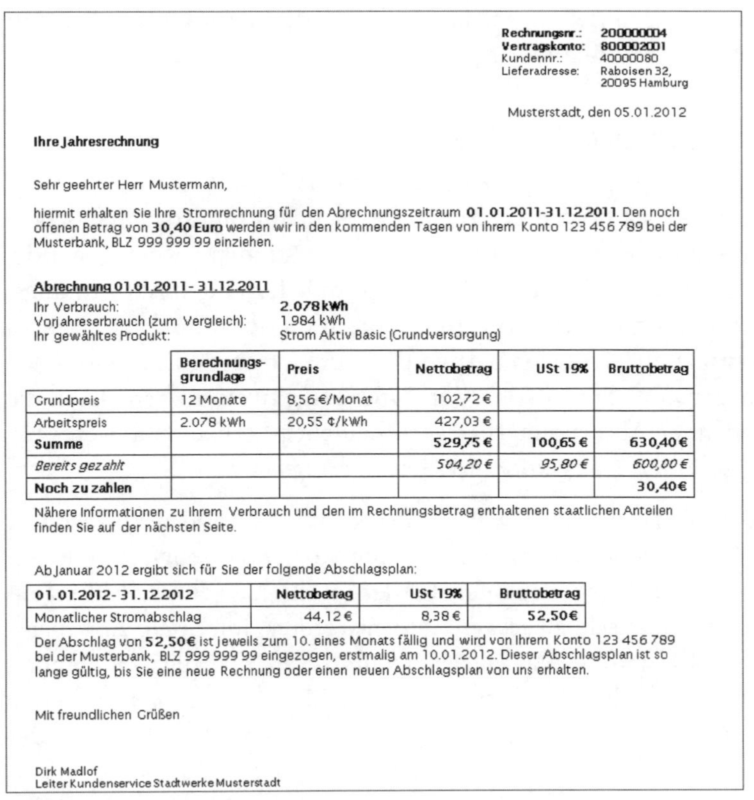

Rechnungsnr.: 200000004
Vertragskonto: 800002001
Kundennr.: 40000080
Lieferadresse: Raboisen 32, 20095 Hamburg

Musterstadt, den 05.01.2012

Ihre Jahresrechnung

Sehr geehrter Herr Mustermann,

hiermit erhalten Sie Ihre Stromrechnung für den Abrechnungszeitraum **01.01.2011-31.12.2011**. Den noch offenen Betrag von **30,40 Euro** werden wir in den kommenden Tagen von Ihrem Konto 123 456 789 bei der Musterbank, BLZ 999 999 99 einziehen.

Abrechnung 01.01.2011 - 31.12.2011

Ihr Verbrauch: **2.078 kWh**
Vorjahreserbrauch (zum Vergleich): 1.984 kWh
Ihr gewähltes Produkt: Strom Aktiv Basic (Grundversorgung)

	Berechnungs-grundlage	Preis	Nettobetrag	USt 19%	Bruttobetrag
Grundpreis	12 Monate	8,56 €/Monat	102,72 €		
Arbeitspreis	2.078 kWh	20,55 ¢/kWh	427,03 €		
Summe			**529,75 €**	**100,65 €**	**630,40 €**
Bereits gezahlt			*504,20 €*	*95,80 €*	*600,00 €*
Noch zu zahlen					**30,40€**

Nähere Informationen zu Ihrem Verbrauch und den im Rechnungsbetrag enthaltenen staatlichen Anteilen finden Sie auf der nächsten Seite.

Ab Januar 2012 ergibt sich für Sie der folgende Abschlagsplan:

01.01.2012 - 31.12.2012	Nettobetrag	USt 19%	Bruttobetrag
Monatlicher Stromabschlag	44,12 €	8,38 €	**52,50€**

Der Abschlag von **52,50€** ist jeweils zum 10. eines Monats fällig und wird von Ihrem Konto 123 456 789 bei der Musterbank, BLZ 999 999 99 eingezogen, erstmalig am 10.01.2012. Dieser Abschlagsplan ist so lange gültig, bis Sie eine neue Rechnung oder einen neuen Abschlagsplan von uns erhalten.

Mit freundlichen Grüßen

Dirk Madlof
Leiter Kundenservice Stadtwerke Musterstadt

Abbildung 6.52 Rechnungsformular zum Abrechnungsbeispiel

Aussteuerung in der Fakturierung

Wie schon bei der Abrechnung, sind auch in der Fakturierung Prüfungen möglich, die zur Aussteuerung von Belegen führen können. Somit besteht sowohl zwischen der Abrechnung und der Fakturierung als auch zwischen der Fakturierung und dem Rechnungsdruck ein Prüfzeitpunkt. Ausgesteuerte Druckbelege können analog zu ausgesteuerten Abrechnungsbelegen mit der Transaktion EA05 angezeigt, bearbeitet und freigegeben werden oder über Aussteuerungs-Workflows direkt dem jeweiligen Sachbearbeiter zugestellt werden.

Die im SAP-Standard ausgelieferten Prüfungen für die Fakturierung beziehen sich auf eine absolute Unter- oder Überschreitung des Abrechnungsbruttobetrags oder des Rechnungsendbetrags. Es sind jedoch auch kundenindividuelle Prüfungen möglich. Die dafür notwendigen *Aussteuerungsprüfgruppen* und *Prüfregeln* können im Customizing unter Branchenkomponente Versorgungsindustrie • Fakturierung • Fakturabearbeitung • Aussteuerung für Fakturierung definiert werden. Aussteuerungsprüfgruppen für die Fakturierung werden – im Gegensatz zu solchen für die Abrechnung (siehe Abschnitt 6.5.1) – am Vertragskonto hinterlegt.

Rechnungsstorno, Rechnungskorrektur

Um eine Abrechnung zu korrigieren, die bereits fakturiert wurde, kann der zugehörige Druckbeleg storniert werden. Dies ist unabhängig davon möglich, ob die Rechnung schon gedruckt (und ggf. an den Kunden versandt) wurde. Beim Storno können die dem Druckbeleg zugrunde liegenden Abrechnungsbelege automatisch mit storniert werden, sofern dies gewünscht ist. Hierzu kann die Transaktion EA14 benutzt werden. Ein solcher Storno wird auch *Gesamtstorno* genannt. Um lediglich den Druckbeleg zu stornieren, damit die bereits bestehenden Abrechnungsbelege anschließend erneut fakturiert werden können, steht die Transaktion EA15 zur Verfügung.

Beim Storno eines Druckbelegs werden neben dem Stornodruckbeleg auch entsprechende Stornobelege im Vertragskontokorrent erzeugt. Ausgleiche der durch den Druckbeleg erzeugten Forderungen (z. B. durch Zahlungen) können dabei automatisch zurückgenommen werden. Sofern ein Abschlagsplan vorhanden ist, wird der Abschlagsplan für die auf den zu stornierenden Druckbeleg folgende Abrechnungsperiode ebenfalls storniert, der vorherige Abschlagsplan für die Abrechnungsperiode des Druckbelegs wird wieder eröffnet.

Analog zum Storno von Abrechnungsbelegen ist ein Storno eines Druckbelegs nur zulässig, wenn keine Fakturen bzw. Abrechnungen für nachfolgende Abrechnungsperioden bestehen. Falls bereits nachfolgende Abrechnungs- oder Druckbelege gebucht wurden, sind diese zunächst zu stornieren, bevor ein Storno des aktuell betrachteten Druckbelegs erfolgen kann.

Um dem Anwender eine komfortablere Nutzung von Rechnungsstornos und erneuten Abrechnungen zu ermöglichen, kann die *Rechnungskorrektur* (Transaktion EABICO) benutzt werden. Die Rechnungskorrektur fasst in einer Einbildtransaktion mehrere Vorgänge zusammen, die sonst nacheinander mit unterschiedlichen Transaktionen auszuführen wären. Eine Rechnungskorrektur erfolgt immer für genau einen Druckbeleg, der im Einstiegsbild der Transaktion anzugeben ist. Anschließend wird ein Übersichtsbild angezeigt, das links in einer Baumdarstellung die zum Druckbeleg gehörenden Stammdaten sowie alle weiteren zum Vertragskonto erstellten Druckbelege enthält (siehe Abbildung 6.53). Auf der rechten Seite werden eine *Stornoliste* und eine Übersicht der Ableseergebnisse angezeigt. Außerdem kann ein Protokollfenster für Hinweise und Meldungen eingeblendet werden. Über den Reiter ORIG. RECHNUNG ist die gedruckte Rechnung aufrufbar, sofern sie archiviert wurde.

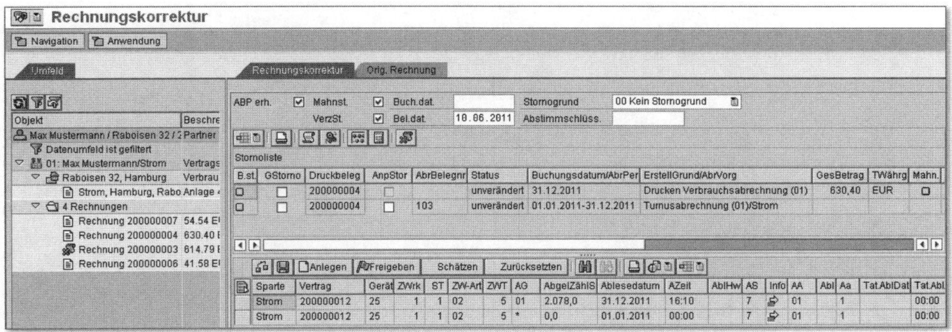

Abbildung 6.53 Rechnungskorrektur

Die Stornoliste enthält Informationen zum aktuell bearbeiteten Druckbeleg und den zugehörigen Abrechnungsbelegen. Falls zunächst nachfolgende Belege zu stornieren sind, werden sie hier ebenfalls aufgelistet. Anhand einer Ampel wird angezeigt, ob ein Beleg storniert werden kann. Außerdem ist für jeden Beleg vermerkt, ob die zugehörigen Vertragskontokorrentbelege bereits gemahnt oder verzinst wurden. Über die gleichnamigen Felder in der Stornoliste kann nun gewählt werden, ob ein Gesamt- oder ein Anpassungsstorno (siehe Abschnitt 6.5.1) ausgeführt werden soll. Dabei bestehen zusätzlich Wahlmöglichkeiten, ob eventuell bestehende Mahnungen oder Verzinsungen automatisch mit zu stornieren sind und ob der Abschlagsplan erhalten bleiben soll, der durch die zu korrigierende Rechnung erstell wurde. Nach erfolgtem Storno kann über die entsprechenden Schaltflächen eine erneute, wahlweise simulierte oder echte, Abrechnung inklusive Fakturierung angestoßen werden.

Falls die Rechnungskorrektur aufgrund falscher Ableseergebnisse erfolgt, können die Ableseergebnisse in der Tabelle unterhalb der Stornoliste nach erfolgtem Storno korrigiert werden. Dabei stehen die bekannten Funktionen der Ableseergebniserfassung, wie z. B. eine Schätzung, zur Verfügung. Nach der Korrektur der Ableseergebnisse kann eine Abrechnungssimulation oder eine echte Neuberechnung mit anschließender Fakturierung angestoßen werden. Durch eine neue Abrechnung inklusive Fakturierung werden ein oder mehrere neue Abrechnungsbelege, ein neuer Druckbeleg und neue FI-CA-Belege erzeugt.

[+]

Pflegetransaktionen und Datenbanktabellen

Die folgenden Pflegetransaktionen sind die wichtigsten zur Fakturierung:

- EA19 (Einzelfakturierung)
- EASIBI (Einzelabrechnung inkl. Fakturierung)
- EA10 (Massenfakturierung)
- EA26 (Massenfakturierung parallelisiert)
- EA25 (Einzelfakturierung Teilrechnung)
- EA11 (Massenfakturierung Teilrechnung)
- EA40 (Anzeige Druckbeleg)
- EA60 (Massendruck der Fakturen)
- E25T (Liste nicht fakturierter Abrechnungsbelege)
- EABICO (Rechnungskorrektur)
- EA05 (Liste ausgesteuerter Druckbelege)
- EARELINVOICE (Freigabe ausgesteuerter Druckbelege)
- EA13 (Einzelstorno inkl. Abrechnungsbelegstorno)
- EA15 (Massenstorno)
- EA14 (Massenstorno inkl. Abrechnungsbelegstorno)

Die wichtigsten Datenbanktabellen zeigt Tabelle 6.2.

Tabelle	Beschreibung
ERDK	Kopfdaten Druckbeleg
DBERDL	Druckbelegzeilen
DBERDLB	Verknüpfung Druckbelegzeile zu Abrechnungsbelegzeile
ERDB	Verknüpfung Druckbeleg zu Vertragskontokorrentbeleg
ERDO	ausgesteuerte Druckbelege

Tabelle 6.2 Datenbanktabellen in der Fakturierung (Auswahl)

6.5.3 Abschläge

Mit der Fakturierung erfolgt in Abhängigkeit von der Abrechnungsart auch eine Anpassung der Abschläge:

- Bei einer *Turnusabrechnung* wird der alte Abschlagsplan deaktiviert. Für die nächste Abschlagsperiode wird ein neuer Abschlagsplan von der Fakturierung angelegt.
- Eine *Zwischenabrechnung* deaktiviert die vor der Fakturierung liegenden Abschlagsbeträge. Die zukünftigen Abschlagsbeträge sind weiterhin gültig und können auf Wunsch neu errechnet werden.
- Durch eine *Schlussabrechnung* wird der alte Abschlagsplan deaktiviert. Für den Auszugskunden wird kein neuer Abschlagsplan mehr angelegt.

Generell werden Abschläge nur generiert, wenn am Vertragskonto ein *Abschlagsverfahren* hinterlegt ist. Meist wird hier das *statistische Verfahren* genutzt, bei dem die Abschläge im Vertragskontokorrent als statistische Belege gebucht werden. Dies hat zur Folge, dass für die Abschläge zunächst keine Erträge im Hauptbuch gebucht werden. Die Erträge werden erst mit der kommenden Verbrauchsabrechnung erzeugt, in der die Abschläge verrechnet werden. Des Weiteren muss für die Abschlagserstellung über die Terminsteuerung ein Abschlagszyklus angegeben sein. Üblich sind monatliche Abschläge, es können aber auch vierteljährliche, halbjährliche oder sonstige Zyklen gewählt werden. Der Abschlagszyklus wird über die Portion in der Ableseeinheit, die in der Anlagenzeitscheibe hinterlegt ist, ermittelt. Am Vertrag kann der Abschlagszyklus temporär übersteuert werden, so dass z. B. für eine bestimmte Abrechnung ein anderer Zyklus gilt.

Abbildung 6.54 zeigt den mit der Fakturierung des Abrechnungsbeispiels erzeugten Abschlagsplan.

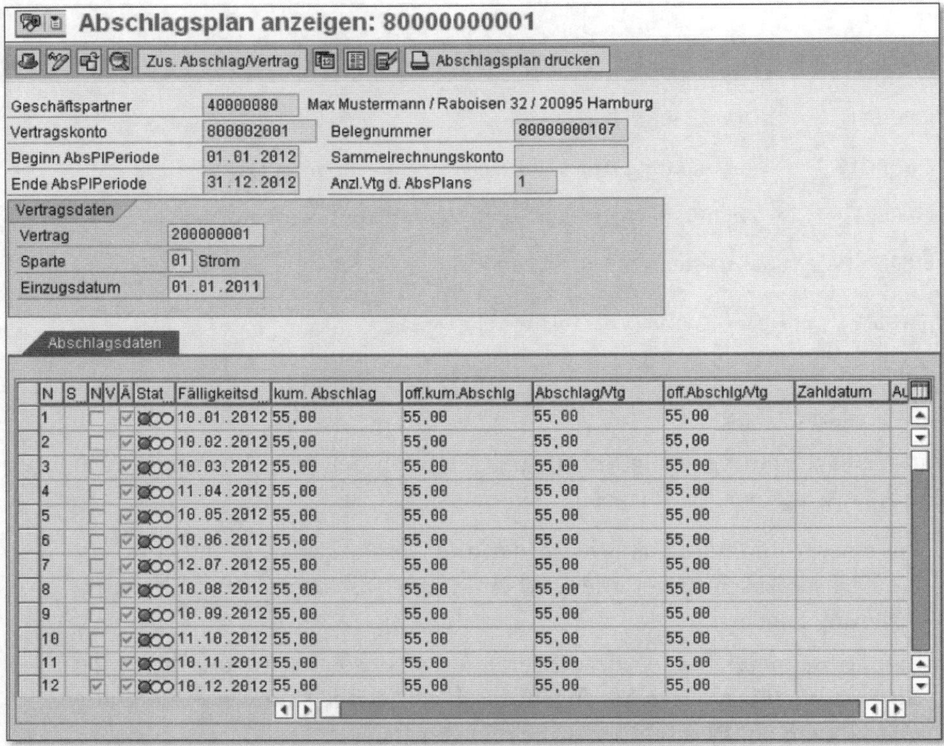

N	S	N	V	Ä	Stat	Fälligkeitsd	kum. Abschlag	off.kum.Abschlg	Abschlag/Vtg	off.Abschlg/Vtg	Zahldatum	Au
1						10.01.2012	55,00	55,00	55,00	55,00		
2						10.02.2012	55,00	55,00	55,00	55,00		
3						10.03.2012	55,00	55,00	55,00	55,00		
4						11.04.2012	55,00	55,00	55,00	55,00		
5						10.05.2012	55,00	55,00	55,00	55,00		
6						10.06.2012	55,00	55,00	55,00	55,00		
7						12.07.2012	55,00	55,00	55,00	55,00		
8						10.08.2012	55,00	55,00	55,00	55,00		
9						10.09.2012	55,00	55,00	55,00	55,00		
10						11.10.2012	55,00	55,00	55,00	55,00		
11						10.11.2012	55,00	55,00	55,00	55,00		
12						10.12.2012	55,00	55,00	55,00	55,00		

Abbildung 6.54 Abschlagsplan zum Abrechnungsbeispiel

6.6 Kundenprozesse mit SAP CRM unterstützen

Nachdem wir Ihnen in den vorangegangenen Abschnitten die wichtigsten Kundenprozesse und ihre Umsetzung im IS-U-System vorgestellt haben, legen wir nun dar, wie diese und auch weitere Prozesse durch den Einsatz von SAP CRM unterstützt und ergänzt werden können. Die Grundlagen des CRM-Systems und seine Anbindung an IS-U haben Sie bereits in Abschnitt 5.7 kennengelernt.

[+]

Hinweis zur folgenden Darstellung

Da in der Praxis unterschiedliche Releases eingesetzt werden, die sich in der Oberfläche und in den einzelnen Prozessschritten teilweise stark unterscheiden, abstrahieren wir in diesem Abschnitt an vielen Stellen von der Darstellung der Prozesse in einem bestimmten Release. Teilweise werden zur Veranschaulichung jedoch Screenshots aus CRM 5.0 oder CRM 7.0 verwendet, die entsprechend kenntlich gemacht sind.

Grundsätzlich ist hervorzuheben, dass die Kundenprozesse bis CRM 5.0, einem Release, das zurzeit noch häufig in Unternehmen im Einsatz ist, über den IC WinClient, also im traditionellen SAP GUI, abgewickelt wurden. Ab CRM 6.0 dient der browserbasierte IC WebClient als Oberfläche für die meisten Prozesse (siehe Kapitel 9).

Im folgenden Abschnitt gehen wir zunächst auf die Einbindung der schon aus den vorhergehenden Abschnitten bekannten IS-U-Prozesse in ein CRM-System ein. Anschließend stellen wir Ihnen kurz einige weitere Prozesse vor, die speziell für CRM entwickelt wurden und in der Versorgungsbranche eingesetzt werden. In Abschnitt 6.6.3 gehen wir auf das Konzept der Geschäftsvorgänge ein, das die Prozessabläufe im CRM-System unterstützen kann.

6.6.1 Aus IS-U bekannte Prozesse

Auch beim Einsatz eines CRM-Systems können die in IS-U verfügbaren Prozesse selbstverständlich weiterhin in IS-U direkt aufgerufen werden. Es haben üblicherweise auch nicht alle Mitarbeiter, die über einen Zugang zu IS-U verfügen, einen Benutzer im CRM-System.

Für manche Prozesse ist es jedoch sinnvoll, sie auch aus CRM heraus starten zu können. Grundsätzlich ist dies bei allen Prozessen der Fall, die für das Frontoffice, also die Mitarbeiter mit direktem Kundenkontakt, relevant sind. Für diese Sachbearbeiter ist CRM das wichtigere System. Telefoniert ein Frontoffice-Mitarbeiter mit einem Kunden oder liest er eine E-Mail des Kunden, muss er in der Lage sein, möglichst schnell eine Auskunft zu geben oder den zum Kundenanliegen passenden Prozess durchzuführen, wie z. B. eine Abschlagsanpassung. Dazu werden Informationen und Daten aus IS-U gelesen und auch verändert. Der aus IS-U bekannte Prozess kann hierbei entweder direkt aufgerufen oder auch in einen umfassenderen CRM-Prozess eingebettet werden, in dem der IS-U-Prozess lediglich einen Prozessschritt darstellt. Für den Anwender hat die Verlagerung des Aufrufs oder auch des gesamten Prozesses in CRM den Vorteil, dass er nicht zwischen zwei Systemen hin- und herspringen muss, um eine Kundenanfrage zu bearbeiten. Somit rückt der Fokus aus Anwendersicht mehr auf den Prozess als auf das zu nutzende System.

Für die typischen Backoffice-Prozesse – wie z. B. Abrechnungs-, Mahn- und Zahlläufe oder die Lagerverwaltung – gibt es im Standard keine CRM-Anbindung. Sie werden direkt im IS-U-System ausgeführt. Die Mitarbeiter, die für diese Prozesse zuständig sind, benötigen in der Regel auch keinen CRM-Zugang. Allerdings ist es auch möglich, weitere IS-U-Prozesse, die im SAP-Standard nicht in CRM vorhanden sind, nach CRM zu verlagern oder sie zumindest aus CRM heraus aufrufbar zu machen. Auch bei Eigenentwicklungen in IS-U, die von Frontoffice-Mitarbeitern benutzt werden, ist dies sinnvoll.

Es gibt verschiedene Möglichkeiten, IS-U-Prozesse bzw. Prozesse, die Daten in IS-U verändern, im CRM-System zur Verfügung zu stellen. Eine schematische Darstellung dieser Möglichkeiten finden Sie in Abbildung 6.55.

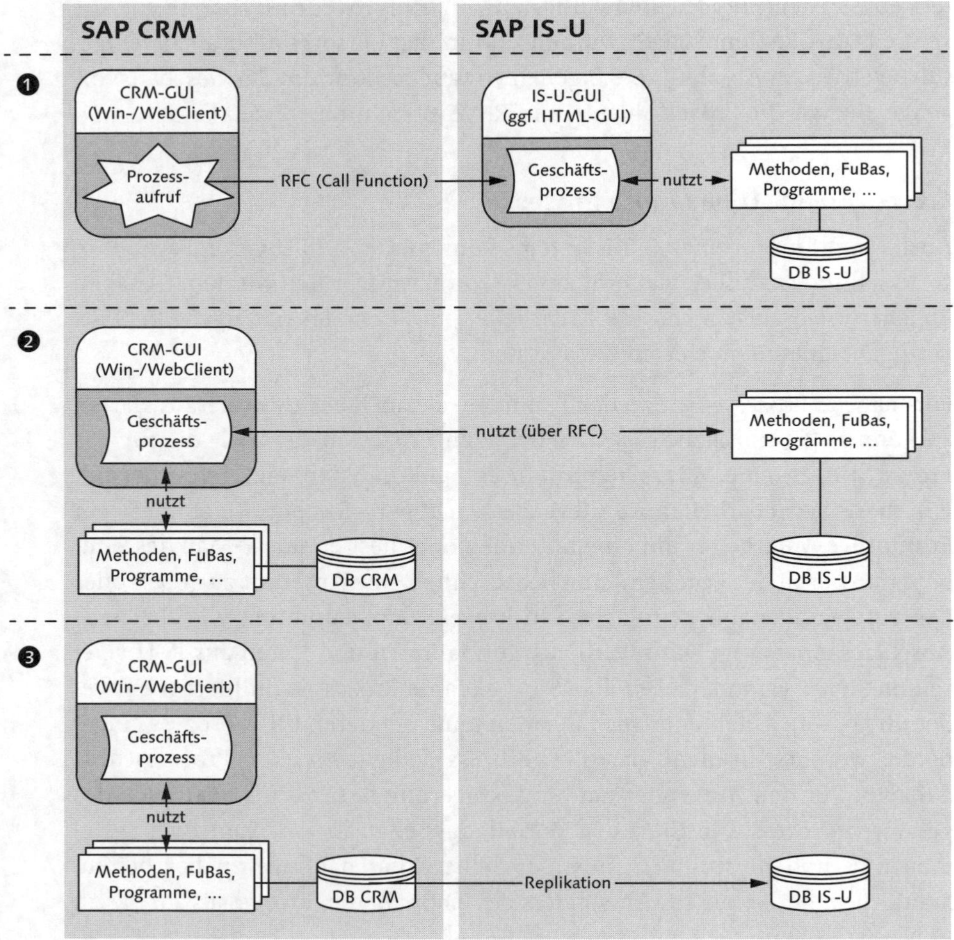

Abbildung 6.55 Nutzung von IS-U-Prozessen in SAP CRM

Zur Erläuterung der in Abbildung 6.55 dargestellten Prozessvarianten ist Folgendes zu sagen:

❶ Nutzung eines IS-U-Prozesses

Ein bestehender Prozess im IS-U-System wird aus CRM heraus über einen Remote Function Call (RFC) aufgerufen. Dabei wird zur Darstellung die Benutzeroberfläche (GUI) des IS-U-Systems verwendet.

- Sofern der Aufruf aus dem *IC WinClient*, also dem traditionellen SAP GUI des CRM-Systems, heraus erfolgt, wird auch das aufgerufene IS-U-Programm im Standard-SAP GUI dargestellt. Für den Anwender ist auf den ersten Blick nicht ersichtlich, dass der Prozess in IS-U und nicht in CRM ausgeführt wird.
- Bei Nutzung des *IC WebClients* wird das IS-U-Programm im Browser angezeigt. Dazu muss das Programm bzw. die Transaktion HTML-fähig sein. Die Darstellung erfolgt hierbei im sogenannten SAP GUI für HTML des IS-U-Systems, das dynamisch HTML-Seiten für die anzuzeigenden Dynpros generiert. Der Anwender kann den Prozess im gleichen Browserfenster bearbeiten, die Darstellung unterscheidet sich allerdings von der Standardoberfläche des IC WebClients in CRM.

Bei Nutzung dieser Prozessvariante befinden sich die für den Prozess relevanten Daten in der IS-U-Datenbank. Genutzt wird die Variante vor allem für Prozesse, für die es in CRM kein Äquivalent gibt, die aber dennoch von den Frontoffice-Mitarbeitern, die sich hauptsächlich im CRM-System bewegen, ausgeführt werden sollen. Mit jedem neuen CRM-Release wurde jedoch für mehr und mehr Prozesse aus IS-U eine entsprechende Funktionalität in CRM geschaffen, sodass diese Prozesse, wie in Variante ❷ beschrieben, integriert ablaufen können. Für eigenentwickelte Kundenprogramme aus IS-U existiert in der Regel kein CRM-Pendant, sodass hier ein Remote-Aufruf des IS-U-Programms die einfachste Lösung ist.

❷ Integrierter Prozess

In CRM besteht eine Prozesslogik, die Methoden, Programme und Funktionsbausteine aus dem CRM-System sowie die CRM-Datenbank nutzt. Einzelne Prozessschritte können in IS-U durchgeführt werden und die dort vorhandenen Daten nutzen und ändern. Die Darstellung erfolgt vollständig im CRM-GUI (IC WinClient oder IC WebClient), alle IS-U-Prozessschritte laufen im Hintergrund ab. Die für die IS-U-Schritte notwendigen Felder für Benutzereingaben müssen über Ableitungen bzw. feste Hinterlegungen im aufrufenden Programm oder über entsprechende Eingabefelder in CRM versorgt werden.

Häufig wird diese Prozessvariante in Kombination mit Geschäftsvorgängen verwendet (siehe Abschnitt 6.6.3). Der Geschäftsvorgang und eventuelle

Folgevorgänge definieren dabei die Prozessabfolge in CRM. In den einzelnen Aktionen können neben CRM-Programmen auch Programme per RFC im IS-U-System ausgeführt werden.

❸ **CRM-Prozess mit Replikation**

Der aus IS-U bekannte Prozess läuft vollständig in CRM ab. Es werden keine Funktionsbausteine, Methoden oder Programme des IS-U-Systems benutzt. Alle Änderungen am Datenbestand erfolgen in der CRM-Datenbank. Nach Abschluss des Prozesses kann ein Datenabgleich zwischen CRM und IS-U angestoßen werden, sodass die modifizierten Daten in die IS-U-Datenbank repliziert werden. Alternativ kann dies auch durch eine regelmäßig eingeplante Replikation geschehen.

Da Geschäftspartner auch beim Einsatz einer Teilreplikationslösung zwischen IS-U und CRM repliziert werden, erfolgt eine Stammdatenänderung zum Geschäftspartner meist auf diese Weise. Neue Adressen oder Bankverbindungen sind dann zunächst nur in der CRM-Datenbank vorhanden und werden erst mit der Replikation an IS-U weitergegeben. Sofern für weitere Stammdatenobjekte, wie z. B. Zählpunkte, eine Replikation eingeschaltet ist, können auch andere Prozesse mit dieser Variante abgebildet werden.

Für welche Prozesse welche der vorgestellten Varianten praktikabel ist, hängt davon ab, ob es im CRM-Standard bereits eine entsprechende Abbildung des Prozesses gibt, welche Stammdaten zwischen IS-U und CRM repliziert werden und ob der Prozess neben den IS-U-Daten auch Daten aus CRM benötigt und gegebenenfalls modifiziert. Für komplexere Kundenentwicklungen in IS-U ist in der Regel ein direkter Aufruf per RFC die effizienteste Lösung.

Für die folgenden, klassischen IS-U-Prozesse ist eine CRM-Einbindung über einen eigenen CRM-Prozess oder eine Aufrufmöglichkeit mit Absprung in IS-U sinnvoll, damit die Frontoffice-Mitarbeiter nicht zwischen den Systemen hin und her wechseln müssen. Im CRM-Release 7.0 sind viele dieser Funktionen schon als eigene CRM-Prozesse im Standard enthalten:

- Adressänderung, Bankdatenänderung
- Lieferan- und -abmeldung; teilweise in Verbindung mit dem Angebots- und Auftragsmanagement (siehe Abschnitt 6.6.2)
- Tarif-/Produktwechsel
- Geräteeinbau, -ausbau und -wechsel; teilweise als Hintergrundschritt des Lieferan- und -abmeldeprozesses oder des Produktwechsels
- Ablesung inklusive Plausibilisierung, Zählerstandskorrektur

- Abschlagsplanänderung
- Rechnungsauskunft, Zwischenrechnung
- Sperren und Wiederinbetriebnahme

Einige der Prozesse können auch (teil-)automatisiert ablaufen, indem bestimmte Prozessschritte durch die Marktkommunikation, Schnittstellen zu anderen Systemen oder Workflows angestoßen bzw. ausgeführt werden. Falls durch die Prozesse Stammdaten in IS-U angelegt werden sollen, kann die Funktionalität der Stammdatenvorlagen genutzt werden, die wir in Abschnitt 6.2.3 vorgestellt haben. Dabei ist für technische Stammdaten der Vorlagentyp CRMTECHOBJ zu verwenden, und für Verträge kann der Vorlagentyp CRMNEWCONTRACT genutzt werden.

6.6.2 CRM-spezifische Prozesse

Neben den originären IS-U-Prozessen, für die in CRM teilweise Äquivalente oder Startmöglichkeiten bestehen, gibt es weitere Prozesse in CRM, die die reinen Kundenprozesse ergänzen. Dabei handelt es sich vor allem um klassische Prozesse aus dem Customer Relationship Management, wie z. B. Marketing- oder Kundenbindungsprozesse. Einige dieser Prozesse können Sie ebenfalls im Interaction Center aufrufen, andere stehen als eigenständige Programme in der traditionellen SAP-Benutzeroberfläche zur Verfügung. Im Folgenden stellen wir Ihnen einige dieser Prozesse kurz vor.

Marketing

Im Bereich des Marketings stehen Ihnen in SAP CRM vielfältige Funktionalitäten zur Verfügung, die hier nur kurz angerissen werden sollen. Über Marketingmerkmale können Sie z. B. Geschäftspartner und potenzielle Neukunden in Marktsegmente einteilen, die anschließend als Ausgangsbasis für Marketingkampagnen (siehe Abbildung 6.56) oder für weitere Analysen dienen.

Die Kampagnen werden im *Kampagnenmanagement* verwaltet, das diverse Prozesse zur Planung und Durchführung von Kampagnen umfasst. Dabei können Kampagnen auch verwendet werden, um weitere, geschäftsvorgangsbasierte Prozesse, wie z. B. einen Produktwechsel, einzuleiten. Neben den branchenübergreifenden Funktionen des Kampagnenmanagements, die in jedem CRM-System vorhanden sind, gibt es für die Versorgungsindustrie zusätzlich spezielle Komponenten. So kann z. B. die Durchführung einer Marketingkampagne dazu führen, dass ein Druckaktionssatz an IS-U übergeben wird, um eine Rechnungsbeilage zur nächsten Turnusrechnung auszugeben. Weitere Informationen zum CRM-Kampagnenmanagement und zur Kundensegmentierung finden Sie in Abschnitt 8.5.1.

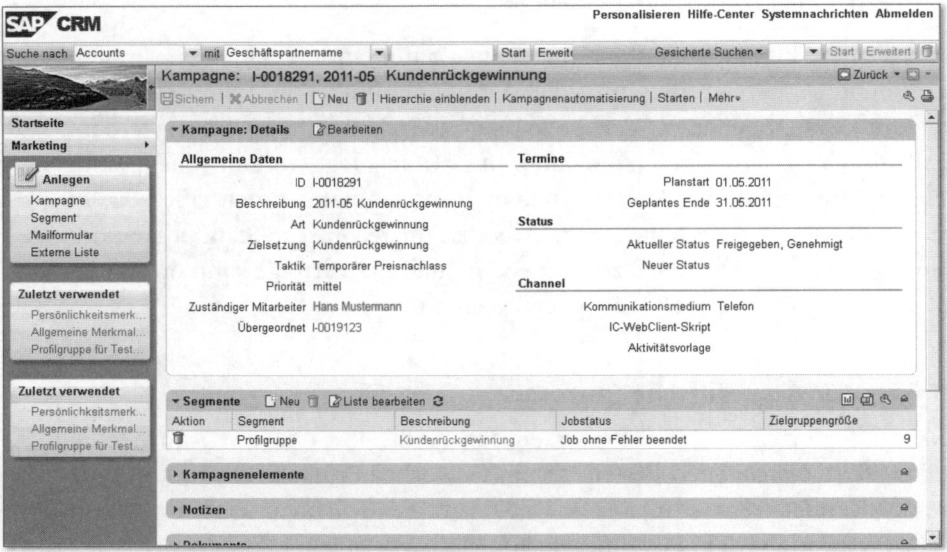

Abbildung 6.56 Marketingkampagne (SAP CRM 7.0)

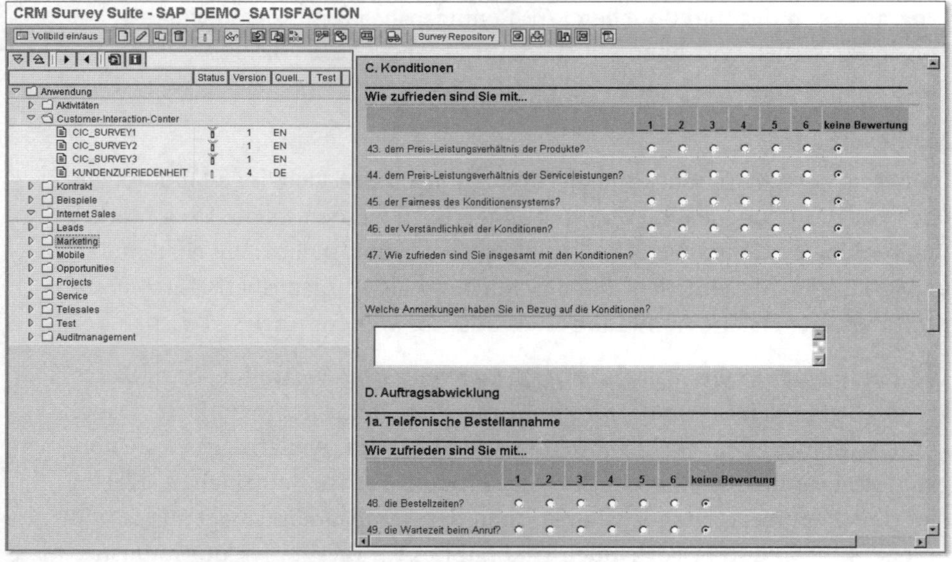

Abbildung 6.57 Survey Suite (SAP CRM 5.0)

Zur Datenerhebung im Marketing können Umfragen, sogenannte *Surveys*, erstellt werden. Hierzu bietet CRM diverse Funktionalitäten, die in der *CRM Survey Suite* zusammengefasst sind (siehe Abbildung 6.57). Die Surveys können nicht nur für Kundenumfragen, sondern auch für interne Zwecke, wie z. B. Checklisten für die Mitarbeiter im Callcenter, verwendet werden.

Für einen besseren Überblick über zu bearbeitende Kundensegmente und die Planung von Kampagnen stellt SAP CRM verschiedene Planungstools und Monitoring-Programme bereit. Dazu zählen unter anderem der *Marketingkalender*, der *Scenario Planner* und der *Marketing Planner* (siehe Abbildung 6.58). Auch SAP Netweaver BW und SAP BusinessObjects können an das CRM-System angebunden und so zur Marketingplanung und -überwachung eingesetzt werden. In Abschnitt 10.1 zeigen wir Ihnen, wie die Marketingaktivitäten durch BW und SAP BusinessObjects im Bereich des Kampagnenmanagements unterstützt werden.

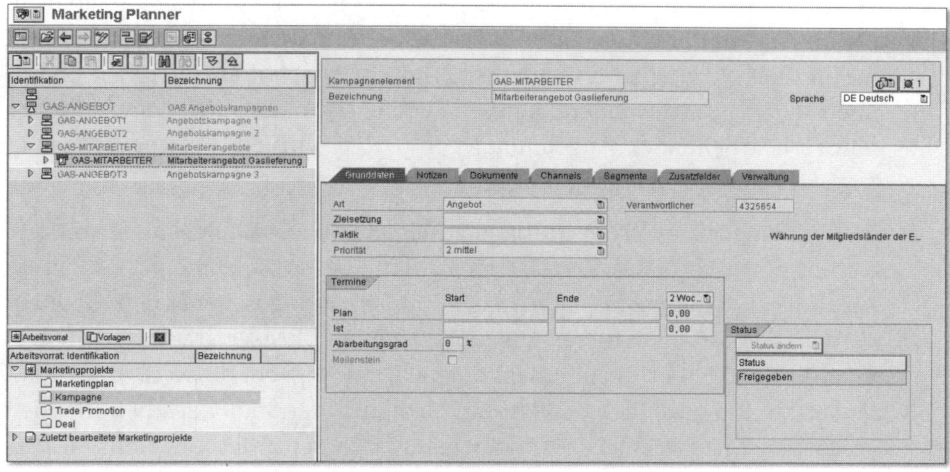

Abbildung 6.58 Marketing Planner (SAP CRM 5.0)

Angebots- und Auftragsmanagement

Für die Anbahnung und den Abschluss von Verträgen mit Neukunden, aber auch für neue Angebote an Bestandskunden bietet SAP CRM ein integriertes Angebots- und Auftragsmanagement.

Hiermit können Sie komfortabel Angebote erstellen und diese ohne manuellen Informationstransfer in Kundenaufträge bzw. Verträge umwandeln, wenn es zum Vertragsabschluss kommt. Ein Angebot wird in CRM als Geschäftsvorgang (siehe Abschnitt 6.6.3) mit einer bestimmten Vorgangsart,

z. B. »Verkaufsvorgang«, angelegt. Das Angebot kann dabei mehrere Positionen aus unterschiedlichen Sparten enthalten. Somit ist es möglich, die Strom- und Gasbelieferung in einem Angebot zusammenzufassen. Auch Zusatzkomponenten, wie z. B. ein DSL- oder Kabelanschluss in Verbindung mit einem Stromlieferangebot, lassen sich so abbilden.

Um ein Angebot anlegen zu können, muss der betreffende Geschäftspartner in CRM vorhanden sein. Sofern es sich um einen Neukunden handelt, können Sie im Angebotsmanagementprozess einen neuen Geschäftspartner in der Rolle *Interessent* anlegen. Interessenten werden üblicherweise nicht nach IS-U repliziert, sondern lediglich in CRM gespeichert. Je nach Umfang der gewählten Replizierung zwischen IS-U und CRM und je nach Art des Angebots kann es erforderlich sein, schon bei der Angebotserstellung weitere Stammdaten wie z. B. eine Verbrauchsstelle in CRM anzulegen.

Der CRM-Vertrag, der auch als Kundenauftrag bezeichnet wird, ist ebenfalls technisch als Geschäftsvorgang angelegt. Somit ist es problemlos möglich, alle im Angebot erfassten Informationen bei Annahme des Angebots direkt in den CRM-Vertrag zu übernehmen. Um ein Angebot anzunehmen und in einen Vertrag umzuwandeln, können Sie einen Kundenauftrag mit Bezug zu dem zu bearbeitenden Angebot anlegen. Dabei wird ein Folgevorgang zum Angebots-Geschäftsvorgang erzeugt.

Sie können auch mehrere Aufträge zu einem Angebot anlegen, sodass z. B. spartenspezifische CRM-Verträge entstehen. Ebenso ist es möglich, mehrere Angebote als Referenz für einen neuen Kundenauftrag zu benennen. Dadurch werden die Positionen dieser Angebote in einem CRM-Vertrag zusammengefasst. Bis CRM 5.0 ist es außerdem möglich, ein Angebot direkt in einen Kundenauftrag umzuwandeln, sodass sich lediglich der Status des betreffenden Geschäftsvorgangs ändert. Es bleibt dann kein separater Geschäftsvorgang für das Angebot mehr bestehen.

Wenn ein Vertrag mit einem Neukunden geschlossen wird, bekommt der entsprechende CRM-Geschäftspartner die Rolle *Vertragspartner* zugewiesen und wird daraufhin in das IS-U-System repliziert. Zur in CRM angelegten Geschäftsvereinbarung wird per Replikation in IS-U ein Vertragskonto angelegt, und für den CRM-Vertrag werden ein oder mehrere IS-U-Verträge erzeugt (siehe Abschnitt 5.7.3). Folgeprozesse, die mit der Annahme eines Angebots zusammenhängen, wie z. B. die Lieferanmeldung oder die notwendige Marktkommunikation, können in die Auftragsmanagementprozesse integriert werden.

Produkt- und Preisberatung

Sofern Sie den IC WebClient als Benutzeroberfläche für CRM einsetzen, können Sie die Integration der IS-U-Simulationsworkbench in CRM nutzen, um potenzielle Neukunden bei der Wahl des passenden Produkts qualifiziert zu beraten oder um Bestandskunden beim Wechsel zu einem für sie günstigeren Produkt zu helfen.

Die Simulationsworkbench in IS-U dient dazu, auf Basis von Musterverträgen und Musteranlagen mit den im IS-U-Customizing hinterlegten Produkten und Tarifen Abrechnungssimulationen durchzuführen und so eine realistische Prognose über die zu erwartenden Rechnungssummen zu treffen. Durch die im SAP-Standard verfügbare Einbindung der Simulationsworkbench in CRM können Sie mit wenigen Angaben (Adresse, Periodenverbrauch, Verbrauchsverhalten etc.) Produktvorschläge für einen konkreten Fall generieren (siehe Abbildung 6.59).

Der *Produktvorschlag* enthält Informationen zu den einzelnen Preisbestandteilen, zu Alternativprodukten und – bei Bestandskunden – zum Einsparpotenzial im Vergleich zum aktuell gültigen Produkt. Nach der Auswahl eines Produkts ist ein direkter Aufruf der Angebots- und Auftragsmanagementprozesse möglich. Die zuvor in der Produktberatung erfassten und ermittelten Daten können dabei in die Auftragserstellung übernommen werden.

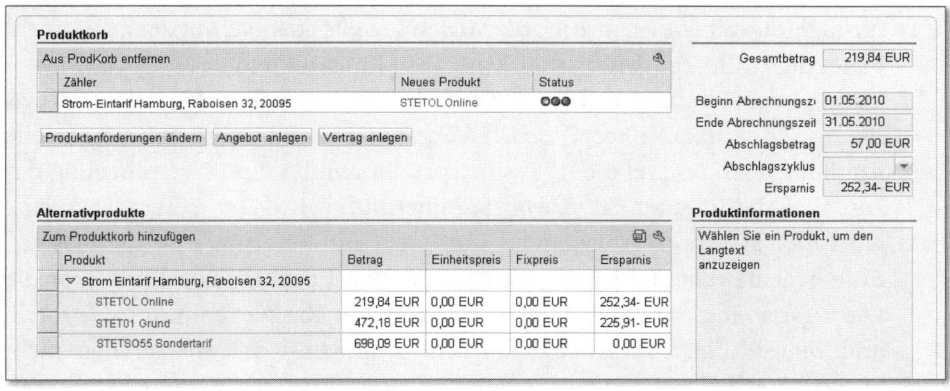

Abbildung 6.59 Produktvorschlag (SAP CRM 7.0)

Um die Funktionalität der Produktsimulation zu nutzen, müssen Sie zunächst die Simulationsworkbench in IS-U einrichten. Dazu gehört die Pflege des Produktsimulationskataloges, der die für einen Produktvorschlag zulässigen Produkte enthält. Außerdem sind Kundenverbrauchssegmente für verschiedene Verbrauchsverhalten anzulegen (saisonal und tageszeitlich schwankender

Verbrauch etc.). Mit den einzelnen Simulationskomponenten werden anschließend Simulationsszenarien erstellt, die dann in der Simulationsworkbench verwendet werden können.

Diese Einstellungen nehmen Sie im Customizing des IS-U-Systems vor, unter anderem über die Customizingpunkte BRANCHENKOMPONENTE VERSORGUNGSINDUSTRIE • KUNDENSERVICE • CRM-INTEGRATION • PRODUKTVORSCHLAG und BRANCHENKOMPONENTE VERSORGUNGSINDUSTRIE • VERTRAGSABRECHNUNG • ABRECHNUNGSDURCHFÜHRUNG • SIMULATIONSSZENARIEN DEFINIEREN. In IS-U können Sie die Simulationsworkbench über die Transaktion EASIM (Simulationsszenarien) aufrufen.

6.6.3 Geschäftsvorgänge in SAP CRM nutzen

Zur Unterstützung der Prozessabläufe und der Abbildung von Kundenkontakten in SAP CRM können sogenannte *Geschäftsvorgänge* genutzt werden, die über das *Interaction Center* (IC) verwaltet werden. Anders als die *Kundenkontakte* in IS-U (siehe Abschnitt 5.6.2) bezieht sich das Konzept der Geschäftsvorgänge nicht nur auf die Sammlung von Informationen bzw. die Protokollierung von Interaktionen mit dem Kunden, sondern bietet Ihnen vielfältige Möglichkeiten der Prozesssteuerung und kann als begleitendes Element in verschiedenen CRM-Prozessen eingesetzt werden. Um Geschäftsvorgänge und die damit verbundenen Mechanismen zur Prozesssteuerung für die unterschiedlichen Anforderungen jeweils adäquat nutzen zu können, bietet SAP CRM ein generisches Modell an Konstrukten, das über das Customizing angepasst und erweitert werden kann. Im Folgenden erläutern wir Ihnen den Aufbau eines Geschäftsvorgangs anhand eines Beispiels (siehe Abbildungen 6.60 und 6.61). Das Beispiel beschreibt ein Serviceangebot, das anschließend in einen Servicevertrag überführt wird. Der Geschäftsvorgang wird hier also prozessbegleitend und nicht nur informatorisch eingesetzt. Bitte beachten Sie, dass das gezeigte Beispiel nur einen Überblick über die wichtigsten Zusammenhänge geben soll. Es gibt komplexere Konstellationen und weitere Einstellmöglichkeiten im Customizing, auf die wir hier nicht weiter eingehen werden.

Jeder Geschäftsvorgang besteht aus einem *Kopfsatz*, der in der Datenbanktabelle CRMD_ORDERADM_H gespeichert ist. Er besitzt eine eindeutige, hexadezimale *GUID (Globally Unique Identifier)* sowie eine *Objekt-ID*. Die Objekt-ID ist für jede Vorgangsart eindeutig. Ein Geschäftsvorgang muss im Gegensatz zum Kundenkontakt in IS-U nicht notwendigerweise einem Geschäftspartner zugeordnet sein. Da ein Vorgang aber in den meisten Fällen für eine bestimmte Kundenbeziehung angelegt wird, ist die Zuordnung zu einem Geschäftspartner sinnvoll. Es können auch mehrere Geschäftspartner in unterschiedlichen Funktionen mit einem Geschäftsvorgang verknüpft werden (siehe Abbildung 6.60).

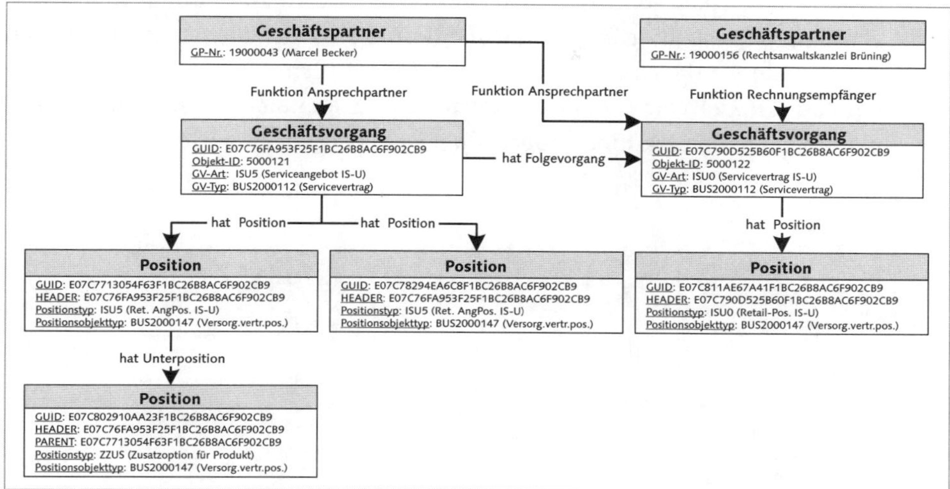

Abbildung 6.60 Beispiel für einen CRM-Geschäftsvorgang mit Folgevorgang

Ein Vorgang kann eine oder mehrere *Positionen* haben, die wiederum Unterpositionen besitzen können. Die (Unter-)Positionen werden in der Tabelle CRMD_ORDERADM_I abgelegt und erhalten separate GUIDs. Dabei werden die Verbindungen zu den übergeordneten Positionen und zum Kopf in den Feldern PARENT und HEADER gespeichert. Im vorliegenden Beispiel wurde ein Geschäftsvorgang für ein Serviceangebot angelegt, das zwei Angebotspositionen enthält, z. B. für einen Stromliefervertrag und einen Internetanschlussvertrag. Im Vertragsangebot für den Internetanschluss ist eine Zusatzoption (z. B. ein Antivirenprogramm) enthalten, die als Unterposition angelegt wurde. Geschäftsvorgänge, die hingegen nur zu informatorischen Zwecken angelegt werden, wie z. B. Kontakte, enthalten meist keine Positionen.

Zu einem Geschäftsvorgang können weitere Geschäftsvorgänge als *Folgevorgänge* angelegt werden. Die Folgevorgänge erben dabei gewisse Informationen aus ihrem Vorgänger. Im Beispiel aus Abbildung 6.60 wurde für das *Serviceangebot* ein Folgevorgang der Art *Servicevertrag* angelegt, in den eine der beiden Angebotspositionen sowie Informationen aus dem Vorgangskopf übernommen wurden. Durch Folgevorgänge ist somit eine Historisierung des

Prozesses möglich, die über die Anzeige der Vorgänge im IC nachvollzogen werden kann.

Um die Zusammenhänge der einsetzbaren Konstrukte im Kontext der Geschäftsvorgänge zu veranschaulichen, finden Sie in Abbildung 6.61 die im aktuellen Beispiel genutzten und auch teilweise in Abbildung 6.60 schon erwähnten Einstellungen und Kategorisierungen. Auch hier stellt das abgebildete Schema lediglich einen Ausschnitt der möglichen Einstellungen dar. So können z. B. dem dargestellten Aktionsprofil neben den angegebenen Aktionen noch weitere Aktionen zugeordnet sein.

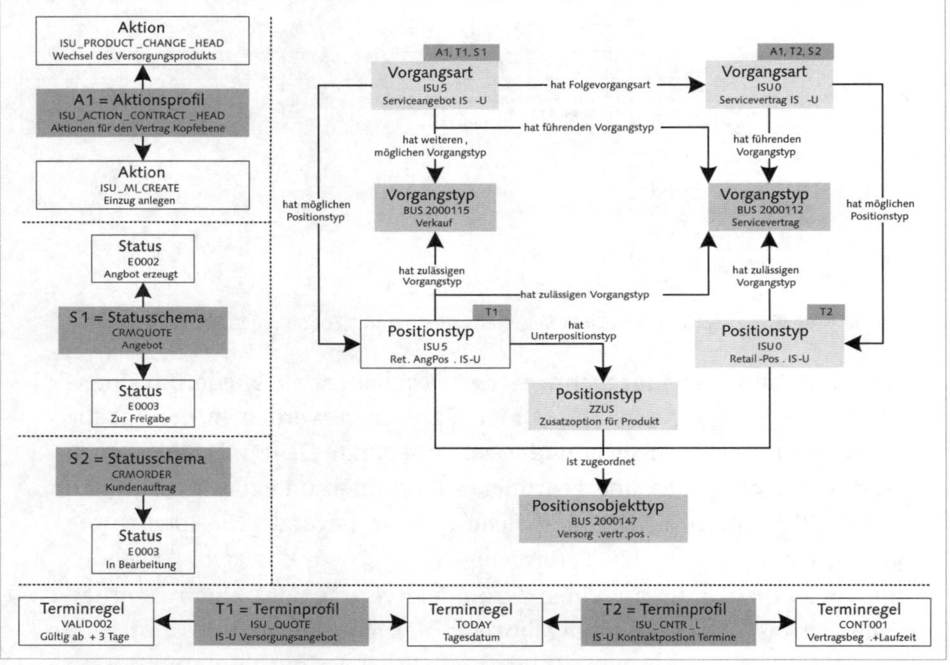

Abbildung 6.61 Konstrukte in der Geschäftsvorgangsmodellierung

Die in Abbildung 6.61 dargestellten und im Folgenden erläuterten Konstrukte und Einstellungen können Sie über die entsprechenden Unterpunkte im Customizingpfad Customer Relationship Management • Vorgänge • Grundeinstellungen anpassen. Für Aktionen, die Terminverwaltung etc. gibt es separate Customizingpfade, die wir an der entsprechenden Stelle nennen.

Zur Differenzierung der Geschäftsvorgänge nach ihrem Einsatzbereich stehen vordefinierte *Vorgangstypen* zur Verfügung. Ein Vorgangstyp ist ein Business-Objekttyp, der Parameter und Methoden zur Abbildung und Abwicklung des angedachten Geschäftsvorgangs bereitstellt. Weitere, kundenspezifische Vorgangstypen können über den Business Object Builder angelegt und anschließend im Customizing hinterlegt werden. Es gibt die folgenden wichtigen Geschäftsvorgangstypen:

- Aktivität: Aufgabe, Kontakt
- Lead
- Opportunity
- Servicevorgang
- Servicevertrag
- Versorgungsvertrag
- Verkauf
- Rückmeldung: Servicerückmeldung, Lizenznutzungsrückmeldung
- Reklamation

Die Vorgangstypen sind hierarchisch aufgebaut. So gibt es z. B. den Vorgangstyp *Aktivität*, der in die Subtypen *Aufgabe* und *Kontakt* unterteilt werden kann. Ein Geschäftsvorgang vom Typ Kontakt entspricht im Wesentlichen dem aus IS-U bekannten Kundenkontakt und wird für die Abbildung von Interaktionen mit dem Kunden benutzt. In der Praxis werden die Begriffe *Geschäftsvorgang*, *Aktivität* und *(Kunden-)Kontakt* oft synonym verwendet. Aktivitäten können mit dem AKTIVITÄTENMONITOR (Transaktion S_AE2_89000019) überwacht und ausgewertet werden.

Da die für einen Geschäftsvorgang benötigten Daten je nach Vorgangstyp unterschiedlich sind, gibt es für einige der Vorgangstypen eigene Customizingeinstellungen und Datenbanktabellen, wie z. B. die folgenden:

- Kopf- und Positionsdaten eines Aktivitätsvorgangs stehen in den Tabellen CRMD_ACTIVITY_H und CRMD_ACTIVITY_I.
- Die Tabellen CRMD_SERVICE_H und CRMD_SERVICE_I enthalten die Daten eines Servicevorgangs.
- Zur Speicherung kundeneigener Felder stehen die Tabellen CRMD_CUSTOMER_H und CRMD_CUSTOMER_I zur Verfügung.
- Alle Vorgänge werden dennoch immer zusätzlich in die Grundtabellen CRMD_ORDERADM_H und CRMD_ORDERADM_I (sofern Positionen vorhanden sind) eingetragen.

Die Verbindung von Einträgen in den beiden Grundtabellen zu den Einträgen in den jeweiligen Zusatztabellen (CRMD_ACTIVITY_H etc.) erfolgt über die GUID des Vorgangs bzw. der Position.

Durch die unterschiedlichen Datenmodelle und die vielfältigen Customizingeinstellungen ist auch die Darstellung der Geschäftsvorgänge verschiedener Typen im IC unterschiedlich. In den Abbildungen 6.62 und 6.63 sind zwei Geschäftsvorgänge verschiedener Typen in der IC-Ansicht dargestellt: zum einen der Serviceangebotsvorgang aus unserem Beispiel, zum anderen ein Kontaktvorgang. Wie Sie in den Abbildungen sehen können, unterscheiden sich die beiden Vorgänge sowohl in den angezeigten Kopfdaten in der oberen Bildschirmhälfte als auch in den Reitern und den darin dargestellten Informationen in der unteren Bildschirmhälfte.

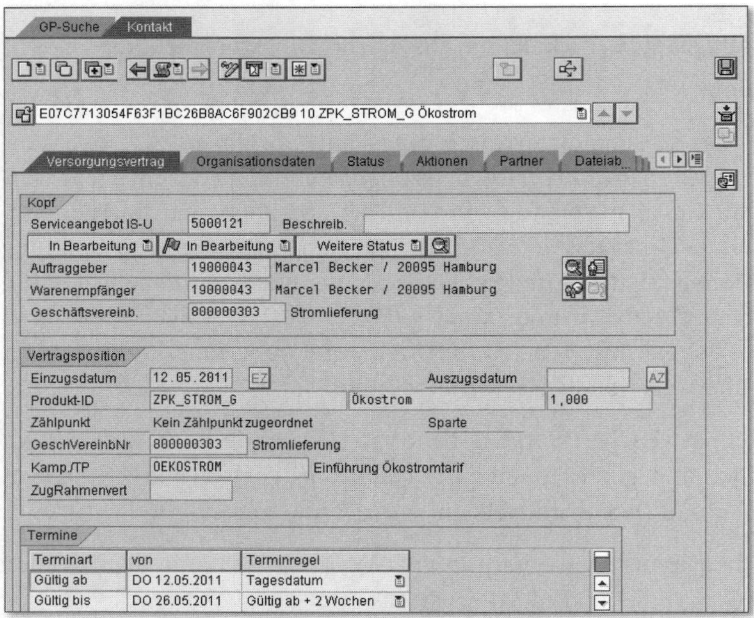

Abbildung 6.62 Serviceangebots-Geschäftsvorgang im IC (SAP CRM 5.0)

Um die Einstellungen für Geschäftsvorgänge, die für bestimmte Prozesse eingesetzt werden sollen, feiner zu spezifizieren, können Sie im Customizing *Vorgangsarten* anlegen. Jeder Geschäftsvorgang gehört zu genau einer Vorgangsart und nutzt die für die Vorgangsart definierten Einstellungen. Einer Vorgangsart muss ein *führender Vorgangstyp* zugeordnet werden. Es können aber auch weitere Vorgangstypen mit der Vorgangsart verknüpft werden, sodass z. B. ein Geschäftsvorgang der Art »Serviceangebot IS-U« sowohl mit

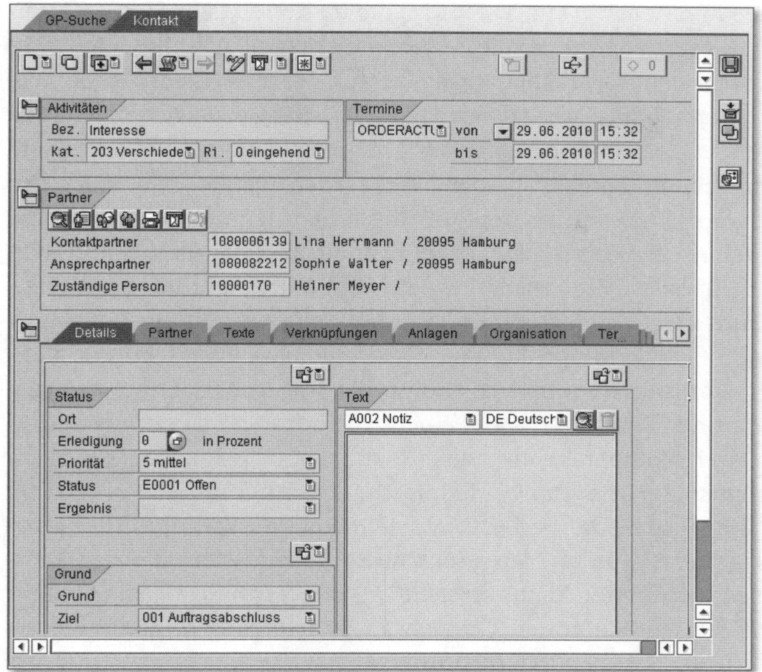

Abbildung 6.63 Kontakt-Geschäftsvorgang im IC (SAP CRM 5.0)

dem Typ »Servicevertrag« als auch mit dem Typ »Verkauf« angelegt werden kann (siehe Abbildung 6.61) und das entsprechende Datenmodell aus dem jeweiligen Typ übernimmt. Im Customizing legen Sie außerdem Beziehungen zwischen Vorgangsarten fest, um die Zulässigkeit von Folgevorgängen zu definieren.

Zur Differenzierung der Positionen von Geschäftsvorgängen stehen Ihnen *Positionstypen* zur Verfügung. Im Customizing werden einem Positionstyp die möglichen Vorgangstypen zugeordnet, für die Positionen des entsprechenden Positionstyps angelegt werden können. Um einen Positionstyp nutzbar zu machen, muss der Positionstyp im Customizing der Vorgangsarten bei einer oder mehreren Vorgangsarten angegeben sein. Wenn Sie die Zulässigkeit von Unterpositionen festlegen möchten, können Sie zu einem Positionstyp untergeordnete Positionstypen angeben. Außerdem ist für jeden Positionstyp genau ein Business-Objekttyp als *Positionsobjekttyp* hinterlegt, der das Datenmodell und die Darstellung einer Position definiert. Dass die Positionstypen im vorliegenden Beispiel (siehe Abbildung 6.61) genauso heißen wie die entsprechenden Vorgangstypen ist rein zufällig und stellt keine Notwendigkeit dar.

Eine wichtige Komponente von SAP CRM, die im Kontext von Geschäftsvorgängen zum Einsatz kommt, ist die *Aktionsverarbeitung*. Mithilfe von *Aktionen* können aus dem Geschäftsvorgang heraus Prozesse (Workflows, Programme) gestartet, Status gesetzt oder Folgevorgänge erzeugt werden. Der Fortschritt und die Ablaufreihenfolge der Aktionen werden protokolliert und können jederzeit im Geschäftsvorgang eingesehen werden. Um für einen Geschäftsvorgang einer bestimmten Vorgangsart vordefinierte Aktionen und Regeln für deren Verarbeitung nutzen zu können, sind die Aktionen in *Aktionsprofilen* gruppiert, die wiederum in den Vorgangsarten und Positionstypen hinterlegt werden können. In Abbildung 6.61 ist die Zuordnung der Aktionsprofile, Terminprofile und Statusschemata über schwarze Kästchen an den Vorgangsarten und Positionstypen angegeben. Dabei ist anzumerken, dass einer Vorgangsart oder einem Positionstyp nicht notwendigerweise alle drei Komponenten zugeordnet sein müssen. Zu einzelnen Aktionen können Sie *Bedingungen* definieren, die erfüllt sein müssen, damit die Aktion eingeplant oder gestartet werden kann. So kann z. B. festgelegt werden, dass eine Aktion erst ausgeführt werden darf, wenn der Geschäftsvorgang einen bestimmten Status erreicht hat. Das Customizing zur Aktionsverarbeitung finden Sie unter Customer Relationship Management • Grundfunktionen • Aktionen • Aktionen im Vorgang.

Außerdem relevant für die Steuerung von Geschäftsvorgängen ist die *Terminverwaltung*. Hier legen Sie *Terminprofile* mit darin enthaltenen *Terminregeln* an. Die Terminprofile werden ebenfalls in den Vorgangsarten und Positionstypen hinterlegt. Neben der reinen Informationsfunktion, die gespeicherte Datumswerte mit festgelegten Bedeutungen für den Geschäftsvorgang haben, können Termine auch genutzt werden, um Einplan- oder Startbedingungen für Aktionen zu definieren. Eine Aktion für den Gerätewechsel wird dann z. B. erst eingeplant, wenn ein Installationstermin im Vorgang gesetzt wurde. Das Customizing zur Aktionsverarbeitung finden Sie unter Customer Relationship Management • Grundfunktionen • Terminverwaltung.

Als weitere Komponente im Zusammenhang mit Geschäftsvorgängen ist die *Statusverwaltung* zu nennen. Ein Geschäftsvorgang kann einen oder mehrere *Status* besitzen, die dazu verwendet werden, den Fortschritt eines Vorgangs anzuzeigen, die aber auch zur Bestimmung der momentan ausführbaren Aktionen herangezogen werden können. Im Customizing können Sie die sogenannten *Anwenderstatus* unter Customer Relationship Management • Vorgänge • Grundeinstellungen • Statusverwaltung definieren. Darüber hinaus gibt es Systemstatus, die nicht anpassbar sind.

Die Anwenderstatus sind in *Statusschemata* gruppiert, die den Vorgangsarten und Positionstypen zugeordnet werden können. Die technischen Bezeichnungen der Status sind in jedem Statusschema eindeutig, in verschiedenen Schemata können aber die gleichen technischen Bezeichnungen verwendet werden, wie es z. B. in Abbildung 6.61 bei Status E0003 der Fall ist. Alle verfügbaren Status sind mit ihren technischen Namen in der Datenbanktabelle TJ30 definiert. Die einem Geschäftsvorgang zugeordneten Status werden in der Tabelle CRM_JEST nachgehalten.

Für Anwendungsfälle, in denen die vielfältigen Gestaltungsmöglichkeiten über das Customizing der Geschäftsvorgänge und der damit verbundenen Komponenten nicht ausreichen, können Sie auch programmtechnisch in den Ablauf eines Geschäftsvorgangs eingreifen. Hierzu steht Ihnen der so genannte *Eventhandler* zur Verfügung, für den Sie im Customizing unter Customer Relationship Management • Vorgänge • Grundeinstellungen • Eventhandler-Tabelle bearbeiten zu dem gewünschten Vorgangstyp und fest definierten Zeitpunkten (z. B. Sichern, Initialisieren) Funktionsbausteine hinterlegen können.

Neben den hier vorgestellten Konstrukten gibt es im Umfeld der Geschäftsvorgänge weitere Funktionalitäten, wie z. B. das Anhängen von Dokumenten oder die Replizierung von Vorgängen in Richtung IS-U, deren Behandlung hier allerdings den Rahmen sprengen würde.

Zusammenfassend ist festzuhalten, dass mit den Geschäftsvorgängen ein mächtiges und gleichzeitig flexibles Werkzeug in SAP CRM zur Verfügung steht. Dieses Werkzeug kann einerseits genutzt werden, um Prozesse zu begleiten und die anfallenden Informationen zu sammeln und zu historisieren, andererseits kann es aber auch als Grundlage von Prozessen oder Prozessketten dienen und deren Ablauf maßgeblich steuern.

6.7 Marktkommunikation im deregulierten Markt

In diesem Abschnitt beschreiben wir, welche Anforderungen die Bundesnetzagentur an die Lieferanten und Netzbetreiber bezüglich ihrer Marktkommunikation stellt. Außerdem stellen wir Ihnen die verschiedenen Datenformate vor und erläutern, wie die Anforderungen durch Einsatz der Komponenten IDEX-GE und IDEX-GG im IS-U-System abgebildet werden können. Dabei gehen wir zunächst auf die grundlegenden Systemeinstellungen und den allgemeinen Ablauf der Nachrichtenverarbeitung ein (siehe Abschnitte 6.7.3 und 6.7.4). Anschließend erläutern wir die spezifischen Einstellungen und die konkrete Ablauflogik am Beispiel des Lieferantenwechselprozesses (siehe Abschnitte 6.7.5 und 6.7.6).

6.7.1 Vorgaben der Bundesnetzagentur

Das *Gesetz über die Elektrizitäts- und Gasversorgung* (Energiewirtschaftsgesetz EnWG) dient zur Umsetzung der Richtlinie 2003/54/EG des Europäischen Parlamentes über gemeinsame Vorschriften für den Energiebinnenmarkt. In dieser Richtlinie wird unter anderem ein diskriminierungsfreier, transparenter Netzzugang zu einem angemessenen Preis gefordert. Daher wurde die rechtliche Trennung von Netzbetreibern und Lieferanten beschlossen. Aus dieser Trennung ergibt sich die Notwendigkeit einer standardisierten Marktkommunikation zwischen Netzbetreibern und Lieferanten als Grundlage für die Abrechnung der Netznutzungsentgelte.

Durch das *Gesetz zur Öffnung des Messwesens bei Strom und Gas für Wettbewerb* (WettbMesswSGG) vom 29. August 2008 werden neue Marktrollen für das Messwesen ermöglicht, die ebenfalls über Marktkommunikation mit den Lieferanten und Netzbetreibern Daten austauschen.

Während wir in Abschnitt 8.3 auf diese neuen Rollen und die damit verbundene Marktkommunikation eingehen, legen wir im vorliegenden Abschnitt den Fokus auf die Kommunikation zwischen Lieferanten und Netzbetreibern.

Nachrichtenformate

Die Standardformate zur Marktkommunikation wurden von der *Bundesnetzagentur* (BNetzA) festgelegt. Hierbei hat die BNetzA sich am EDIFACT-Format orientiert, einem branchenübergreifenden Standard für elektronischen Datenaustausch. EDIFACT steht für *Electronic Data Interchange For Administration, Commerce and Transport.*

Die Nachrichtentypen zur Marktkommunikation im Energiemarkt und deren Verwendung finden Sie in Tabelle 6.3.

Nachrichtentyp	Verwendung
CONTRL	Ergebnis der Syntaxprüfung einer eintreffenden Nachricht inklusive Empfangsbestätigung
APERAK	Wird versendet, wenn bei der auf die Syntaxprüfung folgenden Modellprüfung ein Fehler aufgetreten ist.
INVOIC	Netznutzungsrechnung
MSCONS	Übermittlung von Zählerständen

Tabelle 6.3 Nachrichtentypen für Marktkommunikationsprozesse

Nachrichtentyp	Verwendung
REMADV	Zahlungsavis als Antwort auf INVOIC (Ankündigung/Ablehnung der Zahlung)
REQDOC	Anforderung von Stammdaten (z. B. Zählpunktbezeichnung) vom Netzbetreiber
UTILMD	Übermittlung von Stammdaten und deren Änderung

Tabelle 6.3 Nachrichtentypen für Marktkommunikationsprozesse (Forts.)

Ab dem 01. April 2011 kommen die in Tabelle 6.4 aufgeführten, neuen Formate hinzu, die zur Abwicklung der Prozesse im Rahmen von WECHSELPROZESSEN IM MESSWESEN (WiM) dienen. Weitere Informationen zu WiM und der zugehörigen Marktkommunikation finden Sie in Abschnitt 8.3.

Nachrichtentyp	Verwendung
IFTSTA	Mitteilung über erfolgreiche/gescheiterte Prozessführung im Rahmen der MSB/MDL-Prozesse
ORDERS	Verhandlung über Überlassung von Messgeräten zwischen MSBA und MSBN
PRICAT	Preislisten, Grundlage für die Netznutzungsabrechnung

Tabelle 6.4 Neue Nachrichtentypen für Marktkommunikationsprozesse

Als Beispiel beleuchten wir hier den Nachrichtentyp CONTRL näher, damit Sie einen kurzen Einblick in die Struktur der EDIFACT-Nachrichten erhalten. Dieser Nachrichtentyp wird verwendet, um den Eingang einer Nachricht zu bestätigen und das Ergebnis der Syntaxprüfung mitzuteilen.

UNH (Kopfsegment)	UCI (Nachrichtensegment)	UNT (Endsegment)
▪ Laufende Nummer der Nachricht ▪ Nachrichtentyp ▪ Version	▪ Nummer der Referenznachricht ▪ Absender ▪ Empfänger ▪ Ergebnis der Nachrichtenprüfung	▪ Anzahl der verwendeten Segmente ▪ Referenz auf Nummer in Segment UNH

Abbildung 6.64 Struktur einer EDIFACT-Nachricht vom Typ CONTRL

Eine CONTRL-Nachricht besteht, wie in Abbildung 6.64 dargestellt, aus drei Segmenten mit den Namen UNH (Nachrichten-Kopfsegment), UCI (Einzelheiten zur Rückmeldung) und UNT (Nachrichten-Endsegment).

1. **Kopfsegment UNH**
   Das Kopfsegment UNH dient dazu, die Nachricht durch eine laufende Nummer, den Nachrichtentyp und die verwendete Version zu identifizieren.
   Beispiel: *UNH+1+CONTRL:D:3:UN:1.3c'*

   Die »1« und »CONTRL« hinter »UNH« in diesem Beispiel bedeuten also, dass es sich um die erste Nachricht vom Typ CONTRL handelt. Anschließend folgen Versionsidentifikatoren. Die Zeichen »+« und »:« sind Trennelemente, ein »'« bezeichnet das Ende eines Segments.
2. **Segment UCI**
   Im Segment UCI ist die eigentliche Nachricht enthalten.
   Beispiel: *UCI+10001+4078901000029:14+4012345000023:14+4'*

   In dieser Nachricht wird auf die Nachricht 10001 von Absender 4078901000029 an Empfänger 4012345000023 Bezug genommen. Die »14« hinter den Marktteilnehmern gibt an, dass es sich bei der Bezeichnung von Sender und Empfänger um die *GS1-Bezeichnung* des Unternehmens handelt. Jedes Unternehmen kann eine solche global eindeutige Nummer kaufen. Eine weitere Möglichkeit der Identifikation der Partner ist die BDEW-Nummer, die jedes auf dem deutschen Markt tätige Energieunternehmen beim Bundesverband der Energie- und Wasserwirtschaft (BDEW) beantragen muss. Die »4« am Ende der Nachricht bedeutet, dass es in der Nachricht, auf die hier referenziert wird, einen Syntaxfehler gab.
3. **Segment UNT**
   Das letzte Segment UNT ist das *Schlusssegment* der Nachricht.
   Beispiel: *UNT+3+1'*

   Hier wird die Anzahl der in der Nachricht verwendeten Segmente notiert und noch einmal auf die Nachrichtennummer im UNH-Segment referenziert. Das Schlusssegment stellt unter anderem ein Kontrollsegment dar und zeigt gleichzeitig an, dass die Nachricht beendet ist. Somit können theoretisch in einer Datei mehrere voneinander unabhängige Nachrichten versendet werden.

   Festzuhalten ist hier noch, dass generell jede EDIFACT-Nachricht die Segmente UNH und UNT als Kopf- bzw. Endsegment enthält. Diese Segmente kann man als Umschlag für die eigentliche, dazwischen enthaltene Nachricht betrachten.

Kommunikationsprozesse

In folgenden Situationen müssen nach den Vorschriften der BNetzA Marktkommunikationsprozesse zwischen Lieferanten und Netzbetreiber stattfinden:

- **Lieferantenwechsel**
  Ein Zählpunkt soll bei gleichem Kunden durch einen anderen Lieferanten versorgt werden.
- **Lieferende**
  Der Kunde beendet den Vertrag mit einem Lieferanten an einer Verbrauchsstelle und wird dort nicht weiter beliefert. Dies geschieht im Falle eines Auszugs oder bei Auflösung eines Zählpunktes.
- **Lieferbeginn**
  Ein Kunde nimmt den Strombezug an einer Entnahmestelle auf und wurde vorher an dieser Entnahmestelle nicht versorgt (z. B. bei einem Einzug).
- **Ersatzversorgung**
  Ersatzversorgung liegt vor, wenn ein Kunde an einer Entnahmestelle Strom bezieht, aber mit keinem Versorger einen Vertrag geschlossen hat. Dies kommt vor, wenn ein Kunde neu einzieht oder seinen Vertrag mit einem Lieferanten kündigt und keinen neuen Vertrag schließt. Die Strombelieferung erfolgt dann durch den Grundversorger. Der entsprechende Kommunikationsprozess findet zwischen Netzbetreiber und Grundversorger statt, wenn ein Kunde in die Ersatzversorgung eintritt oder diese verlässt. Die Ersatzversorgung endet nach höchstens drei Monaten. Ein Kunde, der bis dahin immer noch keinen Vertrag mit einem Versorger geschlossen hat, wird weiterhin vom Grundversorger beliefert, dann jedoch in der Grundversorgung.
- **Stammdatenänderung**
  Der Prozess der Stammdatenänderung beschreibt den Austausch von Kundenstammdaten oder Stammdaten der Entnahmestelle zwischen zwei Marktpartnern. Dies wird insbesondere dann nötig, wenn sich das Vertragsverhältnis zum Kunden oder dessen Daten geändert haben.
- **Geschäftsdatenanfrage**
  Stammdaten eines Kunden können vom (neuen) Lieferanten des Kunden beim Netzbetreiber angefragt werden. Als besonders wichtiges Datum sei hier die Zählpunktbezeichnung genannt, die vom Netzbetreiber festgelegt wird und somit einem Lieferanten per se nicht bekannt ist. Jedoch ist die Kenntnis der Zählpunktbezeichnung als zentrales Objekt der Marktkommunikation für die weiteren Prozesse unabdingbar.
- **Zählerstandsübermittlung**
  Der Netzbetreiber ist die zentrale Sammelstelle aller Zählerstände der Zähler in seinem Netz, sofern er gleichzeitig die Rolle des Messdienstleisters innehat, was zurzeit der Regelfall ist. Die Zählerstände leitet er mithilfe des Prozesses der Zählerstandsübermittlung an alle beteiligten Marktpartner,

wie z. B. den aktuellen Lieferanten am Zählpunkt, weiter. Situationen, in denen eine Zählerstandsübermittlung notwendig wird, sind z. B. die Turnusablesung oder der Lieferantenwechsel.

- **Netznutzungsabrechnung**
  Alle Lieferanten eines Zählers müssen dem Netzbetreiber für die durchgeleitete Energie eine Netznutzungsgebühr bezahlen, die durch die Netznutzungsabrechnung eingefordert wird. Dies geschieht entweder turnusmäßig oder bei Lieferantenwechsel bzw. Lieferende als Endabrechnung an den alten Lieferanten.
- **Bestandslisten**
  Am 16. Werktag jedes Monats versendet der VNB die Bestandslisten an alle Lieferanten in seinem Netzgebiet. In diesen Listen findet der Lieferant alle von ihm im folgenden Monat belieferten Kunden. Die Listen sind vom Lieferanten zu prüfen. Datenschiefstände sind zu klären, weil die Daten des Netzbetreibers später Grundlage der Netznutzungsabrechnung sind.

Zu jedem dieser Prozesse wurden von der Bundesnetzagentur genau einzuhaltende, nacheinander auszuführende Prozessschritte definiert. Für den Energielieferanten gilt es, diese Prozesse automatisiert auszuführen. Ein wichtiger Schritt hierbei ist die Verarbeitung eingehender EDIFACT-Nachrichten und die Erstellung eigener Nachrichten im vorgegebenen Format.

Als Beispiel ist in Abbildung 6.65 der Prozess des Lieferantenwechsels schematisch dargestellt. Die Akteure des Prozesses sind der Kunde, der VNB, der neue Lieferant (LN) und der alte Lieferant (LA).

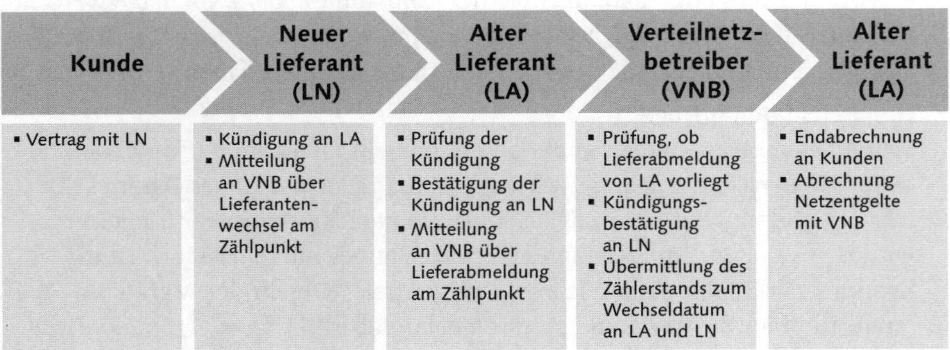

Abbildung 6.65 Prozessdiagramm »Lieferantenwechsel«

Im Beispiel aus Abbildung 6.65 wird von einem reibungslosen Verlauf der Kommunikation ausgegangen. Ablehnungen, fehlerhaft übermittelte Nachrichten etc. werden hier nicht betrachtet:

1. Im Normalfall schließt ein Kunde einen Vertrag mit einem neuen Versorger und ermächtigt diesen, den Vertrag mit seinem alten Versorger zu kündigen. Die nötige Kommunikation findet zwischen den drei Marktpartnern Neulieferant, Altlieferant und VNB statt.
2. Der Neulieferant versendet zwei UTILMD-Nachrichten.
   - Eine Nachricht geht an den *Altlieferanten*. Sie enthält die Kündigung des Vertrags zu einem bestimmten Termin oder zum nächstmöglichen Datum im Auftrag des Kunden.
   - Die andere Nachricht verschickt der Neulieferant an den *VNB*, um diesem den Lieferantenwechsel mitzuteilen.

   Beide Nachrichten müssen mindestens einen Monat vor dem geplanten Lieferbeginn versendet werden. Ein Lieferbeginn kann nur zu Beginn eines Monats stattfinden.
3. Der Altlieferant prüft die Kündigung und versendet daraufhin ebenfalls zwei UTILMD-Nachrichten: eine an den Neulieferanten mit der Bestätigung der Kündigung und eine an den VNB zur Lieferabmeldung. Dies muss spätestens fünf Werktage nach Eingang der Nachricht vom Neulieferanten geschehen.
4. Auch der VNB prüft die eingegangenen Meldungen. Im Idealfall hat er die Meldung des Lieferantenwechsels vom Neulieferanten und die Lieferabmeldung des Altlieferanten erhalten; es kommt also nicht zur *Lieferantenkonkurrenz*.

Lieferantenkonkurrenz [+]

Lieferantenkonkurrenz bedeutet, dass zwei oder mehr Lieferanten behaupten, im selben Zeitraum einen Vertrag mit dem Kunden zu haben. Auch im Falle der Lieferantenkonkurrenz gibt es von der Bundesnetzagentur vorgegebene Verfahren, auf die wir aber hier nicht näher eingehen wollen.

Der VNB versendet zwei UTILMD-Nachrichten an den Neu- bzw. Altlieferanten mit der Bestätigung der An- bzw. Abmeldung. Dies muss spätestens zum 15. Werktag des *Fristmonats* (der letzte Monat, in dem der Kunde vom Altlieferanten beliefert wird) geschehen.

Zum Start der Belieferung wird durch den VNB der Zählerstand des Kunden ermittelt und durch zwei MSCONS-Nachrichten dem Neu- bzw. Altlieferanten mitgeteilt. Dieser Zählerstand bildet auch die Grundlage für die Abrechnung der Netznutzungsgebühren des VNB mit dem Altlieferanten.

Wie der Lieferantenwechselprozess mithilfe der SAP-Komponente IDEX abgewickelt werden kann, erfahren Sie in den Abschnitten 6.7.5 und 6.7.6.

6.7.2 IDEX-GE und IDEX-GG als SAP-Komponenten zur Marktkommunikation

Durch die gesetzlich vorgegebene Entflechtung der Energiewirtschaft in Deutschland sind zahlreiche neue Anforderungen und Prozesse auf die Unternehmen der Branche zugekommen, die durch IS-U abgedeckt werden müssen. Dazu zählen insbesondere die Abbildung der Marktkommunikation als standardisierter Massenprozess sowie neue Funktionen, wie die Netznutzungsabrechnung oder die Bilanzierung. Diese Erweiterungen von IS-U werden von SAP unter der Bezeichnung *Intercompany Data Exchange Extended* (IDEX) bereitgestellt. Die Komponente IDEX gibt es je nach Sparte und Marktrolle in den folgenden Ausprägungen:

- IDEX-GE (Intercompany Data Exchange for German Electricity)
- IDEX-GG (Intercompany Data Exchange for German Gas)
- IDEX-GM (Intercompany Data Exchange for German Metering)

Die in diesem Abschnitt folgenden Erläuterungen zu den Systemeinstellungen der Marktkommunikation basieren weitestgehend auf den Erweiterungen mit IDEX-GE/GG. Näheres zu IDEX-GM erfahren Sie in Abschnitt 8.3.2. Im Folgenden finden Sie zunächst einige Informationen zur Entstehung und zum Umfang der IDEX-Erweiterungen.

Entstehung von IDEX

Die Grundlage für die Entwicklung von IDEX waren die gesetzlichen Entscheidungen der Bundesnetzagentur zu standardisierten Marktprozessen und Datenaustauschformaten im Strombereich, die sogenannten *Geschäftsprozesse zur Kundenbelieferung mit Elektrizität* (GPKE) im Jahr 2006. Im Jahr 2008 erfolgte die Berücksichtigung von Gas-Spezifika mit der *Geschäftsprozesse Lieferantenwechsel Gas* (GeLi Gas).

Erstmalig wurden die Erweiterungen für IDEX-GE mit IS-U 4.64 zur Verfügung gestellt. Ausgehend von SAP ERP 6.0 wurden dann die IDEX-Prozesse und Funktionen durch zahlreiche Erweiterungspakete und Support Packages ergänzt. Die IDEX-GG-Erweiterungen wurden mit dem EHP 4 im Jahr 2008 zur Verfügung gestellt. Aktuell wird an der Bereitstellung von Funktionen für

IDEX-GM gearbeitet. Über Support Packages werden auch in Zukunft Erweiterungen und Neuerungen sowie Formatänderungen für IDEX zur Verfügung gestellt, um die gegenwärtigen rechtlichen Anforderungen abzudecken.

Umfang von IDEX

Die Erweiterungen von IDEX basieren auf SAP ERP und sind Zusatzentwicklungen zu den Komponenten IS-U, EDM und IDE. Dabei sind die Prozesse auf die Besonderheiten des deutschen Energiemarktes ausgerichtet und bestehen maßgeblich aus vorkonfigurierten Musterprozessen in Form von Workflows. Unter anderem können die folgenden drei Funktionen mithilfe von IDEX abgewickelt werden:

- **Lieferantenwechsel**
  Hierzu zählen insbesondere die Abwicklung der Prozesse zur Marktkommunikation (Lieferbeginn, Lieferende und Lieferantenwechsel) sowie die flexible Steuerung, Aggregation und das Monitoring der ein- und ausgehenden Nachrichten im Wechselbeleg. Des Weiteren stehen Funktionen zur Identifikation und Verwendung des Zählpunktes zur Verfügung. Im Rahmen von IDEX-GG werden spezifische Anforderungen für Gas berücksichtigt. Dazu zählen z. B. die Prüfung der Gasmarktgebiete, das Kapazitätsmanagement und gasspezifische Dialoge.
- **Netznutzung**
  Für Netzbetreiber stehen zahlreiche Funktionen zur Netznutzungsabrechnung und zum Versand und der Verarbeitung von Zählerständen zur Verfügung. Lieferanten können mit den Funktionen von IDEX die eingehenden Netznutzungsabrechnungen verarbeiten.
- **Bilanzierung**
  IDEX ermöglicht eine kundengruppenspezifische Mehr-/Mindermengenermittlung und eine getrennte Abrechnung nach Kundengruppen. Des Weiteren stellt es Reportingfunktionen und Bilanzierungssichten zur Verfügung.

IDEX beinhaltet außerdem konfigurierbare Funktionen zur sicheren Abwicklung der *Ersatzversorgung* und zum fristgerechten Austausch von *Stammdatenänderungen* und *Zählerstandsdaten*. Im folgenden Abschnitt erläutern wir die zur Verfügung stehenden Funktionen und notwendigen Systemeinstellungen für die gesamte Marktkommunikation exemplarisch anhand des Lieferantenwechselprozesses, da dieser Prozess die wichtigsten Teilbereiche der IDEX-Erweiterungen beinhaltet.

6.7.3 Grundlegende Systemeinstellungen zur Marktkommunikation

Um die vorgeschriebene Marktkommunikation automatisiert mithilfe von IDocs durchführen zu können, müssen einige Customizingaktivitäten durchgeführt und weitere Stammdaten angelegt werden (siehe Abbildung 6.66), die wir Ihnen in diesem Abschnitt kurz vorstellen. Spezifische Einstellungen zu den Lieferantenwechselprozessen finden Sie in Abschnitt 6.7.5.

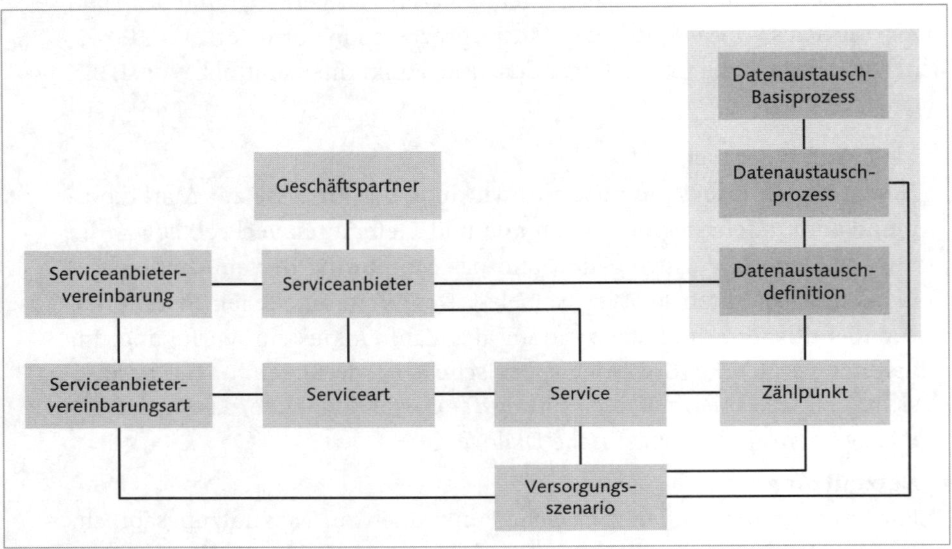

Abbildung 6.66 Benötigte Konstrukte zum Datenaustausch

Datenaustausch-Basisprozess

Datenaustausch-Basisprozesse dienen dazu, die Verarbeitung von eingehenden IDocs zu steuern bzw. die Erzeugung, Befüllung und Versendung von ausgehenden IDocs zu veranlassen. Sie definieren sie unter folgendem Customizingpfad: BRANCHENKOMPONENTE VERSORGUNGSINDUSTRIE • WERKZEUGE • SYSTEMANPASSUNG • KUNDENEIGENE FUNKTIONSERWEITERUNG FÜR IDE • DATENAUSTAUSCH BASISPROZESSE DEFINIEREN.

Der in Abbildung 6.67 dargestellte Datenaustausch-Basisprozess ist derjenige, der einen Lieferantenwechselprozess auslöst. Der Basistyp (Feld BASISTYP) ist der Typ des IDocs, den ein zugehöriger Datenaustauschprozess verarbeiten kann (siehe Abbildung 6.68). Der Funktionsbaustein (Feld FUNKTIONSBAUSTEIN) ist der Prozess-Funktionsbaustein, der die eigentliche Verarbeitung des IDocs durchführt. Die zur Marktkommunikation notwendigen Basisprozesse sind in der ausgelieferten SAP-Version schon vorhanden.

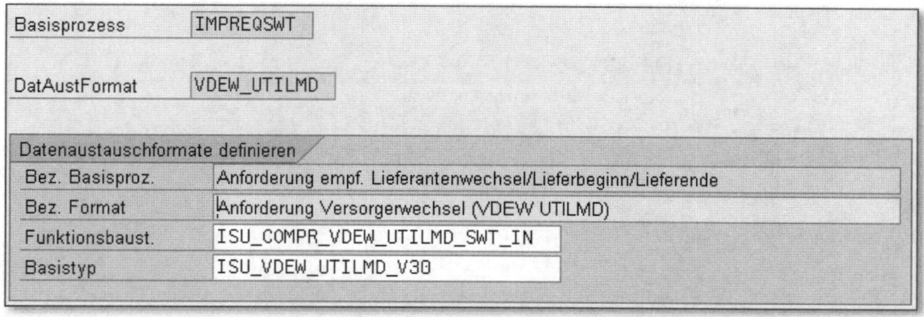

Abbildung 6.67 Datenaustausch-Basisprozess

Serviceart

Eine *Serviceart* legt fest, welche Art von Service ein Marktpartner ausübt, mit dem Kommunikation durchzuführen ist. In einem Lieferantensystem sind z. B. die folgenden Servicearten sinnvoll:

- Lieferung (eigen)
- Lieferung (fremd)
- Netznutzung
- Messstellenbetrieb (fremd)
- Messstellendienstleistung (fremd)
- Bilanzkoordination

Sofern der Lieferant selbst in bestimmten Fällen die Rolle des MSB oder MDL übernimmt, müssen hierfür ebenfalls entsprechende Servicearten angelegt werden. Servicearten definieren Sie über den Customizingpfad BRANCHENKOMPONENTE VERSORGUNGSINDUSTRIE • UNTERNEHMENSÜBERGREIFENDER DATENAUSTAUSCH • SERVICES • SERVICEARTEN DEFINIEREN.

Datenaustauschprozess

Datenaustauschprozesse erweitern Datenaustausch-Basisprozesse um die Servicearten der beteiligten Kommunikationspartner. Darüber hinaus werden hier noch, wie in Abbildung 6.68 zu sehen ist, Parameter definiert, mit denen der *Datenaustausch-Controller* den anzuwendenden Datenaustauschprozess bestimmt (siehe Abschnitt 6.7.4).

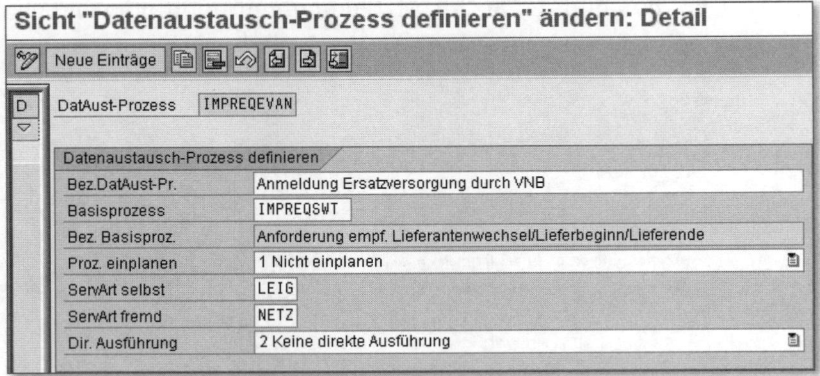

Abbildung 6.68 Datenaustauschprozess

Jeder Lieferant muss den Datenaustauschprozess zum Lieferantenwechsel aus Sicht des alten und aus Sicht des neuen Lieferanten ausführen können. Der Basisprozess zum initialen Eingang eines UTILMD-IDocs, das den Lieferantenwechsel auslöst, ist der Prozess IMPREQSWT (Feld BASISPROZESS). Erhält der Lieferant ein solches IDoc vom VNB, fehlt zur Bestimmung des auszuführenden Prozesses noch der Parameter, ob es sich beim Wechsel um eine An- oder eine Abmeldung handelt. Diese Information ermittelt der Datenaustausch-Controller aus dem IDoc und findet so den passenden Datenaustauschprozess.

Datenaustauschprozesse definieren Sie unter dem Customizingpfad BRANCHENKOMPONENTE VERSORGUNGSINDUSTRIE • UNTERNEHMENSÜBERGREIFENDER DATENAUSTAUSCH • DATENAUSTAUSCHPROZESSE • DATENAUSTAUSCHPROZESSE DEFINIEREN.

Serviceanbieter

Jeder Marktpartner, mit dem Marktkommunikation stattfindet (z. B. VNB, anderer Lieferant), muss zunächst als Geschäftspartner (Transaktion BP) und dann als *Serviceanbieter* im System angelegt werden. Neben den Kontaktdaten ist als wichtiges Merkmal des Serviceanbieters die *Serviceart* zu pflegen. Auch das eigene Unternehmen muss als Serviceanbieter angelegt werden, damit die Marktkommunikation ausgeführt werden kann. Dieser Serviceanbieter erhält ein entsprechendes Kennzeichen am Stammsatz (unten in Abbildung 6.69), sodass ersichtlich ist, dass er sich im eigenen SAP-System befindet. Nimmt ein Unternehmen mehrere Marktrollen wahr, legt es für sich auch mehrere Serviceanbieter mit gesetztem Kennzeichen SERANB.IM EIG.SYSTEM an, z. B. einen für die Lieferung, einen für die Messstellenbetreibung usw.

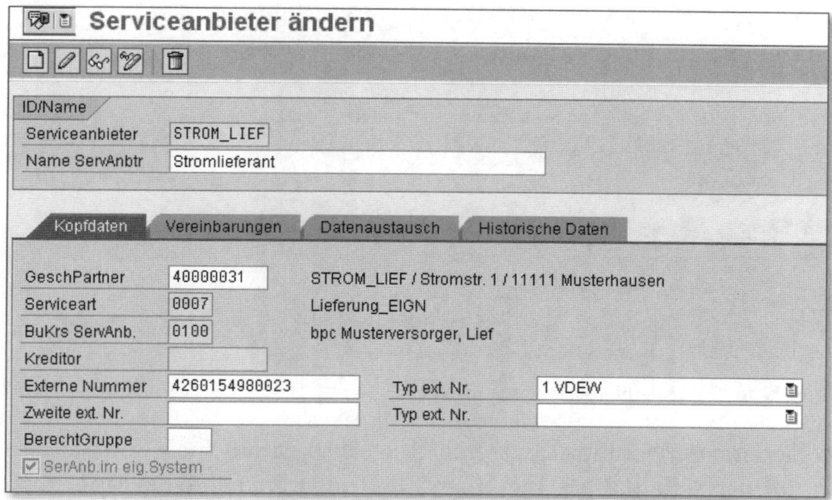

Abbildung 6.69 Serviceanbieter

In Abbildung 6.69 bezeichnet die Serviceart 0007 die Rolle »eigener Lieferant«. Die EXTERNE NUMMER ist die VDEW-Nummer, die vom Verband der Elektrizitätswirtschaft (VDEW) vergeben wird.

Pflegetransaktionen [+]

Die folgenden Pflegetransaktionen sind die wichtigsten zum Serviceanbieter:

- EEDMIDESERVPROV01 (Serviceanbieter anlegen)
- EEDMIDESERVPROV02 (Serviceanbieter ändern)
- EEDMIDESERVPROV03 (Serviceanbieter anzeigen)

Serviceanbietervereinbarung

Zwischen zwei Serviceanbietern kann anschließend eine *Serviceanbietervereinbarung* angelegt werden, wie z. B. ein Netznutzungsvertrag. Voraussetzung hierfür ist, dass vorher im Customizing eine passende Art der Serviceanbietervereinbarung gepflegt wurde (siehe Abbildung 6.70), die die Servicearten der beteiligten Marktpartner enthält. *Serviceanbietervereinbarungsarten* beruhen auf den in IS-U standardmäßig vorhandenen Deregulierungsprozessen. Sie definieren Sie unter folgendem Customizing-Pfad: BRANCHENKOMPONENTE VERSORGUNGSINDUSTRIE • UNTERNEHMENSÜBERGREIFENDER DATENAUSTAUSCH • SERVICEANBIETERVEREINBARUNGEN • ARTEN DER SERVICEANBIETERVEREINBARUNG FESTLEGEN. In jeder Serviceanbietervereinbarungsart sind zwei Servicearten anzugeben, eine für den prozessausführenden Serviceanbieter und eine für den Marktpartner. Der prozessausführende Serviceanbieter muss dabei immer ein Serviceanbieter im eigenen System sein.

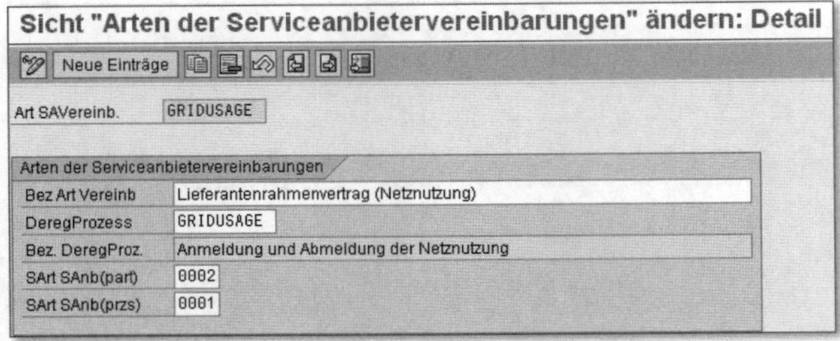

Abbildung 6.70 Serviceanbietervereinbarungsart

Wenn Sie eine Serviceanbietervereinbarung anlegen möchten, tun Sie dies immer auf der Seite des Marktpartners, also des fremden Serviceanbieters. Hierzu können Sie in den Pflegetransaktionen zum Serviceanbieter (EEDMIDESERVPROV01 und EEDMIDESERVPROV02) auf den Reiter VEREINBARUNGEN wechseln und dort eine neue Serviceanbietervereinbarung hinzufügen (siehe Abbildung 6.71).

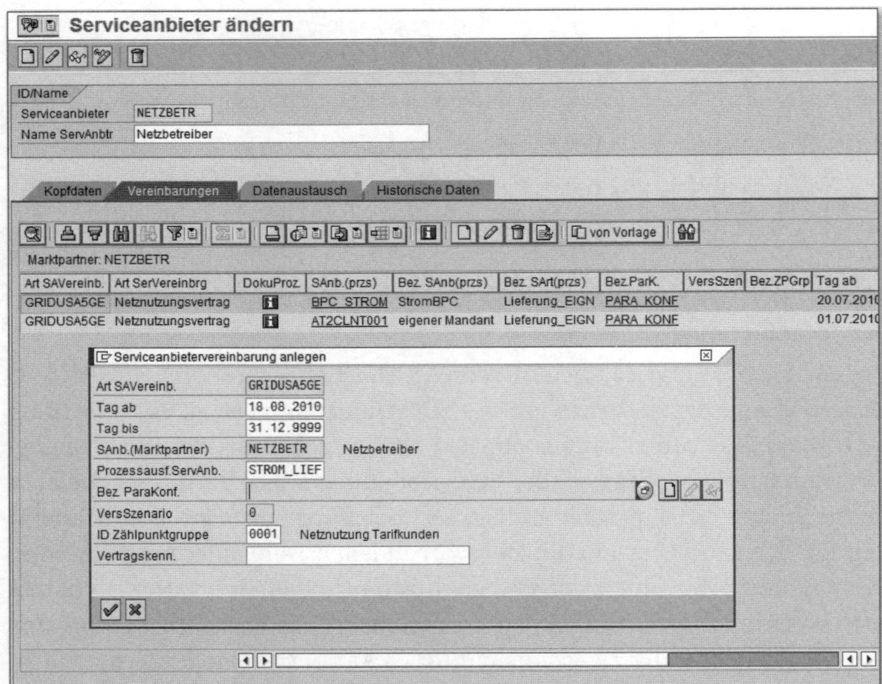

Abbildung 6.71 Hinterlegung der Serviceanbietervereinbarung am Serviceanbieter

Die Serviceanbietervereinbarungen sind zeitabhängig und enthalten neben den beiden Serviceanbietern weitere Attribute, wie z. B. eine *Parameterkonfiguration*. In der Parameterkonfiguration können allgemeingültige Parameter für den in der Vereinbarung enthaltenen Marktpartner-Serviceanbieter übersteuert werden, wenn mit ihm entsprechende Absprachen getroffen wurden. Welche Parameter das sind, hängt jeweils von der Serviceanbietervereinbarung ab. Für die Serviceanbietervereinbarung GRIDUSAGE sind z. B. die folgenden Parameter änderbar:

- *Fristen*: Alle Fristen, die im Customizing als übersteuerbar gekennzeichnet wurden, können hier abgeändert werden.
- *Ablage der Vollmachten*: Grundsätzlich werden Vollmachten, die der Kunde dem Lieferanten erteilt, nicht geprüft oder am Wechselbeleg abgelegt. Soll dies aber für diesen Serviceanbieter geschehen, können Sie es hier kenntlich machen.
- *Versorgungsszenario*: Hier können Sie einen Vorschlagswert für das Versorgungsszenario angeben, der jedoch nur übernommen wird, wenn im Wechselbeleg kein abweichendes Szenario übergeben wird.
- *Prüfungen*: Sie können Prüfungen, die im Workflow zum Lieferantenwechsel standardmäßig durchgeführt werden, deaktivieren oder eine abweichende Fehlerbehandlung durchführen.

Datenaustauschdefinition

Um Datenaustauschprozesse mit einem Serviceanbieter durchführen zu können, müssen diese als *Datenaustauschdefinition* in dem Reiter DATENAUSTAUSCH des fremden Serviceanbieters angelegt werden (siehe Abbildung 6.72). Alle zum eigenen Serviceanbieter angelegten Datenaustauschdefinitionen können in dessen Stammdaten betrachtet, aber nicht verändert werden.

Handelt es sich bei dem angelegten Datenaustauschprozess um einen Export aus dem eigenen System, muss im Reiter FORMATSTEUERUNG der Datenaustauschdefinition die Übertragungsart festgelegt werden (siehe Abbildung 6.73).

Zusätzlich muss zu jedem Serviceanbieter, mit dem kommuniziert wird, mit der Transaktion WE20 (Partnervereinbarungen) eine ALE-Partnervereinbarung zur Partnerart SP (Service Provider) angelegt werden. Hier werden die Typen der ausgehenden und eingehenden IDocs festgelegt, die mit diesem Partner ausgetauscht werden können.

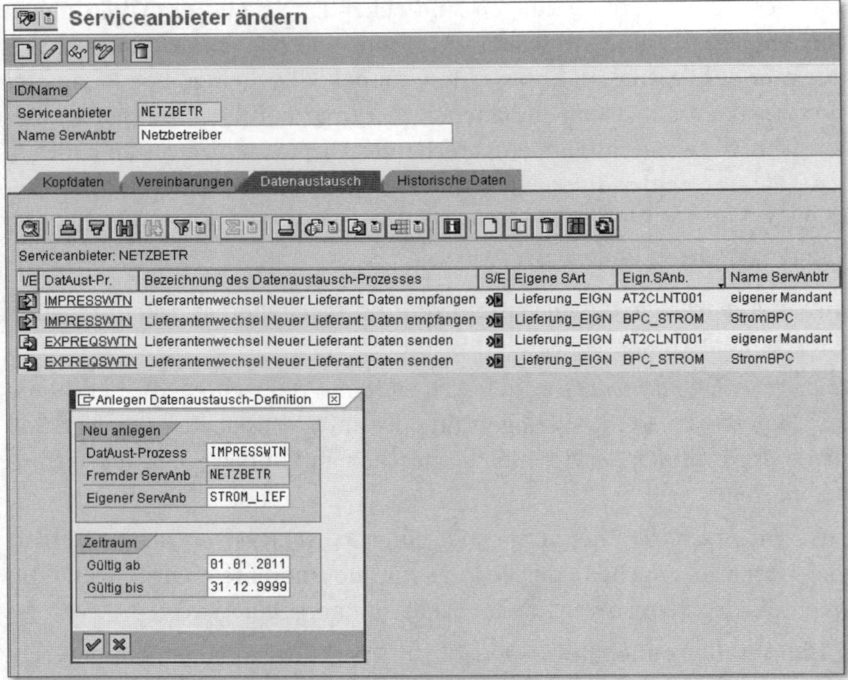

Abbildung 6.72 Datenaustauschdefinition

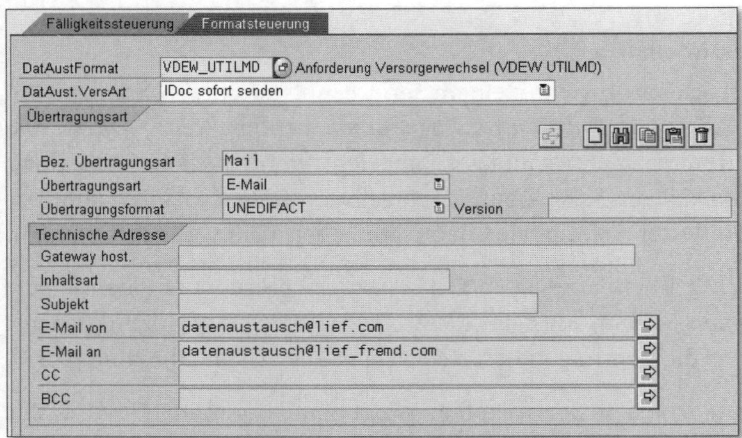

Abbildung 6.73 Übertragungsart für den Export-Prozess

Versorgungsszenario

Im deregulierten Energiemarkt existieren viele verschiedene Möglichkeiten, wie die Services an einem Zählpunkt vergeben sein können. Die möglichen

Kombinationen werden in *Versorgungsszenarien* zusammengefasst. Für alle Services am Zählpunkt wird in einem Versorgungsszenario beschrieben, ob dieser Service vom Lieferanten selbst oder von einem fremden, noch nicht näher spezifizierten Serviceanbieter ausgeführt wird. Hierbei wird zwischen abrechenbaren und nicht abrechenbaren Services unterschieden.

- **Abrechenbare Services**
  Die abrechenbaren Services sind diejenigen, über die ein Vertrag mit dem Kunden besteht und die mit diesem abgerechnet werden. In einem Lieferantensystem ist dies in der Regel nur die Lieferung.
- **Nicht abrechenbare Services**
  Nicht abrechenbare Services sind alle weiteren Services am Zählpunkt, unabhängig davon, ob sie vom Lieferanten selbst oder von einem anderen Serviceanbieter durchgeführt werden.

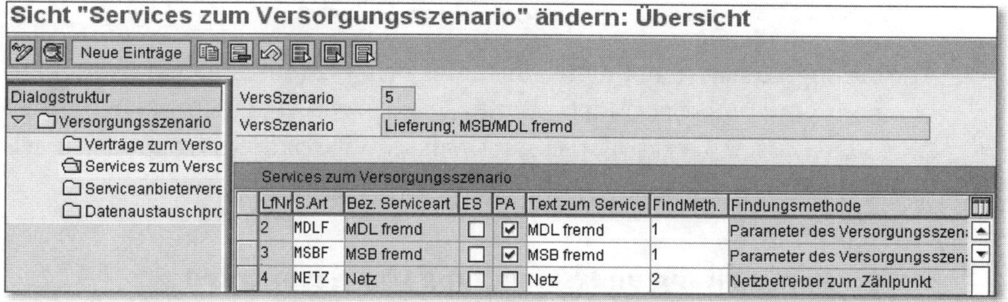

LfNr	S.Art	Bez. Serviceart	ES	PA	Text zum Service	FindMeth.	Findungsmethode
2	MDLF	MDL fremd	☐	☑	MDL fremd	1	Parameter des Versorgungsszen:
3	MSBF	MSB fremd	☐	☑	MSB fremd	1	Parameter des Versorgungsszen:
4	NETZ	Netz	☐	☐	Netz	2	Netzbetreiber zum Zählpunkt

Abbildung 6.74 Versorgungsszenario

Die abrechenbaren Services eines Versorgungsszenarios werden als Verträge (siehe Abschnitt 5.3.3) gespeichert, die nicht abrechenbaren Services als Services (siehe Abschnitt 5.3.8). Eigene Services kennzeichnen Sie mit einem Häkchen in der Spalte ES (siehe Abbildung 6.74). In der Spalte PA werden alle Services angekreuzt, die beim Aufbau des Versorgungsszenarios als Parameter übergeben werden müssen.

Beim Hinzufügen eines Service zum Versorgungsszenario wird zusätzlich die *Findungsmethode* zum Service angegeben. Diese sagt aus, wie der Serviceanbieter zum Service beim Anlegen dieses Serviceszenarios am Zählpunkt gefunden wird. Ein Beispiel hierzu ist die Findung über Parameter. Für den Service *Netz* kann eingestellt werden, dass automatisch der Netzbetreiber am Zählpunkt diesen Service ausübt.

An jedem Zählpunkt wird schließlich das aktuelle Versorgungsszenario angegeben und mit passenden Serviceanbietern, die die Services ausführen, befüllt.

In der Ansicht des Versorgungsszenarios am Zählpunkt werden abrechenbare und nicht abrechenbare Services in der gleichen Spalte VERTRAG/SERVICE angezeigt (siehe Abbildung 6.75). Ein Klick auf den jeweiligen Service verzweigt jedoch in unterschiedliche Transaktionen, je nachdem, ob es sich um einen abrechenbaren oder einen nicht abrechenbaren Service handelt.

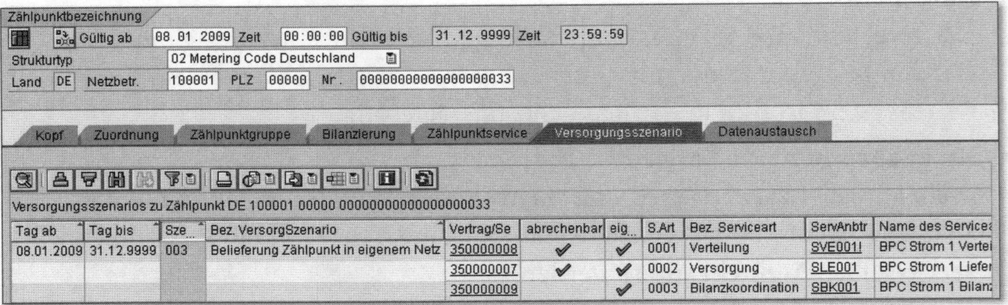

Abbildung 6.75 Services im Versorgungsszenario am Zählpunkt

Versorgungsszenarien definieren Sie unter dem Customizingpfad BRANCHENKOMPONENTE VERSORGUNGSINDUSTRIE • UNTERNEHMENSÜBERGREIFENDER DATENAUSTAUSCH • VERSORGUNGSSZENARIEN • VERSORGUNGSSZENARIEN DEFINIEREN.

6.7.4 Verarbeitung und Verwaltung von Nachrichten zur Marktkommunikation

In diesem Abschnitt beschreiben wir die grundsätzliche Logik für den Empfang und das Versenden von Nachrichten zur Marktkommunikation. Dabei wird teilweise auf den Lieferantenwechselprozess als Beispielfall für die Marktkommunikation aufgesetzt. Eine ausführlichere Beschreibung des Lieferantenwechselprozesses finden Sie in Abschnitt 6.7.6.

Eingehende Nachrichten verarbeiten

Eine EDIFACT-Nachricht kann auf verschiedenen Wegen zwischen zwei Serviceanbietern ausgetauscht werden. In der Regel werden die Nachrichten als Anhang zu einer E-Mail versandt. Trifft eine solche E-Mail im System des Lieferanten ein, wird die EDIFACT-Nachricht durch *SAP NetWeaver Process Integration (PI)* in ein passendes IDoc umgewandelt nach IS-U geleitet.

Den Ereignisbaustein, der beim Ereignis »Eingang eines IDocs vom Typ IDoc-Typ« aufgerufen wird (im Standard `ISU_COMEV_SWITCH_IN`), können Sie mithilfe der Transaktion WE57 (Zuordnung von Nachrichten zu Anwendungsobjekt)

festlegen. Dieser Baustein ermittelt aus dem IDoc den anzuwendenden Datenaustausch-Basisprozess. Anschließend wird der *Datenaustausch-Controller* gestartet. Dieser ermittelt aus dem Datenaustausch-Basisprozess, dem Empfänger und dem Sender der Nachricht den auszuführenden Datenaustauschprozess und erzeugt eine *Datenaustauschaufgabe*. Die Datenaustauschaufgabe wird an dem von der Nachricht betroffenen Zählpunkt zu Protokollzwecken gespeichert und mit dem IDoc verknüpft. Der Datenaustauschprozess führt den im Datenaustausch-Basisprozess angegebenen Prozessbaustein aus, in dem die eigentliche Verarbeitung des IDocs stattfindet.

Als Beispiel ist in Abbildung 6.76 die Verarbeitung einer UTILMD-Nachricht dargestellt. Hier wird das Zusammenspiel zwischen ALE-Schnittstelle, Ereignis-Funktionsbaustein und Datenaustauschaufgabe beschrieben.

Eintreffende UTILMD-Nachricht	Informationen auslesen	Datenaustauschaufgabe bestimmen	IDoc an die DA-Aufgabe übergeben	DA-Aufgabe ausführen
▪ Funktionsbaustein ISU_COMEV_SWITCH_IN aufrufen	▪ Abgangs- oder Zugangsmeldung ▪ Sender und Empfänger ermitteln	▪ IMPREQSWT (Anfrage zum Lieferantenwechsel) ▪ IMPRESSWT (Antwort auf Anfrage)	▪ Übergabeparameter: Abgang/Zugang; Sender und Empfänger	▪ Anstoßen/Weiterführen des Workflows ▪ Anlegen/Ändern des Wechselbelegs
ALE-Schnittstelle	**Ereignisfunktionsbaustein**			**DA-Aufgabe**

Abbildung 6.76 Verarbeitung einer eintreffenden UTILMD-Nachricht

Ausgehende Nachrichten erzeugen

Bei der Erzeugung ausgehender Nachrichten zum Lieferantenwechsel wird umgekehrt vorgegangen.

Zunächst gibt es ein Ereignis, das die Erzeugung oder Veränderung eines *Wechselbeleges* (siehe Abschnitt 6.7.5) auslöst. Ein solches Ereignis kann z. B. das Einbuchen eines Vertrags mit dem Kunden im System sein. Falls der Kunde vorher von einem anderen Lieferanten beliefert wurde, wird hierdurch ein Lieferantenwechsel und damit das Erstellen eines Wechselbeleges ausgelöst. Indem die Daten in den Wechselbeleg gefüllt werden, wird ein Ereignisbaustein `ISU_COMEV_SWITCH_OUT` aufgerufen. Dieser ermittelt aus den Daten im Wechselbeleg den passenden Datenaustausch-Basisprozess und startet den Datenaustausch-Controller. Der dann aktivierte Datenaustauschprozess erzeugt ein IDoc mit den passenden Daten und leitet dieses an PI weiter. Hier wird nun ein EDIFACT-Dokument erstellt und auf dem in der ALE-Partnervereinbarung (siehe Abschnitt 2.4.2) definierten Weg an den Empfänger der Nachricht versendet.

IDoc-Monitoring

Die Transaktion WE02 (IDoc-Anzeige, siehe Abbildung 6.77) ermöglicht es Ihnen, die eingehenden und ausgehenden IDocs zu überwachen. Im Übersichtsbaum auf der linken Seite der Transaktion sind die IDocs nach Ein-/Ausgang, Format und Status angeordnet. Durch einen Doppelklick auf ein IDoc können alle Segmente und deren Inhalt betrachtet werden.

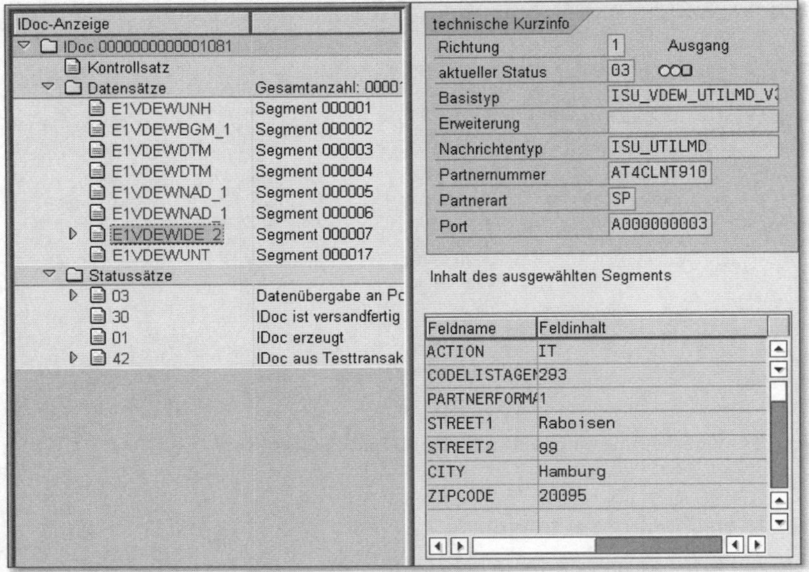

Abbildung 6.77 Anzeige eines Marktkommunikations-IDocs

6.7.5 Systemeinstellungen für den Lieferantenwechselprozess

Die Prozesse der Lieferan- und -abmeldung werden durch Workflows durchgeführt, die durch Ereignisse gestartet werden, Nachrichten an Kommunikationspartner versenden und auf Antworten dieser Partner warten. Damit die Workflows ausgeführt werden können, müssen Sie zunächst einige Systemeinstellungen vornehmen, die wir Ihnen in diesem Abschnitt kurz vorstellen. Zusätzlich zu den hier vorgestellten Einstellungen gibt es weitere Customizingeinstellungen, wie z. B. Zählverfahren, Nachrichtenkategorien oder Transaktionsgründe, auf die wir hier nicht näher eingehen.

Wechselart

Eine *Wechselart* repräsentiert einen Grund, aus dem ein Lieferantenwechsel stattfinden kann. Die Wechselart ist mit einer Zahl codiert (siehe Abbildung 6.78, Spalte WECHSELART) und kann anschließend in den Wechselbelegen zur Klassifizierung und zur Ableitung von Prozessschritten verwendet werden.

Wechselarten

WechsArt	Bez. Wechselart
1	Lieferantenwechsel
2	Versorgungsende
3	Versorgungsbeginn
4	Ersatzbelieferung

Abbildung 6.78 Wechselarten

Wechselarten definieren Sie unter dem Customizingpfad BRANCHENKOMPONENTE VERSORGUNGSINDUSTRIE • WERKZEUGE • SYSTEMANPASSUNG • KUNDENEIGENE FUNKTIONSERWEITERUNG FÜR IDE • LIEFERANTENWECHSEL • WECHSELARTEN DEFINIEREN.

Wechselsicht

Unter einer *Wechselsicht* versteht man die Sicht, aus der der Lieferantenwechsel stattfindet. Auch die Codes für Wechselsichten (siehe Abbildung 6.79) werden in den Wechselbelegen verwendet.

Wechselsichten

Wechselsicht	Wechselsicht
1	Netzbetreibersicht
2	Lieferantensicht - Neuer Lieferant
3	Lieferantensicht - Alter Lieferant

Abbildung 6.79 Wechselsichten

Wechselsichten definieren Sie unter dem Customizingpfad BRANCHENKOMPONENTE VERSORGUNGSINDUSTRIE • WERKZEUGE • SYSTEMANPASSUNG • KUNDENEIGENE FUNKTIONSERWEITERUNG FÜR IDE • LIEFERANTENWECHSEL • WECHSELSICHTEN DEFINIEREN.

Wechselbeleg

Die Marktkommunikationsprozesse werden in *Wechselbelegen* dokumentiert, die Sie mit der Überwachungstransaktion ESWTMON01 (Wechselbelegüberwachung) anzeigen können (siehe Abbildung 6.80).

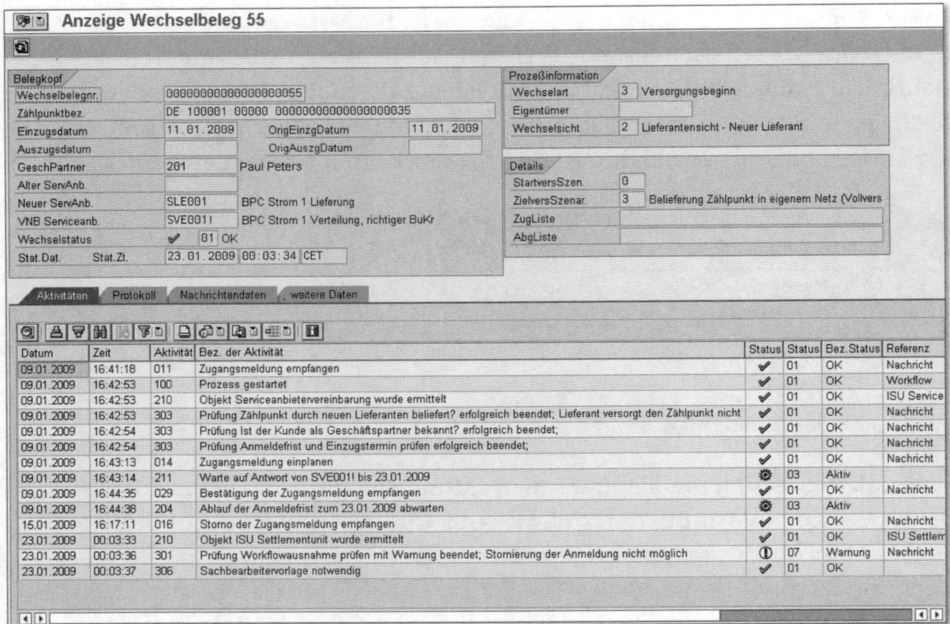

Abbildung 6.80 Wechselbeleg

Im vorliegenden Beispiel handelt es sich um einen Wechselbeleg zur Lieferanmeldung aus der Sicht des neuen Lieferanten. Alle Ereignisse im Zusammenhang mit diesem Prozess werden im Wechselbeleg protokolliert. Durch das Anlegen eines Wechselbeleges wird, sofern die entsprechenden Einstellungen getätigt wurden, ein Workflow ausgelöst, der den passenden Wechselprozess und die damit verbundenen Kommunikationsprozesse anstößt. Welcher Workflow ausgelöst wird, hängt von der *Wechselart* und der *Wechselsicht* ab, die im Wechselbeleg hinterlegt wurde.

Die Transaktion, um einen Wechselbeleg zum Zählpunkt anzulegen, kann im SAP-Standard aus dem CIC mit einem Rechtsklick auf den Zählpunkt aufgerufen werden. Die Adresse, der Zählpunkt und gegebenenfalls die Kundendaten sind schon vorbelegt, wenn der Zählpunkt vorher in die Objektablage kopiert wurde.

Folgende Kopfdaten (siehe Abbildung 6.81) müssen angegeben werden:

- Wechselart
- Wechselsicht
- alter Serviceanbieter (nicht notwendig bei Lieferbeginn)

- neuer Serviceanbieter (nicht notwendig bei Lieferende)
- Netzbetreiber

Kopfdaten		
Zählpunktbez.	DE 101010 20097 0000000000010000001	
GeschPartner	201	Paul Peters
Wechselart	1	Lieferantenwechsel
Wechselsicht	2	Lieferantensicht - Neuer Lieferant
Alter ServAnb.	STROM_LIEF	Stromlieferant
Neuer ServAnb.	BPC_LIEF	Lieferant bpc
VNB Serviceanb.	NETZBETR	Netzbetreiber
ZielversSzenar.	5	Lieferung; MSB/MDL fremd

Abbildung 6.81 Kopfdaten zum Wechselbeleg

Folgende Nachrichtenfelder (siehe Abbildung 6.82) müssen gefüllt werden:

- Nachrichtenkategorie (z. B. »E02« für Kündigung/Beendigung)
- Einzugs- und Auszugsdatum
- Transaktionsgrund (z. B. »E03« für Lieferantenwechsel)

Nachrichtendaten	
Kategorie	E02
KommPartner	STROM_LIEF
ID-/RefNr	
Einzugsdatum	01.01.2011
Auszugsdatum	31.12.2010
Zählernummer	5623402
Nachname	Peters
Vorname	Paul
Straße	Raboisen
Hausnummer	99
Haus.Nr.Erg	
Postleitzahl	20095
Ort	Hamburg
Trans.Grund	E03
Bila.Kr.Verant.	E45021R11
Zählverfahren	
Profil	E001Z663S1
Jahresverbrauch	2.100
Maximalleistung	
Antwortstatus	

Abbildung 6.82 Nachrichtendaten zum Wechselbeleg

Die Deklaration der Felder im Wechselbeleg als Muss-, Soll- oder optionale Felder können Sie im Customizing unter BRANCHENKOMPONENTE VERSORGUNGSINDUSTRIE • WERKZEUGE • SYSTEMANPASSUNG • KUNDENEIGENE FUNK-

TIONSERWEITERUNG FÜR IDE • LIEFERANTENWECHSEL • NACHRICHTENDATEN • FELDPRÜFUNG FESTLEGEN beeinflussen.

In der SAP-Standardauslieferung sind einige Musterprozesse für die Wechselbelegverarbeitung vorhanden. Unterstützt werden dabei Wechselbelege für die in Tabelle 6.5 aufgeführten Kombinationen von Wechselart, Wechselsicht, Nachrichtenkategorie und Transaktionsgrund.

Wechselart	Wechselsicht	Kategorie	Transaktions-grund
Lieferanten-wechsel (1)	Neuer Lieferant (2)	Anmeldung (E01)	Lieferanten-wechsel (E03) oder Storno (E05)
Lieferende (2)	Alter Lieferant (3)	Kündigung/ Abmeldung (E02)	Ein-/Auszug (E01) oder Storno (E05)
Lieferbeginn (3)	Neuer Lieferant (2)	Anmeldung (E01)	Ein-/Auszug (E01) oder Storno (E05)

Tabelle 6.5 Erlaubte Kombinationen im Wechselbeleg

Beim Speichern des Wechselbeleges wird die Konsistenz der Daten bezüglich Tabelle 6.5 geprüft.

Durch das Anlegen eines Wechselbeleges wird das Ereignis `CREATED` des BOR-Objekttyps `ISUSWITCHD` (IS-U-Wechselbeleg) ausgelöst. Hierdurch wird aus den Eingabedaten und aus den im Customizing unter WORKFLOW PRO WECHSELSICHT DEFINIEREN (siehe den übernächsten Abschnitt »Workflow«) hinterlegten Regeln der passende Workflow ermittelt und gestartet.

Fristenart

Fristenarten definieren Sie unter dem Customizingpfad BRANCHENKOMPONENTE VERSORGUNGSINDUSTRIE • UNTERNEHMENSÜBERGREIFENDER DATENAUSTAUSCH • PROZESSBEARBEITUNG • LIEFERANTENWECHSEL • FRISTENARTEN DEFINIEREN.

Im Lieferantenwechselprozess gibt es zahlreiche gesetzlich oder durch bilaterale Verträge vorgegebene Fristen, deren Einhaltung in den Workflows überprüft werden kann. Im Initialcustomizing sind die gesetzlichen Fristen schon eingebaut. Weitere Fristen können zusätzlich folgendermaßen definiert werden: Entweder wird eine neue Frist zu einer schon vorhandenen *Fristenart* hinzugefügt, oder es wird eine komplett neue Fristenart mit zugehörigen

Fristen angelegt. In der Frist geben Sie zunächst an, für welche Wechselart sie verwendet wird. Weiterhin wird festgelegt, ob es sich um eine *relative* oder eine *absolute Frist* handelt. Eine absolute Frist wird z. B. verwendet, wenn sie zum Monatsersten vor oder nach einem bestimmten Zeitpunkt erreicht ist.

Als Referenzzeitpunkte können der Bearbeitungszeitpunkt, der Stichtag (Vertragsbeginn bzw. -ende) oder eine andere Frist dienen. Eine relative Frist kann auch in anderem Zusammenhang zu einem der Referenzzeitpunkte stehen. Liegt eine Frist vor dem Referenzzeitpunkt, wird dies durch ein Minuszeichen gekennzeichnet (z. B. 1- für eine/n Monat/Werktag/Woche vorher). Zu jeder Frist kann außerdem festgelegt werden, ob sie durch eine Serviceanbietervereinbarung übersteuert werden kann.

Wechselart	1
Fristenart	LASTDROPDATE

Fristen zur Wechselart definieren

Fristenart	Abmeldefrist
Bez. Wechselart	Lieferantenwechsel
Fristenartkat.	Relativ zu anderer Fristenart
Zeiteinheit	Werktag
Anzahl	5
Üb. Fristenart	LASTENRDATE
Fabrikkal.-ID	01
Text	Deutschland (Standard)
FeiertagsSt.	Letzter Arbeitstag

☑ In SAV überdef.

Abbildung 6.83 Abmeldefrist bei Lieferantenwechsel

In Abbildung 6.83 ist die Abmeldefrist bei einem Lieferantenwechsel dargestellt. Diese Frist läuft fünf Werktage nach der Frist LASTENRDATE aus und kann durch eine Serviceanbietervereinbarung übersteuert werden.

Workflow

Workflows definieren Sie pro Wechselsicht unter dem Customizingpfad BRANCHENKOMPONENTE VERSORGUNGSINDUSTRIE • UNTERNEHMENSÜBERGREIFENDER DATENAUSTAUSCH • PROZESSBEARBEITUNG • LIEFERANTENWECHSEL • WORKFLOW PRO WECHSELSICHT DEFINIEREN.

Zunächst müssen Sie im Customizing angeben, welcher der Standard-Workflows in welchen Situationen ausgelöst werden soll. Für einen Lieferanten ergibt sich im Regelfall das in Abbildung 6.84 dargestellte Bild. So wird z. B. für die Kombination von Wechselsicht 2 (neuer Lieferant) und Wechselart 1

(Lieferantenwechsel) der Workflow WS20500207 gestartet. Die Definition und Ablauflogik des Workflows können Sie sich mit der Transaktion SWDD (Workflow Builder) anzeigen lassen (siehe hierzu auch Abschnitt 2.3.2).

Sicht "Workflow pro Wechselsicht" ändern: Übersicht

Neue Einträge

Workflow pro Wechselsicht

Wechselsicht	ST	WechsArt	Nummer der Aufgabe	Wechselsicht
2	1 Strom	1	WS20500207	Lieferantensicht - Neuer Lieferant
2	1 Strom	3	WS20500207	Lieferantensicht - Neuer Lieferant
3	1 Strom	2	WS20500217	Lieferantensicht - Alter Lieferant

Abbildung 6.84 Workflow pro Wechselsicht

Hier lassen sich alle Schritte, die vom Workflow abgearbeitet werden, in einer Verlaufsgrafik darstellen.

Damit die Workflows zum Lieferantenwechsel bei der Erzeugung eines Wechselbeleges gestartet werden, müssen die entsprechenden Funktionsbausteine zum Workflow-Start in der sogenannten EREIGNISTYPKOPPLUNG (Transaktion SWETYPV) auf das Ereignis `CREATED` des BOR-Objekts `ISUSWITCHD` registriert werden (siehe Feld OBJEKTTYP in Abbildung 6.85).

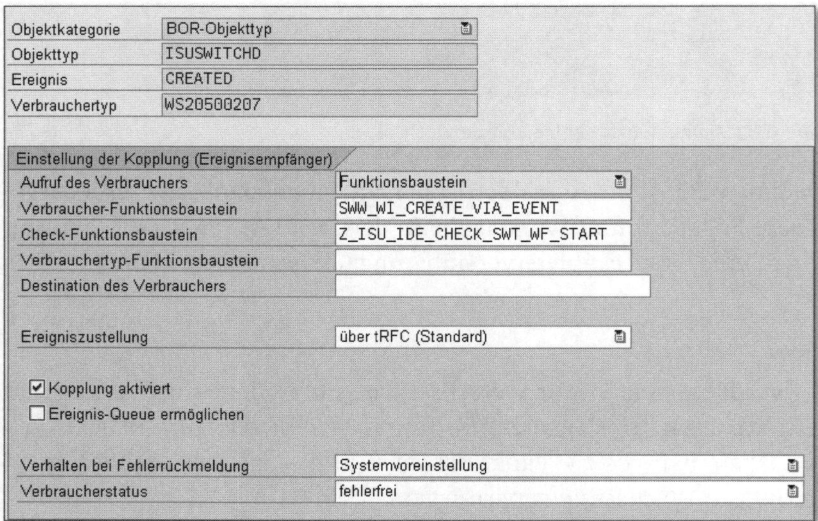

Abbildung 6.85 Ereignistypkopplung für Workflow-Start

Für die Auswahl des korrekten Workflows anhand der Kombination von Wechselart und -sicht werden die Eingaben im Wechselbeleg vom Check-

Funktionsbaustein ausgewertet. Durch das Häkchen im Feld KOPPLUNG AKTIVIERT wird die Ereignistypkopplung aktiviert.

Prüfung und Ausnahmebehandlung

In den Standard-Workflows sind zahlreiche *Prüfungen* integriert, die Sie auf Wunsch deaktivieren können. Alternativ können Sie auch das Verhalten des Workflows beim Versagen der Prüfungen anpassen. Die Prüfungen definieren Sie im Customizing unter BRANCHENKOMPONENTE VERSORGUNGSINDUSTRIE • WERKZEUGE • SYSTEMANPASSUNG • KUNDENEIGENE FUNKTIONSERWEITERUNG FÜR IDE • LIEFERANTENWECHSEL • PRÜFUNGEN DEFINIEREN.

Zunächst stellen wir Ihnen beispielhaft einige Prüfungen und deren mögliche Ausnahmen vor. Anschließend erläutern wir, wie Sie die Prüfungen Ihren Bedürfnissen entsprechend einrichten können. Folgende Prüfungen sind Beispiele für Standardprüfungen:

- **DROPDATES**
  Prüfung, ob die Abmeldefrist eingehalten wird bzw. der Auszugstermin gültig ist.

  Ausnahmen:

  - Der Auszugstermin ist nicht gültig (z. B. zu weit in der Zukunft, hier werden die entsprechenden Fristen ausgewertet).
  - Die Abmeldefrist wird nicht eingehalten.

- **MSGDATA**
  Prüfung, ob alle Muss-, Soll- oder Kann-Felder im Wechselbeleg gefüllt sind.

  Ausnahmen:

  - Das Mussfeld ist nicht gefüllt.
  - Das Sollfeld ist nicht gefüllt (führt standardmäßig nicht zum Abbruch des Prozesses).
  - Ein optionales Feld ist nicht gefüllt (führt standardmäßig nicht zum Abbruch des Prozesses).

- **WFEXC_CHECK**
  Unter diesem Punkt sind Workflow-Ausnahmen zusammengefasst, die auftreten, weil Einzelschritte im Workflow nicht ausgeführt werden können bzw. weil Daten, auf die im Prozess zugegriffen werden muss, nicht vorhanden sind.

Beispiele für Ausnahmen:

- Die Datenaustauschdefinition fehlt.
- Kein Auszug erfolgt; Zwangsabmeldung erforderlich: Diese Ausnahme tritt auf, wenn sich ein Kunde an einer Verbrauchsstelle anmeldet, an der noch ein anderer Kunde angemeldet ist.
- Keine Serviceanbietervereinbarung vorhanden.
- Der Zählpunkt kann nicht identifiziert werden.
- Es kommt zu einer unerwarteten Workflow-Ausnahme.

Für jede Prüfung können Sie angeben, ob Fehler, Warnungen oder Prüfergebnisse im Wechselbeleg protokolliert werden sollen. Außerdem können Sie eigene Prüfungen implementieren und in den Workflow integrieren.

Das Verhalten beim Auftreten von Ausnahmen in den Prüfungen können Sie über das Customizing ändern: BRANCHENKOMPONENTE VERSORGUNGSINDUSTRIE • UNTERNEHMENSÜBERGREIFENDER DATENAUSTAUSCH • PROZESSBEARBEITUNG • LIEFERANTENWECHSEL • AUSNAHMEBEHANDLUNG FÜR PRÜFUNGEN DEFINIEREN.

Für die *Ausnahmebehandlung* gibt es viele im Standard ausgelieferte Möglichkeiten, von denen wir Ihnen hier nur einige Beispiele vorstellen möchten:

- *Kein Fehler, Prozess fortsetzen*: Bei dieser Einstellung wird die Prüfung zwar durchgeführt, die Ausnahme hat aber keinen Einfluss auf die Weiterführung des Workflows.
- *Temporärer Fehler, Prüfung wiederholen*: Diese Möglichkeit ist für Ausnahmen gedacht, die bei Wiederholung der Prüfung möglicherweise nicht mehr auftreten. Die Prüfung wird, je nach Workflow-Systemeinstellungen, automatisch mehrmals wiederholt. Ein Beispiel hierfür ist die Sperrung von Daten, die im Lieferantenwechselprozess geändert werden müssen, durch einen anderen Sachbearbeiter.
- *Kritischer Fehler, Sachbearbeiterentscheidung notwendig*: Die Verarbeitung wird angehalten, und ein Sachbearbeiter wird darüber informiert (siehe Abbildung 6.86). Er kann den Prozess entweder weiter ausführen oder abbrechen.
- *Warnung, Prozess fortsetzen + Sachbearbeiterinformation*: Der Prozess wird fortgesetzt, der zuständige Sachbearbeiter wird informiert. Die Warnung wird gegebenenfalls im Wechselbeleg protokolliert.

- *Unerwartete Ausnahme, Administrator benachrichtigen*: Hier wird der Workflow-Administrator benachrichtigt, weil ein Problem aufgetreten ist, das nicht vorhergesehen wurde. Ein Sachbearbeiter wäre der falsche Adressat für eine Mitteilung. Der Prozess wird gestoppt und kann vom Administrator entweder weiter ausgeführt oder abgebrochen werden.

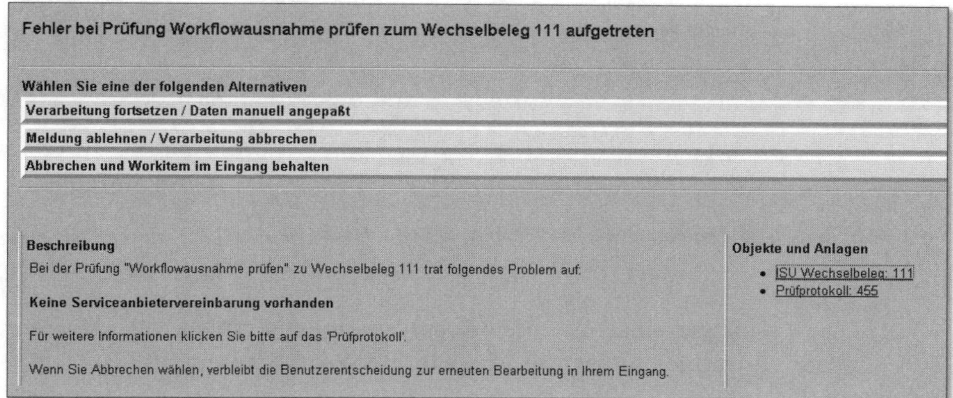

Abbildung 6.86 Sachbearbeiterentscheidung im Workflow zum Lieferantenwechsel

Die Sachbearbeiterfindung ist in der Standardauslieferung noch nicht implementiert, sodass zunächst bei Sachbearbeiterinformationen oder -entscheidungen alle Sachbearbeiter über ihren Business Workplace informiert werden. Der Workflow zur Sachbearbeiterinformation (WS20500219) muss über die Ereignistypkopplung (siehe den vorhergehenden Abschnitt »Workflow«) durch Registrierung an das Ereignis `NotificationNecessary` des BOR-Objekts `ISUSWITCHD` aktiviert werden.

Sollen Ausnahmen zu den Prüfungen je nach Wechselsicht unterschiedlich behandelt werden, können Sie dies im Customizing der Ausnahmebehandlungen angeben.

6.7.6 Ablauf des Lieferantenwechselprozesses

Im Folgenden erläutern wir den SAP-Muster-Workflow zum Lieferantenwechsel zunächst aus Sicht des neuen, dann aus Sicht des alten Lieferanten. Außerdem gehen wir kurz auf die für den Datenabgleich zwischen Lieferanten und Netzbetreibern benutzten Bestandslisten ein und legen dar, wie die Grund- und Ersatzversorgung eines Kunden geregelt ist, die im Kontext eines Lieferantenwechsels oder Lieferbeginns von Relevanz sein kann.

Sicht des neuen Lieferanten

Der Workflow zum Lieferantenwechsel aus der Sicht des neuen Lieferanten durchläuft verschiedene Phasen (siehe Abbildung 6.87), die wir nun genauer betrachten.

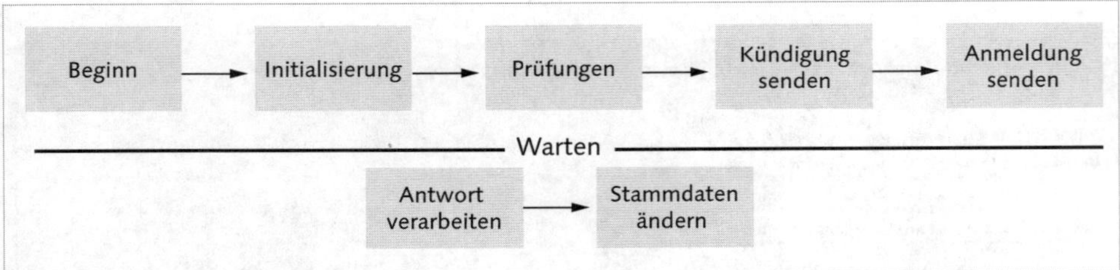

Abbildung 6.87 Lieferantenwechsel-Workflow (Sicht: Neuer Lieferant)

1. **Beginn**
   Durch Anlegen eines Wechselbeleges zu einem Kunden, mit dem ein neuer Vertrag geschlossen wurde, wird der Workflow angestoßen.
2. **Initialisierung**
   In der Phase der Initialisierung werden verschiedene Ableitungen und Vorarbeiten automatisiert durchgeführt.
   - *Verknüpfung des Workflows mit dem Wechselbeleg:* Hier wird der Workflow mit dem Wechselbeleg verknüpft. So ist es möglich, aus dem Wechselbeleg in den Workflow zu springen und den aktuellen Stand der Bearbeitung zu sehen.
   - *Ermitteln der Serviceanbietervereinbarung:* Aus der Eingabe des Netzbetreibers im Wechselbeleg wird die Serviceanbietervereinbarung zur Netznutzung ermittelt. Ist keine Serviceanbietervereinbarung vorhanden, wird ein Sachbearbeiter darüber informiert. Sofern ein Rahmenvertrag mit dem Netzbetreiber existiert, kann der Sachbearbeiter nun eine entsprechende Serviceanbietervereinbarung anlegen. Er hat aber auch die Möglichkeit, die Anmeldung abzulehnen. In diesem Fall wird der Workflow gestoppt und der Prozess abgebrochen.
   - *Ermitteln des Zielversorgungsszenarios:* Das Zielversorgungsszenario wird in den Wechselbeleg geschrieben, wenn es nicht schon bei der Erstellung dort angegeben wurde.
   - *Ermitteln der Anmeldefristen:* Die zum Prozess passenden Fristen werden aus dem Customizing ermittelt. Gibt es in der Serviceanbietervereinbarung mit dem Netzbetreiber abweichende Fristen, werden diese verwendet.

3. **Prüfungen zur Anmeldung**
   Standardmäßig werden an dieser Stelle folgende Prüfungen ausgeführt:
   - Wird der Zählpunkt schon beliefert? (PODSERVPROV1)
   - Ist der Lieferbeginn zulässig? (ENROLLDATES)
   - Ist der Kunde als Geschäftspartner bekannt? (GPCHECK)

   Bei einem Fehler in den Prüfungen wird der Prozess gestoppt und ein Sachbearbeiter informiert. Das Verhalten bei Fehlern kann allerdings individuell verändert werden (siehe Abschnitt »Prüfung und Ausnahmebehandlung« in Abschnitt 6.7.5).
4. **Kündigung senden**
   Handelt es sich um die Wechselart *Lieferantenwechsel*, wird eine Kündigung an den alten Lieferanten versendet. Hierfür muss eine passende Datenaustauschdefinition mit dem alten Lieferanten vorliegen. Fehlt diese, wird der Prozess gestoppt und ein Sachbearbeiter informiert. Bei einem Einzug (Wechselart *Lieferbeginn*) entfällt dieser Schritt.
5. **Anmeldung senden**
   Die Anmeldung an den VNB wird versendet. Auch hier muss eine Datenaustauschdefinition vorliegen.

   An dieser Stelle wartet der Workflow auf den Eingang der Antwort des alten Lieferanten zur Kündigung und auf den Eingang der Antwort des Netzbetreibers zur Anmeldung der Netznutzung. Bei Eingang der Antworten werden diese wie folgt verarbeitet:
6. **Antworten verarbeiten**
   Es gibt zwei Antwortmöglichkeiten:
   - *positive Antwort des VNB*
     Wenn die Antwort des VNB positiv ist, ist die Antwort des Altlieferanten nicht relevant. Dies ist darin begründet, dass der VNB, bevor er eine positive Antwort auf eine Anmeldung versendet, geprüft hat, ob ihm zu dem entsprechenden Zählpunkt für diesen Zeitpunkt auch eine Abmeldung des Altlieferanten vorliegt. Bei Lieferantenkonkurrenz, also beim Vorliegen mehrerer Anmeldungen zum selben Zählpunkt zu sich überschneidenden Zeiträumen, ist es Aufgabe des VNB, diese zu klären.
   - *negative Antwort des VNB*
     Bei negativer Antwort des VNB wird die Antwort des Altlieferanten berücksichtigt. Ist auch diese negativ, wird der Prozess abgebrochen, und ein Sachbearbeiter wird darüber informiert.

In beiden Fällen ist es möglich, dass die Anmeldung zu einem geänderten Termin akzeptiert wird. Auch hier ist eine Sachbearbeiterentscheidung notwendig. Ist nach der im Fristenmanagement definierten maximalen Bearbeitungszeit der Anmeldung noch keine Antwort des VNB erfolgt, wird der Prozess, gegebenenfalls nach einer weiteren Sachbearbeitervorlage, mit einem Fehler beendet.

7. **Stammdatenänderung**
   Wurde die Anmeldung positiv beantwortet, wird in diesem Schritt das Szenario am Zählpunkt aufgebaut. Danach werden eventuelle Stammdatenänderungen in der Nachricht des VNB oder des alten Lieferanten verarbeitet. Hierbei kann es sich um Änderungen zum Geschäftspartner (Namensänderung, z. B. aufgrund von Falschschreibung) oder zum Zählpunkt handeln (z. B. wenn die Zählpunktbezeichnung dem Lieferanten noch nicht bekannt ist und der VNB ihm diese in der Anmeldungsbestätigung mit sendet).

Ein Storno der Anmeldung ist so lange möglich, bis die Antwort des VNB im System eingeht. Nach diesem Zeitpunkt kann der Lieferantenwechsel nur noch durch den Prozess *Lieferende* rückgängig gemacht werden. Dann sind allerdings die in jenem Prozess definierten Fristen einzuhalten.

Durch die für einen Lieferantenwechsel bzw. Lieferbeginn durchzuführende Marktkommunikation und die damit verbundenen Fristen ergibt sich eine Prozessdauer mit Wartezeiten, die die Nutzung der ursprünglich in IS-U für den Lieferbeginn vorgesehenen Einzugstransaktionen erschwert (siehe Abschnitt 6.2.1).

Wenn sich ein Neukunde bei einem Lieferanten meldet, um einen Vertrag zu einem bestimmten Zeitpunkt zu schließen, wird dieser Lieferant nicht sofort einen Einzugsbeleg mit der Transaktion EC50E (Einzug anlegen) erfassen, weil dadurch schon alle Stammdaten und die entsprechenden Datumswerte für die Zeitscheiben etc. festgelegt würden. Der Lieferant muss zunächst abwarten, ob der beantragte Lieferbeginn zum gewünschten Zeitpunkt oder zu einem späteren Zeitpunkt genehmigt oder sogar ganz abgelehnt wird. Dennoch möchte er eventuell einige Daten zum anvisierten Lieferverhältnis schon vorerfassen.

Um den Zeitraum zwischen der Beantragung eines Lieferbeginns und dem tatsächlichen Lieferbeginn prozesstechnisch in IS-U abzudecken, greifen die meisten Versorgungsunternehmen auf eigenentwickelte Funktionen, workflow- oder CRM-gestützte Prozesse zurück. Da IDEX ein Framework ist, das an die spezifischen Bedürfnisse eines Versorgungsunternehmens angepasst werden kann, gibt es keine vorkonfigurierte Standardlösung in IS-U für diesen Zeitraum. Von der SAP-Beratung wurde z. B. zu diesem Zweck die Lösung *PreRegisterDoc* entwickelt, die es ermöglicht, die Kundendaten in einem spartenübergreifenden Vorerfassungsbeleg zu sichern, der an die Marktkommunikation gekoppelt ist und bei erfolgreichem Verlauf der Marktkommunikation zur Erzeugung der entsprechenden Einzugsbelege führt.

Sicht des alten Lieferanten

Der Musterworkflow zum Lieferantenwechsel aus der Sicht des alten Lieferanten läuft wie in Abbildung 6.88 dargestellt ab.

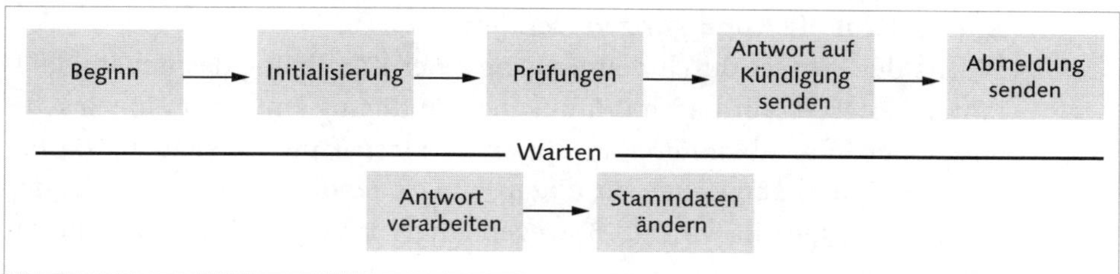

Abbildung 6.88 Lieferantenwechsel-Workflow (Sicht: Alter Lieferant)

Auch hier erläutern wir die einzelnen Schritte nun genauer:

1. **Beginn**
   Durch den Eingang einer Kündigung des neuen Lieferanten oder durch Kündigung des Kunden selbst wird ein Wechselbeleg angelegt. Hierdurch wird das Ereignis `CREATED` des BOR-Objekts `ISUSWITCHD` ausgelöst, das den Workflow anstößt.

   Der Wechselbeleg selbst wird, wenn die entsprechenden Einstellungen getätigt wurden, automatisch durch den Eingang einer EDIFACT-Nachricht vom Typ UTILMD mit Kündigungsinhalt generiert.
2. **Initialisierung**
   In der Phase der Initialisierung werden verschiedene Ableitungen und Vorarbeiten automatisiert durchgeführt.
   - *Referenz zum Workflow erzeugen*
     Der Workflow wird mit dem Wechselbeleg verknüpft.
   - *Lesen der Serviceanbietervereinbarung*
     Die Serviceanbietervereinbarung mit dem Netzbetreiber wird ermittelt, und spezielle Vereinbarungen werden ausgelesen. Wird keine Serviceanbietervereinbarung gefunden, stoppt der Prozess und benachrichtigt einen Sachbearbeiter.

- *Ermittlung der Abmeldefristen*
  Hier werden auch in der Serviceanbietervereinbarung definierte, vom Standard abweichende Fristen berücksichtigt.

3. **Prüfungen**
   Folgende Prüfungen werden an dieser Stelle durchgeführt, sofern im Customizing nichts anderes angegeben wurde:
   - Sind die Nachrichtendaten vollständig? (Prüfung MSGDATA)
   - Wird der Zählpunkt aktuell beliefert? (Prüfung PODSERVPROV2)
   - Ist der Kündigungstermin zulässig? (Prüfung DROPDATES)
   - Wird der richtige Netzbetreiber adressiert? (Prüfung PODSERVPROV3)
4. **Antwort auf die Kündigung versenden**
   Wurde der Prozess durch den Eingang einer Kündigung des neuen Lieferanten gestartet, wird nach Prüfung der Kündigung entweder eine Bestätigung oder eine Ablehnung an diesen Servicepartner versendet. Hierbei kann die Kündigung auch zu einem abweichenden Termin, der in der Nachricht mitgeteilt wird, (z. B. wegen längerer Vertragslaufzeiten) bestätigt werden.

   Handelt es sich um den Prozess *Lieferende*, entfällt dieser Schritt.
5. **Abmeldung an den Netzbetreiber versenden**
   Wurde dem neuen Lieferanten eine Bestätigung der Abmeldung gesendet, wird gleichzeitig eine Abmeldung der Netznutzung an den VNB geschickt. Handelt es sich um den Prozess *Lieferende* oder um eine Kündigung durch den Kunden, wird in jedem Fall eine Abmeldung an den Netzbetreiber versendet.

   An dieser Stelle wartet der Prozess auf die Antwort des VNB oder den Ablauf der maximalen Bearbeitungszeit der Abmeldung.
6. **Antwort verarbeiten**
   Ist die Antwort des VNB negativ oder gibt es nach Ablauf der Frist keine Antwort, wird der Workflow an dieser Stelle abgebrochen, und ein Sachbearbeiter wird informiert. Das Versorgungsszenario am betroffenen Zählpunkt bleibt zunächst bestehen. Bei einer positiven Antwort auf die Abmeldung findet die Stammdatenänderung statt.
7. **Stammdatenänderung**
   Das Versorgungsszenario am Zählpunkt wird zum Stichtag beendet.

Bestandslisten

Der Netzbetreiber verschickt am 16. Werktag jedes Monats an alle Lieferanten seines Netzgebietes eine Bestandsliste, auf der alle von diesem Lieferanten im nächsten Monat belieferten Entnahmestellen verzeichnet sind. Diese Liste ist vom Lieferanten zu prüfen, Datenschiefstände sind zu klären. Die Bestandslisten dienen als Grundlage der Netznutzungsabrechnung zwischen Netzbetreiber und Lieferant. Sie werden aggregiert im UTILMD-Format versendet.

Für diesen Prozess gibt es jedoch in der SAP-Standardlösung noch keinen Workflow.

Grund- und Ersatzversorgung

Im Kontext des Lieferantenwechsels und des Lieferbeginns bzw. Lieferendes ist auch die *Grund-* und die *Ersatzversorgung* eines Kunden zu betrachten, die immer dann aktiv wird, wenn der Kunde für einen bestimmten Zeitraum oder ab einem bestimmten Zeitpunkt keinen anderweitigen Vertrag mit einem Lieferanten geschlossen hat.

Grundversorger eines Netzgebietes ist immer derjenige Versorger, der die meisten Haushaltskunden beliefert. Dies wird alle drei Jahre erneut vom Netzbetreiber gemäß § 36 Abs. 2 EnWG überprüft. Ein Grundversorger ist verpflichtet, einen *Allgemeinen Tarif für Haushaltskunden* anzubieten und jeden Haushaltskunden zu diesen Bedingungen zu beliefern. Die Gestaltung des Allgemeinen Tarifs kann vom Bundesministerium für Wirtschaft und Technologie im Einvernehmen mit dem Bundesministerium für Ernährung, Landwirtschaft und Verbraucherschutz mit Zustimmung des Bundesrates geregelt werden. Eine Ausnahme der Versorgungspflicht besteht, wenn die Belieferung für das Versorgungsunternehmen aus wirtschaftlichen Gründen nicht zumutbar ist. Ein Haushaltskunde, der dem Grundversorger seinen Einzug mitteilt, ohne einen bestimmten Tarif zu wählen, erhält den Allgemeinen Tarif.

Ersatzversorgung liegt vor, wenn ein Kunde Strom bezieht, ohne einen Vertrag mit einem Lieferanten geschlossen zu haben. Dies kann im Regelfall in zwei Situationen geschehen: Entweder zieht der Kunde neu in eine Wohnung ein und bezieht dort Strom, ohne einen Lieferanten beauftragt zu haben, oder er hat den Vertrag mit seinem alten Lieferanten gekündigt, ohne sich einen neuen Lieferanten gesucht zu haben. Weitere Ereignisse, die zur Ersatzversorgung führen können, sind die Insolvenz eines Lieferanten oder die Kündigung des Lieferantenrahmenvertrags zwischen dem Lieferanten und dem VNB.

In all diesen Fällen wird der Strom vom Grundversorger zu den Bedingungen der Ersatzversorgung bereitgestellt. Die Preise des Ersatzversorgungstarifs dürfen die des Allgemeinen Tarifs nicht überschreiten. Die Ersatzversorgung endet nach spätestens drei Monaten. Ein Kunde, der dann keinen anderen Lieferanten beauftragt hat bzw. keinen Sondervertrag mit dem Grundversorger geschlossen hat, fällt in die Grundversorgung.

Zum Prozess der An- bzw. Abmeldung der Ersatzversorgung gibt es keinen SAP-Standard-Workflow. Eine Lösung kann jedoch mit Bausteinen aus dem Lieferantenwechsel-Workflow aus der Sicht des neuen Lieferanten hergestellt werden. Der VNB stellt am 15. Werktag des Monats fest, dass für einen Zählpunkt zwar eine Abmeldung des alten Lieferanten existiert, aber keine Anmeldung eines neuen Lieferanten im nächsten Monat vorliegt. Diesen Zählpunkt teilt er dem Grundversorger in einer UTILMD-Nachricht mit. Auch bei einem Auszug ohne Einzugsmeldung wird der Zählpunkt, gegebenenfalls auch rückwirkend, dem Lieferanten zur Anmeldung der Ersatzversorgung mitgeteilt.

Die Meldung wird vom Grundversorger geprüft und spätestens innerhalb von fünf Werktagen beantwortet. Die Anmeldung der Ersatzversorgung kann abgelehnt werden, wenn die Belieferung für den Grundversorger wirtschaftlich unzumutbar ist. Wird die Anmeldung bestätigt, wird dem Kunden von Grundversorger und VNB eine Information über seinen Status zugesendet.

Der Unterschied des Prozesses *Anmeldung Ersatzversorgung* zum Prozess *Lieferantenwechsel aus der Sicht des neuen Lieferanten* besteht vor allem darin, dass der Vorgang durch den VNB und nicht durch den neuen Lieferanten initialisiert wird. Hierdurch entfallen die Versendung der Kündigung an den alten Lieferanten und die Anmeldung der Netznutzung an den VNB. Auch das Warten auf die Antworten von VNB und altem Lieferanten unterbleibt; die Stammdatenänderung kann sofort durchgeführt werden.

Die Abmeldung der Ersatzversorgung findet durch einen anderen Lieferanten statt, wobei der Prozess hier analog zum *Lieferantenwechsel aus der Sicht des alten Lieferanten* abläuft. Nach Ablauf der Dreimonatsfrist ohne Meldung eines Fremdlieferanten wird das Versorgungsszenario beim Grundversorger in ein normales Lieferverhältnis mit Grundversorgung geändert. Weitere Informationen zur Grund- und Ersatzversorgung erhalten Sie in Abschnitt 8.1.4.

SAP for Utilities unterstützt neben den essenziellen Kundenprozessen auch die internen Abläufe und Steuerungsmechanismen. Dieses Kapitel liefert einen Überblick über wesentliche Funktionen.

7 Interne Prozesse

Nach der Beschreibung der Kundenprozesse soll nun in diesem Kapitel erläutert werden, wie interne Abläufe mithilfe von SAP ERP unterstützt werden können. Abbildung 7.1 zeigt die Einordnung dieses Kapitels in den Gesamtkontext der Geschäftsprozesse in Versorgungsunternehmen.

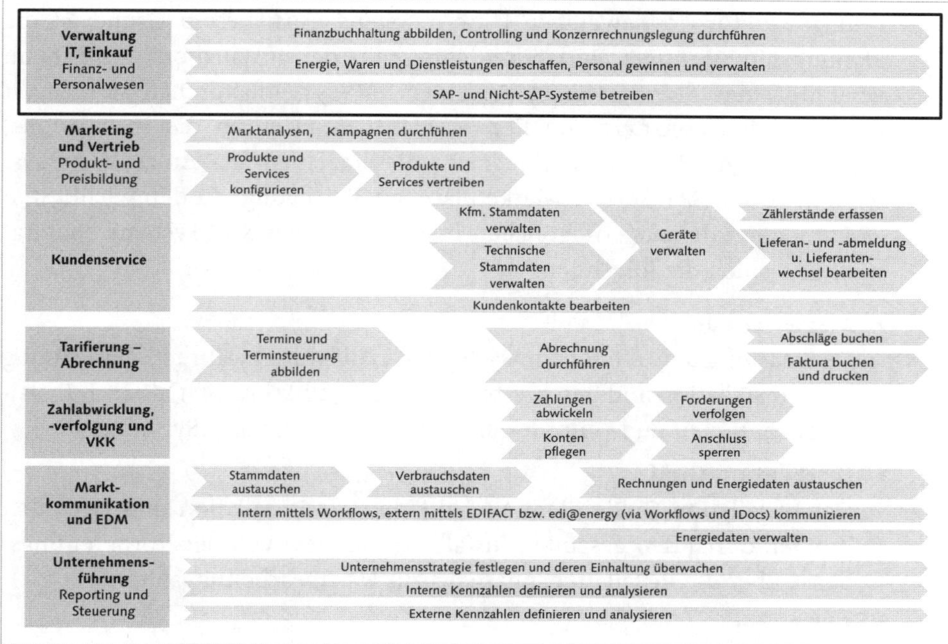

Abbildung 7.1 Funktionsübersicht

Die Beschreibung beginnt mit der Installation und dem Betrieb von SAP-Systemen, beschreibt dann die Abläufe im Rechnungswesen und schließlich das Reporting mithilfe von SAP NetWeaver BW- und SAP BusinessObjects-Werkzeugen.

7.1 Aufbau und Betrieb eines SAP-Systems

Vor der Nutzung eines SAP-Systems steht seine Installation; nachfolgend geben wir einige Informationen zur Vorbereitung und Planung der Installation. Daran schließen sich Anmerkungen zum Transport von Einstellungen (Customizing) und Entwicklungen innerhalb einer SAP-Systemlandschaft an.

In Abschnitt 7.1.3 weisen wir darauf hin, welche Werkzeuge des Solution Managers beim Betrieb von SAP-Systemen zur Verfügung stehen. Schließlich widmen wir uns abschließend der Fehlerbearbeitung.

7.1.1 Systeminstallation

Die vielfältigen Einsatzmöglichkeiten eines SAP-Systems und der breite Funktionsumfang, der innerhalb einer SAP-Systemlandschaft zur Verfügung gestellt wird, erfordern einen komplexen Installationsprozess. Dieser orientiert sich an den Anforderungen an das SAP-System und an der internen IT-Infrastruktur des jeweiligen Unternehmens. Aus diesem Grund ist die Planung ein wichtiger Bestandteil innerhalb der Installation sowie beim Upgrade eines SAP-Systems bzw. einer SAP-Systemlandschaft. SAP stellt ihren Kunden abhängig von den erworbenen Lizenzen die Installationsmedien und die Dokumentationen für die einzelnen SAP-Anwendungssysteme über den SAP Service Marketplace zur Verfügung. Zu den wichtigsten Dokumenten, die zur erfolgreichen Installation eines SAP-Systems benötigt werden, zählen die folgenden:

- **Master Guide**
  Der Master Guide dient hauptsächlich als Hilfsmittel während der Planung einer Installation und beschreibt sowohl die Funktionalität als auch Installationsoptionen und Anforderungen für und an das SAP-System.
- **Installation Guide**
  Der Installation Guide dient als Leitfaden zur Installation und führt den Kunden durch den gesamten Installationsprozess von der Vorbereitungsphase über die Installationsphase bis zur Nachbearbeitungsphase
- **SAP Notes**
  Die SAP Notes sind von SAP zur Verfügung gestellte Hinweise, die umfangreiche Korrekturen und Informationen zu bekannten Problemen innerhalb des SAP-Umfelds anbieten. Die Hinweise werden dem Kunden innerhalb einer Lösungsdatenbank mit zahlreichen Suchfunktionen zur Verfügung gestellt (siehe Abbildung 7.2). Die Suchfunktion ist über den Link *https://service.sap.com/notes* erreichbar.

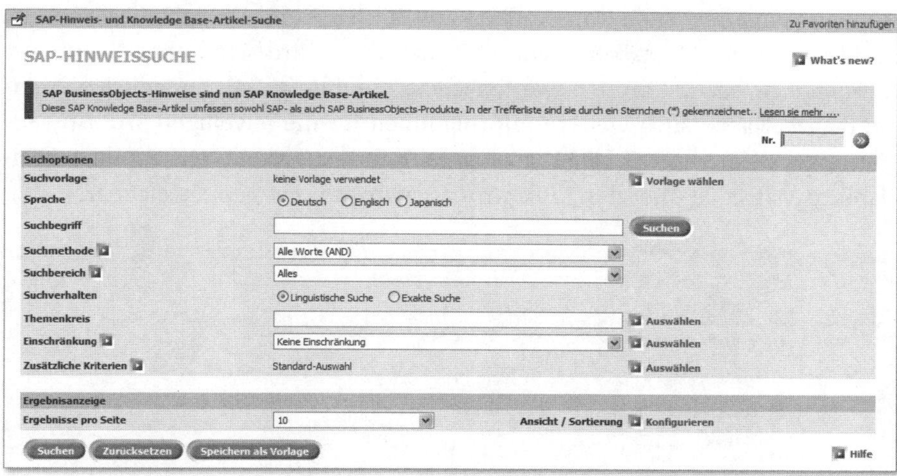

Abbildung 7.2 SAP-Hinweissuche

Die Installationsleitfäden zu den einzelnen SAP-Anwendungssystemen werden über *https://service.sap.com/instguides* zur Verfügung gestellt. Die Installationsmedien können Sie über den Link *https://service.sap.com/installations* herunterladen (siehe Abbildung 7.3). Zu jedem von SAP unterstützten Betriebs- und Datenbanksystem werden von SAP separate, an die Systemgegebenheiten angepasste Installationsmedien zur Verfügung gestellt.

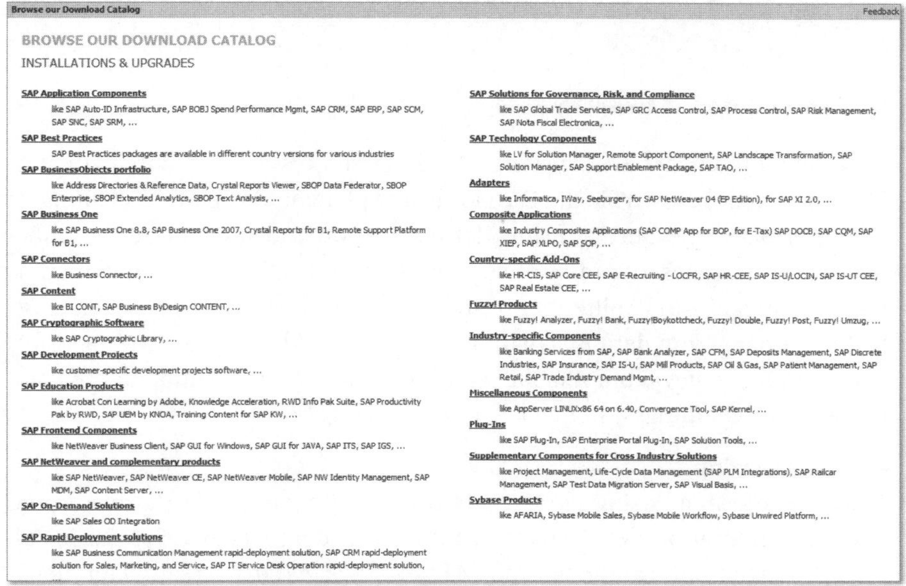

Abbildung 7.3 SAP-Installationsmedien

Ob eine entsprechende Kombination aus Betriebs- und Datenbanksystem für die jeweilige SAP-Installation von SAP unterstützt wird, kann über die *Product Availability Matrix* ermittelt werden (siehe Abbildung 7.4). Zusätzlich werden in dieser Matrix auch weitere Informationen für die jeweiligen SAP-Anwendungssysteme, wie z. B. der Wartungszeitraum dargestellt. Die Product Availability Matrix ist über den Link *https://service.sap.com/pam* erreichbar.

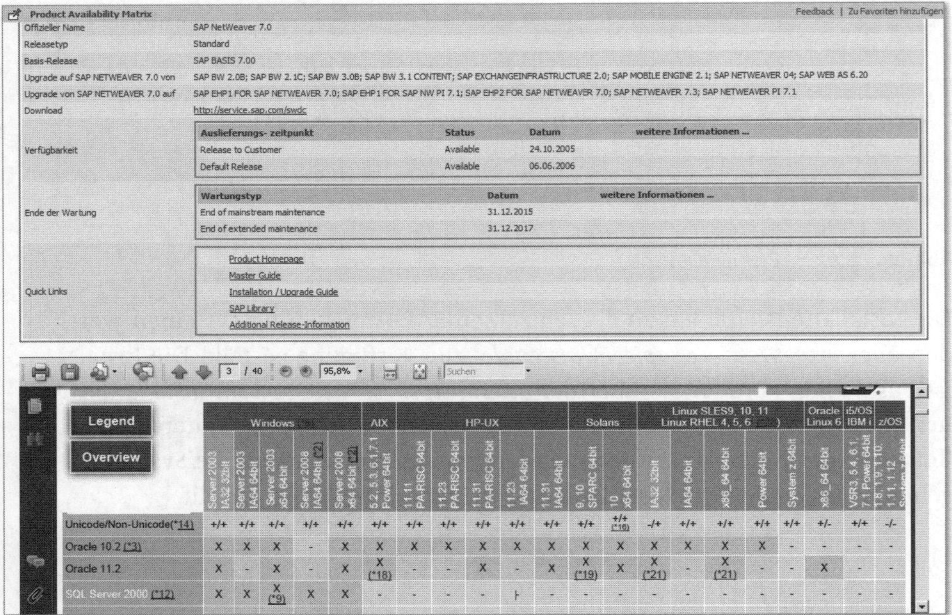

Abbildung 7.4 Product Availability Matrix

Nachdem alle für das SAP-System erforderlichen Installationsdaten zur Verfügung stehen, können Sie die Durchführung planen. Eine genaue Planung ist für die erfolgreiche Durchführung der Installation und auch für den anschließenden reibungslosen und konsistenten Betrieb des SAP-Systems von enormer Wichtigkeit und sollte rechtzeitig begonnen werden (was »rechtzeitig« bedeutet, hängt von dem Installationsumfang ab). Alle für die Planung erforderlichen und relevanten Aspekte werden in dem Master Guide des jeweiligen SAP-Anwendungssystems behandelt. Dazu gehören z. B.:

- **System-Sizing**
  Bei dem System-Sizing werden die Anforderungen an die Hardware und die Konfiguration des Systems ermittelt, auf dem das SAP-System installiert werden soll. Zahlreiche von SAP zertifizierte Hardwareanbieter bieten

Unterstützung bei dem Sizing an, und auch SAP selbst stellt dem Kunden ein entsprechendes Werkzeug zur Verfügung, anhand dessen die Anforderungen ermittelt werden können. Das Sizing-Tool von SAP kann über den Link *https://service.sap.com/quicksizing* aufgerufen werden.

- **Berücksichtigung der Sicherheitsaspekte**
  Jedes Unternehmen verfügt über IT-Sicherheitsrichtlinien, die zu einem reibungslosen Betrieb und entsprechendem Datenschutz beitragen. Auch innerhalb des SAP-Systems ist es erforderlich, diese Sicherheitsaspekte zu berücksichtigen und in die Planung mit einzubeziehen.
- **Planung der Systemlandschaft**
  Um einen reibungslosen produktiven Betrieb eines Systems zu gewährleisten und Ausfallzeiten des Systems zu vermeiden, sollten redundante Ausfallmechanismen sowie auch die Konfiguration des Korrektur- und Transportwesens durchgeführt werden.

Grundsätzlich wird eine SAP-Systemlandschaft aus drei gleichartigen Systemen (z. B. ERP-, CRM-, SRM-, PI-System) aufgebaut. Je Systemart wird in der Praxis eine Drei-Systemlandschaft aufgebaut; im Einzelfall sind Abweichungen von dieser grundsätzlichen Regel aus besonderen Gründen möglich. Eine Drei-Systemlandschaft besteht aus einem Entwicklungs-, einem Qualitätssicherungs- und einem Produktivsystem (siehe Abschnitt 7.1.2).

Nachdem die Planung der Installation erfolgreich abgeschlossen wurde, kann der eigentliche Installationsprozess durchgeführt werden, der sich aus der Vorbereitungs-, Installations- und Nachbearbeitungsphase zusammensetzt. Die einzelnen Schritte der Installation sind ausführlich in den jeweiligen Installation Guides beschrieben.

- Die *Vorbereitungsphase* basiert auf der Grundkonfiguration des Betriebs- und Datenbanksystems und weiterer Anwendungen, die für den SAP Installer und das SAP-System benötigt werden.
- Die *Installationsphase* erfolgt über ein von SAP zur Verfügung gestelltes grafisches User-Interface (GUI), das auf einer Java-Anwendung basiert. Das GUI führt Sie durch den gesamten Installationsprozess des SAP-Systems und wird über die Installations-Master-CD des entsprechenden SAP-Anwendungssystems gestartet.
- In der *Nachbereitungsphase* wird die Installation durch eine Analyse und durch abschließende Konfigurationsschritte wie die Einbindung der Dokumentation abgeschlossen.

7.1.2 Korrektur- und Transportwesen

Das Korrektur- und Transportwesen (KTW) dient der Steuerung von Systemen und Projekten im Umfeld des ABAP-Stacks. Die Organisation und Verwaltung der Entwicklungen und des Customizings in einer SAP-Systemlandschaft wird über das KTW durchgeführt.

Eine SAP-Systemlandschaft besteht in der Regel aus mehreren Systemen, die über definierte Transportwege miteinander verbunden sind.

Entwicklungssystem

Das Entwicklungssystem dient als Basissystem für alle Einstellungen und entwicklungsbasierenden Aktivitäten; hier werden alle Funktionalitäten an die Kundenbedürfnisse angepasst eingerichtet. Es ist das einzige System, in dem Benutzer (Entwickler) mit Entwicklungsschlüsseln existieren sollten. Entwicklerschlüssel können online im SAP Service Marketplace über das sogenannte SAP Software Change Registration-Verfahren (SSCR) beantragt werden. Nur die Systembenutzer, die mit einem solchen Entwicklerschlüssel im System einmalig registriert sind, dürfen Entwicklungsobjekte (Datenstrukturen und Coding) anlegen oder ändern.

Qualitätssicherungssystem

Das zweite System in dem SAP-Systemlandschaftsverbund wird als Qualitätssicherungssystem bezeichnet. Auf diesem System werden die auf dem Entwicklungssystem durchgeführten Anpassungen geprüft und unter realen Bedingungen und mit realen Szenarien getestet. Aus diesem Grund ist es erforderlich, dass auf dem Qualitätssicherungssystem eine möglichst produktivnahe Umgebung inklusive Anwendungsdaten existiert. Nach einer erfolgreichen Testphase erfolgt dann eine entsprechende Freigabe der Entwicklungen durch einen Benutzer (Qualitätsmanager).

Produktivsystem

Das Produktivsystem ist das Herzstück einer SAP-Systemlandschaft und erfordert auch aus diesem Grund ein maximales Sicherheits- und Verfügbarkeitskonzept. Wie der Name schon sagt, liegen in dem System die Produktivdaten des Unternehmens, die für den reibungslosen Ablauf des Tagesgeschäfts erforderlich sind. Aus diesem Grund dürfen an diesem System keine Änderungen, Anpassungen und Entwicklungen vorgenommen werden, solange diese nicht vollständig die Testphase im Qualitätssicherungssystem durchlaufen haben. Durch diese Einschränkung soll der reibungslose Produktivbetrieb sichergestellt werden.

Abhängig von der Konfiguration der Systemlandschaft werden die Systeme bzw. Mandanten über sogenannte *Transportwege* miteinander verbunden. Die Transportwege beschreiben, wie Entwicklungen zwischen den Systemen transportiert werden. Die Transportwege zwischen den Systemen werden in der Transaktion STMS (Transport Management System) erstellt und den Systemen zur Kommunikation untereinander zugewiesen (siehe Abbildung 7.5). Es gibt zwei Arten von Transportwegen: Konsolidierungs- und Belieferungswege.

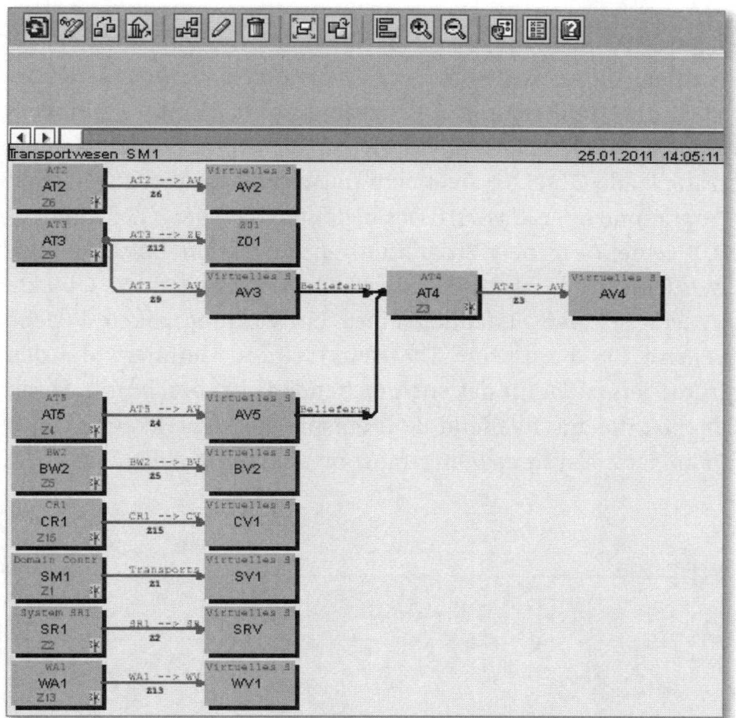

Abbildung 7.5 Konfiguration der Transportwege

Konsolidierungsweg

Bei einem Konsolidierungsweg erfolgt der Transport der Entwicklungen und Anpassungen automatisch an das Zielsystem, sobald diese freigegeben wurden. Der Konsolidierungsweg basiert auf einer Transportschicht, die den entsprechenden Weg vom Quell- in das Zielsystem beschreibt. Dieser Transportweg wird zur Kommunikation zwischen dem Entwicklungs- und dem Qualitätssicherungssystem verwendet.

Belieferungsweg

Der Belieferungsweg beschreibt die Kommunikation zwischen dem Qualitätssicherungs- und dem Produktivsystem. Er greift, sobald der Import der Änderungen auf dem Qualitätssicherungssystem angestoßen wird, und transportiert die Änderungen automatisch zu dem Produktivsystem. Sobald die Änderungen auf dem Qualitätssicherungssystem die Testphase erfolgreich durchlaufen haben, können sie anschließend über einen Dialog in das Produktivsystem importiert werden.

Die Entwicklungen und Anpassungen, die in einem SAP-System (ABAP-Stack) durchgeführt werden, unterteilen sich in das *mandantenunabhängige Customizing*, wozu auch die Anpassung und Erstellung von Repository-Objekten gezählt wird, und in das *mandantenabhängige Customizing*. Zu den Repository-Objekten zählen alle Objekte, die einem Entwicklungspaket zugeordnet werden (z. B. Programme oder Klassen). Das bedeutet, dass bei einer Kundenentwicklung (z. B. einem eigenen Programm) als Erstes ein Entwicklungspaket erstellt wird und diesem anschließend die zu erstellenden Objekte zugeordnet werden. Bei der Erstellung eines Entwicklungspaketes (siehe Abbildung 7.6) wird für dieses eine TRANSPORTSCHICHT definiert, die den Transportweg zum Zielsystem für das entsprechende Paket beschreibt. Somit können alle Objekte, die anschließend dem entsprechenden Paket zugeordnet werden, nur an das Zielsystem weitertransportiert werden, das dem Paket zugeordnet ist.

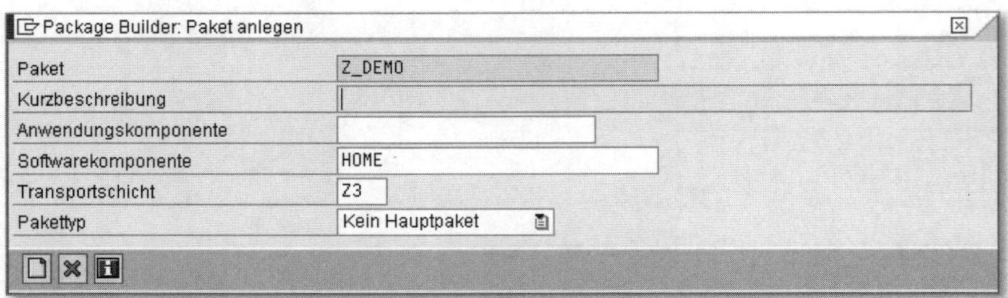

Abbildung 7.6 Erstellung eines Entwicklungspaketes

Um die auf dem Entwicklungssystem erstellten bzw. angepassten Objekte (Customizing und Repository) in das Qualitätssicherungs- und Produktivsystem zu übernehmen, werden diese automatisch bei der Erstellung bzw. Anpassung in einen sogenannten Transportauftrag aufgenommen.

Es gibt zwei Arten von Änderungsaufträgen (Change Request):

- **Workbench-Auftrag**
  In einem Workbench-Auftrag werden alle mandantenunabhängigen Customizing-Objekte und Repository-Objekte abgelegt.
- **Customizing-Auftrag**
  In einem Customizing-Auftrag werden alle mandantenabhängigen Customizing-Objekte abgelegt, die von dem Benutzer angepasst werden.

Sobald ein Objekt angepasst bzw. erstellt werden soll, wird der Benutzer aufgefordert, das Objekt einem Transportauftrag zuzuordnen. Die Art des Auftrags (Workbench- oder Customizing-Auftrag) wird automatisch vom System bestimmt, abhängig von dem zu bearbeitenden Objekt. Bei der Erstellung eines Auftrages hat der Benutzer die Möglichkeit, das Transportziel (basierend auf der Transportschicht) auszuwählen; im Normalfall ist dies das Qualitätssicherungssystem. Es ist auch möglich, kein Transportziel einzugeben. In diesem Fall wird der Auftrag als ein lokaler Änderungsauftrag behandelt. Beachten Sie aber, dass die in einem solchen Auftrag enthaltenen Objekte nicht weitertransportiert werden können.

Damit das geänderte Objekt nun auf ein Qualitätssicherungssystem transportiert werden kann, muss der entsprechende Auftrag über den Transport Organizer (Transaktion SE01) freigegeben werden. Bei der Auftragsfreigabe werden alle enthaltenen Objekte auf eine aktive Version überprüft; erst sobald alle Objekte in einer aktiven Version vorliegen, kann der Auftrag freigegeben werden. Dadurch wird sichergestellt, dass nur fehlerlose Objekt-Versionen transportiert werden können. Solange ein Auftrag noch nicht freigegeben wurde, können die Objekte in keinem anderen Auftrag bearbeitet werden.

Die einzige Ausnahme bilden dabei Aufträge mit der Bezeichnung *Transport von Kopien*: Diese Art von Aufträgen kann über den Transport Organizer angelegt werden und Objekte mit einer Sperrkennzeichnung aus einem anderen Auftrag (Workbench-Auftrag oder Customizing-Auftrag) aufnehmen.

Auf dem Qualitätssicherungssystem werden die Aufträge über die Importqueue des Systems (Transaktion STMS) verwaltet. Von dort erfolgt der Import der Aufträge, die die angepassten Objekte enthalten. Dabei werden die Objekte sowohl in das Qualitätssicherungssystem importiert als auch gleichzeitig über den definierten Belieferungsweg in die Importqueue des Produktivsystems transportiert.

Sobald nun auf dem Qualitätssicherungssystem die Testphase abgeschlossen wurde, können die Objekte über die Importqueue des Produktivsystems in dieses importiert werden. Nach erfolgreichem Import der Änderungen im Produktivsystem gilt das Änderungsprojekt als abgeschlossen.

7.1.3 Einsatz des SAP Solution Managers

Der SAP Solution Manager ist ein zentrales Verwaltungssystem der gesamten SAP-Systemlandschaft und bietet ein umfangreiches Spektrum an Werkzeugen und Funktionen, um die im SAP-Umfeld anfallenden administrativen Aufgaben zu steuern. Der SAP Solution Manager wird jedem Kunden, der berechtigt ist, SAP-Systeme zu betreiben, als kostenlose Erweiterung zur Verfügung gestellt. Die mit dem Solution Manager angebotene Werkzeugsammlung bietet alle benötigten Funktionen, um die SAP-Systeme über den gesamten Software-Lebenszyklus zu verwalten (Einführung, Entwicklung, Wartung und Upgrade). Zu der Werkzeugsammlung gehört folgendes Aufgabenspektrum.

Die Projektverwaltung eines *Einführungs- oder Upgrade-Projektes* kann über den SAP Solution Manager gesteuert werden, wie in Abbildung 7.7 zu sehen ist. Dabei erfolgt die Organisation der Ressourcen – wie der Dokumentationen, Projektdaten, Aufgabenzuordnung und Zeitplanung – zentral auf dem SAP Solution Manager. Der SAP Solution Manager bietet auch während der Durchführung aller Aktualisierungsprozesse innerhalb der SAP-Systemlandschaft Unterstützung. Als Aktualisierung gelten sowohl Support Packages und Erweiterungspakete (EHPs) als auch Produkt-Upgrades.

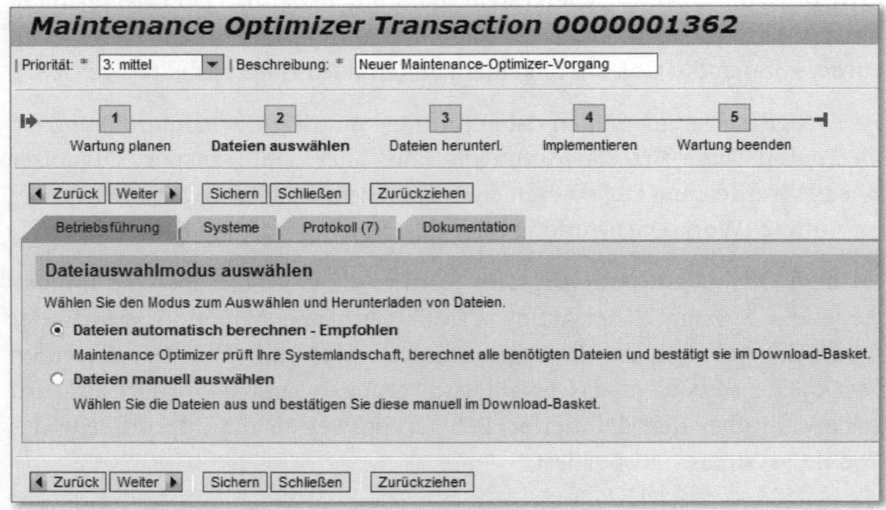

Abbildung 7.7 Berechnung eines Support-Package-Stacks im SAP Solution Manager

Bei dem *Change Request Management* handelt es sich um die Verarbeitung von Änderungsanträgen, die aus der Systemumgebung resultieren, die sich aufgrund von Aktualisierungen und neuen Anforderungen ständig ändert. Das Change Request Management basiert auf einem Workflow zur Verarbeitung der Änderungsanträge und ist mit dem Change-und-Transport-Management verbunden.

Über das *Test Management* werden Systemeinstellungen und -entwicklungen getestet, bevor diese produktiv eingesetzt werden können. Dabei werden Testfälle im SAP Solution Manager erzeugt, die entsprechende Dokumentationen und Verweise auf die zu testenden Funktionen enthalten. Die Testfälle werden in Testpakte zusammengefasst, den Testern zugeordnet und über den Test Organizer zur Verfügung gestellt. Das Test Management erlaubt diverse Auswertungen zu Testumfang und -fortschritt.

Vor der Einführung neuer Funktionen ist es erforderlich, dass die Endanwender entsprechende Schulungen erhalten, durch die sie die neuen Funktionalitäten erlernen. Mithilfe des SAP Solution Managers können in definierten Projektstrukturen Lernmaterialien abgelegt werden, aus denen anschließend sogenannte Learning-Maps erzeugt und über Rollen entsprechenden Endanwendern zur Verfügung gestellt werden können. Dabei wird der gesamte *E-Learning-Management*-Prozess zur Verwaltung, Zuordnung, Durchführung und Auswertung der Learning-Maps über den SAP Solution Manager gesteuert.

Mit den im SAP Solution Manager enthaltenen Werkzeugen zum *Support Management* kann der gesamte Geschäftsprozess zur Unterstützung des Supports innerhalb einer SAP-Systemlandschaft abgebildet und verwaltet werden.

Mithilfe der Werkzeuge zur *Systemdiagnose*, die mit dem SAP Solution Manager angeboten werden, kann eine schnelle und effiziente Analyse und Diagnose aller an den SAP Solution Manager angebundener Systeme durchgeführt werden. Dadurch bietet der SAP Solution Manager auch für die Problembehandlung innerhalb der Systemlandschaft einen zentralen Anlaufpunkt.

Das *System-Monitoring* (siehe Abbildung 7.8) innerhalb des SAP Solution Managers übernimmt die Überwachung und Protokollierung der gesamten Systemlandschaft. Dabei kann es sich bei den überwachten Systemen nicht nur um SAP-Systeme und deren Bestandteile, sondern auch um Anwendungen von Fremdanbietern handeln, die über entsprechende Kommunikationsschnittstellen verfügen.

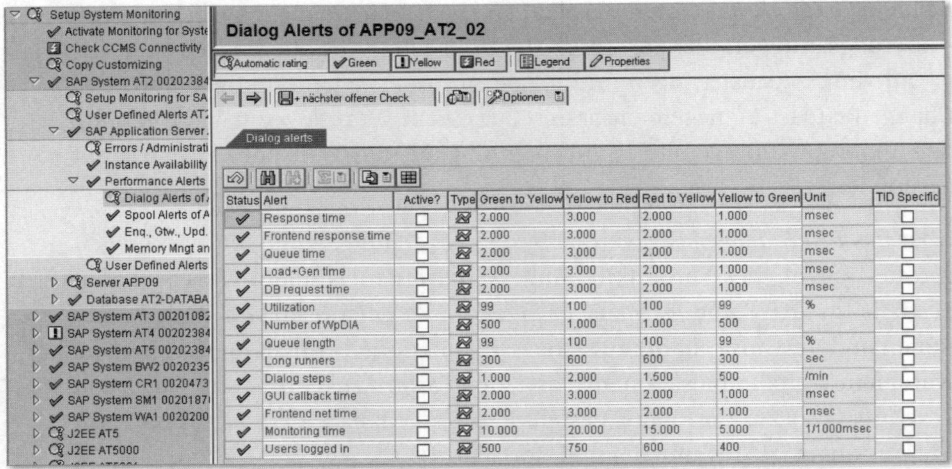

Abbildung 7.8 Konfiguration der Systemüberwachung im SAP Solution Manager

Über den SAP Solution Manager können im Rahmen des *Business Process Monitorings* auch Geschäftsprozesse überwacht werden, die über mehrere SAP-Systeme und -Komponenten aufgebaut sein können (siehe Abbildung 7.9).

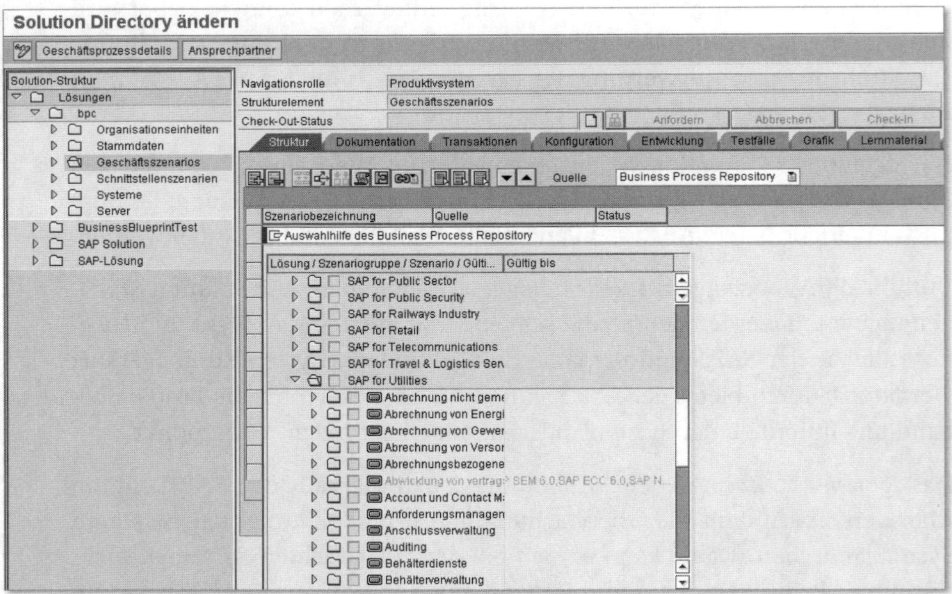

Abbildung 7.9 Auswahl eines Geschäftsprozesses zur Überwachung im SAP Solution Manager

Dabei werden auch die Schnittstellen, die zur Kommunikation zwischen den einzelnen Systemen dienen, mit berücksichtigt und überwacht. Durch die Überwachung der einzelnen Schritte innerhalb des Geschäftsprozesses wird die Analyse bei auftauchenden Problemen vereinfacht, da die fehlerhaften Komponenten bzw. Schnittstellen dokumentiert werden und so die Schritt-für-Schritt-Analyse des gesamten Prozesses vermieden werden kann. Dadurch kann eine schnelle effiziente Diagnose erfolgen, die die Reaktionszeiten bei Ausfällen stark beeinflusst und reduzieren kann.

Der SAP Solution Manager bietet zahlreiche vordefinierte Geschäftsprozessszenarien an, die für die Konfiguration der Geschäftsprozessüberwachung verwendet werden können.

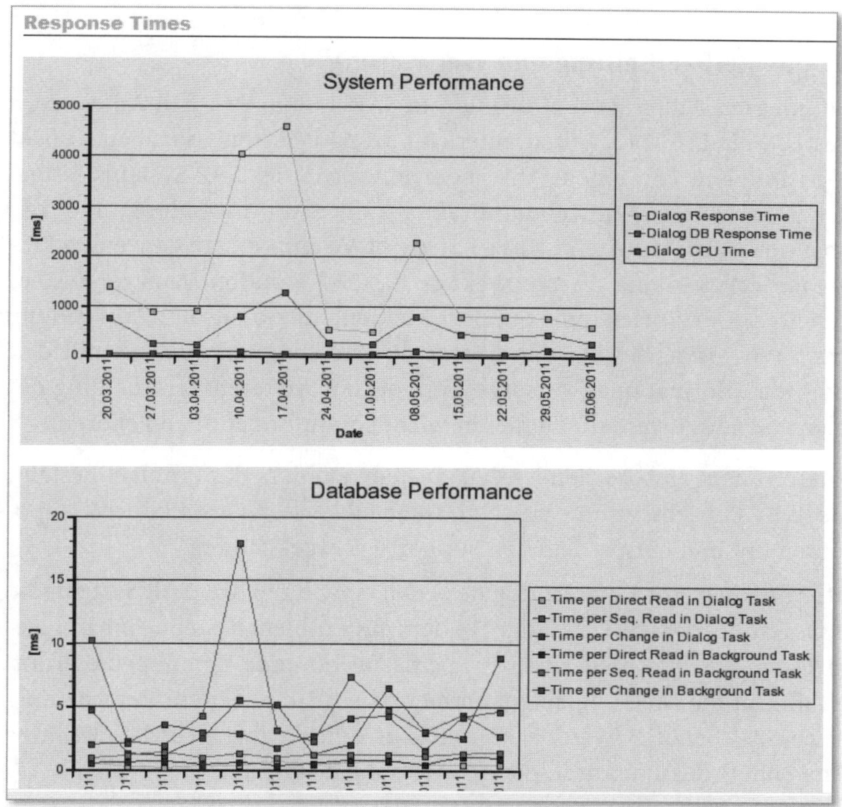

Abbildung 7.10 Ausschnitt aus einem Service Level Report des SAP Solution Managers

Um die Systemlandschaft zu optimieren und einen reibungslosen Produktivbetrieb in einem Unternehmen zu gewährleisten, sollten entsprechende Service Level Agreements definiert werden. Dabei erfolgt eine Aufteilung zwischen internen Vereinbarungen, die durch die internen Administratoren eingehalten werden müssen, und den externen Vereinbarungen, an die sich Dienstleistungsunternehmen zu halten haben. Die Service Level Agreements können den Leistungsumfang, die Reaktionszeiten und Verfügbarkeiten der Systeme innerhalb der Systemlandschaft beschreiben. Mithilfe des *Service Level Management* des SAP Solution Managers können die Service Level Agreements für einzelne Systeme definiert werden, die über die Kommunikationsschnittstellen während des System-Monitorings ausgelesen und anschließend ausgewertet werden. Dies wird in Abbildung 7.10 gezeigt. Auf diesem Wege kann die Einhaltung der Vereinbarungen kontrolliert und überwacht werden.

7.1.4 Fehlerbearbeitung und -verwaltung

In den meisten Fällen wird ein Fehler im SAP-System von den Anwendern festgestellt, die Ihre Tätigkeiten innerhalb des SAP-Systems ausüben. Sobald nun ein Problem von einem Anwender innerhalb des SAP-Systems festgestellt wurde, kann der Anwender direkt aus der SAP-Anwendung, in der er sich befindet, über das Menü HILFE • SUPPORT MELDUNG ERFASSEN einen Produktfehler erfassen und diesen direkt an das SAP Solution Manager-System weiterleiten. Der Vorteil, eine Support-Meldung direkt aus der Anwendung heraus zu erfassen, besteht darin, dass die Meldung automatisch mit den wichtigsten Informationen versorgt wird, die zur weiteren Verarbeitung des Problems benötigt werden. Zu diesen wichtigen Informationen gehören:

- Daten zu dem entsprechenden SAP-System, auf dem das Problem besteht, wie z. B. Betriebssystemversion, Datenbankversion, installierte Komponenten mit den entsprechenden Support-Package-Ständen.
- Informationen zur Eingrenzung des Fehlers, wie z. B. das SAP-System, die Transaktion oder das Programm, in dem das Problem besteht. Anhand dieser Daten wird auch automatisch die dazugehörende Komponente ermittelt und in die Meldung aufgenommen, die für die weitere Verarbeitung durch SAP benötigt werden könnte. Zusätzlich wird auch der Benutzer (Anwender) dokumentiert, der die Meldung erfasst hat.

Der SAP Solution Manager bietet dem Support Team nun als zentrales Verwaltungssystem der Systemlandschaft eine Vielzahl von Möglichkeiten zur weiteren Verarbeitung der Meldung. Zu den zur Verfügung gestellten Funktionen gehören:

- **E-Mail an den Meldenden**
  Falls bezüglich der Problemstellung Unklarheiten bestehen, ist der Meldungsbearbeiter in der Lage, Kontakt zur genaueren Absprache mit dem Meldenden aufzunehmen.
- **Direkter Zugriff auf das SAP-System**
  Der Support-Mitarbeiter kann direkt von dem SAP Solution Manager auf das SAP-System zugreifen, in dem die Meldung angelegt wurde, um eine weitere Analyse durchzuführen.
- **Aufruf der SAP Solution Manager Diagnostics**
  SAP Solution Manager Diagnostics ist ein Diagnosewerkzeug mit dessen Hilfe eine detaillierte Analyse aller an das SAP-System angeschlossenen SAP-Systeme durchgeführt werden kann.

Neben der originären Fehlerbearbeitung können aus dem Solution Manager heraus weitere Funktionen aufgerufen werden. Diese werden kurz skizziert.

- **Lösungsdatenbank durchsuchen**
  In dem SAP Solution Manager wird eine interne Lösungsdatenbank angeboten, in der bekannte Probleme und deren Lösungswege dokumentiert werden können. Dadurch ist ein Support Team in der Lage, Problemstellungen direkt im SAP-System zu dokumentieren, um ähnliche Anfragen in Zukunft möglichst effizient verarbeiten zu können. Dies sichert das Erfahrungswissen u. a. bei Fluktuation und krankheitsbedingten Ausfällen.
- **Nach SAP-Hinweisen suchen**
  Über den SAP Solution Manager kann eine direkte Suche nach SAP bekannten Problemen im SAP Service Marketplace durchgeführt werden.
- **Weiterleitung an höheren Support-Level**
  Falls ein Support-Mitarbeiter nicht in der Lage ist, eine Lösung für ein Problem zu finden, kann er die Meldung, abhängig von der Unternehmensstruktur, an das nächste Support-Level zur weiteren Bearbeitung leiten.
- **Support-Meldung an SAP senden**
  Die im SAP Solution Manager ankommenden Support-Meldungen können auch direkt als Produktfehler zur Analyse an SAP weitergeleitet werden.
- **Verbindung zu SAP öffnen**
  Falls SAP mit den entsprechenden zur Verfügung gestellten Informationen nicht zu einer Lösung kommt, wird ein direkter Remotezugriff auf das fehlerhafte System angefordert. Der Zugriff wird über eine Serviceverbindung zwischen dem Kunden und SAP realisiert und kann über den SAP Solution Manager gesteuert werden.

7.2 Finanzbuchhaltung

Die Anforderungen an das Rechnungswesen eines Unternehmens der Versorgungswirtschaft unterscheiden sich nicht wesentlich von denen in anderen Branchen, insofern wird hier ein Überblick über Standardfunktionen und -abläufe gegeben. Zudem werden wesentliche Transaktionen und Datenbanktabellen aufgelistet. Eine Detailbeschreibung dieser Funktionen würde allein für den Vertragskontokorrent (FI-CA) den Umfang dieses Buches übertreffen, daher muss es hier bei einer Übersicht bleiben.

[+]

Darstellung in diesem Abschnitt

Am Ende jeder Erläuterung finden Sie im Folgenden einen Infokasten mit den Pflegetransaktionen sowie den Datenbanktabellen, in denen die Stammdaten und ihre Beziehungen zueinander gespeichert werden.

7.2.1 Debitorenbuchhaltung

Die Debitorenbuchhaltung (FI-AR) stellt das Nebenbuch dar, in dem Forderungen und Verbindlichkeiten, Gutschriften, Zahlungen und interne Ausgleichsvorgänge sowie die Stammdaten von Geschäftspartnern verwaltet werden. Wie bereits in Kapitel 5 erwähnt, wird in der Versorgungswirtschaft ein sogenanntes Vertragskontokorrent (FI-CA) verwendet, das insbesondere auf die Verarbeitung von mehreren Hunderttausend bis mehreren Millionen Stammdaten und einer entsprechenden Anzahl von Belegen ausgelegt ist. Somit ist der limitierende Faktor an dieser Stelle nicht mehr die Software, sondern die darunter liegende Hardware.

In Abschnitt 6.5 wurde die Abrechnung von Versorgungsverträgen erläutert. Daraus resultieren in FI-CA sogenannte Abschlagspositionen und Forderungen. Üblicherweise vereinbaren Energielieferanten mit Ihren Privatkunden die jährliche Abrechnung ihrer Versorgungsverträge und die monatliche Zahlung von Abschlägen. Die Abschläge werden dann beim Einzug auf Basis des geschätzten Verbrauches als statistische Posten in FI-CA gebucht. Statistisch deshalb, weil Abschläge noch keine rechtswirksamen Forderungen darstellen. Mit der Fakturierung von Abrechnungsbelegen (siehe Abschnitt 6.5) werden erfolgswirksame Forderungen in FI-CA gebucht. Mit der Transaktion FPE3 (Beleg anzeigen) kann man sich einen Beleg in FI-CA ansehen.

In Abbildung 7.11 ist der grundsätzliche Aufbau von Belegen in FI-CA erkennbar. Der obere Bildschirmbereich stellt Informationen des Belegkopfes dar, im mittleren Bildschirmbereich ist eine Geschäftspartnerposition (die

Forderung) und im unteren Bildschirmbereich sind zwei Sachkontenpositionen dargestellt (eine Ertragszeile und eine Umsatzsteuerzeile).

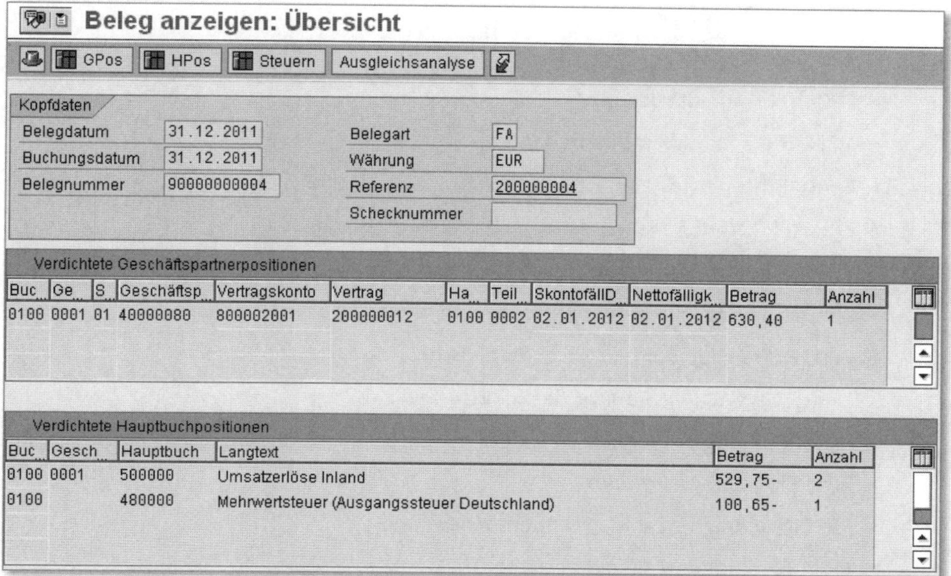

Abbildung 7.11 Beleganzeige einer Rechnung mittels FPE3

In der Darstellung der Geschäftspartnerposition wird eine Besonderheit von FI-CA deutlich. Die Ermittlung von zu bebuchenden Sachkonten erfolgt mittels sogenannter Haupt- und Teilvorgänge (Spalte HA... = 0100 und TEIL... = 0002). Dabei handelt es sich um Vorgangsschlüssel, die gemeinsam eine Belegzeile charakterisieren und mittels derer über eine besondere Kontenfindung die richtigen Sachkonten ermittelt und bebucht werden. Dies hat den Vorteil, dass die Sachkontenfindung je nach Geschäftsvorfall sehr detailliert ausgesteuert werden kann.

In FI-CA stehen selbstverständlich umfangreiche Funktionen zur Verwaltung offener Posten und zur Zahlungsregulierung zur Verfügung (z. B. für Überzahlungen, kreditorische Geschäftsvorfälle oder die Einziehung von Forderungen mittels Lastschrifteinzug, auch nach SEPA – Single Euro Payments Area). Ebenso stehen für die Verfolgung von Forderungen Funktionen bereit, sei es durch Mahnungen mit individuell gestaltbaren Formularen oder durch Einbeziehung externer Inkasso-Unternehmen.

Schließlich müssen die asynchron erzeugten Buchungen in FI-CA in FI übergeleitet und die Resultate dieser Überleitung abgeglichen werden.

[+]

Pflegetransaktionen und Datenbanktabellen

Die folgenden Pflegetransaktionen sind die wichtigsten zu FI-CA:

- FPL9 (Kontenstand)
- FP06 (Kontenpflege)
- FP04 (Posten ausbuchen)
- FPTCRPO (Guthaben bearbeiten)
- FP40 (Posten transferieren)
- FPR1/FPR2/FPR3 (Ratenplan anlegen/ändern/anzeigen)
- FP03 (Abgabe an externes Inkassobüro)
- FP03D (Forderungen an Inkassobüro abgeben)
- FP03E (Freigabe von Posten zum Inkasso)
- FKKCOLL_MONI (Monitor des Inkasso-Services)
- FP05 (Zahlungsstapel bearbeiten)
- FPCPL (Zahlungszuordnung)
- FP30 (Zahlung in Zahlungsstapel suchen)
- FP31 (Zahlung in Zahlläufen suchen)
- FPRU (Übersicht Rückzahlungsanforderungen)
- FP09 (Rückläuferstapel)
- FPCRL (Rückläufer-Klärungsfälle)
- FPY1 (Zahlungslauf)
- FPCRPO (Guthabenklärung)
- FSEPA_M1/FSEPA_M2/FSEPA_M3 (SEPA-Mandat anlegen/ändern/anzeigen)
- FPSEPA (Anlegen im Massenlauf)
- FPE1/FPE2/FPE3 (Beleg buchen/ändern/anzeigen)
- FPE7 (Ausgleich zurücknehmen)
- FPE8 (Beleg stornieren)
- FP08M (Massenstorno)
- FPVA (Mahnvorschlagslauf)
- FPVB (Mahnaktivitätenlauf)
- FPCOPARA (Korrespondenzdruck)
- FPMA (Ausgleich maschinell)
- FP05FIK (Zahlungsstapel neuen Abstimmschlüssel zuordnen)

- FPF1/FPF2/FPF3 (Abstimmschlüssel anlegen/schließen/anzeigen)
- FPG4 (Abstimmschlüssel löschen und schließen)
- FPG1 (Überleitung Hauptbuch)
- FPG1M (Überleitung Hauptbuch im Massenlauf)
- FPG8 (Überleitung Hauptbuch stornieren)
- FPO2 (Offene Posten abstimmen)
- FPT3 (Nachweis für Hauptbuchübernahme)
- FPG5 (Einzelnachweis für Hauptbuchbelege)
- FPT5 (Einzelnachweis für Buchungssummen)
- FPT7 (Nachweis für Buchungssummen)

Die wichtigsten Datenbanktabellen zeigt Tabelle 7.1.

Tabelle	Beschreibung
DFKKKO	Kopfdaten zum Kontokorrentbeleg
DFKKOP	Positionen zum Kontokorrentbeleg (Nebenbuch)
DFKKOPK	Positionen zum Kontokorrentbeleg (Hauptbuch)
DFKKCFCSLOCKS	VKK – Sperren
DFKK_VKONT_LOCK	Sperrtabelle: Vertragskonto (Intervall)
DFKCRPO	Klärungsbestand: Guthaben
DFKKCFPAYRUN	Klärungsbestand: Zahlprogramm
DFKKCFPAYRUN2	Klärungsbestand: Zahlprogramm (neue Version)
DFKKZF	Zahlungsstapel: Abstimmschlüssel
DFKKZK	Zahlungsstapel: Kopfdaten
DFKKZP	Zahlungsstapel: Daten zur Zahlung
DFKKZPT	Zahlungsstapel: Daten zur Teilklärung einer Zahlung
DFKKCFZST	Klärungsfälle aus Zahlungsstapel
DFKKRF	Rückläuferstapel: Abstimmschlüssel
DFKKRK	Rückläuferstapel: Kopfdaten
DFKKRP	Rückläuferstapel: Daten zur Zahlung
DFKKZA	Rückzahlungsanforderung

Tabelle 7.1 Datenbanktabellen in FI-CA (Auswahl)

Tabelle	Beschreibung
DFKKZAE	Sperrtabelle für Auszahlung von Rückzahlungs-anforderungen
DPAYC	Zahlungsprogramm – Verwaltungssätze
DPAYCHKH Kopf	Buchführung über Erzeugung von Zahlungsträgern
DPAYCHKH1	Ergänzende Zuordnungen bei Erzeugung von Zahlungsträgern
DPAYCHKP Kopf	Buchführung über Erzeugung von Zahlungsträgern
DPAYD	Zahlungsprogramm – Zahlungen (Prüfung des Abbuchungslimits)
DPAYH	Zahlungsprogramm – Daten zur Zahlung
DPAYP	Zahlungsprogramm – Daten zum bezahlten Posten
DPAYV	Zahlungsprogramm – Varianten für Zahlungsträger und -liste
FKK042ZA	Arbeitstabelle Zahlwege im Land (Daten liegen in TFK042ZA)
FKKBEP	Einzelposten des Elektronischen Kontoauszugs
FKKBSTEM	Übernahme Kontoauszug: Nachrichten zu fehlerhaften Sätzen
FKKBSTER	Übernahme Kontoauszug: fehlerhafte Daten
FKKBSTMA	Übernahme Kontoauszug: Anhang zu Verwaltungssätzen
FKKBSTMC	Übernahme Kontoauszug: Historie der verarbeiteten MC Auszüge
FKKBSTMV	Übernahme Kontoauszug: Verwaltungssätze
FKKBUE	Belegübernahmeprogramm – Kontrollinformationen
FKKMACTIVITIES	Mahnaktivitäten
FKKMAHNV	Verwaltungssätze für das Mahnprogramm im MKK
FKKMAKO	Mahnhistorie Kopf
FKKMAKT	Mahnaktivitäten
FKK_INSTPLN_HEAD	Kopfdaten des Ratenplans
FKK_INSTPLN_HIST	Ratenplanhistorie

Tabelle 7.1 Datenbanktabellen in FI-CA (Auswahl) (Forts.)

Tabelle	Beschreibung
DFKKSUM	Buchungssummen aus dem Massenkontokorrent
DFKKSUMC	Kontrollinformationen für Buchungssummen
DFKKSUMCB	Kontrollinformationen für Buchungssummen pro Buchungskreis
DFKKSUMR	Kontrollinformationen für Buchungssummen Korrekturen

Tabelle 7.1 Datenbanktabellen in FI-CA (Auswahl) (Forts.)

7.2.2 Kreditorenbuchhaltung

Die Hauptaufgaben der Kreditorenbuchhaltung (FI-AP) liegen in der Verwaltung von Zahlungsempfängerstammdaten, im Buchen von Eingangsrechnungen sowie in deren Regulierung (z. B. für Büromaterial, Büro- und Geschäftsausstattung, Beschaffung von Energie, Netznutzungsrechnungen). Die Regulierung erfolgt über das Zahlprogramm, das mithilfe der Transaktion F110 (Parameter für maschinelle Zahlung) aufgerufen werden kann. Abbildung 7.12 zeigt die Pflege der Parameter für das Zahlprogramm, mit dessen Hilfe fällige offene Verbindlichkeiten reguliert werden können.

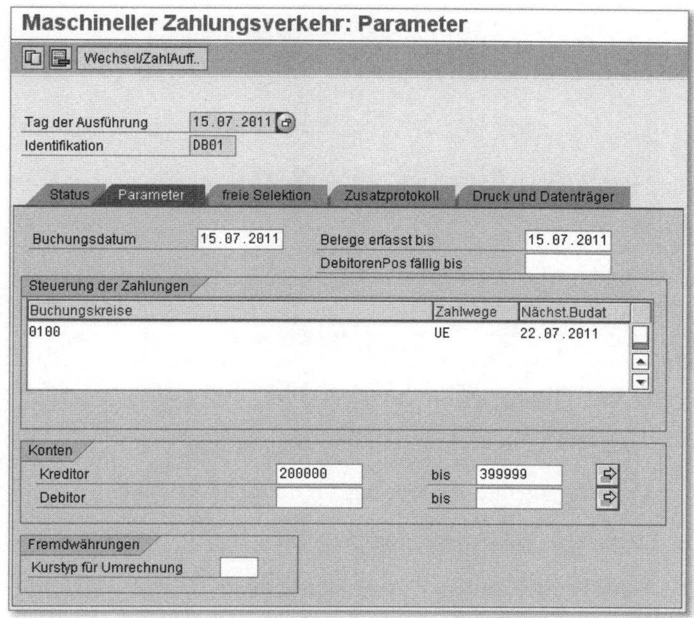

Abbildung 7.12 Parameterpflege des Zahlprogramms

Die Einschränkung offener Posten, die in einem Zahllauf reguliert werden sollen, kann über Nummernbereiche der Kreditoren, Buchungskreise, Zahlwege oder sogenannte »freie Selektionen« erfolgen. Das Programm sucht nach zu regulierenden Posten, gibt eine Vorschlagsliste aus und kann diese regulieren, gegebenenfalls nach Überarbeitung. Dabei wird in der Regel ein Datenträger erzeugt, der anschließend dem ausführenden Kreditinstitut zur Verfügung gestellt wird.

[+]

Pflegetransaktionen und Datenbanktabellen

Die folgenden Pflegetransaktionen sind die wichtigsten zur Kreditorenbuchhaltung:

- FB60 (Eingangsrechnung buchen)
- F-43 (Rechnung allgemein)
- FB65 (Kreditorengutschrift)
- F-41 (Gutschrift allgemein)
- FV60 (Rechnung vorerfassen oder bearbeiten)
- F-52 (Zahlungseingang)
- F-53 (Zahlungsausgang)
- FB01/FB02/FB03 (Beleg buchen/ändern/anzeigen)
- FB04 (Belegänderungen anzeigen)
- F-44 (Ausgleichen)
- FB08 (Beleg stornieren)
- F110 (Zahlen)
- F150 (Mahnen)
- FK10N (Salden anzeigen)
- FBL1N (Posten anzeigen)

Die wichtigsten Datenbanktabellen zeigt Tabelle 7.2.

Tabelle	Beschreibung
BSIK	Offene Posten der Kreditorenbuchhaltung
BSAK	Ausgeglichene Posten der Kreditorenbuchhaltung
BSIP	Index für Kreditoren-Prüfung auf doppelte Belege
REGUH	Regulierungsdaten aus Zahlprogramm
REGUP	Bearbeitete Positionen aus Zahlprogramm

Tabelle 7.2 Datenbanktabellen in der Kreditorenbuchhaltung (Auswahl)

Tabelle	Beschreibung
REGUS	Durch Zahlungsvorschlag gesperrte Konten
REGUS_SEPA	SEPA-Mandatssperre: nachzuholende Verwendungen
REGUV	Verwaltungssätze für das Zahlungsprogramm

Tabelle 7.2 Datenbanktabellen in der Kreditorenbuchhaltung (Auswahl) (Forts.)

7.2.3 Bankbuchhaltung

In der Bankbuchhaltung (FI-BL) werden die Stammdaten der Hausbanken, inklusive der eigenen Bankkonten, sowie die Adressen und Bankleitzahlen von allen Kreditinstituten des jeweiligen Landes gepflegt. Die wesentliche Aufgabe der Bankbuchhaltung besteht in der regelmäßigen Zahlungsabwicklung. Es werden Datenträger für selbst initiierte Zahlungen (aus dem Lauf von Zahlprogrammen) und fremd initiierte Zahlungen über Bankkontoauszüge (z. B. mit Überweisungen von belieferten Kunden oder Belastungen aus eigenen Überweisungen) ausgetauscht.

Pflegetransaktionen und Datenbanktabellen [+]

Die folgenden Pflegetransaktionen sind die wichtigsten zur Bankbuchhaltung:

- FI01/FI02/FI03 (Bankenstamm anlegen/ändern/anzeigen)
- BAUP (Bankdaten übernehmen)
- BIC (BIC Datei übernehmen)
- FF67 (Kontoauszug manuell erfassen)
- FF_5 (Elektr. Kontoauszug einlesen)
- FEBP (Kontoauszug buchen)
- FF_6 (Kontoauszug anzeigen)

Die wichtigsten Datenbanktabellen zeigt Tabelle 7.3.

Tabelle	Beschreibung
T012	Hausbanken
T012K	Konten bei Hausbanken
T012T	Bezeichnung der Konten bei Hausbanken
PAYR	Zahlungsträgerdatei

Tabelle 7.3 Datenbanktabellen in der Bankbuchhaltung (Auswahl)

Tabelle	Beschreibung
REGUP_CORE	Bearbeitete Positionen aus Zahlprogramm
T012D	Parameter Datenträgeraustausch und Auslandszahlungsverkehr

Tabelle 7.3 Datenbanktabellen in der Bankbuchhaltung (Auswahl) (Forts.)

7.2.4 Anlagenbuchhaltung

Die kaufmännische Anlagenbuchhaltung (Nebenbuch FI-AA) verwaltet die Stammsätze für Gegenstände des Anlagevermögens, wie Kraftwerke, Netze, Versorgungsanlagen und Zähler, sofern Letztere nicht über die Materialwirtschaft gepflegt werden. Ein Schwerpunkt der Funktionen liegt in der Abbildung von Anlagenzu- und -abgängen (z. B. durch An- und Verkauf oder Verschrottung) sowie in der Anpassung von Bestandswerten durch Zu- oder Abschreibungen.

[+] **Pflegetransaktionen und Datenbanktabellen**

Die folgenden Pflegetransaktionen sind die wichtigsten zur Anlagenbuchhaltung:

- F-90 (Anlagenkauf gegen Kreditor)
- ABZE (Anlagenzugang aus Eigenfertigung)
- F-92 (Anlagenverkauf mit Debitor)
- ABAVN (Anlagenabgang durch Verschrottung)
- ABMA (Man. Wertkorrektur durch man. Abschreibung)
- ABAA (Außerplanmäßige Abschreibung)

Die wichtigsten Datenbanktabellen zeigt Tabelle 7.4.

Tabelle	Beschreibung
ANEA	Anlagen-Einzelposten anteilige Werte
ANEK	Belegkopf Anlagenbuchung
ANEP	Anlagen-Einzelposten
ANEV	Anlagenanzahlungen Verrechnung
ANGB	Gegenstandkatalog AfA-Bereich
ANKB	Anlagenklasse: Bewertungsbereich

Tabelle 7.4 Datenbanktabellen in der Anlagenbuchhaltung (Auswahl)

Tabelle	Beschreibung
ANLC	Anlagen-Wertfelder
ANLH	Anlagen-Hauptnummer
ANLP	Anlagen-Periodenwerte
T090	Afa-Rechen-Schlüssel
T090R	Regeln Periodensteuerung bei Bewegungen
T090U	Texte zu AfA-Simulationsvarianten
T093	Bewertungsbereiche echt und abgeleitet
T093T	Bezeichnung echter und abgeleiteter Bewertungsbereich

Tabelle 7.4 Datenbanktabellen in der Anlagenbuchhaltung (Auswahl) (Forts.)

7.2.5 Hauptbuchhaltung

In der Hauptbuchhaltung (FI-GL) werden Sachkontenbuchungen z. B. im Rahmen von Abschlussarbeiten oder zur summarischen Übernahme von Geschäftsvorfällen in die Finanzbuchhaltung vorgenommen.

Im Rahmen von Abschlussarbeiten werden z. B. Abgrenzungsposten, Pauschalwertberichtigungen oder Rückstellungen gebucht. Eine weitere wesentliche Aufgabe besteht in der Erstellung von Jahresabschlussberichten wie der Bilanz oder der Gewinn- und Verlustrechnung.

Pflegetransaktionen und Datenbanktabellen [+]

Die folgenden Pflegetransaktionen sind die wichtigsten zur Hauptbuchhaltung:

- FB01/FB02/FB03 (Beleg buchen/ändern/anzeigen)
- FB50 (Sachkontenbeleg erfassen)
- F-02 (Allgemeine Buchung)
- FV50 (Sachkontenbeleg vorerfassen oder bearbeiten)
- FB08 (Beleg stornieren)
- FAGLB03 (Salden anzeigen neu)
- FAGLL03 (Posten anzeigen/ändern neu)
- F-03 (Posten ausgleichen)
- F13E (Maschinell ausgleichen)
- S_ALR_87012284 (Bilanz/GuV)

Die wichtigsten Datenbanktabellen zeigt Tabelle 7.5.

Tabelle	Beschreibung
BKPF	Belegkopf für Buchhaltung
BSEG	Belegsegment Buchhaltung
BSBM	Bewertungsfelder des Belegs
BSBMT	Text zur Wertberichtung oder Selbstbehalt pro Posten
BSET	Belegsegment Steuerdaten
BSAS	Buchhaltung: Sekundärindex für Sachkonten (ausgeglichene Posten)
BSIS	Buchhaltung: Sekundärindex für Sachkonten

Tabelle 7.5 Datenbanktabellen in der Hauptbuchhaltung (Auswahl)

7.3 Controlling

Im Controlling beginnt die Betrachtung mit der Ist-Kostenrechnung. Ein großer Kostenblock wird als Primärkosten aus der Finanzbuchhaltung übernommen und der Teil der Gemeinkosten im Rahmen der Kosten- und Leistungsverrechnung auf Kostenträger verrechnet; Einzelkosten und Erträge werden nach Möglichkeit direkt auf den Kostenträger-Objekten erfasst.

Anschließend folgt ein kurzer Blick auf die Planungskomponente sowie auf das integrierte Berichtswesen in CO. Nachfolgend soll ein Einblick in die zur Verfügung stehenden Werkzeuge gegeben werden. Eine umfassende oder gar abschließende Darstellung ist in diesem Buch nicht möglich.

7.3.1 Übernahme von Primärkosten aus der Finanzbuchhaltung

Die Übernahme von Primärkosten aus Grundaufwendungen (z. B. Personalkosten oder Materialaufwand) geschieht automatisch durch die Online-Integration zwischen CO und FI. Bei der Buchung eines jeden Beleges in FI wird geprüft, ob zu einem bebuchten FI-Sachkonto auch eine entsprechende Kostenart in CO existiert. Dies muss dann eine Primärkostenart sein.

Ist ein FI-Sachkonto auch als eine nummerngleiche Kostenart in CO angelegt, wird bei der Buchung auf ein solches Sachkonto vom System zwingend die Eingabe einer CO-Kontierung gefordert. Dies kann eine Kostenstelle oder ein Innenauftrag (z. B. als Kostenträger) oder beides sein.

Wird bei der Erfassung eines CO-Beleges in einer Buchungszeile eine Kombination aus Kostenstelle und Innenauftrag erfasst, wird die Kostenstelle »echt« und der Innenauftrag statistisch gebucht und dient so rein zu Auswertungszwecken. Statistische Buchungen können z. B. nicht weiter verrechnet werden.

Das System erzeugt dann automatisch bei der Buchung des FI-Beleges auch einen CO-Beleg. Somit wird die Integration zwischen der Finanzbuchhaltung und dem Controlling durch die Anlage von Kostenarten gesteuert. Insofern ist an dieser Stelle keine separate Übernahme von Kosten aus FI nach CO erforderlich. Dies geschieht automatisch durch das sogenannte Rechnungswesen-Interface (RWIN).

Sollen Beträge, bei denen es sich eigentlich um Primäraufwendungen handelt, z. B. Mieten für Vertriebsbüros, in CO in anderer Höhe oder in anderen Buchungsperioden als in FI gebucht werden, werden diese Buchungen in CO auf sogenannte *Abgrenzungsobjekte* kontiert. Dies können wieder Kostenstellen oder Innenaufträge sein. Bei den Mieten z. B., die einmal im Jahr in FI erfasst werden, wird auf eine sogenannte *Abgrenzungskostenstelle* gebucht. Unabhängig von der Primärbuchung wird dann durch entsprechende Buchungen in CO jeden Monat eine Verrechnung von der Abgrenzungskostenstelle auf eine oder mehrere »echte« (keine Abgrenzungskostenstellen) Kostenstellen durchgeführt. Damit erzielt man in CO eine gleichmäßige Kostenbelastung und kann auf der Abgrenzungskostenstelle am Jahresende überprüfen, ob die Summe der monatlich abgegrenzten Beträge gleich der Primärbuchung aus FI ist. Dies soll nur als Beispiel dienen, wie trotz der Online-Integration zwischen FI und CO durchaus mit unterschiedlichen Wertansätzen in beiden Rechenwerken gearbeitet werden kann.

Daneben gibt es Zusatzkosten in CO, die nicht oder in anderer Höhe in FI anfallen. Ein typisches Beispiel hierfür sind Abschreibungen. Sind Abschreibungen auf selbst genutzte Gebäude geringer als Mieten vergleichbarer Gebäude, werden in CO die kalkulatorischen Abschreibungen höher angesetzt als in FI. Dies wird in der Anlagenbuchhaltung durch sogenannte Bewertungsbereiche erreicht. Je Rechenwerk (z. B. Finanzbuchhaltung nach HGB, Buchhaltung nach IFRS, Buchhaltung nach Steuerrecht, Kostenrechnung) kann in der Anlagenbuchhaltung mit unterschiedlichen Abschreibungswerten gerechnet werden. Daraus ergeben sich in den unterschiedlichen Rechenwerken zu einem Zeitpunkt dann unterschiedliche Buchwerte. Für CO sind dann die Abschreibungswerte des CO-Buchungsbereiches relevant.

7.3.2 Kosten- und Leistungsverrechnung

Zum Zwecke der Kosten- und Leistungsverrechnung stehen in CO verschiedene Werkzeuge zur Verfügung. Werkzeuge zur Weiterverrechnung von Kosten sind Umlage- und Verrechnungszyklen.

Beide Werkzeuge sind zur automatischen Kostenverrechnung geeignet. Während mithilfe von *Umlagen* sowohl Primär- als auch Sekundärkosten »umgelegt« werden können, können mithilfe von *Verrechnungen* ausschließlich Primärkosten verrechnet werden. Dafür bleibt bei den Verrechnungen auf den Empfängerobjekten die Ursprungskostenart erhalten, während bei Umlagen mithilfe einer Sekundärkostenart, einer Umlagekostenart, umgelegt wird.

Beiden Werkzeugen ist gemeinsam, dass zuvor entsprechende Zyklen definiert werden, die steuern, welche Kostenarten von welchen CO-Objekten auf welche Zielkontierungen und nach welchem Algorithmus verrechnet werden sollen. Dies kann nach festen Prozentsätzen oder nach nahezu beliebigen anderen Bezugsgrößen erfolgen.

Bei der Leistungsverrechnung werden CO-Objekte (in unserem Kontext Kostenstellen und Innenaufträge) für die Leistungserbringung für andere Organisationseinheiten nach zuvor vereinbarten Tarifen entlastet. Daneben stehen verschiedene Möglichkeiten zur manuellen Umbuchung oder Verrechnung von Kosten zwischen CO-Objekten zur Verfügung.

Somit bildet CO ein umfangreiches Werkzeug zur Verrechnung von Kosten und Leistungen. Neben den beschriebenen Verfahren zur Abbildung einer klassischen Kostenstellenrechnung können mithilfe eines SAP ERP-Systems auch Ansätze des Target Costing, der entscheidungsbasierten Deckungsbeitragsrechnung oder einer Kostenrechnung auf Basis von Transaktionskosten umgesetzt werden, um nur einige neuere Kostenrechnungsansätze zu nennen.

In jedem Fall stehen Werkzeuge zur Verfügung, um die Erstellung, Verteilung oder den Vertrieb von Energie mit umfassenden Werkzeugen auf die Wirtschaftlichkeit der eingesetzten Abläufe und Verfahren zu untersuchen und zu überwachen.

7.3.3 Kosten- und Leistungsplanung

Für alle zuvor genannten Werkzeuge der Ist-Kostenrechnung stehen entsprechende Planungskomponenten zur Verfügung. So können sowohl die Buchungen von Primärkosten, wie die Leistungsaufnahme oder -abgabe, oder die Kostenverrechnung mithilfe von Umlage- oder Verteilungszyklen ebenfalls im

Plan durchgeführt werden. Dies gilt auch für alle möglichen manuellen Umbuchungen.

Im Planungsprozess stehen verschiedene sogenannte *Versionen* zur Verfügung, in denen verschiedene Planungsstände gespeichert und für spätere Abgleiche eingesetzt werden können.

In der Praxis des Controllings spielt die Planung und insbesondere der Plan/Ist-Vergleich eine große Rolle. An dieser Stelle sollte lediglich ein Überblick über die grundsätzlichen Möglichkeiten gegeben werden.

7.3.4 Auswertungen im Controlling

Mit dem Controlling werden neben den Möglichkeiten der ABAP Workbench zur Entwicklung von Berichten zwei Werkzeuge für Auswertungen in CO ausgeliefert:

- Der *Report Painter* stellt einen grafischen Berichtsgenerator dar, der ohne jegliche Programmierung auskommt und Fachanwendern die Möglichkeit gibt, auf Basis einer umfassenden Berichtsbibliothek eigene Auswertungen zu erstellen. Anhand der ausgelieferten Berichte können die Struktur und der Aufbau von *Report Painter*-Berichten erlernt und schnell in eigene Auswertungen umgesetzt werden. Es stehen verschiedene Hilfsmittel wie Layouts, Zeilen- und Spaltenvorlagen zur Verfügung.
- Der *Report Writer* stellt ein ähnliches Werkzeug wie der Report Painter dar. Allerdings geht der Funktionsumfang deutlich über den des Report Painters hinaus. Es können mehrdimensionale Spaltenstrukturen abgebildet werden, und Anwendern der Berichte stehen diverse interaktive Navigationsmöglichkeiten zur Verfügung.

Beide Werkzeuge haben allerdings einige Einschränkungen:

- Der Aufruf ist nur aus dem SAP GUI möglich.
- Die grafischen Aufbereitungsmöglichkeiten sind sehr begrenzt. Es stehen lediglich Buchstaben, Zahlen, einige Sonderzeichen und Linien zur Darstellung zur Verfügung. Das Layout der erstellten Berichte ist nicht mehr zeitgemäß.
- Möglichkeiten zur Zwischenspeicherung von Ergebnissen sind begrenzt.
- Komplexe individuelle Auswertungsalgorithmen lassen sich kaum abbilden.
- Eine automatische Verteilung von Berichten ist nicht vorgesehen.

Die aufgeführten Aspekte zeigen, dass die genannten Werkzeuge zur Zeit ihrer Erstellung sicher innovativ waren, heutigen Anforderungen an ein Berichtswesen aber nicht mehr genügen. Insofern war die Weiterentwicklung des Berichtswesens logisch und konsequent. Im folgenden Abschnitt werden die Möglichkeiten aufgezeigt, die ein modernes Berichtswesen bietet.

7.4 Reporting mit SAP NetWeaver BW und SAP BusinessObjects

Dieser Abschnitt gewährt einen Einblick in die Funktionalitäten von SAP NetWeaver BW 7.3 und SAP BusinessObjects. Neben den reinen Funktionalitäten werden insbesondere die Herausforderungen und Möglichkeiten vorgestellt, die sich aus der Deregulierung ergeben. Diese neuen Auswertungspotenziale lassen sich zur Entscheidungsunterstützung und zur zielgerechten Steuerung eines Unternehmens verwenden. Insbesondere der Preisdruck, der durch die Deregulierung auf die Versorgungsunternehmen ausgeübt wird, steigert den Stellenwert des Controllings.

Abbildung 7.13 zeigt die Einordnung dieses Abschnitts in die Prozesslandschaft von Unternehmen der Versorgungswirtschaft.

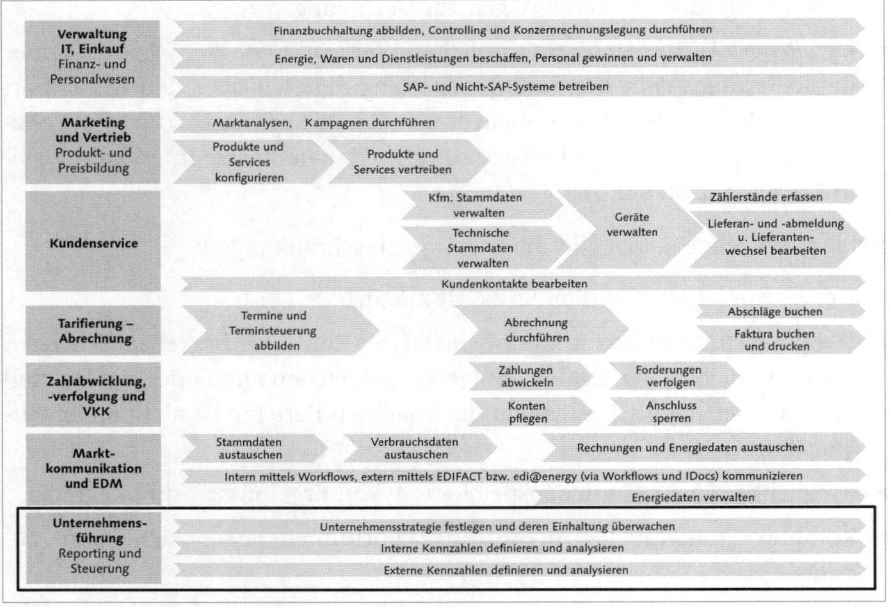

Abbildung 7.13 Funktionsübersicht

Zunächst werden generelle Grundlagen von SAP NetWeaver BW (siehe Abschnitt 7.4.1) und SAP BusinessObjects erklärt (siehe Abschnitt 7.4.2). Im Anschluss daran erfahren Sie etwas über den Anpassungsbedarf innerhalb der BI-Landschaft von SAP, der durch die Deregulierung entstand (siehe Abschnitt 7.4.3). Danach werden Neuerungen im BI Content (siehe Abschnitt 7.4.4) vorgestellt sowie die daraus resultierenden Auswertungsmöglichkeiten erläutert (siehe Abschnitte 7.4.5 und 7.4.6).

7.4.1 Grundlagen zu SAP NetWeaver BW

SAP NetWeaver ist eine Technologieplattform, die der Verbindung von Informationen und Geschäftsprozessen über heterogene Technologie- und Unternehmensgrenzen hinweg dienen kann.[1] Durch die integrierte, stabile, offene und serviceorientierte Architektur eignet sich SAP NetWeaver zur Umsetzung und Unterstützung von Unternehmensanwendungen.

Da die Integration der Daten aus den verschiedenen Bereichen eines Unternehmens (Vertrieb, Marketing, Fertigung etc.) eine bereichsübergreifende Aufgabe darstellt, hat SAP die Komponente *Business Warehouse* mit in die SAP NetWeaver-Architektur aufgenommen. Zur Zusammenführung und Vereinheitlichung sämtlicher Geschäftsabläufe und Unternehmensdaten stellt SAP das *Business Warehouse* (BW) bereit, das strukturierte und nicht strukturierte Datenquellen eines Unternehmens bündelt und aussagekräftige Auswertungsmöglichkeiten bereitstellt (siehe Abbildung 7.14). Es gewährt den Zugriff auf SAP- und Nicht-SAP-Daten, die via CSV-Upload oder Datenbank-Connect angebunden werden können. Dabei unterstützt BW komplette ETL-Prozesse, die bei der Extraktion der Daten aus den Quellsystemen beginnen, die Daten innerhalb von BW transformieren und in die entsprechenden Datenbankstrukturen laden.

SAP NetWeaver BW 7.3 bietet ein großes Spektrum an Werkzeugen an, das die oben genannten Anforderungen abdeckt. In der *Administrator Workbench* (Transaktion RSA1) werden die Datenstrukturen definiert und modelliert. Hier findet ebenfalls die Bewirtschaftung der Data-Warehouse-Tabellen mit den ERP-Inhalten statt. Stammdaten aus ERP werden in SAP NetWeaver BW in sogenannten *InfoObjekten* abgelegt, die zeitabhängige und zeitunabhängige Attribute vereinen. Darüber hinaus werden Bewegungsdaten in *Data-Store-Objekten* (DSO) abgelegt. Diese InfoProvider stellen flache Tabellen dar;

1 Quelle: Knöll, Heinz-Dieter; Schulz-Sacharow, Christoph; Zimpel, Michael: Unternehmensführung mit SAP BI. Die Grundlagen für eine erfolgreiche Umsetzung von Business Intelligence – Mit Vorgehensmodell und Fallbeispiel, Vieweg 2006, S. 122.

sie übernehmen die Daten 1:1 aus ERP. Als InfoProvider werden Objekte bezeichnet, die Daten für das Reporting bereitstellen. Neben den DSO gehören auch InfoObjekte, InfoSets, InfoCubes und MultiProvider zu den InfoProvidern. Die Erläuterung dieser Objekte geschieht im Folgenden.

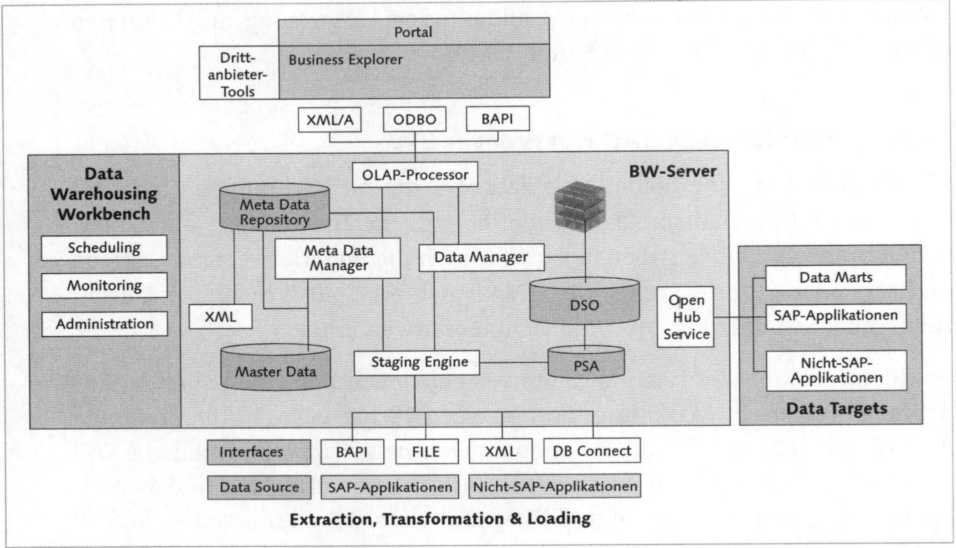

Abbildung 7.14 SAP NetWeaver BW-Komponenten (Quelle: SAP)

SAP NetWeaver BW – Backend

Den DSOs nachgelagert folgen *InfoCubes*, die die eigentliche Grundlage für Auswertungen darstellen. Sie ermöglichen den Anwendern eine multidimensionale Sicht auf die Daten. Eine Dimension eines Cubes beherbergt inhaltlich ähnliche Merkmale. Zum Beispiel enthält die Zeitdimension den Tag, den Monat und das Jahr; die Geografiedimension das Land, die Region, die Stadt, die Postleitzahl und die Straße. Entlang dieser Dimensionsausprägungen kann man Kennzahlen verdichten (Roll-Up), indem man von einer detaillierten Ebene (Stadt) auf höhere Detailebenen (Region oder Land) wechselt. Andersherum ermöglicht ein Aufriss nach Städten (Drill-Down) eine detaillierte Sicht auf die Daten, wenn in der Ausgangssituation nur die Regionen betrachtet wurden. In einen InfoCube werden zumeist Bewegungsdaten geladen, die mit Bezug zu den Stammdaten versehen sind.

Mithilfe der *Data Warehousing Workbench* werden die notwendigen Datenbankstrukturen in BW modelliert (Transaktion RSA1). Die Definition der Strukturen erfolgt auf abstrakter Ebene, indem die erforderlichen Objekte und deren Datentypen spezifiziert und miteinander verknüpft werden. Bei den Data-Warehouse-Strukturen des BW unterscheidet man folgende Objekttypen:

- **InfoObjekte**
  InfoObjekte können Merkmale (z. B. einen Vertrag) oder Kennzahlen (z. B. Umsatz) darstellen. Kennzahlen können unter Umständen mit einer Einheit verknüpft sein. Merkmale können einerseits einfacher Natur sein, d. h., sie enthalten elementare Informationen (z. B. das Auszugsdatum). Andererseits gibt es komplexe InfoObjekte, die aus einem oder mehreren Schlüsselfeldern bestehen und wiederum andere InfoObjekte als Attribute aufweisen. Der Vertrag wird eindeutig über eine Vertragsnummer identifiziert und enthält weitere Merkmale, wie z. B. das Einzugs- und Auszugsdatum oder das Vertragskonto. InfoObjekte werden zur Ablage von Stammdaten verwendet, und sie werden für die Modellierung von komplexen InfoProvidern benötigt.
- **DataStore-Objekte**
  DataStore-Objekte (DSO) entsprechen flachen Tabellenstrukturen (siehe Tabelle 7.6). Sie nehmen üblicherweise Bewegungsdaten auf. Die Schlüssel- und Datenfelder eines DataStore-Objekts werden durch die Verwendung von InfoObjekten beschrieben.

Wechselbeleg-nummer	Änderungs-datum	Geschäfts-partner	Geändert von	[...]
1001	04.02.2011	815	Mueller	...
1000	04.02.2011	1234	Meier	...
1002	05.02.2011	9876	Mueller	...
...	...	...	...	...

Tabelle 7.6 Struktur des DSO-Wechselbelegs – Kopfdaten (abstrahiert)

- **InfoCubes**
  InfoCubes stellen die Basis für spätere Auswertungen dar. Sie beinhalten multidimensionale Daten (siehe Abbildung 7.15) und sind auf performanceoptimierte Abfragen spezialisiert. Dimensionen werden jeweils für inhaltlich ähnliche Merkmale angelegt. Die Merkmale einer Dimension weisen untereinander 1:n-Beziehungen auf, damit die Konstellationen je Dimension nicht zu viele Merkmalsausprägungen ergeben. So werden die Performancevorteile von Dimensionen nicht zunichte gemacht.

[zB]

1:n-Beziehungen innerhalb von InfoCubes

Beispielsweise umfasst eine Region mehrere Städte, und ein Land besteht aus mehreren Regionen. Andersherum betrachtet, wird eine Stadt genau einer Region und eine Region genau einem Land zugeordnet. Die Merkmale *Stadt*, *Region* und *Land* sollten somit in einer Dimension abgelegt werden.

Die verschiedenen Dimensionen ermöglichen dem Anwender Analysen aus unterschiedlichen Blickwinkeln. Die Kennzahlen werden dabei in Faktentabellen festgehalten, die den Bezug zwischen Kennzahlen und den Dimensionstabellen herstellen.

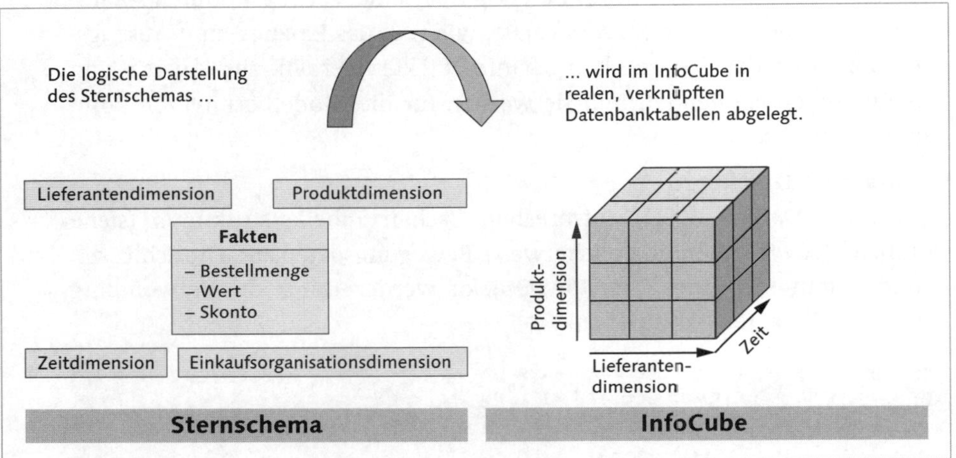

Abbildung 7.15 InfoCube-Sternschema und -Dimensionen (Quelle: SAP)

- **InfoSets**
  InfoSets stellen logische Sichten auf physische Datenstrukturen dar. Zur Verknüpfung der Daten werden Join-Bedingungen definiert, die die Gleichheit der verlinkten (Schlüssel-)Felder voraussetzen. Es können entweder Inner-Join- oder Left-Outer-Join-Verbindungen hergestellt werden. Bei der Modellierung stehen nur InfoObjekte, DataStore-Objekte und InfoCubes zur Verfügung.
- **MultiProvider**
  MultiProvider bündeln verschiedene InfoProvider in einem gemeinsamen Reporting-Interface. Dabei werden die InfoCubes, DSOs, InfoObjects, InfoSets und Aggregationsebenen (Aggregationsebenen werden in der BW-integrierten Planung für die Planung von Kennzahlen verwendet) »unter den MultiProvider gehängt« und reichen die Daten weiter. Das heißt, dass

ein MultiProvider die Daten aus diversen InfoProvidern, die strukturell und inhaltlich unterschiedliche Daten enthalten können, über eine einheitliche Struktur zum Reporting bereitstellt. MultiProvider können u. a. für folgende Zwecke eingesetzt werden:

  - zur Zusammenfassung strukturverschiedener InfoProvider
  - für Plan-/Istauswertungen
  - zur Auswertung partitionierter Massendaten (Verteilung der Daten über mehrere InfoCubes gleicher Struktur)
  - zur Trennung von Datenhaltung und Reporting

- **VirtualProvider**
  VirtualProvider unterscheiden sich vom Aufbau her nicht von InfoCubes. Jedoch werden diese InfoProvider nicht mit Daten beladen. Sie basieren entweder auf BAPIs, InfoSources oder Funktionsbausteinen. Bei einer Datenanfrage werden die darunterliegenden Objekte ausgeführt und die Daten werden an den VirtualProvider weitergegeben.

SAP NetWeaver BW – Frontend

Der SAP Business Explorer (BEx) ist die Business Intelligence Suite von SAP NetWeaver BW. Sie ermöglicht den Entwicklern und Anwendern den Zugang zu variablen Auswertungs- und Analysefunktionen. Zur BEx Suite gehören die folgenden Komponenten:

- BEx Query Designer
- BEx Web Application Designer
- BEx Broadcaster
- BEx Analyzer

Der *BEx Query Designer* dient zur einfachen Erstellung von Berichten auf den zuvor definierten InfoProvidern.[2] Die Einfachheit besteht darin, dass Sie die gewünschten Kennzahlen und Merkmale per Drag & Drop in den Bericht, die sogenannte *Query*, ziehen, ohne dass Programmierkenntnisse erforderlich sind.

Diese Abfragen können Sie direkt über den BEx Analyzer oder das Web ausführen, oder Sie betten die Queries in Web Templates ein. Eine Query gibt dabei den Inhalt eines InfoProviders wieder, wobei zumeist nur gewisse Merkmale und Kennzahlen selektiert werden. Die Darstellung erfolgt in Zei-

2 Quelle: Egger et.al., SAP Business Intelligence, Bonn: SAP PRESS 2006, S. 325.

len und Spalten und kann durch den Anwender in gewissem Maße manipuliert werden.

Zur Selektion von Daten werden *Variablen* eingesetzt, die eine Filterung nach bestimmten Gesichtspunkten ermöglichen (z. B. nur die Sparte »Gas«). Die Variablen werden erst zur Ausführungszeit berechnet bzw. als User-Input erfragt. Darüber hinaus können eingeschränkte und berechnete Kennzahlen definiert werden.

- *Eingeschränkte Kennzahlen* nehmen elementare Kennzahlen auf und begrenzen diese mittels weiterer Einschränkungen (z. B. der Nettoerlös der Sparte »Gas«).
- *Berechnete Kennzahlen* verwenden mathematische Operanden, um andere berechnete oder eingeschränkte Kennzahlen zu manipulieren (z. B. ergibt sich der Bruttoerlös der Sparte »Gas« aus dem Nettoerlös Gas multipliziert mit dem Faktor 1,19).

Weitere elementare Komponenten des Query Designers sind Bedingungen und Exceptions.

- *Bedingungen* dienen dazu, die Ergebnismenge zusätzlich zu reduzieren, und beziehen sich generell auf Kennzahlen.
- *Exceptions* werden verwendet, um eine Hervorhebung bestimmter Kennzahlenwerte zu erreichen.

[zB]

Bedingungen und Exceptions

Ein Beispiel für eine Bedingung wäre die Ausgabe aller Kunden, die einen Bruttoerlös in Höhe von 10.000 EUR aufweisen, oder die Ausgabe der Top-Ten-Kunden nach Bruttoerlös.

Ein Beispiel für eine Exception: Kunden mit einem Erlös von mehr als 10.000 EUR werden grün markiert, Kunden mit einem Erlös von 1.000–10.000 EUR werden orange dargestellt und Kunden mit einem Erlös von unter 1.000 EUR werden rot gekennzeichnet.

Der *BEx Analyzer* wird als Add-on zu Excel ausgeliefert und dient zur Excel-basierten Darstellung von Query-Inhalten inklusive dynamischer Navigations- und Detaillierungsmöglichkeiten, sodass der Standardaufriss der Query beliebig verändert werden kann. Sie können Folgendes tun:

- Merkmale und Kennzahlen aus dem Aufriss entfernen
- Merkmale und Kennzahlen in Aufriss aufnehmen (aus den freien Merkmalen)

- nach einzelnen oder mehreren Merkmalsausprägungen filtern
- eigene Bedingungen und Exceptions definieren

Darüber hinaus können Sie mithilfe des BEx Analyzers Arbeitsmappen erstellen, die diverse Queries enthalten und/oder Diagramme, die eine grafische Ausgabe der Query-Daten gewähren. Diese BEx-Arbeitsmappen werden in SAP NetWeaver BW abgelegt. Sie können u. a. dazu genutzt werden, umfangreiche Reporting-Cockpits zu errichten, die zahlreiche Kennzahlen aus diversen InfoProvidern in einer Ansicht vereinen.

Mithilfe des *BEx Web Application Designers* werden HTML-Seiten erstellt, die Query-Inhalte in sogenannten Web Items darstellen. Die Query wird dabei als Data Provider in Ihrem Template definiert. Dieser DataProvider kann die Daten für diverse Web Items zur Verfügung stellen. Durch die Kombination eines oder mehrerer Web Items können Sie individuelle HTML-Seiten generieren, die die von Ihnen gewünschten SAP NetWeaver BW-Informationen CI-konform wiedergeben. Das Web Item *Grid* stellt die Daten der Query in Tabellenform dar. Das Web Item *Chart* wird genutzt, um die Query-Inhalte in Form von Diagrammen zu präsentieren. Ein weiteres Web Item, das geografische Daten in Kartenform ausgibt, ist das Web Item *Map*. Das Web Item *Map* wird in den nachstehenden Beispielen verwendet, weshalb im Folgenden die Voraussetzungen für die Verwendung erläutert werden. Voraussetzung für die Verwendung des Web Items *Map* sind die nachstehenden Einstellungen/Bedingungen im Backend von SAP NetWeaver BW:

- Transaktion RSD1, Reiter BUSINESS EXPLORER (siehe Abbildung 7.16): Das verwendete InfoObjekt ist als statisches oder dynamisches Geomerkmal zu deklarieren (z. B. Postleitzahl (0POSTAL_CD)).
- Transaktion RSD1, Reiter BUSINESS EXPLORER: Zu diesem Geomerkmal sind Shape Files in SAP NetWeaver BW hinterlegt worden. Shape Files verbinden grafisches Kartenmaterial mit Schlüsselwerten, sodass z. B. eine Postleitzahl eindeutig einem Gebiet innerhalb der Karte zugeordnet wird.
- In den auszuwertenden Stammdaten/Bewegungsdaten ist das geklammerte InfoObjekt, das zu dem Geomerkmal gehört, ebenfalls vorhanden (bei der Postleitzahl ist dies das InfoObjekt *Länderschlüssel* (0CONTRY), d. h., dass eine Postleitzahl durch die Zuordnung zu einem Land eindeutig identifizierbar sein muss).

Weitere Informationen zu den Einsatzmöglichkeiten und den Einstellungen von Karten-Items finden Sie in der SAP-Online-Hilfe unter SAP DOKUMENTATION • BUSINESS INTELLIGENCE • DATA WAREHOUSING • MODELLIERUNG • INFO-

OBJECT • INFOOBJECT ANLEGEN: MERKMAL • REGISTERKARTE: BUSINESS EXPLORER • MAPPING GEORELEVANTER MERKMALE.

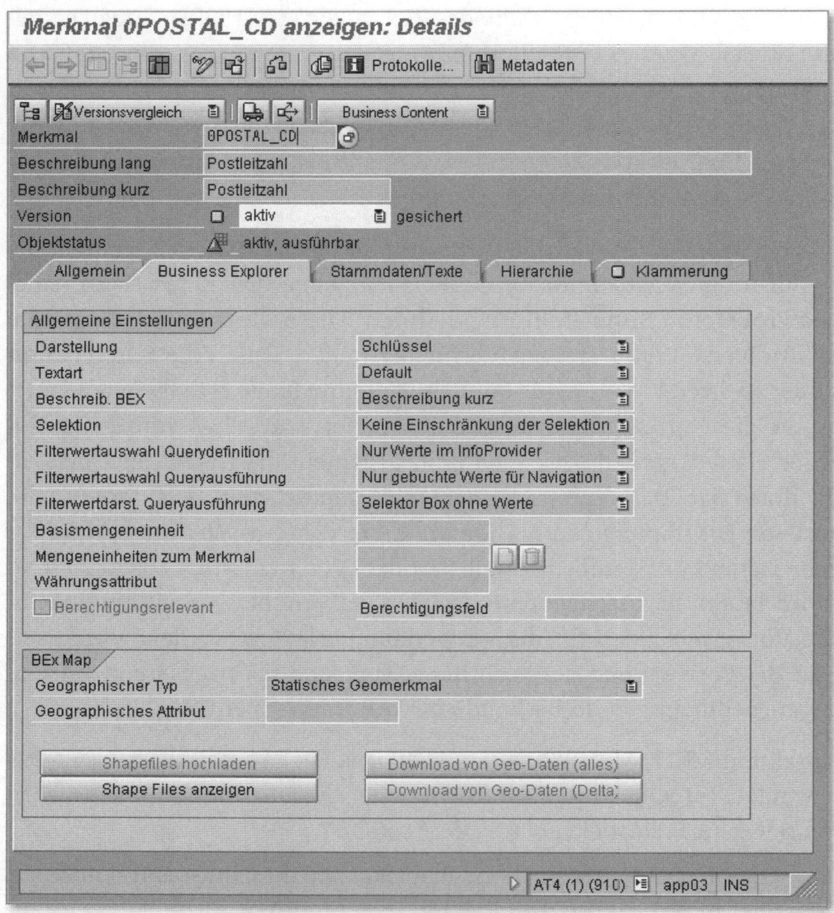

Abbildung 7.16 InfoObjekt-Pflege (RSD1) – Reiter »Business Explorer«

Der *Analyseprozessdesigner* ist ein Werkzeug zur Bearbeitung, Ausführung und Überwachung von Analyseprozessen (siehe SAP DOKUMENTATION • BUSINESS INTELLIGENCE • BI PLATFORM • ANALYSEPROZESSDESIGNER in der SAP-Online-Hilfe). Innerhalb dieser *Analyseprozesse* werden Daten aus dem Data Warehouse gelesen, transformiert und in spezifizierte Datenziele geschrieben.

- **Daten lesen**
  Das Lesen von Daten wird u. a. durch die Ausführung von Queries, das Auslesen von InfoProvidern oder das Lesen von Dateien realisiert.

- **Daten transformieren**
  Als Transformationsschritte stehen neben einfachen Methoden (wie z. B. dem Transponieren, Aggregieren und Sortieren) auch diverse Data-Mining-Verfahren zur Verfügung: z. B. ABC-Analysen, Clustermodelle und Regressionsanalysen. Darüber hinaus können auch eigene ABAP-Routinen implementiert werden und Data-Mining-Tools von anderen Herstellern angebunden werden.
- **Daten in Datenziele schreiben**
  BI-seitige Ziele von Analyseprozessen sind DataStore-Objekte oder Attribute von InfoObjekten. Falls CRM-Systeme an das BW-System angebunden sind, können CRM-Attribute oder -Zielgruppen im CRM-Marketing gefüllt werden. Darüber hinaus werden verschiedene Data-Mining-Modelle als Ziele akzeptiert: Entscheidungsbäume, Cluster- und Assoziationsanalysemodelle und viele andere mehr.

Anwendung finden Analyseprozesse bei komplexen Berechnungen oder analytischen Aufgaben im Data Mining. Der Analyseprozessdesigner wird über die Transaktion RSANWB (Analyseprozessdesigner) gestartet.

7.4.2 Grundlagen zu SAP BusinessObjects

Mit der *SAP BusinessObjects-Produktsuite* bietet SAP eine umfangreiche Werkzeugsammlung an, die zur Entscheidungsunterstützung auf allen Ebenen genutzt werden kann. Die Verarbeitung großer Datenmengen bei gleichzeitiger Erhaltung der Flexibilität und Interaktivität der Analysen ist ein weiterer Vorteil der *SAP BusinessObjects-Produktsuite*. In Form einer einheitlichen Plattform werden dem Anwender Ad-hoc-Analysen sowie vorformatierte und hochaggregierte Auswertungen angeboten. Die serviceorientierte und skalierbare Architektur erlaubt die einfache Anbindung sämtlicher Geschäftsprozesse eines Unternehmens. Hauptfokus der SAP BusinessObjects-Produktsuite ist die Bereitstellung konsistenter und aussagekräftiger Informationen für jegliche Anwendungszwecke. Zu den Komponenten des SAP BusinessObjects-BI-Pakets gehören u. a. SAP BusinessObjects Dashboards und Crystal Reports.

Mit *SAP BusinessObjects Dashboards* stellen Sie hauptsächlich hochaggregierte Kennzahlen dar. Das Tool ist auf das Dashboarding und die Visualisierung innerhalb von Analyse-Cockpits spezialisiert. Die Datenbasis ist relativ statisch und im Datenvolumen beschränkt. Insbesondere die interaktiven Funktionen von Dashboards, die eine dynamische Kontextanpassung zwischen verschiedenen Auswertungen gewähren und dadurch Zusammenhänge zwischen den Kennzahlen verdeutlichen können, sind an dieser Stelle hervorzuheben. Ein weiterer Vorteil ist die Möglichkeit der Einbettung von Dashboards in beliebige Dokumente; unter anderem lassen sie sich als Flash-Dateien, die die grafische Darstellung, die Daten und die Anwendungslogik enthalten, umwandeln und mittels Export in Microsoft Word- und Powerpoint-Dateien hinterlegen. Ebenso bietet sich die Einbettung in PDF-Dateien (z. B. Geschäftsberichte) oder in HTML-Seiten an. Zuletzt sollen hier noch die »Was-wäre-wenn«-Analysen erwähnt werden, die eine Simulation unterschiedlicher Szenarien anhand von temporären Datenmanipulationen anbieten.

Als zweites Tool aus der *SAP BusinessObjects-Produktsuite* stellen wir *Crystal Reports* vor. Es dient zur einfachen und professionellen Berichterstellung und führt somit zu Zeitersparnissen bei der Erstellung und Entwicklung von Reports. Hauptsächlich zielt Crystal Reports auf die Definition von vorformatierten Berichten, die Massendaten verarbeiten und dabei trotzdem eine gewisse Flexibilität bei der Selektion und Sortierung von Daten innerhalb der Ergebnislisten anbieten. Ebenso erlauben diese Berichte einen Drill-Down bis auf Ebene der Einzeldatensätze. Weitere Features sind:

- formatierte, DIN-optimierte Standard-Berichte
- Verwendung von Dashboards-Diagrammen zur interaktiven Darstellung
- Live-Abruf von Daten aus SAP ERP und SAP NetWeaver BW
- regelmäßiges Versenden von formatierten Berichten

7.4.3 Herausforderungen für das Berichtswesen

Die durch die Deregulierung verursachten umfangreichen Veränderungen im IS-U-Datenmodell führen zu zusätzlichen Auswertungsmöglichkeiten bzw. -anforderungen auf der Seite von SAP NetWeaver BW und von SAP BusinessObjects.

Darüber hinaus stehen die Energieversorgungsunternehmen in der Pflicht, die Neugestaltung ihrer IS-U- und CRM-Systeme ebenfalls auf ihre SAP NetWeaver BW-Systemlandschaft zu übertragen. Das Ergebnis sollte eine Unbundling-konforme Landschaft sein, die die Netz- und Vertriebsinformationen nach BNetzA-Vorgaben voneinander trennt.

Die DSAG hat durch den »Arbeitskreis Energieversorger (IS-U)« innerhalb der »Arbeitsgruppe BW/Utilities« eine Handlungsempfehlung für das informatorische Unbundling bei Energieversorgungsunternehmen erstellt (siehe DSAG, Handlungsempfehlung für das informatorische Unbundling Version 1.1.2006).[3] Diese Handlungsempfehlung beschreibt die Lösungsskizzen für unterschiedliche Konstellationen bei den vorhandenen IS-U-Systemen und den eingesetzten BW-Systemen (siehe Abbildung 7.17).

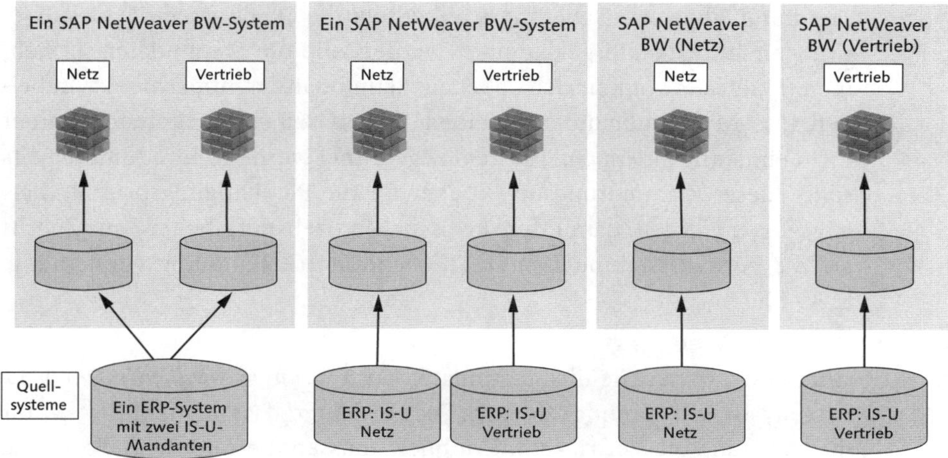

Abbildung 7.17 Unbundling-Szenarien für SAP NetWeaver BW (Quelle: DSAG)

Die Bandbreite reicht dabei von einem eingesetzten BW-System und einem IS-U-Mandanten bis hin zu drei eingesetzten BW-Systemen bei zwei vorhandenen IS-U-Systemen/Mandanten. Wir werden nun zwei in der Praxis häufig angewendete Szenarien vorstellen:

- zwei IS-U-Mandanten/ein BW-System
- zwei IS-U-Systeme/zwei BW-Systeme

Zwei IS-U-Mandanten/ein BW-System

Bei der Zielsystemlandschaft *zwei IS-U-Mandanten/ein BW-System* werden die Quelldaten aus den beiden IS-U-Mandanten in ein vorhandenes BW-System extrahiert. Dabei ist eine logische Trennung der Bewegungs- und Stammdaten erforderlich sowie eine dementsprechende Umgestaltung des Berechtigungskonzepts (siehe DSAG, Handlungsempfehlung, S. 29). Dies bedeutet, dass eine entsprechende Reorganisation der BW-Datenstrukturen unumgäng-

3 Sie können diese Handlungsempfehlung herunterladen unter: *http://www.dsag.de/fileadmin/media/downloads/DSAG_Handlungsempfehlung_1_1.pdf.*

lich ist. Der Vorteil besteht darin, dass nur ein BW-System erforderlich ist, das gewartet und administriert werden muss.

Die *Verbuchung von Stammdaten* kann auf unterschiedliche Arten erfolgen.

- **Logische Trennung**
  Entweder werden die Stammdaten in *gemeinsamen Datenzielen* (logische Trennung) abgelegt. Dabei muss unbedingt die Quellsystem-ID an die jeweiligen InfoObjekte geklammert werden, die die Stammdaten aufnehmen. Einerseits können sich dabei die Stammdatennummernkreise in beiden IS-U-Mandanten überschneiden, sodass z. B. eine Vertragsnummer nicht eindeutig einem Quellsystem zugeordnet werden kann. Andererseits sollte dieses Klammerungsobjekt aber für die Berechtigungsprüfung herangezogen werden, damit der »kritische Vertriebsmitarbeiter« nur Zugriff auf die Vertriebsstammdaten erhält (siehe DSAG, Handlungsempfehlung, S. 33 f.).
- **Physische Trennung**
  Alternativ können Sie die Stammdaten auch in *unterschiedlichen Datenzielen* (physische Trennung) ablegen. Dies bedeutet, dass Sie den Content für die Netz- und die Vertriebsseite doppeln müssen. Beispielsweise legen Sie für das Vertragsstammdatenobjekt zwei Objekte an: *Vertrag Netz* (ZNICONTR) und *Vertrag Vertrieb* (ZVICONTR), die an die jeweiligen Quellsysteme angebunden werden. Die Duplizierung der Stammdatenobjekte bedeutet allerdings einen enormen Pflegeaufwand (siehe DSAG, Handlungsempfehlung, S. 32).

  Im Vorfeld der Modellierung sollten Sie sich auf eine eindeutige Nomenklatur festlegen, sodass die Netz- oder Vertriebszugehörigkeit eindeutig am technischen Namen und sogar an der Beschreibung zu erkennen ist: In diesem Beispiel ist der zweite Buchstabe des technischen Namens entweder *N* oder *V*.

Die *Bewegungsdaten* sind in *unterschiedliche Datenziele* fortzuschreiben. Die ausschließlich physische Trennung der Daten wird hierbei demnach empfohlen. Zur Zugriffssteuerung wird je nach Stammdatenorganisation die Berechtigungsprüfung über die Quellsystem-ID eingeschaltet. Zusätzlich können einzelne Berechtigungen auf InfoProvider für den »kritischen Vertriebsmitarbeiter« vergeben werden (siehe DSAG, Handlungsempfehlung, S. 29). Das Ergebnis für die Verkaufsstatistik besteht dann aus einem InfoCube *Verkaufsstatistik Vertrieb* (ZVCVKS) und einem InfoCube *Verkaufsstatistik Netz* (ZNCVKS).

Zwei IS-U-Systeme/zwei BW-Systeme

Innerhalb des Szenarios *zwei IS-U-Systeme/zwei BW-Systeme* wird davon ausgegangen, dass die Quellsysteme in IS-U bereits getrennt wurden. Auf Seiten des BW-Systems werden zwei separate Systeme für Netz und Vertrieb betrieben, d. h., dass Sie sich bei dieser Variante ebenfalls für eine *physische Datentrennung* von Bewegungs- und Stammdaten entscheiden. Die Berechtigungssteuerung erfolgt in diesem Fall über die User-Einrichtung in den jeweiligen Systemen, sodass der »kritische Vertriebsmitarbeiter« ausschließlich einen User im Vertriebs-BW-System erhält (siehe DSAG, Handlungsempfehlung, S. 35–39). Die Umsetzung dieser BW-Systemlandschaft stellt die einfachste Lösung dar, weil der Anpassungsaufwand am geringsten ausfällt.

Bei Ausnahmeregelungen, die dem Vertriebsmitarbeiter Zugriff auf das Netz-BW-System gewähren, sind zusätzliche Anpassungen an den Berechtigungen einzustellen. *Holdingauswertungen*, die Netz- und Vertriebsauswertungen zusammenführen sollen, können ebenfalls unterschiedlich modelliert werden.

Entweder Sie stellen ein weiteres BW-System zur Verfügung, in dem die Netz- und Vertriebsdaten gebündelt werden. Die Zugriffssteuerung erfolgt hier über die Einrichtung von Usern und über eventuelle Berechtigungserweiterungen für Vertriebsmitarbeiter. Oder Sie integrieren die Holdingauswertungen in Ihr Netz-BW-System. In diesem Falle sind ebenfalls Erweiterungen am Berechtigungskonzept notwendig, sodass auch die Vertriebsmitarbeiter die für sie relevanten Daten einsehen können.

7.4.4 BI Content

In SAP NetWeaver BW wird der BI Content als Add-on bereitgestellt. Er bietet für zahlreiche Branchen vordefinierte Datenmodelle und Reportingstrukturen an, die direkt verwendet werden können – ohne oder nur mit geringem Anpassungsaufwand verbunden zu sein. Somit hält der BI Content standardisierte und konsistente Datenstrukturen vor, die den Anwendern zur Generierung von regelmäßigen Auswertungen behilflich sind. Darüber hinaus werden einheitliche Objekte verwendet, die von den Bezeichnungen und Datentypen her mit den ERP-Objekten korrespondieren. Das erleichtert es erheblich, sich mit den jeweiligen Branchenmodulkenntnissen zurechtzufinden. Nichtsdestotrotz kann dieser Content durch Data-Warehouse-Entwickler in eingeschränktem Rahmen angepasst und erweitert werden. Häufig werden die Content-Strukturen auch als Templates für die Erstellung kundeneigener Objekte benutzt.

Die Dokumentation des BI Contents steht online unter folgendem Link zur Verfügung: *http://help.sap.com/* • SAP NETWEAVER • BI CONTENT 7.35. Die IS-U-spezifischen Content-Objekte finden Sie unter dem Menüpunkt INDUSTRY SOLUTIONS • UTILITIES.

Darin enthalten sind wiederum Untermenüpunkte, die den Content inhaltlich gliedern: BESTANDSSTATISTIK, MARKETING, STAMMDATEN, DEREGULIERUNG etc. Die jeweiligen Untermenüs können wiederum Unterpunkte enthalten, oder sie enthalten die Objekte untergliedert nach Objekttypen. Es werden u. a. die in Tabelle 7.7 dargestellten Objekttypen unterschieden.

Objekttyp des Contents	Bedeutung
Extraktor-Programme für SAP-Systeme	ABAP-Funktionsbaustein zur Extraktion von Daten aus einem ERP-System in das SAP NetWeaver BW
DataSources	Schnittstelle zur Übermittlung von Daten an das SAP NetWeaver BW (basiert entweder auf einem Extraktorprogramm, einer Tabelle, einem View oder einem InfoSet)
Prozessketten	Führen Beladungsprozesse in einem SAP NetWeaver BW-System in einer definierten Reihenfolge aus.
InfoObjects	Merkmal/Kennzahl
InfoSources	Schnittstelle – dient zum Datentransfer und zur -verteilung.
InfoProvider	Datenspeicher
InfoCubes	multidimensionale Speicherung
DataStore-Objekte (DSO)	flache Tabelle
Queries	Auswertung basierend auf einem InfoProvider
Variablen	Dienen zur Abfrage von Benutzereingaben in Queries; können auch berechnet werden.
Arbeitsmappen	Für den BEx Analyzer; enthalten eine oder mehrere Queries und/oder Diagramme.
Web Templates	Stellen Queries im Web/Portal dar.

Tabelle 7.7 Objekttypen im BI Content

Für die standardisierte Auswertung der IS-U- und CRM-Daten liefert SAP eine Vielzahl an Auswertungsstrukturen über das Content Repository aus. Zumeist wird der komplette Datenfluss in ERP und in SAP NetWeaver BW abgedeckt (von der DataSource in ERP bis hin zur Query/Web Template/Arbeitsmappe).

Wie die SAP ERP-Systeme unterliegt der BI Content zwangsläufig einem Wandel und ständigen Anpassungen und Erweiterungen, sodass sich die Neuerungen der Marktstrukturen für Energieversorger ebenfalls im Content wiederfinden. Der IS-U-Menüunterpunkt DEREGULIERUNG beherbergt die neuen Strukturen, die den Deregulierungsprozess betreffen. Hieraus stellen wir nun zwei zentrale Komponenten vor, die in den folgenden Auswertungen sowie in Kapitel 10 von Relevanz sind.

Lieferantenwechselmanagement

Die Lieferantenwechsel werden auf IS-U-Seite über Wechselbelege abgebildet. Der *Wechselbeleg* wird eindeutig über eine *Wechselbelegnummer* identifiziert. Die zentrale Tabelle zur Speicherung der Wechselbeleginformationen im BI Content ist das DSO WECHSELBELEG KOPFDATEN (0UCDEDS02). Die Wechselbeleg-Kopfdaten stellen u. a. folgende Informationen bereit:

- Zählpunkt
- alter und neuer Serviceanbieter
- Wechselsicht
- Wechselart
- Start- und Zielversorgungsszenario
- Wechselbelegstatus
- Einzugs- und Auszugsdatum

Zur Extraktion der Kopfdaten aus IS-U in SAP NetWeaver BW steht die DataSource Wechselbeleg-Kopfdaten (0UC_SWTDOC) im BI Content bereit.

Zu einem Wechselbeleg können diverse Nachrichten vorliegen. Sie spiegeln den Kommunikationsprozess zwischen dem alten und dem neuen Serviceanbieter bzw. zwischen dem Verteilnetzbetreiber und den Lieferanten wider. Die zentrale Tabelle (ein DSO) zur Speicherung der WECHSELBELEG NACHRICHTENDATEN heißt technisch 0UCDEDS03. Die anzubindende deltafähige DataSource heißt 0UC_SWTMSGDATA.

[+]

Deltafähige DataSources

Eine deltafähige DataSource ermöglicht die selektive Übertragung von neuen und geänderten Datensätzen, die seit der letzten Beladung hinzugekommen sind, sodass die Gesamtbelastung des SAP NetWeaver BW durch die verringerte Datenlast reduziert wird. Voraussetzung ist, dass eines der folgenden Kriterien zur Identifikation der neuen bzw. geänderten Datensätze herangezogen werden kann:

- ein eindeutiger Datensatzzähler
- das Erstell- und Änderungsdatum
- ein Zeitstempel

Die *Nachrichtendaten* erhalten ihren Bezug zum Wechselbeleg über die Wechselbelegnummer. Weiterhin weisen sie einen eindeutigen Schlüssel auf: die *Meldungsdatennummer*, die in Verbindung mit der Wechselbelegnummer den Tabellenschlüssel bildet. Die Nachrichtendaten weisen folgende Kerninformationen auf:

- Richtung der Kommunikation
- Kategorie der Meldung
- Antwortstatus
- Name des Geschäftspartners
- Anschrift des Geschäftspartners
- prognostizierter Jahresverbrauch (kWh)
- Maximalleistung (kW)
- Zählpunkt (externe Bezeichnung)
- Bezug zur Datenaustauschaufgabe

Die dritte zentrale Tabelle mit wechselbelegrelevanten Informationen enthält AKTIVITÄTEN ZU DEN WECHSELBELEGEN. In dieser Tabelle werden sämtliche Bearbeitungsschritte zum Wechselbeleg und deren Ergebnisse abgelegt. Eine Wechselbeleg-Aktivität wird eindeutig über eine Wechselbelegnummer, eine Wechselbelegreferenznummer sowie einen Arbeitsschritt identifiziert. Das Content-DSO heißt 0UCDEDS04, die DataSource 0UC_SWTACTIVITY. Weiterhin sind die folgenden Informationen relevant:

- BOR-Objekttyp
- Aktivität beim Servicewechsel
- Status des Wechsels
- Erstelldatum

Der *BOR-Objekttyp* legt fest, auf welches betriebswirtschaftlich relevante Objekt sich die jeweilige Aktivität bezieht. Die *Aktivität* sagt aus, von welcher Art der Arbeitsschritt zum Wechselbeleg war (gängige Beispiele sind hier: Wechselerlaubnis prüfen, Zählpunktidentifikation durchführen). Der *Status* der Aktivität sagt aus, welches Resultat der Arbeitsschritt zur Folge hatte.

Der BI Content stellt auf ERP-Seite die DataSources und die Extraktorprogramme in Form von Funktionsbausteinen bereit. In SAP NetWeaver BW werden die extrahierten Wechselbeleginformationen in den entsprechenden DSOs aufgenommen. Das heißt, dass der Content lediglich den ETL-Prozess vom Quellsystem bis zur DSO-Schicht des SAP NetWeaver BW abdeckt und dass alle weiteren Reportingelemente individuell anzulegen sind.

Die erstellten InfoProvider, die die Wechselbelegkopfdaten mit Teilen der Nachrichtendaten und Aktivitäten aufnehmen, heißen:

- InfoCube Lieferantenwechsel (ZCB_LW)
- MultiProvider Lieferantenwechsel (ZVM_LW)

Der Großteil der Daten wird 1:1 aus den Wechselbelegkopfdaten fortgeschrieben. Zusätzliche Informationen werden aus den Nachrichtendaten und den Aktivitäten nachgelesen.

Datenaustauschaufgaben

Datenaustauschaufgaben beinhalten die zwischen den Energieversorgungsunternehmen versendeten und empfangenen Nachrichten. Wie bei den Lieferantenwechselprozessen steht in diesem Zusammenhang die B2B-Kommunikation im Vordergrund.

Eine Datenaustauschaufgabe hat als eindeutigen Schlüssel einen internen Schlüssel, der sie identifiziert. Das DSO DATENAUSTAUSCHAUFGABEN (0UCDEDS05) wird im BI Content bereitgestellt, ebenso die DataSource 0UC_DEXTASK. Der Schlüssel wird u. a. auch in den Nachrichtendaten zu einem Wechselbeleg referenziert. Darüber hinaus sind folgende Informationen der Datenaustauschaufgabe von entscheidender Bedeutung:

- Fälligkeitsdatum
- Referenzzeitraum
- Zählpunkt
- Status
- eigener Serviceanbieter

- fremder Serviceanbieter
- Datenaustausch-Prozess

Zu den in der Praxis gängigen Datenaustauschprozessen gehören:

- der Export von EDM-Profilen
- der Rechnungsversand
- die Übermittlung von Lastgängen und Zählerständen (Verbrauchsdaten im Allgemeinen)

Standardmäßig liefert SAP im BI Content nur Strukturen bis zum DSO aus. Dies bedeutet, dass die reportingfähigen Objekte (InfoCubes und MultiProvider) sowie das Frontend (Queries, Arbeitsmappen und Web Templates) durch den Data-Warehouse-Entwickler anzulegen sind.

Der dem DSO nachgelagerte InfoCube DATENAUSTAUSCH (ZCB_EDEX) ist eine kundeneigene Entwicklung und übernimmt die Daten 1:1 aus dem DSO. Diesem InfoCube ist ein MultiProvider DATENAUSTAUSCH (ZVM_EDEX) nachgelagert, der als Reportinginterface fungiert.

Falls im weiteren Verlauf der Darstellung Anforderungen aufkommen, die eine Erweiterung der Strukturen erfordern, werden diese in den jeweiligen Passagen geschildert.

7.4.5 Analyse von Kommunikationsprozessen

Primär werden in diesem Abschnitt Möglichkeiten zur Auswertung von Datenaustauschaufgaben vorgestellt. Dabei werden der Export von Zählerständen und der Export von Lastgängen an fremde Lieferanten hervorgehoben.

Die Basis für das Reporting der Datenaustauschaufgaben bildet der MultiProvider DATENAUSTAUSCH (ZVM_EDEX). Auf diesem InfoProvider wurden die im Folgenden genannten Queries definiert.

Eine einfach zu realisierende Auswertung der Datenaustauschaufgaben besteht in der Gegenüberstellung von fehlerfrei exportierten und fehlerhaft exportierten Zählerständen an fremde Lieferanten. In der Query wählen Sie den Datenaustauschprozess »Export Zählerstand« aus (Filterselektion) und fügen den Aufriss nach fremdem Serviceanbieter hinzu. Danach bilden Sie drei eingeschränkte Kennzahlen:

- Basiskennzahl Anzahl, Status = OK
- Basiskennzahl Anzahl, Status = Fehler, Korrektur = X
- Basiskennzahl Anzahl, Status = Fehler, Korrektur ≠ X

Als erste berechnete Kennzahl definieren Sie die Addition der ersten beiden eingeschränkten Kennzahlen. Dies ergibt die erfolgreich exportierten Zählerstände (Spalte OK ODER KORRIGIERT). Die Addition sämtlicher eingeschränkter Kennzahlen ergibt die Gesamtzahl der exportierten Zählerstände.

Wenn Sie nun die erfolgreich exportierten Zählerstände mit der Gesamtzahl ins Verhältnis setzen, erhalten Sie die Quote der erfolgreich exportierten Zählerstände (Spalte QUOTE). Das Ergebnis der modellierten Query sehen Sie in Abbildung 7.18.

Table

Fremder Serviceanbieter	Datenaustauschprozess	OK oder Korrigiert	Fehlerhaft	Quote
Kupferstrom GmbH	Export Zählerstand	87	17	83,65%
Lieferant von Strom/Gas	Export Zählerstand	43	8	84,31%
MegaStrom GmbH	Export Zählerstand	171	29	85,50%
Naturstrom Star AG	Export Zählerstand	234	58	80,14%
Ökosuperstrom AG	Export Zählerstand	86	5	94,51%
Gesamtergebnis		621	117	84,15%

Abbildung 7.18 Export von Zählerständen

Für die Turnusübermittlung von Zählwerten durch den VNB an die Lieferanten hat die Bundesnetzagentur die in Tabelle 7.8 angegebenen Fristen festgelegt.[4]

Sparte/Entnahmestelle	Frist in Werktagen (WT)
Strom – SLP	28 Tage nach Sollablesetermin (im 12-Monatsturnus)
Strom RLM mit Fernauslesung (registrierende Lastgangmessung) / SLP (Standardlastprofil) + analytisches Lastprofil	Täglich bis 10 und spätestens bis 12 Uhr für den Vortag
Strom RLM ohne Fernauslesung	Monatlich bis zum 8 WT für den Folgemonat des Liefermonats
Gas – SLP	28 Tage nach Sollablesetermin

Tabelle 7.8 Bundesnetzagentur – Fristen zur Turnusübermittlung von Zählerwerten

4 Quelle: Bundesnetzagentur, Anlage zum Beschluss BK6-06-009 (GPKE), S. 78–82, sowie Anlage zum Beschluss BK7-06-067 (GeLi Gas), S. 60–66).

Sparte/Entnahmestelle	Frist in Werktagen (WT)
Gas RLM mit Fernauslesung	Sofort nach Auslesung im Stundentakt
Gas RLM ohne Fernauslesung	Nach Vereinbarung

Tabelle 7.8 Bundesnetzagentur – Fristen zur Turnusübermittlung von Zählerwerten (Forts.)

Im Folgenden wird als Beispiel die Einhaltung der Fristen für »Strom-Entnahmestellen RLM mit Fernauslesung« und »SLP mit analytischem Lastprofil« ausgewertet (Zeile 2, Tabelle 7.8). Fristgerecht sind in diesem Sinne alle Datenaustauschaufgaben, die bis 12 Uhr exportiert wurden und sich auf den Vortag beziehen. Dies bedeutet die in Tabelle 7.9 aufgeführten Selektionen innerhalb der Query.

Feld	Selektion
Zählertyp	RLM mit Fernauslesung, SLP analytisches Lastprofil
Fälligkeitsdatum	= Stichtag
Fälligkeitszeit	<= 12:00 Uhr
Ab-Datum für Referenzzeitraum	= Stichtag – 1
Bis-Datum für Referenzzeitraum	= Stichtag – 1, Stichtag
Periodizität	= T
Datenaustauschprozess	= Export Lastgang
Status	= OK, fehlerhaft und korrigiert

Tabelle 7.9 Selektionen für täglich fristgerecht exportierte Lastgänge Strom

Der Zählertyp und die Periodizität sind nicht im Standard vorhanden. Der Zählertyp ist über den Zählpunkt zu ermitteln, der ein Attribut der Datenaustauschaufgabe ist. Die Periodizität wird für eine einzelne Datenaustauschaufgabe z. B. anhand des Referenzzeitraums bestimmt. Eine Datenaustauschaufgabe wird demnach als tägliche Aufgabe eingestuft, wenn die Dauer des Referenzzeitraums (Ab-Datum und -Zeit sowie Bis-Datum und -Zeit) maximal 24 Stunden beträgt. Wenn der Zeitraum 24 Stunden überschreitet, kann die Datenaustauschaufgabe als monatlich klassifiziert werden.

Abbildung 7.19 enthält die Auswertung der täglich fristgerecht exportierten Lastgänge an fremde Lieferanten. Diese Kennzahl entnehmen Sie der Spalte

BIS 12 UHR; sie spiegelt die Selektion aus Tabelle 7.8 wider. Alle nicht fristgerecht exportierten Lastgänge sind in der Spalte NACH 12 UHR enthalten (Fälligkeitszeit > 12 Uhr). Um die Qualität des Datenaustauschprozesses mit den fremden Lieferanten genauer messen zu können, wird der Anteil der fristgerecht exportierten Lastgänge je Lieferant berechnet (siehe die Spalte QUOTE FRISTGERECHT).

Table

Fremder Serviceanbieter	Prozess	bis 10 Uhr	bis 12 Uhr	nach 12 Uhr	Gesamt	Quote fristgerecht
Energieriese aus Holland	Export Lastgang	14	16	13	29	55,17%
Naturstrom Star AG	Export Lastgang	23	25	17	42	59,52%
Ganzbillig KG	Export Lastgang	6	20	9	29	68,97%
MegaStrom GmbH	Export Lastgang	15	28	12	40	70,00%
Versorgungsunternehmen B	Export Lastgang	63	75	19	94	79,79%
Günstiger Stromanbieter 1	Export Lastgang	63	83	19	102	81,37%
Polnischer Energiekonzern	Export Lastgang	68	85	17	102	83,33%
Lieferant von Strom/Gas	Export Lastgang	118	129	20	149	86,58%
Versorgungsunternehmen C	Export Lastgang	95	105	15	120	87,50%
Energielieferant a	Export Lastgang	119	134	18	152	88,16%
EVU GmbH	Export Lastgang	57	75	10	85	88,24%
Kupferstrom GmbH	Export Lastgang	51	69	7	76	90,79%
Sauberstromladen	Export Lastgang	135	142	12	154	92,21%
Versorgungsunternehmen A	Export Lastgang	98	111	8	119	93,28%
Ökosuperstrom AG	Export Lastgang	61	71	5	76	93,42%
Billigstromanbieter XYZ	Export Lastgang	36	49	3	52	94,23%
Atomstrom Günstig AG	Export Lastgang	137	157	8	165	95,15%
Britischer Energieriese	Export Lastgang	67	74	3	77	96,10%
Stromland 1000	Export Lastgang	115	133	1	134	99,25%
Gesamtergebnis		1.341	1.581	216	1.797	87,98%

Abbildung 7.19 Täglich exportierte Lastgänge je fremdem Stromlieferanten

Die Spalte BIS 10 UHR weist dieselbe Selektion wie die Kennzahl BIS 12 UHR auf, lediglich die Fälligkeitszeit wird mit <= 10:00 Uhr selektiert.

Auffällig ist, dass der ENERGIERIESE AUS HOLLAND nur eine Quote von 55,17 % (16/29) erreicht. Hier muss geprüft werden, warum gerade diese Exportvorgänge verzögert stattfinden. Gegebenenfalls ist die technische Kommunikation nicht ordnungsgemäß konfiguriert, oder es liegen andere Verfahrens- oder Formatfehler vor.

Für »RLM Zähler ohne Fernauslesung« der Stromsparte ergeben sich abweichend die in Tabelle 7.10 dargestellten Kriterien zur Bestimmung der monatlich zu exportierenden Lastgänge.

In Verbindung mit der Abwicklung von Lieferantenwechselprozessen verpflichtet die Bundesnetzagentur die Verteilnetzbetreiber zur fristgerechten Übermittlung von Messwerten an Lieferanten. Je Szenario und Entnahmestellentyp existieren unterschiedliche Fristen. Diese lassen sich auch in Verbindung mit den Wechselbeleginformationen auswerten. Der Sachverhalt wird hier aber nicht weiter erläutert, weil dies den Rahmen des Buches sprengen würde.

Feld	Selektion
Zählertyp	RLM ohne Fernauslesung
Fälligkeitsdatum	>= 01. des Auswertungsmonats <= 08. WT des Auswertungsmonats
Ab-Datum für Referenzzeitraum	>= 01. des Vormonats
Bis-Datum für Referenzzeitraum	<= Letzter des Vormonats
Periodizität	= M
Datenaustauschprozess	= Export Lastgang
Status	= OK, fehlerhaft und korrigiert

Tabelle 7.10 Selektionen für monatlich zu exportierende Lastgänge

Da die Datenaustauschaufgaben für sich betrachtet nur ein begrenztes Auswertungsspektrum anbieten, sei an dieser Stelle auch noch auf die Möglichkeit der *Gegenüberstellung von Datenaustauschaufgaben und Stammdaten* verwiesen. Hierdurch bietet sich Ihnen die Option, den jeweiligen Zählerbestand, der durch den fremden Lieferanten versorgt wird, mit den existierenden Datenaustauschaufgaben (Prozesse: Lastgänge und Zählerstände) abzugleichen. Somit erlangen Sie Informationen darüber, welche Zähler bislang überhaupt nicht turnusmäßig exportiert werden.

7.4.6 Auswertung von Lieferantenwechselprozessen

Dieser Abschnitt widmet sich hauptsächlich der Auswertung von Lieferantenwechselprozessen bei Energieversorgungsunternehmen. Dabei werden unterschiedliche Marktpartnerrollen eingenommen: Netzbetreiber und Lieferanten. Weiterhin werden die Auswertungsmöglichkeiten auch nach Adressatenkreisen untergliedert.

- Interne Adressaten sind u. a. das Management, der Vertrieb und Prozess-Controller.
- Externe Adressaten sind z. B. Stakeholder oder Behörden, wie die BNetzA.

Die BNetzA verpflichtet die Energieversorger z. B. zur jährlichen Übermittlung von Monitoring-Kennzahlen – Verbrauchsmengen und Anzahl der Letztverbraucher bei Lieferantenwechsel – oder auch zur Einhaltung von Antwortfristen. Neben der Einhaltung von Antwortfristen stehen beim Prozesscontrolling die Wechselbelegstatus, Bearbeitungszeiten, Durchlaufzeiten und der Servicegrad im Vordergrund.

Am Ende dieses Abschnitts lernen Sie gängige Beispiele für Management- und Vertriebsauswertungen kennen. Im Fokus des Interesses stehen sowohl die Entwicklung des Kundenwanderungsverhaltens als auch Kundengewinne und -verluste.

Hauptsächlich finden in diesen Auswertungen die Reportingstrukturen Verwendung, die bereits in Abschnitt 7.4.4 unter »Lieferantenwechselmanagement« (siehe Seite 345) beschrieben wurden. Zentraler InfoProvider ist der MultiProvider LIEFERANTENWECHSELREPORTING (ZVM_LW), der die zusammengeführten Informationen aus Wechselbeleg Kopfdaten, Nachrichtendaten und Aktivitäten beinhaltet sowie um hergeleitete Merkmale erweitert wurde, die für die jeweiligen Auswertungen von Relevanz sind. Diese Erweiterungen werden an den entsprechenden Stellen geschildert.

Bundesnetzagentur – Monitoring-Kennzahlen 2010 von Verteilnetzbetreibern

Die BNetzA verpflichtet die Verteilnetzbetreiber (VNB) wie bereits beschrieben zur jährlichen Übermittlung von Monitoring-Kennzahlen. Ein Teil dieses Monitorings bezieht sich auf Lieferantenwechsel. Als Basis für die Ermittlung dieser Kennzahlen kann ebenfalls der Lieferantenwechsel-InfoCube herangezogen werden. Jedoch bedarf es monitoringspezifischer Erweiterungen, wenn die geforderten Informationen nicht im Standard verfügbar sind.

Eine zusätzliche Herausforderung durch das BNetzA-Monitoring stellt die notwendige Flexibilität der Auswertungen dar, weil die Fragebögen jedes Jahr erneut herausgegeben werden, sodass sich die Anforderungen aufgrund gesetzlicher Änderungen in einem stetigen Wandel befinden können.

Monitoring-Fragebogen der BNetzA [+]

Die lieferantenwechselbezogenen Fragestellungen für die Sparte »Strom« finden Sie unter Punkt 14 des BNetzA-Monitoring-Fragebogens »VNB Elektrizität 2010« (*http://www.bundesnetzagentur.de/SharedDocs/Downloads/DE/BNetzA/Sachgebiete/Energie/ErhebungVonUnternDaten/Monitoring/Monitoring2010/03FBVertNetzBetrStrom2010xls.xls*).

Für die Sparte »Gas« finden Sie die Fragen zum Lieferantenwechsel unter Punkt 8 des BNetzA-Monitoring-Fragebogens »VNB Gas 2010« (*http://www.bundesnetzagentur.de/SharedDocs/Downloads/DE/BNetzA/Sachgebiete/Energie/ErhebungVonUnternDaten/Monitoring/Monitoring2010/08FBVerteilerNetzBetrGas2010xls.xls*).

Im Folgenden werden die Lösungsansätze für drei Fragestellungen des Monitorings präsentiert. Die Aufgaben lauten:

1. Geben Sie die gesamten Entnahmemengen von Letztverbrauchern (ohne Netzverluste*) sowie die Entnahmemengen für die *vier genannten Kategorien* der Letztverbraucher in kWh in Ihrem Netzgebiet im Kalenderjahr 2009 an. Geben Sie weiterhin die entsprechende Anzahl der Letztverbraucher zum 31.12.2009 an. Im weiteren Verlauf *Cluster* genannt.
2. Geben Sie die gesamten Entnahmemengen von *leistungsgemessenen* und nicht leistungsgemessenen Letztverbrauchern* (ohne Netzverluste*) in Ihrem Netzgebiet im Kalenderjahr 2009 in kWh an. Geben Sie weiterhin die entsprechende Anzahl der Letztverbraucher zum 31.12.2009 an. Im Folgenden unter *Zählertypen* aufgeführt.
3. Geben Sie für die Entnahme von *Haushaltskunden* i.S.d. § 3 Nr. 22 EnWG (ohne Netzverluste*) in Ihrem Netzgebiet die gesamte Entnahmemenge und die Entnahmemengen für *Wärmespeicher- und Wärmepumpenstrom* im Kalenderjahr 2009 in kWh an. Geben Sie weiterhin die entsprechende Anzahl der Letztverbraucher zum 31.12.2009 an.

Je nach Customizing des IS-U-Systems können sich unterschiedliche Ausgangskonstellationen zur Bestimmung der entsprechenden Merkmale entwickeln und somit auch diverse Auswertungsmechanismen zur Erfüllung der Berichtsanforderungen herangezogen werden.

Verbrauchskategorien clustern

Das *Clustern* der Lieferantenwechsel anhand von Verbrauchskategorien stellt eine Berichtsanforderungen für VNB gegenüber der BNetzA dar. Die Bundesnetzagentur gibt spartenabhängige Verbrauchsmengencluster vor, in die die einzelnen Lieferantenwechsel einzuordnen sind. Für die Sparte »Strom« hat die BNetzA die in Abbildung 7.20 dargestellten Kategorien definiert.

Die Cluster für die Lieferantenwechsel innerhalb der Sparte »Gas« sehen für das Jahr 2010 so wie in Abbildung 7.21 angegeben aus.

Table

Verbrauchskategorie	Menge d. LW	Anzahl LW
<= 10 MWh/Jahr	383.142.008 KWH	212.694
> 10 MWh/Jahr und <= 100 MWh/Jahr	229.885.205 KWH	10.183
> 100 MWh/Jahr und <= 2 GWh/Jahr	153.256.803 KWH	1.162
> 2 GWh/Jahr	766.284.016 KWH	331
Gesamtergebnis	1.532.568.033 KWH	224.370

Abbildung 7.20 Verbrauchsmengen-Cluster für die Sparte »Strom« gemäß BNetzA-Monitoring 2010

Table

Verbrauchskategorie	Menge LW	Anzahl LW
<= 300 MWh/Jahr	969.343.321 KWH	132.124
> 300 MWh/Jahr und <= 10.000 MWh/Jahr	597.761.714 KWH	1.348
> 10.000 MWh/Jahr und <= 100.000 MWh/Jahr	836.204.494 KWH	65
> 100.000 MWh/Jahr	1.226.703.972 KWH	8
Gaskraftwerken		
Erdgastankstellen	1.130.901 KWH	1
Gesamtergebnis	3.631.144.402 KWH	133.546

Abbildung 7.21 Verbrauchsmengen-Cluster für die Sparte »Gas« gemäß BNetzA-Monitoring 2010

Jahresverbrauchsmengen prognostizieren

Innerhalb der Nachrichtendaten zu den Wechselbelegen können bereits *prognostizierte Jahresverbrauchsmengen* je Wechselbeleg vorliegen. Aufgrund schlechter Datenqualität sind diese eventuell aber nur teilweise oder gar nicht vorhanden.

In IS-U stehen Ihnen weitere Alternativen zur Verfügung, die letztendlich auch in das SAP NetWeaver BW übertragen werden können, damit Sie die Wechselbelege mit den entsprechenden Verbrauchsinformationen versehen können.

Der Standardweg zur Bestimmung der Jahresverbrauchsmengen besteht darin, historische Verbrauchswerte zu verwenden,

- Diese können Sie je Zählpunkt und Kalenderjahr anhand der *Verkaufsstatistikdaten* ermitteln. Für jährlich abzurechnende Kunden können Sie auch zusätzlich die simulierten Daten aus der *bilanziellen Abgrenzung* verwenden. Hierfür ist eine gesonderte Struktur in SAP NetWeaver BW erforderlich, die die aufsummierten Jahresverbrauchswerte je Zählpunkt enthält, sodass Sie diesen InfoProvider innerhalb des Datenladeprozesses zum Wechselbeleg-InfoCube auslesen können. Je Wechselbeleg wird innerhalb dieses Prozesses mit dem Zählpunkt und dem Jahresbezug des Wechsels ein Lookup in den InfoProvider mit den Verbrauchswerten durchgeführt.

- Ebenso könnten Sie die *Anlagefakten* verwenden, um historische Verbrauchswerte zu den Zählpunkten zu erlangen. Jedoch müssen Sie innerhalb der Lookup-Routine zuerst die jeweilige Anlage zum Zählpunkt selektieren, um anschließend die Anlagefakten auszulesen. Den erforderlichen Operand für die Anlagefakten erhalten Sie von Ihrem Abrechnungsteam.

Um eine einfache Selektion innerhalb der Query zu erreichen, sollten Sie den Verbrauchswert als Merkmal und als Kennzahl im Cube ablegen.

Gassparte: Wechsel bei Gaskraftwerken und Erdgastankstellen

Der Bericht für die Sparte »Gas« berücksichtigt zusätzlich zu den vier Mengenkategorien noch die Lieferantenwechsel, die *Gaskraftwerke* oder *Erdgastankstellen* betroffen haben.

In erster Linie erhalten Sie diese Informationen aus den Tarif- oder Produktinformationen. Unter Umständen hat Ihre Abrechnungsabteilung für Erdgastankstellen eine entsprechende Nomenklatur innerhalb der Tariftypen vorgesehen, sodass Sie diese anhand einer Wildcard-Selektion bestimmen können (z. B. enthält der Tariftyp das Muster *GKFZ*). Das folgende Beispiel definiert den Verbrauch für Erdgastankstellen:

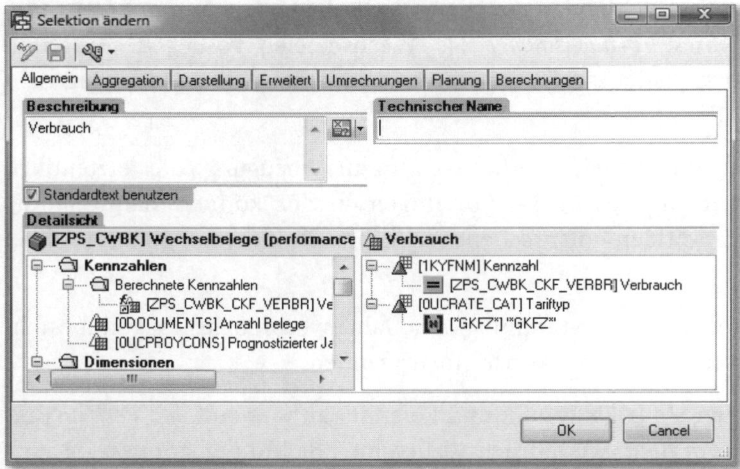

Abbildung 7.22 BEx Query Designer – Verbrauch von Erdgastankstellen

Ebenso könnten auch spezielle Tariftypen für Gaskraftwerke *GKW* hinterlegt worden sein. Das anschließende Beispiel stellt die Definition der Kennzahl »Anzahl Erdgaskraftwerke« dar. Dabei wird die Kennzahl »Anzahl Belege« selektiert und auf die entsprechenden Tariftypen eingeschränkt (siehe Abbildung 7.23)

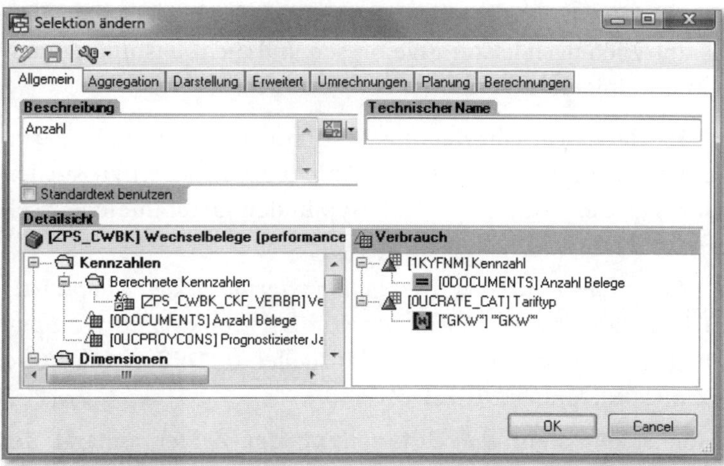

Abbildung 7.23 BEx Query Designer – Anzahl der Erdgaskraftwerke

Wenn dies der Fall ist, können Sie anhand der Stammdatenrelation die Anlage zum jeweiligen Zählpunkt ermitteln und zu dieser den Tariftyp auslesen. Dieser wird als zeitabhängiges Attribut an der Anlage gepflegt. Für den Fall, dass die Tarifdetails die relevanten Informationen nicht aufweisen, kann wahlweise auf die technischen Daten zu den Anlagen und Geräten zurückgegriffen werden.

Zählertypisierung

Ein weiterer Bericht aus dem Monitoring der Bundesnetzagentur dient zur Aufsplittung der Verbrauchsmengen und der Anzahl der Letztverbraucher anhand der *Zählertypisierung*. Die Verteilnetzbetreiber sind demnach verpflichtet, die Lieferantenwechsel nach leistungsgemessenen und nicht leistungsgemessenen Zählpunkten zu unterteilen.

Nach § 24 Abs. 1 der Gasnetzzugangsverordnung (GasNZV) werden Letztverbraucher mit einer Jahresentnahmemenge von bis 1,5 GWh sowie Gasletztverbraucher mit einer maximalen stündlichen Ausspeiseleistung von 500 kW mit einem Standardlastprofil versehen. Für die Sparte »Strom« liegt die Schwelle zum Wechsel zur registrierenden Lastgangmessung bei einem Jahresverbrauch von 100 MWh (siehe § 12 Abs. 1 Stromnetzzugangsverordnung (StromNZV)). Bei Zählern, die ein Standardlastprofil (SLP) verwenden, erfolgt keine registrierende Leistungsmessung (RLM), d. h., dass die Lastgänge bei diesen Zählern prognostiziert werden.

In IS-U werden dementsprechende Lastprofile in der Regel Sonderkunden zugeordnet. Im BI Content wird die Zuordnung von Lastprofilen zu Anlagen in dem DSO PROFIL-ANLAGE ZUORDNUNG (0UCDMDS15) abgelegt. Zur Klassifikation der Zählertypen nach leistungsgemessen und nicht-leistungsgemessen stehen Ihnen u. a. folgende Verfahren zur Verfügung:

1. Ein Lösungsweg, derartige Unterteilungen vorzunehmen, besteht darin, nach bestimmten Profilgruppen für die Zählpunkte/Anlagen zu suchen und das Ergebnis als *SLP*- oder *RLM*-Zählertyp in den Lieferantenwechsel-InfoCube zu schreiben.
2. Eine andere Lösung besteht darin, die *Zählpunktgruppen des Zählpunktes* auszulesen. Die zeitabhängige Zuordnung von Zählpunkten zu Gruppen wird ebenfalls bereits durch den Content ausgeliefert: DSO ZUORDNUNG ZÄHLPUNKT ZÄHLPUNKTGRUPPE (0UCDMDS08).
3. Als dritte Möglichkeit steht die Unterteilung der Zähler anhand der *Abrechnungsklasse* zur Verfügung. Sie ist ebenfalls ein zeitabhängiges Anlagemerkmal und kann via Stammdaten-Lookup über den Zählpunkt und die Anlage nachgelesen werden. Kunden, die die Abrechnungsklasse *monatlich* aufweisen, können als leistungsgemessen angesehen werden. *Jährlich* abgerechnete Kunden sind wiederum meistens als nicht-leistungsgemessen anzusehen.

Abbildung 7.24 zeigt das Ergebnis einer BEx Query zur Klassifikation von leistungs- und nicht-leistungsgemessenen Kunden im Analyzer (siehe BNetzA, Monitoring-Fragebogen »VNB Gas 2010«, Punkt 8.12.1).

Table

SLP/RLM	Menge d. LW	Anzahl LW
leistungsgemessen	2.423.358.301 KWH	974
nicht leistungsgemessen	1.207.786.101 KWH	132 572
Gesamtergebnis	3.631.144.402 KWH	133 546

Abbildung 7.24 Zählertyp-Cluster für die Sparte »Gas« gemäß BNetzA-Monitoring 2010

Für welchen der Lösungsansätze Sie sich entscheiden, hängt vom Customizing Ihrer IS-U-Landschaft ab.

Haushaltskunden

Zuletzt werden die Kennzahlen zu Lieferantenwechseln vorgestellt, die durch *Haushaltskunden* initiiert wurden.

[+] **Haushaltskunden**

Laut § 3 Nr. 22 Energiewirtschaftsgesetz (EnWG) werden als Haushaltskunden die Kunden verstanden, deren Anschlüsse im Haushalt verwendet werden.

Hinzu kommen die Kunden, die ihre Anschlüsse beruflich, landwirtschaftlich oder gewerblich betreiben und die einen Jahresverbrauch von 10.000 kWh nicht übersteigen, ebenso wie die Privathaushalte, die einen Jahresverbrauch von mehr als 10.000 kWh aufweisen.

Abbildung 7.25 enthält den Aufriss aus dem BEx Analyzer für die Sparte »Strom« (siehe BNetzA, Monitoring-Fragebogen »VNB Elektrizität 2010«, S. 10).

Table

Haushaltskunden	Menge d. LW	Anzahl LW
HH-Kunden i.S.d. § 3 Nr. 22 EnWG	459.770.410 KWH	214.587
HH-Kunden (Erstwahl kein Grundversorger)	170.115.052 KWH	59.662
HH-Kunden (Wärmespeicherstrom)	283.210 KWH	55
HH-Kunden (Wärmepumpenstrom)	107.380 KWH	16

Abbildung 7.25 BNetzA LW-Monitoring VNB-Haushalte Strom, 2010

Anschlüsse, die für den häuslichen Gebrauch genutzt werden, können auf unterschiedliche Weisen ermittelt werden:

- **Tariftyp**
  Wenn es Ihre Tarifstruktur erlaubt, können Sie alle reinen Haushaltskunden anhand des *Tariftyps* selektieren. Sämtliche Anlagen, die einen Tariftyp aufweisen, der keinem Gewerbetariftyp entspricht (nicht mit G beginnt), können Sie demnach als privat genutzte Anlagen ansehen. Sie entsprechen Haushaltsanlagen.
- **Lastprofil**
  Ein zweites Verfahren nutzt zur Identifikation der Haushaltskunden die verwendeten Lastprofile. In der Regel werden für Haushaltskunden spezielle Lastprofile hinterlegt. Haushaltskunden haben für gewöhnlich eine *H0-Profil-Zuordnung* (Verfahren analog zur SLP/RLM-Klassifikation).

Der zweite Aspekt der Haushaltskundendefinition umfasst die gewerblich genutzten Anschlüsse, die einen Jahresverbrauch von 10 MWh nicht überschreiten. Dies bedeutet, dass zusätzlich zu der Analyse der verwendeten Lastprofile für die beruflich, landwirtschaftlich oder gewerblich genutzten Anschlüsse die Verbrauchsinformationen zur eindeutigen Klassifikation herangezogen werden müssen.

Eine Teilmenge der Lieferantenwechsel von Haushaltskunden wird in der zweiten Zeile der Auswertung ausgegeben. Die Verteilnetzbetreiber sind gegenüber der Bundesnetzagentur verpflichtet, diejenigen Lieferantenwechsel von Haushaltskunden anzugeben, die bei ihrem Wechsel direkt einen anderen Lieferanten als den Grundversorger gewählt haben. Diese Information liegt bereits im Kopf des Wechselbelegs in dem Feld SERVICEANBIETER NEU vor und bedarf keiner zusätzlich zu implementierenden Logik. Wenn der Grundversorger in IS-U beispielsweise *EVU Lieferung Strom/Gas* (EVUL0001) heißt, werden hier alle Lieferantenwechsel selektiert, die einen anderen Lieferanten aufweisen. Die Selektion lautet: *Serviceanbieter Neu EVUL0001*.

Die Aufschlüsselung der Haushaltskundenwechsel nach *Wärmepumpenstrom* und *Wärmespeicherstrom* stellen spartenspezifische Zusatzauswertungen für die Sparte »Elektrizität« dar. Für die Sparte »Gas« werden lediglich die Haushaltskundenwechsel und die Wechsel von Haushaltskunden ausgewertet, die einen anderen Lieferanten als den Grundversorger gewählt haben.

Die notwendigen Informationen zur Erkennung von Wärmepumpen und Elektrospeicherheizungen sind zum einen in den *technischen Geräte- bzw. Anlagedaten* zu finden. Den Bezug zwischen Gerät und Wechsel stellt man über die Anlagen-Geräte-Zuordnung sowie über die Anlagen-Zählpunkt-Zuordnung her. Zum anderen können derartige Informationen unter Umständen über die Tariftypen erlangt werden. Bei entsprechendem Customizing der Tariftypen besitzen Wärmepumpen z. B. das Kürzel `WP` und Elektrospeicherheizungen den Teilstring `ESH` in ihrem technischen Schlüssel, sodass sie per Wildcard-Selektionen (*WP* und *ESH* eingeschränkt werden können.

Bundesnetzagentur – Lieferantenwechsel: Fristen und Prozesscontrolling

In diesem Abschnitt werden Ihnen Möglichkeiten zum Controlling von Prozesskennzahlen aufgezeigt. Dabei stehen Prozesskennzahlen, wie z. B. Häufigkeiten, Bearbeitungszeiten und Durchlaufzeiten, im Vordergrund, mit deren Hilfe Sie die Prozessqualität beurteilen und ggf. Indikatoren für Fehlentwicklungen erhalten können. Ebenso kommen Auswertungen zum Status der Wechsel in Betracht, die eine Übersicht über den Servicegrad liefern. Zuerst werden einige Vorgaben der Bundesnetzagentur bezüglich der Antwortfristen innerhalb von Lieferantenwechselprozessen demonstriert. Im Anschluss daran erfahren Sie, wie Sie diese Kennzahlen für Wechselbelege ermitteln. Abschließend werden Ihnen Beispielauswertungen für die Auswertung des Lieferantenwechselstatus vorgeführt.

Mithilfe der Beschlüsse (BK6-06-009/BK7-06-067) der BNetzA sollen die Abwicklungs- und Anbahnungsabläufe für die Netznutzung standardisiert werden. Für die Sparten »Strom« und »Gas« werden die Bearbeitungsfristen für unterschiedliche Arbeitsschritte und Prozessteilnehmer in einem deregulierten Energieversorgermarkt festgelegt. Dort differenziert die BNetzA generell die folgenden Geschäftsprozesse (siehe BNetzA, BK6-06-009, S. 9/BNetzA, BK7-06-067, S. 5):

- Lieferantenwechsel
- Lieferbeginn
- Lieferende
- Ersatzversorgung
- Zählerstand-/Zählwertübermittlung
- Netznutzungsabrechnung
- Stammdatenänderung
- Geschäftsdatenanfrage

Darin werden die Prozessteilnehmer wie folgt abgekürzt:

- alter Lieferant (LA)
- neuer Lieferant (LN)
- Verteilnetzbetreiber (VNB)

Exemplarisch wird nachstehend der Fokus auf den Geschäftsprozess *Lieferantenwechsel* mit ausgewählten Fristenvorgaben für die Sparten »Strom« und »Gas« gelegt. In IS-U können diese Geschäftsvorfälle über die Wechselart am Wechselbeleg abgebildet werden. Zum Standardrepertoire der Ausprägungen bei einem Energieversorgungsunternehmen gehören der Lieferantenwechsel, der Lieferbeginn sowie das Lieferende. Das IS-U-Customizing bietet die Möglichkeit an, eigene Wechselarten zu definieren, sodass man die Tabelle der Wechselarten beliebig erweitern kann.

Sender	Empfänger	Aktivität	Frist in WT
LA	LN	Ablehnung/Zustimmung der Kündigung (Kundenidentifikation, Vertragslaufzeit)	5 WT (nach Eingang der Kündigung)
LA	VNB	Abmeldung Netznutzung bei VNB	5 WT (nach Eingang der Kündigung)
VNB	LA/LN	Übermittlung einer Antwort auf die Netzan-/-abmeldung	15 WT des Fristenmonats

Tabelle 7.11 BNetzA – Fristen für den Geschäftsvorfall LW (Strom und Gas)

Für die Geschäftsvorfälle *Lieferantenwechsel* der Sparten »Strom« und »Gas« hat die BNetzA u. a. die in Tabelle 7.11 gezeigten Fristen für die Aktivitäten der Marktteilnehmer definiert (siehe BNetzA, Anlage zum Beschluss BK6-06-009, S. 14–20/BNetzA, Anlage zu BK7-06-006, S. 14–19).

Abbildung 7.27 beinhaltet die Ausgabe der Top Ten der *Neuen Serviceanbieter* (LN) nach durchschnittlicher Antwortzeit. Sie wurde mit dem BEx Analyzer erstellt. Die Marktpartnerrolle ist der VNB, d. h., dass dem VNB 15 Werktage (WT) bis zum Versenden der Antworten zur Verfügung stehen. Die Bedingung »Top Ten« gibt die neuen Serviceanbieter aus, die die *höchsten durchschnittlichen Bearbeitungszeiten* aufweisen.

Die Ermittlung der Antwortzeit je Wechselbeleg ergibt sich aus der Datumsdifferenz zwischen dem Eingang der Wechselbelegmeldung und dem Versand der Antwort zum Wechselbeleg. Zentrales Element dieser Berechnung sind die Wechselbeleg-Nachrichtendaten, die sämtliche Informationen zur Kommunikation bezüglich des Wechsels enthalten. Die Antwortzeit ergibt sich aus der Anzahl der Werktage, die zwischen den beiden Datumsangaben liegen. Vorab ist zu definieren, wie der Tag des Eingangs der Wechselinformation und der Tag des Antwortversands gezählt werden. In der Regel werden diese jeweils als halber Werktag gezählt. Das Ergebnis dieser Berechnung wird als zusätzliches Merkmal und Kennzahl in den Lieferantenwechsel InfoCube geschrieben, sodass es für Selektionen und Berechnungen zur Verfügung steht. Die durchschnittliche Antwortzeit wird je Serviceanbieter als Quotient der Summe der Bearbeitungstage und der Summe der Anzahl der Wechselbelege berechnet. Die Definition der berechneten Kennzahl »Durchschnittliche Bearbeitungszeit« gestaltet sich im BEx Query Designer wie in Abbildung 7.26 gezeigt.

Das Ergebnis der Query sehen Sie in Abbildung 7.27.

Für die Prozessverantwortlichen gilt es nach erster Sichtung der Ergebnisse zu prüfen, ob die »schlechten« Zahlen aufgrund einiger Ausreißer entstehen oder ob ein systematisches Problem in der Kommunikation mit dem Serviceanbieter vorliegt. Für Detailanalysen kann der Blick auf einzelne Serviceanbieter beschränkt (Filterwertauswahl) und über den Aufriss nach Wechselbelegnummern detailliert werden, sodass die einzelnen Bearbeitungszeiten sichtbar werden.

Bei entsprechender Ausgestaltung des Berechtigungskonzepts bietet sich dem Analysten die Option zum Absprung in das Quellsystem. Das bedeutet, dass der User direkt aus der Wechselbelegauswertung in IS-U abspringen kann, indem er über das Kontextmenü des Wechselbelegs eine Transaktion oder einen Report aufruft.

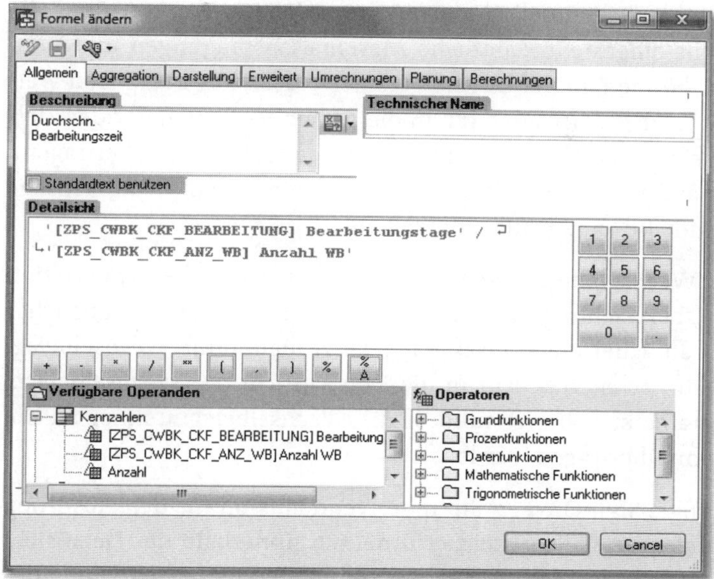

Abbildung 7.26 BEx Query Designer – Kennzahl »Durchschn. Bearbeitungszeit«

Table

Neuer Serviceanbieter	Tage	Anzahl Wechsel	Durchschnitt. Bearbeitung
Britischer Energieriese	500	13	38,4615
EVU GmbH	469	25	18,7500
Energieriese aus Holland	413	25	16,5000
Günstiger Stromanbieter 1	200	13	15,3846
Billigstromanbieter XYZ	200	13	15,3846
Energielieferant a	956	63	15,1786
Blechgas AG	188	13	14,4231
Lieferant von Strom/Gas	188	13	14,4231
Kupferstrom GmbH	175	13	13,4615
Polnischer Energiekonzern	681	50	13,6250
Gesamtergebnis	3.969	241	16,4678

Abbildung 7.27 Top Ten – durchschnittliche Antwortzeit nach neuen Lieferanten

Derartige Absprünge werden mithilfe von *Sprungzielen* im SAP NetWeaver-System realisiert. Sprungziele stellen Sie über die Transaktion RSBBS (Bericht-Bericht-Schnittstelle) ein. Diese Bericht-Bericht-Schnittstelle gewährt dem Anwender die Möglichkeit, 1 bis n Queries einer bestehenden Query zuzuordnen. Als Ziele einer Query können u. a. BW-BEx-Queries, BW-Java-Web-Applications, BW-Crystal-Reports, Transaktionen oder auch ABAP-Reports angegeben werden. Zur vollständigen Einrichtung gehören neben der Auswahl des Zieltyps auch die Eingabe des technischen Namens des Ziels sowie die Angabe des Zielsystems (lokal bzw. Systemauswahl).

Abschließend werden eventuell Variablen- oder Wertübergaben über die Zuordnungsdetails eingestellt. Sämtliche Merkmalsausprägungen und Variablen der Query können an die Import-Parameter des Ziels übergeben werden. Die Inhalte werden entweder 1:1 an die passenden Parameter des Ziels übergeben oder sie werden beim Aufruf des Ziels gelöscht (nicht übertragen). Die Einstellung auf eine generische Übertragung nimmt eine automatische Zuordnung der Inhalte zur Ausführungszeit aus.

Im Falle der Wechselbelegauswertungen bietet sich die Transaktion ESWTMON01 (Überwachung der Wechselbelege) in IS-U als ein mögliches Ziel der Queries an. Über die Transaktion gelangt man in die Wechselbelegübersicht sowie im zweiten Schritt in die Detailansicht der Wechselbelege. Als Übergabeparameter sollte zumindest die Wechselbelegnummer an die Zieltransformation übertragen werden.

Wenn Sie ein Single-Sign-On-Verfahren verwenden, sind für den Absprung keine Anmeldungen im Quellsystem erforderlich. Innerhalb der Detailsicht zum Wechselbeleg werden dem Auswerter Aktivitäten und Nachrichten des Wechsels angezeigt, wodurch eine umfangreiche Analyse der Einzelbelege ermöglicht wird und ggf. mit einem Sachbearbeiter Kontakt aufgenommen werden kann.

Eine weitere oft geforderte Kennzahl bei Verteilnetzbetreibern (VNB) ist die *Dauer bis zur Identifikation des Zählpunktes* (ZP-Identifikation). Diese Kennzahl stellt einen maßgeblichen Anteil an der Gesamtbearbeitungszeit eines Wechsels dar und kann somit auch die Ursache für Verzögerungen im Workflow sein.

Table

Neuer Serviceanbieter	1 Tag	2-3 Tage	4-6 Tage	7-10 Tage	>=11 Tage	Tage Bearbeitung	Anzahl WB	Durchschn. Bearbeitung
Ökosuperstrom AG	234	1.078	1.341	444	1.064	29.370	4.161	7,058
Naturstrom Star AG	228	981	1.250	449	869	25.956	3.777	6,872
Ganzbillig KG	150	664	868	281	623	18.035	2.586	6,974
MegaStrom GmbH	69	291	417	136	291	8.399	1.204	6,976
Atomstrom Günstig AG	69	206	325	99	179	5.739	878	6,536
Versorgungsunternehmen C	46	185	232	77	187	5.064	727	6,966
Versorgungsunternehmen A	22	153	191	67	140	4.053	573	7,073
Versorgungsunternehmen B	23	139	189	65	111	3.550	527	6,736
Sauberstromladen	29	120	176	59	127	3.644	511	7,131
Stromland 1000	25	136	163	51	124	3.509	499	7,032
Gesamtergebnis	895	3.953	5.152	1.728	3.715	107.319	15.443	6,949

Abbildung 7.28 Durchschnittliche Dauer bis zur ZP-Identifikation

Abbildung 7.28 stellt die Top Ten der neuen Lieferanten nach durchschnittlichen Bearbeitungszeiten für die ZP-Identifikation dar. Eine Besonderheit ist die Kategorisierung der einzelnen Wechselbelege anhand der Bearbeitungszeiten (1 Tag, 2–3 Tage etc.).

Der Ausgangspunkt für die Berechnung der Bearbeitungszeit ist der Wechselbeleg mit seinem Eingangsdatum, also dem Datum des Nachrichteneingangs. Die Berechnung der Werktage, die zwischen dem Eingang des Wechsels und der erfolgreichen Identifikation des ZP vergangen sind, ist vom Customizing des Energieversorgungsunternehmens abhängig. Die Logik wird in einer Endroutine zum InfoCube hinterlegt und wird für jeden Wechselbeleg, der fortgeschrieben wird, durchlaufen. Falls Sie in Ihrer IS-U-Landschaft die Information als Aktivität zum Wechselbeleg erfassen, ist die Information in dem entsprechenden Content-DSO WECHSELBELEG AKTIVITÄTEN (0UCDEDS04) enthalten. Dort gibt es ein Feld AKTIVITÄT BEIM SERVICEWECHSEL (0UCACTIVITY), das in entsprechender Ausprägung die *ZP-Identifikation* enthält, technisch z. B. 203.

Der Bezug zum Wechsel besteht anhand der *Wechselbelegnummer*. Der Status der Aktivität muss OK enthalten, da ansonsten keine erfolgreiche ZP-Identifikation stattgefunden hat. Das Erstelldatum der Aktivität können Sie für die Berechnung der vergangenen Tage verwenden. Alternativ kann die Information auch in den Nachrichtendaten zum Wechselbeleg liegen. In dem Nachrichten-DSO (0UCDEDS03) finden Sie mit entsprechender Richtung des Datenaustauschs (ausgehend) und der Antwortkategorie (ZP-Ident) sowie dem Antwortstatus (OK) den Datensatz zum jeweiligen Wechsel.

Eine weitere Aussage über die Prozessqualität des Lieferantenwechsel-Workflows erhält der Verteilnetzbetreiber über die Auswertung der *Wechselbelegstatus*. Abbildung 7.29 enthält einen Ausschnitt aus einem SAP BusinessObjects Dashboards Cockpit für Wechselbelegstatusauswertungen. Im Aufriss enthalten sind sämtliche Status, die nicht den Wert OK aufweisen. Als neuer Serviceanbieter ist die GANZBILLIG KG selektiert worden. Der zeitliche Bezug ist das aktuelle Kalenderjahr.

Von 1401 Wechselbelegen dieses Serviceanbieters befinden sich 356 Belege im Status OFFEN. 246 weisen den Status KUNDE NICHT IDENTIFIZIERBAR auf. Dividiert man die Anzahl sämtlicher Wechselbelege, die nicht abgeschlossen wurden (638), durch die Gesamtzahl der Wechselbelege des neuen Lieferanten (1401), erhält man den Servicegrad zu diesem Lieferanten. Dieser beträgt lediglich 45,54 %.

Das Dashboards Cockpit enthält ebenfalls eine Auflistung des Servicegrads zu jedem Serviceanbieter. Abbildung 7.30 gibt diesen Prozentsatz je Lieferant aus. Bei einer Navigation innerhalb des Cockpits (Linksklick auf den Lieferanten) ändern Sie den Kontext der Statusauswertung je Lieferant. Das bedeutet, dass Sie die Detailauswertung (siehe Abbildung 7.29) für alle zehn Lieferanten der Servicegradauswertung einschalten können.

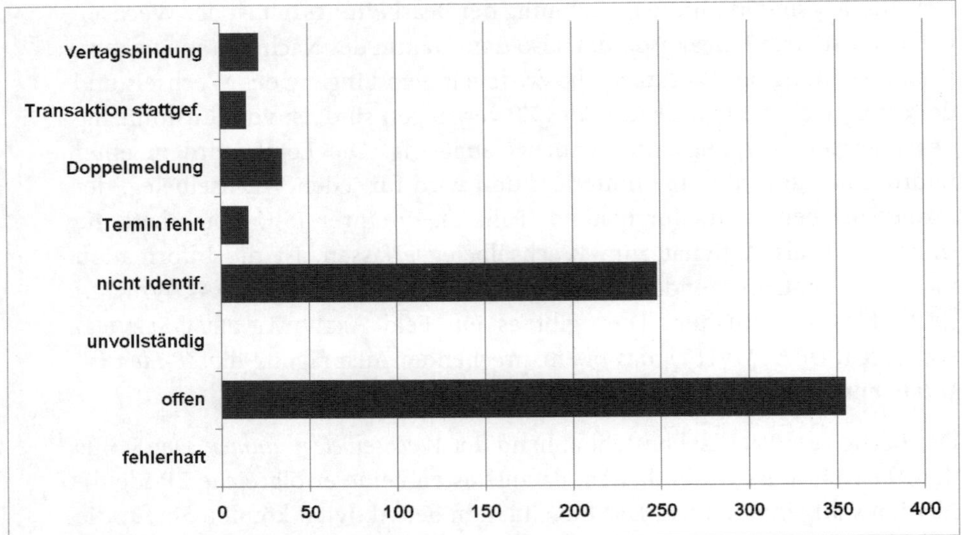

Abbildung 7.29 Wechselbelegstatus des neuen Lieferanten »Ganzbillig KG«

Lieferant	Prozent
Ganzbillig KG	45,54%
Lieferant von Strom/Gas	8,45%
MegaStrom GmbH	8,26%
Ökosuperstrom AG	7,41%
Naturstrom Star AG	7,40%
Atomstrom Günstig AG	6,56%
Sauberstromladen	6,54%
Energielieferant a	6,02%
EVU GmbH	4,76%
Polnischer Energiekonzern	2,56%

Abbildung 7.30 Servicegrad je neuem Lieferanten

Die Ausgaben gewähren einen ersten oberflächlichen Einblick in den Grad der Abarbeitung und die Fehlerquoten je Serviceanbieter. Grundlegende Probleme im Arbeitsauflauf und in der Kommunikation können hier bereits zum Vorschein kommen.

Für Detailanalysen sollten Sie wiederum auf den BEx Analyzer zurückgreifen, um einzelne Wechselbelege ausgeben zu lassen. Darüber hinaus könnten Sie mithilfe der Sprungziele aus einer BEx Query auch in das ERP-System springen. Das Gesamtbild des SAP BusinessObjects Dashboards Cockpits für Lieferantenwechselstatusauswertungen sehen Sie in Abbildung 7.31.

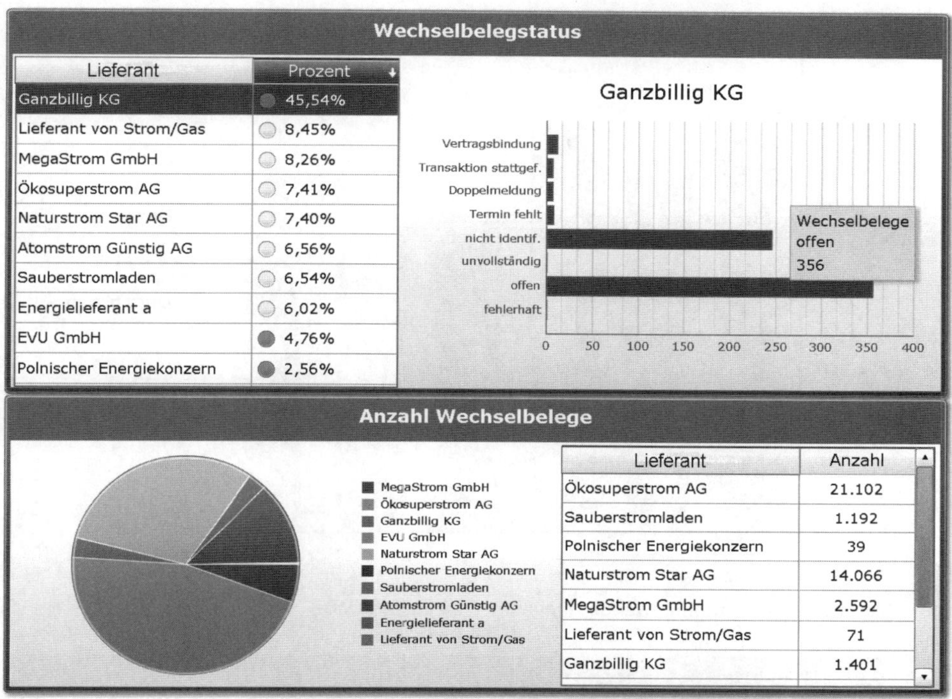

Abbildung 7.31 Lieferantenwechselstatus Dashboards Cockpit

Management- und Vertriebsauswertungen

Für die Zielgruppe »Management« kommen Auswertungen infrage, die eine globale Sicht auf die BI-Daten bieten. Ein häufig geforderter Report für VNB ist die Ausgabe der Wechselinformationen zur Beschreibung des Kundenwanderverhaltens über den Zeitverlauf hinweg.

In dem Balkendiagramm aus Abbildung 7.32 werden die Lieferantenwechsel im ersten Halbjahr 2010 vom *EVU zu Dritten*, *von Dritten zum EVU* sowie *von Dritten zu Dritten* dargestellt. Das Diagramm ist Bestandteil einer Arbeitsmappe, die mit dem BEx Analyzer erstellt wurde. Die Auswahl des Zeitraums und der Sparte geschehen vorab via Variableneingabe. Als fixe Selektion wurde der Wechselbelegstatus OK in der Query hinterlegt, sodass nur tatsächlich abgeschlossene Wechsel in die Auswertung einfließen.

Die Berechnung der drei Kennzahlen erfolgt anhand der Wechselbelegmerkmale *Alter Serviceanbieter* und *Neuer Serviceanbieter*. In der Query ist eine Struktur angelegt worden, die die drei in Tabelle 7.12 dargestellten Selektionen beherbergt; EVUL0001 entspricht dabei dem Grundversorger.

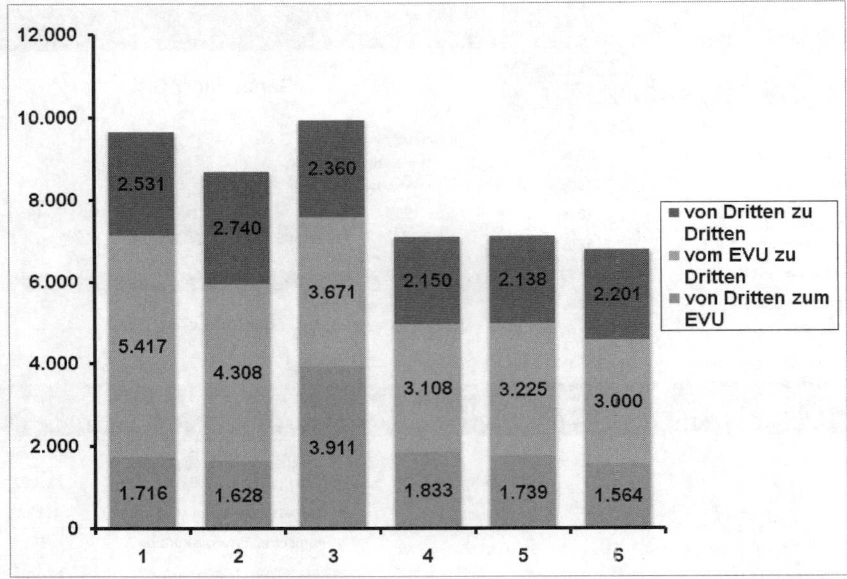

Abbildung 7.32 Kundenwanderungen im 1. Halbjahr 2010

Selektion	Serviceanbieter Alt	Serviceanbieter Neu
Von Dritten zu Dritten	≠ EVUL0001	≠ EVUL0001
Vom EVU zu Dritten	= EVUL0001	≠ EVUL0001
Von Dritten zum EVU	≠ EVUL0001	= EVUL0001

Tabelle 7.12 Selektionen für das Kundenwanderungsverhalten

Auf Vertriebsseite spielen Kundengewinn- und -verlustentwicklungen eine hervorzuhebende Rolle. Abbildung 7.33 enthält die Top-5-Kundenverluste an Wettbewerber für die Sparte »Strom« im Jahr 2010. Vorausgesetzt wird für diese Auswertung, dass die Wechselbeleginformationen in Ihrem Vertriebs-IS-U-System die Informationen zu den neuen Lieferanten enthalten.

Auch dieses Diagramm ist Bestandteil einer BEx-Arbeitsmappe. Die Datenquelle ist eine Query, die ebenfalls auf Basis des Wechselbeleg-InfoProviders spezifiziert wurde. Im Aufriss befinden sich der neue Lieferant und die Kennzahl »Anzahl Kunden«. Es ist deutlich zu erkennen, dass die Hauptkonkurrenten im Ökostromsegment tätig sind. Ein weiterer starker Konkurrent bietet hauptsächlich Niedrigpreisprodukte an.

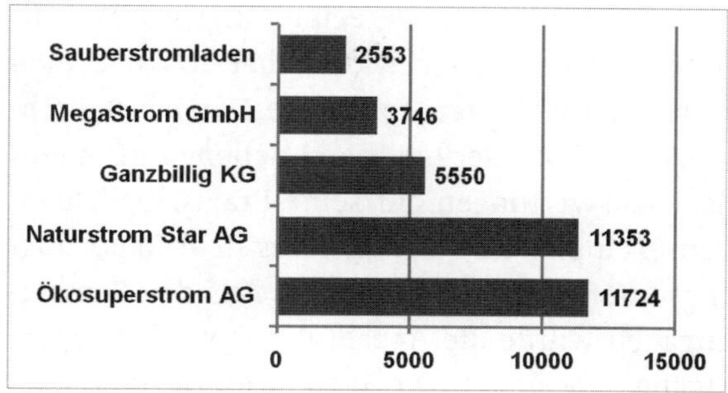

Abbildung 7.33 Top-5-Kundenverluste an Wettbewerber in der Sparte »Strom«

Ergänzt man diese Auswertung um die Zeitachse (Aufriss nach Monaten), erhält man den zeitlichen Verlauf der Kundenverluste je Lieferant. Abbildung 7.34 demonstriert diese Entwicklung für das erste Halbjahr 2010.

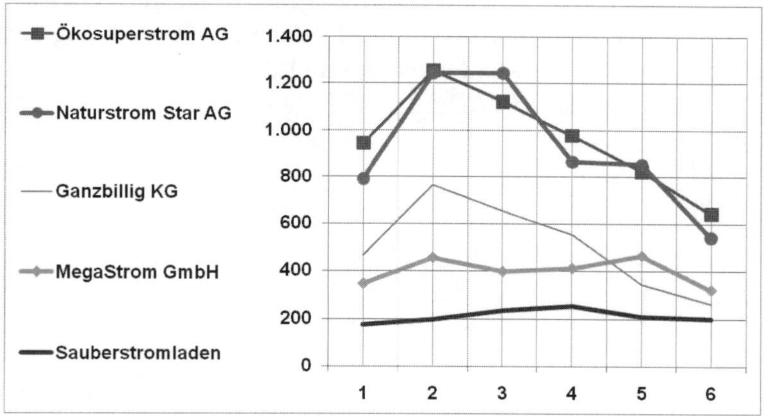

Abbildung 7.34 Top-5-Kundenverluste – Entwicklung im 1. Halbjahr 2010 in der Sparte »Strom«

Auf die Darstellung weiterer Vertriebsauswertungen wird an dieser Stelle verzichtet, da hierzu noch einige Beispiele in den Abschnitten 10.1.1 und 10.1.4 folgen werden.

In Abschnitt 7.4 wurden Ihnen zuerst die Grundlagen des SAP NetWeaver BW und SAP BusinessObjects nähergebracht. Sie haben die Begrifflichkeiten innerhalb des SAP NetWeaver BW-Backends kennengelernt, und es wurden Ihnen die Unterschiede zwischen den einzelnen InfoProvidern aufgezeigt. Aus der BEx-Suite des SAP NetWeaver BW wurden Ihnen darüber hinaus der BEx Query Designer, der BEx Analyzer und der BEx Web Application Designer vorgestellt. Im Anschluss daran haben Sie Einzelheiten über den »neuen«

BI-Content erfahren, der sich im Rahmen der Deregulierungsprozesse als nützlich für Energieversorgungsunternehmen erwiesen hat. Dazu zählen hauptsächlich die Lieferantenwechselstrukturen sowie die Datenaustauschaufgaben in IS-U und SAP NetWeaver BW. Der hier beschriebene BI-Content wurde in den folgenden Beispielauswertungen auf seine Praxistauglichkeit hin untersucht, und es wurden exemplarische Berichte aus dem Reporting-Alltag eines Energieversorgungsunternehmens aufgeführt. Aus den Strukturen für die Datenaustauschaufgaben wurde die Anzahl der fehlerfrei exportierten Zählerstände und Lastgänge abgeleitet. Die Strukturen für die Lieferantenwechsel wurden genutzt, um Berichte für die BNetzA zu realisieren: Cluster nach Verbrauchsmengen, Zählertypklassifikation und Haushaltskundenklassifikation. Weiterhin haben Sie erfahren, wie Sie Prozesskennzahlen aus den Wechselbelegen herleiten: Durchschnittliche Bearbeitungszeiten, Werktage bis zur Zählpunktidentifikation oder weitere Servicegradindikatoren. Zuletzt wurde das Potenzial der Wechselbelege im Bezug auf Vertriebs- und Managementauswertungen erörtert. Dabei kamen die Entwicklung des Kundenwechselverhaltens, die Kundenverlust- und die Kundenzugangsentwicklung je Lieferant (neu/alt) zur Geltung.

Teil III
Veränderte Anforderungen an Versorgungsunternehmen und ihre Unterstützung im SAP-System

Die Erhöhung des Wettbewerbs durch Deregulierung ist ein viel zitiertes politisches Ziel. Eigentlich sollen die Verbraucher von sinkenden Preisen profitieren. Doch zunächst sind umfassende technische und organisatorische Maßnahmen notwendig, um den gesetzlichen Anforderungen gerecht zu werden. In diesem Kapitel werden die Veränderungen für Energiedienstleister erläutert.

8 Marktliberalisierung

Die Liberalisierung des deutschen Energiemarktes wurde 1996 durch die Europäische Union in Gang gesetzt. Durch die erste EU-Richtlinie zur Elektrizitätsmarktliberalisierung (96/92/EG) im Jahr 1996 und zur Gasmarktliberalisierung (98/30/EG) im Jahr 1998 wurde der Grundstein für die Novellierung des nationalen Rechtes gelegt. Die Konzeption zur Verwirklichung des europäischen Energiebinnenmarktes zielte vornehmlich auf die Realisierung eines wettbewerbsorientierten Marktgeschehens ab.

In der Bundesrepublik Deutschland bestanden bis zum Jahr 1998 Gebietsmonopole. Diese gesetzlich anerkannten Monopole wurden durch staatliche Preisaufsichten sowie kartellbehördlich inspiziert. Die EU-Richtlinie zum Elektrizitätsbinnenmarkt wurde 1998 mit der Novellierung des *Energiewirtschaftsgesetzes (EnWG)* in nationales Recht umgesetzt. Mit dieser Novellierung wurden die anerkannten Gebietsmonopole abgeschafft und die Öffnung des Marktes für leitungsgebundene Energie forciert. Im Jahr 2003 wurde zudem die EU-Richtlinie zum Erdgasbinnenmarkt (2003/55/EG) durch eine erneute Neuregelung des EnWG in nationales Recht umgesetzt.

Ebenfalls im Jahr 2003 wurde eine neue Richtlinie zur Verwirklichung des Elektrizitätsbinnenmarktes auf europäischer Ebene beschlossen (2003/54/EG). Auf Basis dieser Binnenmarktrichtlinien wurde das Energiewirtschaftsgesetz im Jahr 2005 erneut novelliert und bildet somit die nationale Grundlage zur Regulierung des Netzzugangs durch die Bundesnetzagentur.

Aufbauend auf diesem Energiewirtschaftsgesetz vom 07.07.2005 wurden zudem ergänzende Verordnungen erlassen, die z. B. den Netzzugang, die Grundversorgung oder den Netzanschluss regeln. Das EnWG einschließlich der ergänzenden Verordnung bildet den heutigen Rechtsrahmen für die Liberalisierung und Regulierung des Elektrizitäts- und Gasmarktes in Deutschland.

Im vorliegenden Kapitel erhalten Sie einen Überblick über den Wandel der Energiewirtschaft von natürlichen Monopolen hin zu Polypolen. Durch die Liberalisierung und Regulierung in Deutschland mussten die Versorgungsunternehmen eine Vielzahl von Herausforderungen bewältigen bzw. haben diese noch zu bewältigen. Dieses Kapitel skizziert einige dieser Herausforderungen und zeigt Lösungsansätze auf Basis von IS-U auf.

8.1 Systemtrennung

Durch die Marktliberalisierung sind neue Systemlandschaften zu realisieren, die den gesetzlichen Anforderungen an die weitestgehende Schaffung von gleichen Wettbewerbsbedingungen unterschiedlicher Marktteilnehmer gerecht werden. Hierzu werden die Auswirkungen auf Systeme, Instanzen, Mandanten und Organisationseinheiten sowie Schnittstellen in SAP erläutert. Sie lernen in diesem Abschnitt, welche Veränderungen sich im Vergleich zu den Darstellungen der Kapitel 2 und 3 ergeben.

Da die Umsetzung der Systemtrennung durch den Gesetzgeber zum 01.10.2010 vorgegeben wurde, sind die folgenden Abschnitte eine nachträgliche Betrachtung. Sie sollen Ihnen einen Eindruck von den Erfordernissen der Umstellung und dem Status quo der Systemlandschaft als Grundlage für neue Anforderungen geben.

8.1.1 Rechtliche und organisatorische Rahmenbedingungen

Die Grundlage für die Systemtrennung ist § 9 des EnWG. In diesem Paragrafen ist geregelt, dass die Vertraulichkeit wirtschaftlich sensibler Informationen zwischen vertikal integrierten Versorgungsunternehmen gewahrt werden muss bzw. dass diese Informationen in nicht diskriminierender Weise kommuniziert werden müssen.

[+]

Vertikal integrierte Versorgungsunternehmen

Unter vertikal integrierten Versorgungsunternehmen versteht man Unternehmen oder eine Gruppe von Unternehmen, die im Elektrizitätsbereich mindestens eine der Funktionen »Übertragung« oder »Verteilung« und mindestens eine der Funktionen »Erzeugung« oder »Vertrieb« wahrnehmen. Bei einem »klassischen« Stadtwerk sind dies z. B. der kommunale Energielieferant (Vertrieb), sowie der kommunale Betreiber des örtlichen Energieverteilnetzes (Verteilung).

Aufbauend auf § 9 EnWG wurden gemäß den Beschlüssen BK6-06-009 (GPKE) und BK7-06-067 (GeLi Gas) der Bundesnetzagentur einheitliche Datenaustausch- und Geschäftsprozesse hinsichtlich prozessidentischer Abwicklung bei Netzbetreibern und Lieferanten festgelegt. Der Beschluss der GPKE sah vor, dass die darin definierten Datenaustausch- und Geschäftsprozesse ab dem 01.10.2007 umzusetzen sind. Für den Bereich Erdgas (GeLi Gas) sind die Prozesse seit dem 01.10.2008 verpflichtend.

Ausnahmegenehmigungen für vertikal integrierte Versorgungsunternehmen gemäß Ziffer 6 für Strom (GPKE) und Ziffer 4 für Gas (GeLi Gas), konnten von entsprechenden Unternehmen beantragt bzw. angezeigt werden. Die Umsetzungsfrist verlängerte sich für die betroffenen Unternehmen bis zum 01.10.2010.

Die meisten integrierten Versorgungsunternehmen wickelten ihre Geschäftsprozesse in einem System ab. Durch die beiden Beschlüsse wurde es zwingend erforderlich, die Datenbestände zwischen dem Netzbetreiber und dem Lieferanten physisch zu trennen.

Des Weiteren mussten die Beschlüsse in vollem Umfang prozessual und kommunikativ umgesetzt und abgewickelt werden. Da bei den meisten vertikal integrierten Versorgungsunternehmen bislang beide Marktrollen in einer Einsystemlandschaft abgewickelt wurden, konnte der Großteil der Prozesse »intern« ausgeführt werden. Das bisherige Datenvolumen von GPKE- und GeLi Gas-relevanten Geschäfts- und Datenaustauschprozessen war somit vergleichsweise gering. Durch die vollumfängliche Umsetzung erhöhten sich die Anforderungen an Mitarbeiter, Systeme, Automatisierung der Prozesse, Monitoring der Marktkommunikation sowie an die Sicherstellung der Datenhygiene.

Durch die prozessualen Veränderungen bzw. durch eigene Systeme für den Netzbetreiber bzw. den Lieferanten sind in den meisten Fällen im Nachgang einer Systemtrennung weitreichende organisatorische Veränderungen die Folge. Diese Veränderungen können sich sowohl an den Prozessen, aber auch an den Marktrollen orientieren und sind unternehmensspezifisch festzulegen. Als Beispiel ist hier die Organisation eines Shared Service zu nennen. Die Organisation kann sich sowohl an den Prozessen (wie z. B. Abrechnung, Lieferantenmanagement usw.) oder an den Kunden (wie z. B. Lieferant, Netzbetreiber usw.) orientieren.

8.1.2 IT-technische Rahmenbedingungen

Die Verwaltung der Datenbestände im Ausgangsszenario – also vor der Umsetzung der Systemtrennung – war in den IS-U-Systemen der deutschen Versorgungswirtschaft als heterogen zu bezeichnen. In der ersten Liberalisierungswelle (ab 2003) wurden einige Systeme auf das Zwei-Vertragsmodell umgestellt (die Datentrennung zwischen Netz und Vertrieb erfolgt über ein Berechtigungskonzept). Es lagen aber auch noch bis zur Systemtrennung Ein-Vertragsmodelle oder Zwei-Mandantenmodelle vor. Die Ausgangssituation bestimmt u. a. das Migrationsvorgehen und die Migrationsaufwände.

Abbildung 8.1 stellt das Datenmodell eines Zwei-Vertragsmodells dar. Hierbei greifen sowohl der Netzbetreiber als auch der Vertrieb zum Teil auf die gleichen Stammdaten (wie z. B. Geschäftspartner, Gerät) zu.

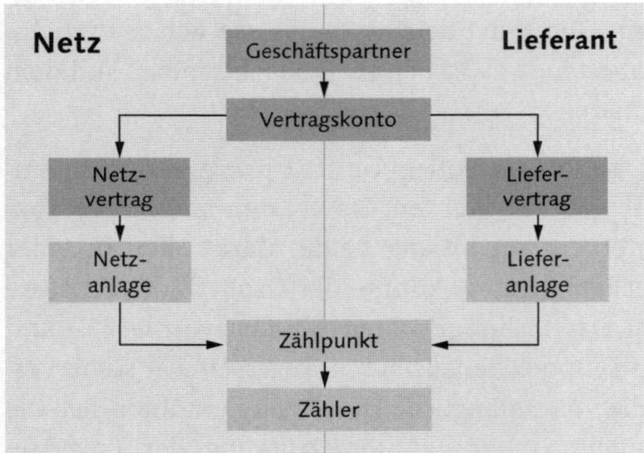

Abbildung 8.1 Datenmodell eines Zwei-Vertragsmodells

Je nach Versorgungsunternehmen ist auch das Zielszenario zu diskutieren. In der Mehrheit wurde das Zwei-Systemmodell gewählt (siehe Abbildung 8.2).

Für die nicht regulierten Sparten (Fernwärme, Wasser, Abwasser), die nicht von der gesetzlichen Verpflichtung der oben genannten Beschlüsse betroffen sind, waren kundenorientierte und wirtschaftliche Lösungen zu entwickeln. Bei Energieversorgern mit sogenannten Monopolsparten hat es sich im Markt durchgesetzt, diese analog zu den regulierten Sparten abzubilden und somit eine Pseudoregulierung vorzunehmen. Insbesondere aufgrund einheitlicher Prozesse und zentraler Geräteverwaltung im Netzsystem hat sich in den Trennungsprojekten diese Abbildung etabliert.

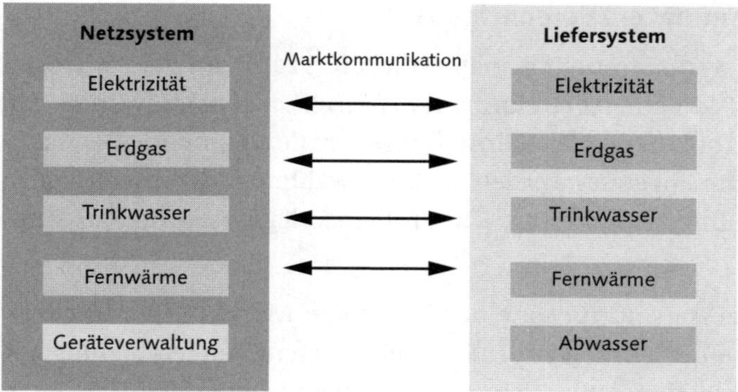

Abbildung 8.2 Zwei-Systemmodell

Eine grundsätzliche Entscheidung ist auch hinsichtlich der jeweiligen Abbildung der Geschäftspartner in den Systemen zu treffen. Ein Beispiel ist die Alternative, dass im Netzsystem ein Geschäftspartner je Zählpunkt angelegt wird. Dieses Vorgehen hilft gerade im Bezug auf die Marktkommunikation mit verschiedenen Lieferanten dabei, insbesondere personenbezogene Daten besser abzugleichen. Hier ist das Thema der Stammdatenänderungen bzw. der Abgleich von Zuordnungslisten bezüglich Namensdifferenzen z. B. zu erwähnen (siehe Abbildung 8.3).

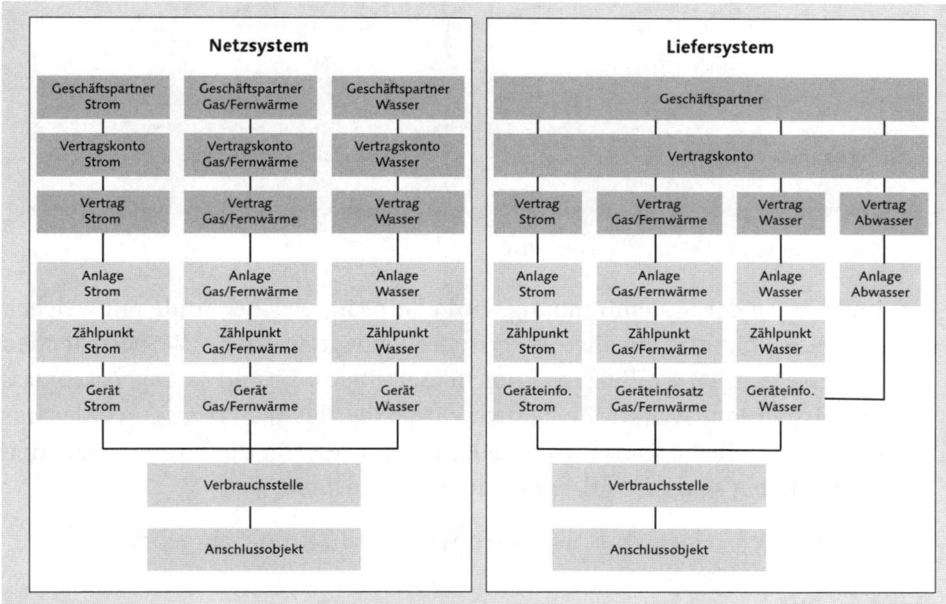

Abbildung 8.3 Zwei-Systemmodell – Abbildung Geschäftspartner

8.1.3 CIC/Stammdaten/Berechtigungen

Im Rahmen einer Systemtrennung sollten die CIC-Profile an die jeweiligen Marktrollen *VNB* (Verteilnetzbetreiber) und *Lieferant* angepasst werden. Ein CIC-Profil ist ein Profil, in dem alle Einstellungen zu den Komponenten eines Frameworks zusammengefasst werden, z. B. Auswahlmöglichkeit von Transaktionen. Nähere Informationen zu CIC-Profilen erhalten Sie in Abschnitt 5.6.2.

Einige Serviceprozesse sind für eine der jeweiligen Marktrollen nicht relevant, z. B. Prozesse der Geräteverwaltung beim Lieferanten. Abbildung 8.4 zeigt einen beispielhaften Aufbau eines CIC-Profils für einen VNB. Es ist in mehrere Bereiche aufgeteilt.

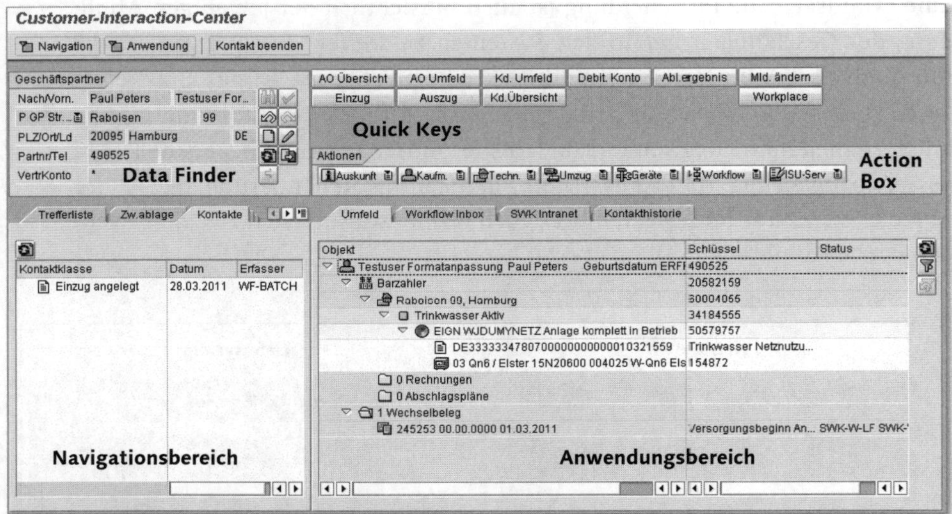

Abbildung 8.4 CIC-Profil für einen VNB

Im Rahmen der Systemtrennung wird überprüft, welche Profile mit welchen Prozessen für die jeweilige Marktrolle benötigt werden. Die bestehenden Prozesse werden auf ihre Funktionalitäten überprüft und so angepasst, dass jeweils nur eine Marktrolle bedient wird. Überflüssige Prozesse werden aus den CIC-Profilen entfernt, eventuell neue Prozesse in die Profile aufgenommen. Hierbei sind u. a. folgende Punkte zu beachten:

- Für die einzelnen Organisationen werden CIC-Profile ausgeprägt.

- Es wird geprüft, ob alle Profile benötigt werden. Danach erfolgt ein entsprechender Rückbau von nicht benötigten Profilen.
- Falls die Ausgangssituation ein Zwei-Vertragsmodell ist, müssen die Prozesse auf ein Ein-Vertragsmodell zurückgeführt werden.
- Die Sachbearbeiterfindung muss durch die Trennung der Systeme neu definiert und abgebildet werden.

Die neu eingerichteten CIC-Profile werden eigens für den Anwendungsbereich definiert. Dies ist erforderlich, falls für einzelne Profile unterschiedliche Funktionen auf der »rechten Maustaste« hinterlegt werden sollen. Tabelle 8.1 zeigt ein Beispiel für diese profilabhängige Zuordnung der Transaktionen zum Datenobjekt Geschäftspartner.

Liefermandant-Profil: Service_L	Netzmandant-Profil: Service_N	Netz- und Liefermandant-Profil: Accounter	Liefermandant-Profil: Leitung_L	Netzmandant-Profil: Leitung_N
Transaktion	**Transaktion**	**Transaktion**	**Transaktion**	**Transaktion**
Anzeigen	Anzeigen	Anzeigen	Anzeigen	Anzeigen
Ändern	Ändern	Bonität anzeigen	Bonität anzeigen	
Bonität bearbeiten	Kontakt anzeigen	Kontakt anzeigen		
Bonität anzeigen	Bonität anzeigen			
Guthaben klären	Guthaben klären			
Sicherheit anzeigen				
Stundung buchen				

Tabelle 8.1 Zuordnung von Funktionen auf Geschäftspartnerebene

Ebenso wird für jedes CIC-Profil eine eigene Definition für die Action Box ausgeprägt. Tabelle 8.2 zeigt ein Beispiel.

Beschreibung	CIC-Profil	Netz	Lief	Anwendungsbereich	Action Box
Funktionen für Kundenservice Netz	ZSERVICE_N	X		ZSERV_N	ZSERV_N
Funktionen für Kundenservice Lieferant	ZSERVICE_L		X	ZSERV_L	ZSERV_L
Funktionen für Accounter	ACCOU_NL	X	X	ZACCOU_NL	ZACCOU_NL
Funktionen für Leitung Netz	ZLEIT_N	X		ZLEIT_N	ZLEIT_N
Funktionen für Leitung Vertrieb	ZLEIT_L		X	ZLEIT_L	ZLEIT_L

Tabelle 8.2 Action-Box-Definition

8.1.4 Lieferantenmanagement/Marktkommunikation

Die Prozesse im Bereich »Lieferantenwechsel« einschließlich der Marktkommunikation müssen schon seit 2007 (Elektrizität) bzw. 2008 (Erdgas) umgesetzt werden, wenn Sie mit nicht vertikal integrierten Versorgungsunternehmen zusammenarbeiten.

Bei der Abbildung dieser Prozesse mit vertikal integrierten Versorgungsunternehmen im Rahmen der Systemtrennung können Sie bereits zum Großteil auf in IS-U implementierte Prozesse aufsetzen (z. B. Lieferbeginn, Lieferende). Die bis dato übliche Abwicklung über Ein-/Auszug kann nach der Systemtrennung im Standard nicht weiter genutzt werden. Die große Herausforderung im Rahmen der Systemtrennung ist es hier, eine optimierte, automatisierte und transparente Lösung für den Prozess zu entwickeln.

Innerhalb der Systemtrennungsprojekte konnten einige Punkte als Aufwandstreiber identifiziert werden, die sich von den bereits etablierten Prozessen im Bereich »Lieferantenmanagement« unterscheiden bzw. neu ausgeprägt werden mussten. Hierzu zählen u. a.:

- Abbildung des Prozesses »Grund-/Ersatzversorgung«
- Abwicklung von Storno/Rückabwicklung

Grund-/Ersatzversorgung

Insbesondere der Prozess der Grund-/Ersatzversorgung hat sich bei den Trennungsprojekten als konzeptionell aufwendig herausgestellt. Hier war es wichtig, eine Umsetzung gemäß den Vorgaben der Beschlüsse BK6-06-009 und BK7-06-067 der BNetzA zu gewährleisten, aber dennoch den Prozess optimiert zwischen dem VNB und dem Grund-/Ersatzversorger abwickeln zu können.

Die Notwendigkeit einer Grund- und Ersatzversorgung wird in jedem Fall durch den Netzbetreiber festgestellt, und von diesem wird der notwendige Prozess zur Kommunikation mit dem Grundversorger angestoßen. Die Prozessdarstellung in Abbildung 8.5 basiert auf der Sparte »Strom«.

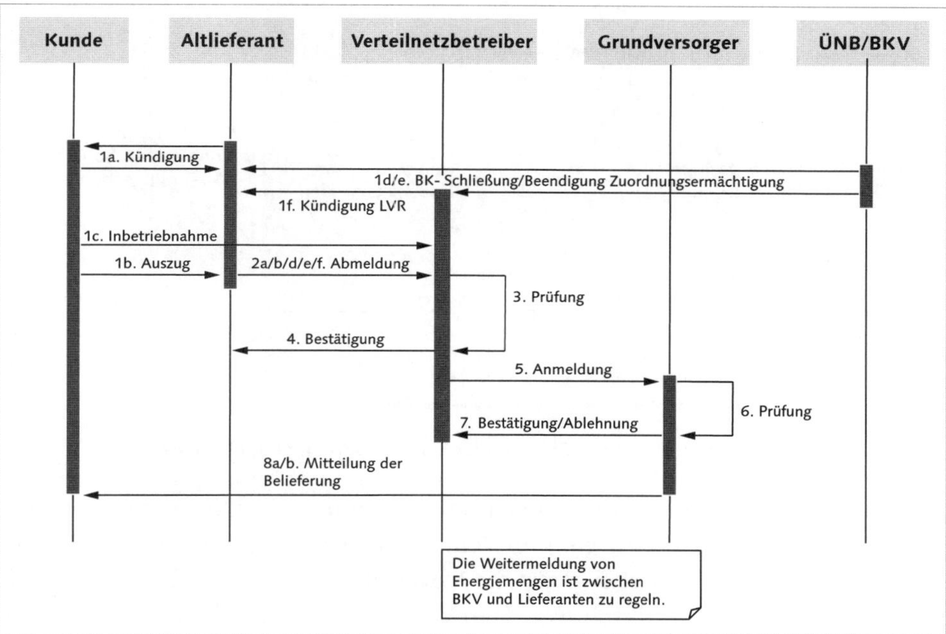

Abbildung 8.5 Prozessdarstellung der Grund- und Ersatzversorgung in der Sparte »Strom« (Quelle: GPKE)

Grund- und Ersatzversorgung [+]

Die Grund-/Ersatzversorgung ist ein im EnWG und den damit einhergehenden Verordnungen (z. B. StromGVV) verankertes Recht von Endkunden gegenüber dem Grund-/Ersatzversorger, dass dieser jederzeit die Belieferung mit Energie sicherstellen muss. Grund-/Ersatzversorger in einem Netzgebiet ist das Energieversorgungsunternehmen, das zu einem bestimmten Stichtag die meisten Haushaltskunden gemäß EnWG mit Energie versorgt.

Grundsätzlich erfolgt die Unterscheidung bezüglich einer Grund- oder Ersatzversorgung auf Lieferseite und obliegt dem Grundversorger. Die Entscheidung wird anhand der vom Netzbetreiber übermittelten Werte vorgenommen (siehe Abbildung 8.6).

- Eine gesetzliche Grundversorgungspflicht existiert nur für »Haushaltskunden« gemäß EnWG.
- Eine gesetzliche Ersatzversorgungspflicht existiert darüber hinaus für Kunden, die in Niederspannung versorgt werden (Niederspannungskunde, ausgenommen sind Haushaltskunden gemäß EnWG).

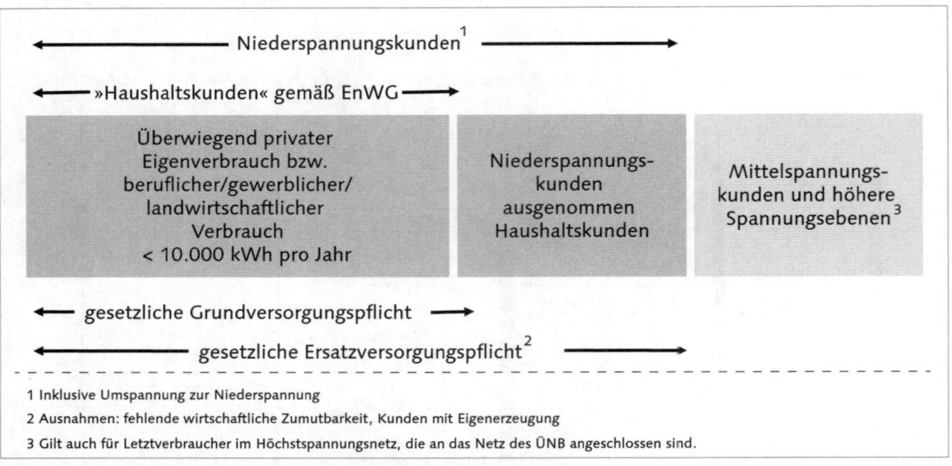

Abbildung 8.6 Unterscheidung Grund- oder Ersatzversorgung (Quelle: GPKE)

Als Beispiel für einen Prozessablauf spielen wir im Folgenden die Abwicklung der Grund-/Ersatzversorgung im Rahmen eines »gescheiterten Lieferantenwechsels« durch. Hierbei gehen die Marktrollen des VNB und des Grundversorgers aus dem vertikal integrierten Versorgungsunternehmen heraus (siehe Abbildungen 8.7 und 8.8). Dies bedeutet, dass der VNB und der Grundversorger innerhalb eines Konzerns miteinander verbunden sind.

Prozessauslöser

Dem VNB liegt zum Zählpunkt A lediglich eine Meldung »Abmeldung Netznutzung« mit dem Transaktionsgrund »Lieferantenwechsel« vom bisherigen Lieferanten vor (siehe Abbildungen 8.7 und 8.8). Es fehlt jedoch eine fristgerechte Anmeldung zur Netznutzung vom neuen Lieferanten. Von einer fristgerechten Meldung wird gesprochen, wenn die Anmeldung zur Netznutzung innerhalb der Lieferantenwechselfristen nach BK6-06-009 beim VNB mit passendem Einzugsdatum und korrektem Zählpunkt eingeht.

Da der fristgerechte Lieferbeginn durch den neuen Lieferanten nicht erfolgt ist, fällt der Kunde somit in die Grund-/Ersatzversorgung.

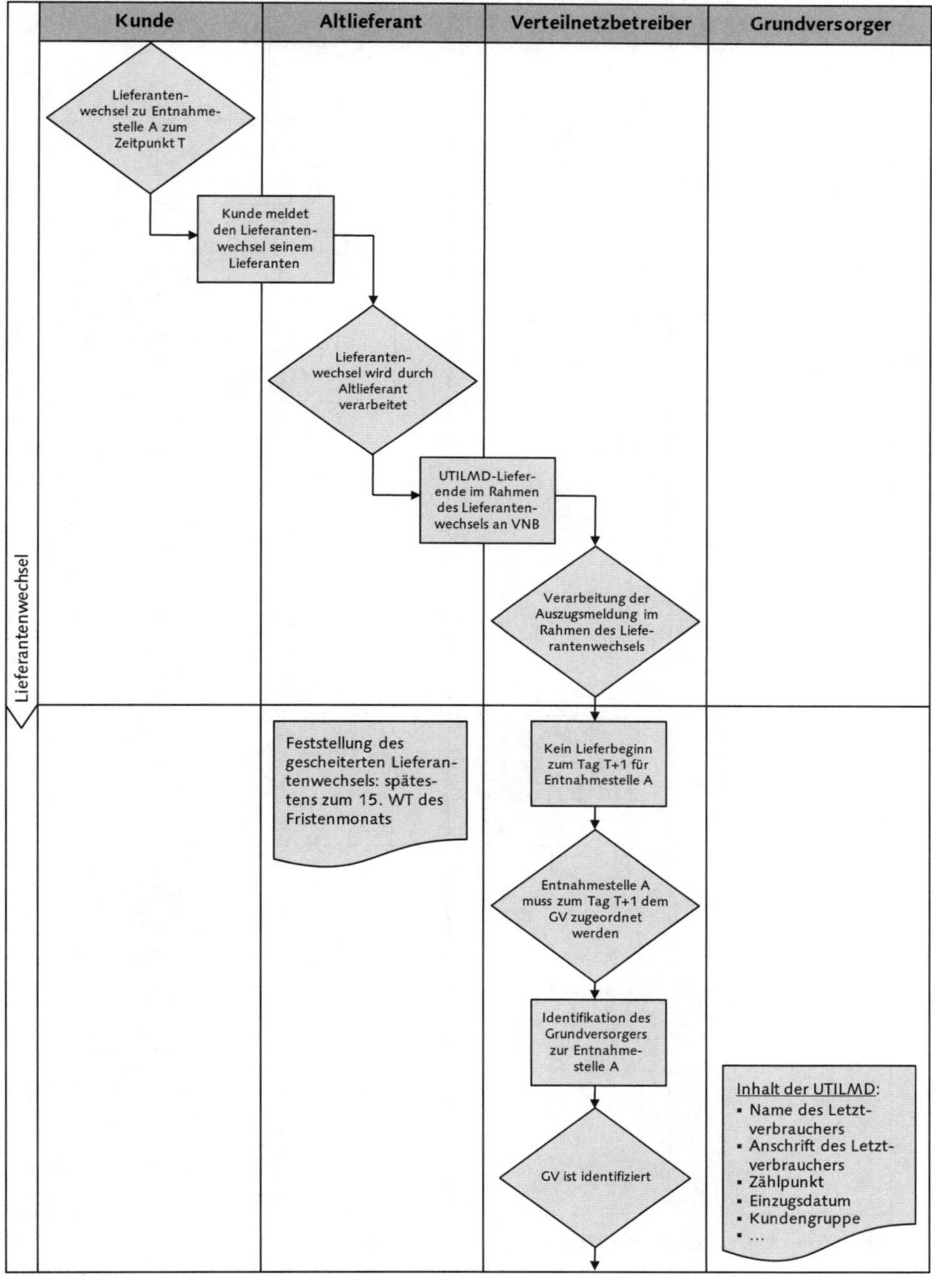

Abbildung 8.7 Gescheiterter Lieferantenwechsel (Teil 1)

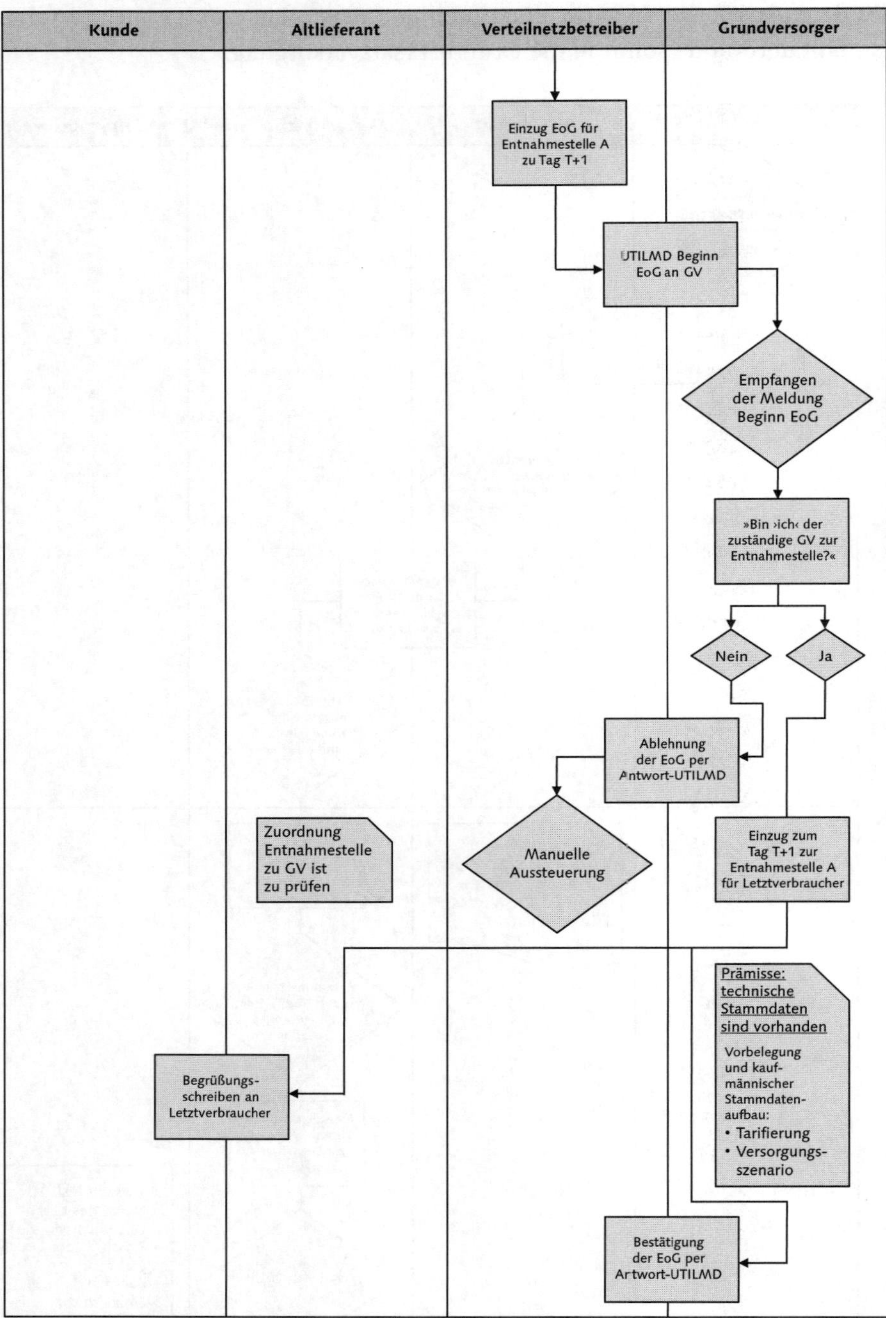

Abbildung 8.8 Gescheiterter Lieferantenwechsel (Teil 2)

Vorgehen

Im Falle des gescheiterten Lieferantenwechsels wird von einem normalen Verbrauchsverhalten des bisherigen Endkunden ausgegangen. Um die weiterführende Versorgung zu gewährleisten, muss der VNB den betroffenen Zählpunkt dem Grundversorger melden.

Die Meldung erfolgt lediglich für Zählpunkte der Sparten »Strom« für die Kundengruppen *Haushaltskunde gemäß EnWG* sowie *Niederspannungskunden*.

Die Anmeldung des Zählpunktes zur Grund- und Ersatzversorgung durch den VNB beim zuständigen Grundversorger erfolgt nach Ablauf der Lieferantenwechselfrist sofort. Sie erfolgt automatisiert über das Datenaustauschformat UTILMD mit dem entsprechenden Qualifier (Transaktionsgrund Z38, EoG aus Lieferantenwechsel). Der VNB führt die Anmeldung zur Netznutzung zum Zählpunkt direkt mit dem zuletzt bekannten Anschlussnutzer als Geschäftspartner und dem Grundversorger als fakturierendem Serviceanbieter im System durch.

Geht beim Grundversorger eine Anmeldung mit dem Transaktionsgrund Z38 (EoG aus Lieferantenwechsel) ein, folgen die Zählpunktidentifikation sowie eine Prüfung auf Zuständigkeit:

- Da der VNB auch Zählpunkte zur Grund- und Ersatzversorgung melden kann, für die der Grundversorger noch nie Versorger war, ist es möglich, dass keine Identifikation des Zählpunktes erfolgen kann. Alle Zählpunkte, die nicht maschinell oder manuell ermittelt werden können, werden im Liefersystem angelegt. Der Aufbau dieser technischen Stammdaten erfolgt automatisiert auf Basis der UTILMD-Daten (inklusive Anlegen der Anlage, Einbau des Geräteinfosatzes und Zuordnung des Zählpunktes).
- Handelt es sich um einen Zählpunkt, der nicht im Grundversorgungsgebiet liegt, wird die Meldung des VNB abgelehnt.
- Eine Ablehnung wegen wirtschaftlicher Unzumutbarkeit kommt in den Fällen zur Anwendung, für die über die Verbrauchsstelle zum Zählpunkt bereits ein Vertrag mit dem durch den VNB kommunizierten Geschäftspartner existierte, dessen Vertragskonto noch offene Posten aufweist.

Im Rahmen der Bearbeitung der Anmeldung zur Netznutzung wird der durch den VNB gesendeten Meldung zugestimmt. Der Einzug erfolgt nun lieferseitig für den Zählpunkt A zum Stichtag (Einzugsdatum). Die entsprechenden Informationen sind der eingehenden Meldung (UTILMD) zu entnehmen. Im Rahmen des Einzugs wird darüber hinaus die Aktualität der technischen Stammdaten geprüft. Außerdem werden gegebenenfalls lieferseitige Anpassungen vorgenommen (übermittelte Zählernummer zum Zählpunkt, OBIS-Kennziffern (Object Identification System)).

Nach erfolgreicher Anmeldung des letzten bekannten Anschlussnutzers im Rahmen der Grund- und Ersatzversorgung wird dieser über das vorübergehende Belieferungsverhältnis per Begrüßungsschreiben durch den Grundversorger informiert. Zur Veranschaulichung des Prozesses dienen die Abbildungen 8.7 und 8.8, in denen die Ablauflogik mit den beteiligten Marktrollen dargestellt ist.

Ergebnis

Als Ergebnis des Prozesses zur Grund-/Ersatzversorgung sollen folgende Ziele sichergestellt werden:

- Die fachlichen und gesetzlichen Anforderungen an den Prozess der Grund- und Ersatzversorgung sind erfüllt.
- Im Netzsystem liegt eine Zuordnung des Zählpunktes zum Grundversorger über ein Vertragsverhältnis vor.
- Der Grundversorger ist über die Versorgung informiert und hat der Versorgung zugestimmt. Lieferseitig wird die Grundversorgung über einen definierten Tariftyp und über das Versorgungsszenario dargestellt.
- Der durch den VNB gemeldete Kunde ist vom Grundversorger durch ein Begrüßungsschreiben über die Versorgung im Rahmen der Grund- und Ersatzversorgung informiert.

Storno/Rückabwicklung

Der Abbruch eines Prozesses kann grundsätzlich in zwei Fälle unterschieden werden, die jeweils anders verarbeitet werden müssen:

- Falls ein Prozess ohne weitere Konsequenzen abgebrochen werden kann, wird dieser einfach storniert. Dabei wird z. B. eine eingehende Meldung nicht weiter verarbeitet. Eine Stornierung ist unverzüglich in elektronischer Form zu beantworten, d.h. entweder zu bestätigen oder abzulehnen.
- Falls ein Prozess Auswirkungen auf nachfolgende Prozessschritte hat, z. B. Einleitung weiterer Schritte durch eine Antwort auf eine Meldung, kann keine Stornierung erfolgen. Alle getätigten Aktionen müssen rückgängig gemacht werden, dies wird Rückabwicklung genannt.

Dieser Prozess wird in einem integrierten System als »Storno mit anschließender Neuerfassung« bzw. als »Änderung (Einzugs- und Auszugsdatum)« genannt. In einem integrierten System war keine Marktkommunikation erforderlich (Quelle: BNetzA, BK7-006-067 (GeLi Gas)).

Der Grund für eine Rückabwicklung sind in der Regel Fehler in der Datenerfassung. In seltenen Fällen handelt es sich um neue Erkenntnisse in Bezug auf das Versorgungsverhältnis. Typische Fehler in der Datenabwicklung sind:

- falsches Einzugsdatum
- falsches Auszugsdatum
- falscher Zählpunkt
- falscher Geschäftspartner

Im Rahmen der Systemtrennung wird aus der Rückabwicklung ein Vorgang, der systemübergreifend durchzuführen ist. Daher soll mittels Marktkommunikation nach erfolgter Verarbeitung eines Lieferbeginns/Lieferendes durch die automatisierte Rückabwicklung der Ursprungszustand wiederhergestellt werden (siehe Abbildung 8.9). Als Beispiel stellen wir im Folgenden den Prozess *Rückabwicklung eines Lieferbeginns* dar.

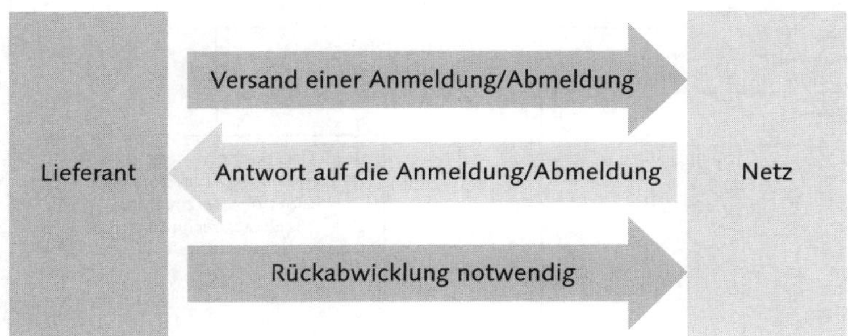

Abbildung 8.9 Rückabwicklung eines Lieferbeginns

In der überwiegenden Anzahl der Fälle wird der Lieferant Auslöser des Prozesses sein. Im Rahmen der Grund- und Ersatzversorgung kann eine Rückabwicklung auch vom VNB kommuniziert werden.

Auslöser ist z. B., dass der Sachbearbeiter nach einer Kundenreklamation einen Datenschiefstand bezüglich des Versorgungsverhältnisses feststellt.

Vorgehen

Die betroffenen fehlerhaften Daten sind zu identifizieren, und der Umstand (Hintergrund) des Datenschiefstandes ist festzustellen. Um einen fehlerhaften Lieferbeginn handelt es sich etwa in folgenden Fällen:

- wenn der Einzug für einen falschen Zählpunkt vollzogen wurde
- wenn der Einzug für den falschen Geschäftspartner vollzogen wurde
- wenn der Einzug für ein falsches Datum vollzogen wurde

Zuerst sind debitorische Vorgänge, die eine Durchführung der Rückabwicklung verhindern, manuell zu korrigieren. Hierzu gehören Buchungsrücknahmen (z. B. Abschlagszahlungen) sowie Stornierungen von Rechnungen (siehe Abbildung 8.10).

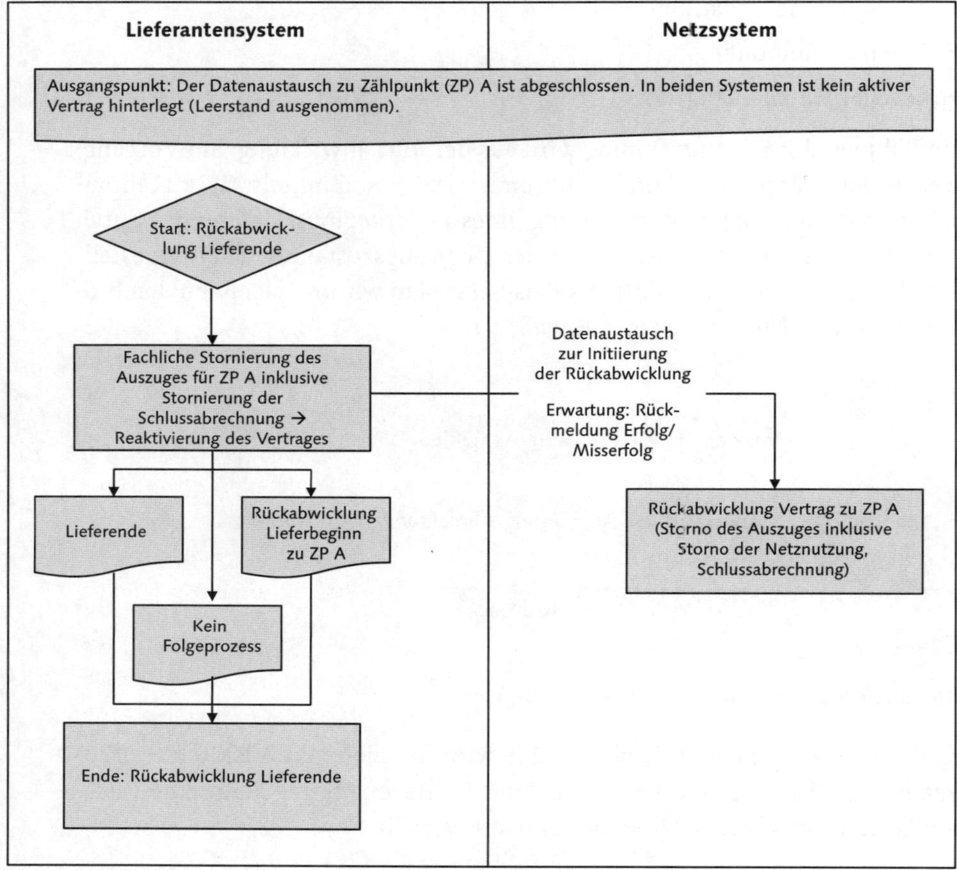

Abbildung 8.10 Ablauf einer Rückabwicklung

Anschließend ist der Vorgang der Rückabwicklung zu bestätigen. Dies kann entweder aus einem Aufruf im Frontoffice-Prozess oder direkt über die Einzeltransaktion EC53E (Einzug stornieren) erfolgen. Im Hintergrund wird durch das System die entsprechende EDIFACT-Nachricht (UTILMD) erstellt und mit den notwendigen Informationen gefüllt.

Vom Marktpartner wird die eingehende UTILMD-Nachricht empfangen und bearbeitet sowie wegen des speziellen Transaktionsgrundes im Freitextfeld als Rückabwicklung identifiziert. Die betroffenen Daten werden im System ermittelt, und es wird automatisiert ein technischer Storno des Lieferbeginns durchgeführt. Gegebenenfalls sind manuell Ausgleiche zurückzunehmen oder Rechnungen zu stornieren.

Konnten die notwendigen Arbeiten auch beim Marktpartner durchgeführt werden, ist die entsprechende positive Antwortnachricht im UTILMD-Format zu versenden (siehe Abbildung 8.10).

Ergebnis
In beiden Systemen wurde der fehlerhafte Einzug rückgängig gemacht. Die Daten befinden sich wieder im Ursprungszustand, und gegebenenfalls ist ein Folgeprozess zur Korrektur des Versorgungsverhältnisses anzustoßen.

8.1.5 Abrechnung/EDM

Die Trennung des integrierten IS-U in zwei separate Systeme für den VNB und den Lieferanten erfordert eine Anpassung der bestehenden Prozesse zu Abrechnung, Fakturierung, Rechnungsdruck bzw. Rechnungsversand. Ausgehend von einem integrierten System wird der Prozess der Abrechnung für Netz und Lieferant zeitgleich durchgeführt. Im Rahmen der Systemtrennung ist dies nicht mehr möglich; der Prozess muss neu organisiert und abgewickelt werden. Der Abrechnungsprozess spaltet sich somit in die Endkundenabrechnung des Lieferanten und in die Netznutzungsabrechnung des VNB auf.

Für die Systemtrennung ergab sich insbesondere für den Lieferanten eine Herausforderung aufgrund fehlender oder nicht mehr unmittelbar vorliegender Informationen. Insbesondere der informatorische Ausweis der Netzentgelte auf den Rechnungen gegenüber Endkunden musste grundlegend angepasst werden. Laut § 40 EnWG müssen auf Rechnungen an Letztverbraucher die Entgelte für den Netzzugang, den Betrieb der Messstelle und die Ablesung gesondert ausgewiesen werden. Dies wurde im integrierten System meistens so gelöst, dass die Abrechnungsbelege der kurz zuvor erstellten Netznutzungsabrechnung in die Abrechnung des Lieferanten aufgenommen und informatorisch mit ausgewiesen wurden.

Um eine einfache und performante Berechnung von Netznutzungsentgelten für verschiedene Netze zu ermöglichen, muss im Vorfeld entschieden werden, ob die notwendigen Informationen aus der Netznutzungsabrechnung des jeweiligen VNB stammen oder ob als Datenbasis die Datenbank der Firma ene't dienen soll. Im letzten Fall ist auch die Unabhängigkeit des Lieferanten von der Netznutzungsabrechnung des VNB gewährleistet.

Im Folgenden wird das Vorgehen am Beispiel der Informationsbeschaffung der Netznutzungsentgelte aus der ene't-Datenbank beschrieben (siehe Abbildung 8.11).

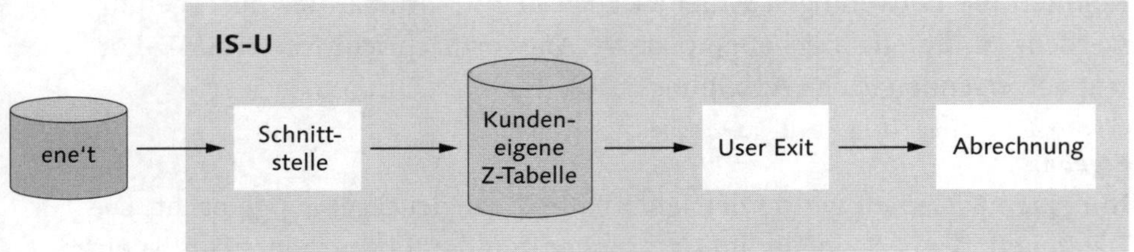

Abbildung 8.11 Zusammenhang zwischen ene't-Datenbank und IS-U

In der Regel sind die Vertriebspreise als »All-inclusive-Preise« ausgeprägt, d. h., die Vertriebspreise enthalten auch den Anteil der Netznutzungsentgelte. Auf den Vertriebsrechnungen wird die Netznutzung über eine definierte Variante ausschließlich informatorisch ausgewiesen. In den vorläufigen und endgültigen Monatsrechnungen sowie in der Jahresausgleichsrechnung werden bei RLM-Kunden (registrierende Lastgangmessung) die Netzentgelte informatorisch anhand eines berechneten Netzdurchschnittspreises errechnet.

Funktionsweise

Zur Laufzeit der Abrechnung werden die für das jeweilige Netzgebiet gültigen Preise aus der ene't-Datenbank ausgelesen und zur Berechnung der Netznutzungsentgelte herangezogen. Die Daten der ene't-Datenbank werden in kundeneigene Z-Tabellen übernommen. Dabei können individuelle Datenänderungen vorgenommen werden, ohne dass diese bei einem Update der Datenbank überschrieben werden.

Abbildung 8.11 zeigt den Zusammenhang und die Integration der ene't-Datenbank mit IS-U.

Ablauf der Abrechnung

Der Prozess der Abrechnung läuft folgendermaßen ab:

1. Zur Laufzeit der Vertriebsabrechnung wird über das Stammdatenkonstrukt der jeweilige Netzbetreiber ermittelt.
2. Aus den ene't-Daten wird ermittelt, welche Abrechnungsregeln für den jeweiligen Netzbetreiber anzuwenden sind.

3. Steuernde Operanden, die die Abrechnungsregeln festlegen, werden anhand der ene't-Daten mit Werten versorgt.
4. Die Preisoperanden werden über einen User-Exit mit den Preisen des vorliegenden Netzbetreibers versorgt.
5. Die in die Abrechnungsschemata eingefügten Tarife erzeugen Belegzeilen im Abrechnungs- und Fakturabeleg, die vom Druckprogramm zum Druck der Netzentgelte genutzt werden können.
6. Die berechneten – nicht die in Rechnung gestellten – Netzentgelte können optional informatorisch in die Verkaufsstatistik (SAP NetWeaver BW) übernommen werden.

Außer den Informationen für den informatorischen Ausweis der Netznutzungsentgelte fehlen dem Lieferanten durch die Systemtrennung zudem Energiemengen zur Abrechnung von Erdgaskunden. Genau dieses Informationsdefizit wird in dem Arbeitsblatt G685 des DVGW (Deutscher Verein des Gas- und Wasserfaches e. V.) behandelt, und der Prozess der Rechnungslegung wird gegenüber Erdgasendkunden geregelt.

In verschiedenen Trennungsprojekten wurde daher die SAP-Lösung zur »Verbrauchsermittlung für Standardlastprofilkunden der Sparte ›Gas‹« implementiert. Der erforderliche Prozessschritt der Verbrauchsmengenermittlung ist hierbei, wie in Abbildung 8.12 zu sehen ist, nicht mehr in die Abrechnung integriert, sondern erfolgt als separater Prozess bereits vor der Übertragung der Zählerstände vom VNB zum Lieferanten.

Abbildung 8.12 Prozessschritte einer Ablesung (Quelle: SAP)

Der neue Prozess der Verbrauchsmengenermittlung erfüllt die folgenden Anforderungen:

- Der Verbrauch in Kilowattstunden muss bereits im Rahmen der Versendung der Ableseergebnisse vom VNB im Nachrichtenformat MSCONS den anderen Marktteilnehmern zur Verfügung stehen. Somit muss die Umwandlung nach der Ablesung bzw. spätestens unmittelbar vor dem Versand der MSCONS erfolgen. Die Verbrauchsermittlung muss also von der Abrechnung entkoppelt sein. Diese Umrechnung kann ausschließlich durch den VNB vorgenommen werden, da nur dieser die Daten zu Brennwert und Zustandszahl kennt.

- Da in einer MSCONS keine Energiemengen, sondern ausschließlich der Zählerstand in Kubikmetern, der Brennwert und die Zustandszahl übermittelt werden, muss auf Lieferantenseite aus den empfangenen Werten ebenfalls der Verbrauch in Kilowattstunden ermittelt werden.
- Grundsätzlich muss für den gleichen Zählpunkt und den gleichen Zeitraum die gleiche Energiemenge für Netznutzung und Energielieferung abgerechnet werden.

Die notwendigen Einstellungen für die Nutzung der SAP-Lösung finden Sie im Customizing unter Branchenkomponente Versorgungsindustrie • Werkzeuge • Verbrauchsermittlung (siehe Abbildung 8.13).

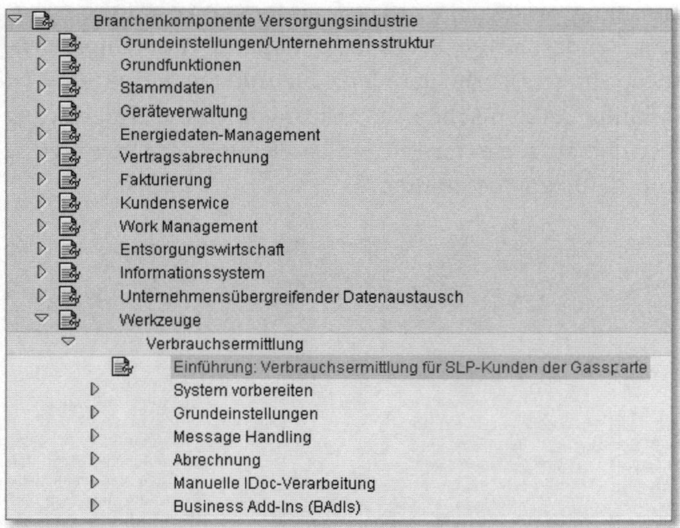

Abbildung 8.13 Menüpunkt »Verbrauchsermittlung«

8.1.6 Vertragskontokorrent

Eine grundlegende Prozessveränderung im Themenbereich Vertragskontokorrent ergibt sich durch die Systemtrennung für die Themen Inkasso/Sperren/Wiederinbetriebnahme.

Die Geschäftsprozesse »Unterbrechung und Wiederherstellung der Anschlussnutzung im Auftrag des Lieferanten« sind in der VDN-Richtlinie »Datenaustausch und Mengenbilanzierung« (DuM) festgeschrieben. Zwar hat diese Richtlinie keinen verbindlichen Charakter, sie wird im Markt allerdings als Leitlinie anerkannt. Viele Energieversorger haben sich bei den Prozessveränderungen an dieser VDN-Richtlinie orientiert. Abbildung 8.14 zeigt einen vereinfachten Ablauf eines Sperrprozesses.

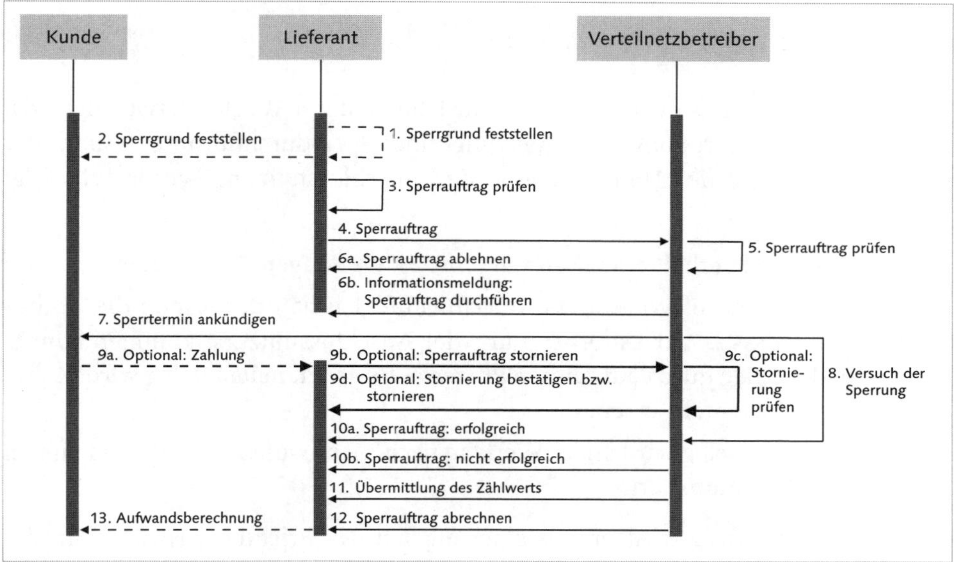

Abbildung 8.14 Prozessablauf eines Sperrprozesses

Durch die Trennung der Systeme wird der im jetzigen System integrierte Sperrprozess nach Lieferant (Auftraggeber) und Netz (Ausführender) getrennt. Die DuM-Richtlinie sieht es vor, die Ankündigung zur Unterbrechung der Anschlussnutzung aus dem Netzsystem zu versenden. Eine abweichende Regelung kann mit den jeweiligen Lieferanten getroffen werden. Um dem Netzbetreiber keinen Termin durch den Lieferanten vorzugeben und somit nicht in seine Disposition einzugreifen, soll der Versand für alle Lieferanten aus dem Netzsystem erfolgen.

Es ist somit erforderlich, die bisherigen integrierten Mahnprozesse aufzuteilen, die hinterlegten Fristen zu prüfen und die Kundenanschreiben (Mahnungen, Sperrankündigungen usw.) anzupassen. Gemäß den Fristen aus der Grundversorgungsverordnung kann ein Mahnverfahren wie in Tabelle 8.3 aufgebaut werden.

Nr.	Ereignis	Prozessschritt	Org. Einheit	System	Formular	Grenze
1	1. Mahnstufe	Mahnung 7 WT nach Fälligkeit, 21 WT Frist	Liefer.	IS-U	ZK_Mahn	20 €
2	2. Mahnstufe	Sperrauftrag 16 WT nach MS 1	Liefer.	IS-U	ZK_Sperr	100 €

Tabelle 8.3 Aufbau eines Mahnverfahrens

Die Interpretation von § 19 GVV hinsichtlich der 4-Wochen-Frist – der Frist zwischen Androhung der Sperrung und Sperrdurchführung – und der Ankündigung der Unterbrechung der Anschlussnutzung wurde wie folgt umgesetzt:

1. Der Kunde erhält eine Mahnung mit 21 Werktagen Zahlungsziel.
2. Bereits am 16. Werktag nach Mahnstufe 1 erhält der Kunde die Androhung, dass es zur Unterbrechung der Anschlussnutzung kommen könnte (jeder Beleg durchläuft diesen Prozess – für jeden neuen Beleg wird Mahnstufe 2 ebenfalls erzeugt).
3. Der Sperrbeleg wird am 6. Werktag nach Mahnstufe 2 erzeugt und an den VNB kommuniziert.

Der Sperrauftrag wird mittels eines eigenen Nachrichtentyps (IDoc) an das System des Netzbetreibers übermittelt. Der Beleg enthält Angaben zum Zählpunkt, zum Vertragskonto, zur Kundennummer und zum Forderungsbetrag des Kunden. Den Ablaufplan für den Mahnprozess beim Lieferanten zeigt Abbildung 8.15.

Sobald der Sperrauftrag beim VNB eingeht, erfolgt unverzüglich eine automatische Prüfung des Sperrbeleges. Diese Prüfung berücksichtigt folgende Hinderungsgründe für eine Ausführung des Auftrages aus:

- Nichtidentifizierung der Entnahmestelle
- Verhinderungsgründe durch den Kunden (z. B. Betrieb lebenserhaltender medizinischer Geräte)

Wird durch die Prüfung ein Hinderungsgrund identifiziert, lehnt der VNB den Auftrag automatisch unter Angabe des Hinderungsgrundes ab. Bei Ablehnung des Auftrages kann der Lieferant Kontakt zum Netzbetreiber aufnehmen, um den Vorgang zu klären. Nach Beseitigung des Hinderungsgrundes kann ein neuer Auftrag an das Netz erteilt werden. Die Ablehnung hat nach

DuM unverzüglich, spätestens aber am zweiten Werktag nach Eingang des Sperrbeleges, zu erfolgen.

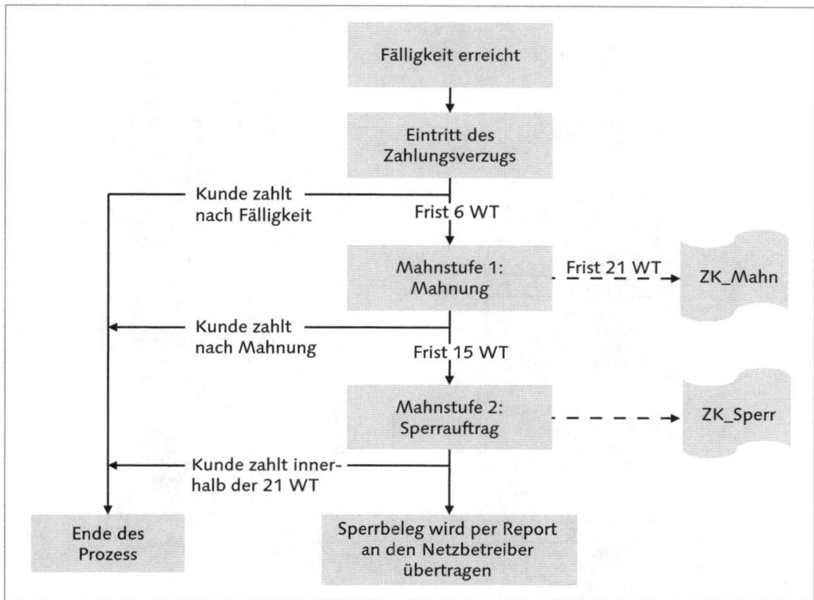

Abbildung 8.15 Mahnverfahren Privat- und Geschäftskunden – jährliche Abrechnung, Soll-Konzept

Liegen keine Hinderungsgründe vor, wird der Sperrbeleg mit einer Frist gemäß GVV von mindestens 3 Tagen disponiert. Sobald der Sperrbeleg auf einen entsprechenden Tag disponiert wurde, wird der Kunde schriftlich über die bevorstehende Unterbrechung der Anschlussnutzung informiert.

Sollte in dem angekündigten Zeitraum der Grund für die Sperrung nicht entfallen, wird der VNB die Sperrung der Messeinrichtung vornehmen. Nach der physischen Sperrung vor Ort werden die Angaben (Art der Sperrung, Sperrstand usw.) im Sperrbeleg des Netzsystems erfasst und automatisch an das Liefersystem übermittelt.

Nach dem Nachrichteneingang im Liefersystem werden die Sperrkosten automatisch im Vertragskonto des Kunden auf der Lieferseite gebucht.

Durch die Systemtrennung ist es erforderlich, auch die Netznutzungsabrechnung zwischen den integrierten Unternehmen über die EDIFACT-Marktkommunikation abzuwickeln. Insbesondere bei Lieferanten, die historisch bedingt nur in ihrem angestammten Versorgungsgebiet tätig waren, ist der Eingang von Netznutzungsrechnungen per Nachrichtenformat INVOIC und der nachträgliche Versand einer REMADV-Nachricht neu zu implementieren. Aber auch bei Lieferanten, die diesen Prozess schon etabliert haben, ist der Prozess aufgrund des massiv zunehmenden Mengengerüsts stetig zu optimieren.

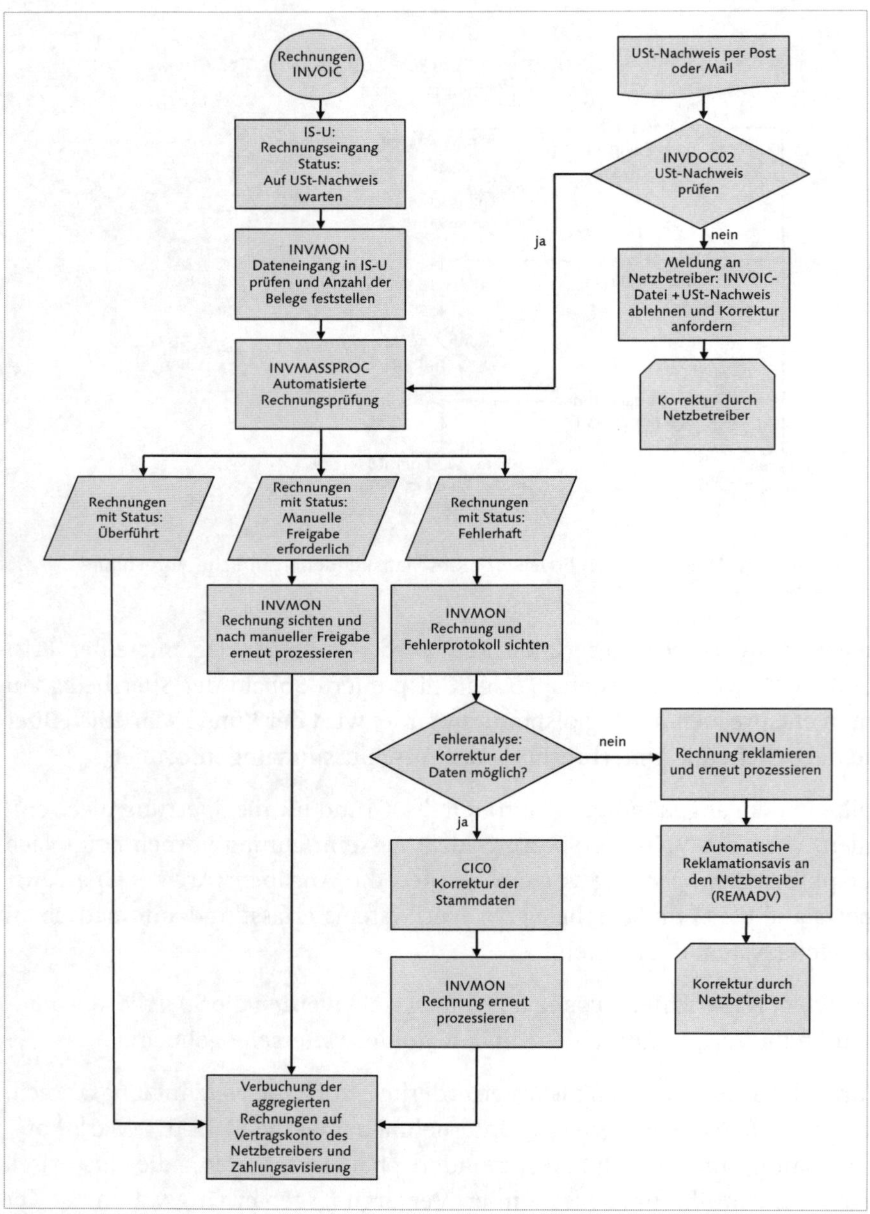

Abbildung 8.16 Prozessübersicht »Eingang INVOIC«

Abbildung 8.16 zeigt ein Beispiel für den Prozess »Eingang INVOIC«. Die Abbildung zeigt den Prozess vom Rechnungseingang über die Rechnungsprüfung bis zur Zahlungsavisierung.

8.1.7 Geräte/Ablesung

Im Rahmen der Systemtrennung werden auch die technischen Stammdaten in beiden Systemen benötigt; die Geschäftsprozesse der Geräteverwaltung und Ablesung sind entsprechend anzupassen.

Technische Stammdaten

Neben den Anpassungen im Bereich »Geräteverwaltung und Ablesung« sind die Änderungen in den technischen Stammdaten ein wesentlicher Punkt im Rahmen der Systemtrennung. Im Wesentlichen liegt der Fokus hierbei auf den folgenden beiden Aspekten:

- Im Liefersystem werden anstelle von Geräten Geräteinfosätze verwendet (siehe Abschnitt 5.3.12).
- Nach der Migration der Daten werden die Nummern identischer Stammdatenobjekte (wie z. B. neuer Anschlussobjekte oder Verbrauchsstellen) nicht mehr dieselbe Nummer erhalten. Lediglich die Zählpunktbezeichnung wird in beiden Systemen identisch vorgehalten (siehe Abbildung 8.17).

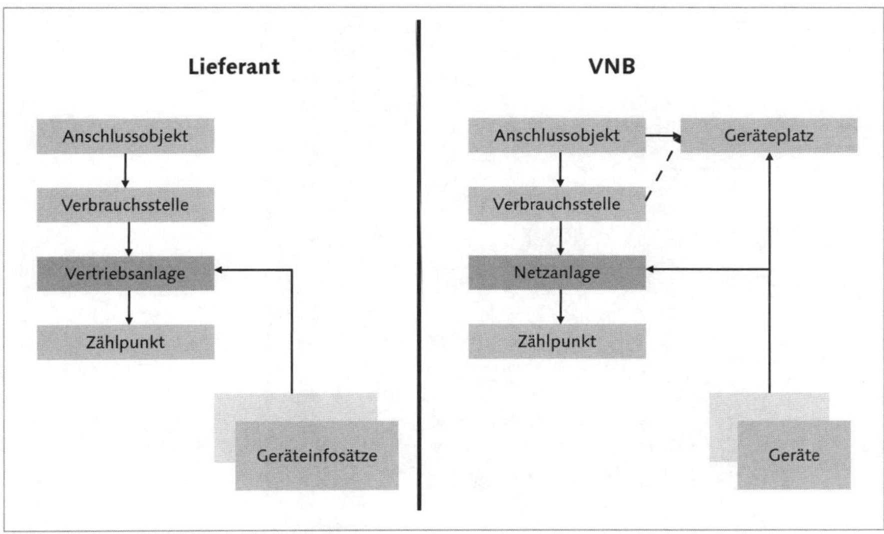

Abbildung 8.17 Technische Stammdaten

Dadurch, dass im Liefersystem keine Geräte mehr verwendet werden, ist bei der Migration und auch im weiteren Verlauf kein Geräteplatz im Liefersystem mehr erforderlich.

Im Rahmen der Systemtrennung muss im Vorfeld konzipiert werden, welche physischen Geräte in der für den Lieferanten notwendigen Form im Liefersystem aufgebaut werden müssen. Übernommen werden dabei nur Gerätetypen mit Zählwerken (Zähler, Fernzählgeräte, Umwerter usw.). Wandler hingegen werden nicht als Gerät ins Liefersystem übernommen. Lediglich der Wandlerfaktor wird in der Gerätezuordnung zum Geräteinfosatz hinterlegt.

Die Beschreibung der Gerätetypen wird hierbei auf die Daten reduziert, die aus dem Lieferantenwechselprozess zur Abbildung der Geräte zur Verfügung stehen, wie z. B. auf die Bauform oder Details zur Zählwerksgruppe wie Vorkomma- und Nachkommastellen (siehe Abbildung 8.18). Für Strom werden auf Gerätetypebene beispielsweise nur noch Wechselstromzähler, Drehstromzähler ohne Wandler und Drehstromzähler mit Wandler unterschieden.

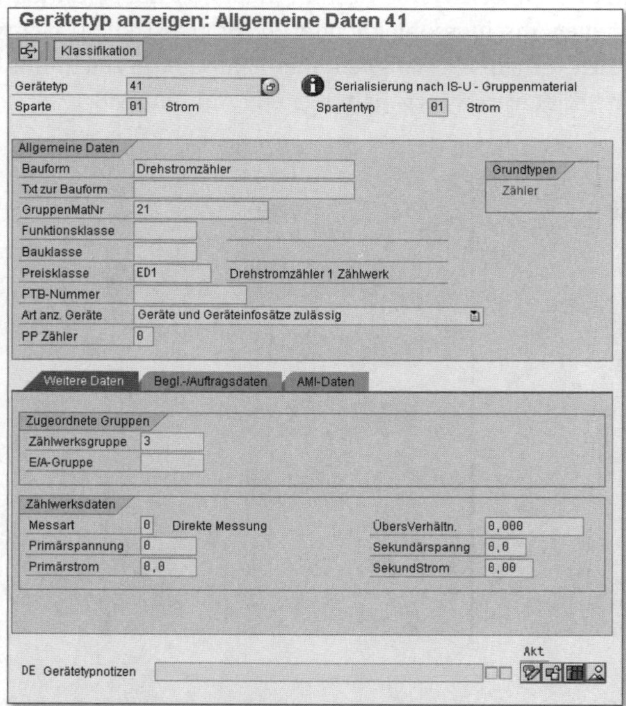

Abbildung 8.18 Gerätetyp anzeigen

Ein ähnliches Vorgehen wird bei den Zählwerksgruppen verfolgt. Auch hier werden die Zählwerksgruppen im Liefersystem so aufgebaut, dass anhand der Angaben aus den Nachrichtenformaten MSCONS bzw. UTILMD eindeutig eine Zählwerksgruppe ermittelt werden kann. Diese Daten betreffen pro Zählwerk die Anzahl der Vorkommastellen, die Anzahl der Nachkommastellen, den Faktor sowie die jeweilige OBIS-Kennziffer.

Geräteverwaltung

Sämtliche Prozesse aus dem Bereich der Geräteverwaltung, wie z. B. Stichprobenverfahren, Turnuswechselliste, Beglaubigungen usw., sind aufgrund der oben genannten Zuordnung der Geräte zum System des VNB lediglich dort vorzuhalten und abzuwickeln. Im Rahmen einer Systemtrennung gibt es keine kritischen Prozesse bzw. keinen größeren Anpassungsbedarf.

Ablesung

Im Bereich der Ablesung bzw. der damit verbundenen Übermittlung von Messwerten ergibt sich im Rahmen der Systemtrennung der größte konzeptionelle Aufwand für den Bereich *Geräte/Ablesung*. Die Ablesung lässt sich wie folgt unterteilen:

- Turnusablesung
- außerperiodische Ablesung (Lieferende, Kontrollablesung usw.)

Des Weiteren ist bei integrierten Versorgungsunternehmen das Thema Ablesung sowohl aus Sicht des VNB als auch aus Sicht des Lieferanten zu betrachten. Der VNB gibt im Rahmen der Turnusablesung die Termine vor. Hier ist im Vorfeld vom Lieferanten zu klären, ob er sich dem Turnus des Netzbetreibers anpasst (synchrone Ablesung) oder ob er unabhängig davon seine Jahresverbrauchsabrechnung an den Endkunden stellen möchte (asynchrone Ablesung). Hierbei kann es für den Lieferanten sinnvoll sein, je nach Netzgebiet unterschiedlich vorzugehen. Abbildung 8.19 zeigt eine asynchrone Turnusablesung und den damit verbundenen Datenaustausch im Nachrichtenformat MSCONS.

In den meisten Fällen ist der VNB als verpflichtender Messdienstleister auch für die Ermittlung/Ablesung der Messwerte verantwortlich. Der VNB kann auch vom Kundenanschreiben Gebrauch machen. Sollte hier allerdings kein Zählerstand vom Kunden übermittelt werden, wird durch den VNB eine Ablesung der Messeinrichtung vor Ort vorgenommen (siehe Abbildung 8.20).

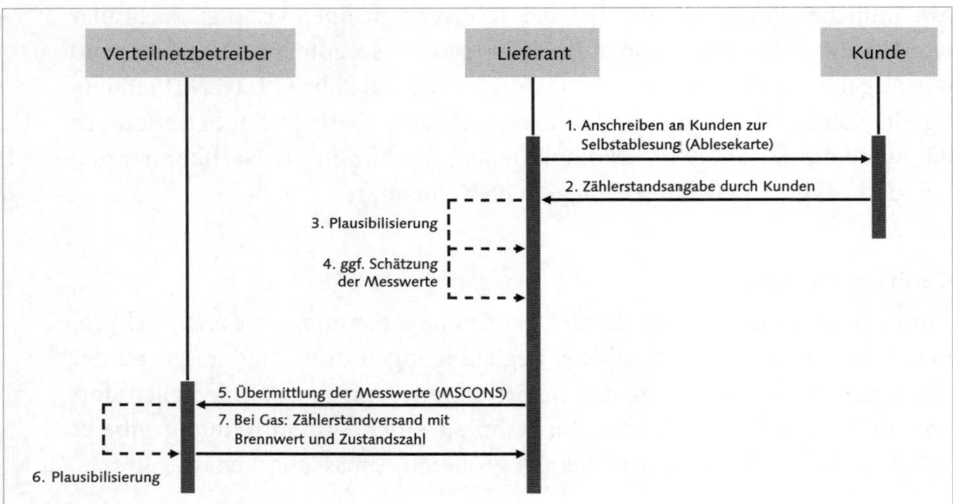

Abbildung 8.19 Asynchrone Turnusablesung

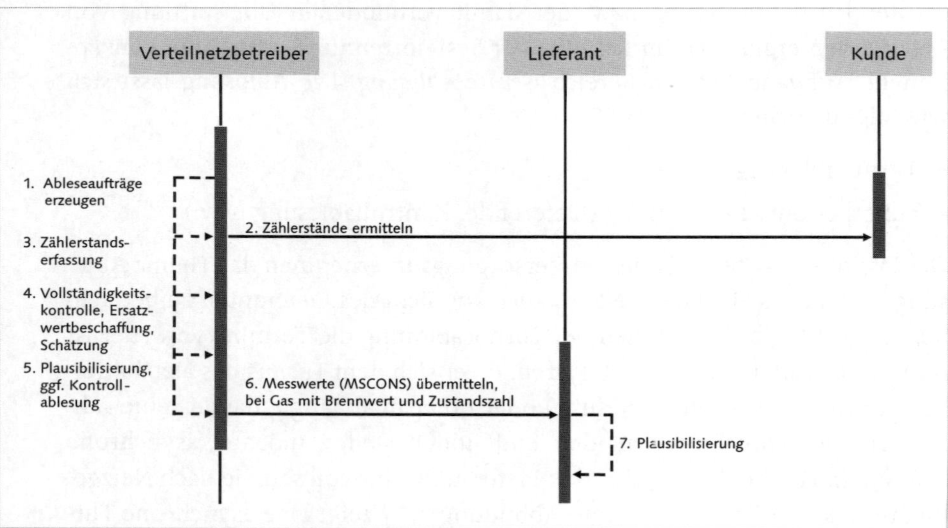

Abbildung 8.20 Ablesung der Messeinrichtung durch den VNB

8.1.8 Migration

Die Systemtrennung ist ein Migrationsprojekt. Für eine Migration gibt es unterschiedliche Vorgehensweisen und Vorgehensmodelle, z. B. die Migration in ein neues System oder die Wieder-/Weiterverwendung von bestehenden Systemen. Weiterhin besteht die Möglichkeit einer Durchführung von Testmigrationen und der Generalprobe vor dem Go-Live.

Soll eine Systemtrennung durchgeführt werden, erfordert dies die Migration von der bestehenden Systemlandschaft in eine neue Systemlandschaft. Wir wollen als konkretes Beispiel betrachten, wie die Überführung von einem Ein-Mandantenmodell in ein Zwei-Systemmodell erfolgen kann.

Ausgangslage und Ziel

Wir nehmen an, dass ein fiktives Versorgungsunternehmen sowohl die Rolle des Netzbetreibers als auch die des Lieferanten innehat und dabei die Sparten Energie, Gas, Wasser und Fernwärme bedient. Als Ausgangslage gehen wir von einem reinen IS-U-System aus, das neben einem separaten Core-System im Einsatz ist. Alle Stammdaten sind nach dem Zwei-Vertragsmodell in einem einzigen SAP-Mandanten organisiert. Ausnahmen bilden fremdbelieferte und Einspeisekunden sowie Kunden, die über ein fremdes Netz versorgt werden. Diese Kunden sind im SAP-System gemäß dem Ein-Vertragsmodell abgebildet. Innerhalb der Geschäftsdaten existieren in jeweils eigenen Buchungskreisen unterschiedliche Subunternehmen, die jeweils für die Versorgung einer Sparte oder den Betrieb des Verteilnetzes zuständig sind.

Um den gesetzlichen Anforderungen an ein Unternehmen auf dem deregulierten Versorgungsmarkt zu genügen, sollen die Marktrollen des Netzbetreibers und des Lieferanten als getrennte Mandanten in zwei separaten IS-U-Systemen abgebildet werden. Zu diesem Zweck ist es vorgesehen, die Lieferantenrolle in ein neues Lieferantensystem auszulagern, während das bestehende System die Rolle des Netzsystems übernimmt. Das bisherige Core-System bleibt unangetastet.

Lösungsansätze und eingesetzte Werkzeuge

Es bieten sich unterschiedliche Lösungsansätze an, um eine solche Systemtrennung durchzuführen. Zwei wesentliche Möglichkeiten wollen wir im Folgenden kurz diskutieren.

Bei der *reinen Datenübernahme* werden alle durch die Trennung neu entstehenden Systeme und Buchungskreise im Customizing neu aufgebaut. Anschließend erfolgt die Übertragung ausgewählter Daten – z. B. erforderlicher Stammdaten, Salden und offener Posten – in die neue Struktur. Dies geschieht entweder mit SAP-Standardmitteln oder Datenübernahmeprogrammen. Die neu aufgebaute Struktur wird ab einem festgelegten Stichtag genutzt. Bei dieser Lösung bleiben allerdings Fragen bezüglich der Datenredundanz, der Größe des bewegten Datenvolumens und des damit verbundenen Zeitaufwands sowie der Möglichkeit offen, historische Daten aus dem alten System zu übernehmen.

Als Alternative bietet sich der Einsatz von *Konvertierungstechniken* an. Im Bereich Logistik lassen sich damit ausgewählte Business-Objekte oder ganze Belegflüsse so verändern, dass sie sich problemlos in einen neuen Buchungskreis einfügen. Von außen erscheint es, als gehörten die konvertierten Elemente schon immer dem Zielbuchungskreis an. Mithilfe von speziellen SAP-Werkzeugen des Contract Conversion Service (CCS) können diese Änderungen direkt in den Datenbanktabellen vorgenommen werden. Dies geschieht in allen SAP-Komponenten konsistent und mit hoher Geschwindigkeit. Dabei können auch kundeneigene Entwicklungen berücksichtigt werden, sofern die SAP-Konventionen eingehalten wurden. In den Bereichen Finanzbuchhaltung, Anlagenbuchhaltung und Personalwirtschaft sind direkte Datenbankänderungen allerdings strengen gesetzlichen Anforderungen unterworfen. Aus diesem Grunde empfiehlt es sich hier, Standardmittel bei der Datenübernahme einzusetzen (und keine Datenbankänderungen vorzunehmen!). Während des gesamten Konvertierungsvorgangs muss das Produktivsystem gesperrt werden.

Für die Umsetzung der zweiten Variante bieten sich zwei CCS-Werkzeuge an: die *Conversion Workbench (CWB)* und die *Contract Conversion Workbench* (CCW), die dazu dienen, bestehende Strukturen innerhalb eines SAP-Mandanten zu verändern.

Durchführung der Systemtrennung

Wir werden im Folgenden den zweiten Lösungsansatz verfolgen und die bestehenden Business-Objekte – soweit dies möglich ist – gemäß der neuen Systemarchitektur konvertieren. Dies ermöglicht es einerseits, die Umstellung in relativ kurzer Zeit durchzuführen, und anderseits, die schon vorhandenen Bewegungsdaten und Belegflüsse zu übernehmen bzw. zu erhalten. Zudem lässt sich so die technische Umstellung vom betriebswirtschaftlich relevanten Stichtag entkoppeln.

Abbildung 8.21 illustriert die generelle Vorgehensweise, um vom Startszenario des Zwei-Vertragsmodells in das Zielszenario eines Zwei-Mandantenmodells zu gelangen.

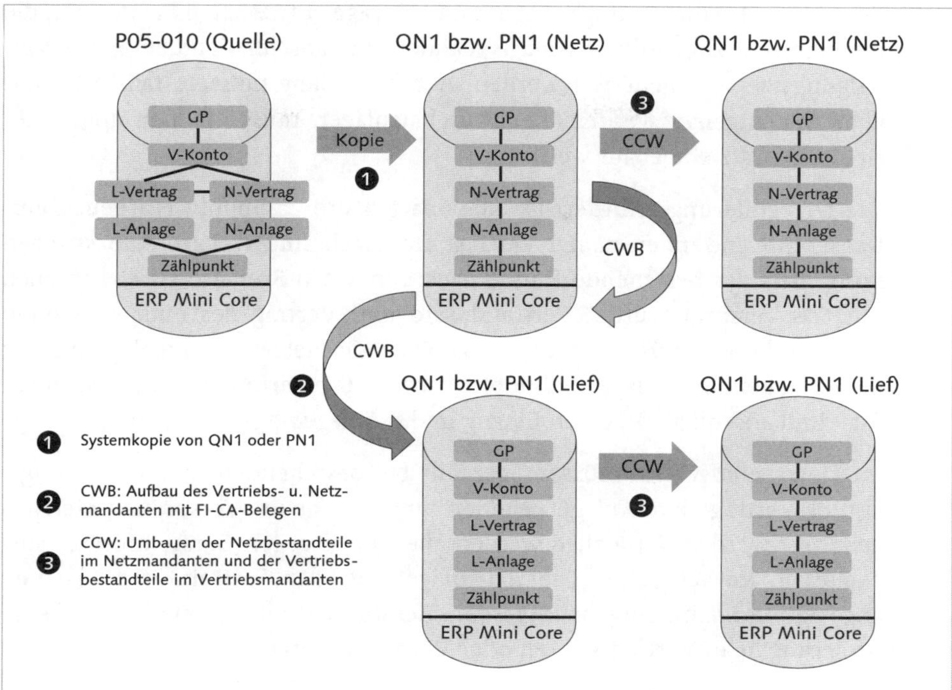

Abbildung 8.21 Übersicht über die Vorgehensweise bei der Systemtrennung

Zunächst erstellen Sie eine Kopie des Quellsystems (vormaliges Produktivsystem P05), die als Grundlage des neuen Netzsystems (PN1) dient, während das Lieferantensystem (PV1) neu aufgebaut wird. Das Customizing, die Entwicklungsumgebung sowie die Benutzerstammdaten werden dabei aus dem Quellsystem übernommen. Anschließend kommt die Conversion Workbench (CWB) zum Einsatz, um alle vertriebsrelevanten IS-U-Daten des Produktivsystems auf das Lieferantensystem zu migrieren. Für große Teile dieser Daten ist nur eine selektive Übertragung notwendig; die gewünschten Selektionskriterien definieren Sie in Form von Trennungsregeln für die CWB. Gleiches gilt für die selektive Löschung der nicht mehr benötigten Vertriebsdaten auf dem Netzsystem.

Schließlich müssen auf beiden Systemen mithilfe der Contract Conversion Workbench (CCW) die Stammdaten im Hinblick auf die sich neu ergebenden Versorgungsszenarien umgebaut werden. Im neuen Netzsystem existieren nun, anders als zuvor, Buchungskreise für die Netznutzung jeder einzelnen Sparte. Darum ist es notwendig, die Buchungskreise der bestehenden Kundenverträge umzuschlüsseln.

Es müssen also die Vertragskonten und Verträge entsprechend angepasst, die ihnen jeweils zugeordnete Anlage geändert und anschließend ein neues Versorgungsszenario generiert werden. Abschlagspläne müssen, falls erforderlich, neu angelegt werden, bei Pauschalanlagen muss ein neu angelegter Geräteinfosatz eingebaut werden.

Die Deregulierung erfordert für alle Sparten pro Zählpunkt ein neues Vertragskonto und einen neuen Vertrag. Demnach sind weitere Anpassungen nötig, falls der bestehende Kunde nach dem alten Szenario zusätzlich auch mit Gas versorgt wurde. Vertragskonto und Vertrag des entsprechenden Buchungskreises müssen für die Nutzung des Gasnetzes neu angelegt und mit der bestehenden Anlage verknüpft werden. Dies erfordert zunächst einen Aus- und anschließend einen Einzug in die Anlage.

Im Lieferantensystem müssen ebenfalls bei bestehenden Kunden Vertragskonto, Vertrag und Anlage geändert und ein neues Versorgungsszenario generiert werden. Zusätzlich werden alle Geräte gegen Geräteinfosätze ausgetauscht. Im Falle einer Pauschalanlage muss der Geräteinfosatz erst neu angelegt und dann eingebaut werden. Bei Kunden mit Leerstand sind keine Änderungen an Vertragskonten oder Verträgen notwendig.

Phasen der Migration

Die Migration erfolgt in mehreren Phasen:

1. In einer ersten Phase stellen Sie zunächst fest, welche SAP-Komponenten des Gesamtsystems die datentechnische Trennung unmittelbar betrifft. Darüber hinaus ist zu untersuchen, wie die legalen Einheiten der SAP-Organisationsstruktur nach der Umstellung abzubilden sind.
2. Es folgt während der sich anschließenden Prototyping-Phase die Anpassung bzw. Erstellung der benötigten Übernahmeprogramme (CWB und CCW) und Konvertierungsregeln.
3. Die eigentliche Realisierungsphase unterteilt sich dann in mehrere Qualitätszyklen, in denen jeweils die Systemtrennung in einem Massentest probehalber durchgeführt wird. In einer anschließenden Testphase werden dann Anpassungen und Korrekturen vorgenommen. Nach erfolgreicher Durchführung mindestens zweier Massentests und einer Generalprobe kann schließlich die Produktivsetzung vorgenommen werden.

Als Leitfaden für die Massentests und die Umstellung auf Produktivbetrieb empfiehlt es sich, eine Roadmap zu erstellen, die den grundsätzlichen Ablauf aller notwendigen Aktivitäten aus Sicht der Sachbearbeitung sowie aus technischer Sicht enthält. Während der Tests ist es notwendig, die Roadmap für den technischen Ablauf der Produktivsetzung ständig weiterzuentwickeln und zu aktualisieren. Der genaue Ablauf der Produktivsetzung richtet sich nach diesem Dokument.

Teststrategie, Fehlermanagement und Produktivsetzung

Um nach der Produktivsetzung eine reibungslose Funktion der neuen Systemlandschaft zu gewährleisten, sollten verschiedene Tests und Testverfahren vorgesehen sein. Diese werden während der Migrationszyklen vor der Produktivsetzung durchgeführt.

Die Trennungskriterien für die CWB und die Konvertierungsregeln der CCW können anhand von Funktionstests überprüft werden. Neben der Korrektheit der Regeln selbst ist dabei auch sicherzustellen, dass die umgebauten Datenkonstrukte funktionsfähig sind und das IS-U-Customizing mit den neuen Versorgungsszenarien kompatibel ist.

Während der Massentests sollte der gesamte Ablauf der Umstellung testweise durchgespielt werden, um eventuell vorhandene Optimierungspotenziale sowie die zu erwartenden Laufzeiten zu ermitteln. Auch die umgebauten Datenkonstrukte können erst nach ihrer Erzeugung durch einen Massentest überprüft werden. Alle Testergebnisse fließen in die technische Roadmap mit ein. Auftretende Fehler werden durch den jeweiligen Tester erfasst, katalogisiert und müssen später abgearbeitet werden. Eine Generalprobe unter produktionsnahen Voraussetzungen liefert schließlich letzte Sicherheit für eine erfolgreiche Systemmigration und ihren genauen zeitlichen Ablauf.

Für die Produktivsetzung ist eine Systemsperre erforderlich, während der keine Änderungen an Stamm- und Bewegungsdaten vorgenommen werden dürfen. Damit man im Falle eines Worst-Case-Szenarios jederzeit auf einen fehlerfreien und voll funktionsfähigen Stand des Systems zurückfallen kann, sollte vor und nach der Migration eine vollständige Datensicherung des Produktivsystems erfolgen.

8.2 Marktregeln für die Durchführung der Bilanzkreisabrechnung Strom (MaBiS)

Zum 01. April 2011 ist der Beschluss BK6-07-002 der Bundesnetzagentur zur Umsetzung der »Marktregeln für die Durchführung der Bilanzkreisabrechnung Strom« (MaBiS) in Kraft getreten. Das Ziel der MaBiS sind durchgängige

Prozess- und Datenbeschreibungen für die einzelnen Geschäftsprozesse der Bilanzkreisabrechnung, die für folgende Marktrollen verbindlich sind:

- BIKO = Bilanzkoordinator
- BKV = Bilanzkreisverantwortlicher
- VNB = Verteilnetzbetreiber
- LF = Lieferant

Abbildung 8.22 gibt einen Überblick über die Zusammenhänge zwischen den einzelnen Marktrollen, die im Rahmen der Bilanzkreisabrechnung miteinander agieren.

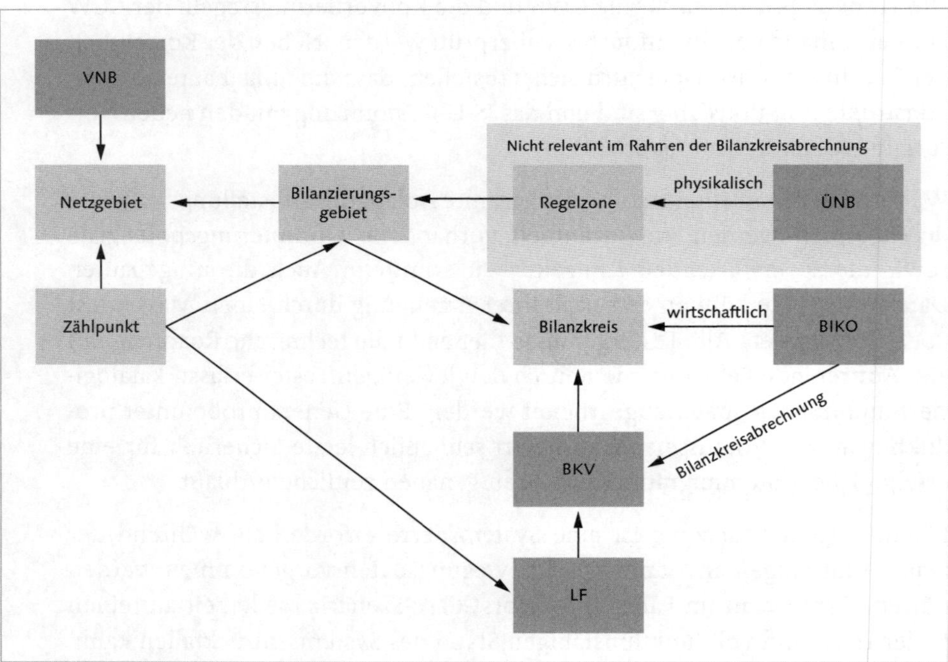

Abbildung 8.22 Zusammenhänge der Marktrollen

Dieser Abschnitt wird die Anforderungen der MaBiS an die Prozesse der VNB und der Lieferanten behandeln.

8.2.1 Historie

In den Verbändevereinbarungen (VV Strom, VV Strom II und VV Strom II plus) wurde für die Bilanzkreisabrechnung kein verbindlicher Zeitrahmen und keine verbindliche Qualitätsvorgabe festgelegt (z. B. für Datenlieferungen und Abrechnungen). Das uneinheitliche Vorgehen und die mangelnde Transparenz im Rahmen der Bilanzkreisabrechnung waren der Auslöser dafür, dass im Jahr 2005 die ersten Schritte initiiert wurden, um einheitliche Abläufe verbindlich im Markt zu etablieren (siehe Abbildung 8.23).

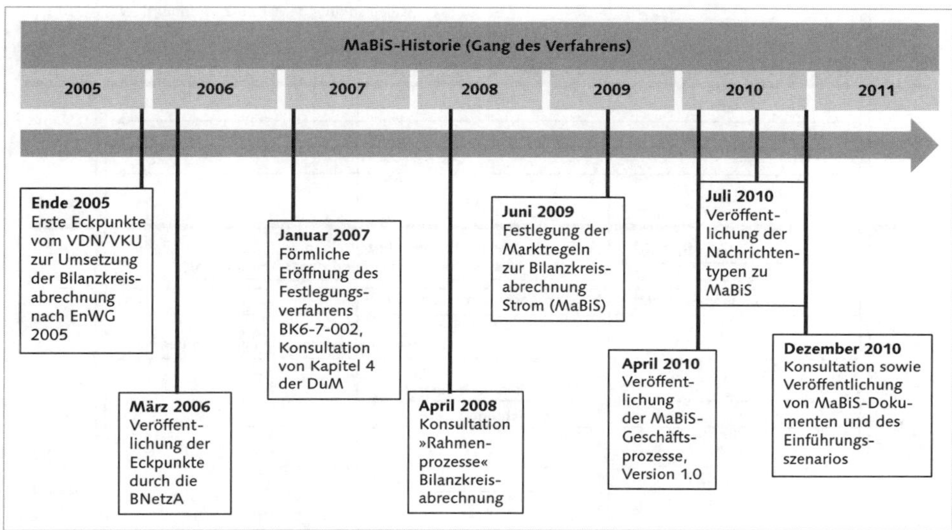

Abbildung 8.23 Historie der MaBiS

8.2.2 Aktuelle Anforderungen

Die wesentlichen Anforderungen an die VNB und Lieferanten aus der MaBiS-Verordnung lassen sich wie folgt zusammenfassen:

- De-/Aktivierung von Zählpunkten für Bilanzkreis- bzw. Lieferantensummenzeitreihen
- Austausch von Bilanzkreiszuordnungslisten und Lieferanten-Clearing-Listen
- Übertragung von Bilanzkreis- und Lieferantensummenzeitreihen sowie der Netzzeitreihe des VNB
- Übermittlung der Prüfmitteilung als Antwort auf die Lieferantensummenzeitreihen

Die Anforderungen werden in Abbildung 8.24 gezeigt.

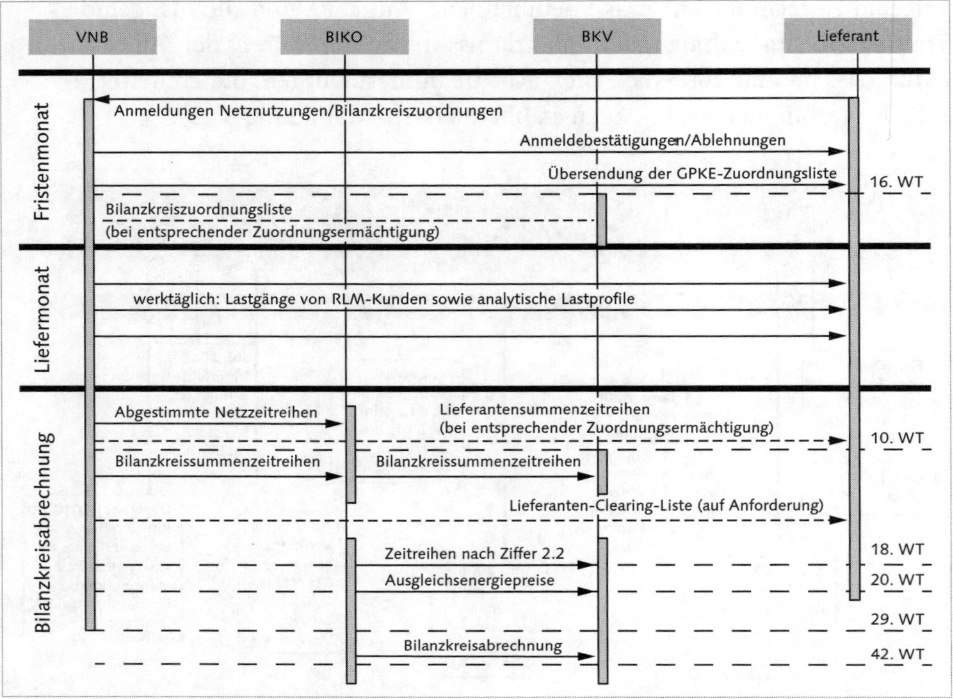

Abbildung 8.24 Aktuelle Anforderungen aus der MaBiS-Verordnung (Quelle: BNetzA, Anlage zum Beschluss BK6-07-002 (MaBiS))

Anforderungen an den Verteilnetzbetreiber

Die Basis für die Umsetzung und Anwendung der MaBiS-Prozesse ist die 100 %ige Umsetzung und Anwendung der GPKE (Geschäftsprozesse und Datenformate zur Abwicklung der Belieferung von Kunden mit Elektrizität). Die Abwicklung von Lieferantenwechselprozessen gemäß GPKE bzw. die fristgerechte Übermittlung von bilanzierungsrelevanten Stammdatenänderungen erhält durch die MaBiS-Verordnung eine neue Qualität.

Die Grundlage für jegliche Zuordnung von Energiemengen zu Lieferanten und Bilanzkreisen sind im Rahmen der Bilanzkreisabrechnung die Zuordnungslisten, die vor dem jeweiligen Liefermonat gemäß GPKE zwischen VNB und Lieferant ausgetauscht werden. Hinzu kommen alle bilanzierungsrelevanten Änderungen, die sich auf Stammdaten, aber auch auf untermonatliche Anpassungen beziehen können.

Die ausgetauschten Zuordnungslisten sind Grundlage für die Zuordnung der Energiemengen zu einem Lieferanten bzw. zu dem von diesem benannten

Bilanzkreis. In den folgenden Ausnahmefällen kann von der gerade genannten Bedingung (Zuordnungsliste) abgewichen werden:

- Bei dem betreffenden Zählpunkt handelt es sich um eine RLM-Lieferstelle, die aufgrund von einem Ein- oder Auszug erst nach dem 15. Werktag des GPKE-Fristenmonats die Bilanzkreiszuordnung gewechselt hat.
- Zwischen dem VNB und dem jeweiligen Lieferanten wird eine bilaterale Vereinbarung zur Zuordnung der Energiemengen einer Lieferstelle getroffen.

Darüber hinaus kann es zu Abweichungen zwischen dem Bilanzierungsbeginn bzw. dem Bilanzierungsende und dem Lieferbeginn bzw. Lieferende an einem Zählpunkt kommen. Dies kann z. B. bei einem untermonatlichen Lieferbeginn im Rahmen der Grund-/Ersatzversorgung für SLP-Kunden (Standardlastprofil) auftreten.

In Abbildung 8.25 wird die Belieferung durch den Lieferanten B bereits Mitte Januar aufgenommen. Im Rahmen der Verteilnetzbilanzierung wird diese Lieferstelle aber erst zu Beginn des Monats Februar dem Lieferanten B bzw. dem Bilanzkreis zugeordnet. Die untermonatliche Belieferung im Monat Januar wird durch die Mehr-/Mindermengenabrechnung im Nachgang zur Bilanzkreisabrechnung abgewickelt (siehe Abbildung 8.25).

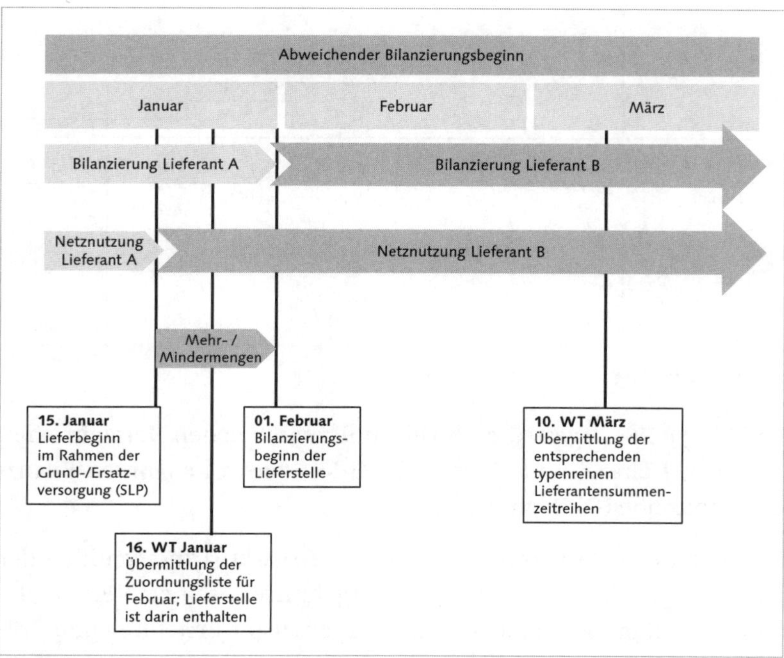

Abbildung 8.25 Abweichender Bilanzierungsbeginn

In diesem Zusammenhang ist vom VNB sicherzustellen, dass alle bilanzierungsrelevanten Stammdatenänderungen fristgerecht an die Marktpartner kommuniziert werden (mindestens einen Monat vor dem Bilanzierungsmonat). Diese Stammdatenänderung wird im Rahmen der EDIFACT-Marktkommunikation durch das Format UTILMD übermittelt.

Zu diesen bilanzierungsrelevanten Stammdatenänderungen gehören z. B. die Änderung der Jahresverbrauchsprognose, des Standardlastprofils, des Bilanzierungsgebietes, des Bilanzkreises oder der Bilanzierungsmethode (analytisch/synthetisch).

Die wesentliche Aufgabe des VNB liegt darin, zu jedem Zeitpunkt eine vollständige Zuordnung der in seinem Bilanzierungsgebiet befindlichen Energiemengen zu den Bilanzkreisen zu gewährleisten. Darüber hinaus ist der VNB verpflichtet, die Energiemengen in seinem Netz sogenannten Zeitreihentypen zuzuordnen. In Abbildung 8.26 sehen Sie ein Beispiel für die Zuordnung der Energiemenge, die sich im Bilanzierungsgebiet befindet.

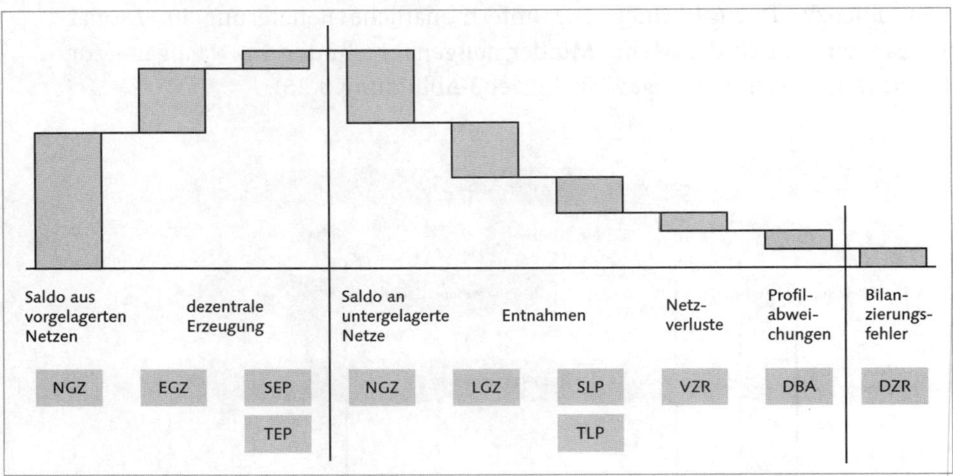

Abbildung 8.26 Zuordnung von Energiemengen

Die in Abbildung 8.26 dargestellte Abweichung zwischen den Netzzeitreihen und den übrigen Deltazeitreihen weist der BIKO einem benannten Bilanzkreis als Deltazeitreihe (DZR) zu.

Des Weiteren ist der VNB verpflichtet, sämtliche Marktpartner mithilfe der EDIFACT-Marktkommunikation mit den Ergebnissen seiner Verteilnetzbilanzierung bzw. allen notwendigen Informationen zur Erstellung und Prüfung einer Bilanzkreisabrechnung zu versorgen. Abbildung 8.27 zeigt den hierfür notwendigen regelmäßigen Datenaustausch.

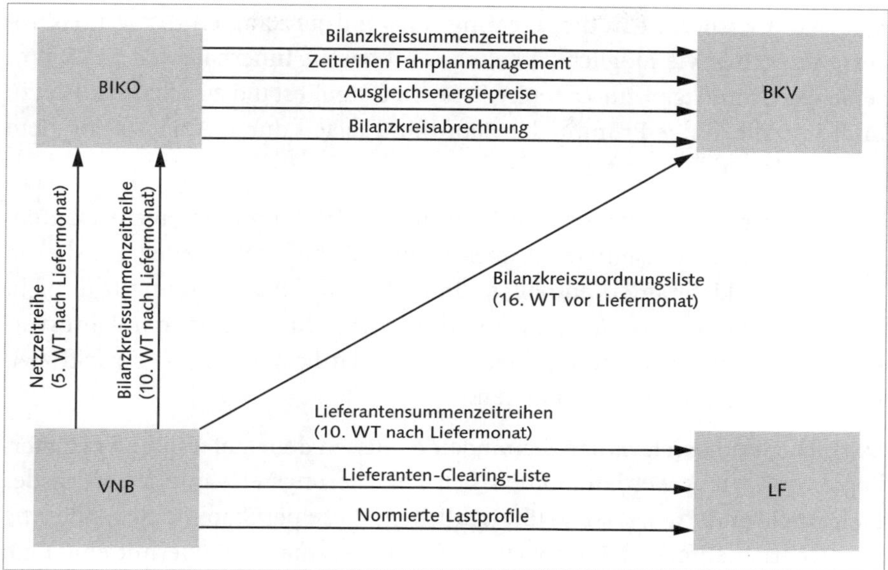

Abbildung 8.27 Datenaustausch zwischen den Marktpartnern (Quelle: BNetzA, Anlage zum Beschluss BK6-07-002 (MaBiS))

Für die im Rahmen des Datenaustausches zu übermittelnden Summenzeitreihen sind Zählpunktbezeichnungen zu bilden. Diese Zählpunktbezeichnungen werden im Vorfeld des Datenaustauschs einmalig vom VNB per UTILMD-Nachrichtenformat aktiviert. Bilanzkreissummenzeitreihen müssen beim BIKO, Lieferantensummenzeitreihen beim Lieferanten deaktiviert bzw. aktiviert werden.

Alle bilanzierungswirksamen Daten (Bilanzkreissummenzeitreihen, Lieferantensummenzeitreihen, Clearing-Liste und Bilanzkreiszuordnungsliste) sind zum Versionieren geeignet. Hiermit soll die Zusammengehörigkeit gekennzeichnet und eine Unterscheidung von solchen Daten ermöglicht werden, die sich im Rahmen eines erneuten Bilanzierungslaufs auf Basis einer veränderten späteren Datenlage ergeben.

Anforderungen an den Lieferanten

Für den Lieferanten besteht die größte Herausforderung bei der Umsetzung der MaBiS-Verordnung darin, seinen Datenbestand optimal mit den Daten der VNB zu harmonisieren. Hierfür sind insbesondere die Prozesse des GPKE-Beschlusses von sehr großer Bedeutung. Sie verlangen bereits im Vorfeld einen erhöhten Anspruch an Datenqualität und Kommunikation zwischen den Marktpartnern. Um den Clearing-Aufwand im Rahmen der MaBiS-Prozesse so gering wie möglich zu halten, sind bereits innerhalb der GPKE-Prozesse die Grundlagen zur Datenhygiene im Datenbestand zu schaffen. Hierzu zählt u. a. die aktive Prüfung der Zuordnungslisten durch Abgleich mit dem eigenen Bestand im System.

Die Abweichungen zwischen der Zuordnungsliste und dem eigenen Datenbestand können vielseitig sein; dies fängt z. B. bei Lieferstellen an, die im Bestand des Lieferanten enthalten sind, aber in der Zuordnungsliste nicht aufgeführt werden. Darüber hinaus sind Abweichungen bei der Jahresverbrauchsprognose oder unterschiedliche Standardlastprofile im Vorfeld zwischen den Marktpartnern zu klären.

Die bilanzierungsrelevanten Stammdaten müssen dem Lieferanten bei Lieferbeginn mitgeteilt werden. Sollten sich bilanzierungsrelevante Daten an der Lieferstelle ändern, ist der VNB verpflichtet, diese per Stammdatenänderung im Nachrichtenformat UTILMD an den Lieferanten zu übermitteln. Eine automatisierte Verarbeitung dieser Stammdatenänderungen im Rahmen des GPKE-Prozesses ist hierbei zwingend.

Die wesentliche Aufgabe für den Lieferanten besteht darin, die ihm vom VNB übermittelten Daten zu verarbeiten, zu prüfen und aktiv eine Mitteilung über den Prüfstatus zu geben. Die in Abbildung 8.28 dargestellten Austauschprozesse sind vom Lieferanten in dem Zusammenhang abzuwickeln.

Die Punkte ❶–❻ dienen der Vorbereitung bzw. der Übermittlung benötigter Stammdaten vom VNB an den Lieferanten:

1. Dies fängt mit dem Austausch der notwendigen und individuellen Standardlastprofile der Netzbetreiber an.
2. Danach sind vom Netzbetreiber gemäß MaBiS die Aktivierung der erforderlichen Zählpunkte für die Lieferantensummenzeitreihen vorzunehmen.
3. Sollte ein Lieferant die letzte Lieferstelle in einem Bilanzierungsgebiet eines Zeitreihentyps nicht mehr beliefern, ist diese Lieferantensummenzeitreihe vom Netzbetreiber zu deaktivieren.

Die Punkte ❼–⓫ beschreiben den Informationsfluss zwischen Netzbetreiber und Lieferant im Rahmen der Bilanzkreisabrechnung gemäß MaBiS:

1. Dies beginnt mit der Übermittlung der Lieferantensummenzeitreihen an den Lieferanten.
2. Der Lieferant prüft diese und versendet eine entsprechende Prüfungsmitteilung an den Netzbetreiber.
3. Bei einer negativen Prüfungsmitteilung ist hier ggf. noch der Clearing-Prozess durchzuführen.

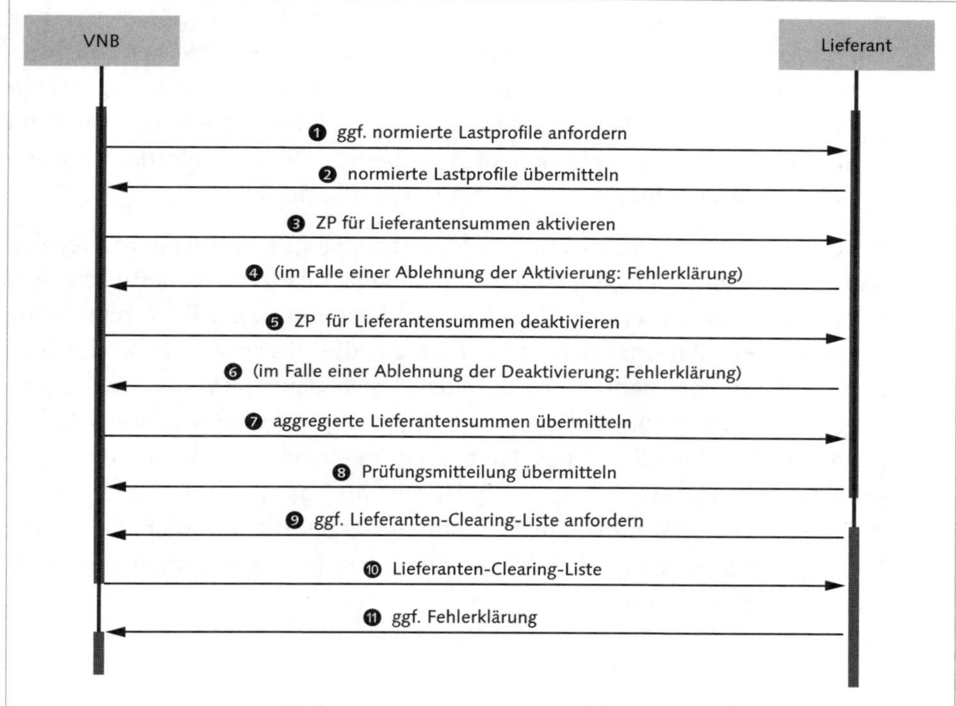

Abbildung 8.28 Datenaustausch zwischen dem VNB und dem Lieferanten (Quelle: BDEW-Geschäftsprozesse für die Bilanzkreisabrechnung)

Bis zum zehnten Werktag nach Ablauf des Liefermonats hat der VNB die Lieferantensummenzeitreihen pro Bilanzkreis und Bilanzierungsgebiet in Form einer Monatszeitreihe per MSCONS-Nachrichtenformat an den Lieferanten zu übermitteln. Die Lieferantensummenzeitreihen sind typenrein zu führen, d. h., etwa nach Lastgangsumme (LGS), Standardlastprofilsumme (SLS) oder tagesparameterabhängiger Lastprofilsumme (TLS) zu unterscheiden.

Damit der Lieferant in der Lage ist, die vom VNB übermittelten typenreinen Lieferantensummenzeitreihen zu prüfen, muss er für jedes Bilanzierungsgebiet, in dem er Zählpunkte beliefert, eine »Schattenbilanzierung« vornehmen. Das bedeutet, dass der Lieferant aufgrund seines Datenbestandes für jedes Bilanzierungsgebiet und jeden Zeitreihentyp die Bilanzierung des VNB simuliert und die daraus resultierenden Vergleichszeitreihen mit den Zeitreihen des VNB verprobt. Abhängig vom Ergebnis der Prüfung teilt der Lieferant dem VNB ein positives oder negatives Prüfergebnis mit.

Bei Abweichungen der Vergleichszeitreihen von den Zeitreihen des VNB hat der Lieferant die Möglichkeit, eine Lieferanten-Clearing-Liste mit dem Nachrichtentyp `ORDERS` beim VNB anzufordern. Hierbei handelt es sich um eine zählpunktscharfe Liste, die Einspeise- bzw. Lieferstellen in einem Bilanzierungsgebiet unter Zuordnung zu einem Zeitreihentyp, einem Lieferanten sowie einem Bilanzkreis zusammenfasst. Die Lieferanten-Clearing-Liste kann im Bedarfsfall, aber auch als monatliches Abo beim VNB angefordert werden; sie wird im Nachrichtentyp `UTILMD` vom VNB übermittelt.

Ein durch die MaBiS-Verordnung nicht festgelegter Prozess ist der Datenaustausch zwischen dem Lieferanten und seinem Bilanzkreisverantwortlichen (BKV). Hier ist es unter Umständen sinnvoll, eine individuelle Vereinbarung zwischen den Marktpartnern zu etablieren, die diesen Austausch festlegt. Dies ist besonders dann sinnvoll, falls es sich beim BKV um eine eigene Gesellschaft bzw. einem Zusammenschluss von mehreren Gesellschaften handelt und eventuell mehrere Lieferanten in einem Bilanzkreis zusammengefasst sind (siehe Abbildung 8.29). Hier ist die zusätzliche Kommunikation zwischen dem BKV und dem Lieferanten dargestellt, die nicht durch die MaBiS geregelt wird und somit zwischen diesen beiden Marktpartnern individuell zu definieren ist.

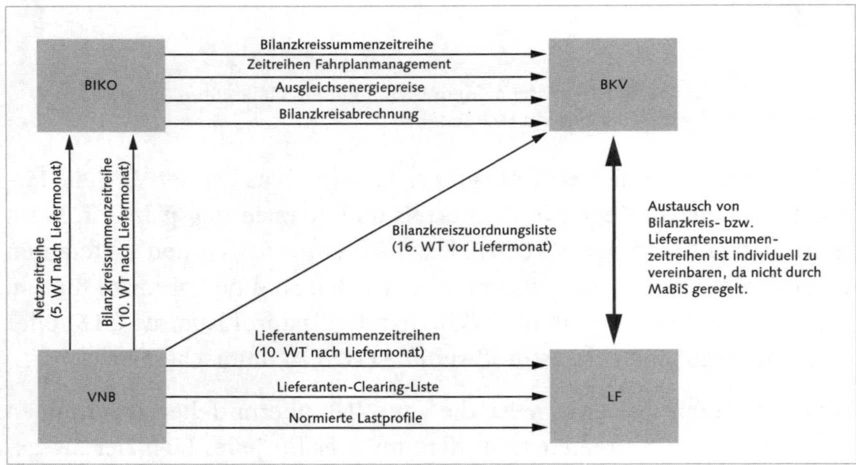

Abbildung 8.29 Datenaustausch zwischen den Marktpartnern

8.2.3 Umsetzung der Anforderungen

Die notwendigen Funktionalitäten zur Abwicklung der definierten MaBiS-Prozesse werden durch SAP mit der Komponente Intercompany Data Exchange for German Electricity and German Gas (IDEX-DE) ausgeliefert. Um die MaBiS-Funktionalitäten in vollem Umfang nutzen zu können, ist der Einsatz des Energiedatenmanagements (EDM) erforderlich.

Im Fokus stehen hierbei die Prozesse zwischen VNB und Lieferant, sowie die Kommunikation zum BIKO. Die Kommunikation zum BKV steht nicht im Fokus, kann aber in kundenindividuellen Projekten ausgeprägt werden.

Das angepasste Datenmodell von SAP zur Umsetzung der Anforderungen gemäß MaBiS wird im Rahmen der IDEX-DE-Support Packages ausgeliefert. Das angepasste Datenmodell ist in Abbildung 8.30 dargestellt. Hierbei wird der Zusammenhang der Stammdaten zur Bestimmung der jeweiligen Zeitreihentypen aus Sicht eines VNB aufgezeigt.

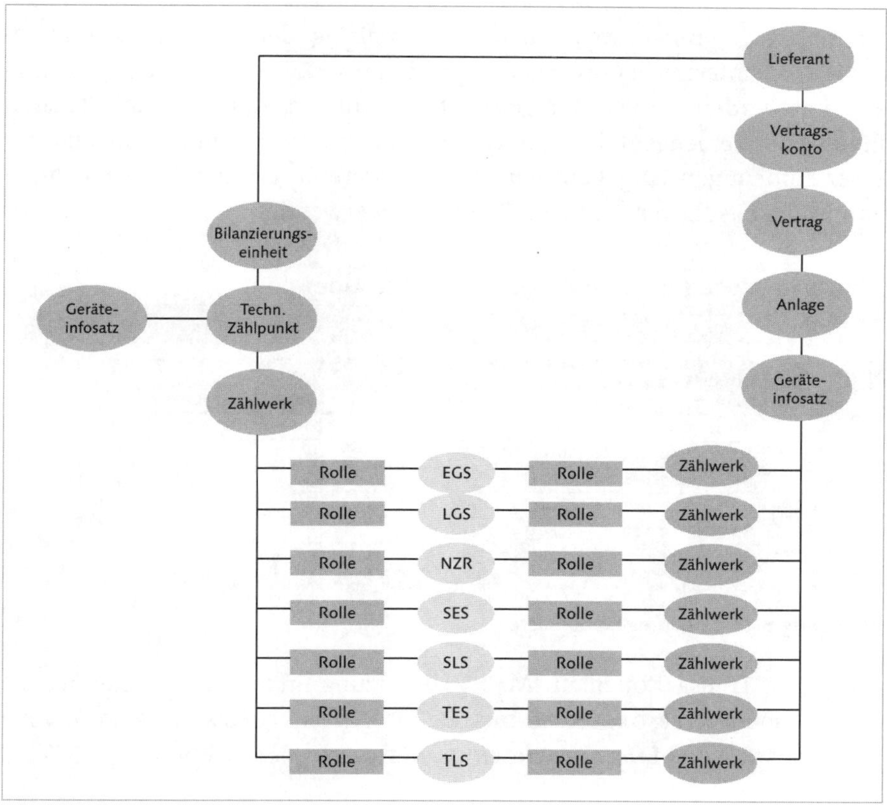

Abbildung 8.30 Datenmodell MaBiS (Quelle: SAP)

Die Customizingeinstellungen können Sie unter BRANCHENKOMPONENTE VERSORGUNGSINDUSTRIE • UNTERNEHMENSÜBERGREIFENDER DATENAUSTAUSCH • SAP INTERCOMPANY DATA EXCHANGE FOR GERMAN ELECTRICITY • ENERGIEMENGENBILANZIERUNG (MABIS) vornehmen (siehe Abbildung 8.31).

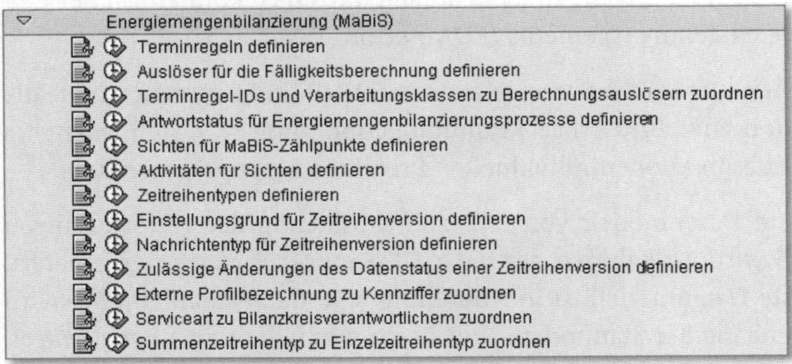

Abbildung 8.31 Customizing der Energiemengenbilanzierung (MaBiS)

Exemplarisch greifen wir nun das Customizing der Einstellung TERMINREGELN DEFINIEREN heraus (siehe Abbildung 8.32). In dieser Customizingaktivität werden die Terminregeln definiert, die bestimmte Fälligkeitsdaten in der Energiemengenbilanzierung berechnen. Diese Terminregeln sind mit einer eindeutigen ID gekennzeichnet und werden u. a. für die Berechnung von Fälligkeitsdaten sowie von Zeiträumen verwendet.

Sicht "Tabelle für Terminregeln" ändern: Übersicht

Neue Einträge

Tabelle für Terminregeln

TermRegIID	BerechnArt	Fabrikkal.-ID	Anz. Tage	Feld BAdI
11WD	Berechnung des Fälligkeitsd…	01	11	
16WD	Berechnung des Fälligkeitsd…	01	16	
29WD	Berechnung des Fälligkeitsd…	01	29	
2WD	Berechnung des Zeitraums	01	2	
4MONTH	Berechnung des Fälligkeitsd…	01		4
TSI_ACTIV	Berechnung des Fälligkeitsd…	01	1	

Abbildung 8.32 Terminregeln definieren

Die neuen Transaktionen zur MaBiS-Umsetzung finden Sie im Easy-Access-Menü unter VERSORGUNGSINDUSTRIE • UNTERNEHMENSÜBERGREIFENDER DATENAUSTAUSCH • ENERGIEMENGENBILANZIERUNG (siehe Abbildung 8.33).

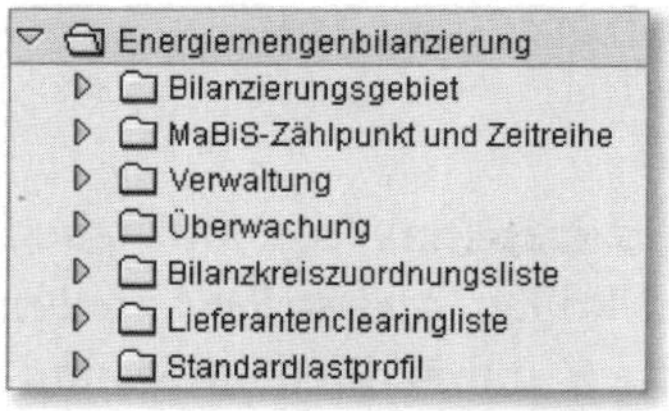

Abbildung 8.33 Energiemengenbilanzierung

Als Beispiel erläutern wir hier das BILANZIERUNGSGEBIET als eines der wesentlichen neuen Datenelemente für die MaBiS-Umsetzung in IS-U (siehe Abbildung 8.34). Die Abbildung zeigt ein Beispiel-Bilanzierungsgebiet mit den erforderlichen Informationen, wie z. B. Regelzone oder Netzzuordnung. Das Bilanzierungsgebiet stellt die Zuordnung eines oder mehrerer Netze eines VNB dar und ist jeweils einer bestimmten Regelzone zugeordnet. Zudem wird es bei der Kommunikation der Marktpartner als zentrales und eindeutiges Klassifikationskriterium verwendet und ist jeweils für einen bestimmten Zeitraum gültig. Innerhalb eines Bilanzierungsgebietes kann jeweils nur ein Bilanzierungsverfahren (analytisch/synthetisch) verwendet werden.

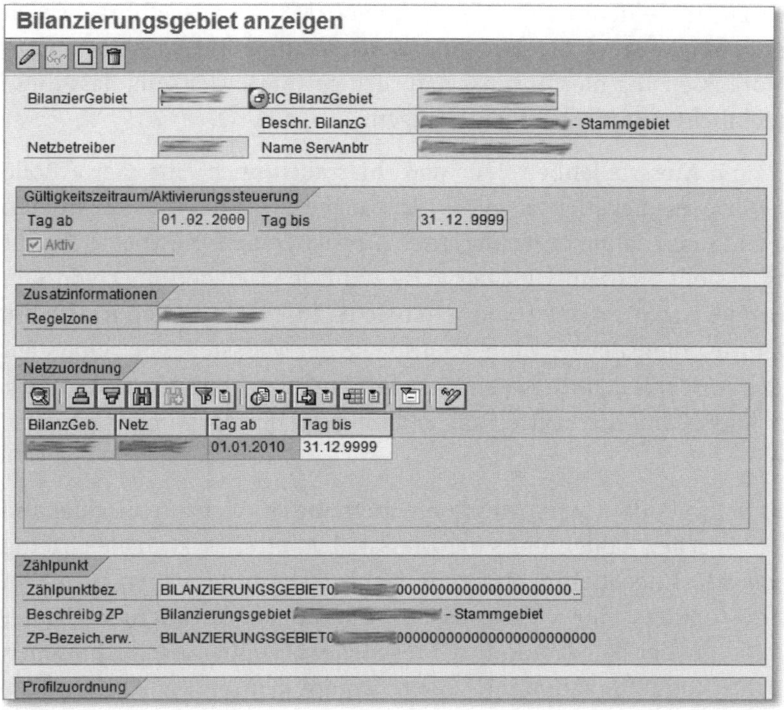

Abbildung 8.34 Bilanzierungsgebiet anzeigen

8.3 Neue Marktrollen, Messstellenbetreiber und Messdienstleister

Durch die Regelungen des Energiewirtschaftsgesetzes (EnWG) sind neben den Marktrollen *Lieferant* und *VNB* auch die Rollen *Messstellenbetreiber* (MSB) und *Messdienstleister* (MDL) hinzugekommen, durch die neue Stammdaten, Organisationen, Geschäftsprozesse und gegebenenfalls sogar Systeme entstehen. Darüber hinaus musste die Marktkommunikation z.B. bei der Ablesung weiter ausgeprägt werden. SAP stellt für die Abwicklung der neuen Prozesse die Komponente Intercompany Data Exchange for German Metering (IDEX-GM) zur Verfügung, die Prozesse, Formate und Workflows zur Verfügung stellt, um die neuen Anforderungen abzudecken. In diesem Abschnitt lernen Sie, wie die Kommunikation mit den neuen Marktteilnehmern funktioniert.

8.3.1 Vorgaben der Bundesnetzagentur

Im Energiewirtschaftsgesetz (EnWG) vom 07.Juli 2005 wurde festgelegt, dass auf Wunsch des Anschlussnehmers der Betrieb der Messeinrichtung auch von einem Dritten – dem Messstellenbetreiber (MSB) – ausgeführt werden kann. Dies beinhaltet auch den Einbau und die Wartung der Messeinrichtungen. Als Voraussetzung hierfür muss natürlich gewährleistet sein, dass diese den eichrechtlichen Bestimmungen genügen.

Zusätzlich zum Messstellenbetreiber wird hier auch noch eine vierte Rolle definiert: Der Messdienstleister (MDL) ist für die Erhebung der Messdaten zuständig und muss dafür sorgen, dass alle Messdaten dem Netzbetreiber zur Verfügung gestellt werden. Üblicherweise wird der Netzbetreiber von den Messdaten in Kenntnis gesetzt und leitet sie dann an die weiteren Akteure weiter. Der Messdienstleister kann, ebenso wie der Messstellenbetreiber, auf Wunsch des Anschlussnehmers von Lieferant und Netzbetreiber abweichen. Auch hier muss dann die eichrechtliche Gültigkeit der Messungen gewährleistet sein.

Handelt es sich bei dem vom Messstellenbetreiber eingebauten Zähler um einen elektronischen Zähler, muss der Messstellenbetreiber auch gleichzeitig die Rolle des Messdienstleisters übernehmen, und zwar deswegen, weil zum Auslesen des Zählers eine elektronische Kommunikation mit dem Zähler nötig ist und in der Regel nur der Messstellenbetreiber die technischen Details für die Kommunikation mit seinen Zählern kennt.

Wird vom Anschlussnehmer nicht ausdrücklich ein neuer Messstellenbetreiber bzw. Messdienstleister beauftragt, übernimmt weiterhin der Netzbetreiber diese Rollen. Will ein Dritter diese Rollen in einem bestimmten Netzgebiet übernehmen, muss ein Rahmenvertrag mit dem entsprechenden Netzbetreiber geschlossen werden.

Kommunikationsprozesse

Im Folgenden werden wir die von den Marktpartnern neu zu implementierenden Prozesse beschreiben. Die Grundlage hierfür sind die von der Bundesnetzagentur beschlossenen *Wechselprozesse im Messwesen* (WiM, siehe Bundesnetzagentur BK6-09-034, insbesondere Anlage 1).

Sehr detailliert beschreiben wir im Folgenden den Prozess zum Beginn des Messstellenbetriebs, denn er verdeutlicht das folgende Kommunikationsprinzip: Der zentrale Punkt der Kommunikation ist der Netzbetreiber. Wie beim Lieferantenwechsel wird auch bei den Wechselprozessen im Messwesen der Zählpunkt als identifizierendes Merkmal für die Kommunikation verwendet.

Hinweis zur folgenden Erläuterung [+]

Bei der folgenden Beschreibung der Wechselprozesse wird der neue Messstellenbetreiber als MSBN und der alte Messstellenbetreiber als MSBA abgekürzt. Analog dazu wird der neue Messdienstleister mit MDLN und der alte Messdienstleister mit MDLA abgekürzt.

Beginn des Messstellenbetriebs (ggf. einschließlich Messung)

In Abbildung 8.35 ist der Prozess zum Beginn des Messstellenbetriebs schematisch dargestellt. Ausgangspunkt des Prozesses »Beginn Messstellenbetrieb« und der Kommunikation ist der MSBN, der einen Vertrag mit dem Anschlussnutzer geschlossen hat. Der MSBN meldet sich daraufhin spätestens 15 Werktage vor dem gewünschten Wechseldatum beim Netzbetreiber an.

Der Netzbetreiber kann die Anmeldung innerhalb von fünf Werktagen nach Eingang der Anmeldung entweder bestätigen oder ablehnen. Eine Ablehnung ist jedoch nur aus formalen Gründen möglich, z. B., wenn die Identifikation des Anschlusses nicht möglich war oder noch kein Rahmenvertrag zwischen Netzbetreiber und MSBN besteht.

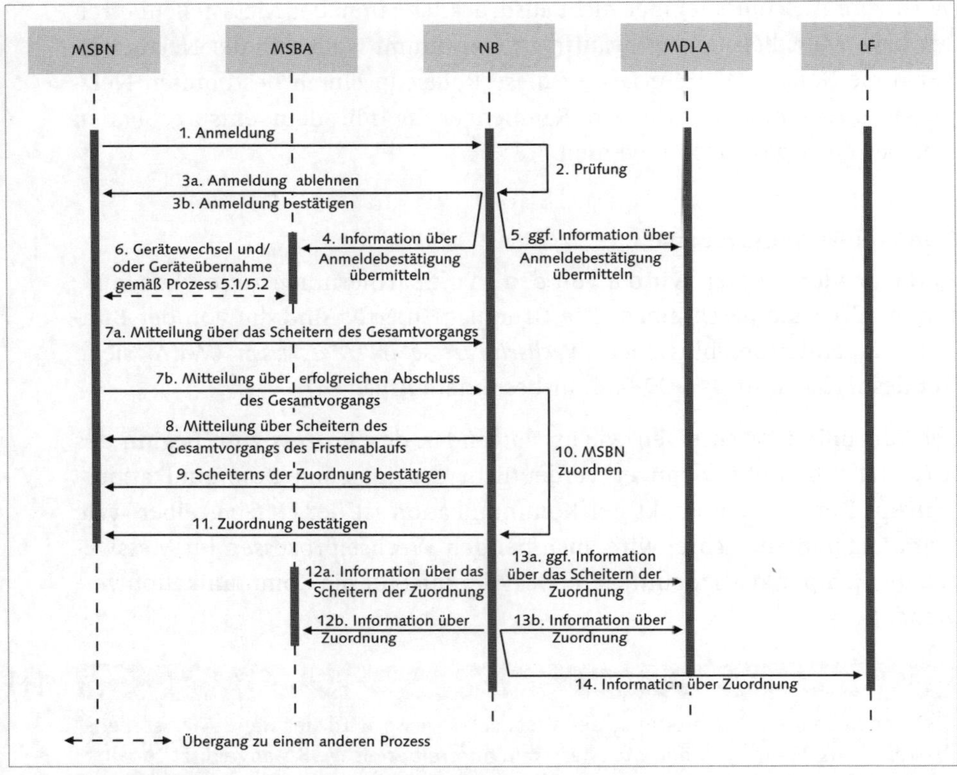

Abbildung 8.35 Prozessdiagramm »MSB-Wechsel« (Quelle: WiM, Bundesnetzagentur)

In der Anmeldung gibt der neue Messstellenbetreiber außerdem an, ob er vom Anschlussnutzer auch mit der Rolle des Messdienstleisters betraut wurde. Die MDL-Anmeldung kann in diesem Fall gleichzeitig mit der MSB-Anmeldung abgewickelt werden.

Eventuell noch laufende Verträge zwischen dem MSBA und dem Anschlussnutzer werden vom Netzbetreiber nicht beachtet. Er bestätigt die Anmeldung zu dem vom neuen Messstellenbetreiber gewünschten Termin und informiert den alten Messstellenbetreiber darüber. Findet gleichzeitig ein MDL-Wechsel statt, wird auch der alte Messdienstleister über die Neuanmeldung informiert.

Dieses Vorgehen unterscheidet sich von den Prozessen bei einem Lieferantenwechsel: Ein neuer Lieferant kann für einen Kunden nur zu einem Termin angemeldet werden, an dem keine weiteren Verträge mit Altlieferanten mehr bestehen. Ein weiterer Unterschied zum Lieferantenwechsel ist der, dass ein

Wechsel des Messstellenbetriebes zu einem beliebigen Werktag geschehen kann, ein Lieferantenwechsel jedoch nur zum Monatswechsel.

Mit dem Wechsel des Messstellenbetreibers ist entweder ein Gerätewechsel oder eine Übernahme der Geräte des MSBA durch den MSBN verbunden. Dies geschieht in einem Zeitraum von neun Werktagen vor bis zu neun Werktagen nach dem Wechseldatum und wird vom neuen Messstellenbetreiber initialisiert.

Im Falle des Gerätewechsels teilt der neue Messstellenbetreiber dem alten den Installationstermin mit. Der alte Messstellenbetreiber kann dann entscheiden, ob er selbst seine alten Geräte ausbauen oder dies dem MSBN überlassen möchte und eine Rechnung über den Ausbau erhält. Möchte er die Geräte selbst ausbauen, muss dies zum vom MSBN genannten Termin geschehen, damit der Anschlussnutzer zu jedem Zeitpunkt über einen Zähler verfügt.

Im Falle der Übernahme der Geräte des alten Messstellenbetreibers fordert der MSBN ein Angebot vom MSBA an. Das Angebot kann die Miete oder den Kauf der Geräte betreffen. Werden sich MSBN und MSBA einig, so findet kein Gerätewechsel statt.

Im Falle des Gerätewechsels kann es aus technischen Gründen noch zum Scheitern des gesamten Prozesses kommen; z. B. dann, wenn die Geräte des MSBN nicht in den Zählerschrank des Anschlussnutzers passen. Bevor der Netzbetreiber den neuen Messstellenbetreiber endgültig der Messstelle zuordnet, muss es daher noch eine Rückmeldung über den Erfolg bzw. das Scheitern des Prozesses geben.

Auch durch Fristablauf (zehn Werktage nach dem Wechseldatum) wird der Prozess vom Netzbetreiber für gescheitert erklärt. In diesem Fall wird das Scheitern dem alten Messstellenbetreiber und gegebenenfalls dem alten Messdienstleister mitgeteilt, und diese behalten dann die jeweiligen Rollen am Zählpunkt. Sollte der alte Messstellenbetreiber beispielsweise aufgrund einer Kündigung des neuen Messstellenbetreibers seinerseits einen Abmeldeprozess gestartet haben, wird er die Rollen im Zuge dessen dennoch verlieren.

Erhält der Netzbetreiber vom neuen Messstellenbetreiber eine Mitteilung über den erfolgreichen Abschluss des Prozesses, teilt er dies dem alten Messstellenbetreiber und dem alten Messdienstleister mit, und er ordnet den neuen Messstellenbetreiber zur Erbringung der Leistung an diesem Zählpunkt in den angegebenen Rollen zu. Im letzten Prozessschritt wird der Lieferant am Zählpunkt informiert.

Zusätzlich zum Lieferanten muss der Netzbetreiber nun – nach den neuen Regelungen des EnWG – also für jeden Zählpunkt auch noch die Messstellenbetreiber und die Messdienstleister erfassen und die im Folgenden erläuterten neuen Prozesse nach Vorgaben der Bundesnetzagentur implementieren.

Kündigung des Messstellenbetriebs (ggf. einschließlich Messung)

Bei den Wechselprozessen im Messwesen unterscheidet die Bundesnetzagentur strikt zwischen der *energiewirtschaftlichen Zuordnung* von Serviceerbringern und den *zivilrechtlichen Verträgen*, auf deren Basis diese Leistungen erbracht werden. Im Gegensatz zur Belieferung mit Strom kann es also durchaus vorkommen, dass ein Kunde mehrere Messstellenbetreiber gleichzeitig mit der Dienstleistung beauftragt. Trotz eines gültigen Vertrags mit dem Kunden hat der bisherige Dienstleister keine Möglichkeit, im Falle einer Anmeldung durch einen anderen Dienstleister den Wechsel durch eine Ablehnung zu verhindern bzw. hinauszuzögern. Dennoch kann er gegebenenfalls zivilrechtliche Ansprüche aus dem Vertragsverhältnis mit dem Kunden gegen den Kunden geltend machen.

Aus diesem Grund ist der Prozess »Kündigung Messstellenbetrieb« im Rahmen der WiM auch lediglich ein optionaler Prozess. Er sollte vor dem Prozess »Beginn Messstellenbetrieb« durchgeführt werden und dient dazu, das zivilrechtliche Vertragsverhältnis zwischen dem Kunden und dem alten Dienstleister zu beenden. Eine gegebenenfalls mitgeteilte Terminverschiebung aufgrund eine bestehenden Vertragslaufzeit sollte der neue Dienstleister in seiner Anmeldung im Interesse des Kunden berücksichtigen, da dem Kunden ansonsten durch parallel geltende Verträge doppelte Kosten entstehen könnten. Gemäß den Marktregeln ist er allerdings nicht dazu verpflichtet.

Ende des Messstellenbetriebs (ggf. einschließlich Messung)

Der alte Messstellenbetreiber teilt dem VNB mit, dass sein Vertrag mit dem Anschlussnehmer ausläuft. Liegt dem Netzbetreiber keine Neuanmeldung eines Messstellenbetreibers vor, übernimmt er selbst die Rolle des Messstellenbetreibers im Rahmen seiner Grundzuständigkeit. Er kann jedoch den Messstellenbetreiber verpflichten, die Messstelle im Falle eines Anschlussnehmerwechsels noch bis zu drei Monate bzw. bis zu einem Monat in allen anderen Fällen weiterzubetreiben.

Handelt es sich beim betreffenden Zähler um einen elektronischen Zähler, muss auch gleichzeitig die Messdienstleistung gekündigt werden.

Gerätewechsel

Der Prozess »Gerätewechsel« findet ebenso wie der Prozess »Geräteübernahme« innerhalb der zuvor beschriebenen Prozesse »Beginn Messstellenbetrieb« und »Ende Messstellenbetrieb« Verwendung. Ebenso kommt der Gerätewechsel aber auch dann zur Anwendung, wenn eine Änderung an der Messstelle durchgeführt wird, die Auswirkungen auf die Stammdaten der Messstelle hat (z. B. Neuparametrierung des Zählers).

Zu Beginn des Gerätewechsels zeigt der neue Messstellenbetreiber dem alten die Wechselabsicht an. Diese Anzeige enthält neben den betroffenen Geräten das Datum, zu dem der Gerätewechsel erfolgen soll. Daraufhin kann der alte Messstellenbetreiber entscheiden, ob er selbst den Ausbau seiner Geräte durchführen möchte oder ob der neue Messstellenbetreiber den Ausbau für ihn durchführen soll. In keinem Fall kann er jedoch Einfluss auf den Termin nehmen, zu dem der Gerätewechsel stattfindet.

Beim Gerätewechsel vor Ort wird zunächst die Endablesung durchgeführt. Dies übernimmt im Allgemeinen der Prozessteilnehmer, der auch den Ausbau vornimmt. Eine Besonderheit ist diesbezüglich bei elektronisch ausgelesenen Zählern zu beachten: Da diese nur vom MDL ausgelesen werden können, muss der MDL in jedem Fall unmittelbar vor dem Ausbau informiert werden, damit er die Endablesung durchführen kann. Anschließend erfolgt der Ausbau der Geräte.

Der Einbau der neuen Geräte wird in jedem Fall von neuem Messstellenbetreiber durchgeführt, der auch nach dem Einbau den Zählerstand des eingebauten Zählers erfasst.

Im Anschluss an den Wechsel werden dem Netzbetreiber die relevanten Informationen des Gerätewechsels zur Verfügung gestellt. Diese enthalten den Ausbauzählerstand, der von dem Messstellenbetreiber mitgeteilt wird, der den Ausbau vorgenommen hat. Der neue Messstellenbetreiber teilt dem Netzbetreiber den erfolgreichen Wechsel sowie die eingebauten Geräte und deren Einbaustände mit.

Übernahme von Messeinrichtungen

Kommt es zu einem Wechsel des Messstellenbetriebs, kann alternativ zum Prozess »Gerätewechsel« auch der Prozess »Geräteübernahme von Messeinrichtungen« durchgeführt werden. Analog zum Gerätewechsel zeigt auch in diesem Fall der neue Messstellenbetreiber den Wunsch nach einer Geräteübernahme an, indem er den alten Messstellenbetreiber dazu auffordert, ein Geräteübernahmeangebot abzugeben. Der neue Messstellenbetreiber hat also das Wahlrecht, ob er einen Gerätewechsel oder eine (teilweise) Übernahme der vorhandenen Messeinrichtungen vornehmen möchte.

Der alte Messstellenbetreiber muss dem Übernahmewunsch entsprechen. Dabei bleibt es jedoch ihm überlassen, ob er seine Geräte zum Verkauf oder zur Vermietung anbieten möchte. Es muss für jedes einzelne Gerät ein Verkaufspreis oder ein Mietpreis angegeben werden. Alternativ genügt auch ein Verweis auf eine öffentlich zugängliche aktuelle Preisliste.

Der neue Messstellenbetreiber kann das Angebot vollständig oder (teilweise) annehmen. Dazu sendet er eine Bestellung mit den Geräten, die er zu den genannten Konditionen übernehmen möchte, an den alten Messstellenbetreiber. Der alte Messstellenbetreiber bestätigt die Bestellung und teilt dem neuen Messstellenbetreiber die Stammdaten der übernommenen Geräte mit. Die Abrechnung der Miete bzw. des Verkaufs der Geräte ist nicht Bestandteil dieses Prozesses.

Kündigung der Messung

Analog zum Prozess »Kündigung Messstellenbetrieb« hat auch der Prozess »Kündigung Messung« lediglich zivilrechtliche Bedeutung und ist aus Sicht der energiewirtschaftlichen Zuordnung optional.

Der Prozess besteht aus einer Kündigung, die der neue Messdienstleister im Namen des Kunden dem alten Messdienstleister zukommen lässt. Der alte Messdienstleister kann nach Prüfung der Kündigung in solchen Fällen mit einer Ablehnung reagieren, in denen er nicht der Erbringer der gekündigten Leistung ist.

In allen anderen Fällen muss er die Kündigung bestätigen. Dabei hat er allerdings die Möglichkeit – gemäß bestehender Vertragslaufzeiten mit dem Kunden – die Kündigung zu einem abweichenden Termin zu bestätigen. Dadurch kann er allerdings nur seine zivilrechtlichen Ansprüche anzeigen, und der neue Messdienstleister wird dadurch nicht daran gehindert, unabhängig vom bestätigten Kündigungstermin bereits zu einem früheren Zeitpunkt die Messdienstleistung zu übernehmen.

Beginn der Messung

Der Prozess »Beginn Messung« wird in den Fällen verwendet, in denen ein Marktteilnehmer lediglich die Messdienstleistung anmelden möchte. Bei einer Anmeldung von Messdienstleistung und Messstellenbetrieb müssen Sie den Prozess »Beginn Messstellenbetrieb« wählen und zusätzlich den Übernahmewunsch der Messdienstleistung in diesem Rahmen anzeigen. Dies ist typischerweise bei elektronisch ausgelesenen Zählern (z. B. bei einem Smart Meter) der Fall.

Der Prozess startet mit der Anmeldung der Messdienstleistung des neuen Messdienstleisters beim Netzbetreiber. Dieser prüft die Anmeldung und antwortet entweder mit einer Ablehnung oder mit einer Bestätigung der Anmeldung. Im Falle einer Ablehnung muss er den Grund für die Ablehnung mitteilen. Mögliche Gründe sind beispielsweise die Verletzung von Fristen oder das Fehlen eines Rahmenvertrags. Kein Ablehnungsgrund ist hingegen die Erbringung der Messdienstleistung durch einen dritten Dienstleister, der einen Laufzeitvertrag mit dem Kunden bzw. Netzbetreiber geschlossen hat.

Sollten keine Gründe für eine Ablehnung vorliegen, bestätigt der Netzbetreiber die Anmeldung. Im Rahmen der Anmeldebestätigung werden dem neuen Messdienstleister vom Netzbetreiber der gewünschte Ableseturnus sowie die Sollablesetermine mitgeteilt. Darüber hinaus erhält er Informationen über die anderen Marktteilnehmer, die an diesem Zählpunkt Leistungen erbringen (z. B. Lieferant und Messstellenbetreiber).

Der Netzbetreiber nimmt nach der Bestätigung der Anmeldung die versorgungswirtschaftliche Zuordnung des neuen Messdienstleisters zum angemeldeten Zählpunkt vor. Über diese Zuordnung informiert er anschließend den neuen Messdienstleister, den alten Messdienstleister und den Lieferanten.

Ende der Messung

Der Prozess »Ende Messung« wird in den Fällen verwendet, in denen zuvor nur die Messdienstleistung erbracht worden ist. Darüber hinaus kann er auch genutzt werden, falls derzeit zusätzlich der Messstellenbetrieb durchgeführt wird und auch weiterhin durchgeführt werden soll. Dies ist allerdings nur dann möglich, wenn es sich nicht um einen elektronisch ausgelesenen Zähler handelt. Falls neben der Messung auch der Messstellenbetrieb beendet werden soll, ist der Prozess »Ende Messstellenbetrieb (inkl. Messung)« zu verwenden.

Zu Beginn des Prozesses sendet der aktuelle Messdienstleister die Abmeldung an den Netzbetreiber. Dieser prüft die Abmeldung und antwortet mit einer Ablehnung oder Bestätigung der Abmeldung. Ein Grund für eine Ablehnung kann hierbei z. B. ein elektronisch ausgelesener Zähler in der Messstelle sein, der den gleichen Dienstleister für Messung und Messstellenbetrieb erfordert.

Bei Bestätigung der Abmeldung wird dem Messdienstleister das Abmeldedatum vorläufig bestätigt. Sollte sich eine Prozessüberschneidung mit dem Prozess »Beginn Messung« bzw. »Beginn Messstellenbetrieb einschließlich Messung« ergeben, kann sich eine Verschiebung des Abmeldetermins ergeben, um eine lückenlose Leistungserbringung an dem betroffenen Zählpunkt zu gewährleisten. Der Beginn-Prozess hat in diesem Fall hinsichtlich des tatsächlichen Wechseldatums Vorrang.

Zum Wechseldatum ordnet der Netzbetreiber den neuen Messdienstleister dem Zählpunkt zu. Sollte keine Anmeldung eines dritten Messdienstleisters vorliegen, übernimmt der Netzbetreiber die Messdienstleistung selbst im Rahmen seiner Grundzuständigkeit. Dann informiert der Netzbetreiber den alten Messdienstleister, den Lieferanten und gegebenenfalls den neuen Messdienstleister über die Zuordnung eines neuen Messdienstleisters bzw. die Ausführung der Messdienstleistung im Rahmen der Grundzuständigkeit.

8.3.2 Abbildung der Prozesse mit IDEX-GM

Für die Integration der Messwesen-Wechselprozesse in die SAP-Systemlandschaft steht die Komponente IDEX-GM (Intercompany Data Exchange for German Metering) zur Verfügung. Im Rahmen der Messwesen-Wechselprozesse lassen sich die Marktrollen des wettbewerblichen Messstellenbetreibers (MSB) bzw. Messdienstleisters (MDL) und des grundzuständigen (default) Messstellenbetreibers (dMSB) bzw. Messdienstleisters (dMDL) abbilden. Die Grundzuständigkeit für den Messstellenbetrieb und die Messdienstleistung obliegt dem VNB.

Bezüglich der in einem Mandanten abbildbaren Rollen existieren Restriktionen:

- Die Rollen MSB und MDL dürfen nicht im gleichen System wie die Rolle des Netzbetreibers abgebildet werden.
- Zudem dürfen die Rollen MDL und MSB nicht im gleichen Mandanten abgebildet werden wie die Rollen dMDL und dMSB.

Daraus ergibt sich in der Regel, dass die Rollen dMDL und dMSB im System des Netzbetreibers abgebildet werden und die Rollen MDL und MSB im System des Lieferanten.

Der Einsatz von IDEX-GM hat Auswirkungen auf das Vertragsmodell. Bisher ist häufig das *Ein-Vertragsmodell* verwendet worden, d. h., es ist nur der Liefervertrag abgebildet worden. Die Abbildung der Marktrollen *Messstellenbetreiber* und *Messdienstleister* erfolgt in diesem Modell häufig über nicht abrechenbare Services am Versorgungsszenario.

Mit der Einführung von IDEX-GM auf Lieferantenseite empfiehlt sich die Umstellung auf ein *Drei-Vertragsmodell*, um den Messdienstleistervertrag und den Messstellenbetreibervertrag unabhängig von dem Liefervertrag abrechnen zu können.

Verwendung des Drei-Vertragsmodells [zB]

Dies kann z. B. dann erforderlich werden, wenn der Kunde einen Energieversorger nur mit der Messdienstleistung oder dem Messstellenbetrieb beauftragt. Ebenso könnten der Liefervertrag und die Messstellenverträge unterschiedliche Laufzeiten haben, sodass eine Einzelabrechnung der Leistungen erforderlich wird, weil ein Teil der Verträge bei einer späteren Abrechnung bereits beendet ist.

Auf der Seite des Netzbetreibers kann auf die Umstellung auf ein Mehr-Vertragsmodell im Allgemeinen verzichtet werden, da der Messstellenbetrieb und die Messdienstleistung in der Regel lediglich im Rahmen der Grundzuständigkeit erbracht wird.

Darüber hinaus ist durch die Einführung der Marktrollen häufig eine Anpassung der Abrechnung notwendig, um die Erbringung von Messdienstleistung und Messstellenbetrieb gegenüber dem Lieferanten zu berücksichtigen. Mit IDEX-GM werden auch Prozesse und Datenaustauschformate ausgeliefert. Die Annexprozesse der WiM sowie der Prozess »Übernahme von Messeinrichtungen« sind derzeit nicht Bestandteil der Komponente. In Abbildung 8.36 ist eine Übersicht der durch IDEX-GM unterstützten Prozesse dargestellt.

Im Folgenden werden zunächst die grundlegenden technischen Neuerungen in IDEX-GM gegenüber IDEX-DE vorgestellt. Anschließend gehen wir auf die Implementierung der Komponente und deren Customizing ein.

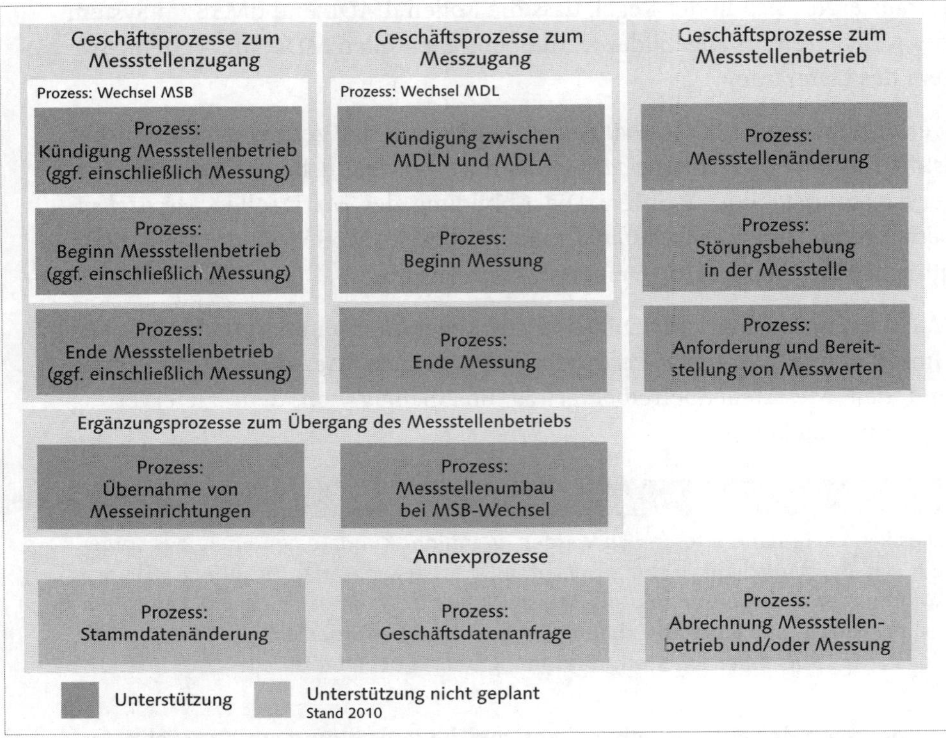

Abbildung 8.36 Übersicht der durch IDEX-GM unterstützten Prozesse (Quelle: SAP)

Technische Konzepte

Mit IDEX-GM führt SAP drei wesentliche technische Neuerungen in die IDEX-Komponente ein, die einer stärkeren Modularisierung der Prozesse dienen und somit eine höhere Flexibilität und einen geringeren Aufwand im Hinblick auf individuelle Anpassungen zur Folge haben.

1. **Neue Workflow-Philosophie**

   In der Vergangenheit ließen sich individuelle Anpassungen an den Workflows, die mit dem Standard ausgeliefert wurden, nur durch eine Kopie des Originals und die anschließende Veränderung dieser Kopie verwirklichen. Dadurch ist der Standard zumeist verlassen worden, und man konnte von Neuerungen dieser Standardprozesse nicht profitieren bzw. musste eine neue Kopie anfertigen und die Anpassungen erneut durchführen.

   Die neue Workflow-Philosophie hingegen basiert auf einem zweistufigen Konzept, das aus Master- und Subworkflows besteht:

- Der Masterworkflow beschreibt den grundlegenden Prozess. Er gruppiert die einzelnen Subworkflows und bestimmt deren Reihenfolge. Anpassungen an diesem Masterworkflow sind in der Regel nicht erforderlich.
- Zur Realisierung der individuellen Anforderungen lässt sich jeder einzelne Subworkflow durch eine individuelle Implementierung ersetzen. Dabei können Sie über das Customizing definieren, ob für einen bestimmten Workflow-Schritt des Masterworkflows der Standard-Subworkflow oder eine eigene Ausprägung verwendet werden soll. Je nach Gestaltung der eigenen Workflows lassen sich so eigene Subworkflows in mehreren Prozessen nutzen, um beispielsweise die gleichen Aktivitäten in unterschiedlichen Prozessen einheitlich abzuwickeln.

Insbesondere können spätere Anpassungen auf diese Weise an einer zentralen Stelle durchgeführt werden. Dadurch reduziert sich gleichzeitig der Aufwand für später durchzuführende Anpassungen.

2. **Einführung von Geschäftsaktionen in die Wechselprozesse**
   Ähnlich wie die neue Workflow-Philosophie dienen auch die Geschäftsaktionen einer stärkeren Modularisierung der Prozesse und somit einer besseren Wiederverwendbarkeit. Die Implementierungen der Geschäftsaktionen sind in separaten Klassen gekapselt und werden innerhalb der Standard-Workflows ausgeführt. Per Customizing lassen sich diese Implementierungen austauschen.

   Das klassenbasierte Konzept ermöglicht mittels Vererbungsbeziehungen die Nutzung der jeweiligen Standardimplementierung innerhalb der eigenen Implementierung. Dadurch können Sie automatisch von Neuerungen in den Standardgeschäftsfunktionen profitieren. Zudem lassen sich eigene Geschäftsfunktionen definieren, um die in verschiedenen Workflows benutzten Funktionalitäten zu kapseln.

3. **Erweitertes Prüf-Framework**
   Das erweiterte Prüf-Framework baut auf dem vorhandenen IDEX-Prüf-Framework auf, bietet aber eine größere Flexibilität bei der Einrichtung von Prüfungen und eine einfachere Wiederverwendbarkeit von definierten Prüfungen in unterschiedlichen Kontexten. Dazu werden neben den bisher bekannten Prüfungen die beiden Konstrukte *Prüfanwendung* und *Prüfungsgruppe* eingeführt.

   - Eine *Prüfungsgruppe* fasst mehrere Prüfungen zusammen und gruppiert die Ergebnisse der Einzelprüfungen. Eine Prüfungsgruppe kann mehreren Prüfanwendungen zugeordnet werden.

- Eine *Prüfanwendung* kann zudem mehrere Prüfungsgruppen verwenden. In der Prüfanwendung wird die Ausnahmebehandlung beim Auftreten von bestimmten Prüfergebnissen definiert.

Einrichten von IDEX-GM

Es würde den Rahmen dieses Buches sprengen, die Einrichtung von IDEX-GM an dieser Stelle vollständig zu beschreiben: Dennoch werden im Folgenden ein paar Hinweise gegeben, die beim Einrichten zu beachten sind.

Zunächst muss die Geschäftsfunktion ISU_MCOMM1 (Flexibilisierung des IDE) mit der Transaktion SWF5 (Switch Framework) aktiviert werden. Anschließend müssen die spezifischen BAdI-Implementierungen eingeschaltet werden. Der bequemste Weg hierfür ist die Customizing-Aktivität SYSTEM VORBEREITEN im Customizing-Pfad BRANCHENKOMPONENTE VERSORGUNGSINDUSTRIE • UNTERNEHMENSÜBERGREIFENDER DATENAUSTAUSCH • EINSTELLUNGEN FÜR MESSSTELLENBETREIBER.

Darüber hinaus muss die Kommunikation von IDEX-GM mit anderen Systemen eingerichtet werden. Hierzu muss zunächst in der ALE-Schicht das Mapping der IDoc-Basistypen auf die logischen IDEX-GM-Nachrichten eingerichtet werden. Dies gelingt mithilfe der Transaktionen WE20 (Partnervereinbarungen) und WE57 (Zuordnung Nachrichten zu Anw.-Objekt). Anschließend müssen Sie für die logischen Nachrichten die Implementierung der Formatklassen für eingehende und ausgehende Nachrichten festlegen. Für eingehende Nachrichten gelingt dies mithilfe der Transaktion /IDEXGM/IN_VC (Versand von Nachrichten im Eingang) und für ausgehende Nachrichten mittels der Transaktion /IDEXGM/OU_VCG (Allgemeiner Nachrichtenausgang).

Zusätzlich müssen die Partnerprofile für Ein- und Ausgangsverarbeitung eingerichtet werden. Dies gelingt mithilfe der Transaktion WE20. Darüber hinaus kann der IDEX-DE-Dispatcher eingeschaltet werden, um die IDEX-DE-Prozesse gemeinsam mit der Lösung IDEX-GM auszuführen. Den IDEX-DE-Dispatcher schalten Sie in der Customizing-Aktivität DISPATCHER FÜR IDEX-DE EINRICHTEN im Customizing-Pfad BRANCHENKOMPONENTE VERSORGUNGSINDUSTRIE • UNTERNEHMENSÜBERGREIFENDER DATENAUSTAUSCH • EINSTELLUNGEN FÜR MESSSTELLENBETREIBER • GRUNDEINSTELLUNGEN ein.

Customizing von IDEX-GM

Die Komponente IDEX-GM gehört zur übergeordneten Komponente IDEX und ist daher im Customizing unter dem Pfad BRANCHENKOMPONENTE VERSORGUNGSWIRTSCHAFT • UNTERNEHMENSÜBERGREIFENDER DATENAUSTAUSCH • EINSTELLUNGEN FÜR MESSSTELLENBETREIBER UND MESSDIENSTLEISTER zu finden.

Das Customizing ist in die vier Bereiche SYSTEM VORBEREITEN, GRUNDEINSTELLUNGEN, PROZESS-WORKFLOWS DEFINIEREN und BUSINESS ADD-INS FÜR MESSSTELLENBETREIBER UND MESSDIENSTLEISTER unterteilt. In Abbildung 8.37 ist eine Übersicht der Customizingeinstellungen dargestellt.

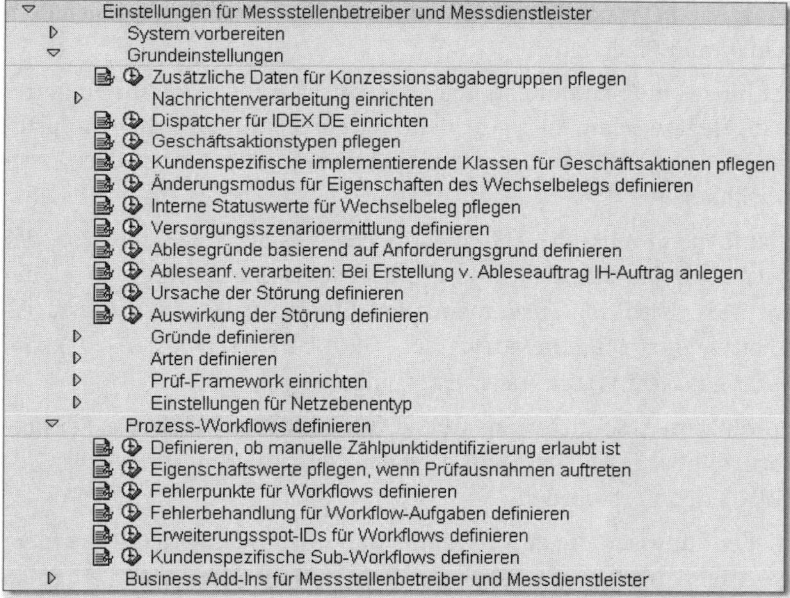

Abbildung 8.37 Customizingeinstellungen der Komponente IDEX-GM

Für das Customizing im Zweig BRANCHENKOMPONENTE VERSORGUNGSINDUSTRIE • UNTERNEHMENSÜBERGREIFENDER DATENAUSTAUSCH werden Standardeinstellungen ausgeliefert. Diese sollten auf jeden Fall überprüft und gegebenenfalls erweitert werden:

- Falls abweichende oder zusätzliche Gründe für das Starten von Wechselprozessen und deren Ablehnung definiert werden sollen, müssen Sie den Customizingpfad folgendermaßen fortsetzen und die Anpassungen unter EINSTELLUNGEN FÜR MESSSTELLENBETREIBER • GRUNDEINSTELLUNGEN • GRÜNDE DEFINIEREN vornehmen.

Analog dazu können abweichende oder zusätzliche Arten von Messstellenumbau, Störungen und Störungsbehebungen festgelegt werden. Dies geschieht über den Customizingpfad EINSTELLUNGEN FÜR MESSSTELLENBETREIBER • GRUNDEINSTELLUNGEN • ARTEN DEFINIEREN, den Sie anschließend wählen.

- Über die zusätzlichen Customizingpunkte SERVICES • SERVICEARTEN DEFINIEREN legen Sie die Servicearten für die verschiedenen Servicetypen fest. Die im Rahmen von IDEX-GM neu hinzugekommenen Servicetypen sind *Messstellenbetrieb* (M1) und *Messdienstleistung* (M2).

  Für die einzelnen Servicearten müssen anschließend die entsprechenden Datenaustauschprozesse eingerichtet werden. Dies gelingt mit der Customizing-Aktivität DATENAUSTAUSCH-PROZESSE DEFINIEREN, die Sie nach dem oben genannten Pfad wählen.
- Darüber hinaus müssen mit den neuen Servicearten neue Versorgungsszenarien angelegt werden. Dies geschieht, indem Sie die zusätzlichen Customizingaktivitäten VERSORGUNGSSZENARIEN • VERSORGUNGSSZENARIEN DEFINIEREN wählen.

  Darauf aufbauend muss das Zielszenario auf Basis des Quellszenarios, der Wechselart, der Wechselsicht und des Dienstleistungsumfangs abgeleitet werden. Dazu wird der Customizingpfad EINSTELLUNGEN FÜR MESSSTELLENBETREIBER UND MESSDIENSTLEISTER • GRUNDEINSTELLUNGEN • VERSORGUNGSSZENARIOERMITTLUNG DEFINIEREN angehängt.
- Für die einzelnen Servicearten müssen anschließend noch die Serviceanbietervereinbarungen auf Grundlage des Deregulierungsprozesses GM-METERING definiert werden.
- Anschließend müssen die zu verwendenden Fristen eingerichtet werden. Dies geschieht unter dem anschließend zu wählenden Customizingpfad PROZESSBEARBEITUNG • LIEFERANTENWECHSEL • FRISTENARTEN DEFINIEREN.
- Zum Schluss muss die Workflow-Definition pro Wechselsicht vorgenommen werden; wählen Sie hierzu im Anschluss PROZESSBEARBEITUNG • LIEFERANTENWECHSEL • WORKFLOW PRO WECHSELSICHT DEFINIEREN.

8.4 Migration aufgrund von Fusionen, neuen Konzessionsverträgen etc.

Nach den Systemtrennungen bei Energieversorgern wird die Anzahl der Datenbestand-Migrationen zwar abnehmen; nichtsdestotrotz wird es aufgrund der erhöhten Wettbewerbssituation weiterhin zu Fusionen und zur Auslagerung von Geschäftsprozessen (z. B. an Abrechnungsdienstleister) kommen – und hierbei sind wieder Migrationen vorzunehmen. Darüber hinaus laufen in den nächsten Jahren diverse Konzessionsverträge aus, sodass es zu Zu- und Abgängen im Netzbereich kommen wird.

Die Übernahme von Konzessionsverträgen ist in erster Linie ein Migrationsprojekt. Vergleichbar mit den Überlegungen im Vorfeld der Systemtrennungsprojekte (siehe Abschnitt 8.1.8) ist bei der Übernahme von Konzessionsverträgen zu bewerten, ob in ein neues System oder in ein bereits bestehendes System migriert werden soll.

Eine Migration bei Konzessionsvertragsübernahme unterscheidet sich allerdings wesentlich von einer Migration im Rahmen einer Systemtrennung, da bei der Konzessionsvertragsübernahme insbesondere die im Vorfeld unklare Datenbereitstellung (Format, Inhalt usw.) sowie die nicht vorhandene Historie von Daten (z. B. FI-Belege, Zählerwechsel, Tarifumstellungen usw.) zu beachten ist.

Bei einer Konzessionsvertragsübernahme ist die Datenübertragung zwischen dem vorherigen und dem neuen Konzessionsinhaber derzeit noch nicht verbindlich festgelegt. Der Austausch der relevanten Daten erfolgt bilateral zwischen dem alten und dem neuen VNB. Hier kann eine Vielzahl von Datenformaten zum Einsatz kommen, wie z. B. CSV, XML usw.

Bevor allerdings die Migrationsdaten vom alten an den neuen VNB übergeben werden, sind noch einige Schritte im Vorfeld abzuwickeln. Abbildung 8.38 zeigt ein Beispiel für einen Verlauf, insbesondere den Informationsfluss für die Marktpartner. Dies beginnt mit der Anmeldung eines neuen Bilanzierungsgebietes beim BIKO. Danach werden die Lieferanten schriftlich informiert, dass sich das Bilanzierungsgebiet für die von ihnen belieferten Zählpunkte ändert. Zudem werden mit dem Versand der Zuordnungsliste am 16. Werktag vor der Übernahme des Konzessionsvertrags die letzten Informationen für die Übernahme ausgetauscht.

Der alte und der neue Netzbetreiber haben nicht nur die aus Abbildung 8.38 ersichtlichen Informationspflichten gegenüber den Marktpartnern. Es muss auch eine Abstimmung zwischen dem alten und neuen VNB über den Datenaustausch, eine Testmigration, den Übergang der Marktkommunikation sowie den Parallelbetrieb erfolgen. Abbildung 8.39 zeigt ein Beispiel für die Abwicklung der Konzessionsübernahme zwischen altem und neuem VNB.

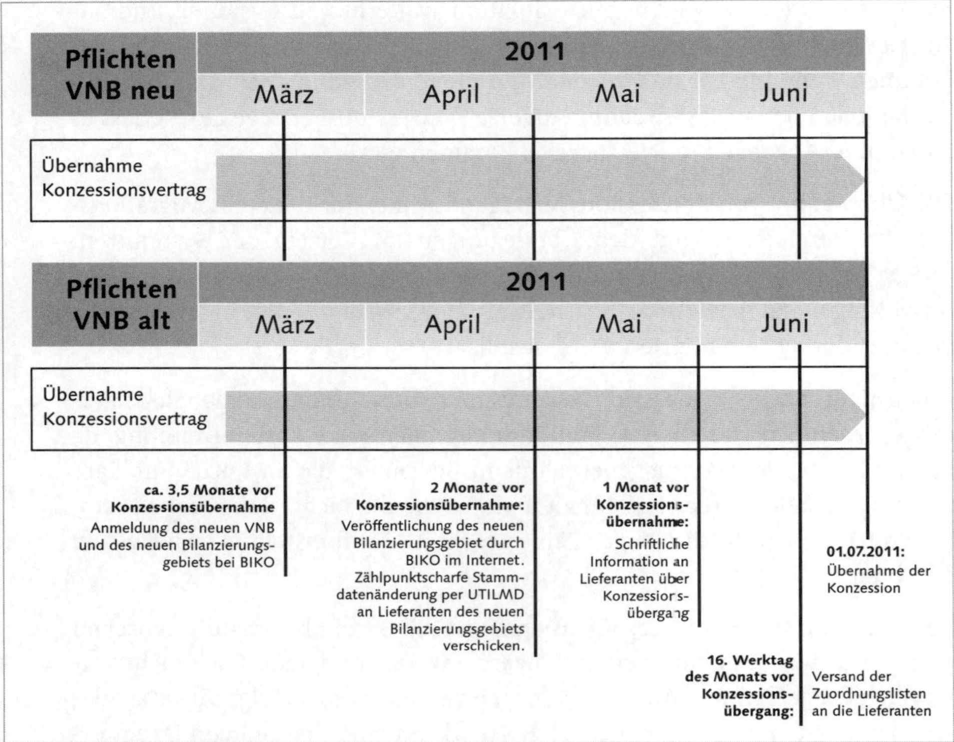

Abbildung 8.38 Vorbereitende Schritte der Konzessionsvertragsübernahme

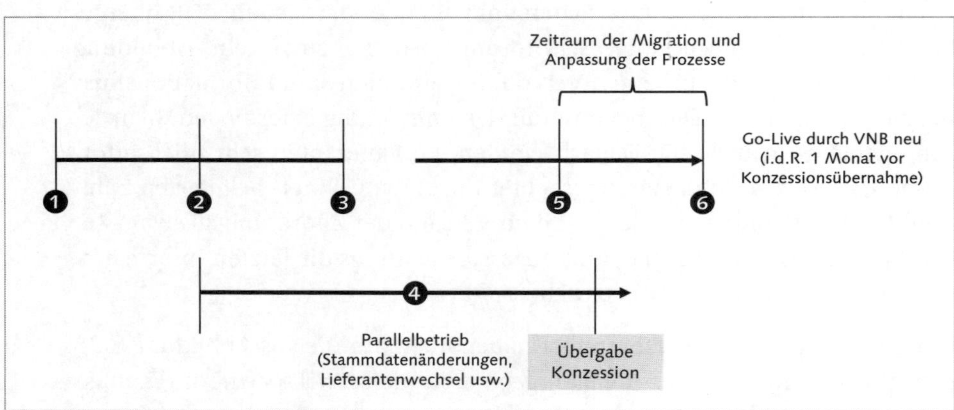

Abbildung 8.39 Vorbedingungen der Migration

❶ Datenabstimmung (Formate, Dateninhalte, Informationsumfang)

❷ Vorbereitung der Testmigration

❸ Durchführen der 1. Testmigration (gegebenenfalls 2. Test)

❹ Parallelbetrieb von VNB neu und VNB alt

❺ Übergabe der Migrationsdaten an VNB neu und Start der Migration

❻ Start der Marktkommunikation durch den neuen VNB

Bei einer Datenübernahme aufgrund eines neu gewonnenen Konzessionsgebietes und der damit nicht vorhandenen Beleghistorie (z. B. FI-Belege) ist eine Migration mit den SAP-Tools *Conversion Workbench* (CWB) bzw. *Contract Conversion Workbench* (CCW) nicht notwendig. Stattdessen kann mit der SAP-Migrationsworkbench (Transaktion EMIGALL) gearbeitet werden. Dies beschreiben wir im Folgenden.

Für eine Migration werden die gängigen Migrationsobjekte benötigt. Abbildung 8.40 gibt einen kurzen Überblick über diese.

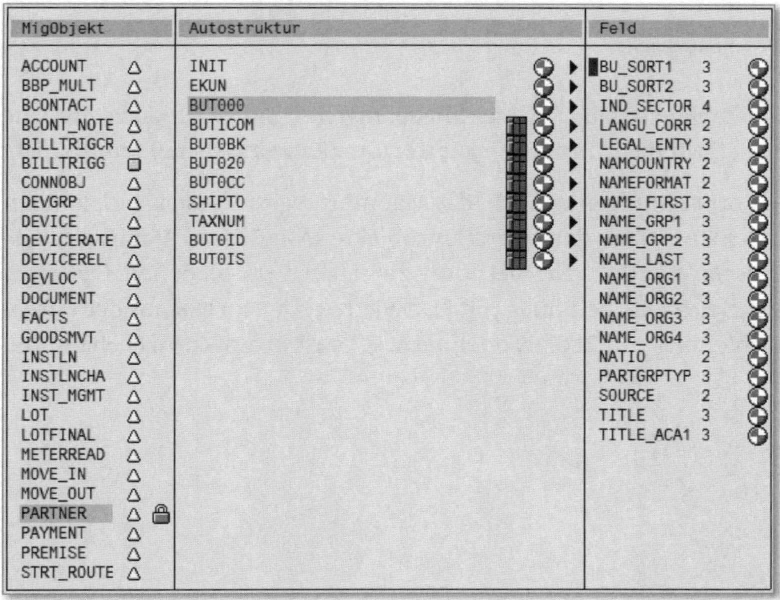

Abbildung 8.40 Migrationsobjekte

Eine große Anforderung, die sich aus der Migration ergibt, ist ein entsprechendes Mapping der Datenlieferung des alten VNB auf bereits vorhandene Daten – bzw. Festlegungen, wie noch nicht vorhandene Daten ausgeprägt werden sollen. Tabelle 8.4 zeigt ein Beispiel für das Mapping der Artikelnummern des alten VNB auf die Gerätetypen des neuen VNB.

Artikel-Nr.	Gerätetyp	Umsetzung
003000	neu anzulegen	
003001	neu anzulegen	
003020	neu anzulegen	
004000	neu anzulegen	
020000	10001153	alle Zähler
024000	10001154	alle Zähler
038000	10000009	alle Zähler
039500	10001155	alle Zähler
041000	10001156	alle Zähler
066000	10000234	alle Zähler

Tabelle 8.4 Mappingtabelle

Ähnliche Mappingvorgaben (Umschlüsselungen) sind u. a. auch für die Abrechnung (Tariftypen, Tarifdaten auf Geräte-/Zählwerksebene) erforderlich.

Sobald die Vorbereitungen wie z. B. das Mapping abgeschlossen sind, können für die einzelnen Felder der Migrationsobjekte (MigObject) Verarbeitungsarten definieren werden. Hierbei wird zwischen verschiedenen Optionen unterschieden: INITIAL, Befüllung mit FESTWERTEN, ÜBERGEBEN aus der Datenlieferung, Ableitung von REGELN oder die o. g. UMSCHLÜSSELUNG (siehe Abbildung 8.41).

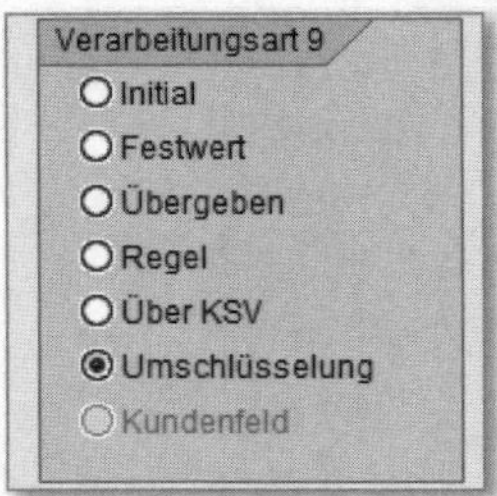

Abbildung 8.41 Verarbeitungsarten

Im Folgenden werden die einzelnen Verarbeitungsarten genauer beschrieben und Anwendungsbeispielen gegeben.

- **Initial**
  Für alle Migrationsobjekte, die mit der Verarbeitungsart Initial definiert sind, ordnet die Anwendung den im Dictionary definierten Ausgangswert zu. Es sind keine weiteren Parameter zu definieren (siehe Abbildung 8.42).

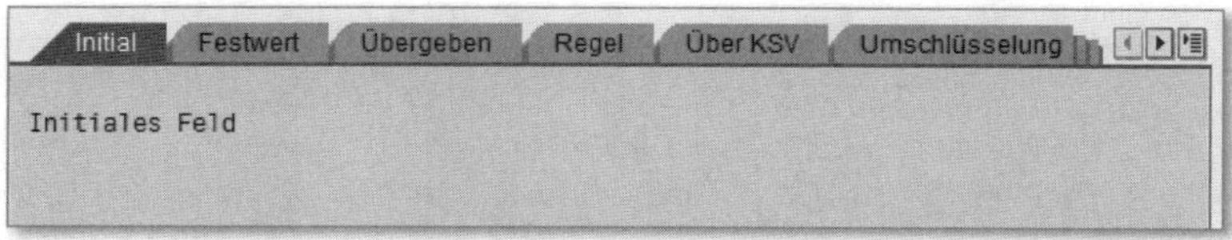

Abbildung 8.42 Verarbeitungsart »Initial«

- **Festwert**
  Diese Verarbeitungsart wird gewählt, um einen konstanten Wert an das entsprechende Feld zu übergeben. Hierzu muss ein Festwert definiert bzw. angelegt werden, der auch für andere Felder wiederverwendet werden kann. Das Beispiel in Abbildung 8.43 zeigt das Feld Transaktionswährung (WAERS) im MigObjekt DOCUMENT.

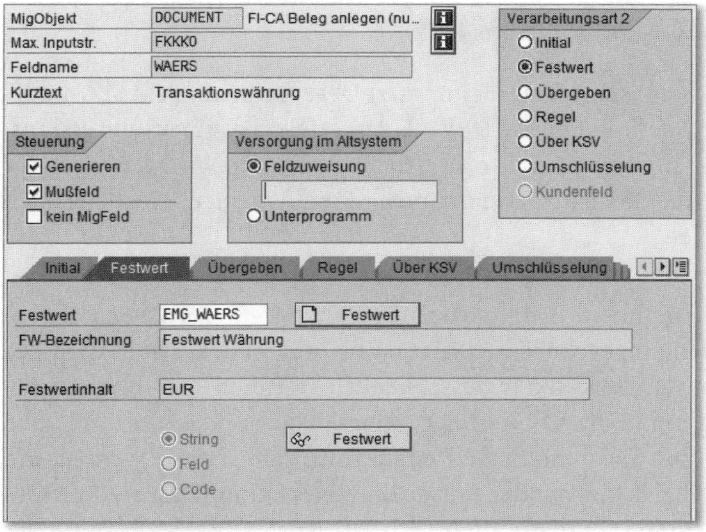

Abbildung 8.43 Verarbeitungsart »Festwert«

- **Übergeben**
  Das so definierte Feld wird beim Datenimport mit dem Wert aus der Importdatei versorgt. Es werden keine Konvertierungen oder sonstige Verarbeitungen durchgeführt; es können auch Eingabehilfen genutzt werden, wenn für dieses Feld eine Suchhilfe definiert wurde.

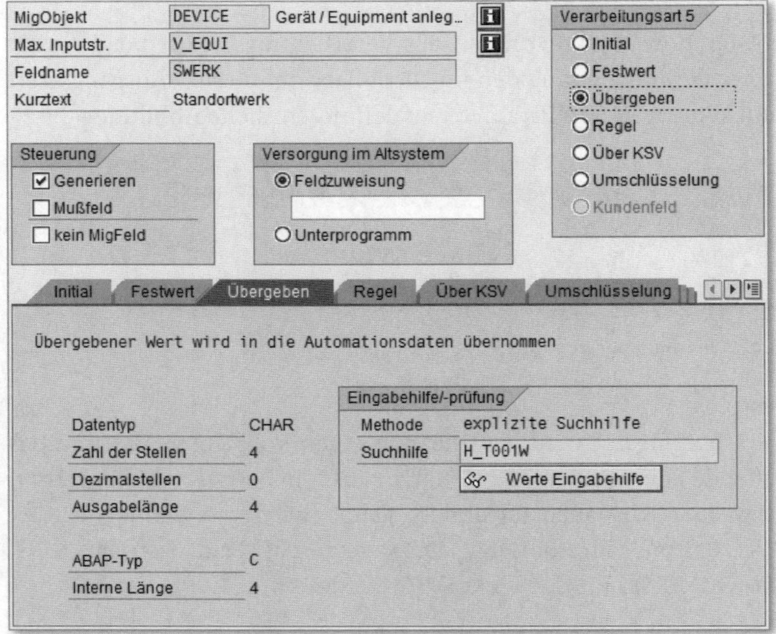

Abbildung 8.44 Verarbeitungsart »Übergeben«

In Abbildung 8.44 ist die Verarbeitungsart ÜBERGEBEN am Feld STANDORTWERK (SWERK) des MigObjects DEVICE dargestellt; bei einer Konzessionsübernahme ist dies die häufigste Verarbeitungsart. Sie wird z. B. auch für Serialnummern, Geschäftspartnernamen, Straßennamen, Postleitzahlen usw. verwendet.

- **Regel**
  Das als REGEL definierte Feld (siehe Abbildung 8.45) wird beim Datenimport mit dem angegebenen ABAP-Coding verarbeitet. Dabei wird der Wert aus der Kundenstruktur ausschließlich mit dem hier hinterlegten ABAP-Coding verarbeitet. Es erfolgt keinerlei weitere Aktion mit dem Inhalt des Feldes. Das hinterlegte Coding kann z. B. genutzt werden, um aus dem jeweiligen Tariftyp der Anlage die Abrechnungsklasse (AKLASSE) des MigObjekt INSTLN zu ermitteln.

- **Über-KSV-Wert**
  Beim Datenimport wird das als ÜBER KSV definierte Feld aus der Key- und Statusverwaltung versorgt. Dabei wird der aus der Importdatei übertragene Wert in diesem Feld als Schlüssel für das im Datenmodell übergeordnete Migrationsobjekt interpretiert.

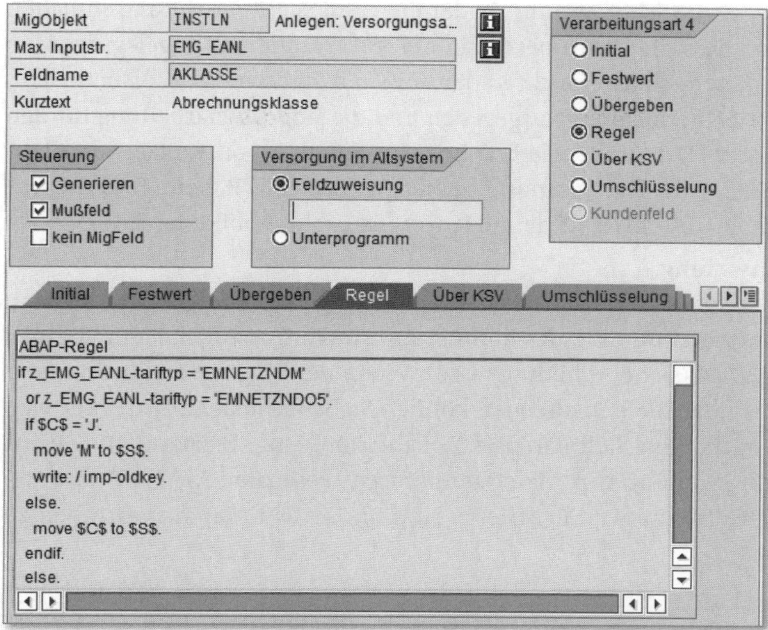

Abbildung 8.45 Verarbeitungsart »Regel«

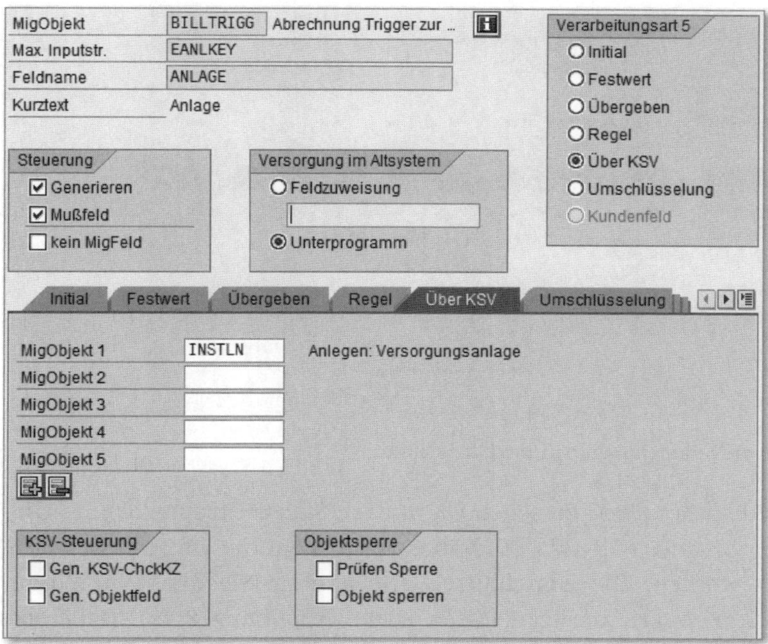

Abbildung 8.46 Verarbeitungsart »Über KSV«

Der angegebene Schlüssel muss in der Key- und Statusverwaltung enthalten sein, d. h., dass die Daten bereits in der IS-U-Datenbank angelegt worden sind. Ist dieser Schlüssel nicht in der Key- und Statusverwaltung enthalten, wird eine Fehlermeldung ausgegeben und die Importverarbeitung für den vorliegenden Datensatz abgebrochen. Im Rahmen von Konzessionsübernahmen kann der Datenimport über den KSV-Wert z. B. beim Feld ANLAGE im MigObjekt BILLTRIGG definiert werden (siehe Abbildung 8.46).

- **Umschlüsselung**
  Das als UMSCHLÜSSELUNG definierte Feld ersetzt den übergebenen Wert in der Importdatei mithilfe des definierten Umschlüsselobjekts durch einen anderen Wert (siehe Abbildung 8.47). Wenn der Eingabewert nicht in der Umschlüsseltabelle enthalten ist, können Sie verschiedene Arten der weiteren Verarbeitung definieren (z. B. Fehlermeldung, Ersatzwert). Dies ist u. a. beim Mapping von Materialnummern (Feldname MATNR) im MigObjekt DEVICE notwendig. Hierzu sind im Vorfeld Mappingvorgaben zu erstellen.

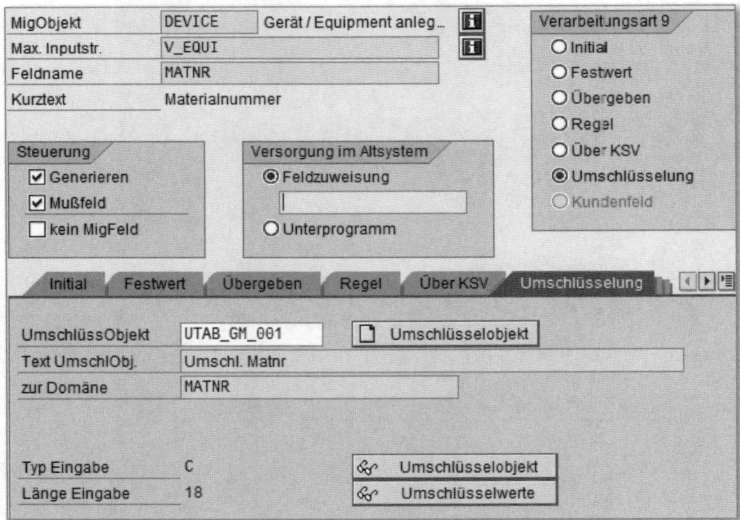

Abbildung 8.47 Verarbeitungsart »Umschlüsselung«

Wie in Abbildung 8.48 zu sehen ist, müssen Sie ein entsprechendes Umschlüsselobjekt (UTAB_GM_001) anlegen, in dem die Umschlüsselwerte definiert werden. Die Umschlüsselwerte können Sie über den Button UMSCHLÜSSELWERTE anzeigen lassen (siehe Abbildung 8.49). Dabei bestimmt die ausgewählte Domäne das Format der Ausgabewerte eines Umschlüsselobjekts.

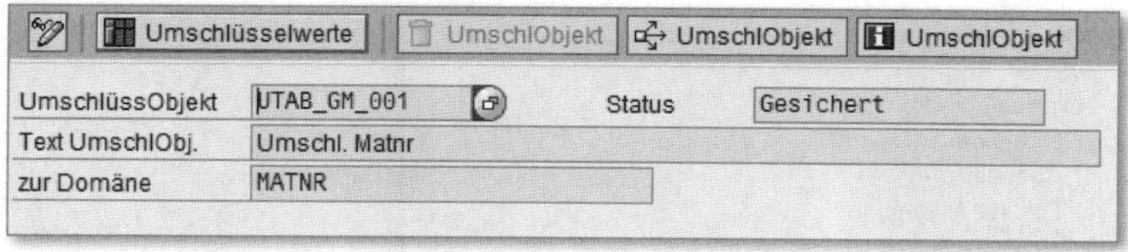

Abbildung 8.48 Umschlüsselobjekt

Unter den Umschlüsselwerten werden dann die Parameter der Mappingtabelle (siehe Tabelle 8.4) hinterlegt. Dadurch werden die Werte der Importdatei auf die entsprechenden Materialnummern in IS-U gemappt.

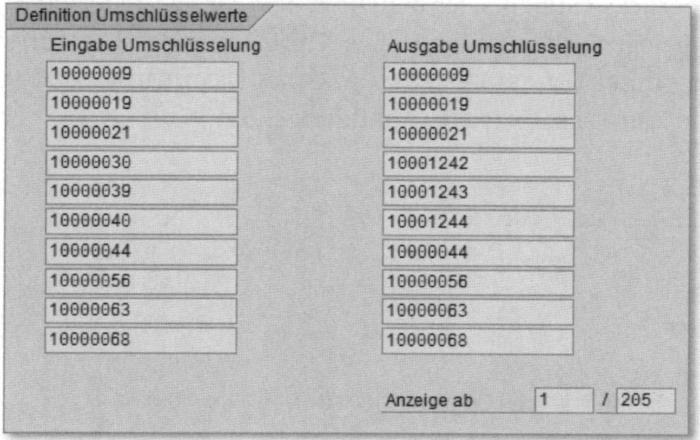

Definition Umschlüsselwerte

Eingabe Umschlüsselung	Ausgabe Umschlüsselung
10000009	10000009
10000019	10000019
10000021	10000021
10000030	10001242
10000039	10001243
10000040	10001244
10000044	10000044
10000056	10000056
10000063	10000063
10000068	10000068

Anzeige ab 1 / 205

Abbildung 8.49 Mappingtabelle

Die vorbereitenden Maßnahmen bzw. das Einstellen der SAP-Migrationsworkbench ist somit vorgenommen. Sie sollten nun eine Testmigration durchführen und die daraus gewonnenen Erkenntnisse einarbeiten.

Im Folgenden greifen wir grundlegende Fragestellungen bei der Übernahme von Konzessionsgebieten auf und geben Lösungsansätze für die Abbildung von unterschiedlichen Konzessionsgebieten in einem System.

Eine der grundlegenden Fragestellungen betrifft z. B. die Entscheidung, ob ein eigenes Standortwerk für das neue Konzessionsgebiet eingerichtet werden soll. Hierdurch wird die Strukturierung von technischen Objekten (wie z. B. Zählern) erleichtert und eine einfachere Selektion bzw. Auswertbarkeit ermöglicht.

Die Einrichtung des Standortwerkes erfolgt im Customizing unter Unternehmensstruktur • Definition • Logistik Allgemein • Werk definieren, kopieren, löschen, prüfen (siehe Abbildung 8.50).

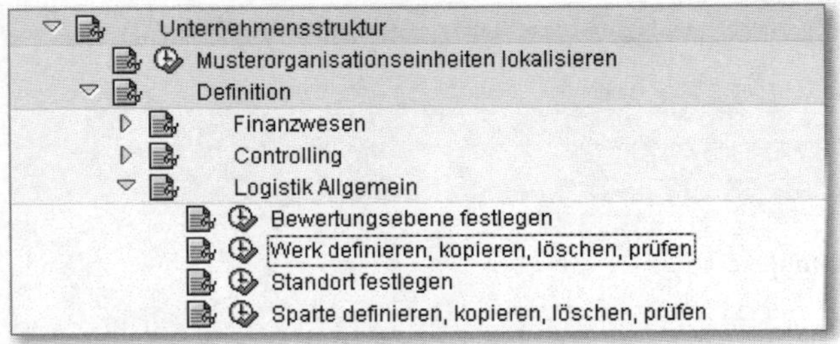

Abbildung 8.50 Einrichten des Standortwerkes

Sollte ein eigenes Standortwerk aufgebaut werden, ist dies bei den Lagerorten für die Geräte zu berücksichtigen. Dies bedeutet, dass für das neue Standortwerk Lagerorte angelegt werden müssen. Die Einrichtung der Lagerorte erfolgt im Customizing unter UNTERNEHMENSSTRUKTUR • DEFINITION • MATERIALWIRTSCHAFT • LAGERORT PFLEGEN (siehe Abbildung 8.51).

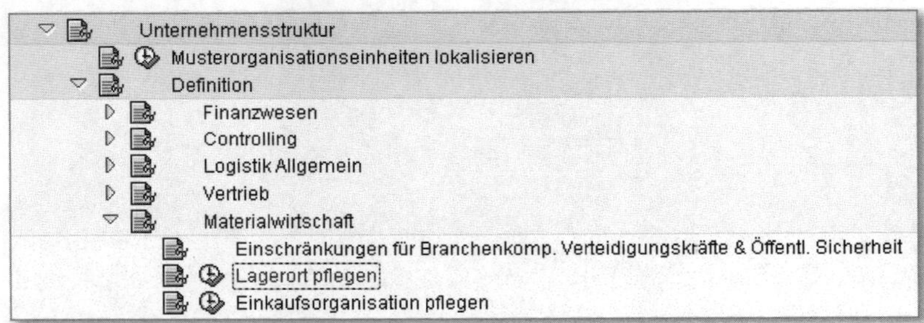

Abbildung 8.51 Einrichten der Lagerorte

Bei den bisherigen Konzessionsübernahmen hat sich der Aufbau eines eigenen Standortwerkes bewährt. Als Nachteil ist hierbei jedoch zu erwähnen, dass aufgrund der Verbindung des Gerätes zum Standortwerk schon beim Materialeingang klar sein muss, in welches Standortwerk das jeweilige Gerät gebucht werden muss.

Um auch buchhalterisch eine Trennung zwischen dem »Bestandsnetz« und dem neuen Konzessionsgebiet herzustellen, ist es sinnvoll, einen weiteren Buchungskreis zu nutzen. Dieses Vorgehen wird analog zu dem separaten Standortwerk für die technischen Daten gewählt. Es sorgt ebenfalls für eine klare Abgrenzung und erleichtert die Auswertbarkeit.

Der neue Buchungskreis kann im Customizing unter UNTERNEHMENSSTRUKTUR • DEFINITION • FINANZWESEN • BUCHUNGSKREIS BEARBEITEN... angelegt werden (siehe Abbildung 8.52).

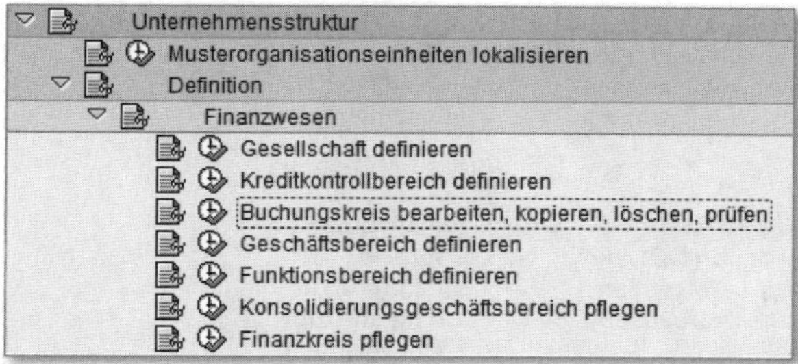

Abbildung 8.52 Anlegen des neuen Buchungskreises

Darüber hinaus sind durch den neuen Buchungskreis noch weitere Anpassungen, wie z. B. die Zuordnung des Buchungskreises zu einer Gesellschaft oder einem Umsatzsteuerkreis, sowie die Definition von Kontenfindungsmerkmalen vorzunehmen. Auf die einzelnen Customizingeinstellungen gehen wir an dieser Stelle nicht ein.

8.5 Harmonisierung und Outsourcing

Der steigende Wettbewerbsdruck und die durch die Marktliberalisierung sinkenden Deckungsbeiträge zwingen Energieversorger zur Harmonisierung und Standardisierung von Geschäftsprozessen – und unter Umständen sogar zum Outsourcing. Der Ablauf und die Ziele der Harmonisierungs- und Outsourcing-Anstrengungen können dem Beispiel aus Abbildung 8.53 entnommen werden.

Im weiteren Verlauf des Abschnitts werden mögliche Harmonisierungs- und Outsourcing-Ansätze für die folgenden Bereiche vorgestellt. Zur Erläuterung der Funktionen sei auf die jeweiligen Abschnitte in diesem Buch verwiesen:

- Marketing und Kundengewinnung (siehe Abschnitt 10.1)
- Kundenservice
- Geräteverwaltung und Ablesung (siehe Abschnitt 6.3)
- Marktkommunikation (siehe Abschnitt 6.7)
- Energiedatenmanagement (kein Outsourcing, siehe Abschnitt 5.6.3)
- Abrechnung und Fakturierung (siehe Abschnitt 6.5)
- Vertragskontokorrent, Forderungsmanagement (siehe Abschnitt 5.5)
- Reporting, Berichtswesen (siehe Abschnitt 7.4)
- Dokumentenmanagement (nicht Inhalt des vorliegenden Buches)

❶ Zentralisierung
»Zentralisierung der Abrechnungs-/ Serviceaufgaben«
❷ Harmonisierung
»Harmonisierung der Plattform«
❸ Outsourcing
»Outsourcing und Drittgeschäft«
Abrechnungs- und Kundenserviceaufgaben der Lieferanten sowie Netze auf einer Plattform bündeln:
▪ Aufgabe und Organisation zentralisieren
▪ Harmonisierung durch Zentralisierung vorbereiten
Zentrale IT- und Prozesslandschaft effizient in folgenden Bereichen aufbauen:
▪ IT-Plattform
▪ Geschäftsprozesse
▪ Aufbau von skalierbaren Massenprozessen
Gesamte Wertschöpfungskette effizient in folgenden Bereichen aufbauen:
▪ Wertschöpfungstiefe
▪ Steigerung der Produktivität
▪ Geschäftsprozess-Outsourcing
▪ Vermarktung der Leistung an Dritte (Energieversorger, Sonstige)
▪ weitere Skaleneffekte erzielen
▪ Kostensituation stetig verbessern und Wettbewerbsfähigkeit steigern

Abbildung 8.53 Schematischer Ablauf und Ziele von Harmonisierung und Outsourcing

In der Regel ist die Harmonisierung eine notwendige Voraussetzung und/oder Konsequenz der Auslagerung von IT und/oder Geschäftsprozessen. Für die Umsetzung der einzelnen Maßnahmen sei auf die jeweiligen Kapitel und Abschnitte in diesem Buch verwiesen.

8.5.1 Harmonisierung

Das Ziel der Harmonisierungsbemühungen bei Energieversorgern ist es, gleichartige Prozesse mit einer einheitlichen IT-Struktur aufzubauen. In diesem Rahmen werden Prozesse und Strukturen im Umfeld der SAP-Zielarchitektur vereinheitlicht und optimiert; dabei ist die Gesetzeskonformität gegenüber der Bundesnetzagentur sicherzustellen.

Die Harmonisierung von Geschäftsprozessen setzt u. a. an folgenden Stellen an:

- dort, wo häufige Wiederholungen eines Vorgangs vorkommen
- an zu kostenintensiven Prozessen
- an rechtlichen Vorgaben
- wo es zur Auslagerung/Zentralisierung von Geschäftsprozessen kommt

Darüber hinaus ist es ein Ziel der Prozessharmonisierung, eine einheitliche Auskunft/Information über alle Kanäle (persönlich, Internet, mobil etc.)

bereitzustellen. Technisch gesehen, ist hier eine einheitliche Geschäftslogik abzubilden (z. B. bei Produktvorschlägen, Rechnungssimulationen). Wenn sich z. B. ein Kunde einen Produkt-/Tarifvorschlag über das Internet berechnen lässt, sollte er hier das gleiche Ergebnis bekommen wie bei einer Anfrage im Servicecenter.

Grundsätzlich hat die Bundesnetzagentur ebenfalls für die Vereinheitlichung von Geschäftsprozessen gesorgt (z. B. bei der Martkkommunikation: Formate, Fristen). Diese Vorgaben sind nicht Inhalt des vorliegenden Kapitels. Sie gelten hier als vorausgesetzt. Im Folgenden gehen wir auf einzelne Bereiche der Harmonisierung von Geschäftsprozessen ein. Die Auswahl der zu harmonisierenden Geschäftsprozesse ist unternehmensindividuell. Geschäftsstrategische Entscheidungen spielen bei der Auswahl der Geschäftsprozesse eine wesentliche Rolle.

Die Harmonisierung von Geschäftsprozessen kann über unterschiedliche *Methoden und Vorgehensweisen* erfolgen: angefangen bei der Anpassung einzelner Geschäftsprozesse, bis hin zur kompletten Neuerstellung einer System- und Geschäftsprozesslandschaft mit Migration der Business-Objekte. Aufgrund der strategischen Wirkung eines Harmonisierungsprojekts kommt der (Prozess-)Analyse zu Beginn des Vorhabens eine besondere Rolle zu.

Häufig wird im Rahmen von Harmonisierungsprojekten ein Template-Ansatz genutzt. Dieser kann von einzelnen Komponenten (z. B. SAP CRM) oder auch Marktrollen – wie Netzbetreiber, MSB/MDL oder Lieferanten – veranlasst sein. Es könnte z. B. ein weiterer Lieferant in das System einer Abrechnungsgesellschaft migriert werden, und dabei könnten seine Geschäftsprozesse an das Template angepasst werden. Darüber hinaus kann ein Netz-Template zur Abbildung der Geschäftsprozesse verschiedener Netzgesellschaften angeboten werden, um Kostensenkungspotenziale zu erschließen. Im Rahmen von Harmonisierungsprojekten muss in der Regel eine Entscheidung bezüglich der Migration der Business-Objekte gefällt werden.

Marketing

Im Bereich Marketing stehen die Aufgaben der Kundengewinnung und Kundenbindung immer mehr im Vordergrund. Die Liberalisierung des Marktes zwingt Energieversorger zum Einsatz der marketingpolitischen Instrumente (der Produkt-, Preis-, Distributions- und Kommunikationspolitik). Unter der Prämisse, den Deckungsbeitrag zu optimieren, müssen diese marketingtechnischen Möglichkeiten bestmöglich ausgeschöpft werden. Das heißt auch, dass diese Instrumente gleichzeitig kostengünstig eingesetzt werden müssen.

Durch eine Harmonisierung der Marketingprozesse soll eine unverhältnismäßige Steigerung der Marketingkosten verhindert werden. Ein Einsatz von unterschiedlichen Instrumenten und Vorgehensweisen, wie er zum Teil noch üblich ist, ist zukünftig nicht mehr tragbar. Wir schlagen folgende Maßnahmen vor:

- **Kampagnenmanagement**
  Das Kampagnenmanagement mit SAP CRM leistet einen erheblichen Beitrag zur Erhöhung der Kundenbindung und Kundengewinnung. Gleichzeitig werden die Prozesse des Kampagnenmanagements in einheitlicher Weise vielfach pro Jahr wiederholt. Das Ziel des Kampagnenmanagements ist eine ausführliche Maßnahmenplanung in Zusammenarbeit mit dem Marketing und dem Vertrieb. Ebenfalls gehören die Durchführung von kundenorientierten Veranstaltungen und die regelmäßige Kommunikation mit den Kunden zu einem geschlossenen Marketingzyklus dazu.

  Der harmonisierte Ablauf – von der Marketingplanung über die Kampagnendurchführung bis hin zur Marketinganalyse – stellt sich folgendermaßen dar:

  - Nach der Festlegung der einheitlichen Marketingziele und -strategie folgt die operative Planung. SAP CRM unterstützt diesen Vorgang insofern, als dass sich die Marketingaktionen hierarchisch gliedern lassen und nach unterschiedlichen Kriterien geordnet werden können.
  - Bei der Kampagnendurchführung wird anhand von mehreren Kriterien eine Auswahl von Kunden getroffen. Mit allen Kunden dieser Zielgruppen wird in Form von E-Mail, Post o. Ä. Kontakt aufgenommen. Im System wird ebenfalls ein Verweis vom betroffenen Kontakt zur Kampagne hinterlegt.
  - Auf diese Weise lässt sich ein geschlossener Marketingzyklus abbilden, und es entstehen optimierte Ziel- und Strategiedefinitionen für Kampagnen. Die Prozesse werden übersichtlich und nachvollziehbar dargestellt.

- **Kundensegmentierung**
  Um Marketinginstrumente so wirkungsvoll wie möglich einzusetzen, ist es erforderlich, dass die Kunden eines Unternehmens in verschiedene Gruppen eingeteilt werden. Die Einteilung erfolgt nach bestimmten Kriterien. Wichtig ist, dass bei der Segmentierung alle Perspektiven einer möglichen Einteilung bedacht und mit einbezogen werden. Dabei kann es sich um gesetzliche Vorgaben, Marketing- oder Vertriebsmaßnahmen oder die Ergebnissteuerung handeln. Nur so lassen sich nachher die einzelnen Segmente

sinnvoll vergleichen und auswerten. Es entsteht eine einheitliche Datenbasis, die zur Optimierung der Analysemöglichkeiten von Kunden- und Produktdaten beiträgt.

Kundengewinnung

Bei der Kundengewinnung handelt es sich um den Vorgang der Kundenakquisition vom ersten Kundenkontakt bis hin zur Vertragsumsetzung. Da der Prozess der Kundengewinnung großen Wiederholungscharakter besitzt, bestehen der Anspruch und die Möglichkeit, diese wiederkehrenden Tätigkeiten möglichst automatisiert zu steuern.

Mithilfe von SAP CRM ist z. B. eine Unterscheidung zwischen den Rollen des Lieferanten, des MSB/MDL und des VNB sowie zwischen Kundensegmenten möglich. Auch besteht die Möglichkeit, einzelne Schritte der Prozesskette der Kundenakquisition als Vorlage in SAP CRM optional zur Verfügung zu stellen; welche Schritte jeweils notwendig sind und welche übersprungen werden können, ist z. B. nach Kundensegment zu entscheiden:

- Es kann z. B. möglich sein, einen Vertrag umzusetzen, ohne vorher ein entsprechendes Angebot erstellt zu haben.
- Für einige Großkunden könnte eine individuelle Kalkulation notwendig sein; andere Kunden entscheiden sich für ein Standardprodukt.

Deshalb ist es wichtig, in SAP CRM alle notwendigen Schritte der Kundenakquisition als Vorlage in der Prozesskette verfügbar zu machen. Die Nutzung wird je Segment/Zielgruppe entschieden.

Im Folgenden stellen wir den unternehmensweit gültigen Ablauf einer vollständigen Geschäftskundenakquisition eines Energieversorgers dar:

1. Nehmen Sie die kaufmännischen Stammdaten des Geschäftspartners in SAP CRM auf.
2. Legen Sie die technischen Stammdaten an.
3. Bei der Geschäftsdatenanfrage findet die Datenübermittlung der technischen Stammdaten und Verbrauchsdaten zwischen den Marktteilnehmern statt.
4. Eine Kalkulation kann mithilfe der technischen Stammdaten, der Vertragslaufzeiten, des Netzbetreibers, der Spannungsebenen und der Verbrauchsdaten automatisch erstellt werden.
5. Möglicherweise können Sie eine Integration in das Energie Portfolio Management herstellen.

6. Ein Angebot aus den vorliegenden Daten wird generiert und automatisch an den Kunden versendet.
7. Der Kunde unterzeichnet den Vertrag.
8. Der Vertrag wird umgesetzt.

Im Regelfall können diese Vorgänge alle automatisiert gestaltet werden. Eine manuelle Bearbeitung ist nur dann notwendig, wenn ein Sachbearbeiter aufgrund von Sonderfällen eingreifen muss und manuell Änderungen vornimmt. Diese Eingriffe sollten Sie über die Workflow-Technologie steuern.

Kundenservice

Änderungs- und Informationswünsche sowie die Störungsannahme und -weiterleitung gehören zu den Prozessen des Kundenservice. Eine Kundenanfrage gliedert sich in der Regel in die folgenden Schritte:

1. Eine Kundenanfrage trifft ein.
2. Geschäftspartner identifizieren
3. Kundenanfrage bearbeiten
4. Kontakt anlegen
5. Kundenanfrage bearbeitet/abgeschlossen

Im Rahmen der Harmonisierung ergeben sich somit folgende Ziele bezüglich der Kundenanfrage:

- Die Prozesse müssen so einfach wie möglich gestaltet werden, um etwaige Fehlerquellen auszuschließen.
- Wenn möglich soll eine abschließende Bearbeitung der Kundenanfrage schon beim ersten Kundenkontakt erfolgen.
- allgemeine Effizienzsteigerung bei der Bearbeitung von Kundenanfragen
- steigende Kundenzufriedenheit

Die Arbeitsschritte einer Kundenanfrage lassen sich problemlos auf die Anfrage eines Lieferanten oder die eines VNB übertragen. Es muss ebenfalls nicht unterschieden werden, ob die Anfrage durch einen Standard- oder einen Individualkunden gestellt wird, da der strukturelle Ablauf identisch ist.

So ergibt sich der große Vorteil, dass für eine Kundenanfrage nur zwei standardisierte Sichten erforderlich sind: die technischen und die kaufmännischen Stammdaten. Die für den Prozess allgemein relevanten Daten, wie z. B. der Geschäftspartner und die dazugehörigen Adressdaten, lassen sich übersichtlich in den zwei genannten Sichten darstellen. Detailliertere Informationen über die Abnahmestelle, beispielsweise Verbräuche, können direkt aus der entsprechenden Sicht heraus aufgerufen werden.

Die Funktionen zur Bearbeitung einer Kundenanfrage lassen sich direkt in den Prozess integrieren. Der Sachbearbeiter kann sich auf diese Weise durch einen vorgefertigten Prozess leiten lassen, ohne selbst manuelle Tätigkeiten auszuführen. Dadurch kann die Bearbeitungszeit für eine Kundenanfrage erheblich reduziert werden, und es lässt sich sicherstellen, dass alle notwendigen Prozessschritte durchgeführt werden.

Geräteverwaltung und Ablesung

Die Geräteverwaltung umfasst sowohl die Materialwirtschaft in IS-U als auch die Einzel- und Massenprozesse der Installation, also der Montage und Demontage von Zählern und Messgeräten. Oft existieren keine einheitlichen Vorgehensweisen für diese Prozesse.

Für einen Energieversorger wurden beispielsweise die folgenden Prozesse unternehmensweit einheitlich definiert:

- **Verwaltung der Geräte**
  Bei der Geräteverwaltung findet eine Bedarfsermittlung statt. Alle stattfindenden Warenbewegungen – von der Einlagerung der Waren bis hin zu ihrem Abgang aus dem Bestand – werden im System festgehalten.

  So ist es möglich, zu jedem Zeitpunkt eine präzise Bestandsanalyse und eine genaue Bedarfsermittlung über einen einheitlichen Report durchzuführen.

  Die Installation von Geräten wird ebenfalls systemtechnisch erfasst und im Abrechnungssystem gepflegt. Bei der Verschrottung eines Gerätes lassen sich die Daten mithilfe eines Reports direkt an die Anlagenbuchhaltung übermitteln. Dadurch wird eine doppelte Verarbeitung des Verschrottungsvorgangs unnötig.
- **Gerätestammdaten und -infosätze**
  Die Harmonisierung der Gerätestammdaten und -infosätze betrifft zum einen die einheitliche Darstellung und Bezeichnung der Gerätestammdaten, denn nur eine einheitliche Darstellung der Gerätestammdaten macht ein einheitliches Reporting möglich.

  Zum anderen sollten Sie im Rahmen der Harmonisierung in Betracht ziehen, die Gerätetypen zu reduzieren. Dabei dürfen jedoch keine relevanten Abrechnungs- und Geräteinformationen verloren gehen. Daten, die nicht der eichrechtlichen Darstellung (also der vom Gesetzgeber vorgeschriebenen eines Messgerätes) dienen, können in der Klassifizierung abgelegt werden.

- **Ablesung**
  Harmonisierungspotenziale bieten auch die Ablesung – hinsichtlich einer einheitlichen Prozessausführung und -prüfung über alle Medien hinweg – und die einheitliche Gestaltung von Erfassung und Verarbeitung in Form möglichst automatisierter Prozesse, wie z. B. bei der Internet- und/oder der mobilen Erfassung oder beim Einsatz von Smart Metering.

Marktkommunikation

Aufgrund der Liberalisierung des Energiemarktes ist es erforderlich, dass die verschiedenen Marktteilnehmer miteinander kommunizieren, und durch das hohe Datenvolumen muss die Kommunikation hochautomatisiert erfolgen. Für diesen Zweck hat der Verband der Elektrizitätswirtschaft (VDEW), basierend auf dem Nachrichtentyp *Electronic Data Interchange for Administration, Commerce and Transport* (EDIFACT), standardisierte Nachrichten entwickelt, die alle gesetzlich geforderten Informationen enthalten (siehe Abschnitt 6.7).

Folgende Harmonisierungspotenziale sind bezüglich der Marktliberalisierung zu nennen:

- Automatisierung und maschinelle Verarbeitung (z. B. die Fehlerquote durch unvollständige Datenformate senken)
- Reduzierung von Sachbearbeiter-Entscheidungen, z. B. bei der Fristenüberwachung
- Einsatz von Workflow-Technologie zur Eskalation von Fehlern

Häufig erfolgt aufgrund der Prozessfrequenz eine organisatorische Zentralisierung der Marktkommunikationsprozesse. Das bedeutet, die Prozesse des Lieferantenmanagements werden in einer Abteilung des Kundenservice zusammengefasst.

Energiedatenmanagement

Im *Energiedatenmanagement* (EDM) geht es darum, die Daten, die zwischen dem Liefer- und dem VNB-System ausgetauscht werden, so aufzubereiten, dass sie von beiden Systemen verstanden werden können. Insbesondere im Bereich Energiedatenmanagement liegt eine heterogene Systemlandschaft und Geschäftsprozessausprägung bei Energieversorgern vor. Folgende EDM-Prozesse lassen sich bei einem Energieversorger einheitlich abbilden:

- **Energiedatenflüsse Netz**
  Das EDM-System ist die Datenquelle für alle abrechnungs- und bilanzierungstechnischen Informationen und die Grundlage für jegliche Kommunikation mit den Marktpartnern nach den gesetzlichen Vorschriften. Der Input für das EDM-Systems besteht somit aus den Zählerfernauslesungen und den empfangenen Daten von externen Quellen. Es gibt des Weiteren eine Schnittstelle, die abrechnungsrelevante Daten übermittelt. Jegliche ausgehende Marktkommunikation wird über IDEX und die jeweilige Kommunikationsplattform versendet.
- **Energiedatenflüsse Vertrieb**
  Das EDM-System ist für Lieferanten die zentrale Datenhaltungsschicht für Ist-Zeitreihen. Im EDM-System werden Zeitreihen aufbereitet, mit Preisprofilen versehen, in diskrete Werte umgewandelt und anschließend an die Abrechnung übergeben. Über Schnittstellen können die Daten auch an Randsysteme, wie z. B. das Bilanzkreismanagement oder die Absatzprognose, übergeben werden.
- **Bilanzierung Netz**
  Für Netzbetreiber stellt das EDM-System die Daten für die Bilanzierung zur Verfügung. Die Lastgänge werden hier empfangen und aufbereitet. Dabei werden die Energiemengen aufgeteilt und Bilanzierungseinheiten zugeordnet. Außerdem werden die Mehr- und Mindermengen zum Ausgleich der Abweichungen durch das Standardlastprofilverfahren ermittelt. Wichtig ist hier, dass jede Stromeinspeisung und jede Stromentnahme aus dem Netz einem Bilanzkreis zugeordnet ist.
- **Bilanzierung Vertrieb**
  Das Energiedatenmanagement trägt dafür Sorge, dass alle nachgelagerten Vertriebsprozesse die notwendigen Daten erhalten. Dazu gehören der Beschaffungsprozess, der Clearing-Prozess und die Ermittlung von Mehr- und Mindermengen. Zur Umsetzung der »Marktregeln für die Durchführung der Bilanzkreisabrechnung Strom« (MaBiS) sind Vergleichsdaten aufzubauen, die eine »Schattenbilanzierung« ermöglichen und somit die Möglichkeit geben, die übermittelten Zeitreihen der Netzbetreiber zu prüfen.
- **Monitoring der Datenqualität**
  Zu den Aufgaben und Zielen des Datenqualität-Monitorings gehört es, die fehlerfreie Aggregationen und Bilanzierungen sicherzustellen sowie die Zeitreihen termingerecht zu empfangen und auf Plausibilität zu überprüfen. Zudem werden beim Datenqualität-Monitoring die vorgelagerten Datenpflegemaßnahmen sichergestellt, und es wird dafür gesorgt, dass die

Marktregeln bezüglich der Lieferantenwechsel- und Stammdatenänderungsprozesse eingehalten werden.

Die exemplarischen Festlegungen bezüglich der Energiedatenflüsse und der Bilanzierung bieten den Vorteil der zentralen Datenverwaltung und der einheitlichen Datenübergabe über die Schnittstellen. Dank der zentralen Datenquellen steigern sich die Übersichtlichkeit der Daten und die allgemeine Datenqualität.

Abrechnung und Fakturierung

Abrechnung und Fakturierung sind in der Regel mit einem hohen personellen Aufwand verbunden und erfordern höchste Genauigkeit sowie eine möglichst geringe Fehlerquote.

Gerade deshalb ist es wichtig, eine höchstmögliche Übersichtlichkeit und einheitliche Abwicklung der Prozesse zu erreichen. Das ist eine wesentliche Anforderung der Harmonisierung im Bereich Abrechnung und Fakturierung, die folgendermaßen ausgeprägt werden könnte:

- **Abrechnungssteuerung**
  Für eine zeitnahe und ordnungsgemäße Abrechnung, die mit möglichst wenig personellem und finanziellem Aufwand verbunden ist, müssen folgende Voraussetzungen gegeben sein:
  - eine sorgfältige Planung der Abrechnung
  - eine schnelle und effiziente Fehlerbehandlung

  Oft werden diese Prozesse nur wenig durch das System unterstützt, und es entsteht ein hoher personeller Aufwand für die Planung der Abrechnung. Gerade die Fehleranalyse und -behebung lassen sich allerdings effizient mithilfe von Workflows durchführen.

  Ein *Abrechnungscockpit* als Erweiterung des IC WebClients bietet einen schnellen Überblick über alle Abrechnungsprozesse und eine zentrale Abwicklung aller abrechnungsrelevanten Transaktionen über den IC WebClient. Eine *Protokollanalyse* ist eine Erweiterung eines möglichen Abrechnungscockpits und sorgt dafür, dass bei der Abrechnung entstandene Fehler sofort erkannt und behoben werden.

  Durch den Einsatz eines Abrechnungscockpits und einer Protokollanalyse lässt sich der personelle Aufwand bei der Abrechnung stark verringern.

- **Abrechnungs- und Fakturierungsprozesse**
  Bei den Abrechnungs- und Fakturierungsprozessen steht eine korrekte Rechnungserstellung für den Kunden im Vordergrund. Die Qualitätssiche-

rung und die Rechnungssicherung spielen hier eine große Rolle. Um eine möglichst hohe Prozesssicherheit zu gewährleisten, bietet es sich z. B. an, für Standardlastprofilkunden (SLP-Kunden) eine dynamische Periodensteuerung zu nutzen. Diese macht eine Rechnungserstellung unabhängig vom Netzbetreiber möglich und gleicht etwaige Fehler in der nächsten Turnusrechnung automatisch aus. Für RLM-Kunden (registrierende Leistungsmessung) bietet sich eine gleitende Nachberechnung an, die es ermöglicht, im laufenden Jahr Korrekturen vorzunehmen. Auch Preise und steuerliche Abgaben lassen sich auf diese Weise noch während des laufenden Jahres korrigieren. Mithilfe dieser Abrechnungsformen lassen sich Korrekturen, die manuell durchgeführt werden müssen, auf ein Minimum reduzieren. Für die beschriebenen Funktionalitäten lassen sich z. B. folgende Ansatzpunkte zur Harmonisierung aufführen:

- *Abrechnungsprozesse Netz*
  Rechnungsdaten lassen sich elektronisch per INVOIC austauschen.
- *Abrechnungsprozesse Vertrieb*
  Der Rechnungsversand erfolgt per Post und kann optional um eine E-Mail mit der Rechnung im PDF-Format oder um eine CSV-Datei ergänzt oder ersetzt werden. Es bietet sich an, die Zahl der Abrechnungsklassen und -sperrgründe möglichst gering zu halten.
- *Sonderabrechnung Abgaben und Steuern für Netzbetreiber*
  Die Berechnung der Konzessionsabgaben erfolgt im Netzmandanten. Um die Ergebnisse einer Grenzpreisprüfung zu berücksichtigen, werden Testate benötigt, da der Netzbereich die tatsächlichen Durchschnittspreise nicht kennt und daher auf testierte Daten des Vertriebs angewiesen ist. Befreiungen von Konzessionsabgaben werden daher erst »ex post« berücksichtigt und lösen einen Rechnungskorrekturprozess aus.
- *Sonderabrechnung Abgaben und Steuern im Vertrieb*
  Es ist von Vorteil, Testate bei der Rechnungsstellung erst dann zu berücksichtigen, wenn sie tatsächlich vorliegen. Dadurch wird verhindert, dass eine Ermäßigung gewährt wird, die nur auf Annahmen beruht, und dass der Vertrieb auf diesen Kosten »sitzen bleibt«.
- *Sonderabrechnung Sammler*
  Für den Mandanten des Lieferanten bietet sich ein einheitlicher »Sammler« (ein Konstrukt zur Versendung von Sammelrechnungen) für Rechnungen an. Dadurch lassen sich die Prozesse übersichtlicher gestalten.

  Im Netzbereich ist dagegen kein gebündelter Versand einer Sammelrechnung notwendig, da die Rechnungen hier elektronisch verschickt werden.

- *Tarifierung Vertrieb*
  Bezüglich der Tarifierung bietet sich eine einheitliche Festlegung an. Es ist z. B. sinnvoll, die einzelnen Komponenten des Tarifbaukastens (einheitliche Vorgabe, wie Tarife gestaltet werden) zu definieren und Standards festzulegen, z. B. für die Anzahl der Nachkommastellen.
- *Tarifierung Netz*
  Hier werden einheitliche Standards zum Tarifbaukasten des Netzes erstellt. Dazu gehören z. B. der Arbeitspreis, der Leistungspreis, der Messpreis und die Reserveleistung.
- *Formulare Abrechnung Vertrieb*
  Dies kann z. B. ein Rechnungsformular, ein Abschlagsänderungsschreiben oder eine Sammelrechnung sein. Die Formulare können alle vorformuliert und einheitlich gestaltet werden.
- *Formulare Abrechnung Netz*
  Hierbei kann es sich um ein Rechnungsformular des Netzbetreibers an den Lieferanten, um ein Abschlagsänderungsschreiben oder um Umsatzsteuernachweise handeln. Da Rechnungen und Abschlagsänderungsschreiben elektronisch versendet werden können, sinkt im Netzmandanten die Bedeutung der Formulare erheblich, da kaum noch Formulare benötigt werden.
- *Abbildung Netzkomponenten Vertrieb*
  Hier ist das Datenmodell der Netzkomponente des Lieferanten gemeint. Die Netzentgelte können in einem Vertrag zusammen mit den Komponenten der Lieferabrechnung »nachgerechnet« werden. Zur Darstellung der Rechnung können für alle Produkte verschiedene Varianten genutzt werden. Im einfachsten Fall wird jeweils eine Gesamtsumme für Netznutzung, Steuern und Abgaben ausgewiesen.
- *Rechnungseingangsprüfung Vertrieb*
  Es erfolgt eine automatische Überprüfung der Netznutzungsrechnung auf Basis von Mengenvergleichen mit den eingegangenen Verbrauchswerten.

Vertragskontokorrent und Forderungsmanagement

Die Prozesse der Abschlussberichterstattung, der Überprüfung der Zahlungsausgänge, des Mahnwesens, der Sperrung etc. lassen eine vielfältige Unterstützung durch Workflows zu und können im Rahmen der Harmonisierung genutzt werden. Im Folgenden erläutern wir die Einsatzmöglichkeiten und Vorteile von individuell auszuprägenden Workflows in den genannten Bereichen.

- **Buchungsschluss-Workflow**
  Das Ziel des Buchungsschluss-Workflows ist es, den Zeitaufwand zur Datenaufbereitung für die Abschlussberichterstattung möglichst gering zu halten. Das Anstoßen der auszuführenden Reports und Transaktionen kann von einem Jobsteuerungstool übernommen werden. Somit ist keine manuelle Ausführung mehr notwendig.

  Der Buchungsschluss-Workflow sorgt für die automatisierte Übermittlung der Buchungsdaten zwischen IS-U und der ERP-Komponente FI und führt die automatische Abstimmung zwischen der Haupt- und der Nebenbuchhaltung durch.

  Grundsätzlich können beim Buchungsschluss-Workflow die Varianten *Tagesabschluss*, *energiewirtschaftlicher Abschluss* und *Monatsabschluss* unterschieden werden.

  Aus dem Buchungsschluss-Workflow ergeben sich somit die folgenden Vorteile:

  - Die Nacharbeit für die Abstimmung kann vermieden werden.
  - Mithilfe von Rufbereitschaften lässt sich die Reaktionszeit bei auftretenden Fehlern auf ein Minimum reduzieren.
  - Manuell erzeugte Fehler werden vermieden.
  - Es ist eine optimale Auslastung des Systems durch ein Job-Steuerungstool möglich.
  - Es besteht jederzeit die Möglichkeit, manuell in den Prozess einzugreifen.
  - Es besteht die Möglichkeit, bei auftretenden Fehlern sofort per E-Mail oder SMS ein Eskalationsverfahren einzuleiten.
  - Eine Steuerung unabhängig von Terminvorgaben ist möglich. Das bedeutet, dass eine Gewährleistung von Eckterminplänen besteht.

- **Zahlungsverkehr**
  Sowohl die Überprüfung aller ausgehenden Zahlungen als auch die Prüfung aller eingehenden, ungeklärten Zahlungen hinsichtlich ihres Verwendungszweckes erfordert einen hohen personellen Aufwand. Mithilfe eines Auszahlungs-Workflows und eines einheitlichen Umgangs mit eingehenden Zahlungen, die nicht eindeutig zugeordnet werden können, kann der personelle Aufwand für diese Tätigkeiten eindeutig reduziert werden.

- Jede Auszahlung kann mithilfe eines *Auszahlungs-Workflows* auf betrügerische Handlungen überprüft werden. Dank des Auszahlungs-Workflows müssen nur noch betrugsverdächtige Auszahlungen, bei denen ein Anfangsverdacht besteht, überprüft werden.
- Um den personellen Aufwand für *ungeklärte Zahlungseingänge* so gering wie möglich zu halten, bietet es sich an, eine Betragsgrenze zu definieren. Alle Zahlungen, die unter dieser Grenze liegen, werden automatisch zurückgezahlt. Alle anderen Beträge werden auf ein Konto für ungeklärte Zahlungseingänge gebucht. Mithilfe der Trennung von Beträgen in zwei Kategorien ist die fallbezogene Entscheidung eines Sachbearbeiters und die damit verbundene Umbuchung des Betrags nicht mehr notwendig.

- **Debitorische Prozesse**
  Zu den debitorischen Prozessen gehört u. a. die Verzinsung von überfälligen Beträgen im Rahmen von Ratenplanvereinbarungen und sonstigen ausstehenden Vereinbarungen. Die Erstellung von Ratenplänen kann durch einen Workflow unterstützt werden; die Berechnung der anfallenden Zinsen für ausstehende Forderungen sowie die Berechnung von Haben-Zinsen kann automatisiert erfolgen.
  - Wenn Kunden den vollen Betrag ihrer Rechnung nicht oder nicht in Form einer Einmalzahlung zahlen können, bietet es sich an, für den Kunden einen *Ratenzahlungsplan* mithilfe eines Workflows zu erstellen. Der Workflow kann dabei z. B. die Berechnung der Zinsen übernehmen, eine Prüfung durchführen, ob ein Ratenplan für einen bestimmten Kunden überhaupt infrage kommt, Mahnungen verschicken oder Bonitätspunkte vergeben
  - Auch *Verzugszinsen*, die auf überfällige Rechnungen oder sonstige offene Forderungen entfallen, lassen sich mithilfe des Workflows automatisch berechnen
  - Für den Fall, dass ein Kunde seine Jahresrechnung bereits zu Beginn des Jahres begleichen möchte, besteht die Möglichkeit, den Kunden dafür in Form einer *Bonuszahlung* zu belohnen. Diese Bonuszahlung lässt sich mit der nächsten Jahresrechnung verrechnen. Auch dieser Vorgang kann automatisiert abgewickelt werden.

- **Außergerichtliches Mahnwesen**
  Das Risiko eines Forderungsausfalls ist für ein Versorgungsunternehmen hoch. Um es so gering wie möglich zu halten, bestehen verschiedene Möglichkeiten. Dazu gehören zum einen die Möglichkeit der Vorauszahlung

und zum anderen eine sorgfältige Prüfung der Kunden auf ihre Bonität. Mithilfe eines Workflows und eines Systems zur Bonitätsprüfung kann automatisch ein Vorauszahlungsbetrag im Vertragskonto angelegt werden, wenn die Wahrscheinlichkeit eines Zahlungsausfalls nicht als »gering« eingestuft werden kann.

- **Sperrung und Wiederanschluss**
  Der Prozess der Sperrung beinhaltet einen großen Umfang an Kommunikation und Korrespondenz zwischen dem Kunden, dem Lieferanten und dem Netzbetreiber.

  Einen einheitlichen Standard für die Prozessabbildung zur Sperrung und zum Wiederanschluss hat das Expertennetzwerk *Datentausch und Mengenbilanz* (DuM) unter dem Titel »Unterbrechung und Wiederherstellung der Anschlussnutzung« festgelegt. Die Vorteile dieser Festlegung bestehen darin, dass sie massentauglich sind, standardisiert ablaufen und vor allem nur einen geringen Aufwand mit sich bringen.

  - Auf der *Lieferantenseite* lässt sich ein Workflow einsetzen, um den Netzbetreiber mit der Sperrung zu beauftragen und die Wiederinbetriebnahme sowie die Beauftragung eines Inkassounternehmens durchzuführen.
  - Auf der Seite des *VNB* kann ein Workflow eingesetzt werden, um die angeforderte Sperrung und den Wiederanschluss durchzuführen.
  - Der *Informationsaustausch* zwischen den Marktpartnern kann primär elektronisch erfolgen. Es bietet sich erneut das Nachrichtenformat EDIFACT an (siehe Abschnitt 6.7).

Reporting und Berichtswesen

Mithilfe von SAP NetWeaver BW kann ein qualitativ hochwertiges und zeitnahes Berichtswesen zur Verfügung gestellt werden. Eine einheitliche Definition aller erforderlichen Informationen und Steuerungsgrößen ist dazu nötig und steigert die Datenqualität des Berichtswesens. So lassen sich auf übersichtliche Weise geeignete Steuerungsmaßnahmen ableiten.

Steuerungsmaßnahmen [zB]

Wenn es z. B. im Rahmen des Lieferantenwechsels zu viele Fristenüberschreitungen gibt, kann dies über eine Überwachung von Schwellenwerten festgestellt werden. Die Abteilung Abrechnungssteuerung kann dann einschreiten und Gegenmaßnahmen ergreifen.

Die verschiedenen Detailberichte für den Netzbetreiber, den MSB/MDL und den Vertrieb sollten inhaltlich und sachlich voneinander abgegrenzt werden. Dadurch erhöht sich die Flexibilität und Übersichtlichkeit der Berichte, und gleichzeitig senken sich die Betriebskosten des Reportings.

Wie dargestellt wurde, ändern sich die Rahmenbedingungen für Versorgungsunternehmen durch gesetzliche Anforderungen stetig. Im Zusammenhang mit den gesetzlichen Meldepflichten steigen auch die Anforderungen an ein flexibles, schnelles und qualitativ hochwertiges Berichtssystem.

Es empfiehlt sich, ein einheitliches Berichtssystem aufzusetzen, damit Entwicklungsarbeiten und Berichtsdefinitionen nur einmal durchführt werden müssen. So entsteht ein zentrales Berichtswesen, dessen Zahlen auf der gleichen Basis beruhen und somit vergleichbar sind.

Neben den oft erstellten Berichten (wie z. B. Verkaufsauswertungen, Stammdatenauswertungen und Auswertungen zu den offenen Rechnungsposten) besteht immer mehr Bedarf an weiteren Berichten zu den Bereichen Marketing und Vertrieb, im Netzumfeld, im Forderungsmanagement und bei den Shared Services. Die Berichte sind hier sehr vielfältig und gehen von der bilanziellen Abgrenzung über Liefer- und Produktwechselberichte bis zur Deckungsbeitragsüberwachung.

Dokumentenmanagement

Das Dokumentenmanagement umfasst nicht nur die Aufbewahrung und Archivierung von Dokumenten, sondern auch den Posteingang, den Postausgang und die Entwicklung von Formularen. Die Tätigkeiten der genannten Bereiche sind alle mit hohem personellen Aufwand verbunden, sodass sich hier viele Einsparungsmöglichkeiten bieten:

- Bei der *Posteingangsbearbeitung* hilft eine automatische Texterkennung bei der Sortierung und Weiterleitung der Post an den zuständigen Sachbearbeiter.
- Bei der *Entwicklung von Formularen* bietet es sich an, jeweils ein vorgefertigtes Formular bereitzustellen, das mithilfe von Textbausteinen individualisiert werden kann. Dank der Korrespondenzfunktion, die in CRM/IS-U integriert werden kann, lassen sich Funktionen (wie die Archivierung des Ausgangsschreibens, das Weiterleiten oder das Initiieren eines Freigabe-Workflows) einbinden.
- Der *Postausgangsprozess* kann mithilfe einer intelligenten Funktion unterstützt werden, die dafür sorgt, dass das zu versendende Formular den fest-

gelegten Kommunikationskanal selbst findet (z. B. durch Hinterlegung im Geschäftspartner oder Vertragskonto). Dienste für digitale Signaturen und Verschlüsselungen können in den Versand eingebunden werden.

- Das Ziel der Harmonisierung sollten workflowgestützte elektronische Akten sein.

Stammdatenpflege

Für die Stammdatenpflege empfiehlt sich ein einheitliches System. Das bedeutet, die möglichen Varianten der Stammdatenpflege müssen in eine standardisierte Form überführt werden. Folgende Ansätze können bei der Vereinheitlichung helfen:

- Kunden werden einheitlich im Geschäftspartnerstammsatz nach RLM-, SLP- und Eigenverbrauchskunden unterschieden.
- Für den Fall, dass es mehrere Vertragspartner für einen Versorgungsvertrag gibt, werden auch mehrere Vertragspartner in SAP CRM und IS-U angelegt.
- Die Muss- und Kann-Felder werden für alle Stammdatenobjekte einheitlich definiert.

Es empfiehlt sich, nur eine geringe Datenmodellanzahl zur Abbildung der Geschäftsprozesse zu verwenden, um die Übersichtlichkeit der Prozesse zu wahren.

Die Daten zu den Marktpartnern, Netzen und Regionalstrukturdaten lassen sich ebenfalls bearbeiten. So werden die Daten einheitlich unter Berücksichtigung der Diskriminierungsvorschriften laut EnWG gepflegt und anschließend den jeweiligen Systemen zur Verfügung gestellt. Auf diese Weise steigern sich die Verfügbarkeit der Daten und die Datenqualität.

8.5.2 Outsourcing

Häufig anzutreffende Formen des Outsourcings sind das IT- und das Geschäftsprozess-Outsourcing.

- **IT-Outsourcing**
  Beim IT-Outsourcing lagert das Unternehmen seine IT-Infrastruktur an einen externen Anbieter aus, betreibt diese also nicht mehr selbst. Der externe Anbieter tritt dabei in der Regel als externer Partner in Erscheinung. Gegenstand und Dauer der Leistungserbringung werden durch Verträge geregelt.

- **Geschäftsprozess-Outsourcing**
  Beim Geschäftsprozess-Outsourcing wird ein Unternehmensprozess oder Prozessbündel an ein Drittunternehmen abgegeben. Beispielsweise lässt sich der Unternehmensprozess »Forderungsmanagement« auslagern, das heißt, das Drittunternehmen vereinnahmt und überwacht den Zahlungseingang und erledigt die notwendigen außergerichtlichen und gerichtlichen Mahnvorgänge. Oft handelt es sich um IT-intensive Prozesse, die an entsprechend spezialisierte Dienstleister abgegeben werden. Selbstverständlich gibt es auch Mischformen.

Aufgrund der fachlichen Ausrichtung des Buches gehen wir im Folgenden speziell auf das Geschäftsprozess-Outsourcing ein.

Die Nachfrage nach Outsourcing zieht in Deutschland wieder stark an. Der Umsatz wird sich im Jahr 2011 um voraussichtlich 5 % auf rund 14,6 Milliarden Euro erhöhen. Besonders verbreitet – rund 40 % des Gesamtmarktes hierzulande – ist Outsourcing in der Industrie; der Anteil der Industrie sinkt jedoch: Vor fünf Jahren sorgte die Industrie noch für die Hälfte des Umsatzes. Der zweitgrößte Outsourcing-Markt ist der Bankensektor mit einem Anteil von 17 %. Es folgen die restlichen Dienstleistungen und der öffentliche Sektor mit jeweils rund 11 %.[1]

Das stärkste Wachstum wird bei den Energieversorgern erwartet. Hier soll das Outsourcing-Volumen bis 2014 um über 20 % pro Jahr steigen. Sechs von zehn Energieversorgern wollen zukünftig ihre IT- und Geschäftsprozess-Outsourcing-Potenziale besser ausnutzen.[2] Dafür sorgen vor allem gesetzliche Auflagen und der Kostendruck durch die Energiewende. Gesetzliche Auflagen sind beispielsweise im Bereich *Unbundling* (GPKE und GeLi Gas), zur Liberalisierung des Zähl- und Messwesens sowie zum Smart Metering zu finden.

Vor allem kleineren Energieversorgern bereiten die gesetzlichen Vorgaben enorme Schwierigkeiten, da sie meist mit hohen Investitionskosten für Systeme, Geräte und Datenkommunikation verbunden sind.

Um die mit den gesetzlichen Aufgaben verbundenen Aufgaben zu bewältigen, sind die Energieversorger auf die Hilfe von Partnern angewiesen. So stellt insbesondere die Einführung der digitalen Zähler die Unternehmen vor eine Vielzahl von Herausforderungen: Sie müssen nicht nur neue Tarif- und

1 Quelle: *http://www.bitkom.org/65433_65092.aspx.*

2 Quelle: *http://www.saasmagazin.de/saasondemandmarkt/studien/steria-mummert181209.html.*

Abrechnungsmodelle entwickeln, sondern auch ihre technischen und organisatorischen Abläufe auf den Prüfstand stellen.

Aber auch Bereiche, die nicht zum Kerngeschäft (z. B. Materialwirtschaft und Controlling) gehören, bieten Potenzial zum Outsourcing. Hier haben sich die Energieversorger im Gegensatz zu anderen Branchen in den vergangenen Jahren eher antizyklisch verhalten und auf Auslagerungen weitgehend verzichtet. Dies ist dadurch zu erklären, dass Versorgungsunternehmen zunächst die Prozesse mit den größten Effekten zur Effizienzsteigerung optimiert haben (siehe Abschnitt 8.5.1); so wurden verstärkt Massenprozesse wie Abrechnung, Kundenkontaktmanagement oder auch die Ablesung an Partner übertragen. Aufgaben im Finanz- und Rechnungswesen, in der Logistik oder im Personalwesen werden dagegen bisher überwiegend eigenständig erledigt. Dabei bietet auch die Auslagerung der Unternehmensprozesse betrieblicher Nebenfunktionen (wie Personalwesen, Abrechnungssysteme sowie Geräte- und Materialmanagement) wirtschaftliche und qualitative Vorteile. Jeder Partner kann sich dabei auf seine Kernkompetenz konzentrieren und seine Wertschöpfungskette optimieren. Durch die externe Expertise werden flexible Ressourcen aufgebaut, Prozesse an die Kundenwünsche angepasst und die Durchlaufzeiten verkürzt.

Vorgehen beim Outsourcing

Grundsätzlich sind unterschiedliche Ausgangslagen zum Outsourcing zu unterscheiden:

1. Ein neuer Anbieter auf dem Markt möchte einen Dienstleister nutzen, der für ihn Geschäftsprozesse abbildet.
2. Ein Energieversorger hat schon Geschäftsprozesse outgesourct und wechselt zu dem nächsten Anbieter.
3. Ein Energieversorger lagert initial ausgewählte Geschäftsprozesse aus.

Diese drei Varianten haben Auswirkungen auf die Kalkulation der Preise (z. B. durch die Verbindlichkeit der Kundenanzahl) und gegebenenfalls auf vertragliche Grundlagen. So ist z. B. bei Variante zwei und drei insbesondere auf eine sauber definierte Altdatenübergabe für die Migration zu achten, damit der Auftraggeber z. B. keine historischen Daten verliert.

Das Geschäftsprozess-Outsourcing entspricht ansonsten einem »normalen« SAP-Projekt. Neben der Vereinbarung über die Abbildung der Geschäftsprozesse sollten Sie der Migration der Daten (im zweiten und dritten Fall) und der Vereinbarung von Service Level Agreements einen großen Stellenwert zuschreiben.

Die Migration kann mit den Instrumenten der SAP System Landscape Optimization (SLO) oder als »klassische« Migration einzelner Business-Objekte unter Berücksichtigung der Applikationsprüfung durchgeführt werden. Im zweiten Fall handelt es sich dann um eine Stichtagsmigration mit dem Verlust von historischen Informationen.

Ein Service Level Agreement ist ein Vertrag bzw. die Schnittstelle zwischen Auftraggeber und Dienstleister für wiederkehrende Dienstleistungen. Das Ziel ist es, die Kontrollmöglichkeiten für den Auftraggeber transparent zu machen, indem zugesicherte Leistungseigenschaften wie etwa Leistungsumfang, Reaktionszeit und Schnelligkeit der Bearbeitung genau beschrieben werden. Ein wichtiger Bestandteil ist hierbei die Dienstgüte (Service Level), die die vereinbarte Leistungsqualität beschreibt.

Im Wesentlichen bietet der Markt für Geschäftsprozess-Outsourcing folgende Geschäftsprozesse für die Energieversorger an. Die meisten der im Folgenden genannten Prozesse sind voll in IS-U integriert.

Marketing und Kundengewinnung

Marketing und Kundengewinnung sind in der Regel keine Schwerpunktthemen für das Auslagern von Leistungen. Das Kampagnenmanagement wird häufig arbeitsteilig durchgeführt: Der Energieversorger stellt Adressdaten zur Verfügung und sichert den Kampagnenprozess ab, während externe Agenturen oder Lettershops den Versand übernehmen.

Nach und nach werden durch die Einführung des CRM-Kampagnenmanagements mehr Aufgaben wieder intern übernommen.

Kundenservice und Stammdatenpflege

Ein exzellenter Kundenservice wird von den Kunden erwartet. Um diesen Ansprüchen gerecht zu werden und sich auf die Kernkompetenzen zu konzentrieren, kann diese zeitintensive Dienstleistung wie die folgenden ebenfalls an qualifizierte Firmen ausgelagert werden:

- telefonische und persönliche Kundenbetreuung
- Bearbeitung der Kundenanfragen per E-Mail, Brief, Fax und per Internet bzw. mobiler Anwendung

- Steuerung von Marketingaktionen
- Beschwerdemanagement

Durch die hohe Prozessfrequenz eignet sich der Prozess der Stammdatenpflege ideal zum Outsourcing. Er umfasst unter anderem die Anmeldung oder den kaufmännischen Einbau des Zählers, die zwischenzeitliche Pflege der Bankdaten und die Eingabe von Tarifänderungen. Weiterhin beinhaltet er die Erstellung von Zwischenrechnungen, Korrekturrechnungen und Abschlagsänderungen sowie die Abmeldung und Erstellung der Schlussrechnung für den Endkunden. Im Wesentlichen handelt es sich um folgende Prozessschritte:

1. Aufbau und Pflege der kaufmännischen und technischen Stammdaten
2. Namens- und Adressänderungen
3. Lieferan- und -abmeldungen
4. Eingabe von (Zwischen-)Zählerständen
5. Leerstandsüberwachungen
6. Abwicklung und Bearbeitung der Lieferantenwechselprozesse
7. Auswertungen über bestätigte und abgelehnte Lieferantenwechsel

Geräteverwaltung und Ablesung

Die Ablesung beinhaltet das Ablesen von Zählerständen und Verbrauchsdaten an sämtlichen Messgeräten bei den Endkunden vor Ort – beispielsweise einmal jährlich an einem bestimmten Stichtag oder zu mehreren Zeitpunkten über das Jahr verteilt. Auch die Verarbeitung der Daten von Kundenselbstablesekarten gehört dazu, die vorher auch gedruckt und versendet werden können. Im Detail kann dieser Prozess folgendermaßen aussehen:

1. Vorbereitung der Daten für die Erfassungsarbeiten, Plausibilitätskontrolle und alle dazugehörigen Kleinarbeiten
2. Verbrauchsdatenerfassung und Verbrauchsverarbeitung
3. Stichtagsablesungen
4. rollierende Ablesungen
5. Kundenselbstablesungen
6. Zählerstandserfassung über unterschiedliche Medien
7. Messwerterfassung zur Abrechnung

8. mobile Datenerfassungsgeräte (MDE) und entsprechende Ablesesoftware mit passenden Schnittstellen zu verschiedenen Systemen (Upload in die Ablesesoftware)
9. Erstellen von Ableseaufträgen in SAP
10. Import in die jeweilige Ablesesoftware
11. Download auf MDE-Geräten
12. Messwerterfassung durch Außendienstmitarbeiter
13. Upload in die Ablesesoftware
14. Import in SAP
15. Plausibilitätsprüfung

Marktkommunikation

Die Aufgabe der Marktkommunikation im Outsourcing besteht in der Abwicklung der Geschäftsprozesse, die durch die Vorgaben von GPKE, GeLi Gas, WiM, MaBiS etc. umgesetzt werden müssen. Auch hier greift der Mengeneffekt, der das Outsourcing attraktiv macht. Insbesondere in der Prozesseffizienz durch die Verringerung der Sachbearbeiterentscheidung und den optimierten Workflow-Einsatz eines zentralen Dienstleisters können Potenziale erschlossen werden.

Zu den Aktionen, die hier umgesetzt werden können, zählen:

- Datenaustausch durchführen: Lieferantenwechsel, Lieferbeginn, Lieferende, Abstimmungen mit den Marktpartnern, Messwerte, Bestandslisten, Stammdatenpflege
- Kundenwechsel bearbeiten
- Neuanmeldung, Umzug, Abmeldung
- Gerätevorgänge bearbeiten (Ein-/Ausbau, Wechsel)

Energiedatenmanagement

Der Bereich des Energiedatenmanagements ist ein Geschäftsprozessbereich, der häufig in der Hoheit des Energieversorgers bleibt. Grundsätzlich können aber auch hier Leistungen durch externe Unternehmen erbracht werden:

- Datenanalyse von Adress-, Kunden-, Geräte- und Verbrauchsdaten
- Datenbereinigung bei fehlerhaften Informationen
- Aufspüren von nichttechnischen Verlusten

Abrechnung und Fakturierung

Die Abrechnung der erbrachten Leistungen gegenüber den Kunden stellt nach wie vor eine wesentliche und zentrale Rolle im Aufgabenspektrum eines Energieversorgers dar, da hierdurch auch die Kundenbeziehung wesentlich geprägt wird. Der Abrechnungsprozess im Outsourcing könnte sich zusammensetzen aus:

1. Verbrauchsabrechnungen für Privat- oder Geschäftskunden
2. Netznutzungsabrechnungen (monatlich/jährlich)
3. Einspeise-Abrechnungen (monatlich/quartalsmäßig/jährlich)
4. Mehr-/Mindermengenabrechnungen
5. (Online-)Rechnungen für Privatkunden
6. Abrechnung pro Abnahmestelle
7. Bündelung aller Rechnungen als Sammelrechnung
8. standardmäßige mengen- und wertmäßige Plausibilitätsprüfungen
9. Monitoring
10. Preispflege
11. Anlegen von Tarifstrukturen

Vertragskontokorrent und Forderungsmanagement

Im Bereich Vertragskontokorrent und Forderungsmanagement sind folgende Ansatzpunkte zur Harmonisierung zu nennen:

- **Debitorenmanagement/Mahnwesen**
  Beim Forderungsmanagement spielen die Forderungsausfälle eine wesentliche Rolle: Sie sollten minimiert werden. Frühzeitige Präventivmaßnahmen, straffe Mahnverfahren und kurze Durchlaufzeiten können hierbei unterstützend wirken.
- **Debitorenmanagement/Kreditorenmanagement**
  Im Debitorenmanagement spielt ein hoher Automatisierungsgrad eine wichtige Rolle. Eine sehr gute Zuordnungsquote schützt den Energieversorger vor möglichen Forderungsausfällen. Dazu gehört:
  - Vertragskonten führen und pflegen
  - aggregierte Konten führen
  - automatische Zahlungseingangs- und Ausgangsverbuchung

  - monatliche Abstimmung mit der Finanzbuchhaltung
  - Rechnungseingangsbearbeitung gemäß der gesetzlich vorgegebenen Marktanforderungen

- **Mahnwesen Innendienst**
  Das gerichtliche Mahnverfahren erfolgt in elektronischer Form. Dadurch wird eine zeitnahe Durchführung des gesamten Mahn- und Vollstreckungsverfahrens gewährleistet. Das gesamte gerichtliche Mahnverfahren wird im Dialog mit dem zuständigen Amtsgericht automatisiert durchgeführt. Bei Widersprüchen zu Mahnbescheiden wird der anschließende Schriftverkehr mit dem zuständigen Streitgericht geführt. Die einzelnen Prozesse sind:
  - vorgerichtliches Mahnverfahren
  - Zahlungsüberwachung
  - Druck, Kuvertierung und Versand der Mahnungen
  - gerichtliches Mahnverfahren nach Zivilverfahrensrecht und Abgabenordnung
- **Mahnwesen Außendienst**
  Je nach Kundenwunsch sind im Outsourcing unterschiedliche Mahnverfahren und Prozesse möglich, z. B.:
  - Steuerung und Einsatz der Sperr- und Nachkassierer unter Einhaltung der zugrunde liegenden Verordnungen
  - Recherchetätigkeiten
  - Nachkassierungen und Einstellung der Energielieferung
  - Inkassoerlaubnis

Reporting und Berichtswesen

Für den Unternehmenserfolg ist es von entscheidender Bedeutung, jederzeit auf aktuelle und qualitativ hochwertige Daten zugreifen zu können. Beim Berichtswesen können folgende Prozesse ausgegliedert werden:

- Ermittlung der Erlös- und Absatzmengen je Sparte, Tarif, Kunde
- Ermittlung der abzuführenden Steuern und Abgaben
- Erstellung weiterer Kennzahlen aus den vorgenannten Abschlüssen
- Kontrolle der Datenqualität des Abrechnungssystems (Stamm- und Bewegungsdaten)

- Ermittlung von allgemeinen Abrechnungskennzahlen zur Prüfung der Service Level Agreements
- Standard-Reporting und Kennzahlenmanagement zu den Themen:
  - Vertriebs- und Netzcontrolling
  - Bestandsstatistiken/-entwicklungen
  - Forderungsmanagement/Mahnwesen
  - Abrechnung
  - Auswertungen für das Qualitätsmanagement

Dokumentenmanagement

Beim Dokumentenmanagement wird häufig durch den Auftragnehmer auf das System des Auftraggebers zugegriffen. In der Regel wird eine einheitliche elektronische Kundenakte erstellt, damit Auftraggeber und Auftragnehmer auf gemeinsame Informationen zugreifen können. Die elektronische Akte kann mit SAP NetWeaver Folders Management (ehemals SAP NetWeaver Records Management) erstellt werden. Hier werden Business-Objekte, ausgehende (archivierte) Dokumente sowie eingehende gescannte Dokumente abgelegt. Die Verwaltung der Akte und insbesondere das Scannen der Dokumente erfolgt häufig durch den Dienstleister.

8.6 Geschäftsprozess-Monitoring

Durch die Systemtrennung sowie die Umsetzung der Wechselprozesse im Messwesen (WiM) hat sich das Datenaustauschvolumen und die Komplexität von Geschäftsprozessen vervielfacht. Eine geringe Fehlerquote, die einfache Lokalisierung von Problemen und deren Behebung sind entscheidende Wettbewerbsfaktoren. Beides kann durch ein Geschäftsprozess-Monitoring unterstützt werden.

Weitere Gründe für ein Monitoring sind die hohe Komplexität des Datenaustausches durch diverse Nachrichtenformate sowie eine Vielzahl an Verarbeitungsschritten (Datenaustauschaufgabe, IDoc, Kommunikationsplattform – wie z.B. Process Integration –, E-Mail, ...) und beteiligten Systemen.

Die Geschäftsprozesse müssen technisch sowie fachlich überwacht werden:

- Die *technische Überwachung* erfolgt in der Regel über die Instrumente der Kommunikationsplattform SAP NetWeaver Process Integration (oder alternativer Adaptoren). Dies geschieht häufig in der SAP-Basis-Betreuung durch technische Mitarbeiter.

- Die *fachliche Überwachung* wird über eine gesondert ausgerichtete Geschäftsprozess-Monitoring-Lösung vorgenommen; sie könnte auf BPM basieren. Eine SAP-Standardlösung ist derzeit nicht verfügbar. Bei der fachlichen Überwachung liegt der Fokus auf dem Sachbearbeiter und einem einheitlichen Einstiegspunkt zur Überwachung. Der Einstiegspunkt könnte sich beispielsweise nach dem Prozess oder nach der Fehlerkategorie/-klassifizierung/-menge richten. Das Ziel ist die (grafische) Überwachung des Geschäftsprozessverlaufes und der Qualität der Abwicklung. Die qualitative Überwachung schließt die Überwachung der Fristen ein. Eine Integration in einen Fehlerbehandlungsprozess bzw. in die Business Workflows ist integraler Bestandteil einer Monitoring-Lösung. Ein Neustart einer Marktkommunikationsnachricht aus dem Monitoring ist jederzeit möglich. Letztlich sind Auswertungen und Statistiken (z. B. Fehler nach Nachrichtentyp) zu den Datenaustauschprozessen Inhalt einer Monitoring-Lösung. Dies könnte aber z. B. auch mit SAP NetWeaver BW erreicht werden.

Die Herausforderung des Monitorings soll am Beispiel des Lieferantenwechselprozesses dargestellt werden. Der Prozess läuft über verschiedene Systeme (innerhalb und außerhalb des Unternehmens) hinweg, und die wesentlichen Prozessdetails sollen weiterhin in den vorhandenen Containern (z. B. Wechselbeleg) erhalten bleiben (siehe Abbildung 8.54).

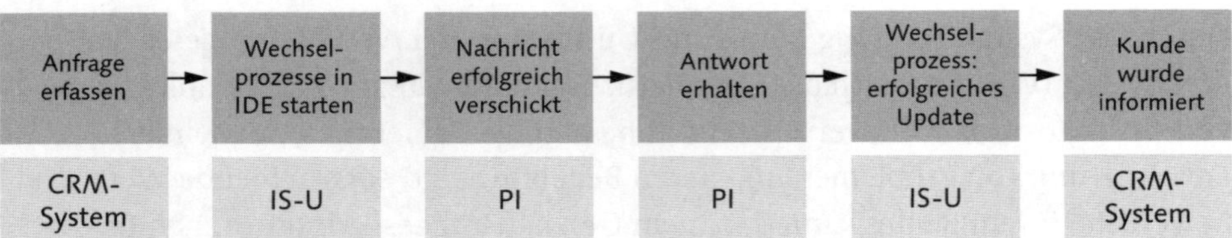

Abbildung 8.54 Geschäftsprozessüberwachung

Das bedeutet schon einmal, dass ein wesentliches Merkmal der Monitoring-Lösung darin besteht, dass sie systemübergreifend eingesetzt werden muss. Darüber hinaus sollten vorhandene Infrastrukturkomponenten, wie das Business Process Management als SAP NetWeaver-Komponente und der SAP Solution Manager als CRM-Komponente eingesetzt werden, da sie die notwendigen Informationen aus den folgenden Lösungen zusammenstellen:

- SAP NetWeaver Process Integration (PI)
- IS-U
- IS-U IDEX-GE/GG/GM
- gegebenenfalls SAP CRM (ab 2007)

Auch Kommunikationsplattformen anderer Anbieter (z. B. Seeburger, B2B by Practice) sind in eine Monitoring-Lösung integrierbar.

Als User Interface (UI) könnte eine Weboberfläche (Business Process Management/SAP NetWeaver) oder SAP CRM verwendet werden. Wesentliche Funktionen sind hier z. B.:

- Suchmöglichkeiten nach Prozessen, Belegen, Datenobjekten
- Prozessauflistung inkl. Attributen/Status
- Fehlerqualifizierungen (z. B. über Ampel/Statusmeldung) anzeigen
- ein direkter Absprung in die Fehlerbehebung, Stammdatenpflege sowie Neustart einer Nachricht
- Bereitstellung rollenspezifischer Zugänge (Berechtigungskonzept) für Lieferant, VNB und MSB/MDL

Eine *SAP for Utilities*-Standard-Lösung zum Monitoring existiert leider nicht. Möglichkeiten zur Umsetzung eines Monitorings bieten unterschiedliche Beratungslösungen oder die Lösung Process Monitoring for Utilities der SAP Custom Development (CD) von SAP.

8.7 Ausblick

Dieses Kapitel hat Ihnen einen Überblick über aktuelle Herausforderungen der Marktliberalisierung gegeben. Es sind die wesentlichen Themen, wie Systemtrennung, MaBiS, neue Marktrollen etc. als Einstieg für den Leser behandelt worden. Neben der EnWG-Novelle 2011 wird der beschlossene Atomausstieg zu weiteren gesetzlichen Anpassungen führen. Aktuell bekannte Eckpunkte der EnWG-Novelle sind:

- die vollständige Entflechtung von Transportnetzbetreibern und die Verschärfung des Unbundling bei Verteilnetz- und Speicheranlagenbetreibern
- die Einführung »verbrauchsschärferer« Tarife und die vertiefende Förderung moderner, »intelligenter« Messsysteme
- die Stärkung der Verbraucherrechte und des Verbraucherschutzes

- Stärkung der Regulierungsbehörden auf europäischer und deutscher Ebene
- Wegfall der Ausnahmen für geschlossene Verteilernetze (Objektnetze)
- die Umsetzung des 10-Punkte-Sofortprogramms der Bundesregierung

Der fortlaufende Wandel wird die Energiewirtschaft auch in den nächsten Jahren verändern, und zwar spartenübergreifend. Die entsprechenden Auswirkungen auf die Lösung *SAP for Utilities* sowie notwendige Beratungsprojekte liegen auf der Hand.

Dieses Kapitel gibt einen kurzen technologischen und fachlichen Überblick über die Möglichkeiten und Potenziale von SAP CRM in Verbindung mit SAP for Utilities. Neben den technischen Grundlagen werden auch einige CRM-Prozesse exemplarisch vorgestellt.

9 Kundenorientierung mit SAP CRM verbessern

Im Rahmen der Marktliberalisierung und des zunehmenden Wettbewerbs stehen Energieversorger vor der Herausforderung, neue Prozesse (beispielsweise die auswärtige Versorgung) und neue Anforderungen (z. B. flexible Produkte, Neukundengewinnung) abzudecken. Auf unserer Prozesslandkarte befinden wir uns in den Bereichen Marketing und Vertrieb sowie Kundenservice (siehe Abbildung 9.1). Trotz der hohen Integration von SAP CRM in alle anderen Hauptprozesse wird SAP CRM typischerweise in den Vertriebs- und Kundenserviceprozessen eingesetzt, so dass wir in diesem Kapitel diese beiden wichtigen Bereiche behandeln.

Parallel zu den neuen Aufgaben der Deregulierung hat SAP ihre Produktstrategie im Bereich des Kundenbeziehungsmanagements verändert und die Wartung des Customer Interaction Centers von IS-U (CIC) abgekündigt. Die Nachfolge von CIC tritt im Bereich der Privatkundenbetreuung der Interaction Center WebClient und im Segment der Groß- und Geschäftskunden das CRM WebClient User Interface an. Beide Oberflächen sind Bestandteil des SAP CRM 7.0-Systems und werden in den folgenden Abschnitten eingehend betrachtet.

9.1 Oberflächen des SAP CRM-Systems

Mit SAP CRM 2007 hat sich die Politik von SAP bezüglich der CRM-Oberfläche grundlegend geändert. Der Einstieg der Benutzer erfolgt nun nicht mehr wie bisher über SAP GUI, sondern über einen Webbrowser. Lediglich für administrative Aufgaben wie Entwicklung und Customizing ist die Verwendung SAP GUI-Oberfläche erforderlich.

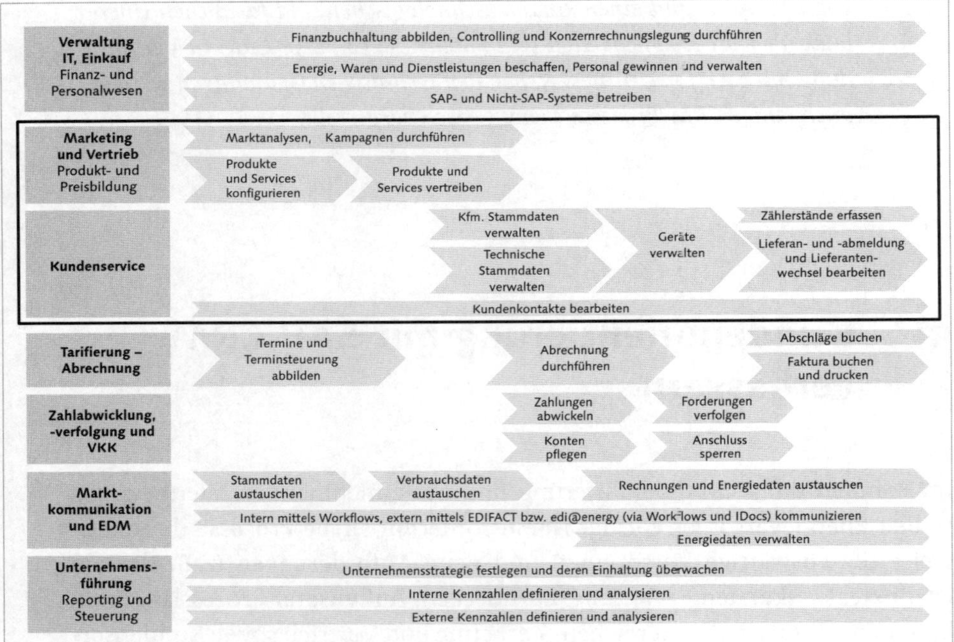

Abbildung 9.1 Funktionsübersicht

Der Hintergrund dieses Technologiewechsels liegt insbesondere in der Tatsache begründet, dass selbst einfach erscheinende Oberflächen- und Layoutanpassungen im Bereich der Dynpro-Technologie zum einen Entwicklungskenntnisse erforderten und zum anderen nur schwer ohne Modifikationen des SAP-Standards zu realisieren waren. Ziel war es darum, eine intuitiv bedienbare Oberfläche zur Verfügung zu stellen, die es ermöglicht, geringe Anpassungen in Design und Logik ohne Entwicklungskenntnisse durchführen zu können.

Die neue CRM-Weboberfläche bietet den Benutzern zudem die Möglichkeit, ihre Bearbeitungsmasken und Übersichten individuell auf ihre Bedürfnisse anzupassen, ohne dass diese Einstellungen Einfluss auf andere Anwender haben.

Ein weiterer großer Vorteil der Webtechnologie ergibt sich aus ihrer Flexibilität bei der Einbindung externer Anwendungen. Idealerweise bietet ein vollständig ausgeprägtes CRM-System den zentralen Einstiegspunkt für sämtliche geschäftsprozessbezogene Aktivitäten eines Versorgungsunternehmens. Für den Anwender sollte nicht länger entscheidend sein, in welchem System ein Prozess stattfindet, da sich sowohl SAP-Transaktionen als auch externe (Web-) Anwendungen in die neuen Oberflächen integrieren lassen.

9.1.1 Interaction Center WebClient

Der Interaction Center WebClient (IC WebClient) ist eine Thin-Client-Browser-Anwendung, die es ermöglicht, verschiedenste CRM-Frontoffice-Prozesse effizient durchzuführen. Besonderer Wert wurde hierbei auf die Integration der Telekommunikationssteuerung und eine intuitiv bedienbare Oberfläche gelegt. Hierbei wurde das aus dem Customer Interaction Center bekannte *L-Shape-Design* weitgehend beibehalten. Dieser Abschnitt soll dazu dienen, die grundlegenden Bedienelemente des IC WebClients kennenzulernen.

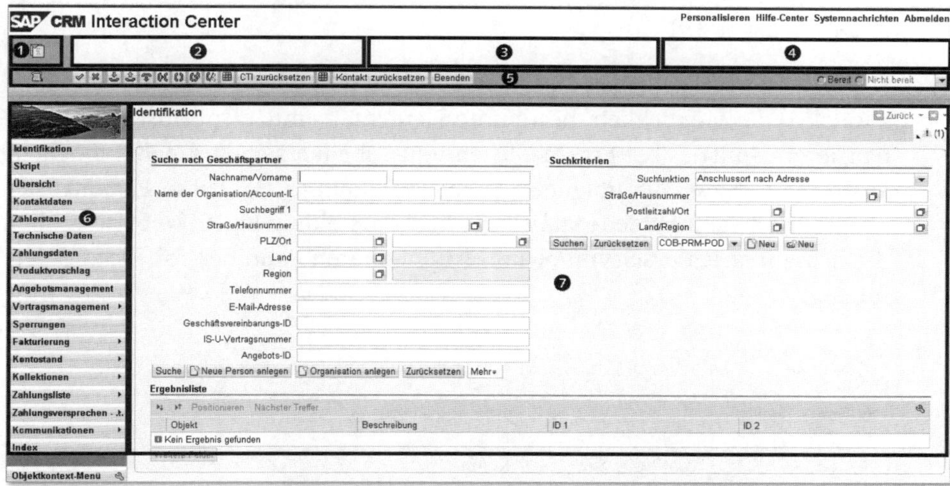

Abbildung 9.2 Interaction Center WebClient

Der in Abbildung 9.2 dargestellte Interaction Center WebClient hat folgende Oberflächenkomponenten:

- **Notizblock ❶**
  Der Notizblock erlaubt es, beliebige Freitexte während eines Kontakts einzugeben und diese automatisiert in Folgeprozesse zu importieren.
- **Kontaktinformationen ❷**
  Dieser Bereich enthält Informationen des aktuell identifizierten Geschäftspartners und der Verbrauchsstelle.
- **Alerts ❸**
  Dieser Bereich enthält kontaktspezifische Meldungen, die nach vordefinierten Regeln angezeigt werden (z. B. Kennzeichnen von VIP-Kunden).
- **Kommunikationskanalinformationen ❹**
  Je nach gewähltem Eingangsweg werden hier Informationen zum aktuellen Kommunikationskanal (z. B. Dauer des Gesprächs) angezeigt.

- **Toolbar ❺**
  Dieser Bereich enthält kommunikationskanalspezifische Aktionsflächen (z. B. Auflegen) sowie prozessübergreifende Steuerungsmechanismen (z. B. Kontakt beenden).
- **Navigationsleiste ❻**
  Die zweistufige Prozessnavigation erlaubt den direkten Absprung zu CRM-internen und -externen Prozessen.
- **Prozessbereich ❼**
  Dies ist der Contentbereich, in dem der aktuell gewählte Prozess angezeigt wird.

Neben den fest vorgegebenen Bedienelementen bietet der IC WebClient zusätzlich die Möglichkeit, bestimmte Elemente benutzerspezifisch zu personalisieren. So ist es bei Ergebnislisten und Tabellen standardmäßig möglich, Spalten ein- bzw. auszublenden (siehe Abbildung 9.3). Diese Personalisierungsoption steht bei jeder tabellarischen Darstellung im IC WebClient über das Schraubenschlüsselsymbol am rechten oberen Rand der Tabelle zur Verfügung.

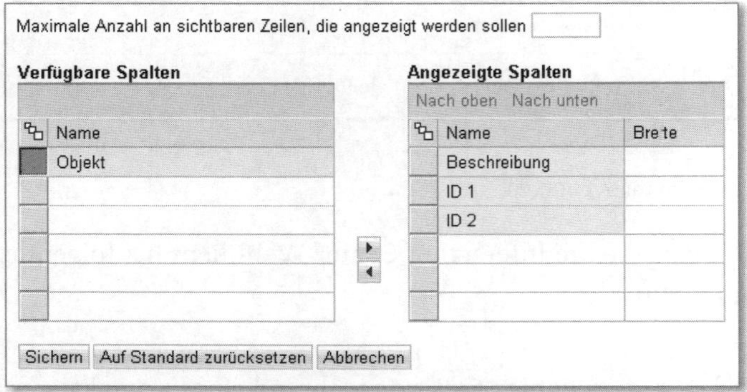

Abbildung 9.3 Personalisierung einer Ergebnisliste im IC WebClient

9.1.2 CRM WebClient User Interface

Das Pendant des IC WebClients im Bereich der Groß- und Geschäftskundenbetreuung sowie des Marketings stellt das CRM WebClient User Interface (CRM Web UI) dar. Auf den ersten Blick fällt auf, dass die gesamte obere Hälfte des IC WebClients (Kontaktinformationen, Alerts und Kommunikationskanalinformationen) in der CRM Web UI nicht zur Anzeige kommt. Darüber hinaus wurde bei der Gestaltung der CRM Web UI-Masken ein höheres Augenmerk auf die Personalisierung durch den Anwender gelegt.

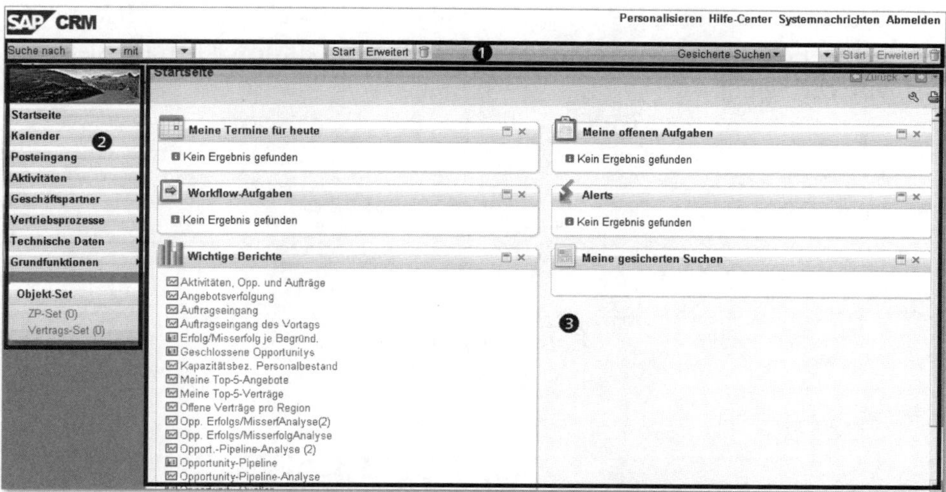

Abbildung 9.4 CRM Web UI

Der in Abbildung 9.4 dargestellte CRM WebClient lässt sich in die folgenden Bereiche unterteilen:

- **Suchleiste ❶**
  In diesem Bereich ist es möglich, verschiedenste Objekte (z. B. Geschäftspartner, Geschäftsvereinbarungen) über ein zentrales Eingabefeld zu suchen. Die Suchergebnisse lassen sich hierbei benutzerspezifisch abspeichern und können über die Selectbox am rechten Bildschirmrand jederzeit aufgerufen werden.
- **Navigationsbereich ❷**
  Wie schon beim IC WebClient findet sich auch hier auf der linken Bildschirmhälfte die zweistufige Navigationsleiste, die einen Absprung in die jeweiligen Prozesse ermöglicht.
- **Contentbereich ❸**
  In diesem Bereich werden die prozessrelevanten Informationen dargestellt. Eine Besonderheit gegenüber dem IC WebClient ist hier das Vorhandensein von Bereichsstartseiten. Es wird Prozessbereichen, die inhaltlich zusammengehören, eine stark individualisierbare Startseite vorgeschaltet, die in die zugehörigen Prozesse oder Ansichten verzweigt.

Wie im vorigen Abschnitt angedeutet, bietet das CRM Web UI vielfältige Möglichkeitaen, die Benutzeroberfläche für den Anwender individuell zu gestalten. Hierzu gehört unter anderem die Möglichkeit, die Anordnung der einzelnen sogenannten *Work Groups* per Drag & Drop beliebig zu verschieben (siehe Abbildung 9.5). Diese Funktionalität steht auf der allgemeinen Startseite (Navigationseintrag: STARTSEITE) sowie auf jeder Bereichsstartseite zur Verfügung.

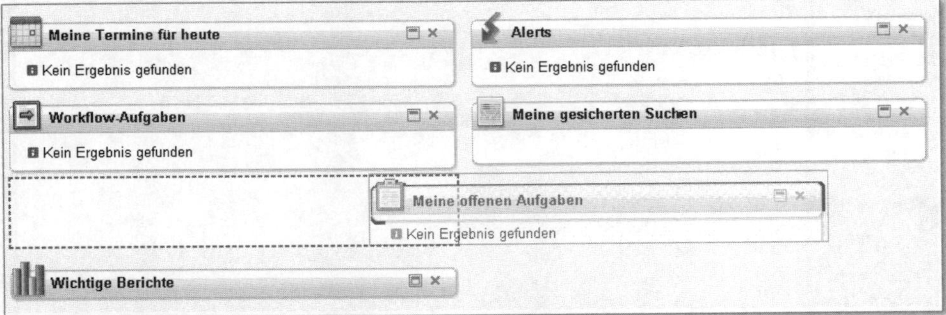

Abbildung 9.5 Personalisierung einer Bereichsstartseite im WebClient UI

9.2 Entwicklung und Customizing in SAP CRM

Dieser Abschnitt soll einen kurzen Überblick über die in SAP CRM zum Einsatz kommenden Technologien geben. Hierbei wird insbesondere auf die Aspekte Entwicklung und Customizing eingegangen, die für das Einrichten des IC WebClients sowie des CRM Web UI unumgänglich sind. Da nicht jeder Bereich der Entwicklung allumfassend behandelt werden kann, soll das Ziel dieses Abschnitts sein, einen knappen Überblick über die Möglichkeiten der Entwicklung und des Customizings in SAP CRM zu vermitteln.

9.2.1 Technologieüberblick

Bevor die einzelnen Ansatzpunkte für die Integration von kundeneigenen Anpassungen genauer erläutert werden, wird ein komprimierter Überblick über die technologischen Grundlagen des CRM Web UI bzw. des IC WebClients gegeben.

Technologisch gesehen gibt es drei Schichten, die bei Entwicklung und Customizing der CRM-Oberflächen berücksichtigt werden müssen.

Presentation Layer

Die Präsentationsschicht ist für die Darstellung der CRM Web UI- bzw. IC WebClient-Oberfläche zuständig. Technologisch gesehen handelt es sich hierbei um Business-Server-Page-Applikationen, die nach dem MVC-Prinzip

(Model View Controller) funktionieren. Dieses Prinzip stellt sicher, dass eine strikte Trennung zwischen Layout und Logik stattfindet. So enthalten beispielweise die Business Server Pages im IC WebClient keinerlei Ablauflogik, diese ist vollständig in die zugeordneten Controller-Klassen integriert (siehe Abbildung 9.6).

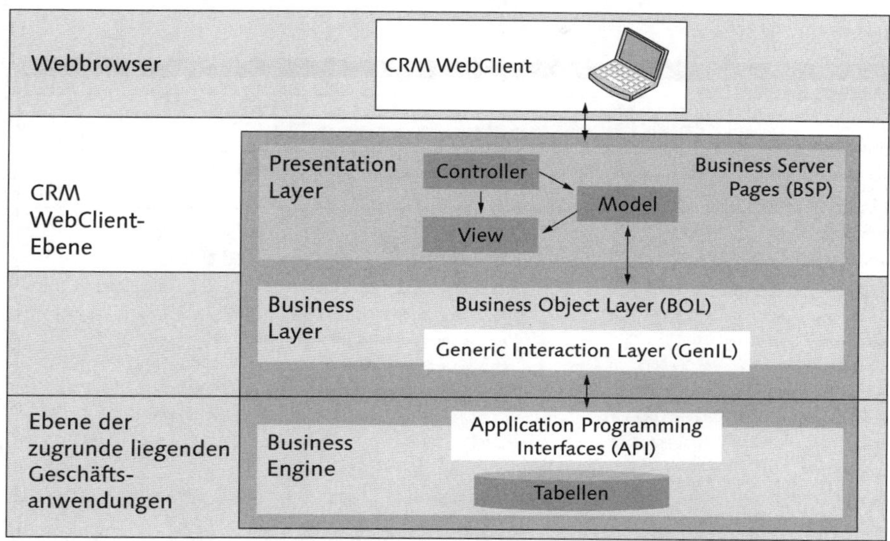

Abbildung 9.6 Softwarearchitekturmodell von SAP CRM

Eine Besonderheit der BSP-Applikationen im CRM-Umfeld ist es, dass diese in sogenannte *UI-Komponenten* gegliedert wurden. Aus diesem Grund findet die Entwicklung auch nicht wie in anderen Umfeldern üblich über die ABAP Workbench statt, sondern über die BSP WD Workbench (Transaktion BSP_WD_CMPWB).

Eine UI-Komponente bildet im CRM-Umfeld üblicherweise eine Klammer um fachlich zusammengehörige Prozesse und Ansichten. So existiert beispielsweise für die Identifikation des Geschäftspartners und der technischen Objekte die Komponente IUICMD.

Ein großer Vorteil der Kapselung von Prozessen in Komponenten ist die Möglichkeit, ein und dieselbe Komponente an verschiedenen Punkten in den jeweiligen CRM-Oberflächen einsetzen zu können. So existiert zu vielen Komponenten ein sogenanntes *Komponenteninterface*, das es erlaubt, Parameter an die Komponente zu übergeben bzw. wieder auszulesen.

[+]

UI-Komponente identifizieren

Um herauszufinden, welche Komponente für die aktuell betrachtete Ansicht zuständig ist, hilft ein Druck auf die Funktionstaste F2, während sich der Mauszeiger über der fraglichen Ansicht befindet. Das Popup, das sich nun öffnet, enthält neben dem Namen der aktuell betrachteten Komponente auch zusätzliche Informationen zu der aktuellen Ansicht (siehe Abbildung 9.7 und Abschnitt 9.2.4).

Technische Daten -- Webpage Dialog

UI-Komponente: Allgemeine Daten

Paket	CRM_IU_IC_6X_MD	Anwendungskomponente	CRM-IU-IC

Erweiterungsinformationen

Aktives Erweiterungsset	ZCRM	Erweiterungsstand	Erweitert

Feld: Technische Informationen

UI Komponente	IUICMD	View	IUICMD/SearchAccount
Kontextknoten	SEARCH	Attribut	STRUCT.STREET

Konfiguration: Technische Informationen

Gesuchter Rollenschlüssel	DEFAULT_IC	Gefundener Rollenschlüssel	<DEFAULT>
Gesuchte Komponentenverwend	TIUICMD	Gefundene Komponentenverwen	<DEFAULT>
Gesuchter Objekttyp	<DEFAULT>	Gefundener Objekttyp	<DEFAULT>
Gesuchter Unterobjekttyp	<DEFAULT>	Gefundener Unterobjekttyp	<DEFAULT>
Herkunft der Konfiguration	Kundenkonfiguration	Herkunft des Bezeichners	Text Repository (SAP-Lieferung)
Kontext-ID	4177CBDF0D2887831C70C444A58C908F2D52BA20		

Design Layer

Object Type		Design Object	
Attribut			

Schließen | View-Lokation einblenden

Abbildung 9.7 Technische Informationen zu einer UI-Komponente

Business Layer

Der Business Layer besteht aus dem Business Object Layer (BOL) sowie dem Generic Interaction Layer (GenIL). Über den Business Layer findet eine Kapselung der Geschäftslogik über sogenannte *Business-Objekte* statt. Für nahezu jedes CRM-relevante Geschäftsobjekt existiert auch eine ABAP-Klasse im Business Object Layer (BOL), die diesen Objekttyp repräsentiert. Einen Überblick über alle vorhandenen Business-Objekte bietet die Transaktion GENIL_MODEL_BROWSER (GenIL GUI Model Browser). Die Verknüpfung zu anderen Geschäftsobjekten erfolgt über fest definierte Beziehungen zwischen den einzelnen BOL-Objekten.

[zB]

Konzept des Business Object Layers

Es können einem SAP-Geschäftspartner mehrere Adressen zugeordnet sein; diese Struktur ist so auch im BOL-Objektmodell abgebildet. Sie gehen folgendermaßen vor, um sich diese Information anhand des BOL-Objektmodells zu verschaffen.

Über die Transaktion GENIL_MODEL_BROWSER ist es möglich, einen Überblick über die BOL-Struktur des CRM-Systems zu erhalten. Hierzu muss zunächst ein Komponentenset ausgewählt werden, das die angezeigten Business-Objekte einschränkt. Für unser Beispiel wählen Sie das Komponentenset ALL, das alle Business-Objekte enthält.

Der Name des BOL-Objekts für den SAP-Geschäftspartner lautet BUILHEADER (siehe Abbildung 9.8). Durch das Aufklappen des Knotens BUILHEADER lassen sich zum einen die Attributstruktur des Geschäftspartners und zum anderen die mit ihm verknüpften Geschäftsobjekte anzeigen. Unterhalb dieses Knotens öffnen Sie den Ordner BEZIEHUNGEN, in dem eine Beziehung BUILADDRESSREL existiert.

Diese Relation bildet die Beziehung zwischen einem Geschäftspartner und seinen Adressen ab. Die hier angegebene Kardinalität zeigt also an, dass ein Geschäftspartner keine oder beliebig viele Adressen besitzen kann.

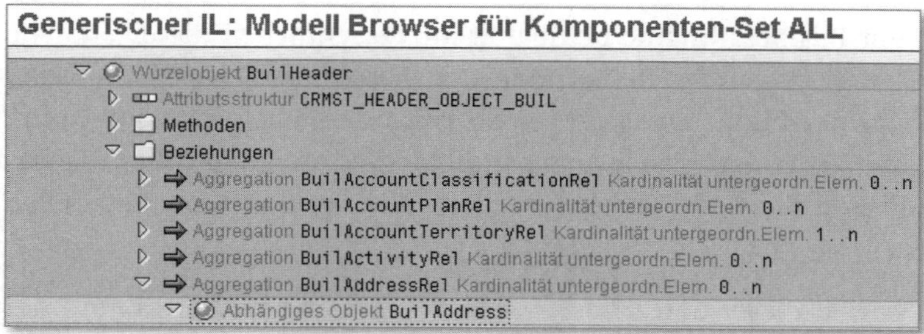

Abbildung 9.8 BOL-Struktur am Beispiel eines Geschäftspartners

Zusätzlich zu den eigentlichen Geschäftsobjekten existieren in BOL auch Suchklassen für nahezu jeden Objekttyp. Diese lassen sich über die Transaktion GENIL_BOL_BROWSER (GenIL GUI BOL Browser) testen. So können beispielsweise über das Suchobjekt BUILHEADERSEARCH Geschäftspartner im CRM-System gesucht werden.

Zum Test dieser Funktion rufen Sie die zuvor genannte Transaktion GENIL_BOL_BROWSER auf und geben als Komponentenset ALL an. Im folgenden Dialog wählen Sie das Suchobjekt BUILHEADERSEARCH per Doppelklick aus (siehe Abbildung 9.9). Nun können Sie über die Suchfelder auf der rechten Seite Suchparameter angeben und die Suche über einen Klick auf den Button SUCHEN starten.

Unterhalb des Business Layers befindet sich noch der sogenannte *Generic Interaction Layer* (GenIL). Dieser übernimmt die Kommunikation zwischen der Business Engine und dem Business Layer. Der GenIL ruft die aus früheren Releases bereits bekannten Funktionsbausteine und Methoden auf.

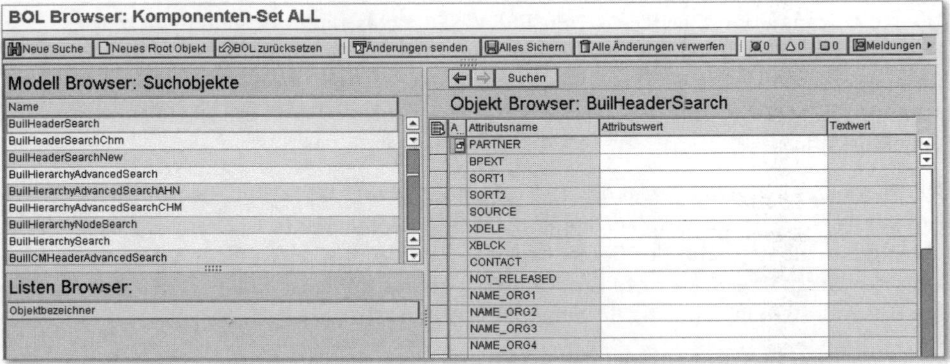

Abbildung 9.9 Suche nach einem Geschäftspartner über BOL-Funktionalitäten

Business Engine

Die Schicht der Business Engine beinhaltet im Wesentlichen die eigentliche Businesslogik der aufgerufenen Prozesse und Funktionen. Hierbei werden vom Generic Interaction Layer die entsprechenden Business Application Interfaces (BAPIs), Funktionsbausteine und Methoden aufgerufen, die das Auslesen und Speichern der Daten aus den jeweiligen Datenbanktabellen übernehmen.

Ein großer Vorteil dieser Softwarearchitektur ist die starke Abstraktion der Funktionen der Business Engine. So gestaltete sich die Programmierung in früheren Releaseständen ohne genaue Kenntnisse der einzelnen Funktionsbausteine äußerst schwierig. Durch die Vereinheitlichung sämtlicher Programmierschnittstellen über den Business Object Layer gestalten sich Änderungs-, Such- und Leseprozesse auf den einzelnen Geschäftsobjekten deutlich homogener und übersichtlicher.

9.2.2 Customizing von Benutzerrollen

Auch wenn viele der im SAP GUI getätigten Einstellungen nun in den IC WebClient bzw. in das CRM Web UI verlegt wurden, finden die Entwicklung und das Customizing weiterhin in der SAP GUI statt.

Das Customizing wird, wie auch in den vorigen Releaseständen, im SAP-Referenz-IMG über die Transaktion SPRO (Customizing: Projektbearbeitung) durchgeführt. Hier finden sich nicht nur CRM-spezifische Customizingaktivitäten, sondern es existiert unter Customer Relationship Management • Branchenlösungen • Versorgungsindustrie ein Customizingbaum, der die IS-U-spezifischen Integrationspunkte enthält. Neben den unzähligen Customizingaktivitäten, die allein dieser IS-U-spezifische Unterpunkt bietet, existieren im gesamten Referenz-IMG mehr relevante Aktivitäten als wir in diesem Abschnitt behandeln könnten. Aus diesem Grund soll der Hauptaugenmerk dieses Abschnitts auf das *Benutzerrollen-Customizing* gerichtet werden.

Das Benutzerrollen-Customizing ist die Grundvoraussetzung, um überhaupt eine Anmeldung am IC WebClient bzw. CRM Web UI durchführen zu können. Die Benutzerrolle eines Anwenders legt unter anderem fest, welche Aktionen und Prozesse ein Benutzer ausführen darf, wie sich die CRM-Oberfläche darstellt und welche Navigationspunkte in der Navigationsleiste auftauchen.

Um das Konzept einer Benutzerrolle etwas besser zu verstehen, sei auf Abbildung 9.10 verwiesen. Eine Benutzerrolle wird über das Organisationsmodell einer Planstelle bzw. einer Organisationseinheit zugeordnet. Benutzer, die dieser Organisationseinheit zugeordnet sind, erhalten beim Aufruf der CRM-Oberflächen über diese Verknüpfung automatisch die entsprechende Benutzerrolle.

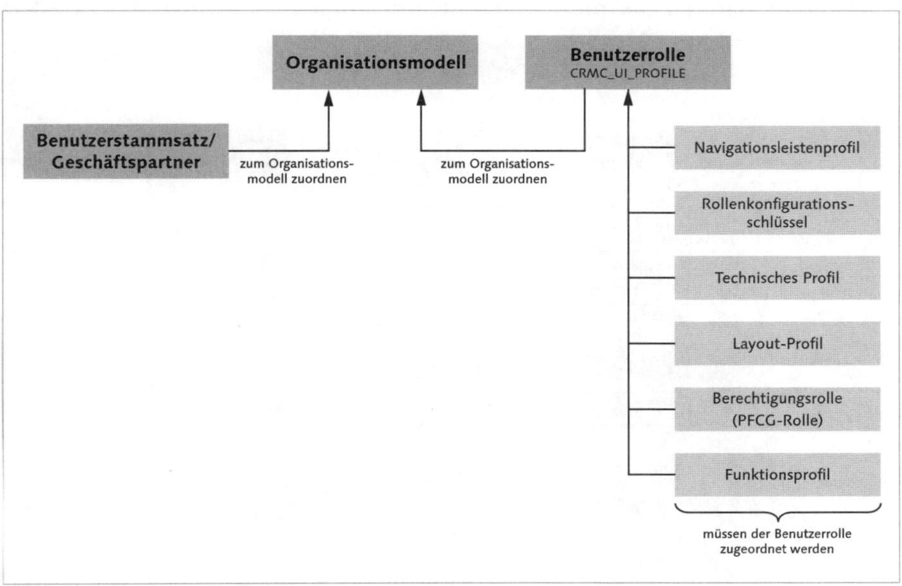

Abbildung 9.10 Benutzerrolle (Quelle: SAP)

Die Zuordnung einer Benutzerrolle zu einer Organisationseinheit oder Planstelle erfolgt über die Transaktion PPOME (Organisation und Besetzung ändern). Hier gehen Sie folgendermaßen vor:

1. Nach Auswahl der entsprechenden Organisationseinheit bzw. Planstelle wählen Sie SPRINGEN • DETAILOBJEKT • ERWEITERTE OBJEKTBESCHREIBUNG (siehe Abbildung 9.11).

Abbildung 9.11 Zuordnung einer Benutzerrolle in Organisationsmodell 1

2. In dem folgenden Dialog selektieren Sie die Zeile BUSINESS ROLE, anschließend bestätigen Sie diese Auswahl über den Button INFOTYP ANLEGEN (siehe Abbildung 9.12).

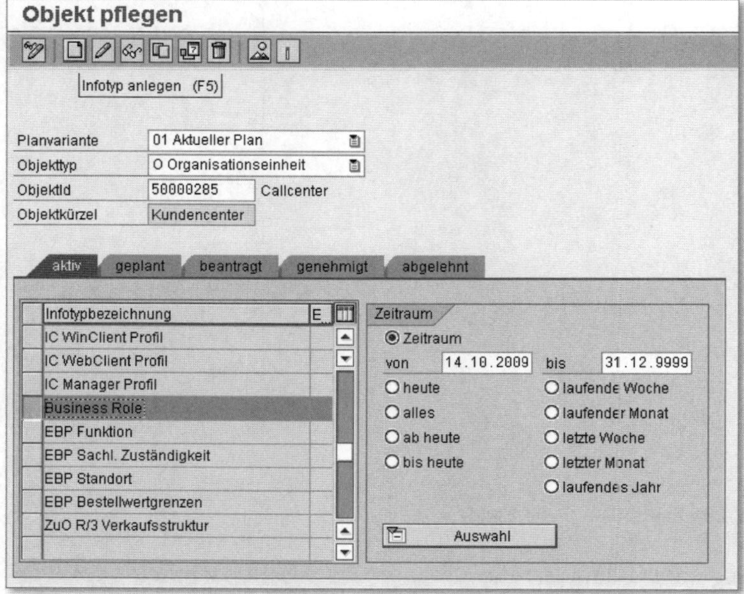

Abbildung 9.12 Zuordnung einer Benutzerrolle im Organisationsmodell 2

3. Abschließend muss in der Folgemaske noch die gewünschte Benutzerrolle hinterlegt und gesichert werden (siehe Abbildung 9.13).

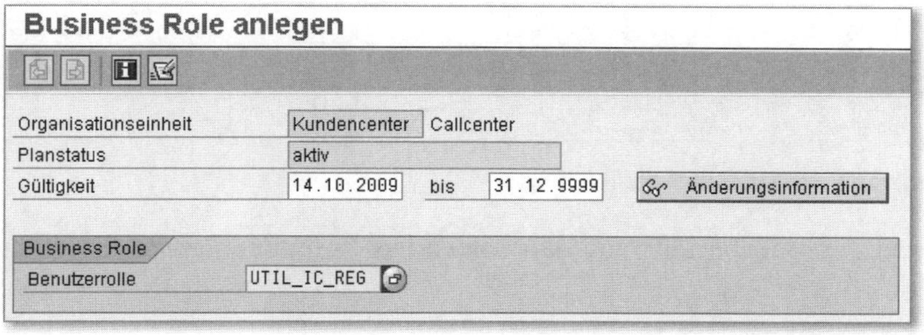

Abbildung 9.13 Zuordnung einer Benutzerrolle im Organisationsmodell 3

Benutzerrollen direkt zuordnen [+]

Während der Einrichtung eines CRM-Systems kann es aus Effizienzgründen erforderlich sein, Benutzerrollen direkt einem Benutzerstammsatz zuzuordnen – ohne den Umweg über das Organisationsmodell.

Hierfür kann über die Transaktion SU01 (Benutzerpflege: Einstieg) dem entsprechenden Benutzerstammsatz die Parameter-ID `CRM_UI_PROFILE` zugeordnet werden. Der Parameterwert sollte in diesem Fall der Name der zuzuordnenden Benutzerrolle sein oder aber auch eine Wildcard (*) für alle im System verfügbaren Benutzerrollen.

Im Produktivbetrieb wird von dieser Art der Benutzerrollenzuordnung aufgrund des erhöhten Pflegeaufwands jedoch abgeraten

SAP liefert im Standard mehrere Benutzerrollen für die unterschiedlichsten Anwendungsbereiche aus; so existieren beispielsweise auch spezielle Benutzerrollen für den IC WebClient mit versorgerspezifischen Prozessen. Die im System vorhandenen Benutzerrollen finden Sie im Einführungsleitfaden unter Customer Relationship Management • UI-Framework • Benutzerrolle definieren oder aber direkt über den Aufruf der Transaktion CRMC_UI_PROFILE (Benutzerrollen definieren, siehe Abbildung 9.14).

Um kundenspezifische Anpassungen an einer Standardbenutzerrolle vornehmen zu können, muss diese zunächst über den Button Kopieren als (📋) in den kundeneigenen Namensraum kopiert werden. Anschließend können die einzelnen Komponenten der ursprünglichen Benutzerrolle ersetzt bzw. angepasst werden. Diese Vorgehensweise ist ebenfalls für die der Benutzerrolle zugeordneten Komponenten zu empfehlen.

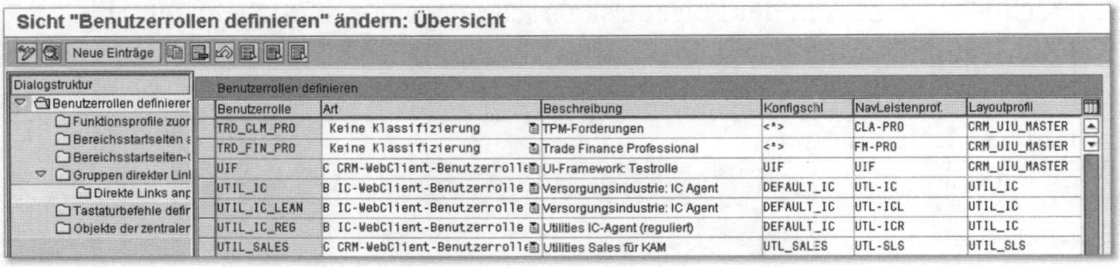

Sicht "Benutzerrollen definieren" ändern: Übersicht

Neue Einträge

Dialogstruktur
- Benutzerrollen definierer
  - Funktionsprofile zuor
  - Bereichsstartseiten a
  - Bereichsstartseiten-(
  - Gruppen direkter Linl
    - Direkte Links anp
  - Tastaturbefehle defir
  - Objekte der zentraler

Benutzerrollen definieren

Benutzerrolle	Art	Beschreibung	Konfigschl	NavLeistenprof.	Layoutprofil
TRD_CLM_PRO	Keine Klassifizierung	TPM-Forderungen	<*>	CLA-PRO	CRM_UIU_MASTER
TRD_FIN_PRO	Keine Klassifizierung	Trade Finance Professional	<*>	FM-PRO	CRM_UIU_MASTER
UIF	C CRM-WebClient-Benutzerrolle	UI-Framework: Testrolle	UIF	UIF	CRM_UIU_MASTER
UTIL_IC	B IC-WebClient-Benutzerrolle	Versorgungsindustrie: IC Agent	DEFAULT_IC	UTL-IC	UTIL_IC
UTIL_IC_LEAN	B IC-WebClient-Benutzerrolle	Versorgungsindustrie: IC Agent	DEFAULT_IC	UTL-ICL	UTIL_IC
UTIL_IC_REG	B IC-WebClient-Benutzerrolle	Utilities IC-Agent (reguliert)	DEFAULT_IC	UTL-ICR	UTIL_IC
UTIL_SALES	C CRM-WebClient-Benutzerrolle	Utilities Sales für KAM	UTL_SALES	UTL-SLS	UTIL_SLS

Abbildung 9.14 Benutzerrollen-Customizing

Eine Benutzerrolle besteht aus den folgenden Komponenten (siehe auch Abbildung 9.10):

- **Benutzerrollenart**
  Die Art einer Benutzerrolle legt fest, ob es sich bei der Rolle um eine IC WebClient-Rolle oder um eine CRM Web UI-Rolle handelt (siehe Abschnitt 9.1). Je nach der gewählten Rollenart wird beim Einstieg in CRM die entsprechende Oberfläche angezeigt.
- **Rollenkonfigurationsschlüssel**
  Ein Rollenkonfigurationsschlüssel steuert die Darstellung der einzelnen Elemente (Textfelder, Beschriftungen etc.) im IC WebClient bzw. im Web Client UI. So ist es beispielsweise möglich, unterschiedliche Oberflächenkonfigurationen zu ein und demselben Prozess zu hinterlegen. Die Zuordnung dieser Konfigurationen zu den einzelnen Benutzern erfolgt über den Rollenkonfigurationsschlüssel.
- **Navigationsleistenprofil**
  Das Navigationsleistenprofil definiert, welche Prozesse dem Benutzer in der Navigationsleiste zur Verfügung stehen und in welcher Reihenfolge diese angeordnet sind. Das Customizing von Navigationsleistenprofilen kann entweder über den Einführungsleitfaden unter Customer Relationship Management • UI-Framework • Technische Rollendefinition • Navigationsleistenprofil oder direkt über die Transaktion CRMC_UI_NBLINKS (Profil definieren) erfolgen (siehe Abbildung 9.15).
- **Layoutprofil**
  Das Layoutprofil steuert die Gestaltung sowie die Anordnung von Header-, Content-, Navigations- und Footerbereich der CRM-Oberflächen. Sind keine speziellen Anpassungen in der grundsätzlichen Gestaltung dieser Bereiche gewünscht, reicht es hier aus, das Standardlayoutprofil zu der entsprechenden Vorlagerolle zu wählen.
- **Funktionsprofil**
  Über das Funktionsprofil werden Einstellungen bezüglich diverser Funk-

tionen vorgenommen, die die Darstellung in der CRM-Oberfläche betreffen. So kann etwa die Position der Fehler- und Erfolgsmeldungen über einen Funktionsprofileintrag angepasst werden.

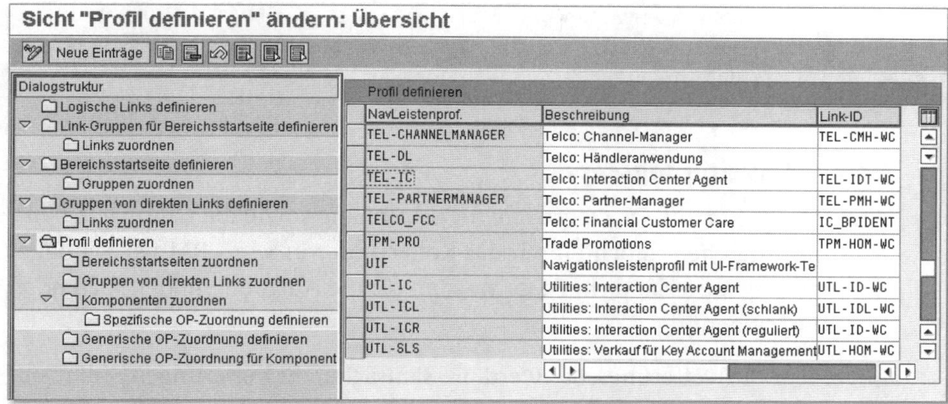

Abbildung 9.15 Customizing des Navigationsleistenprofils

- **PFCG-Rolle**
  Die PFCG-Rolle einer Benutzerrolle legt fest, welche Zugriffsrechte und Berechtigungen der Anwender für die einzelnen Geschäftsprozesse erhält. Die Pflege dieser Berechtigungsrollen erfolgt über die Transaktion PFCG (Rollenpflege). Es wird empfohlen, eine von SAP ausgelieferte Standardberechtigungsrolle als Kopiervorlage zu verwenden (z. B. CRM_UIU_UTIL_IC_REG_AGENT für die Benutzerrolle eines Callcenteragents).

Anlegen oder Ändern eines Navigationslisteneintrags [zB]

Ein Beispiel zum besseren Verständnis der notwendigen Schritte beim Anlegen oder Ändern eines Navigationsleisteneintrags:

In dem Standard-Navigationsleistenprofil UTL-ICR für den IC WebClient eines regulierten Energieversorgers existiert als erster Eintrag in der Navigation die Identifikationsmaske zur Geschäftspartner- und Verbrauchsstellensuche. Wie es dazu kommt, dass dieser Eintrag an dieser Stelle angezeigt wird, kann anhand der einzelnen Customizingtabellen erläutert werden. Hierzu sei gesagt, dass der Name des entsprechenden Links UTL-ID-WC lautet. Diesen finden Sie durch einen Klick auf den Ordner LOGISCHE LINKS DEFINIEREN auf der linken Seite des Bildschirms in Abbildung 9.15. Dieser Link ist wiederum der Bereichsstartseite UTL-ID zugeordnet, was durch die Auswahl des Ordners BEREICHSSTARTSEITE DEFINIEREN ersichtlich wird. Zuletzt ist diese Bereichsstartseite wiederum dem Navigationsleistenprofil UTL-ICR mit der Positionsnummer 10 zugeordnet (PROFIL DEFINIEREN • BEREICHSSTARTSEITEN ZUORDNEN).

Zusätzlich zu den hier beschriebenen Tätigkeiten ist zu beachten, dass die Sichtbarkeit sowie die Bezeichnung der einzelnen Links im Benutzerrollen-Customizing (siehe Abbildung 9.14) übersteuert werden können. Diese müssen in der Transaktion CRMC_UI_PROFILE (Benutzerrollen definieren) in den Ordnermenüs Bereichsstartseiten anpassen und Bereichsstartseiten-Gruppen-Links anpassen erfolgen. An dieser Stelle kann auch festgelegt werden, welche der Links in einem zweistufigen Untermenü dargestellt werden sollen.

9.2.3 Erweiterungssets

Bevor wir näher auf das Oberflächen-Customizing sowie die Oberflächenentwicklung eingehen, möchten wir das Konzept der in SAP CRM verwendeten Erweiterungssets erläutern. Diese werden für die Aufgaben in den folgenden Abschnitten benötigt.

In einem Erweiterungsset werden sämtliche Erweiterungen, die auf Komponentenebene getätigt werden, gespeichert. Zur Anlage eines solchen Erweiterungssets klicken Sie auf den Button Anlegen (☐) neben dem Feld Erweiterungsset. In dem folgenden Dialog geben Sie einen Namen und eine Beschreibung für das Erweiterungsset ein (siehe Abbildung 9.16).

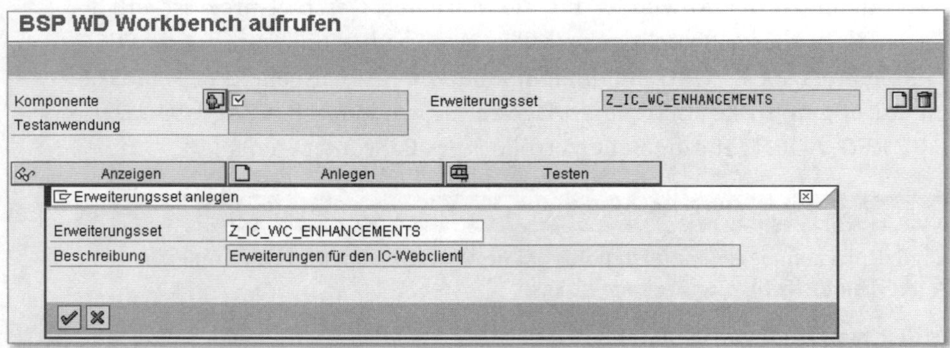

Abbildung 9.16 Anlegen eines Erweiterungssets

Es können innerhalb eines CRM-Systems auch mehrere Erweiterungssets existieren. Welches von diesen jedoch zur Laufzeit herangezogen wird, ist im Standard von den Einträgen in der Tabelle BSPWDV_EHSET_ASG (Pflegeview für Enhancement-Set-Zuordnungen) abhängig. Hier kann mandantenspezifisch jeweils ein Standarderweiterungsset hinterlegt werden.

Hierfür öffnen Sie die Transaktion SM30 (Tabellensicht-Pflege: Einstieg), geben den Pflege-View BSPWDV_EHSET_ASG an und wählen dann den Button PFLEGEN. Nun können Sie für die jeweils im System verfügbaren Mandanten ein Erweiterungsset angeben (siehe Abbildung 9.17).

Mandantenzuordnung mithilfe des BAdIs COMPONENT_LOADING [+]

Falls es notwendig sein sollte, Erweiterungssets zur Laufzeit nicht nur über eine Mandantenzuordnung zu ermitteln (sondern beispielsweise benutzerspezifisch), kann auch ein Business Add-in (BAdI) verwendet werden. Der Name dieses BAdIs lautet `COMPONENT_LOADING` und die zu redefinierende Methode `GET_ACTIVE_ENHANCEMENT_SET`.

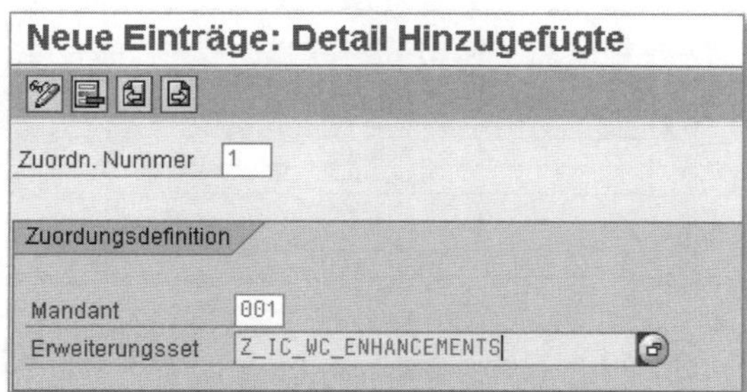

Abbildung 9.17 Erweiterungssets mandantenspezifisch pflegen

9.2.4 Customizing der Oberfläche

Ein nicht zu unterschätzender Vorteil der neuen Oberflächentechnologie liegt in der hohen Flexibilität des CRM Web UI bzw. des IC WebClients. So ist es durch das Oberflächen-Customizing mithilfe des UI Configuration Tools möglich, ohne den Einsatz von Entwicklungen oder Modifikationen umfangreiche Anpassungen an der Gestaltung der CRM-Masken, Infoblätter oder Tabellen-Views vorzunehmen.

Konfiguration von Pflegemasken

Anpassungen an Pflegemasken (oder Form-Views) können über UI Configuration Tools vorgenommen werden. Gehen Sie dazu folgendermaßen vor:

1. Starten Sie zunächst die BSP WD Workbench (siehe hierzu auch Abschnitt 9.2.1) über die Transaktion BSP_WD_CMPWB (BSP WD Workbench). Im nun vorgestellten Beispiel soll für die Identifikationskomponente (IUICMD) ein zusätzliches Suchfeld GEÄNDERT AM ergänzt werden.
2. Geben Sie auf der Startseite der BSP WD Workbench die Komponente »IUICMD« ein, und wählen Sie das zuvor angelegte Erweiterungsset aus.

3. Auf dem folgenden Bildschirmbild muss zunächst auf der linken Seite im Komponentenstrukturbrowser der entsprechende View mit einem Doppelklick ausgewählt werden. Dieser lautet in diesem Fall SEARCHACCOUNT. Nun kann auf der rechten Bildschirmhälfte über den Tabreiter KONFIGURATION das UI-Konfigurationstool für diesen View gestartet werden (siehe Abbildung 9.18).

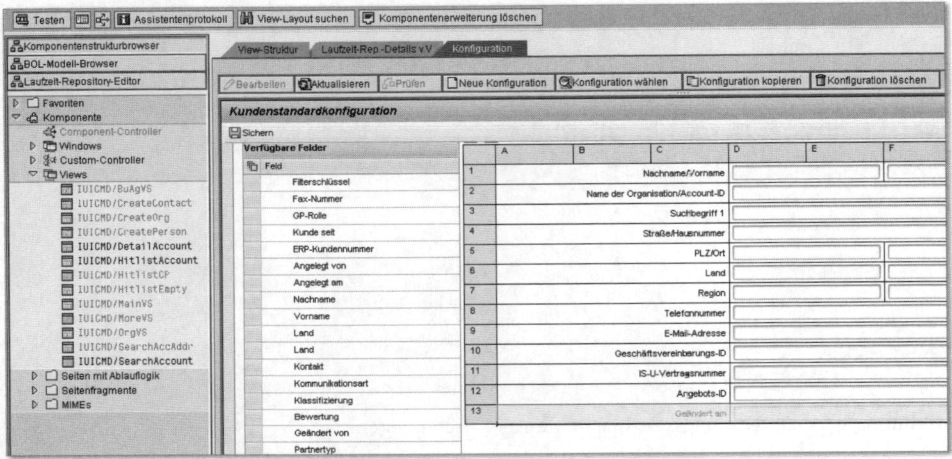

Abbildung 9.18 UI-Konfigurationstool

4. Zu einem View einer Komponente können mehrere Oberflächenkonfigurationen existieren. Diese können über den Button KONFIGURATION WÄHLEN angezeigt werden. Bevor nun eine neue UI-Konfiguration angelegt werden kann, muss der Änderungsmodus mit dem Button BEARBEITEN aktiviert werden, und es muss zudem ein Customizingtransportauftrag angelegt bzw. ausgewählt werden. Dieser wird automatisch über ein Popup beim Klick auf den Button BEARBEITEN abgefragt.

5. Eine kundeneigene Konfiguration kann nun über den Button NEUE KONFIGURATION erzeugt werden (siehe Abbildung 9.18). In dem folgenden Dialog können Kriterien festgelegt werden, zu welchen Laufzeitparametern die neue Konfiguration herangezogen werden soll. Folgende Parameter können bei der Anlage einer neuen Konfiguration gepflegt werden:

   - *Rollenkonfigurationsschlüssel*
     Der Rollenkonfigurationsschlüssel wird zur Laufzeit aus der dem aktuellen Benutzer zugeordneten Benutzerrolle ermittelt (siehe hierzu Abschnitt 9.2.2).
   - *Komponentenverwendung*
     Über diesen Parameter kann die Darstellung des entsprechenden Views

bei der Verwendung aus anderen Komponenten heraus gesteuert werden. Hierbei ist der Name der entsprechenden Komponentenverwendung anzugeben. Ein Liste der Komponentenverwendungen einer UI-Komponente finden Sie in der BSP WD Workbench unter RUNTIME RESPOSITORY EDITOR • COMPONENTUSAGES

- *Objekttyp und Objekt-Subtyp*
  Der Objekttyp sowie der Subtyp ergeben sich aus dem aktuell betrachteten UI-Objekttyp.

UI-Objekttyp [+]

Bei einem UI-Objekttyp handelt es sich um eine Klassifizierung eines Geschäftsobjekts in der CRM-Oberfläche. So kann es beispielsweise mehrere UI-Objekttypen zu einem BOL-Objekttyp geben.

6. Für dieses Beispiel erstellen Sie nun eine neue UI-Konfiguration mit den vorbelegten Werten <DEFAULT> (siehe Abbildung 9.19). Bestätigen Sie Ihre Eingaben. Diese Konfiguration gilt also für sämtliche Benutzerrollen und Objekttypen, mit denen dieser View aufgerufen wird.

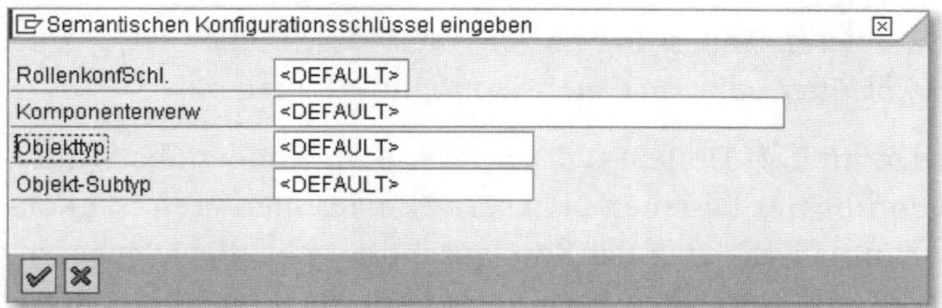

Abbildung 9.19 UI-Konfiguration anlegen

7. Um der Suchmaske nun ein neues Suchfeld hinzuzufügen, können die standardmäßig verfügbaren Felder für diesen View über den Button VERFÜGBARE FELDER ANZEIGEN dargestellt werden. Hier erscheinen nun zwei sogenannte *Kontextknoten*, die sämtliche Felder beinhalten, die im Standard für diese Komponente verfügbar sind. Das von uns gesuchte Feld findet sich im Kontextknoten SEARCH. Dieses können Sie nun per Drag & Drop in die auf der rechten Seite befindliche Feldmaske ziehen und dort an beliebiger Stelle platzieren (siehe Abbildung 9.18).
8. Die genaue Positionierung sowie die Feldbezeichner können nach Auswahl des Feldes und Betätigen des Buttons FELDEIGENSCHAFTEN EINBLENDEN angepasst werden (siehe Abbildung 9.20).

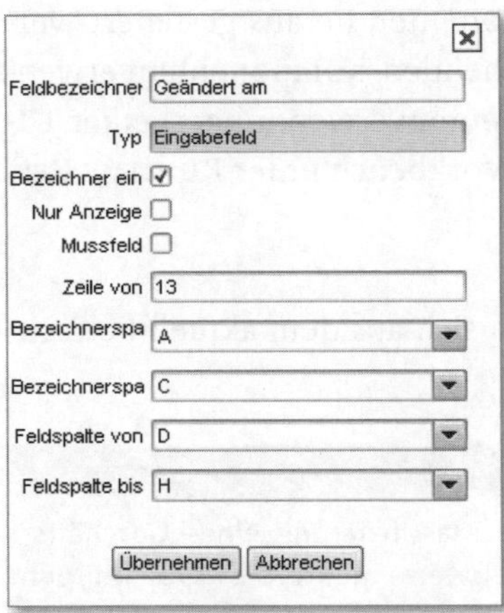

Abbildung 9.20 Feldeigenschaften im UI-Konfigurationstool

Konfiguration von Infoblättern

Neben der Konfiguration von sogenannten *Form-Views*, wie der Identifikationsmaske im gerade gezeigten Beispiel, gibt es noch zwei weitere View-Arten, die in der Konfigurationsoberfläche angepasst werden können. Neben den Tabellen-Views, deren Anpassung im Anschluss beschrieben wird, können sogenannte *Infoblätter* oder *Fact Sheets* konfiguriert werden.

Diese Views werden im IS-U-Umfeld typischerweise für Kundenübersichten genutzt. Informationsblätter bestehen üblicherweise aus mehreren frei konfigurierbaren Abschnitten, die über das Konfigurationstool beliebig angeordnet werden können. Wir betrachten auch hier ein Beispiel, nämlich die UI-Komponente BSP_DLC_FS. Hierfür öffnen Sie den View FACT SHEET und starten wie zuvor beschrieben das UI-Konfigurationstool im Änderungsmodus.

Nun können Sie aus der Liste der Informationsblätter ein Informationsblatt wählen, das Ihren Anforderungen an die Kundenübersicht am ehesten entspricht. Für das Beispiel hier wählen Sie das Standardkonfigurationsblatt für den IS-U-Geschäftspartner ISU_BUPA_FS.

[+] **Eigene Informationsblätter anlegen**

Sollten Ihnen die standardmäßig ausgelieferten Informationsblätter nicht ausreichen, können Sie jederzeit eigene Informationsblätter über den Customizingpfad CUSTOMER RELATIONSHIP MANAGEMENT • UI-FRAMEWORK • DEFINITION DES UI-FRAMEWORKS • INFORMATIONSBLATT • INFORMATIONSBLATT BEARBEITEN anlegen und bearbeiten. Hier haben Sie über die Sichtzuordnungen auch die Möglichkeit, selbst entwickelte Komponenten innerhalb eines Informationsblatts einzubinden.

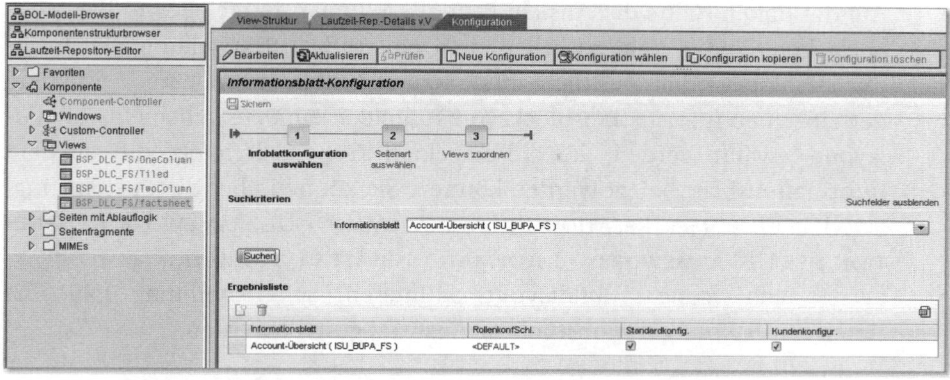

Abbildung 9.21 Informationsblattkonfiguration (Schritt 1)

Nach der Auswahl eines Informationsblatts (siehe Abbildung 9.21) kann im ersten Schritt entweder eine bestehende Konfiguration gewählt oder eine neue angelegt werden. Da der UI-Objekttyp in diesem Fall das soeben gewählte Informationsblatt darstellt, muss an dieser Stelle nur der Rollenkonfigurationsschlüssel oder aber der Standardwert <DEFAULT> angegeben werden. Nach der Auswahl einer Konfiguration bestätigen Sie diese durch einen Klick auf den Button NEXT.

Im zweiten Schritt der Informationsblattkonfiguration können Angaben zum Layout und zur Unterteilung des Informationsblatts gemacht werden (siehe Abbildung 9.22).

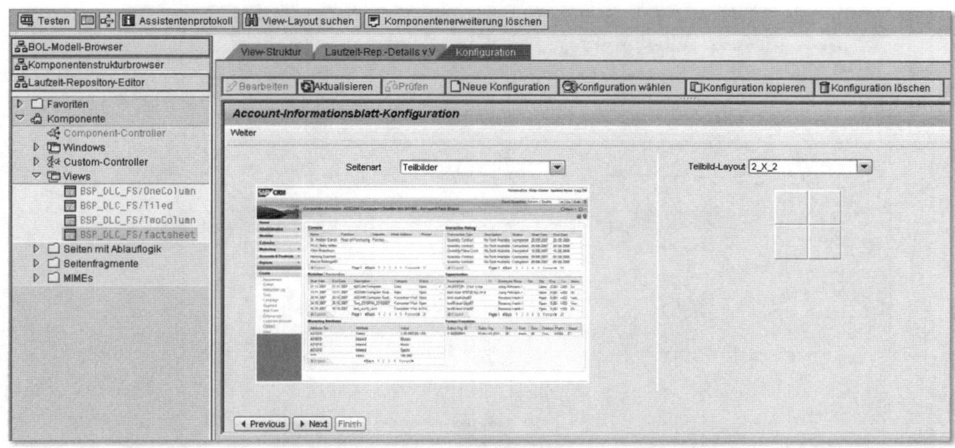

Abbildung 9.22 Informationsblattkonfiguration (Schritt 2)

Auf der linken Hälfte der Ansicht kann die Seitenart festgelegt werden. Hierbei haben Sie die Wahl zwischen einer einspaltigen Darstellung aller Informationsblöcke oder aber der Aufteilung auf Teilbilder. Bei einer Aufteilung der einzelnen Informationsblöcke auf Teilbilder kann zusätzlich ein Teilbildlayout gewählt werden, das die einzelnen Kacheln definiert, die auf dem Informationsblatt belegt werden können. Sie können über die Customizingaktivität Customer Relationship Management • UI-Framework • Definition des UI-Frameworks • Informationsblatt • Informationsblatt bearbeiten auch eigene Teilbildlayouts definieren (siehe Abbildung 9.23), die Ihnen im UI-Konfigurationstool zur Auswahl gestellt werden.

Sicht "Layout" ändern: Übersicht

Neue Einträge

Dialogstruktur
- Informationsblatt
  - Sichtzuordnungen
- Layout
  - Rasterlayout-Definiti

Layout

Layout	Layout-Titel	Spalten	Zeil
1_X_1	Ein Sichtbereich	1	1
1_X_2	Eine Spalte - zwei Zeilen	1	2
2_X_2	4 Zellen-Layout	2	2
2_X_3	6 Zellen-Layout	2	3

Abbildung 9.23 Teilbildlayouts definieren

Nach der Bestätigung der Seitenart (z. B. Teilbilder) und des Teilbildlayouts (z. B. 2_X_2) können nun auf der folgenden Seite im dritten und letzten Schritt den Teilbildern die zur Verfügung stehenden Informationsblattsichten zugeordnet werden (siehe Abbildung 9.24).

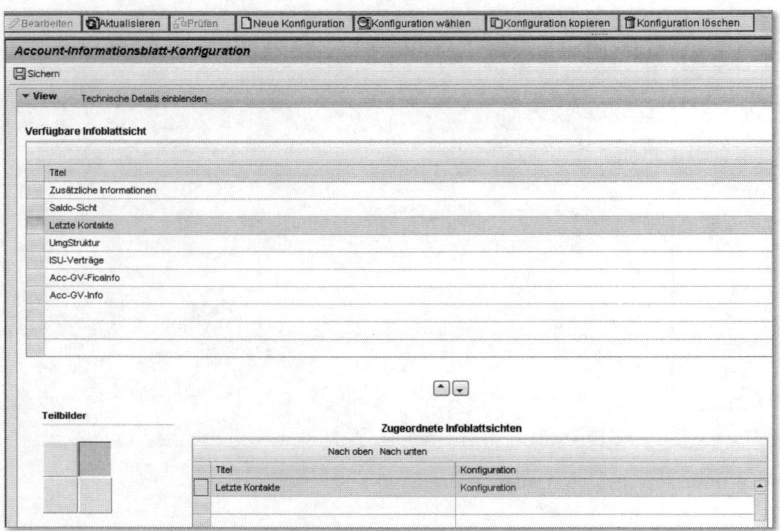

Abbildung 9.24 Informationsblattkonfiguration (Schritt 3)

Konfiguration von Tabellen-Views

Die dritte und letzte Art des Oberflächen-Customizings mit dem UI-Konfigurationstool ist die Konfiguration von Tabellen-Views. Hierbei können die sichtbaren Spalten und Zeilen von tabellarischen Auflistungen und Ergebnislisten angepasst werden, z.B. die Ergebnisliste der Identifikationskomponente des IC WebClients. Hierfür öffnen Sie die bekannte Komponente IUICMD in der BSP WD Workbench und hier wiederum wie gewohnt den View HITLISTACCOUNT im UI-Konfigurationstool (siehe Abbildung 9.25).

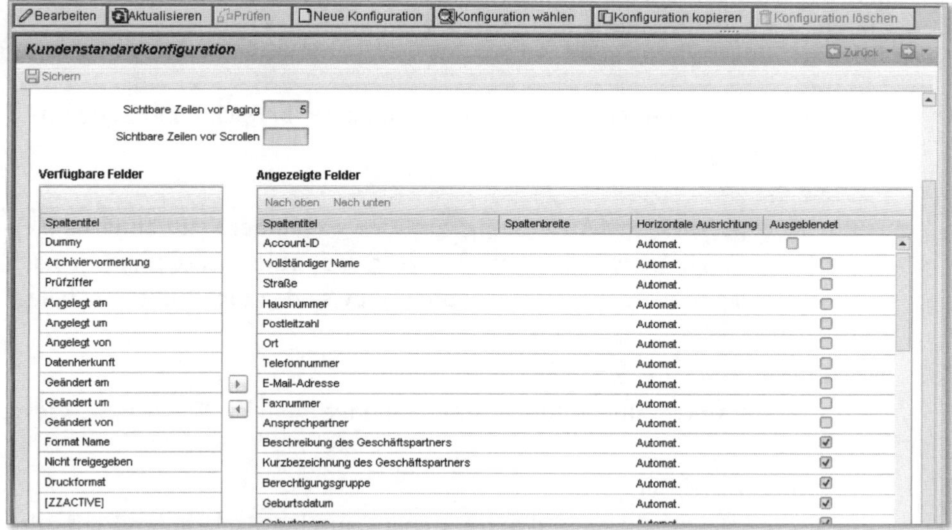

Abbildung 9.25 Tabellen-View-Konfiguration im UI-Konfigurationstool

Diese einstufige Konfigurationsmaske erlaubt es, festzulegen, welche Felder in der Ergebnisliste vom Benutzer eingeblendet werden können und welche standardmäßig auch schon sichtbar sein sollen. Sobald also ein Feld aus der linken Tabelle VERFÜGBARE FELDER in die rechte Tabelle ANGEZEIGTE FELDER übernommen wird, hat der Benutzer über die Personalisierungsoptionen (siehe Abbildung 9.3) die Möglichkeit, diese Felder ein- bzw. auszublenden. Felder, die in der rechten Tabelle nicht als AUSGEBLENDET markiert wurden, sind in dieser Konfiguration standardmäßig sichtbar, alle anderen können nur über benutzerspezifische Personalisierungsoptionen eingeblendet werden.

9.2.5 Oberflächenentwicklungen

Die im vorigen Abschnitt erläuterten Oberflächenanpassungen mithilfe des UI-Konfigurationstools bieten die Möglichkeit, schnell, einfach und ohne

Programmierkenntnisse Änderungen an der CRM-Oberfläche vorzunehmen. Sind jedoch tiefer greifende Änderungen erforderlich, die über das Ein- bzw. Ausblenden von Feldern hinausgehen, bietet die neue Oberflächentechnik die Möglichkeit, mit minimalen Änderungen an der Standardfunktionalität neue Felder zu implementieren, Prozessabläufe zu verändern oder eigene Prüfungen einzubauen. Das Konzept, diese oder andere Anpassungen an Standard-SAP-Komponenten vorzunehmen, heißt *Komponentenerweiterung*.

Bevor wir auf das Vorgehen bei einer Komponentenerweiterung näher eingehen, geben wir einen kurzen Überblick darüber, aus welchen Bestandteilen eine typische UI-Komponente in SAP CRM besteht:

- **View**
  Ein View repräsentiert eine Seite oder einen Teilbereich einer Seite im IC WebClient bzw. im CRM Web UI.
- **View-Set**
  Ein View-Set dient zur Anordnung von Views auf einer Seite. Innerhalb eines View-Sets können sogenannte *View-Areas* definiert werden, die je nach Prozesszustand mit den entsprechenden Views oder auch View-Sets belegt werden.
- **Window**
  Ein Window stellt den Rahmen für einen oder mehrere Views bzw. View-Sets dar.
- **Custom-Controller**
  Ist für die Datenhaltung und den Datenaustausch zwischen den Views der Komponente zuständig.
- **Component-Controller**
  Wird für die Datenhaltung bzw. den Datenaustausch zwischen UI-Komponenten verwendet.

Die Erweiterung von UI-Komponenten findet, wie auch das Oberflächen-Customizing, in der BSP WD Workbench (Transaktion BSP_WD_CMPWB) statt. Nach Auswahl einer Komponente und eines Erweiterungssets können im Komponentenstrukturbrowser auf der linken Seite die einzelnen Bestandteile der Komponente durch Rechtsklick erweitert werden (siehe Abbildung 9.26).

Bereits erweiterte Bestandteile einer Komponente werden im Komponentenstrukturbrowser in schwarzer Schrift, noch nicht erweiterte Objekte in grauer Schrift angezeigt.

Technologisch gesehen bedeutet eine Erweiterung eines Komponentenbestandteils immer eine Kopie des entsprechenden Objekts in den kundeneigenen Namensraum. Hierbei wird jedoch sichergestellt, dass z. B. bei der Erweiterung einer Controller-Klasse die neu erzeugte Klasse von der zu erweiternden Klasse erbt. Dies stellt sicher, dass der Großteil der Standardklasse weiterhin verwendet wird und nur die redefinierten Methoden kundeneigenes Coding enthalten.

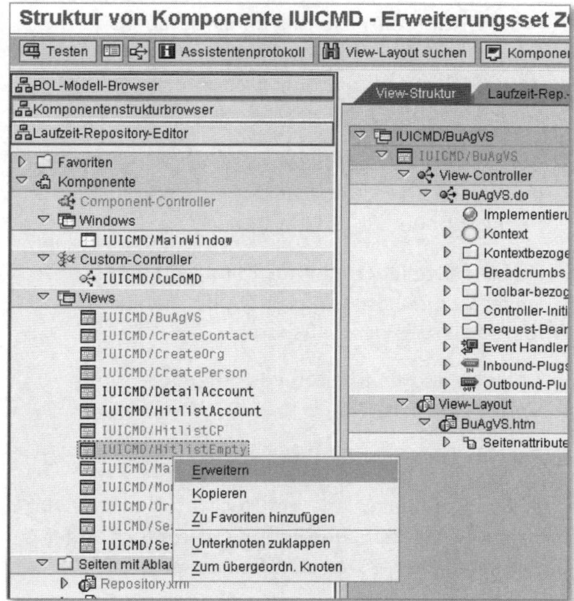

Abbildung 9.26 Erweiterung eines Views

9.3 Allgemeine und versorgerspezifische SAP CRM-Prozesse

Nachdem nun die technischen Grundlagen für Entwicklung und Customizing von SAP CRM in den vorangegangenen Kapiteln umrissen wurden, geben wir nun noch einen kurzen Überblick über die in SAP CRM verfügbaren Prozesse. Im Anschluss daran werden wir einige Beispielprozesse aus den unterschiedlichen CRM-Bereichen detaillierter darstellen. Hierbei betrachten wir zunächst den IC WebClient, anschließend das CRM Web UI.

9.3.1 Übersicht: Prozesse im Interaction Center WebClient

Der IC WebClient bietet zahlreiche Prozesse für die Betreuung von Privat- und Kleingewerbekunden und ist für den Einsatz im Callcenter optimiert.

Dies bedeutet unter anderem, dass der maximalen Prozesseffizienz ein hoher Stellenwert beigemessen wurde. In Tabelle 9.1 finden Sie eine Auflistung der Kernprozesse, die durch die Standard-IC WebClient-Benutzerrolle für die Versorgungsindustrie (UTIL_IC_REG) zur Verfügung gestellt werden.

Prozessbezeichnung	Beschreibung
Versorgerspezifische Identifikation	Prozess zur Identifizierung eines Geschäftspartners oder eines Zählpunkts zur weiteren Verwendung in den folgenden Kundenserviceprozessen (siehe auch Abschnitt 9.3.2)
Stammdatenpflege für Geschäftspartner und Geschäftsvereinbarungen	Ermöglicht das Bearbeiten von Geschäftspartner und Geschäftsvereinbarungen mit anschließender Replikation in das IS-U-System
Kundendatenübersichten und Fact Sheets	Aufbereitete Übersicht aus Informationen (Verträge, Verbrauchsstellen etc.) über den aktuell identifizierten Geschäftspartner
Angebots- und Vertragsmanagement	Anlegen und Bearbeiten von Angeboten und Verträgen
Zählerstandserfassung	Plausibilisierung und Erfassung von Zählerständen
Abschlagsplanänderung	Aktive Abschlagspläne mit Hochrechnungsfunktionalitäten auf Basis des Periodenverbrauchs oder dem aktuellem Zählerstand anpassen
Zahlungsplanbearbeitung	Anlegen und Bearbeiten von Zahlungsplänen
Rechnungsauskunft und -korrektur	Rechnungsanzeige und Korrektur einer Rechnung auf Basis eines neuen Zählerstands
Erfassung von Zahlungsermächtigungen	Anlegen und Ändern von Bankverbindungen und Einzugsermächtigungen
Produktsimulation	Simulation und Vergleich von verschiedenen Produkten/Tarifen mit direktem Absprung auf die Angebots-/Vertragserstellung

Tabelle 9.1 Kernprozesse des IC WebClients

9.3.2 Ausgewählte Prozesse: Interaction Center WebClient

Dieser Abschnitt soll einige wenige Kernprozesse des IC WebClients anhand von Screenshots und Prozessabläufen genauer erläutern. Es soll so ein Gefühl dafür vermittelt werden, wie typische IC WebClient-Prozesse durchgeführt werden.

Versorgerspezifische Identifikation

Zu der Identifikation im IC WebClient gehört sowohl die Identifikation des Geschäftspartners als auch die der Verbrauchsstelle und der entsprechenden Geschäftsvereinbarung. Die Identifikation eines Geschäftspartners oder einer Verbrauchsstelle ist Grundvoraussetzung für fast alle weiteren Prozesse im IC WebClient. Effizienzsteigernde Besonderheit im Falle des IC WebClients ist die Möglichkeit, einen Geschäftspartner (über die Buttons NEUE PERSON ANLEGEN/ORGANISATION ANLEGEN) oder ein technisches Objekt (über den Button NEU) nach einer fehlgeschlagenen Suche direkt mit den zuvor eingegebenen Suchkriterien anlegen zu können (siehe Abbildung 9.27).

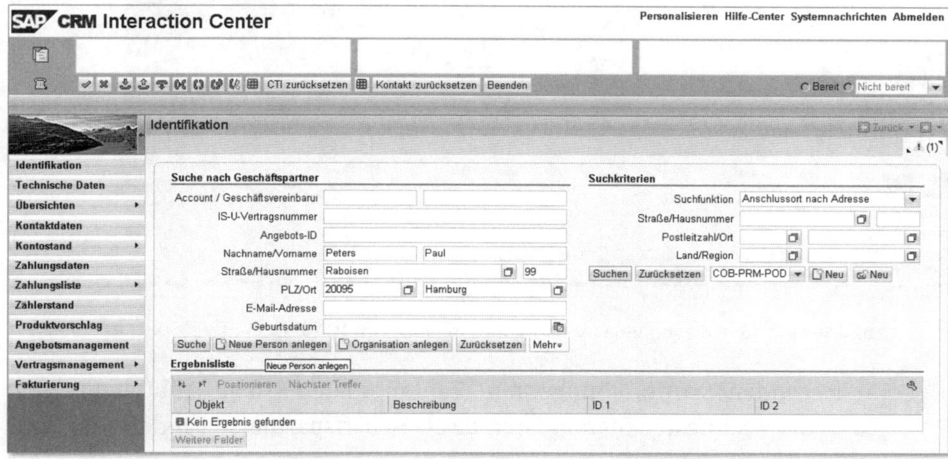

Abbildung 9.27 Identifikationsmaske IC WebClient

Kundeninformationsblätter

Die Kundeninformationsblätter oder auch Fact Sheets genannt, bieten dem Callcentermitarbeiter einen schnellen Überblick über die wichtigsten Informationen zu dem aktuell identifizierten Benutzer (Verträge, letzte Kontakte/Aktivitäten, Abschlagspläne etc.). Hier können auch altbekannte CIC-Ansichten und -Profile angezeigt werden.

Zusätzlich existieren sogenannte *Übersichten*, die ähnlich wie die Kundeninformationsblätter eine Übersicht über den aktuell identifizierten Geschäftspartner geben. Hierbei wird im Standard jedoch eine reine CRM-Sicht auf die Daten geboten, wohingegen bei den Kundeninformationsblättern auch IS-U-Objekte sichtbar sind.

Angebots- und Vertragsmanagement

Das versorgerspezifische Angebots- und Vertragsmanagement in SAP CRM bildet die Prozesse ab, die zu einem Lieferbeginn bzw. zu einem Lieferende führen. Zur Angebotserstellung (siehe Abbildung 9.28) muss der Sachbearbeiter zunächst einen Zählpunkt identifizieren, an dem die Belieferung erfolgen soll. Nach Auswahl des entsprechenden Produkts für den aktuell identifizierten Zählpunkt können auch weitere Produkte (auch aus anderen Sparten) als Angebotspositionen hinzugefügt werden.

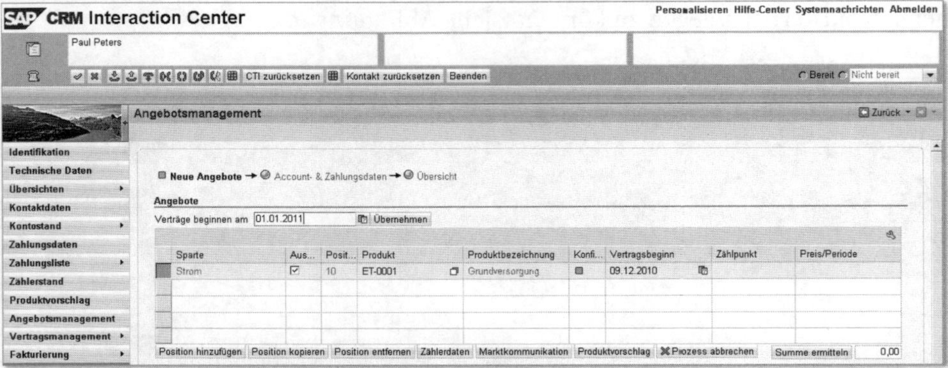

Abbildung 9.28 Anlegen eines Versorgungsangebots im IC WebClient

Im folgenden Schritt können nun Zahlungsdaten (siehe Abbildung 9.29) sowie die wichtigsten Stammdaten des Geschäftspartners geändert werden.

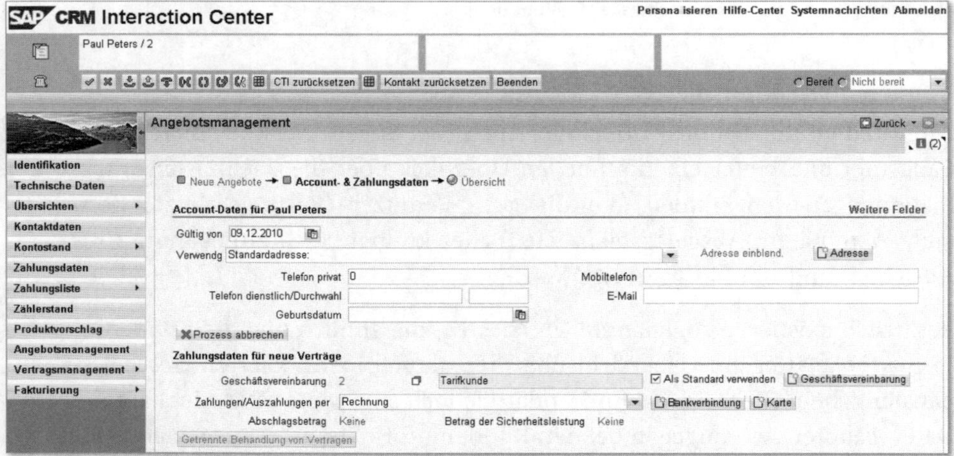

Abbildung 9.29 Account- und Zahlungsdatenpflege bei der Anlage eines Versorgungsangebots

Abschließend werden die Informationen noch einmal zusammenfassend auf einer Übersichtsseite dargestellt (siehe Abbildung 9.30). Das Angebot wird nun nach einem Klick auf den Button ÜBERNEHMEN angelegt und kann auf der Übersichtsseite des Angebotsmanagements gedruckt werden. Nach positiver Rückmeldung des Kunden kann es angenommen werden, und anschließend kann ein Vertrag zu diesem Angebot erzeugt werden.

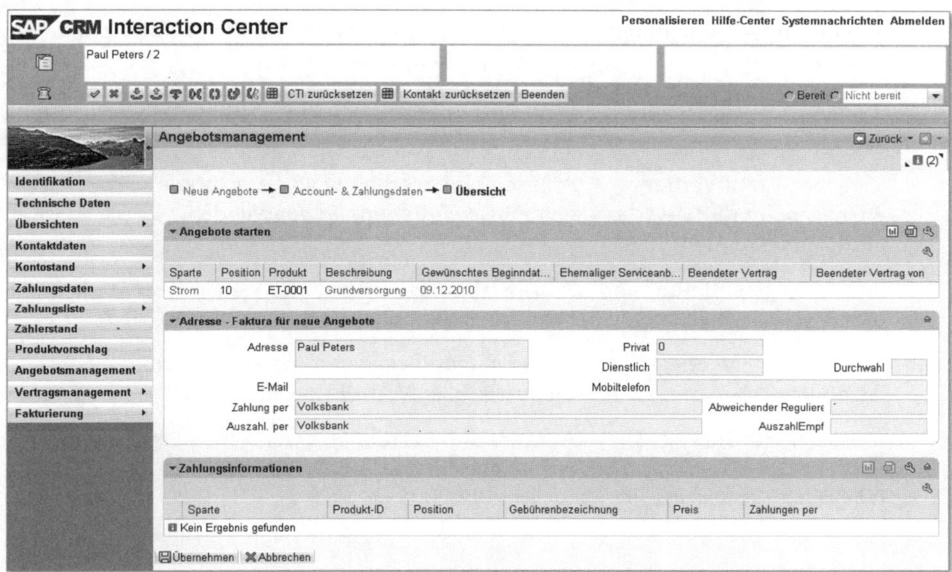

Abbildung 9.30 Übersichtsseite bei der Anlage eines Versorgungsangebots

Die Anlage eines Vertrags gestaltet sich analog zu der Angebotsanlage, d.h., alle Felder, die bereits im Angebot befüllt wurden, werden automatisch in den Vertrag übernommen. Nachdem der Vertrag in CRM angelegt wurde, werden automatisch die entsprechenden IS-U-Objekte (IS-U-Vertrag, Anlage etc.) über den Aufruf von Stammdatenvorlagen angelegt, bzw. es wird ggf. die Marktkommunikation durch die Anlage eines Wechselbelegs gestartet. Hierbei sollten Sie in besonderem Maße auf die kundenindividuelle Ausgangssituation bei den Lieferbeginnprozessen in IS-U achten und diese bei der Umsetzung des Vertragsmanagements in SAP CRM berücksichtigen.

9.3.3 Übersicht: Prozesse im CRM WebClient User Interface

Das CRM Web UI wird im Versorgerumfeld typischerweise für Prozesse eingesetzt, die das Segment der Groß- und Geschäftskunden sowie das Marketing betreffen. Hierbei wurde ein hoher Stellenwert auf die Personalisierungsmöglichkeiten der Oberfläche gelegt. In Tabelle 9.2 sind einige

Kernprozesse beispielhaft zusammengestellt, die im CRM-Standard verfügbar sind. Sofern nicht abweichend angegeben, können diese Prozesse mit der Benutzerrolle UTIL_SALES aufgerufen werden.

Prozessbezeichnung	Beschreibung
Lead-Bearbeitung und -Nachverfolgung	Automatisierung und Erfassung von Vorverkaufsaktivitäten
Opportunity-Bearbeitung und -Planung	Potenzielle Geschäftsmöglichkeiten verfolgen und zugehörige Aktivitäten planen
Aktivitätsmanagement	Planung von Aktivitäten und automatische Synchronisierung mit externen Groupware-Systemen
Angebots- und Vertragsmanagement für Gewerbe- und Sonderkunden	Anlegen und Bearbeiten von Angeboten und Verträgen für Gewerbe- und Sonderkunden
Kundensegmentierung und Kampagnenmanagement	Prozesse für das Anlegen und Steuern von Marketingkampagnen (Benutzerrolle: MARKETINGPRO)
Pflege von Marketingattributen	Anlegen und Pflegen von Marketingattributen (Benutzerrolle: MARKETINGPRO)
Gespeicherte Suchen	Anlegen und Bearbeiten von eigenen Ergebnislisten

Tabelle 9.2 Kernprozesse des WebClient UI

9.3.4 Ausgewählte Prozesse: CRM WebClient User Interface

Auch hier stellen wir einige Kernprozesse dar, um einen Eindruck davon zu vermitteln, wie typische CRM Web UI-Prozesse durchgeführt werden.

Gespeicherte Suchen

Suchen, die im CRM Web UI durchgeführt werden, können benutzerspezifisch gespeichert werden. Dies ermöglicht dem Anwender, z. B. schnell auf die Ergebnisliste seiner Vertriebskunden zuzugreifen. Der Aufruf einer gespeicherten Suche erfolgt über die Auswahlbox am oberen Bildschirmrand (siehe Abbildung 9.31).

Diagramme

Sämtliche Ergebnislisten im CRM Web UI können durch einen Klick auf den Button DIAGRAMM ÖFFNEN grafisch in Form eines Kreis- oder Balkendiagramms aufbereitet werden. Hierfür kann neben der Diagrammart jedes beliebige Spaltenattribut gewählt werden (siehe Abbildung 9.32).

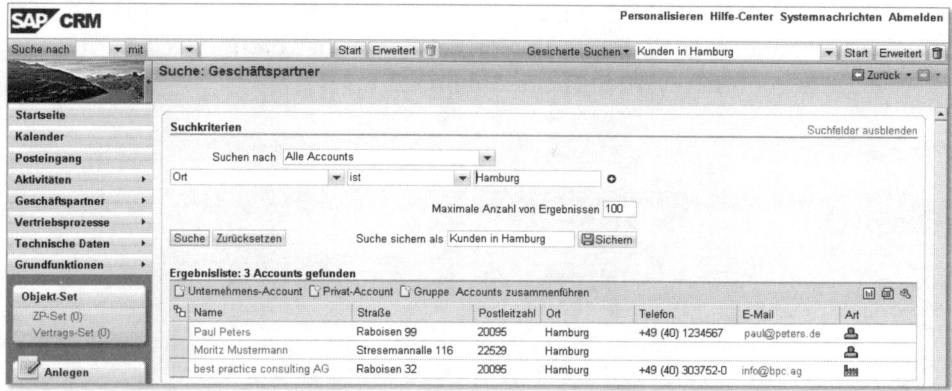

Abbildung 9.31 Gespeicherte Suchen im CRM Web UI

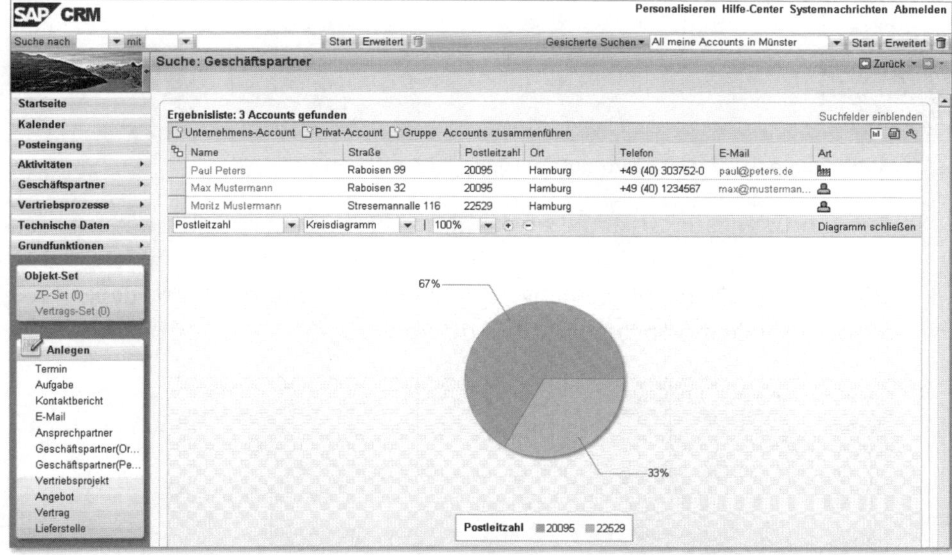

Abbildung 9.32 Diagramme im CRM Web UI

Marketingattribute anlegen/pflegen

Das Anlegen von Marketingattributen ist im Standard in der Benutzerrolle MARKETINGPRO über die Bereichsstartseite des Marketings möglich. Hier muss zunächst eine Attributgruppe definiert werden, die eine logische Einheit für mehrere Attribute bildet. An dieser Stelle wird auch definiert, ob diese Attributgruppe für Personen, Organisationen oder beide Geschäftspartnertypen relevant ist. Innerhalb dieser Attributgruppe können nun beliebig viele Marketingattribute angelegt werden. Diesen Marketingattributen wiederum können je nach gewähltem Zeichenformat die möglichen Attributwerte zugeordnet werden (siehe Abbildung 9.33).

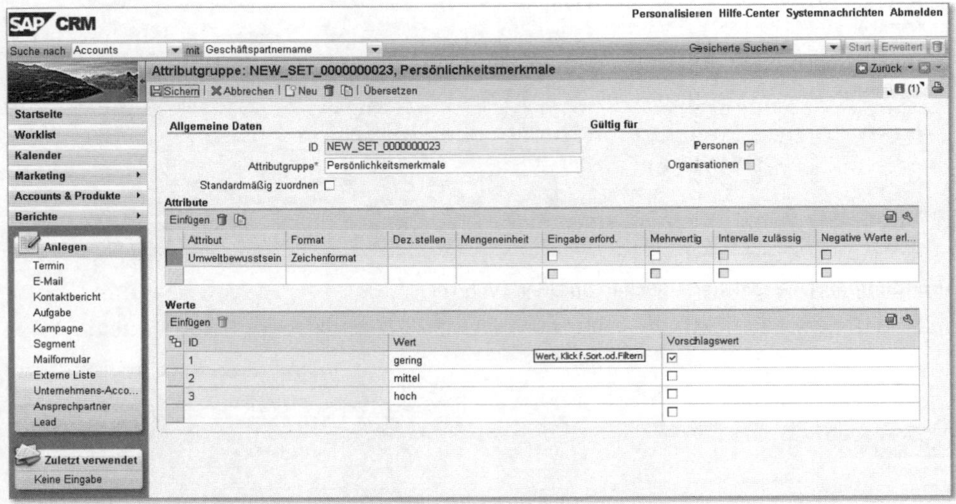

Abbildung 9.33 Marketingattribute anlegen

Die Zuordnung der Attribute zu einem Geschäftspartner erfolgt nun über den Stammdatenänderungsprozess des Geschäftspartners (siehe Abbildung 9.34). Hier wird zunächst die neu angelegte Attributgruppe selektiert, danach das Attribut sowie der entsprechende Attributwert.

▾ Marketingmerkmale Liste bearbeiten

Einfügen

Aktionen	Attributgruppe	Attribut	Wert
🗑	Persönlichkeitsmerkmale	Umweltbewusstsein	gering
🗑			gering mittel hoch

▸ Vertragskonten

Abbildung 9.34 Zuordnung von Marketingmerkmalen zu einem Geschäftspartner

9.4 Mehrwert von SAP CRM

Die Frage, ob man als Energieversorgungsunternehmen ein CRM-System verwenden sollte, lässt sich pauschal nicht beantworten. Vielmehr hängt es von vielen Faktoren ab, die wiederum einzeln betrachtet werden müssen, um zu einer abschließenden Bewertung kommen zu können.

Der erste Punkt, der hierbei betrachtet werden muss, sind die aktuell verwendeten Werkzeuge zur Kundenbindung und -betreuung. Hierbei sind insbesondere Faktoren wie die Integration der Kundenbindungssoftware mit dem Abrechnungssystem sowie die Flexibilität in Bezug auf neue Anforderungen zu berücksichtigen. In diesen beiden Punkten kann SAP CRM seine Stärken voll ausspielen. Die nahtlose Integration mit dem ERP-System sowie die durch die Webtechnologie modifikationsfreien Erweiterungstechnologien erlauben es, auch komplexe und unternehmensspezifische Besonderheiten schnell und standardnah umzusetzen.

Ein weiterer, nicht zu unterschätzender Vorteil eines CRM-Systems ist die Tatsache, dass ein zentraler Einstiegspunkt für nahezu sämtliche Prozesse geschaffen wird, die das Tagesgeschäft eines Energieversorgungsunternehmens betreffen. Häufig haben die Anwender mit einer gewachsenen Systemstruktur zu kämpfen, die auf eine Vielzahl von Anwendungssystemen und Werkzeugen aufbaut (Preiskalkulationstools, Administrationsoberflächen für Webangebote etc.). Die Portaltechnologie von SAP CRM ermöglicht es auf einfachem Wege, viele Prozesse im CRM-System zu bündeln. Das führt dazu, dass ein Anwender sich auf den Prozess konzentrieren kann und kein detailliertes Wissen über die im Hintergrund angesprochenen Systeme besitzen muss.

Durch die branchenspezifischen Prozessausprägungen und die hohe Prozesseffizienz bietet die Einführung eines CRM-Systems auch ein nicht zu unterschätzendes Einsparpotenzial, insbesondere im Bereich der Privatkundenbetreuung durch den IC WebClient. Die Prozesse sind hier im höchsten Grade »klickoptimiert«, und daraus resultieren nicht nur schnellere Prozesslaufzeiten, sondern auch ein minimierter Schulungsaufwand.

Eine der Hauptaufgaben eines CRM-Systems stellt aber neben allen anderen Punkten die schnelle und präzise Abbildung von Vertriebs- und Marketinganforderungen dar. Hierzu gehört nicht nur eine zeitnahe Abbildung von neuen Produkten und Kampagnen, sondern auch eine hohe Flexibilität im Bereich der Prozessgestaltung. Diese Anforderungen erfüllt SAP CRM in vielen Punkten bereits in den im Standard ausgelieferten Prozessen (z. B. über kundenindividuell konfigurierbare Versorgungsprodukte). Nicht ausgelieferte Funktionalitäten können jedoch im Normalfall modifikationsfrei umgesetzt werden, was der Applikationsbetreuung einen großen Vorteil bei der schnellen Umsetzung von Vertriebs- und Marketinganforderungen verschafft.

Die ständige Weiterentwicklung und die fortwährende Auslieferung von Erweiterungspaketen (EHPs) für SAP CRM stellen zudem eine hohe Zukunftssicherheit dar, da Sie auf diesem Wege automatisch von neuen Prozessen, Funktionalitäten und Verbesserungen profitieren können.

In diesem Kapitel behandeln wir die integrierte und teilautomatisierte Auswertung von Kundenwechselprozessen mit SAP NetWeaver BW und SAP BusinessObjects in Verbindung mit der Planung, Steuerung und Auswertung von Marketingkampagnen mit SAP CRM 7.0.

10 Steuerung mit SAP NetWeaver BW, SAP BusinessObjects und SAP CRM 7.0

Als konsequente Unterstützung von SAP CRM sind die analytischen Komponenten SAP NetWeaver BW und SAP BusinessObjects einzusetzen. Die neuen Prozesse wie z. B. der Lieferantenwechsel sind zu überwachen und für CRM-Aktivitäten zu berücksichtigen. Deshalb stellen sie eine bedeutsame und entscheidungsrelevante Informationsbasis dar, die für ein zielgerechtes und effektives CRM-Marketing unabdingbar ist. Für das Management und den Vertrieb liefern die Lieferantenwechselinformationen steuerungsrelevante Kennzahlen, z. B. Kundenabwanderungen und Produktwechsel. Diese Kennzahlen werden zur Segmentierung von Kunden verwendet. Die einzelnen Kundensegmente stellen wiederum die Basis für CRM-Kampagnen dar. Die Erfolgsmessung der CRM-Maßnahmen findet mit SAP NetWeaver BW und SAP BusinessObjects statt. Dabei sind Kosten und Erlöse ebenso wie Rücklaufquoten zu beobachten. Aktuelle Kennzahlen (tagesaktuell oder auch untertägig aktualisiert) dienen darüber hinaus der Planung und Simulation von zukünftigen Maßnahmen.

10.1 Integriertes SAP CRM-Kampagnenmanagement

In einem deregulierten Markt für Energieversorger stehen Lieferanten vor der großen Herausforderung, die Kundenbindung zu forcieren und gleichzeitig das Verhalten der Konkurrenten zu antizipieren oder zumindest schnellstmöglich darauf reagieren zu können.

SAP NetWeaver BW-Auswertungen können in das Kampagnenmanagement von SAP CRM integriert werden. Weiterhin kann die nachgelagerte und/oder parallele Auswertung des Kampagnenerfolgs mit SAP NetWeaver BW-Mitteln erreicht werden. Auf diese Weise sowie durch die Teilautomation der Prozessschritte und die medienbruchfreie Datenübertragung können die Reaktionszeiten eines Unternehmens auf Marketingaktivitäten von Kontrahenten erheblich reduziert werden.

Wertvolle Business-Intelligence-Auswertungen – Wechselbelege und interne Produktwechsel

Die bestehenden BI-Lösungen von SAP (siehe Abschnitt 10.1.1) dienen als Grundlage für die Exploration von Trends im Kundenwechselverhalten. Die wesentliche Komponente hierfür stellen die Wechselbelegauswertungen dar (siehe Abschnitt 7.4.6). Sie zeigen einem Energieversorger, in welchen Regionen er Kunden verliert oder hinzugewinnt. Einige deregulierungskritische Informationen wie z. B. der Ist-Verbrauch eines gewonnenen Kunden, der zu Ihrem Energieversorgungsunternehmen gewechselt ist, stehen Ihnen nicht implizit zur Verfügung. Derartige Informationen stehen ausschließlich dem Netzbetreiber zur Verfügung. Mithilfe von direkten Kundenbefragungen können Sie Ihre Wechselbelege jedoch um etwaige Informationen anreichern. Die Unterstützung des Lieferantenwechselmanagements durch derartige Kundenserviceaktivitäten führt zu einer Steigerung des Informationsgehalts der Wechselbelegauswertungen.

Ferner dienen die Stammdaten der Geschäftspartner und der Verträge der Anreicherung der Wechselbelege um Produkt- und Tarifinformationen. So lässt sich ermitteln, welche Produkte die Kunden vor ihrem Wechsel zum Konkurrenten XY genutzt haben.

Daneben sollten auch direkte Merkmale der Geschäftspartner berücksichtigt werden, um die maßgeschneiderten Produkte auch nur den tatsächlich relevanten Zielgruppen zu offerieren. Zu diesen Merkmalen gehören unter anderem die Geschäftspartnerart, der Familienstand oder auch die Haushaltsgröße. Die Ermittlung aller relevanten Attribute sollte in einem vorgelagerten Prozess geschehen sein, sodass die notwendigen Daten auch in den BI-Lösungen von SAP bereitstehen. Ergänzend zu den Wechselbelegauswertungen bieten sich Analysen zu internen Produktwechseln an, die herangezogen werden können, um die Produktpräferenzen der eigenen Kunden sichtbar zu machen. Aussagen über das Wechselverhalten von Kunden innerhalb des eigenen Unternehmens werden anhand der Anlagezeitscheiben bzw. der Vertragsobjekte vorgenommen. Ein derartiger Report teilt dem Unternehmen beispielsweise mit, wie viele Kunden im Januar von Produkt A zu Produkt B wechselten. In Verbindung mit vorhandenen Bestandslisten kann diese Erkenntnis genutzt werden, um Kunden, die bislang Produkt A verwenden, das Produkt B zu offerieren.

Informationsübermittlung an SAP CRM

Nachdem Sie die notwendigen Erkenntnisse in SAP NetWeaver BW gewonnen haben, steht die Zielgruppenübertragung an SAP CRM an. In Abschnitt 10.1.2 zeigen wir exemplarisch, welche Methoden Ihnen für die Übertragung von einfachen, aus BEx Querys erstellten, Geschäftspartnerlisten nach SAP CRM zur Verfügung stehen. Darüber hinaus wird der Analyseprozessdesigner (APD) als ein weiteres Werkzeug vorgestellt, das zur Übermittlung und vor allem zur erweiterten Prüfung und Filterung von Query-Ergebnissen verwendet werden kann, sodass Sie auch komplexe Mechanismen zur Auswahl von Geschäftspartnern spezifizieren können.

Die Planung, Steuerung und Durchführung der CRM-Marketingkampagnen werden in Abschnitt 10.1.3 erläutert. Dabei werden die einzelnen Arbeitsschritte nur abstrakt angerissen, weil der Hauptfokus dieses Abschnitts auf den SAP NetWeaver BW-Komponenten liegt. Sie erfahren hier, an welcher Stelle Sie die Zielgruppen, die Sie mithilfe von SAP NetWeaver BW ermittelt und an SAP CRM übertragen haben, einsehen und weiterverarbeiten können. Die Kampagnenverwaltung und -einrichtung werden ebenfalls geschildert.

Die Auswertung des Erfolgs von laufenden und abgeschlossenen Marketingkampagnen erläutern wir in Abschnitt 10.1.4. Auf der einen Seite werden Kennzahlen definiert, die im direkten Zusammenhang mit den Kampagnen stehen. Hierzu zählen unter anderem Rücklaufquoten, Umsätze, Kosten und Deckungsbeiträge. Darüber hinaus können Sie zusätzliche Kennzahlen spezifizieren, die Aussagen über die Prozesshäufigkeiten zulassen, wie z. B. eingehende und ausgehende Kontakte. Andererseits lassen sich auch Kennzahlen formulieren, die die Auswirkungen Ihrer Marketingaktivitäten auf Ihren Kundenbestand verdeutlichen, wie z. B. mithilfe von Bestandskennzahlen und Lieferantenwechselauswertungen.

Nicht zuletzt ist zu erwähnen, dass es sich bei den Prozessen der Auswertung des Kundenwechselverhaltens und der Steuerung von CRM-Maßnahmen um einen zirkulären Prozess handelt, d. h., dass Sie die Informationen, die Sie aus den Kampagnenevaluationen erhalten, in Ihre zukünftigen Marketingkampagnen und Zielgruppenselektionen mit einfließen lassen können. Auf diese Weise findet eine stetige Verbesserung Ihrer CRM-Marketingkampagnen statt.

10.1.1 Auswertungen in SAP NetWeaver BW und SAP BusinessObjects

Die Ausgangsbasis für die integrierte Kampagnensteuerung in SAP CRM stellen die Lieferantenwechselauswertungen in SAP NetWeaver BW und SAP BusinessObjects dar. Die hierfür notwendigen Strukturen – InfoProvider, Staging-Schritte und Content-Objekte – wurden bereits in den Abschnitten 7.4.4 und 7.4.6 erläutert.

Das Spektrum der Auswertungsmöglichkeiten reicht von allgemeinen Auswertungen, die aktuelles Wechselverhalten und Trends aufdecken, bis hin zu Detailauswertungen, die einzelne Kundenwechsel mitsamt ihren dazugehörigen Beleginformationen ausgeben.

Hervorzuheben ist, dass viele der folgenden Auswertungen einen analytischen und explorativen Charakter haben. Das heißt, dass Sie bei der Analyse vor der Herausforderung stehen, die richtigen Fragestellungen zu formulieren und diese dann in entsprechende Selektionen umzumünzen. Darüber hinaus besteht auch die Möglichkeit, analytische Business-Intelligence-Funktionen zu nutzen. Diese stellt Ihnen insbesondere der Analyseprozessdesigner (APD) zur Verfügung (siehe Abschnitt 7.4.1). Der APD bietet eine Vielzahl von Data-Mining-Methoden an, die solche explorativen Funktionen erfüllen. Exemplarisch zu benennen sind unter anderem die Cluster-Analyse oder auch die Assoziationsanalyse.

Nachfolgend werden einige Beispiel-Querys präsentiert, die ausgehend von einem groben Detail-Level Entwicklungen im Wechselverhalten andeuten. Die so ermittelten Tendenzen werden dann durch Querys auf granularer Ebene verifiziert, sodass die gewonnenen Informationen zur Generierung von Zielgruppen für das Marketing verwendet werden können.

In Abbildung 10.1 werden die durch Lieferantenwechsel ausgelösten Kundenabgänge in der Sparte »Gas« für einen Monat nach PLZ-Gebieten angezeigt. Es werden nur Wechselbelege betrachtet, die den Status OK aufweisen, sie sind demnach abgeschlossen. Lieferantenwechsel, die Kundenabgänge bei der Sparte »Gas« bedeuten, können Sie über folgende Selektion ermitteln:

- Spartentyp: Gas
- neuer Lieferant: EVUG001
- alter Lieferant: EVUG001 (Ihr Versorgungsunternehmen)
- Wechselart: Lieferantenwechsel und Lieferende

Abbildung 10.1 stellt einen Ausschnitt aus einem Web Template dar, das mithilfe des BEx Web Application Designers erstellt wurde. Zur besseren Visualisierung der Daten wird in diesem Template (siehe Abschnitt 7.4.2) das Web Item MAP verwendet, das georelevante Daten – hier PLZ-Gebiete – in einer Karte grafisch darstellt. Alternativ können auch andere georelevante Merkmale in Karten visualisiert werden: Länder, Bundesländer, Städte etc.

Sie können jedes beliebige georelevante Merkmal in Ihren Web Templates verwenden, das in Ihrem InfoProvider enthalten ist und für das Sie Kartenmaterial in Form von Shape Files hinterlegt haben. Es darf allerdings nur jeweils ein Merkmal aktiv in der Query genutzt werden, da die Eindeutigkeit der Anzeige ansonsten nicht gewährleistet werden kann.

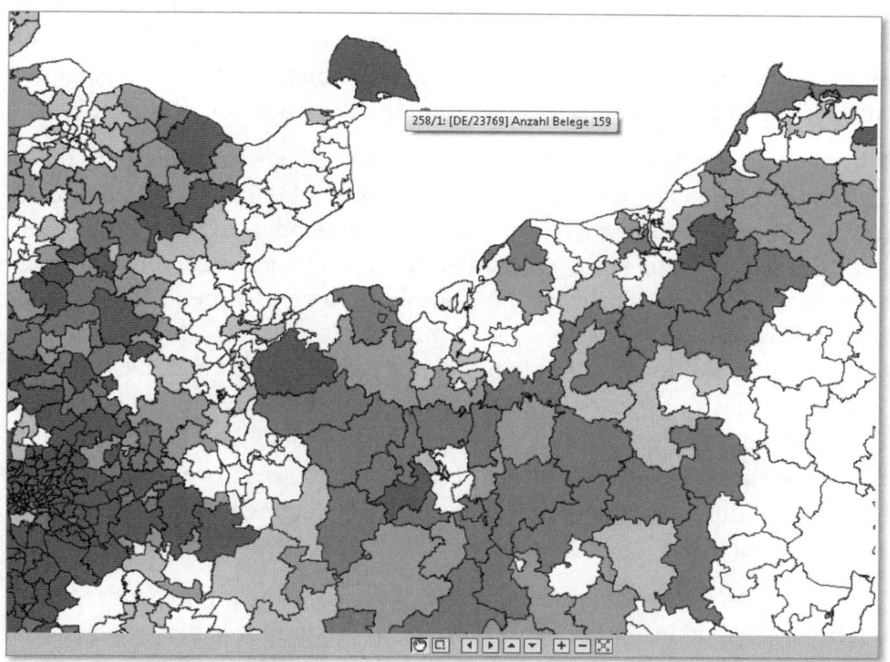

Abbildung 10.1 Karte Abgänge (Gas) – Verluste je PLZ-Gebiet

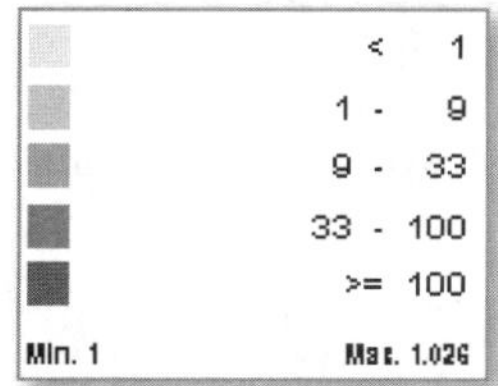

Abbildung 10.2 Legende Abgänge (Gas) – Verluste je PLZ-Gebiet

Als Grundfarbe für Abgänge wurde Rot gewählt. Die Kategorisierung der Abgänge erfolgt durch unterschiedliche Farbschattierungen, die für die Kennzeichnung der PLZ-Gebiete genutzt werden. Die dazugehörige Legende zeigt Abbildung 10.2. Die fünf Intervalle wurden automatisch vom OLAP-Prozessor von SAP NetWeaver BW generiert. Sie sind abhängig von den Ausprägungen der Kennzahlen in der Ergebnismenge.

Neben der Darstellung als Schattierung stehen Ihnen unter anderem Balken- und Kreisdiagramme zur Verfügung, oder Sie können sich die Ergebnisse als Punktdichten präsentieren lassen. Am unteren Rand der Karte befindet sich die Navigationsleiste, mit der Sie sämtliche Steuerungskommandos innerhalb der Karte initiieren können.

Per Tooltip werden Ihnen die Kennzahlwerte für die jeweiligen Postleitzahlen angezeigt. Empfehlenswert ist es trotzdem, die Karte in Kombination mit einer Tabelle zu verwenden. Im betrachteten Monat haben 159 Gaskunden mit der Postleitzahl 23769 zu einem fremden Lieferanten gewechselt.

Für eine gezielte Analyse bieten sich vor allem die Postleitzahlen an, die in die letzten beiden Mengenintervalle fallen (siehe Abbildung 10.2), da sie die meisten Wechselbelege aufweisen. Wenn Sie eine oder mehrere Postleitzahlen selektiert haben, können Sie den Aufriss anhand weiterer Merkmale verfeinern. Es bieten sich das CRM-Produkt sowie der neue Lieferant als Charakteristika an. Der »neue Lieferant« ist als direktes Merkmal in den Wechselbeleg-Kopfdaten enthalten. Er steht somit implizit in den Querys zur Verfügung. Dahingegen sind Produktdaten nicht standardmäßig in den Wechselbelegstrukturen enthalten. Sie müssen über das Nachlesen von Stammdaten in den Wechselbeleg-InfoCube integriert werden. Dies geschieht mithilfe von kundeneigenen SELECT-Statements, die die Fremdschlüsselbeziehungen zwischen den Datenbanktabellen verwenden.

Das Nachlesen der Produktinformationen kann z. B. anhand folgender Relationen geschehen: In einem separaten ABAP-Programm – der sogenannten *Endroutine*, die vor dem Speichern der Daten in den Wechselbeleg-InfoCube aufgerufen wird – wird je Wechselbeleg die Anlage zum Zählpunkt des Wechselbelegs selektiert. Zu dieser Anlage existiert ein Vertrag, der die CRM-Produktinformation in seinen zeitabhängigen Attributen enthält:

1. Der Zählpunkt (0UC_POD) ist ein direktes Merkmal am Wechselbeleg-Kopf.
2. Die zeitabhängige Zuordnung von Anlagen (0UCINSTALLA) zu Zählpunkten ist in dem Content-DataStore-Objekt 0UCIODS03 enthalten. Somit kann über den Zählpunkt die Anlage ermittelt werden.

3. Im Anschluss wird die Verbindung über die Anlagennummer mit den zeitunabhängigen Vertragsstammdaten hergestellt. Dabei wird die in Schritt 2 ermittelte Anlage genutzt, um den Vertrag (0UCCONTRACT) mithilfe des BI Content-DSO 0UCIODS04 auszulesen.
4. Mit der in Schritt 3 recherchierten Vertragsnummer kann innerhalb der zeitabhängigen Vertragsstammdaten – DSO 0UCIODS05, das auch im Standard vorhanden ist – die Produkt-ID (0CRMPROD_ID) ermittelt werden.

In Abbildung 10.3 werden die Top-Ten-Konkurrenten nach verlorenen Verbrauchsmengen ausgegeben. Im Vergleich zu der Auswertung nach PLZ-Gebieten (siehe Abbildung 10.1) verfolgen Sie bei dieser Auswertung nicht die Fragestellung: »Wo verliert Ihr Unternehmen die Kunden?«, sondern: »An wen verliert Ihr Unternehmen die Kunden?«.

Table

Neuer Serviceanbieter	Anzahl	Verbrauch
BioBio Gas AG	19.323	462.149.557 KWH
ÖkoGas KG	2.372	57.000.719 KWH
0815 Gas Lieferant	2.325	56.014.709 KWH
BlueGas GmbH	2.202	52.918.363 KWH
123 Gas	2.194	53.580.248 KWH
FlexGas	2.150	51.227.222 KWH
Strom- u. Gas Lieferant 0815	2.104	50.524.510 KWH
Gas Lieferant A	2.065	49.446.880 KWH
Energieriese aus Holland	1.172	28.331.827 KWH
GünstigGas AG	1.155	27.764.850 KWH
Gesamtergebnis	37.062	888.958.886 KWH

Abbildung 10.3 Verluste an Konkurrenten nach Verbrauch – Top Ten

Bei einigen dieser Lieferanten ist die Produktstrategie auf den ersten Blick erkennbar: Die BIOBIO GAS AG, die ÖKOGAS KG und die BLUEGAS GMBH spezialisieren sich auf Ökoprodukte. Dies könnte bedeuten, dass ein Großteil Ihrer Kunden aufgrund mangelhafter Produktvielfalt Ihres Unternehmen in die Ökosparte wechseln. Der 0815 GAS LIEFERANT, die 123 GAS, FLEXGAS, der ENERGIERIESE AUS HOLLAND und die GÜNSTIGGAS AG sind bekannt dafür, dass sie auf günstige Energieangebote setzen. Es gilt also zudem zu prüfen, ob in Ihrer Produktpalette ein Niedrigpreisprodukt ergänzt werden könnte/sollte.

Kunden und Partner zurückgewinnen [+]

Wenn Sie die entsprechenden Produkte in Ihrem Portfolio aufweisen bzw. ergänzt haben, können Sie die Geschäftspartner, die bereits gewechselt haben, durch direkte Kundenrückgewinnungsmaßnahmen zum erneuten Wechsel animieren. Dies würde bedeuten, dass die betroffenen Geschäftspartner 1:1 als Zielgruppe in SAP CRM übertragen werden. Die hierfür notwendigen Schritte werden in Abschnitt 10.1.2 beschrieben.

Falls Sie die Präferenzen Ihrer ehemaligen Kunden nicht direkt aus den vorhandenen Wechselbeleginformationen entnehmen können, sind weitere Marketingaktivitäten (Befragungen o.Ä.) notwendig, um diese Informationen zu erlangen. Ebenso können Sie die Menge der Wechsel und deren Geschäftspartner anhand weiterer Merkmale betrachten, z. B. das letzte CRM-Produkt, Geschäftspartnerart, Familienstand, Geschlecht, Alter, Haushaltsgröße.

Sollten Sie bei Analysen anhand eines oder mehrerer dieser Merkmale deutliche Ungleichgewichte erkennen – wenn Sie z. B. viele große Haushalte (mehr als vier Personen) an den Konkurrenten X verlieren sollten –, bieten sich ergänzende Produktpräferenzforschungen für die Zielgruppe(n) an. Diese Zielgruppen können Sie wiederum in SAP CRM übertragen lassen und innerhalb eigener Kampagnen kontaktieren.

Die in Abbildung 10.3 vorgestellten Wechsel zu Hauptkonkurrenten werden in Abbildung 10.4 mit einer weiteren Auswertung verfeinert. Hier wird der neue Lieferant Energieriese aus Holland selektiert und nach PLZ-Gebieten aufgerissen. So erhalten Sie die PLZ-Gebiete, in denen Sie die meisten Kunden an den genannten Lieferanten verloren haben.

Table

Neuer Serviceanbieter	Postleitzahl	Anzahl	Verbrauch
Energieriese aus Holland	DE/22869	61	1.436.464 KWH
	DE/22765	35	772.500 KWH
	DE/20251	30	762.359 KWH
	DE/20255	29	754.899 KWH
	DE/22761	34	735.679 KWH
	DE/22589	24	636.137 KWH
	DE/22359	24	597.059 KWH
	DE/20357	26	581.350 KWH
	DE/22609	21	459.618 KWH
	DE/20257	21	417.110 KWH
	Ergebnis	1.172	28.331.827 KWH
Gesamtergebnis		1.172	28.331.827 KWH

Abbildung 10.4 Verluste nach PLZ-Gebiet an »Energieriese aus Holland« – Top Ten

Aus Gründen der Übersichtlichkeit wurden nur die ersten zehn Postleitzahlgebiete ausgegeben. Die Gesamtzahl aller Wechselbelege und Geschäftspartner – 1.172 Stück – steht weiterhin zur Verfügung. Diese Menge können Sie für gezielte Rückgewinnungsmaßnahmen in SAP CRM übertragen.

10.1.2 Zielgruppenidentifikation in SAP NetWeaver BW

Die Grundlage für CRM-Marketingkampagnen sind Zielgruppen. Zielgruppen enthalten Geschäftspartner, die sich dadurch auszeichnen, dass sie ein oder mehrere gemeinsame Eigenschaften aufweisen. Exemplarisch kann eine

Zielgruppe aus Gashaushaltskunden bestehen, die in dem Postleitzahlbereich 2**** wohnen.

Hinter der Kennzahl ANZAHL aus Abbildung 10.4 verbergen sich diese einzelnen Geschäftspartner. Beispielhaft ist diese Auswertung noch einmal in Abbildung 10.5 für die Postleitzahl 22947 verfeinert worden. Im Zentrum der Betrachtung steht weiterhin ausschließlich der neue Lieferant ENERGIERIESE AUS HOLLAND. Als zusätzliche Merkmale im Aufriss wurden die WECHSELBELEGNUMMER und die GESCHÄFTSPARTNERNUMMER hinzugefügt.

Table

Neuer Serviceanbieter	Monat	Postleitzahl	Wechselbeleg	Geschäftspartner	Verbrauch	Anzahl
Energieriese aus Holland	5	DE/22947	4417133	2081272812	21.054 KWH	1
			4419558	2081272738	18.075 KWH	1
			4430400	2080611709	19.266 KWH	1
			4430425	2080611709	24.033 KWH	1
			4433179	2080479165	24.232 KWH	1
			4433219	2090114974	19.862 KWH	1
			4433222	2080479165	18.869 KWH	1
			4433254	2090114974	20.260 KWH	1
			4438180	2081273100	23.239 KWH	1
			4440815	2081273100	21.253 KWH	1
			4443178	2081273611	21.054 KWH	1
			4451335	2080479165	20.458 KWH	1
			4462385	2080803691	18.869 KWH	1
			4464646	2080803691	18.273 KWH	1
Gesamtergebnis					288.799 KWH	14

Abbildung 10.5 Verlorene Geschäftspartner an »Energieriese aus Holland«

Hinter den Geschäftspartnernummern stehen wiederum Stammdaten in SAP NetWeaver BW und in SAP CRM. Für die Durchführung von Marketingkampagnen sind Adressdaten, Telefonnummern, E-Mail-Adressen bzw. Faxnummern von entscheidender Bedeutung, sodass die in das CRM-System übertragenen GP-Listen direkt in Adresslisten umgewandelt werden können.

Bedeutsam für die weitere Verarbeitung der Geschäftspartnerlisten ist die Zielsetzung der Kampagnen in SAP CRM. Entweder nutzen Sie die Liste der Geschäftspartner, die zu einem anderen Lieferanten gewechselt sind, um eine direkte Kundenrückgewinnungsmaßnahme zu initiieren, oder Sie nutzen die Liste der ehemaligen Kunden, um Bestandskunden, die in dasselbe *Raster* passen, von zukünftigen Wechseln abzuhalten. In letzterem Fall ginge es dann darum, die Kundenbindung zu stärken.

Kunden zurückgewinnen

Die in SAP NetWeaver BW ermittelten Geschäftspartner einer Zielgruppe können Sie mithilfe der Transaktion RSTG_BUPA (Zielgruppe erzeugen für: Geschäftspartner, siehe Abbildung 10.6) nach CRM übertragen.

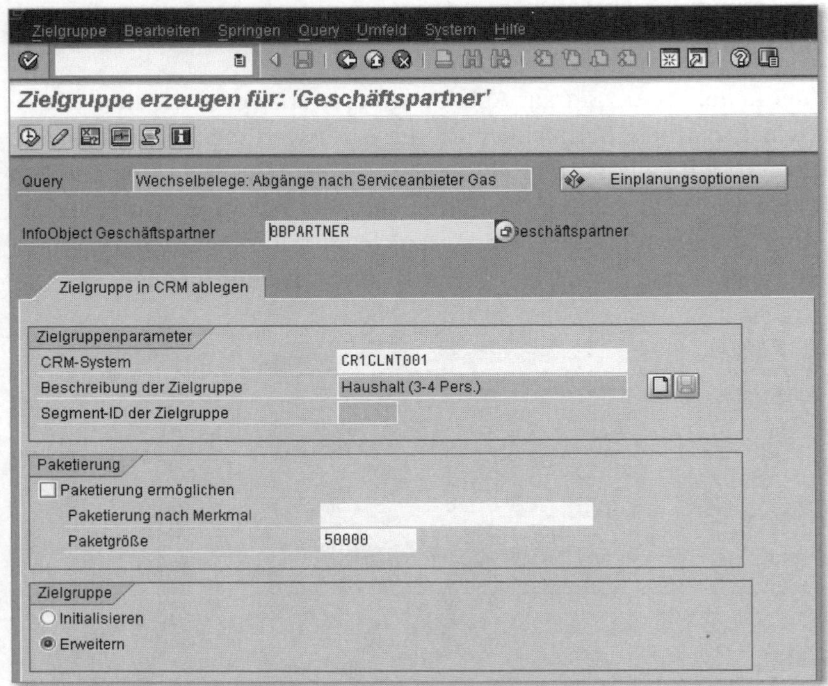

Abbildung 10.6 Zielgruppe erzeugen – Geschäftspartner

Diese Transaktion dient der Zuordnung von Querys zu Zielgruppen in CRM-Systemen. Nach der Auswahl der Query sollten Sie das InfoObject angeben, das die Geschäftspartnerinformationen enthält.

Standardmäßig wird das InfoObject Geschäftspartner (0BPARTNER) verwendet, es können aber auch andere InfoObjects, z. B. eigens angelegte Geschäftspartner-InfoObjects, hinterlegt werden. Falls die Query eingabebereite Variablen enthält, können Sie diese über den Button (VARIABLENWERTE BEARBEITEN) pflegen.

Über den Reiter ZIELGRUPPE IN CRM ABLEGEN pflegen Sie die CRM-Daten. Zuerst ist das CRM-System einzutragen, anschließend wählen Sie entweder eine bestehende Zielgruppe aus, oder Sie legen eine gänzlich neue Zielgruppe an.

Schließlich können Sie zwischen der Erweiterung und der Initialisierung der Zielgruppe wählen. Bei einer INITIALISIERUNG wird die Zielgruppe neu aufgebaut, und bestehende Einträge werden entfernt. Die ERWEITERUNG ergänzt die Menge der Geschäftspartner um die neuen Geschäftspartner des Query-Ergebnisses.

Über den Button EINPLANUNGSOPTION können Sie einen Job für die Ausführung der Zielgruppenerzeugung einplanen, der auch eine periodische oder spätere Durchführung möglich macht, sodass eine automatische Übertragung der Geschäftspartner aus SAP NetWeaver BW in das CRM-System zu definierten Zeitpunkten geschieht.

Der direkte Start erfolgt über den Button (ZIELGRUPPE BEFÜLLEN). Protokolle für vergangene Einplanungen können Sie über den Button (ANWENDUNGSPROTOKOLL) einsehen, und aktive Einplanungen können Sie mithilfe des Monitors (EXTRAKTMONITOR) analysieren.

Kundenbindung stärken

Die Transaktion RSTG_BUPA eignet sich nur für die Übertragung von Geschäftspartnern aus Query-Ergebnissen an CRM. In diesem Fall können Sie wie gesehen alle Geschäftspartner, die bereits gewechselt haben, für Marketingaktivitäten in eine Zielgruppe einbinden. Andererseits kann es auch sinnvoll erscheinen, weitere Geschäftspartner, die den gleichen Kriterien entsprechen, jedoch noch nicht zu einem Konkurrenten gewechselt haben, im Rahmen von Kampagnen zu kontaktieren und weiterhin an Ihr Unternehmen zu binden. Dabei steht das Halten von Bestandskunden im Vordergrund.

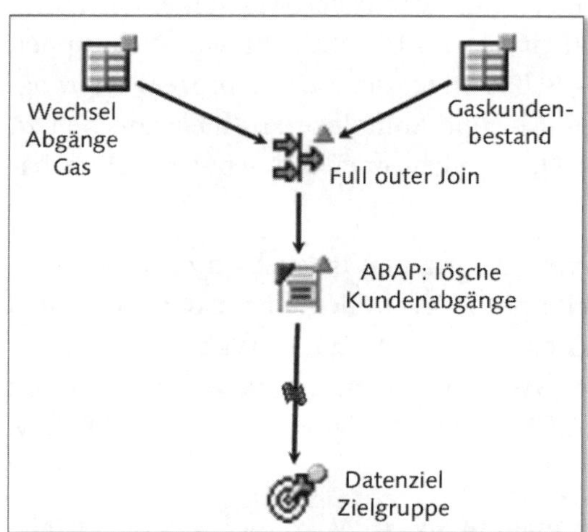

Abbildung 10.7 Analyseprozess – CRM-Zielgruppe bilden

Diese Kunden können Sie mithilfe des Analyseprozessdesigners in SAP NetWeaver BW identifizieren und in CRM-Zielgruppen übertragen. Hierfür steht die Transaktion RSANWB (Analyseprozessdesigner) zur Verfügung. Abbildung 10.7 zeigt ein Beispiel für einen derartigen Analyseprozess.

Der Analyseprozess führt zunächst zwei Querys aus. Die erste Query »Wechsel Abgänge Gas« ermittelt die Kunden, die in der Sparte »Gas« gewechselt haben. Die zweite Query »Gaskundenbestand« ermittelt die Bestandskunden mit denselben Charakteristiken. Danach werden die beiden Query-Ergebnisse über einen Full outer Join – die vollständige Zusammenführung beider Ergebnislisten – in eine Gesamtliste überführt. Diese Zusammenführung ist notwendig, da die gemeinsame Bearbeitung beider Listen in einer ABAP-Routine nicht möglich ist.

In der nachgelagerten ABAP-Routine werden alle Kundenabgänge zunächst wieder separiert, um danach in einem Schleifendurchlauf den Gaskundenbestand um die Kundenabgänge zu bereinigen. Dieser Arbeitsschritt kann notwendig werden, wenn die Geschäftspartner- und Vertragsstammdaten noch nicht aktualisiert wurden oder falls einem zukünftigem Wechsel bereits zugestimmt wurde, dieser jedoch noch nicht wirksam ist.

Schließlich wird die Ergebnismenge in das CRM-Datenziel *Datenziel Zielgruppe* übertragen. Dies hat zur Folge, dass die Ergebnisliste der Geschäftspartner in das CRM-System übertragen wird.

Neben diesem etwas komplexen Analyseprozess können auch einfache Querys ausgeführt und deren Ergebnisse als Zielgruppe abgelegt werden. In diesem Fall hat der Analyseprozess aber keinen Mehrwert gegenüber der Transaktion RSTG_BUPA. Im Vergleich zu der 1:1-Übertragung von Zielgruppen nach CRM via Transaktion RSTG_BUPA bietet der Analyseprozess die Möglichkeit, zusätzliche Filterbedingungen und komplexe Prüfmechanismen zu formulieren, die innerhalb einer Query nicht oder nur schwer realisierbar sind.

Ein einfaches Zusammenführen von Zielgruppen ist auch an späterer Stelle des Prozesses in SAP CRM mithilfe des IC WebClients über den Menüpfad MARKETING • SEGMENTE möglich (siehe Abschnitt 10.1.3). Wenn Sie die *Bereinigung* bereits mit SAP NetWeaver BW vornehmen, reduzieren Sie allerdings die Datenlast, die eine komplette Übertragung beider Mengen nach SAP CRM bedeuten würde.

Nach der Übertragung der Zielgruppen in SAP CRM können Sie mit der Planung und Steuerung von Marketingkampagnen beginnen.

10.1.3 Kampagnensteuerung mit SAP CRM 7.0

Die Vorbereitung, Durchführung und Kontrolle von CRM-Marketingaktivitäten finden im IC WebClient statt. Dabei können Sie Marketingpläne konfigurieren und diesen Plänen Kampagnen zuordnen. Dabei kann ein Marketingplan unterschiedliche strategische Ziele repräsentieren: in etwa eine Neuprodukteinführung, die Stärkung der Marktpräsenz oder eine langfristige Sicherung des Absatzes.

Kampagnen finden sich auf der Ebene operativer Zielsetzungen wieder, hier wird z. B. die Einführung von spezialisierten Produkten verfolgt, oder es werden auch Maßnahmen zur Kundenrückgewinnung oder zur Umsatzsteigerung initiiert. Kampagnen verfeinern somit einen Marketingplan. Während der Kampagnenplanung sollten Sie auch die Wahl eines oder mehrerer Kommunikationsmedien treffen.

Bei der Kampagnendurchführung wird auf das von Ihnen gewählte Medium zurückgegriffen. Hierfür muss das gewählte Medium in den Stammdaten der Geschäftspartner vorhanden und in einem ausreichenden Maße gepflegt worden sein. SAP bietet standardmäßig die Unterstützung der folgenden Medien für die externe Verarbeitung von Kampagnen an: E-Mail, Telefon bzw. den *offenen Kanal* (freie Wahl des Kommunikationsmediums).

Darüber hinaus existieren branchenspezifische Medienausprägungen, die in CRM verfügbar sind, z. B. die IS-U-Rechnungsbeilage für die Versorgungswirtschaft. Sollen mehrere Medien für die Kontaktaufnahme in Betracht gezogen werden, können Sie auch eine Kombination aus priorisierten Werbemitteln im CRM-Customizing hinterlegen (EINFÜHRUNGSLEITFADEN • CRM • MARKETING • MARKETINGPLANUNG UND KAMPAGNENMANAGEMENT • KAMPAGNENDURCHFÜHRUNG). Abbildung 10.8 enthält das Kommunikationsmedium WERBE MEDIENMIX (KOMMUNIKATIONSMEDIUM 0003). Dahinter verbirgt sich Folgendes: Zunächst wird der Kunde via E-Mail kontaktiert. Falls keine E-Mail-Adresse hinterlegt ist, wird der Kontakt per Telefon aufgebaut. Sollte auch keine Telefonnummer hinterlegt worden sein, wird er per *offenem Kanal* kontaktiert.

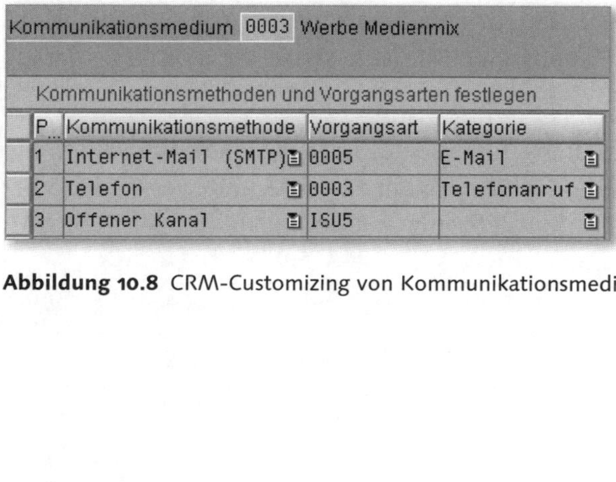

Kommunikationsmedium 0003 Werbe Medienmix

Kommunikationsmethoden und Vorgangsarten festlegen

P...	Kommunikationsmethode	Vorgangsart	Kategorie
1	Internet-Mail (SMTP)	0005	E-Mail
2	Telefon	0003	Telefonanruf
3	Offener Kanal	ISU5	

Abbildung 10.8 CRM-Customizing von Kommunikationsmedien

Beim Start einer Kampagne wird für jeden Geschäftspartner der Zielgruppe(n) eine E-Mail generiert und an die Schnittstelle SAPconnect übergeben. Gleichzeitig wird ein Kontakt in der Kontaktstatistik der Kampagne erzeugt. Falls keine E-Mail-Adresse bei einem Geschäftspartner hinterlegt wurde, wird anhand des Folgeeintrags im Medienmix eine Liste der jeweiligen Telefonnummern von Geschäftspartnern erstellt und an das SAP Interaction Center (IC) übertragen. Die Kontaktstatistik wird aktualisiert, sobald ein Mitarbeiter eine Telefonnummer dieser Liste abgearbeitet hat. Das heißt, dass eine Liste der zu kontaktierenden Kunden erstellt wird, die nach sukzessiver Bearbeitung zu einer Aktualisierung der Fortschrittsanzeige der Kontaktstatistik innerhalb von SAP CRM führt.

Die Zielgruppen, die in Abschnitt 10.1.2 identifiziert und an CRM übertragen wurden, können Sie ebenfalls über das Interaction Center (IC) einsehen, pflegen und erweitern. Mehrere Zielgruppen können dabei in einer Profilgruppe zusammengefasst werden.

Darüber hinaus können Sie in Profilgruppen Profile hinterlegen, die wiederum spezielle Filterkriterien enthalten, z. B. alle Privatkunden oder Kunden aus dem PLZ-Gebiet 2****.

Innerhalb der Zielgruppenpflege können Sie umfangreiche Manipulationen an den Geschäftspartnerlisten vornehmen, unter anderem einzelne Geschäftspartner hinzufügen oder entfernen. Zu den komplexeren Operationen gehören das Vereinigen und das Verschneiden von Zielgruppen. Ferner können Sie auch Zielgruppen aus CSV-Dateien importieren oder diese wieder exportieren. Abbildung 10.9 zeigt die über Transaktion RSTG_BUPA (siehe Abschnitt 10.1.2) erstellte Zielgruppe HAUSHALT (3-4 PERS.).

Sobald Sie die Kampagnendurchführung gestartet haben, können Sie den Verlauf Ihrer Kampagnen über die Kampagnenübersicht im IC WebClient beobachten.

Insbesondere bietet CRM hier bereits eine komprimierte Kontaktstatistik an, die die ausgehenden und eingehenden Kontakte sowie die Bounces – daraus resultierende Aufträge etc. – ausweist.

Eine ausgedehnte und detaillierte Analyse des Kampagnenerfolgs sollten Sie aufgrund ihrer Vielfältigkeit, der Performancevorteile und wegen der Vorteile durch die standardisierte Auslieferung im Content auf der Seite von SAP NetWeaver BW durchführen.

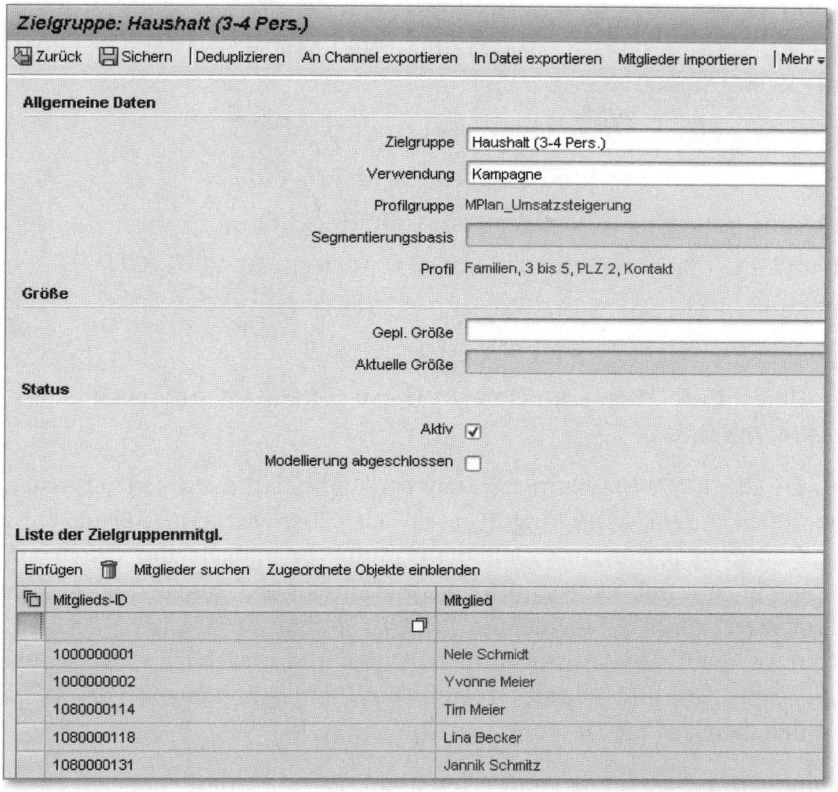

Abbildung 10.9 CRM-Zielgruppenpflege im IC WebClient

10.1.4 Evaluation in SAP NetWeaver BW und SAP BusinessObjects

Den Erfolg der Kampagnen können Sie ex post oder auch bereits während der laufenden Kampagne evaluieren. Dabei decken die Auswertungsmöglichkeiten ein breites Spektrum betriebswirtschaftlich relevanter Fragestellungen ab.

Der BI Content hält Strukturen für einfache Kontaktstatistiken bis hin zu Kosten- und Erlösrechnungen sowie Deckungsbeitragsrechnungen bereit (siehe Abschnitt 7.4.4 zur Erläuterung des BI Contents).

Ein zentraler InfoProvider des BI Contents ist der MultiProvider KAMPAGNENANALYSE (mit External List Management, 0CRM_MC06), der standardmäßig einen Großteil der Reportinganforderungen abdeckt. Er bündelt die folgenden InfoProvider für kombinierte Auswertungen (siehe *http://help.sap.com/*

unter SAP NetWeaver • BI Content 7.35 • Customer Relationship Management • Marketinganalysen • Marketing- und Kampagnenanalysen • InfoCubes • Kampagnenanalyse):

- InfoCube CRM Marketing Planwerte (0CRM_C01)
- InfoCube Outbounds Kundenkontakte (0CRM_C06)
- InfoCube Inbounds Kundenkontakte (0CRM_C06)
- InfoCube CO-PA zum External List Management (0MKTG_C04)
- InfoCube CRM Lead Management (0MKTG_C01)
- InfoCube Opportunities (0CRM_C04)
- InfoObject CRM Marketingelement (Kampagne/Marketingplan) (0CRM_MKTELM)

Der InfoCube CRM Marketing Planwerte nimmt die manuell erfassten Planwerte aus dem Marketing Planner auf. Der Marketing Planner ist Bestandteil von SAP CRM und dient der Planung von Budgets und Kosten von Kampagnen. In Kombination mit dem InfoCube CO-PA zum External List Management können Sie hieraus Plan-/Ist-Vergleiche ableiten. Dadurch erhalten Sie quantitative Aussagen zu geplanten und tatsächlich verursachten Kosten, Umsätzen und Betriebsergebnissen. Zudem können Sie das Delta berechnen lassen sowie Deckungsbeiträge ermitteln.

Eine eindeutige Zuordnung von Kosten und Erlösen zu Marketingelementen ist häufig mithilfe von CRM Telesales und im CRM Internet Sales möglich. In CRM Telesales erfolgt die Zuordnung von Kampagnen zu den entstandenen Kundenaufträgen manuell, wohingegen die Verbindung von Kampagnen und Aufträgen in CRM Internet Sales anhand der Produktkataloge geschehen kann (siehe *http://help.sap.com/* unter SAP NetWeaver • BI Content 7.35 • Customer Relationship Management • Marketinganalysen • Analyse von ext. Listen • InfoCubes • CO-PA zum External List Management).

Damit eine Zuordnung von Daten des CO-PA zu CRM-Daten überhaupt erst geschehen kann, ist neben der Erfassung der Marketingelemente in CRM die Verbindung zwischen dem in CRM führenden InfoObject Marketingelement (0CRM_MKTELM) und dem in der Ergebnisrechnung (CO-PA) führenden InfoObject PSP-Element (0WBS_ELEMT) herzustellen. Die DataSource Zuordnung von CRM-Marketingprojekt zu PSP-Element (0WBS_ELEMT_CRM_ATTR) extrahiert diese Informationen in das SAP NetWeaver BW-System und gewährt somit eine Ergebnisrechnung in Bezug auf CRM-Daten. Das Marketingelement wird als Attribut des InfoObjects PSP-Element abgelegt und kann im erweiterten Staging von BI via Stammdatennachlesen ermittelt werden (siehe *http://help.sap.com/* unter SAP NetWeaver • BI Content 7.35 • Customer Relationship Management • Marketinganalysen • DataSources • Zuordnung von CRM-Marketingprojekt zu PSP-Element).

Im Folgenden werden beispielhafte Auswertungen demonstriert, die auf dem vorgestellten MultiProvider zur Kampagnenanalyse basieren. Abbildung 10.10 stellt das Ergebnis einer Query dar, die Absatzmengen, Erlöse und die geplanten Umsätze je Kampagne, Zielgruppe, Geschäftspartner und Produkt ausgibt.

Table

Marketingkampagne	Zielgruppe	Geschäftspartner	Produkt	Absatzmenge	Erlös	Erwarteter Umsatz
Strom Familiensparangebot	Haushalt (3-4 Pers.)	2000002085	Strom Family Basic	2.819 KWH	544,95 €	600,00 €
		2000084956	Strom Family Basic	2.659 KWH	520,15 €	600,00 €
		2000082985	Strom Family Basic	3.823 KWH	700,57 €	600,00 €
	Haushalt (> 4 Pers.)	2000015055	Strom Family Plus	4.470 KWH	800,85 €	750,00 €
		2000045771	Strom Family Plus	4.158 KWH	752,49 €	750,00 €
		2000083274	Strom Family Plus	3.877 KWH	708,94 €	750,00 €
Ökostrom Kampagne 1	Haushalt (3-4 Pers.)	2000067691	Solar Sepzial 1	3.930 KWH	874,35 €	650,00 €
		2000062998	Solar Sepzial 1	3.608 KWH	811,56 €	650,00 €
		2000097932	Solar Sepzial 1	3.469 KWH	784,46 €	650,00 €
		2000061712	Wind & Wasser	3.517 KWH	828,99 €	720,00 €
		2000016903	Wind & Wasser	3.225 KWH	769,13 €	720,00 €
	Haushalt (> 4 Pers.)	2000025991	Solar Sepzial 1	4.363 KWH	958,79 €	700,00 €
		2000081321	Wind & Wasser	4.533 KWH	1.037,27 €	850,00 €
		2000017157	Wind & Wasser	4.515 KWH	1.033,58 €	850,00 €
	Single-Haushalt	2000059881	Solar Sepzial 1	2.424 KWH	580,68 €	600,00 €
		2000063882	Solar Sepzial 1	2.231 KWH	543,05 €	600,00 €
	Haushalt (2 Pers.)	2000056587	Solar Sepzial 1	2.631 KWH	621,05 €	620,00 €
		2000070590	Solar Sepzial 1	2.665 KWH	627,68 €	620,00 €
		2000091843	Solar Sepzial 1	2.807 KWH	655,37 €	620,00 €
Gesamtergebnis				65.724 KWH	14.153,84 €	12.900,00 €

Abbildung 10.10 Kampagnenanalyse Umsatz – Plan-/Ist-Vergleich

Zusätzlich böte sich hier die Verrechnung von Gemeinkosten an, wenn im CRM-Aktivitätenmanagement die Zuordnung von Marketingelementen zu einzelnen Aktivitäten erfasst wird. Weitere interessante Kennzahlen sind z. B. die Herstellkosten, das operative Betriebsergebnis oder der jeweilige Deckungsbeitrag, die ebenfalls in diese Auswertung mit einfließen könnten. In Abbildung 10.10 wurde aufgrund der Darstellbarkeit jedoch darauf verzichtet, diese Kennzahlen mit auszugeben. Die Ausgabe der Kennzahlen für die aktuell gültigen CRM-Produkte oder auch den Produktkatalog bzw. die Produkthierarchie stellen weitere Auswertungsperspektiven dar.

Ebenso können Sie Erfolgsquoten Ihrer Kampagnen berechnen lassen, indem Sie die Rücklaufquoten der initiierten Kampagnen ausgeben lassen. Dabei werden insbesondere die Daten aus den beiden InfoProvidern Outbounds und Inbounds Kundenkontakte einander gegenübergestellt. Abbildung

10.11 weist die Kennzahl RÜCKLAUFQUOTE mit dem Zeilenaufriss über das CRM-MARKETINGELEMENT (die Kampagne) und die ZIELGRUPPEN aus.

Darüber hinaus werden die eingehenden Kontakte anhand ihrer Antwortkategorie (KONTAKTVERBOT, INTERESSE, AUFTRAG ERTEILT) untergliedert.

Table

CRM Marketingelement	Zielgruppe	Kontaktverbot	Interesse	Auftrag erteilt	Rücklaufquote
Ökostrom Kampagne 1	Haushalt (> 4 Pers.)	0	28	12	7,9861%
Ökostrom Kampagne 1	Haushalt (2 Pers.)	2	27	11	11,0437%
Ökostrom Kampagne 1	Haushalt (3-4 Pers.)	1	39	16	12,0000%
Ökostrom Kampagne 1	Single-Haushalt	1	19	8	11,0517%
Strom Familiensparangebot	Haushalt (> 4 Pers.)	1	42	18	11,9898%
Strom Familiensparangebot	Haushalt (2 Pers.)	2	17	7	5,0309%
Strom Familiensparangebot	Haushalt (3-4 Pers.)	6	55	23	12,9760%
Strom Familiensparangebot	Single-Haushalt	2	15	6	11,8881%

Abbildung 10.11 Rücklaufquoten je Kampagne und Zielgruppe

Dieselbe Datenbasis kann auch dazu genutzt werden, um den Kampagnengesamterfolg zu bestimmen. Abbildung 10.12 listet die Inbound- und Outbound-Kontakte (ein- und ausgehende Kontakte), sowie die daraus resultierende Rücklaufquote je Kampagne auf.

Table

CRM Marketingelement	Kontakte Outbound	Kontakte Inbound	Rücklaufquote
Ökostrom Kampagne 1	3.612	374	10,3544%
Strom Familiensparangebot	4.156	433	10,4187%

Abbildung 10.12 Kampagnengesamterfolg (Rücklaufquoten)

Zur detaillierten Auswertung des Antwortverhaltens von einzelnen Zielgruppen können Sie in derselben Query einfach das Marketingelement durch die Zielgruppe ersetzen. Den Austausch nehmen Sie über das Kontextmenü vor, indem Sie per Rechtsklick auf das Marketingelement klicken und dann den Menüpunkt MARKETINGELEMENT AUSTAUSCHEN MIT • ZIELGRUPPE wählen. Zur Auswahl stehen Ihnen alle Merkmale, die in der Query verwendet werden – aktive oder freie Merkmale. Das Ergebnis wird in Abbildung 10.13 exemplarisch vorgestellt.

Table

Zielgruppe	Kontakte Outbound	Kontakte Inbound	Rücklaufquote
Haushalt (> 4 Pers.)	2.328	233	10,0086%
Haushalt (2 Pers.)	1.957	148	7,5626%
Haushalt (3-4 Pers.)	2.493	313	12,5552%
Single-Haushalt	990	113	11,4141%

Abbildung 10.13 Antwortverhalten je Zielgruppe (Rücklaufquoten)

Bei einer stetigen Aktualisierung der kampagnenbezogenen quantitativen Prozesskennzahlen – diese kann täglich oder mehrmals am Tag erfolgen – können Sie die Kennzahlen für eingehende und ausgehende Kontakte je Kommunikationsmedium auch für die Planung und Simulation Ihres Mitarbeitereinsatzes im Serviceteam heranziehen. Für die Hochrechnung sind allerdings weitere Planungsanwendungen anzubinden, die hier nicht weiter vorgestellt werden.

Neben der direkten Kampagnenauswertung werden die Auswirkungen der Kampagnen auch in weiteren Datenbankstrukturen von IS-U und somit auch in SAP NetWeaver BW sichtbar. Zum einen ergeben sich aus den Kampagnen Vertragsabschlüsse, die in den Bestandsstatistiken von Monat zu Monat erkennbar werden. Zum anderen spiegeln sich diese Vertragsabschlüsse auch in den Wechselbelegen wider.

Hiermit sind Wechselbelege gemeint, die die Wechselarten Lieferbeginn bzw. Lieferantenwechsel aufweisen und bei denen der neue Serviceanbieter identisch mit dem eigenen Serviceanbieter ist. Die Selektion lautet wie folgt:

- WECHSELART: Lieferbeginn, Lieferantenwechsel
- NEUER LIEFERANT: Ihr Versorgungsunternehmen

Das bedeutet, dass für die folgenden Auswertungen der MultiProvider WECHSELBELEGE (ZVM_LW) herangezogen werden kann. Dieser enthält die zusammengeführten Daten aus den BI Content-DSOs WECHSELBELEG KOPFDATEN und WECHSELBELEG NACHRICHTENDATEN (siehe Abschnitt 7.4.4).

Abbildung 10.14 zeigt die Zugänge in prognostizierten Verbrauchsmengen für die Sparte »Strom« im Auswertungsmonat Juni 2010 nach PLZ-Gebieten. Der Screenshot stammt aus einem Web Template, das mithilfe des BEx Web Application Designers erstellt wurde. Per Tooltip werden die einzelnen Ausprägungen angezeigt, hier für die Postleitzahl 18230 mit einem prognostizierten Stromverbrauch i.H.v. 5.269 kWh.

Die ergänzende tabellarische Anzeige der Zugänge nach Postleitzahlgebieten ist durchaus hilfreich, da eine reine Kartenansicht in den meisten Fällen nicht aussagekräftig genug und die Gesamtsumme nicht verfügbar ist. Als Mengenverbrauchskategorien hat der OLAP-Prozessor die in Abbildung 10.15 dargestellten fünf Klassen berechnet.

Abbildung 10.16 enthält die Top-Ten-Zugänge nach Postleitzahlen für die Sparte »Strom« im Jahr 2010. Die Grafik wurde aus Excel heraus erstellt, die Daten wurden mit dem BEx Analyzer geladen.

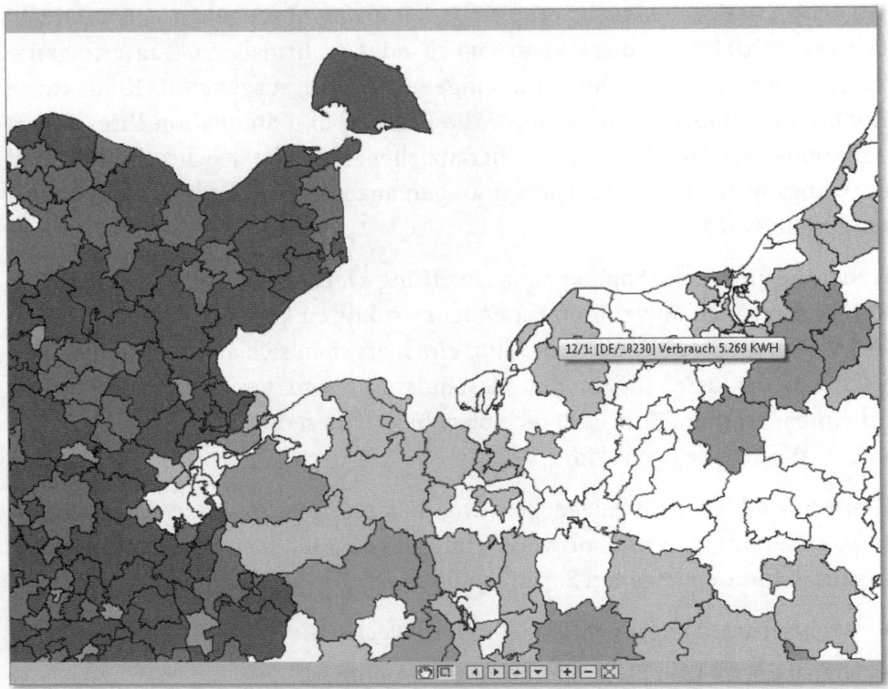

Abbildung 10.14 Karte Zugänge je PLZ-Gebiet (Strom) – Lieferantenwechsel

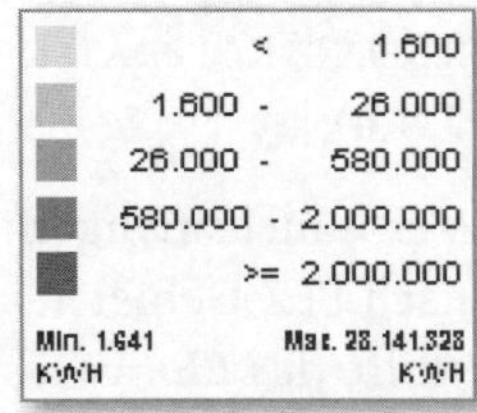

Abbildung 10.15 Legende Zugänge je PLZ-Gebiet (Strom) – Lieferantenwechsel

Table

Postleitzahl	progn. Verbrauch	Anzahl Belege
DE/21493	28.141.328 KWH	4.179
DE/24568	24.849.689 KWH	3.671
DE/25436	21.749.492 KWH	3.225
DE/23611	21.644.090 KWH	3.199
DE/24558	21.273.148 KWH	3.175
DE/22941	19.702.791 KWH	2.940
DE/22869	17.380.653 KWH	2.546
DE/23669	17.335.226 KWH	2.561
DE/23769	16.698.232 KWH	2.510
DE/25541	16.473.025 KWH	2.521
Gesamtergebnis	1.138.580.116 KWH	168.580

Abbildung 10.16 Zugänge nach PLZ-Gebieten (Strom) – Top Ten

Der Aufriss nach Postleitzahlen findet entlang der Zeilen statt. Als Kennzahlen wurden der prognostizierte Verbrauch der Zugänge sowie die Anzahl der Wechselbelege definiert. Schließlich lassen sich die Zugänge auch noch um das Merkmal PRODUKT erweitern. Bei dieser Erweiterung werden die Wechsel anhand der Produkte, die der jeweilige Kunde gewählt hat, ausgegeben. In Abbildung 10.17 befindet sich das soeben genannte CRM-PRODUKT im Zeilenaufriss. Als Kennzahlen werden hier wiederum der prognostizierte Jahresverbrauch, der durch die Wechsel induziert wird, und die Anzahl der Wechselbelege ausgegeben.

Table

Produkt	progn. Verbrauch	Anzahl Belege
Family Basic	72.217.073 KWH	10.691
Family Plus	35.779.600 KWH	5.277
Ökostrom	36.577.027 KWH	5.381
Ökostrom Windkraft	3.498.446 KWH	511
Atomstrom günstig	3.435.972 KWH	511
Gewerbe Spezial 1	5.057.481 KWH	753
Sonderkunden (Landwirtschaft)	74.888 KWH	11
Gewerbetarif 0815	5.059.418 KWH	747
Individualtarif a	2.367.520 KWH	363
Sondertarif b	6.217.643 KWH	925
Mitarbeitertarif a	26.566 KWH	5
Gesamtergebnis	170.311.635 KWH	25.175

Abbildung 10.17 Zugänge – Aufriss nach CRM-Produkt

10.2 SAP NetWeaver BW- und SAP BusinessObjects-Auswertungen in SAP CRM einbetten

In diesem Abschnitt werden Szenarien vorgestellt, in denen SAP NetWeaver BW- und SAP BusinessObjects-Auswertungen dazu genutzt werden, den IC WebClient in SAP CRM zu erweitern und somit zur Steigerung des Informationsgehalts beizutragen. Die Erweiterung des IC WebClients wird mithilfe von BEx Web Templates und SAP BusinessObjects Dashboards (ehemals Xcelsius) vollzogen, die jeweils in den IC WebClient eingebettet werden.

Der SAP CRM Transaction Launcher ist ein Programm, das die Integration von Webseiten in den IC WebClient gewährt. Es ermöglicht den CRM-Mitarbeitern somit einen direkten Zugriff auf beliebige Geschäftsvorgänge. Hauptsächlich wird er genutzt, um Shortcuts zu bestehenden Funktionalitäten in SAP CRM und im SAP ERP-System herzustellen (siehe *http://help.sap.com/* unter SAP DOKUMENTATION • SAP CRM • EINFÜHRUNG IN DAS INTERACTION CENTER • TRANSAKTIONSSTARTER). Darüber hinaus kann man den Transaction Launcher aber auch dazu verwenden, um SAP NetWeaver BW-Auswertungen oder SAP BusinessObjects Dashboards in CRM zu integrieren. Die Geschäftsvorgänge werden über eine URL-Verlinkung in den IC WebClient eingebunden. Diese Verknüpfungen können auch parametrisiert aufgerufen werden.

Der Aufruf von BEx Web Templates via URL kann ebenfalls mit Parametern versehen werden, sodass die Anbindung an SAP CRM funktioniert (siehe *http://help.sap.com/* unter SAP DOKUMENTATION • BUSINESS INTELLIGENCE • BI SUITE: BUSINESS EXPLORER • BEX WEB • WEB APPLICATION DESIGN: BEX WAD • WEB TEMPLATES • BEFEHL-URLS • WEB TEMPLATE AUFRUFEN • PARAMETRISIERTE WEB TEMPLATES AUFRUFEN). Ein Beispiel für einen derartigen URL-Aufbau sehen Sie im Folgenden; Tabelle 10.1 erläutert die Bedeutung der Bestandteile.

http://myAppServer:myPort/SAP/BW/BEx?CMD=LDOC&
template_id=Z_VERBRAUCH_TMP&
FILTER_IOBJNM=0BPARTNER&
FILTER_VALUE=123456789

URL-Teilstring	Bedeutung
http://myAppServer:myPort/SAP/BW/BEx?CMD=LDOC	Standardpräfix für den Aufruf von Web Templates
template_id=Z_VERBRAUCH_TMP	Spezifiziert das Template mit dem technischen Namen Z_VERBRAUCH_TMP
FILTER_IOBJNM=0BPARTNER	Definiert den einen Filter auf 0BPARTNER
FILTER_VALUE=123456789	Übergabe der Geschäftspartnernummer 123456789

Tabelle 10.1 URL-Bestandteile des Web-Template-Aufrufs

Die Übergabe der Geschäftspartnernummer erfolgt generisch. Je nachdem, welcher Geschäftspartner gerade im IC WebClient selektiert wurde, wird für den Parameter `Filter_Value` die GP-Nummer übergeben.

Abbildung 10.18 zeigt das Web Template, das ein Chart Item zur Visualisierung der abgerechneten Stromverbrauchsmengen des Geschäftspartners wiedergibt. Es ist zu erkennen, dass die Verbrauchsmengen seit 2006 (4.265 kWh) bis 2011 (4.254 kWh) deutlich schwanken.

Die historischen Verbrauchsmengen können Sie entweder aus den Anlagefakten oder aus der Verkaufsstatistik laden. Es empfiehlt sich eine Data-Mart-basierte Speicherung der reinen Verbrauchsdaten, da Sie ansonsten inperformante Auswertungen aufgrund der großen Datenmengen innerhalb der Verkaufsstatistik erhalten könnten.

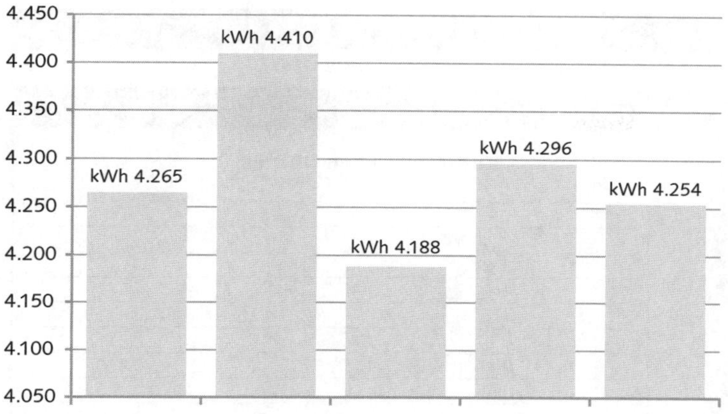

Abbildung 10.18 Web Template Chart historischer Verbrauchsmengen (Strom)

Neben der Integration von Web Templates können auch Flash-basierte SAP BusinessObjects Dashboards angebunden werden. Abbildung 10.19 enthält dieselben Kennzahlenwerte wie das Web Template Chart in Abbildung 10.18.

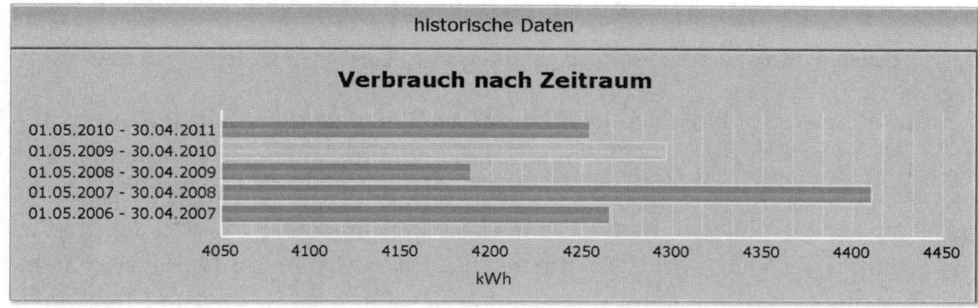

Abbildung 10.19 SAP BusinessObjects Dashboards – Cockpit mit historischen Verbrauchsmengen (Strom)

Über ein SAP BusinessObjects Dashboards Cockpit ist auch das Beispiel in Abbildung 10.20 in den IC WebClient eingebunden worden. Diese Abbildung enthält die Echtzeitverbrauchsdaten (Strom) eines Geschäftspartners, die über einen Smart-Metering-Zähler ermittelt werden. Der Verbrauch pro Stunde wird für die letzten 24 Stunden angezeigt. Erkennbar sind die Schwankungen im Tagesablauf bei der Leistungsabnahme.

Prinzipiell können Sie viele weitere Bereiche Ihrer BW-Landschaft mit diesem Verfahren in CRM integrieren. Dabei ist zu beachten, dass Sie stets den Bezug zum Geschäftspartner herstellen können. Eine weitere Möglichkeit offerieren z. B. die CRM-Kontaktanalysen, die einen erweiterten Einblick in die Historie der Kommunikation mit dem jeweiligen Kunden gewähren.

Abbildung 10.20 SAP BusinessObjects Dashboards – Cockpit für Echtzeitverbräuche

In diesem Kapitel haben Sie erfahren, wie Sie Ihre Wechselbeleginformationen in SAP NetWeaver BW nutzen können, um daraus Zielgruppen für Ihre CRM-Kampagnen zu generieren. Diese Zielgruppen nutzen Sie in SAP CRM, um speziell zugeschnittene CRM-Marketingkampagnen zu erstellen und zu initiieren. Die daraus entstehenden Vertragsabschlüsse sowie die Kontaktstatistiken und die Kampagnenkennzahlen Budgets, Kosten und Deckungsbeiträge helfen Ihnen wiederum, den Erfolg Ihrer Kampagnen in SAP NetWeaver BW zu evaluieren. Zuletzt wurde Ihnen noch die Möglichkeit aufgezeigt, wie Sie SAP NetWeaver BW- und SAP BusinessObjects-Auswertungen mithilfe des SAP CRM Transaction Launchers in den IC WebClient integrieren, womit Sie den Informationsgehalt des IC WebClients deutlich steigern können.

Durch die sinkenden Deckungsbeiträge in der Versorgungswirtschaft stehen effiziente Prozesse (Service sowie Akquisition) und die Kundenbindung im Vordergrund. Diesen Themen widmen wir uns in diesem Kapitel.

11 Kundenprozesse mit Utility Customer E-Services (UCES)

Die Lösung *SAP Utility Customer E-Services* (UCES) für die Versorgungswirtschaft bietet einen direkten und personalisierten Zugriff auf alle Ihre relevanten Kunden-, Verbrauchs- und Vertragsdaten. Einfach, schnell und rund um die Uhr können Ihre Kunden über das Internet z. B. ihre Rechnung einsehen, Adress- und Bankverbindungsdaten ändern oder Zählerstände erfassen. Eine direkte Integration von UCES in das IS-U-Abrechnungssystem ist genauso möglich wie eine workflowgestützte Fortschreibung der erfassten Änderungen. Weiterhin werden Plausibilitäts- und Konsistenzprüfungen z. B. für erfasste Zählerstände oder Adressdaten durch UCES unterstützt. Optional können die von Kunden erfassten Änderungen als Workitems in das IS-U-System überführt werden, wo sie vor ihrer Fortschreibung zunächst geprüft und freigegeben werden können.

Für Energieversorger bedeutet der Einsatz der Self-Services nicht nur eine höhere Kundenzufriedenheit durch verbesserten Service, sondern gleichzeitig eine Optimierung der Prozesskosten durch Vermeidung manueller Eingaben. Die Einführung von Self-Services unterstützt das Image als zukunftsorientiertes und innovatives Unternehmen.

Abschnitt 11.1 beschreibt die Services, die für die Abwicklung von Massenprozessen über das Internet zur Verfügung stehen. Im darauf folgenden Abschnitt wird die Architektur von UCES erläutert und im abschließenden Ausblick werden die Erweiterungen der Komponenten für Smart Metering, Geschäftskunden, Wohnungswirtschaftskunden und den auswärtigen Vertrieb (Vertragsabschluss) kurz dargestellt.

11.1 UCES-Serviceportfolio

Abbildung 11.1 gibt einen Überblick zum Serviceportfolio von UCES.

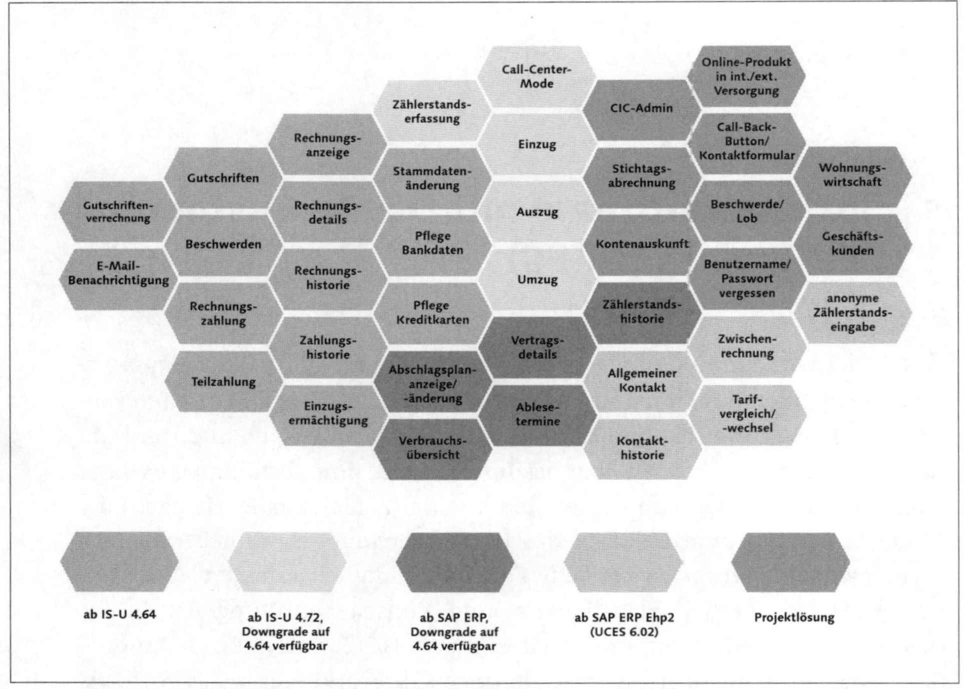

Abbildung 11.1 Serviceportfolio der SAP Utility Customer E-Services

Viele der in der Abbildung aufgeführten Funktionen sind in UCES innerhalb eines Service zusammengefasst oder stehen erst ab einem bestimmten *Erweiterungspaket* (EHP) zur Verfügung. In den folgenden Abschnitten wird ein Großteil dieser Services im Detail beschrieben. Dabei ist bewusst der Fokus auf die UCES-Services gelegt worden, die eine hohe Praxisrelevanz haben.

11.1.1 Selbstregistrierung

Dieser Service dient der Selbstregistrierung der Kunden für die UCES-Services und ist über die Navigation im nicht eingeloggten Zustand aufrufbar (»anonyme« Navigation). UCES liefert ein Template für diesen Service aus, auf Basis dessen der Service kundenspezifisch ausgeprägt werden kann.

Ein in diversen Projekten validiertes Registrierungsverfahren für Self-Services in der Versorgungswirtschaft ist die Identifizierung und Verprobung gegen die geforderten IS-U-Daten, wie z. B. der Vertragskontonummer, Straße und Hausnummer sowie der PLZ und/oder des Orts aus der Standardadresse zum Geschäftspartner. Auch die Überprüfung einer Zähler- oder Rechnungsnummer ist möglich. Weiterhin können Ausschlusskriterien, wie bestimmte Vertragskontotypen, Regionalstrukturgruppe(n), Ableseeinheit(en), Mahnverfahren, Mahnstufen u. Ä. geprüft werden. Eine zusätzliche Prüfung gegen eine kumulierte IS-U-Geschäftspartner-Bonität ist ebenso möglich wie auch eine Prüfung gegen eine bestehende Rückläufersperre.

Grundsätzlich können nur Prüfungen durchgeführt werden, die gegen existierende IS-U-Vertragskonten- und Geschäftspartnerdaten laufen und zu einer – im Sinne der gestellten Anforderungen – Auswahl von »gültigen« Vertragskonten führen. Dies soll vermeiden, dass sich Unbefugte Zugang zu den Kundendaten über die UCES-Services verschaffen.

Eine Registrierung erfolgt nur, wenn alle eingegebenen Daten mit den Daten in IS-U übereinstimmen und alle Bedingungen erfüllt sind. Der Kunde muss zudem eine Datenschutzerklärung zur Kenntnis nehmen und die AGBs des Unternehmens anerkennen. Der Kunde vergibt selbst eine Benutzerkennung und ein Passwort, womit die Self-Services nach Abschluss der Selbstregistrierung genutzt werden können. Die Regeln für das Passwort und den Benutzernamen werden über Konfigurationen im *SAP NetWeaver Application Server Java* (AS Java) gesteuert. Essenziell ist die Angabe einer validen E-Mail-Adresse, da hierüber die Kommunikation mit dem Kunden erfolgt.

Wenn der Kunde die Selbstregistrierung durchführt, wird in der Benutzerdatenbank ein Benutzer angelegt sowie eine Verknüpfung zu dem Geschäftspartner in IS-U hergestellt. In IS-U werden alle anderen Eingaben (wie E-Mail-Adresse etc.) sowie die Kennzeichnung des Geschäftspartners als UCES-Nutzer gespeichert. Es wird ein Kundenkontakt am Geschäftspartnerstammsatz in IS-U erstellt, und es wird dem Kunden eine E-Mail geschickt, die die Selbstregistrierung bestätigt und einen Aktivierungslink mit einem generierten Aktivierungscode zum Abschluss der Registrierung enthält. Der Aktivierungscode ist im Benutzerstammsatz des Kunden hinterlegt.

Zum Schutz vor einem automatisierten Zugriff durch Computer kann und sollte insbesondere das Registrierungsformular mit einem *Captcha*-Schutz ausgestattet werden. Captcha ist ein Akronym für Completely Automated Public Turing test to tell Computers and Humans Apart. Dieser Test ermöglicht die Unterscheidung, ob das Gegenüber ein Mensch oder eine Maschine ist.

Darüber hinaus wird ein *zweistufiges Registrierungsverfahren* empfohlen. Nach der Registrierung kann der Kunde zunächst nur ein kleines Set an Services nutzen und sich die Daten z. B. nur anzeigen lassen. Parallel zur Registrierung erhält der Kunde per Post einen Freischaltcode. Wenn er diesen Code in einem dafür vorgesehenen Service eingibt, kann er dann letztendlich die Nutzung aller Services freischalten.

11.1.2 Aktivierung

Bei diesem Service handelt es sich um eine Erweiterung des Standard-Serviceportfolios von UCES – d. h., der Service ist nicht im Original-Auslieferungsumfang der Lösung UCES enthalten, sondern muss nachträglich integriert werden. Der Service dient, wie in Abschnitt 11.1.1 erwähnt, zur Aktivierung eines Benutzers nach dessen Registrierung. Hierfür stehen ein Aktivierungslink und ein generierter Aktivierungscode zur Verfügung.

Nach der Registrierung versendet das System einen Aktivierungslink an die angegebene E-Mail-Adresse. Nach dem Anklicken des Aktivierungslinks wird dieser mit dem Aktivierungsschlüssel am Benutzerstammsatz abgeglichen, und im Erfolgsfall wird der Kunde auf die Startseite weitergeleitet.

Über den Aufruf dieses Links bestätigt der Kunde den Erhalt der E-Mail und damit die Korrektheit der E-Mail-Adresse; anderenfalls können die UCES-Services nicht genutzt werden. Die Aktivierung wird per Kundenkontakt im Geschäftspartnerstammsatz protokolliert.

11.1.3 Login

Beim Login eines Benutzers werden Passwort und Benutzername mit den Daten in der Benutzerdatenbank abgeglichen. Dazu wird standardmäßig die Login-Applikation des AS Java genutzt. Der Service ist somit nicht direkt Bestandteil von UCES, sondern Teil der technischen Infrastruktur, auf der UCES aufbaut.

Sollte der Kunde das Passwort dreimal falsch eingegeben haben, wird der Benutzer gesperrt und kann nur durch den Service »Passwort vergessen« oder durch den Sachbearbeiter entsperrt werden. Weiterhin wird beim Login auf eine Sperrung des Benutzers oder eine noch nicht erfolgte Freischaltung geprüft, worauf der Kunde in den genannten Fällen hingewiesen wird

Nach erfolgreicher Authentifizierung findet folgende Verarbeitung statt:

- Sollte der Kunde sein Passwort selbst vergeben haben (Selbstregistrierung), wird er nach einem erfolgreichen Login automatisch zur Vertragskontoauswahl (bei mehreren Vertragskonten) oder zum Startservice (bei einem Vertragskonto) weitergeleitet.
- Sollte der Kunde sich zum ersten Mal mit einem generierten Passwort (durch den Service »Passwort vergessen« oder bei einer Registrierung durch den Sachbearbeiter) einloggen, wird er automatisch von der Login-Komponente dazu aufgefordert, dieses zu ändern, bevor er dann wie im vorherigen Punkt auf die Vertragskontenauswahl oder den Startservice weitergeleitet wird.

Bei jedem Login wird das aktuelle Datum als letztes Login-Datum beim Benutzer in der Datenbank gespeichert.

11.1.4 Passwort/Benutzername vergessen

Bei diesem Service handelt es sich um eine Erweiterung von UCES. Der Service ist über die Navigation im nicht eingeloggten Zustand (»anonyme« Navigation) aufrufbar.

Der Kunde hat hier die Möglichkeit, über ein Formular bestimmte Identifikationsmerkmale einzugeben (z. B. Vertragskontonummer, Benutzername, Name und E-Mail), wenn er Passwort oder Benutzernamen vergessen hat. Bei erfolgreicher Verifizierung der Daten in IS-U und der Benutzerdatenbank wird dem Benutzer per E-Mail entweder der Benutzername oder ein neu generiertes Passwort zugesendet, das nach dem ersten Login geändert werden muss. Wenn gewünscht, wird automatisch ein Kundenkontakt im IS-U-Abrechnungssystem mit einer Referenz zum eingegebenen Vertragskonto angelegt.

11.1.5 Passwort ändern

Gibt der Benutzer sein korrektes, aktuelles Passwort ein, kann er ein neues Passwort vergeben. Es erfolgt eine doppelte Eingabe des neuen Passworts zur Reduzierung von fehlerhaften Eingaben. Wenn gewünscht, wird nach der Durchführung des Prozesses ein Kundenkontakt angelegt.

Eine Änderung des Benutzers ist durch das Interface des AS Java für die Benutzerbearbeitung nicht vorgesehen und kann daher nicht durchgeführt werden.

11.1.6 Vertragskontoauswahl und -übersicht

Dieser Service dient zur Auswahl einer Verbrauchsstelle bzw. eines Vertragskontos für die UCES-Services. Dem Kunden werden alle gültigen Vertragskonten in Form von Vertragskontonummer, Verbrauchsstellenadresse und zugehörigen Sparten aufgelistet. Nach Auswahl eines Vertragskontos gelangt der Kunde in den eigentlichen Servicebereich. Für Kunden, denen nur ein Vertragskonto zugeordnet ist, steht die Vertragskontenauswahl nicht zur Verfügung, und es wird automatisch das eine Vertragskonto ausgewählt.

Die Möglichkeiten zur Auswahl des relevanten Vertragskontos vor Prozessausführung bzw. vor Aufruf eines Service werden durch UCES im Standard sowie durch Add-ons unterstützt. Der Standard unterstützt eine Sortierung nach bestimmten Kriterien, z. B. nach Vertragskontonummer(n), nach Verbrauchsstellenadresse(n) und nach Spartenbezeichnung oder nach aktiv und inaktiv (= aktiver/inaktiver Vertrag). Eine dynamische Auswahlfunktion, z. B. unterstützt durch JavaScript, wird über ein Add-on realisiert.

Die Implementierung der allgemeinen Ausschlusskriterien sowie der servicespezifischen Kriterien erfolgt so, wie es beim Prozess »Selbstregistrierung« beschrieben wurde (siehe Abschnitt 11.1.1).

11.1.7 Vertragsübersicht inklusive Verbrauchshistorie

Der Service »Vertragsübersicht« beinhaltet standardmäßig die folgenden Ansichten:

- Allgemeine Daten: Anzeige von Rechnungsadresse, Zahlungsdaten, Vertragslaufzeit etc.
- Technische Daten: Anzeige von Zählerdaten, Zählpunktbezeichnung etc.
- Erfasste Zählerstände: Anzeige der Zählerstandshistorie
- Zukünftige Ablesetermine: Anzeige von zukünftigen Turnusableseterminen anhand der generierten Terminsätze
- Verbrauchshistorie: Grafische Anzeige der Verbräuche eines Abrechnungszeitraumes

Es handelt sich hierbei um einen reinen Anzeigeservice. Der Kunde selektiert einen Vertrag aus einer Liste aller Verträge des selektierten Vertragskontos. In der Liste werden zu jedem Vertrag Informationen wie Sparte, Verbrauchsstellenadresse und Zählernummer angezeigt. Sollten bestimmte Felder oder ganze Ansichten entfernt werden, kann dies durch kundenspezifische Anpassungen bei der Einführung von UCES im Versorgungsunternehmen geschehen.

Die Verbrauchshistorie ist in den Service »Vertragsübersicht« integriert. Die Verbrauchsdaten werden grafisch mithilfe eines Balkendiagramms visualisiert, das über den Internet Graphics Server (IGS) erzeugt wird (siehe Abbildung 11.2). Im Fall der Verbrauchshistorie müssen in IS-U bestimmte Tabellen mit den Verbräuchen des Kunden während der Abrechnung gefüllt werden. Sofern diese Befüllung nicht aktiviert ist, muss eine Auswertung bisheriger Abrechnungsbelege durchgeführt werden, um historische Werte zu erhalten.

Der UCES-Service kann über Business Add-ins (BAdIs) so angepasst werden, dass servicespezifische Ausschlusskriterien implementiert werden können.

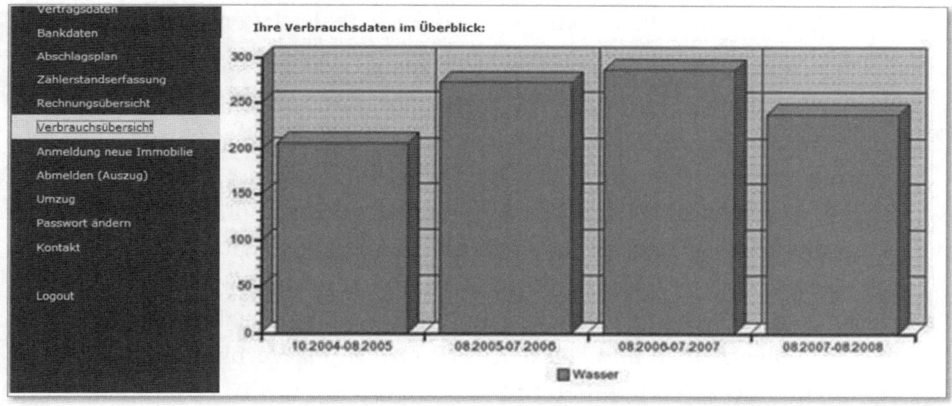

Abbildung 11.2 Service »Verbrauchshistorie«

11.1.8 Rechnung

Unter dem Stichwort *Rechnung* stellen wir zwei Services vor: zum einen die Option, auf Rechnungen aus dem Archiv zuzugreifen, zum anderen die Option, auf Online-Rechnungen umzustellen.

PDF-Rechnung aus dem Archiv

Diese Funktionalität ist bei UCES in den Service »Vorgänge« von der SAP-Lösung *Biller Direct* integriert (eine Erläuterung von Biller Direct finden Sie in Abschnitt 11.2). Der Service »Vorgänge« kann eine aus IS-U generierte komplette Kontenauskunft zu einem Vertragskonto anzeigen, die dann die

Rechnungsdokumente beinhaltet. Dabei besteht in Biller Direct grundsätzlich die Möglichkeit, diesen Service im Salden- oder Standardmodus auszuführen.

Im Gegensatz zum Standardmodus, der dem Kunden Einzelpositionen präsentiert, gewährt der *Saldenmodus* die Sicht auf Salden und Vorgänge. Das heißt, das Konto wird dem Kunden wie ein Bankkonto präsentiert. Im Saldenmodus werden die Vorgänge OFFENE RECHNUNGEN, ANGEWIESENE RECHNUNGEN, BEZAHLTE RECHNUNGEN, GUTSCHRIFTEN sowie ZAHLUNGEN chronologisch und in Summe auf einem Bild gelistet. Dazu hat der Kunde die Möglichkeit, Beträge zu begleichen und sich Positionen im Detail anzuschauen.

In vielen Projekten haben wir die Erfahrung gemacht, dass – aufgrund der Komplexität der Kontenauskunft in IS-U – die Kunden mit einer Anzeige/Funktionalität im Standardmodus und der darin enthaltenen Auflistung der Einzelpositionen aus der Buchhaltung in der Regel überfordert sind und dies zu häufigen Rückfragen und auch fehlerhaften Anzeigen führen kann.

Daher beschränken wir uns im Folgenden auf den Saldenmodus und die Anzeige von Rechnungsdokumenten durch Filterung der Vorgänge. In der Anzeige werden zu einer Rechnung das Rechnungsdatum, eine Bezeichnung inklusive der Angabe von Forderungen und Guthaben und der Rechnungsbetrag angezeigt. Hinter den archivierten Dokumenten wird ein PDF-Symbol angezeigt, und der Kunde kann das Online-Rechnungsdokument durch Anklicken via SAP ArchiveLink herunterladen. Voraussetzung hierfür ist eine bereits eingerichtete und getestete *SAP ArchiveLink*-Verbindung (HTTP oder RFC) von IS-U zum optischen Archiv.

[+]

SAP ArchiveLink

SAP ArchiveLink ist eine von SAP bereitgestellte anwendungsübergreifende Kommunikationsschnittstelle zwischen dem SAP-System und externen Komponenten.

Es ist standardmäßig möglich, die Anzeige der Dokumente für den Kunden nach bestimmten Kriterien zu filtern und den Zeitraum für die Anzeige zu beschränken sowie den Rechnungsabruf in IS-U zu loggen, um diese Aktion später nachvollziehen zu können.

Umstellung auf Online-Rechnung

Der Kunde kann mittels dieses Service entscheiden, für welches seiner Vertragskonten er keine Rechnung mehr in Papierform erhalten möchte. Der

Energieversorger kann auf diese Weise potenziell Kosten beim Versand der Rechnung sparen. Daher ist die Umstellung für den Kunden häufig mit einem gewissen Bonus verbunden, der bei der Turnusabrechnung berücksichtigt wird. Bei dem Service handelt es sich um eine Erweiterung von UCES.

Im Service »Umstellung auf Online-Rechnung« werden dem Kunden alle gültigen Vertragskonten mit Beschreibungen wie in der Vertragskontoauswahl aufgelistet. Für jedes Vertragskonto wird geprüft, ob die Bedingungen für eine Umstellung erfüllt sind. Diese können kundenindividuell konfiguriert werden; z. B. dürfen nur Vertragskonten mit einer erteilten Einzugsermächtigung umgestellt werden.

Die Änderungen werden durch eine E-Mail-Bestätigung an den Kunden und einen Kundenkontakt mit Referenz zum Vertragskonto dokumentiert.

Bei der Umstellung wird ein dafür von UCES vorgesehenes Feld (EMAIL_FIS) entsprechend am Vertragskonto belegt. Bei der Erstellung einer Rechnung im IS-U-Abrechnungssystem muss das Kennzeichen am Vertragskonto ausgewertet und der Druck der Rechnung unterdrückt werden. Die Benachrichtigung des Kunden per E-Mail über eine neue Rechnung kann entweder auch an dieser Stelle oder aber über einen täglich im Hintergrund eingeplanten Job erfolgen. Die E-Mail über eine neue Rechnung könnte dann das Rechnungsdokument im Anhang enthalten.

Datenschutz [+]

Aus Datenschutzgründen empfiehlt es sich, das Dokument *nicht* im Anhang mitzusenden, sondern lediglich einen Download-Link auf das Dokument in der E-Mail anzugeben.

11.1.9 Daten ändern

Die Bankverbindungen oder Adressen Ihrer Kunden ändern sich von Zeit zu Zeit, oder der Kunde möchte seinen aktuellen Abschlag ändern. Auch hierfür stehen in UCES Services zur Verfügung.

Abschlagsbetragsänderung

Der Standard der UCES sieht vor, dass dem Benutzer nach Auswahl eines Vertragskontos alle zu diesem Konto gehörigen Abschlagspläne aufgelistet werden (Zyklus, Betrag, Sparten etc.).

Der Kunde kann zwischen zwei Änderungsmethoden wählen:

- **Direkte Anpassung**
Bei der direkten Anpassung wird nach Selektion des entsprechenden Abschlagsplans sowohl der aktuell gültige Abschlagsbetrag als auch der zulässige Toleranzbereich angezeigt, in dem der Kunde eine Änderung vornehmen darf. Dieser Bereich ist über das SAP-Customizing einstellbar (minimaler absoluter Abschlag, maximale Kürzung/Erhöhung in Prozent vom aktuellen Abschlag). Es kann weiterhin festgelegt werden, wie viele Änderungen an einem Abschlagsplan pro Periode vorgenommen werden dürfen.
- **Anpassung basierend auf einer Zählerstandshochrechnung**
Für die zweite Methode über die Zählerstandshochrechnung wird der Kunde aufgefordert, einen plausiblen Zählerstand einzugeben. Dieser wird als Zwischenablesung in IS-U gespeichert und für die Hochrechnung verwendet. Auch hier werden bei der Auswahl des neuen Abschlagbetrages wie bei der direkten Anpassung die Regeln aus dem Customizing angewendet.

Die Anpassung des Abschlags kann nur kumuliert über alle Sparten und nicht pro Sparte erfolgen. Zusätzlich hat der Kunde die Möglichkeit, den Gültigkeitsbeginn seiner Änderung über eine Dropdown-Box mit noch offenen Abschlagsfälligkeiten auszuwählen.

Die Änderungen werden durch eine E-Mail-Bestätigung an den Kunden und einen Kundenkontakt mit Referenz zum Abschlagsplan und Vertragskonto dokumentiert.

Die Implementierung von servicespezifischen Ausschlusskriterien (kein aktives Vertragskonto, kein aktiver Vertrag, kein aktiver Abschlagsplan, Bonität, Mahnstufen etc.) ist über Business Add-ins (BAdIs) möglich.

Die Änderung des Abschlagszyklus oder von Abschlagsterminen wird nicht von UCES unterstützt, kann aber über eine Erweiterung von UCES realisiert werden.

Bankdatenänderung

Der Service »Bankdatenänderung« von UCES unterstützt in der Standardinstallation das Anlegen, Löschen und Ändern von Bankdaten sowie das Erteilen einer Einzugsermächtigung pro Vertragskonto.

Eine Änderung der Bankverbindung/Einzugsermächtigung zu einem zukünftigen Tagesdatum (in IS-U *geplante Änderung* genannt) ist eine Erweiterung und erfordert eine frontendseitige Neugestaltung des Service. Beim Service »Bankdatenänderung« werden, wie in Abbildung 11.3 zu sehen ist, die bestehenden Bankverbindungen des Geschäftspartners ausgelesen und können über ein Dropdown-Menü selektiert werden. Auch eine Neueingabe einer Bankverbindung ist möglich. Hierbei wird die Bankverbindung gegen eine Liste von nicht verwendbaren Bankverbindungen geprüft. Die Bankverbindung wird am Geschäftspartnerstammsatz gespeichert und am Vertragskonto sowohl für eingehende als auch für ausgehende Zahlungen eingetragen. Der Zugang zu dem Service wird nur nach erfolgreicher Prüfung bestimmter Ausschlusskriterien gewährt (kein abweichender Rechnungsempfänger, kein abweichender Zahler, kein abweichender Zahlungsempfänger, keine Rückläufersperre o.Ä.).

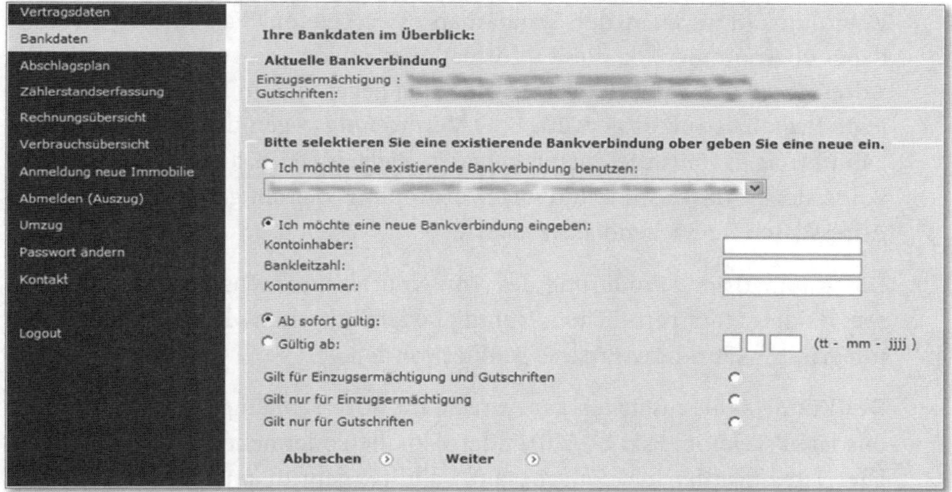

Abbildung 11.3 Service »Bankdatenänderung«

Die Prüfung der Bankdaten auf Korrektheit (Postbank-Nummern, numerische BLZ, Anzahl der Ziffern einer BLZ, Abgleich mit SAP-Bankstammdaten) wird ebenfalls als kundenspezifische Erweiterung implementiert.

Als weitere optionale Erweiterung des Service ist eine Bankleitzahlensuche inklusive automatischer Übernahme des Suchergebnisses möglich. Suchkriterien sind Ort und Name der Bank. Das Ergebnis wird in Form einer Dropdown-Liste visualisiert.

Die Änderungen der Bankdaten in IS-U werden durch eine E-Mail-Bestätigung an den Kunden und einen Kundenkontakt mit Referenz zum Vertragskonto dokumentiert.

Adress- und Kommunikationsdatenänderung

Standardmäßig werden beim Aufruf dieses Service die aktuellen Adress- und Kommunikationsdaten des Geschäftspartners angezeigt.

Der Kunde kann die Standardadresse am Geschäftspartner ändern. Der Prozess kann so eingestellt werden, dass die Änderung nur ausgeführt werden darf, wenn die Rechnungsanschriften der Vertragskonten mit der Standardadresse des Geschäftspartners übereinstimmen (das ist der Normalfall bei Tarifkunden). Dazu können die zugehörigen Vertragskonten auf abweichende Rechnungsadressen oder Rechnungsempfänger geprüft werden.

Die Adressdaten der aktuellen Standardadresse können geändert werden, oder die neue Adresse kann als zusätzliche Geschäftspartneradresse hinzugefügt und als Standard gesetzt werden. Die bestehenden adressabhängigen Kommunikationsdaten der Standardadresse (Telefon, Fax, E-Mail) werden dabei übernommen, da diese Informationen ansonsten verloren gingen. Die Adressdaten werden bei Anlage/Änderung gegen die im IS-U-System hinterlegte Regionalstruktur geprüft. Eine Verprobung gegen die Regionalstruktur kann erfolgen, falls die entsprechenden Zielgebiete in der Regionalstruktur vollständig erfasst sind und die Verprobung bei Eingabe/Änderung von Adressdaten im Backend aktiviert ist.

Die automatisierte Änderung des Vor- und Nachnamens wird ausgeschlossen, da dies einer rechtlichen Prüfung bedarf. Alternativ kann ein im Service integrierter Workflow-Prozess genutzt werden.

Der Kunde kann zusätzlich zur Adresse die adressabhängigen Kommunikationsdaten (Telefon, Fax, E-Mail) ändern, löschen oder neue Daten hinzufügen. Die Daten werden bei Eingabe auf Validität geprüft und in der Standardadresse hinterlegt. Der Kunde kann Telefon- und Faxnummern löschen, aber nicht die Standard-E-Mail-Adresse.

Die Änderungen werden durch eine E-Mail-Bestätigung an den Kunden und einen Kundenkontakt dokumentiert.

Bisher unterstützt UCES die Änderung der adressabhängigen Kommunikationsdaten. Dabei werden die Kommunikationsdaten in der Standardadresse des Geschäftspartner hinterlegt. Die Änderung adressunabhängiger Kommunikationsdaten kann über ein Add-on durchgeführt werden. In diesem Fall werden die Kommunikationsdaten unabhängig von der Standardadresse direkt im Geschäftspartnerstammsatz gespeichert.

11.1.10 Zählerstandserfassung

Der Kunde erhält, wie in Abbildung 11.4 zu sehen ist, auf der Einstiegsseite dieses Service eine Übersicht über alle Zähler zu seinem aktuell selektierten Vertragskonto. Es ist über das SAP-Customizing einstellbar, ob eine Erfassung nur bei vorliegendem Turnusableseauftrag möglich ist oder ob auch Zwischenablesungen (z. B. für Preisänderungen) zugelassen werden sollen.

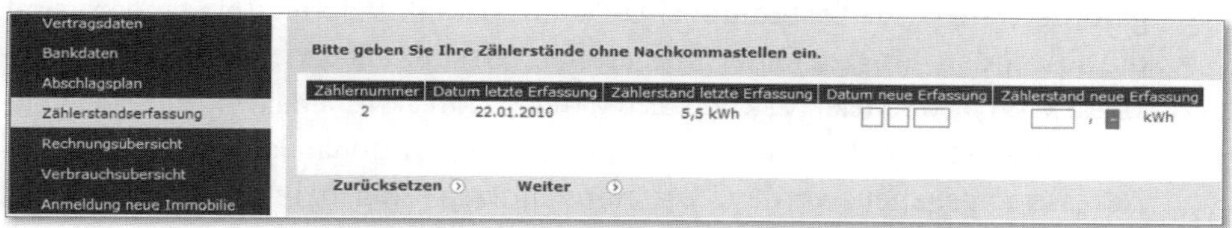

Abbildung 11.4 Service »Zählerstandserfassung«

Darüber hinaus kann das Zeitfenster für die Karenz (aktueller Tag +/– Sollablesedatum) bei der Zählerstandserfassung basierend auf dem Turnusableseauftrag im SAP-Customizing frei definiert werden. Die Zählerstände, die über den UCES-Prozess eingegeben werden, werden mit der Ableseart 06 (Ablesung per Internet) gekennzeichnet. Nach Eingabe der Zählerstände wird der Kunde auf eine Bestätigungsseite weitergeleitet, von der aus er den Vorgang abschließen oder aber auf die Einstiegsseite zurückkehren und eventuelle Fehler korrigieren kann.

Die Plausibilisierung der Zählerstände nach der Eingabe erfolgt über IS-U und richtet sich nach den aktuell eingestellten Plausibilitätsregeln und Toleranzgrenzen. Im Falle eines unplausiblen Zählerstandes wird dem Kunden eine Dropdown-Box mit Begründungsvorschlägen angezeigt. Der Zählerstand wird in diesem Fall in IS-U als UNPLAUSIBEL mit der selektierten Begründung gespeichert.

Die Änderungen werden durch eine E-Mail-Bestätigung an den Kunden und einen Kundenkontakt mit Referenz zum Gerät und Vertragskonto dokumentiert.

Der UCES-Service kann über Business Add-ins (BAdIs) so angepasst werden, dass servicespezifische Ausschlusskriterien (keine Netzverträge, keine Leistungszähler etc.) implementiert werden können.

Der Service wird in den Services »Einzug«, »Auszug« und »Abschlagsbetragsänderung (Hochrechnung)« wiederverwendet.

11.1.11 Anonyme Zählerstandserfassung

Dieser Prozess ist im nicht eingeloggten Zustand über die Navigation aufrufbar und soll es auch nicht registrierten Kunden ermöglichen, ihren Zählerstand zu übermitteln.

Der Service basiert auf dem Service »Zählerstandserfassung«, hat aber eine vorgeschaltete Identifikationsseite. Auf dieser wird der Kunde zunächst aufgefordert, sich über bestimmte IS-U-Daten zu identifizieren. Im Standard sind die folgenden Eingabefelder vorgesehen: GESCHÄFTSPARTNERNUMMER, VERTRAGSKONTONUMMER, VERTRAGSNUMMER, ZÄHLERNUMMER, PLZ DER VERBRAUCHSSTELLE und GESCHÄFTSPARTNERNAME. Optional kann eine E-Mail-Adresse angegeben werden. Die notwendigen Eingabefelder können kundenspezifisch konfiguriert werden.

Anhand der Daten werden der Kunde und die zugehörigen Zählerdaten ermittelt. Anschließend findet eine Weiterleitung auf die Seite zur Erfassung der Zählerstände statt. Abhängig vom Customizing der Zählerstandserfassung kann der Kunde eine Turnus- oder Zwischenablesung durchführen.

Wie auch beim Service »Registrierung« kann über ein Add-on zum Schutz vor Robotern das Formular mit einem *Captcha*-Schutz ausgestattet werden.

11.1.12 Einzug

Der Kunde kann über diesen Service den Einzug in eine in IS-U bestehende Verbrauchsstelle mitteilen. Der Einzug wird als Vorerfassungsbeleg in IS-U gespeichert. Der Prozess kann sowohl im nicht eingeloggten Zustand als auch im eingeloggten Zustand aufgerufen werden.

Der UCES-Einzugsprozess ist standardmäßig nicht mit dem Marktkommunikationsprozess »Lieferbeginn« verknüpft und basiert auf technischen Stammdaten, die in IS-U bereits vorhanden sein müssen, was bei den Energieversorgern im angestammten Versorgungsgebiet der Fall ist. Der Prozess eignet sich daher im UCES-Standard nicht für die Versorgung außerhalb des eigenen Versorgungsgebietes bzw. muss angepasst werden (siehe hierzu auch Abschnitt 11.3.3).

Der Service gliedert sich in die folgenden Abschnitte für den Kunden:

- **Identifikation der Verbrauchsstelle**
  Der Kunde muss die neue Verbrauchsstelle über die Angabe von Postleitzahl und Zählernummer identifizieren. Zudem muss er das Einzugsdatum angeben.

- **Selektion der neuen Verbrauchsstelle**
  In IS-U wird nach der passenden Verbrauchsstelle gesucht, und diese wird dem Kunden zur Selektion angeboten. Hier kann der Kunde kontrollieren, ob die richtige Verbrauchsstelle identifiziert wurde.
- **Eingabe der persönlichen Daten**
  Es folgt die Angabe der persönlichen Daten. Im eingeloggten Zustand werden die Adress- und Kommunikationsdaten mit den Daten des Geschäftspartners vorbelegt, und der Kunde muss dies gegebenenfalls korrigieren. Im nicht eingeloggten Zustand werden die Adressdaten mit den Daten der Verbrauchsstelle vorbelegt. Zudem gibt es Eingabefelder zu den Kommunikationsdaten.
- **Zählerstandserfassung**
  Der Kunde ist dazu verpflichtet, seine Zählerstände anzugeben. Es erfolgt eine Plausibilitätsprüfung in IS-U.
- **Eingabe der Zahldaten**
  Der Kunde kann verpflichtet werden, eine Einzugsermächtigung zu erteilen. Dabei wird im eingeloggten Zustand auf bereits vorhandene Bankdaten zugegriffen, oder es kann eine neue Bankverbindung angegeben werden.
- **Auswahl eines Tarifes**
  Der Kunde muss einen Tarif auswählen, der für den Einzug verwendet wird. Dieser Tarif muss in IS-U auf einen Tariftyp gemappt werden.
- **Eingabe von Daten zum Besitzer/Vormieter**
  Optional ist die Eingabe von Namen und Adressdaten zum Besitzer/Vormieter möglich.
- **Validierungsseite**
  Dem Kunden werden vor der endgültigen Übermittlung der Daten nochmals alle Daten zur Validierung aufgelistet, bevor er seine Einzugsdaten übermitteln kann.
- **Ergebnisseite**
  Wenn der Kunde den Einzug übermittelt hat, wird der Einzug als Vorerfassungsbeleg in IS-U gespeichert, und der Kunde sieht die Ergebnisseite, die ihm die Übermittlung der Einzugsdaten bestätigt.

Abschließend erhält der Kunde eine Bestätigungs-E-Mail, die ihm die übermittelten Einzugsdaten nochmals auflistet. Im eingeloggten Zustand wird der Einzug über einen Kundenkontakt mit Referenz zur Verbrauchsstelle und zum Vorerfassungsbeleg dokumentiert.

Wenn der Vorerfassungsbeleg nicht automatisch ausgeführt wird – was Sie über das SAP-Customizing einstellen können –, kann der Sachbearbeiter über die Ausführung des Vorerfassungsbeleges den Einzugsprozess anstoßen.

11.1.13 Auszug

Der Kunde kann für eine seiner Verbrauchsstellen dem Energieversorger einen Auszug mitteilen. Der Auszug wird als Vorerfassungsbeleg in IS-U gespeichert. Der UCES-Auszugsprozess ist standardmäßig nicht mit dem Marktkommunikationsprozess »Lieferende« verknüpft.

Der Service gliedert sich in die folgenden Abschnitte für den Kunden:

- **Auswahl einer Verbrauchsstelle**
  Der Kunde muss zu dem selektierten Vertragskonto eine Verbrauchsstelle selektieren, zu der der Auszug durchgeführt werden soll. Zudem ist die Angabe des Auszugsdatums Pflicht.
- **Zählerstandserfassung**
  Der Kunde wird dazu aufgefordert, die Zählerstände zu den Zählern anzugeben, die der Verbrauchsstelle zugeordnet sind. Das Datum der Zählerstandserfassung ist dabei immer gleich dem Auszugsdatum. Die Angabe von Zählerständen ist obligatorisch.
- **Eingabe der neuen Adresse**
  Der Kunde muss dem Energieversorger die neue Adresse mitteilen, an die gegebenenfalls auch die Abschlussrechnung geschickt werden kann. Die Daten werden mit der Standardadresse des Geschäftspartners vorbelegt.
- **Eingabe von Daten zum Besitzer/Nachmieter**
  Optional ist in diesem Schritt die Angabe von Daten zum Besitzer oder Nachmieter möglich.
- **Validierungsseite**
  Dem Kunden werden vor der endgültigen Übermittlung der Daten nochmals alle Daten zur Validierung aufgelistet, bevor er seine Auszugsdaten übermitteln kann.
- **Ergebnisseite**
  Wenn der Kunde den Auszug übermittelt hat, wird der Auszug als Vorerfassungsbeleg in IS-U gespeichert, und der Kunde sieht die Ergebnisseite, die ihm die Übermittlung der Auszugsdaten bestätigt.

Abschließend erhält der Kunde eine Bestätigungs-E-Mail, die ihm die übermittelten Auszugsdaten nochmals auflistet. Der Auszug wird über einen Kundenkontakt mit Referenz zur Verbrauchsstelle und zum Vorerfassungsbeleg dokumentiert.

Wenn der Vorerfassungsbeleg nicht automatisch ausgeführt wird, kann der Sachbearbeiter über die Ausführung des Vorerfassungsbelegs den Auszugsprozess anstoßen.

11.2 UCES-Architektur

Wenn man die Entstehungsgeschichte von UCES in Abbildung 11.5 betrachtet, ist UCES eine spezifische Erweiterung der FSCM-Komponente (SAP ERP Financials-Komponente Financial Supply Chain Management) *Biller Direct* für Energieversorger. Biller Direct bietet dabei die elektronische Rechnungsansicht und Zahlungsfunktionen und basiert auf dem Vertragskontokorrent (FI-CA). Aktuell gibt es von UCES die Version 6.0 Erweiterungspaket 5 (EHP5).

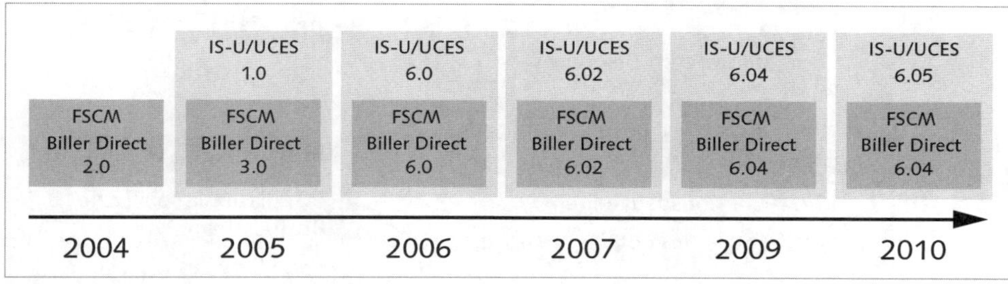

Abbildung 11.5 Roadmap von UCES (Quelle: SAP)

Aus Installations- und Lizenzsicht erweitert UCES die Softwarekomponente Biller Direct und wird als Softwarekomponente ausgeliefert.

UCES basiert auf der Webtechnologie von SAP und wird ab IS-U 4.64 unterstützt. Als zentrale Technologie wird der SAP NetWeaver Application Server Java (AS Java) eingesetzt. UCES kann sowohl als Standalone-Applikation als auch in SAP NetWeaver Portal integriert ausgeliefert werden.

11.2.1 Framework-Komponenten

UCES besteht, wie in Abbildung 11.6 zu sehen ist, aus zwei Komponenten: dem Frontend und dem Backend. Beide Komponenten arbeiten mit getrennten Logiken, sodass es möglich ist, einen Teil ohne Anpassung des anderen

Teils zu verändern. Allerdings sollten Sie das UCES-Frontend nur beschränkt bzw. nur an von SAP vorgegebenen Stellen anpassen, da es sonst zu Problemen und hohem Anpassungsaufwand beim Update von UCES auf eine neuere Version kommen kann.

Da das UCES-Backend losgekoppelt vom Frontend ist, gibt es aus technischer Sicht prinzipiell die folgenden Möglichkeiten für die Anbindung an das Frontend:

- Anbindung des UCES-Frontends an das UCES-Backend
- Anbindung einer Frontend-Eigenentwicklung an das UCES-Backend

Bei einer Eigenentwicklung verliert man den Nutzen einer Standardsoftware, ist aber gleichzeitig unabhängiger bei kundenindividuellen Entwicklungen und der UCES-Produktentwicklung.

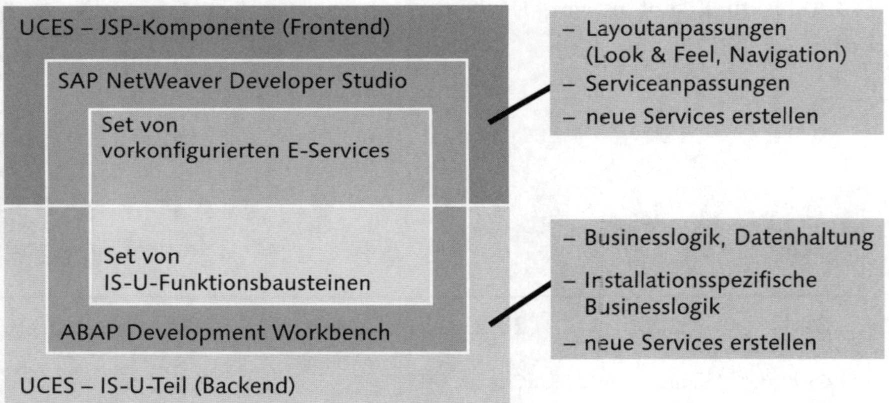

Abbildung 11.6 Framework-Komponenten (Quelle: SAP)

Die beiden Framework-Komponenten werden wir nun kurz beschreiben:

- **Frontend**

  Über die Entwicklungsumgebung *SAP NetWeaver Developer Studio* (NWDS) wird die Frontend-Komponente entwickelt, die das User-Interface für den Kunden beinhaltet. Das NWDS ist das Entwicklungswerkzeug von SAP für Frontend-Services, Entwicklungsobjekte, Java-Klassen, Java Server Pages und XML-Konfigurationsdateien und basiert auf *Eclipse*, einem Open-Source-Produkt zur Programmierung von Software.

  Das Frontend ist in Java implementiert und läuft auf der J2EE-Engine des AS Java. J2EE steht für *Java 2 Platform Enterprise Edition* und ist ein Standard für die Spezifikation einer Softwarearchitektur für die transaktionsbasierte Ausführung von in Java programmierten Anwendungen, insbesondere Webanwendungen. Der Frontend-Teil besteht hauptsächlich aus JSPs, Java-Klassen sowie Stylesheets und Mimes.

- **Backend**
  Diese Komponente beinhaltet die Geschäftslogik und wird über die *ABAP Workbench* entwickelt. Das Backend ist in ABAP implementiert und läuft auf IS-U. Das Frontend spricht das Backend über den Aufruf von Funktionsbausteinen an.

11.2.2 Entwicklung des Frontends

Dieser Abschnitt gibt einen Einblick in die verwendete Entwicklungsumgebung und erklärt den allgemeinen Aufbau von UCES im NWDS aus Sicht der Java-Entwicklung. Zudem werden die allgemeine Funktionsweise des UCES-Frontends und die Verknüpfung zwischen UCES-Frontend und SAP-Backend erläutert, und es wird ein Frontend-Tool zur Konfiguration von UCES beschrieben.

Entwicklungslandschaft

In Abbildung 11.7 ist die Architektur einer Entwicklungslandschaft zu sehen, wie sie häufig bei der Einführung von UCES-Projekten bei einem Energieversorger eingerichtet wird. Die Entwicklungslandschaft hängt allerdings sehr stark von den Vorgaben der IT-Abteilung eines Energieversorgers ab und kann daher sehr unterschiedlich ausgeprägt sein. Die folgende Beschreibung soll daher nur als grober Anhaltspunkt dienen.

Zur Entwicklung der UCES-Anwendung werden Entwicklungsrechner benötigt, auf denen eine komplette Entwicklungsumgebung installiert ist. Die Java-Entwicklung findet im NWDS statt, und die UCES-Anwendung wird über dieses Werkzeug konfiguriert, (weiter-)entwickelt und erstellt. Zudem hat das NWDS eine integrierte Deployment- und Debugfunktion für den SAP NetWeaver AS Java. Mit *Deployment* ist in der Softwareentwicklung die Softwareverteilung auf Zielsystemen gemeint. Der Debugger ist ein Werkzeug zum Diagnostizieren und Auffinden von Fehlern in einer Software.[1]

1 Nähere Informationen zum NWDS finden Sie unter *http://www.sdn.sap.com/irj/sdn/nw-devstudio*.

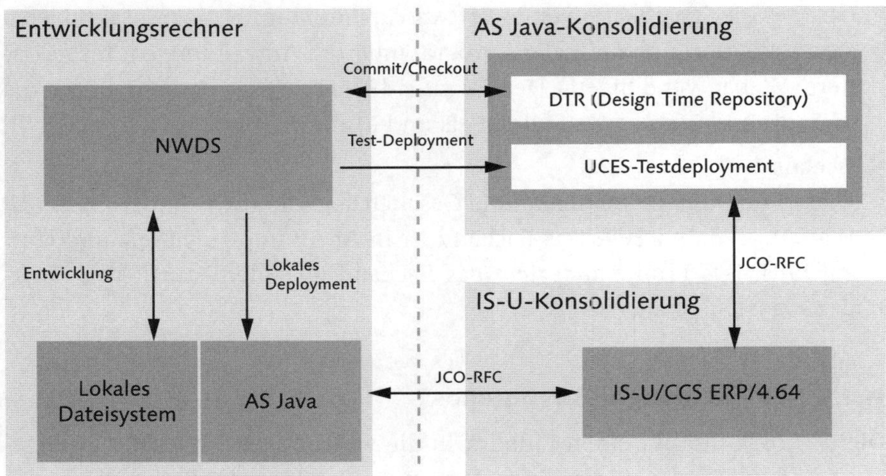

Abbildung 11.7 Architektur einer Entwicklungslandschaft

NWDS ist mit einem Versionierungssystem verbunden, z. B. *Design Time Repository* (DTR), um eine Versionsverwaltung und konkurrierende Entwicklungen zu ermöglichen. DTR ist eine Komponente des SAP NetWeaver AS Java und der *Java Development Infrastructure* (JDI) und enthält immer den aktuellsten Stand der UCES-Entwicklungen in einem Projekt.[2]

Damit der Entwickler die UCES-Anwendung testen kann, ist auf dem Entwicklungsrechner ein *lokaler AS Java* installiert, auf dem ein lokales Deployment durchgeführt werden kann. Hierüber kann der Entwickler die UCES-Applikation unabhängig von anderen Entwicklern entwickeln und testen. Die AS Java-Installation sollte vom Versionsstand dem Konsolidierungs- und Produktions-AS Java gleichen, um Seiteneffekte beim Deployment zu verhindern. Vom lokalen AS Java wird eine RFC-Verbindung zu einem IS-U-Entwicklungs- oder Konsolidierungssystem mit Testdaten benötigt.

Neben dem lokalen AS Java gibt es noch einen *Konsolidierungs-AS Java*. Sofern in einem Projekt ein gewisser Entwicklungsstand erreicht ist, der vom Energieversorger gestestet werden kann, findet ein Deployment auf dieses System statt. Hier sollte für die Projektteilnehmer aus dem LAN heraus über den Browser Zugriff auf die UCES-Applikation auf diesen Server bestehen. Vom Konsolidierungs-AS Java wird auch eine RFC-Verbindung zu einem

2 Nähere Informationen zur JDI und zum DTR finden Sie unter *http://www.sdn.sap.com/irj/sdn/java?rid=/webcontent/uuid/f6eb8e9e-0901-0010-8abb-cba5279db9b6*.

IS-U-Entwicklungs- oder Konsolidierungssystem mit Testdaten benötigt. Idealerweise ist dies dasselbe IS-U-System wie für den Entwicklungsrechner.

Dazu gibt es noch den *Produktions-AS Java*, der von der Installation her dem Versionsstand der anderen AS Java entsprechen sollte und mit dem produktiven IS-U-System verbunden ist.

Generelle Beschreibung des MVC-Konzepts von UCES

Das Java-Frontend von UCES ist nach dem *Model View Controller-Ansatz* (MVC) erstellt worden. MVC bezeichnet ein Architekturmuster zur Aufteilung von Softwaresystemen in drei Einheiten:

- Datenmodell (*Model*)
- Präsentation (*View*)
- Programmsteuerung (*Controller*)

HTTP-Requests werden von einem Controller (Servlet) entgegengenommen und verarbeitet. Der Controller stellt aufgrund der Bearbeitung definierte Beans (Model) im Session- oder Request-Kontext bereit und entscheidet, zu welcher Präsentationskomponente er intern weiterleitet. Die Präsentation wird von JSP-Seiten (Java Server Pages) übernommen, die ihre Ausgabedaten aus den Beans beziehen.

Das Ziel des MVC-Ansatzes ist ein flexibles Programmdesign, das u. a. eine spätere Änderung oder Erweiterung erleichtern und eine Wiederverwendbarkeit der einzelnen Komponenten ermöglichen soll. Außerdem sorgt das Modell bei großen Anwendungen für eine gewisse Übersicht und Ordnung, da es die Komplexität reduziert.

Abbildung 11.8 veranschaulicht, wie ein HTTP-Request in UCES mit dem Modell MVC durchgeführt wird:

1. **Client (Browser)**
   Ein HTTP-Request erzeugt eine Anfrage an den Webserver. Der Webserver erkennt mittels URL-Mapping, dass ein Servlet aufgerufen wurde ❶, das die Anfrage an den Controller weiterreicht.
2. **Controller (Servlet)**
   Der Controller empfängt den Request und entscheidet, wohin die Anfrage gesendet werden muss. Der Controller wird über die Datei *webbase-config.xml* konfiguriert. Diese Datei wird entsprechend der URL analysiert/geparsed und definiert die weitere Logik ❷ und ❹.

3. **Business Logic (Action)**
   Hier wird der Geschäftsprozess definiert und der weitere Ablauf der Anwendung gesteuert. Eine Action ist eine Java-Klasse und erzeugt das Model ❸.
4. **Model (Beans)**
   Die Beans enthalten die Daten für die Anwendung und stellen den Status der Anwendung dar. Im Java-Teil von UCES werden keine Daten persistent gehalten, d. h., der Status wird fortwährend durch das Backend aktualisiert
5. **View (JSP)**
   Die Views werden über eine JSP-Datei abgebildet, die für die Anzeige verantwortlich ist und von der Geschäftslogik und dem Modell getrennt ist. Die View hat Zugriff auf das Model, um die Daten des Prozesses darstellen zu können ❺. Das Ergebnis der Views wird an den Kunden ausgeliefert und im Client dargestellt ❻.
6. **JavaConnector (JCo)**
   Der JCo ist die Schnittstelle zwischen den Java- und den ABAP-Welten (siehe Abschnitt 11.2.5).

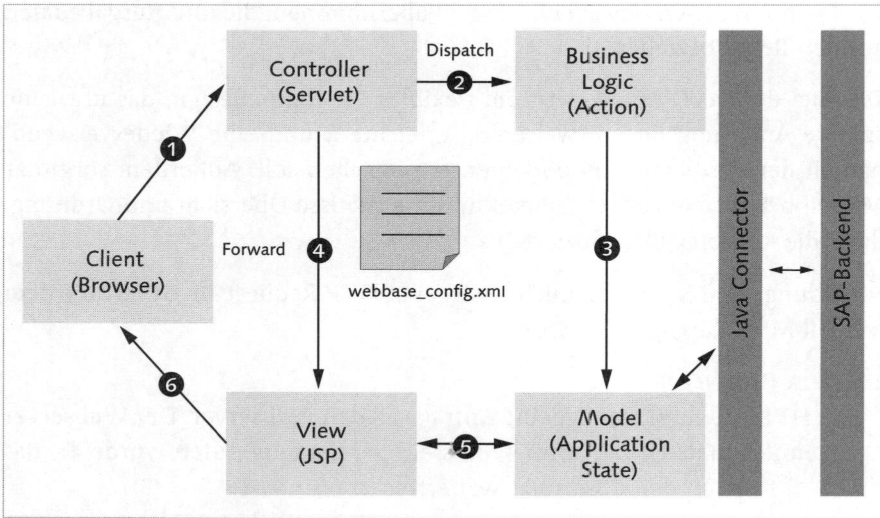

Abbildung 11.8 MVC-Konzept in UCES (Quelle: SAP)

Verknüpfung des UCES-Frontends mit dem SAP-Backend

Während im vorherigen Abschnitt auf die MVC-Logik im Frontend eingegangen wurde, wird im Folgenden der Aufruf von SAP-Funktionsbausteinen in

UCES gezeigt. Dabei gehen wir insbesondere auf die Bedeutung der beiden Konfigurationsdateien *webbase-config.xml* und *function-mapping.xml* ein.

Das UCES-Servlet empfängt einen Request in der Form *actionname.sap*. Dieser wird vom UCES-Framework weiterverarbeitet, und anhand der *webbase-config.xml*-Datei wird eine Konfiguration für die weitere Verarbeitung gesucht, die dem »Actionnamen« entspricht.

Der Konfiguration in der *webbase-config.xml*-Datei ist eine Java-Klasse (*Action*) zugeordnet, in der die `execute`-Methode aufgerufen wird. Hier finden nur die Verarbeitung der Geschäftslogik und das Füllen des Modells (*Beans*) statt.

Dabei kann auch ein Zugriff auf das Backend über den JCo stattfinden. Hierbei gibt es zwei Möglichkeiten, SAP-Funktionsbausteine aufzurufen:

- In der Action wird eine Konstante auf einen Eintrag in der *function-mapping.xml* gemappt. Dieser XML-Eintrag enthält den Funktionsbausteinnamen, und der entsprechende Baustein wird mittels des JCo aufgerufen.
- Die Action nutzt nicht das XML-Mapping aus der *function-mapping.xml*, sondern es werden sogenannte *Java-Proxys* aufgerufen, die für jeden entsprechenden Funktionsbaustein generiert worden sind. Über die Methoden eines Proxys können die Funktionsbausteine angesprochen werden. Details zu den Proxys finden Sie in Abschnitt 11.2.5.

Die Action liefert ein Ergebnis zurück, und das UCES-Framework ruft über das *Action-Mapping* in der *webbase-config.xml* einen *Screen*-Eintrag in der genannten Datei auf. Dieser Screen-Eintrag ruft entweder wiederum eine Action auf oder verweist direkt auf eine JSP (View).

Extended Configuration Management (XCM)

XCM steht für *Extended Configuration Management* und ist ein Tool von SAP zur Konfiguration der UCES- bzw. Webanwendungen. Über dieses Tool wird sowohl technisches als auch fachliches Customizing für das Frontend durchgeführt. Das Tool ist eine Webanwendung und Bestandteil der UCES-Anwendung. Es wird automatisch mit einem UCES-Deployment zur Verfügung gestellt und ist über die URL *<protocol>://<server>:<port>/<Context-fadvon UCES>/admin/xcm/init.do* aufrufbar.

Vor dem erstmaligen Deployment von UCES auf dem AS Java muss zunächst das Deployment der Softwarekomponente SAP JAVA DATA DICTIONARY 5.0 über den *Software Deployment Manager* (SDM) des AS Java durchgeführt werden, um die XCM-Funktionalität zu garantieren und das Datenbankschema auf dem AS Java entsprechend zu erweitern. Diese Softwarekomponente befindet sich im Installationsordner der UCES auf der Installations-CD der SAP und heißt *SAPCRMDIC01_0.sca.*[3]

XCM-Konfigurationen können über das XCM-Tool auch als XML-File exportiert werden, um diese dann auf einem anderen AS Java mit einer UCES-Installation zu importieren. Somit können Sie die Einstellungen, nachdem sie einmal durchgeführt sind, auf anderen Servern übernehmen.

11.2.3 Entwicklung des Backends

Dieser Abschnitt gibt einen Überblick über die in UCES verwendeten Backend-Komponenten. Die Standardobjekte von SAP liegen im ABAP-Entwicklungspaket (Paket) FKKB (für Biller Direct Services) und EWEBIAC (für UCES-Services).

Biller Direct

Für diese Softwarekomponente gibt es folgende Backend-Komponenten:

- **Funktionsbausteine**
  Im Paket FKKB befinden sich in den Funktionsgruppen FKK_EBPP und GEN_EBPP die Funktionsbausteine für Biller Direct, die im Zusammenhang mit UCES verwendet werden.
- **Erweiterungsspots**
  Daneben gibt es im Paket FKKB diverse Erweiterungsspots, beginnend mit `ES_FIN_EBPP_*`, über die kundenspezifische Logik implementiert werden kann. Details zu den Spots entnehmen Sie bitte der Dokumentation, die in der Anzeige des Spots auf dem Reiter ERW.SPOT-ELEMENTDEFINITIONEN aufgerufen werden kann.[4]

3 Weitere Einzelheiten und Konfigurationsmöglichkeiten finden Sie in der SAP-Online-Hilfe: *http://help.sap.com/saphelp_sm40/helpdata/de/91/f1e540f8648431e10000000a1550b0/frameset.htm* oder direkt in der Hilfe der XCM-Applikation.

4 Allgemeine Informationen zu den Erweiterungsspots bzw. dem Enhancement-Framework von SAP finden Sie unter: *http://help.sap.com/saphelp_sm40/helpdata/de/91/f1e540f8648431e10000000a1550b0/frameset.htm.*

Implementierung der Erweiterungsspots über Transaktion SE19 [!]

An dieser Stelle möchten wir Sie darauf hinweisen, dass ab ERP 6.0 Erweiterungspaket 4 (EHP4) eine Implementierung für die Spots über Transaktion SE19 (Badi-Builder: Einstieg Implementierungen) angelegt werden muss. Es werden keine BAdI-Definitionen oder -Implementierungen mehr unterstützt.

- **Zeitpunkte und BAdIs**
  Es stehen Ihnen zusätzlich verschiedene Zeitpunkte und BAdIs zur Verfügung, mit deren Hilfe Sie die Funktionen direkt an die Bedürfnisse Ihres Unternehmens anpassen können. Ausführliche Informationen zu den in Tabelle 11.1 genannten Funktionsbausteinen entnehmen Sie der Funktionsbausteindokumentation im SAP IS-U-System. Diese Zeitpunkte können Sie im Customizing unter FINANZWESEN • VERTRAGSKONTOKORRENT • PROGRAMMERWEITERUNGEN • KUNDENSPEZIFISCHE FUNKTIONSBAUSTEINE HINTERLEGEN pflegen. Tabelle 12.1 zeigt einige Zeitpunktbausteine für Biller Direct.

Zeitpunkt	Beschreibung
FKK_SAMPLE_1231	Sicht des Webanwenders auf Rechnungen, Zahlungen und Gutschriften aufbauen
FKK_SAMPLE_1232	Zahlweg zu Posten ermitteln
FKK_SAMPLE_1233	Kundeneigene Felder aus Belegtabelle ermitteln
FKK_SAMPLE_1235	Abschließende Änderungen vor der Übergabe der Rechnungen und Gutschriften an die Webanwendung einfügen
FKK_SAMPLE_1236	Autorisierung der Zahlungskarte durchführen
FKK_SAMPLE_1237	Business-Objekte für den Webanwender ermitteln
FKK_SAMPLE_1238	Statistik für die in der Webanwendung vorgenommenen Zahlungen fortschreiben
FKK_SAMPLE_1239	Ergänzung von Daten für die Buchung von Belegen
FKK_SAMPLE_1240	Zusätzliche Belegänderungen beim Zahlen durchführen
FKK_SAMPLE_1241	Auswertung des Ergebnisses der Autorisierung einer Kreditkarte

Tabelle 11.1 Kundenspezifische Funktionsbausteine in Biller Direct

Zeitpunkt	Beschreibung
FKK_SAMPLE_1242	Folgeaktionen nach dem Zahlen auslösen
FKK_SAMPLE_1243	Änderung der Vertragskontobezeichnung
FKK_SAMPLE_1244	Zusätzliche Daten bei der Initialisierung der Anwendung ermitteln
FKK_SAMPLE_1245	Erzeugung beschreibender Texte zum Geschäftspartner, Vertragskonto und Vertrag
FKK_SAMPLE_1246	Ermittlung der Adresse für die Adressanzeige und -änderung
FKK_EBPP_CHANGE_ADDRESS_1260 (Zeitpunkt 1260)	Ändern einer Adresse
Business-Add-In FIS_INVOICEDETAIL	Ermittlung von Detaildaten einer Rechnung

Tabelle 11.1 Kundenspezifische Funktionsbausteine in Biller Direct (Forts.)

Das Customizing für Biller Direct können Sie in IS-U über die Transaktion SPRO (Customizing: Projektbearbeitung) unter den Pfaden FINANZWESEN • VERTRAGSKONTOKORRENT • INTEGRATION • FINANCIAL SUPPLY CHAIN MANAGEMENT • BILLER DIRECT und FINANCIAL SUPPLY CHAIN MANAGEMENT • BILLER DIRECT durchführen. Details entnehmen Sie bitte der Dokumentation im Customizing.

UCES

Für diese Softwarekomponente gibt es folgende Backend-Komponenten:

- **Funktionsbausteine**
  Im Paket EWEBIAC befinden sich in den Funktionsgruppen, beginnend mit `BDISU_*`, die Funktionsbausteine für die UCES-Services.
- **Erweiterungsspots**
  Daneben gibt es im Paket EWEBIAC diverse Erweiterungsspots, beginnend mit `ISU_UCES_*`, über die kundenspezifische Logik implementiert werden kann.

Das Customizing für UCES können Sie in IS-U über die Transaktion SPRO unter dem Pfad BRANCHENKOMPONENTE VERSORGUNGSINDUSTRIE • KUNDENSERVICE • UTILITY CUSTOMER E-SERVICES (UCES) durchführen. Details entnehmen Sie bitte der Dokumentation im Customizing.

11.2.4 Systemarchitektur

In diesem Abschnitt geben wir Ihnen einen Überblick über die eingesetzte Systemarchitektur, wie SAP sie empfiehlt. Dabei zeigen wir auf, welche Systeme zusammenspielen und worüber sie verknüpft sind.

UCES benötigt als SAP-Backend ein IS-U-System, das FI-CA für Biller Direct beinhaltet, und wird auf einem SAP NetWeaver AS Java installiert. SAP empfiehlt den Einsatz von UCES auf einem SAP NetWeaver AS Java mit einem reinen *Java-Stack* (ohne ABAP-Stack). Dieser Java-Stack sollte ein zum IS-U-System separat installiertes System sein. Über den *JavaConnector* (JCo) findet dann die Kommunikation per *Remote Function Calls* (RFC) zwischen der ABAP- und der Java-Welt statt. Aus Sicherheitsgründen empfiehlt sich der Einsatz eines *Reverse Proxys*, das dem SAP NetWeaver AS Java vorgeschaltet ist.

Abbildung 11.9 zeigt eine Systemarchitektur, wie sie für die UCES-Anwendung zum Einsatz kommen könnte.

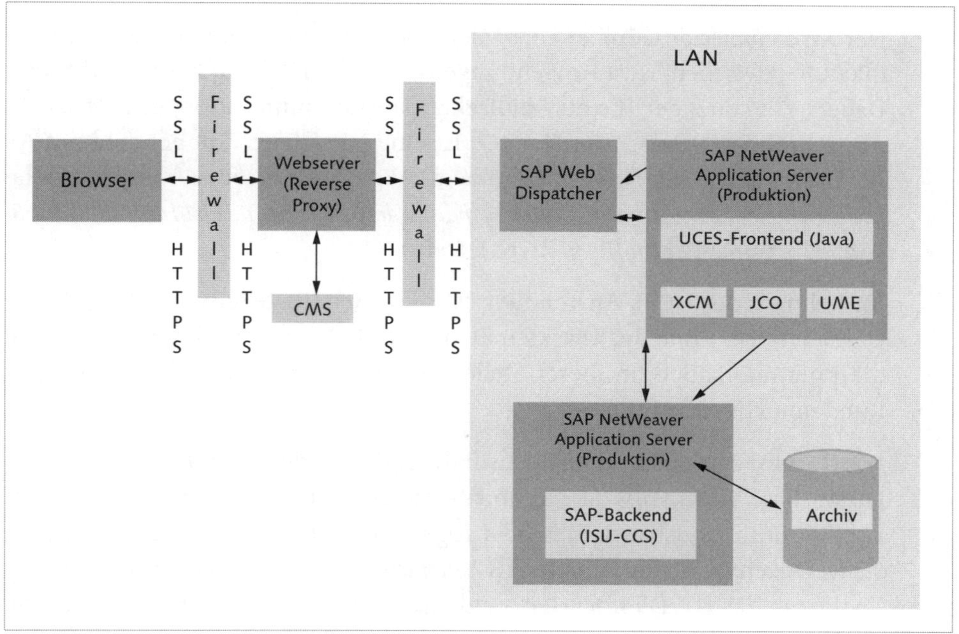

Abbildung 11.9 Beispiel einer Systemarchitektur

UCES ist für den Kunden über eine URL im Browser zu erreichen. Es findet eine SSL-Verschlüsselung per Zertifikat bis zum Reverse Proxy statt. Die UCES-Anwendung ist durch die Firewall nur über Port 443 aufrufbar.

Der Reverse Proxy leitet den Request an den AS Java weiter, idealerweise auch SSL-verschlüsselt. Auf diesem AS Java läuft der Frontend-Teil der UCES-Anwendung. Zudem kann der AS Java die Benutzerverwaltung übernehmen und hat in dem Fall eine Verknüpfung zu einer Datenbank oder einem LDAP-Server, auf dem die UCES-Benutzer gespeichert sind. LDAP steht für *Lightweight Directory Access Protocol* und ermöglicht die Abfrage eines Verzeichnisdienstes bzw. einer hierarchischen Datenbank.

Der AS Java ist über den JCo per RFC mit IS-U verbunden; auf dem SAP-System läuft der Backend-Teil der UCES-Anwendung. Die Verbindung zwischen AS Java und IS-U ist bidirektional, sodass z. B. auch von IS-U auf die Benutzerverwaltung im AS Java zugegriffen werden kann.

Für den Service »Online-Rechnung«, über den der Kunde seine Rechnung als PDF-Dokument herunterladen und anschauen kann, greift IS-U per SAP ArchiveLink auf das Archivsystem zu und liest die PDF-Daten zu einer Rechnung.

11.2.5 JavaConnector (JCo): Schnittstelle Frontend – Backend

Der *Java Connector* (JCo) ist eine Middleware-Komponente, die die Kommunikation zwischen Java-Anwendungen und dem SAP-System ermöglicht. Dabei unterstützt der JCo eine bidirektionale Kommunikation, d. h. *Java calls ABAP* und *ABAP calls Java*. Der JCo ist eine integrierte Komponente des AS Java, um den J2EE-Server mit einem ABAP-System zu verbinden (siehe *http://help.sap.com/saphelp_nw04/helpdata/de/6f/1bd5c6a85b11d6b28500508b5d5211/frameset.htm* für weitere Details).

Im Rahmen der UCES-Anwendung ist diese Schnittstelle wesentlich, da die UCES-Services ohne den direkten Zugriff auf IS-U nicht funktionieren. Sollte die Kommunikation an dieser Stelle gestört sein, sind die Services für den Kunden nicht aufrufbar.

Häufig wird zusätzlich zum JCo auch der *SAP Enterprise Connector* eingesetzt. Dieses Tool bietet Hilfsklassen und Methoden für den vereinfachten Aufruf von RFC-Funktionsbausteinen über sogenannte *Java-Proxys*. Ein Proxy ist ein *Stellvertreterobjekt* und arbeitet als Vermittler zwischen zwei Systemen. Das Tool ist in das NWDS integriert, und das NWDS bietet einen Wizard für die Generierung der Proxys. Weitere Details zum Enterprise Connector finden Sie unter *http://help.sap.com/saphelp_nw04/helpdata/de/ed/897483ea5011d6b2e800508b6b8a93/frameset.htm*.

11.2.6 User Management

Die Benutzerdaten können in einem LDAP-Verzeichnis (Lightweight Directory Access Protocol), in einer Datenbank oder in einem SAP-System abgelegt werden. Die *User Management Engine* (UME) des AS Java bietet dazu für alle Java-Anwendungen ein *Application Programming Interface* (API) – also eine Schnittstelle – für die zentralisierte Benutzerverwaltung an. UCES hat über diese API der UME Zugriff auf die Benutzerdaten. Für den administrativen Zugriff auf die Benutzerdaten durch Systemadministratoren bietet der AS Java die separate Webanwendung *Usermanagement*.

Abbildung 11.10 stellt die Architektur der UME dar. Die UME kann dabei so konfiguriert werden, dass sie mit Benutzerdaten aus mehreren Datenquellen arbeitet. Jede Datenquelle hat dazu einen *Persistence Adapter*, der von dem *Persistence Manager* zum Erzeugen, Lesen, Schreiben und Suchen von Benutzerdaten verwendet wird. Die API nutzt den Persistence Manager. Die API dient als Abstraktionsschicht für die Java-Anwendungen, die nur diese Schnittstelle nutzen müssen und somit die Benutzerdaten vollkommen unabhängig von der Art der Benutzerverwaltung administrieren können.

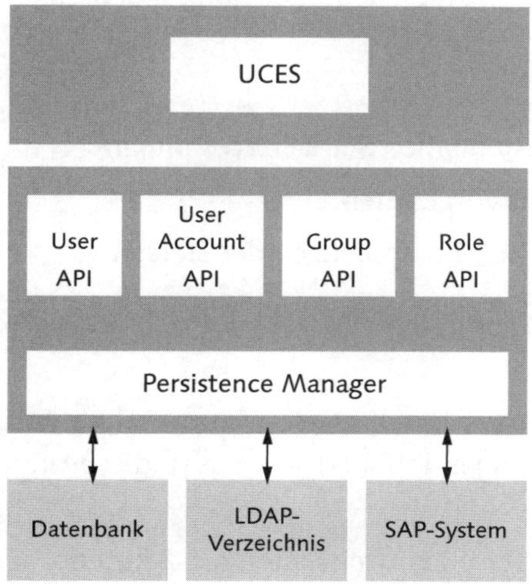

Abbildung 11.10 Architektur der User Management Engine (Quelle: SAP)

Die API wird in UCES in allen Services verwendet, die mit der Benutzerverwaltung arbeiten müssen, also bei der Implementierung des Service »Selbstregistrierung«, »Benutzer/Passwort vergessen« oder bei der Implementierung von JCo-Servern. Bei dem Service »Registrierung« muss über die API ein

Benutzer in der Datenbank erzeugt werden, und bei dem Service »Benutzer/Passwort vergessen« müssen die Benutzerdaten gelesen und muss gegebenenfalls ein neu generiertes Passwort gespeichert werden.[5]

11.3 Ausblick

Neben der Einführung der UCES-Standardservices gibt es eine Reihe von Weiter- bzw. Neuentwicklungen, die im Folgenden kurz erläutert werden.

11.3.1 Integration des Smart Meter Cockpit

Die Erläuterungen zu Smart Metering finden Sie in Kapitel 12; im Folgenden konzentrieren wir uns auf die Cockpit-Funktion. Kunden mit einem Smart-Meter-Zähler benötigen einen Zugang zu ihren Smart-Meter-Daten mit entsprechenden Services im Web. Viele Hersteller z. B. von *Energiedaten-Management*-Systemen (EDM), wie Fröschl, Robotron, Belvis etc., bieten Weboberflächen an. Bei diesen treten aber häufig folgende Probleme auf:

- Die Oberflächen sind nicht oder nur unzureichend auf Endkunden zugeschnitten.
- Die Produkte sind häufig unflexibel.
- Die Oberflächen sind nicht in die bestehenden Self-Services integriert.
- Adäquate Schnittstellen sind oft nicht vorgesehen.
- Webentwicklung zählt nicht zu den Kernkompetenzen der Hersteller.

Als Projektlösung eines Smart Meter Cockpits wurden z. B. folgende Services umgesetzt:

- grafische Darstellungen von detaillierten Daten als Basis zur Analyse und Reduktion des Energieverbrauchs. Folgende Funktionen sind diesbezüglich hervorzuheben:
  - interaktive Lastgangdatenanzeige für einen frei wählbaren Zeitraum
  - interaktive Verbrauchsdatenanzeige für einen frei wählbaren Zeitraum
  - interaktive Kostenanzeige für einen frei wählbaren Zeitraum

5 Eine Dokumentation der API finden Sie unter *https://help.sap.com/javadocs/* im Abschnitt SAP NetWeaver (und dann abhängig von der AS Java-Version über die entsprechenden Menüpunkte, z. B. für den AS Java 7.0 über SAP NetWeaver 2004s • Current • Web Application Server APIs • Security).

  - Verbrauchs- und Kostenprognose auf Basis eines aktuellen Zählerstands mit Hochrechnung für den Abrechnungszeitraum
  - Anzeige von CO_2-Emissionen für einen frei wählbaren Zeitraum
  - Analysen und Vergleiche über beliebige Zeiträume
  - Vergleich mit Standardlastprofilen von Referenzhaushalten
  - Download der Daten als Excel, PDF oder Bild
- Alarm-Services bei Überschreitung von Verbrauchsgrenzen via E-Mail und SMS
- monatliche Übersichten mit Detaildarstellungen, Vergleichswerten, Energiespartipps
- monatliche (Online-)Rechnungen

Eine Integration der neuen Smart-Meter-Funktionen in bestehende Kundenportale der Energieversorger bietet sich insbesondere dadurch an, dass der Kunde die bereits bekannte Portal-Plattform nutzen kann, in der er seine bisherigen Prozesse mit dem Energieversorger abgewickelt hat und schon registriert ist. Ein Beispiel für ein Smart Meter Cockpit zeigt Abbildung 11.11.

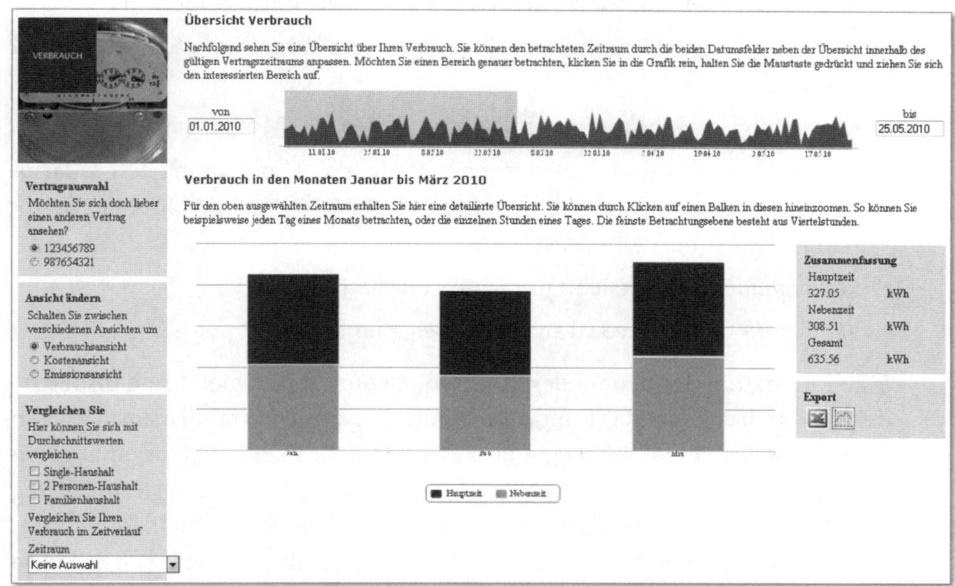

Abbildung 11.11 Smart Meter Cockpit

11.3.2 Integration des E-Mobility-Cockpit

Die Erläuterungen zu Elektromobilität finden Sie ebenfalls in Kapitel 12; im Folgenden konzentrieren wir uns auf E-Mobility-Cockpit-Funktionen.

Viele Kunden schätzen es bereits heute, die Interaktion mit ihrem Energieversorger über Portale abzuwickeln. Basierend auf den zahlreichen Projekten mit SAP-integrierten Kundenportalen für Energieversorger wurde die Projektlösung *E-Mobility-Cockpit* entwickelt, um neue Anforderungen im Bereich Elektromobilität erfüllen zu können. Diese Anforderungen beinhalten unter anderem folgende Funktionen:

- *Kostenübersicht/Rechnungen*: heute, Monat, Jahr
- *Übersicht der Ladevorgänge (öffentlich/privat)*: Einzel-/Gesamtübersicht
- *CO_2-Einsparungen*: Vergleich zu Otto-Motoren; Ansicht Tag, Woche, Monat, Jahr
- *Rückspeisungskonto*: abgegebene Leistung, verdienter Bonus
- *Vertragsdaten*: Stammdaten, Tarif (Grundpreis, Preis/kWh)
- *Vergleiche mit Durchschnittsverbräuchen*: mit durchschnittlichem Kunden, mit eigenem Durchschnitt, aktueller Verbrauch, Vorperiode usw.
- *Art der Energienutzung*: erneuerbare Energie, Atomstrom etc., aktuell und Historie
- *Kostenprognose/-hochrechnung*: Zeiträume Woche, Monat, Jahr
- *Budgetfunktion*: Kunde setzt eigenes Budget z. B. monatlich fest, Alarmfunktion bei zu hohem Verbrauch (SMS, E-Mail), Verbrauch über Durchschnitt bzw. über selbst gesetztem Budget
- *Routenplaner*: Berücksichtigung von Ladestationen
- *»Bewegungsprofil«*: wo, wann, wie viel getankt?

Eine Integration der neuen Elektromobilitätsfunktionen bietet sich insbesondere dadurch an, dass der Kunde die bereits bekannte Portal-Plattform nutzen kann, in der er seine bisherigen Prozesse mit dem Energieversorger abgewickelt hat. Neben einer erhöhten Kundenakzeptanz ist eine integrierte Lösung auch kostengünstiger in der Entwicklung, da die Basisfunktionalitäten bereits zur Verfügung stehen. Ein Beispiel für ein E-Mobility-Cockpit sehen Sie in Abbildung 11.12.

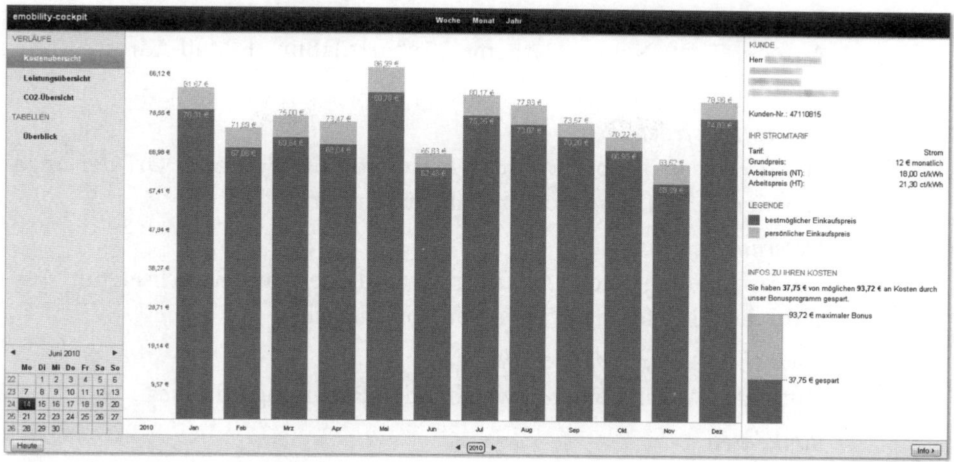

Abbildung 11.12 E-Mobility-Cockpit

11.3.3 Online-Vertragsabschluss im auswärtigen Versorgungsgebiet

Im Rahmen der Marktliberalisierung möchten immer mehr Energieversorger neue Kunden im nicht angestammten Versorgungsgebiet gewinnen. Dafür bietet sich idealerweise ein Kundenportal an, über das der Kundengewinnungsprozess nahezu vollautomatisch abgewickelt werden kann.

Für die Neukundengewinnung im auswärtigen, nicht angestammten Gebiet des Energieversorgers gibt es bereits bei einigen Energieversorgern einen entsprechenden Self-Service zur Durchführung des Prozesses. Dabei wurden z. B. folgende Funktionalitäten umgesetzt:

- **Integration eines Tarifrechners**
  Auf Basis einer PLZ und eines Jahresverbrauchs werden dem Kunden mögliche Produkte inklusive Preise und Kosten vorgeschlagen. Dabei wird geprüft, ob der Kunde versorgt werden kann, und es werden über eine Netznutzungsdatenbank (z. B. ene't) das zugehörige Netz sowie die Netznutzungsentgelte ermittelt. Die Netznutzungsentgelte können in eine dynamische Berechnung des Vertriebspreises einfließen.
- **Bestellformular**
  Sofern der Kunde ein Produkt bestellen möchte, werden die notwendigen Daten formularbasiert in folgenden Bereichen aufgenommen:
  - *Registrierungsdaten*
    Benutzername und Passwort, sofern der Kunde nicht schon registriert ist

  - *Personendaten*
    Anrede, Titel, Name, Vorname, Geburtsdatum, E-Mail-Adresse, Telefonnummer
  - *Verbrauchsstellendaten*
    Straße (Auswahl über Vorschlagsliste von Straßen zum Ort der angegebenen PLZ), Hausnummer, Zählernummer
  - *Lieferantenwechseldaten*
    Unterscheidung nach Lieferbeginn und Lieferantenwechsel mit Auswahl des Altlieferanten aus einer Vorschlagsliste
  - *abweichende Korrespondenzdaten*
    Optionale Angabe einer abweichenden Rechnungsadresse
  - *Bankdaten*
    Kontonummer, BLZ und Erteilung einer Einzugsermächtigung
- **Abwicklung der Bestellung in IS-U**
  Die Bestelldaten des Kunden werden an IS-U übermittelt und können wie folgt weiterverarbeitet werden:
  - umfangreiches Logging aller Aktivitäten in IS-U
  - Bonitätsprüfung
  - Generierung von kaufmännischen und technischen Stammdaten
  - wenn gewünscht: Speicherung von kundenindividuellen Preisen in den Anlagefakten
  - Dublettenprüfungen zur Vermeidung von doppelten Stammdaten
  - Anstoßen des Wechselprozesses Lieferbeginn/Lieferantenwechsel
  - Workflow-Verarbeitung bei Fehlerfällen
  - laufende Information des Kunden über den Status des Vertragsabschlusses
  - automatische Registrierung bei Bestätigung des Vertragsabschlusses

11.3.4 Geschäftskundenportal

Die bestehenden Privatkundenportale bieten einen direkten und personalisierten Zugriff auf alle relevanten Kunden-, Verbrauchs- und Vertragsdaten. Für Geschäftskunden bestehen allerdings neue Anforderungen an das Serviceangebot in einem Portal, und diese stimmen nur teilweise mit den Privatkundenanforderungen überein. Auch der Umfang und der Inhalt der Kundendaten weichen bei den beiden Zielgruppen stark voneinander ab.

In der Regel können einige Services der Privatkunden wiederverwendet werden, aber für die Geschäftskunden sind insbesondere folgende Funktionalitäten hervorzuheben:

- **Vertragskontenauswahl**
  Aufgrund der Vielzahl an Vertragskonten im Geschäftskundenbereich und der Mischung beider Kundengruppen unter einem Geschäftspartner sollte die Vertragskontenauswahl aus dem Privatkundenportal angepasst werden. Eine Klassifikation der Vertragskonten nach der Kundengruppe ist notwendig, wobei zusätzlich noch weitere Gliederungskriterien wie aktiv/inaktiv, die Sortierung nach der Adresse oder eine Suchfunktion zur Anwendung kommen. Somit hat insbesondere der Geschäftskunde einen einfachen Überblick über seine Vielzahl an Vertragskonten und kann diese gezielt selektieren.
- **Dynamisches Menü inklusive Berechtigungskontrolle**
  Das UCES-Menü bietet im Standard nicht die Möglichkeit, sich abhängig von der Kundengruppe des selektierten Vertragskontos dynamisch anzupassen. Das Ziel sollte es aber sein, bei Auswahl eines Geschäftskunden-Vertragskontos ein anderes Serviceportfolio im Menü anzuzeigen als für ein Privatkunden-Vertragskonto.

  Zudem wird ein Berechtigungskonzept benötigt, da für ein selektiertes Vertragskonto auch nur das definierte Set an autorisierten Services abhängig von der Kundengruppe aufrufbar sein darf.

  Über ein Add-on kann die UCES-Applikation um eine XML-basierte Lösungskomponente erweitert werden, die beide Anforderungen abdeckt.
- **Lastganganzeige inklusive Excel-Download und grafischer Anzeige**
  Aus Sicht des Kunden ist die Lastganganzeige der Service mit dem größten Mehrwert. Sofern ein Vertragskonto einen lastganggemessenen Zähler zugeordnet hat, kann der Kunde diesen Service in Anspruch nehmen und zu frei definierbaren Zeiträumen oder vorgegebenen Monatszeiträumen die Lastgangdaten als Excel-Datei oder Grafik herunterladen. Dieser Service basiert auf den Lastgangdaten in EDM.
- **Kontenstandsanzeige**
  Über ein Add-on kann ein neuer Service integriert werden, bei dem eine Kontenstandsanzeige für den Geschäftspartner vertragskontoübergreifend analog zur Kontenauskunft in IS-U angezeigt wird. Diese Übersicht können sich die Kunden als Excel-Datei herunterladen.

  Zudem können die Kunden ein aufgelistetes Vertragskonto auswählen, um sich für dieses Vertragskonto im Detail die Kontenstandsanzeige mit den einzelnen Positionen für einen definierbaren Zeitraum anzeigen zu lassen oder als Excel-Datei herunterzuladen. Auch der Download von im Archiv hinterlegten PDF-Dokumenten, z. B. für Rechnungen, ist hier möglich.

- **Kontaktpersonenpflege**

  Das Ziel des Service ist es, dass der Kunde einerseits die Kontaktdaten zu seinem zuständigen Key-Accounter einsehen und andererseits auch selbst einen Ansprechpartner definieren kann. Der Ansprechpartner soll für das Geschäftskundenportal im Unternehmen verantwortlich sein. Dabei wird der Ansprechpartner vom Kunden direkt im SAP-System angelegt und gepflegt. Dieser Ansprechpartner ist die Kontaktperson für den Energieversorger und kann gezielt angesprochen werden (z. B. durch einen Newsletter).

11.3.5 Wohnungswirtschaftsportal

Eine besonders wichtige Zielgruppe für Energieversorger sind die Wohnungswirtschaftskunden (WoWi), zu denen Wohnungsbaugesellschaften und Wohnungsverwalter zählen. Teilweise bieten die Energieversorger für diese Kundengruppe außer einer persönlichen Betreuung keine nennenswerte Dienstleistung im Internet an. Projektlösungen wurden bei einigen Energieversorgern mit den folgenden Zielsetzungen implementiert:

- Optimierung des Service für die Kunden der Wohnungswirtschaft
- Mehrwert für den Kunden generieren
- Alleinstellungsmerkmal und Wechselbarrieren schaffen (Kundenbindung)
- Prozesse und Arbeitsabläufe verbessern, Kosten- und Zeitersparnis
- Entlastung der Kundenbetreuer und des Back-Office

Dabei ist bei der Implementierung eines solchen Portals besonders zu beachten, dass große Wohnungsbaugesellschaften im IS-U-System häufig über sehr viele Geschäftspartner verteilt sind. Die dadurch entstehenden Redundanzen können z. B. durch Beziehungen zwischen den Geschäftspartnern berücksichtigt werden. Zudem ist meist die Zuordnung von Wohnungsverwaltern zu einem Anschlussobjekt in IS-U anders abgebildet als bei Wohnungsbaugesellschaften. Während Wohnungsbaugesellschaften zumeist auch Eigentümer des Objekts und als solche in der Verbrauchsstelle als Eigentümer hinterlegt sind, sind Verwalter oft nicht als Eigentümer eingetragen, sondern lediglich als abweichender Rechnungsempfänger bei den »Allgemeinverbrauchsstellen«

hinterlegt. Es bedarf also einer sicheren und ausgeklügelten Logik, dass jeder WoWi-Kunde auf genau seine verwalteten Objekte Zugriff hat.

Folgende Services wurden dabei z. B. als Add-on integriert und beziehen sich in der Regel auf Verbrauchsstellen zum Allgemeinverbrauch:

- Registrierung eines WoWi-Administrator-Benutzers für den Kunden über eine Webapplikation im CIC durch den Sachbearbeiter
- Login
- eigenständige Benutzerverwaltung im Portal für den WoWi-Administrator
- Ansprechpartnerverwaltung
- Online-Rechnung
- Verbrauchsübersicht
- Zählerstandserfassung
- Mieterwechsel Einzug
- Mieterwechsel Auszug
- Mieterwechselliste zum Download
- Objektanzeige inklusive der Anzeige aller Daten eines Anschlussobjekts
- Bankdatenänderung
- Stichtagsabrechnung
- Kontaktformular
- Eigentümer-/Verwalterwechsel

Die positiven Rückmeldungen bei bereits eingeführten WoWi-Portalen haben gezeigt, dass inbesondere ein WoWi-Portal zur erhöhten Kundenbindung und- zufriedenheit beiträgt.

Intelligente Zähler bieten detailliertere Informationen zum Verbrauchsverhalten der Kunden, bergen aber auch die Herausforderung, die einzelnen Zähler als aktive Elemente in die Systemlandschaft zu integrieren. Durch Elektromobilität wird im Ladezustand zudem ein dynamisches Netzwerk an Energiespeichern zur Verfügung gestellt, wodurch für den Bereich der Abrechnung und der intelligenten Netzsteuerung neue Aufgaben erwachsen.

12 Neue Herausforderungen durch intelligente Zähler und Elektromobilität

In Zeiten des Klimawandels und eines weltweit steigenden Energiebedarfs ist umweltbewusste Energieerzeugung eines der dringendsten Themen. Zugleich sind Energieunternehmen und Verbraucher zu mehr Energieeffizienz verpflichtet.

Ein intelligenter Zähler misst in Echtzeit die Leistung sämtlicher elektrischer Geräte im Haushalt – ob Kühlschrank, Hi-Fi-Anlage oder Fernseher. Die Zählerdaten können über eine eigene Software auf vielfältige Weise ausgewertet und analysiert werden. Sie werden per Internet an den Messdienstleister übermittelt. Über ein Internet-Interface kann der Kunde anschließend auf seine Verbrauchsdaten zugreifen und sie analysieren. Somit ist Transparenz für den Kunden hinsichtlich seines Verbrauchs gegeben. Dies ist einwichtiger Baustein, um die geforderten Energieeffizienzziele zu erreichen. Ein weiterer Baustein sind lastabhängige Preisinformationen, die das Verbrauchsverhalten zusätzlich zugunsten dieses Zieles beeinflussen.

Smart Metering [+]

Unter einem intelligenten Zähler versteht man solche Zähler, die über ein Kommunikationsmodul verfügen und so einen automatischen Datenaustausch mit anderen Systemen ermöglichen. In der Regel bieten diese Zähler zudem Funktionalität an, die über die reine Messung hinausgeht. Synonym wird häufig der Begriff *Smart Meter* verwendet. Darauf aufbauend wird das Themengebiet des Messwesens in der Regel als *Smart Metering* bezeichnet, falls intelligente Zähler zum Einsatz kommen.

Die Vorteile des Smart Metering hat auch der Gesetzgeber erkannt. In den §§ 21 und 40 des Energiewirtschaftsgesetzes (EnWG) hat er wesentliche Änderungen zum Mess- und Zählerwesen festgelegt. Ab 2010 ist der intelligente Stromzähler zur gesetzlich vorgeschriebenen Ausstattung in jedem Neubau und bei umfassenden Haussanierungen geworden. Weiterhin hat die Vorgabe Auswirkungen auf die Abrechnung (monatliche Rechnung), das Gerätewesen (elektronisches Ablesen und Sperren/Entsperren) sowie auf die Tarifierung (neue lastvariable Tarife).

Den Schwerpunkt dieses Kapitels bildet die in SAP for Utilities integrierte Komponente *Advanced Metering Infrastructure (AMI)*. AMI ist die Lösung zur Abbildung eines aus Messgeräten und Systemen bestehenden Kommunikationsnetzwerkes zum Austausch von Informationen und zu deren Weiterverarbeitung. Es soll aber auch hier schon ein Ausblick auf das aus der Sicht eines Energieversorgers verwandte Thema Elektromobilität gegeben werden.

In Abschnitt 12.1 werden die AMI-Technik und die beteiligten Systeme vorgestellt. Die Auswirkungen auf die Geräteverwaltung werden in Abschnitt 12.2 vorgestellt und die Auswirkungen auf die Ablesung in Abschnitt 12.3. In Abschnitt 12.4 wird untersucht, welche Auswirkungen sich für Kundenserviceprozesse ergeben. In Abschnitt 12.5 wird das derzeit im öffentlichen Fokus stehende Thema Elektromobilität vorgestellt und untersucht, wie sich unter anderem intelligente Zähler in diesem Umfeld einsetzen lassen.

12.1 AMI-Technik

Die Advanced Metering Infrastucture (AMI) dient dazu, eine Kommunikation zwischen den intelligenten Zählern und dem Energieversorger zu ermöglichen. Abhängig von den Gegebenheiten an den Zählerplätzen vor Ort entstehen unterschiedlichste Anforderungen an die Kommunikationswege dieser intelligenten Zähler. So kommunizieren einige über eine DSL-Verbindung und wieder andere über eine GSM-Funkeinheit (Global System for Mobile Communication). Darüber hinaus bieten verschiedene Hersteller verschiedene Arten von intelligenten Zählern an. Diese technischen Details spielen aus IS-U-Sicht jedoch nur eine untergeordnete Rolle, da eine direkte Kommunikation zwischen IS-U und den intelligenten Zählern nicht vorgesehen ist. Die gesamte Systemlandschaft einer mit IS-U verbundenen Advanced Metering Infrastructure ist in Abbildung 12.1 dargestellt.

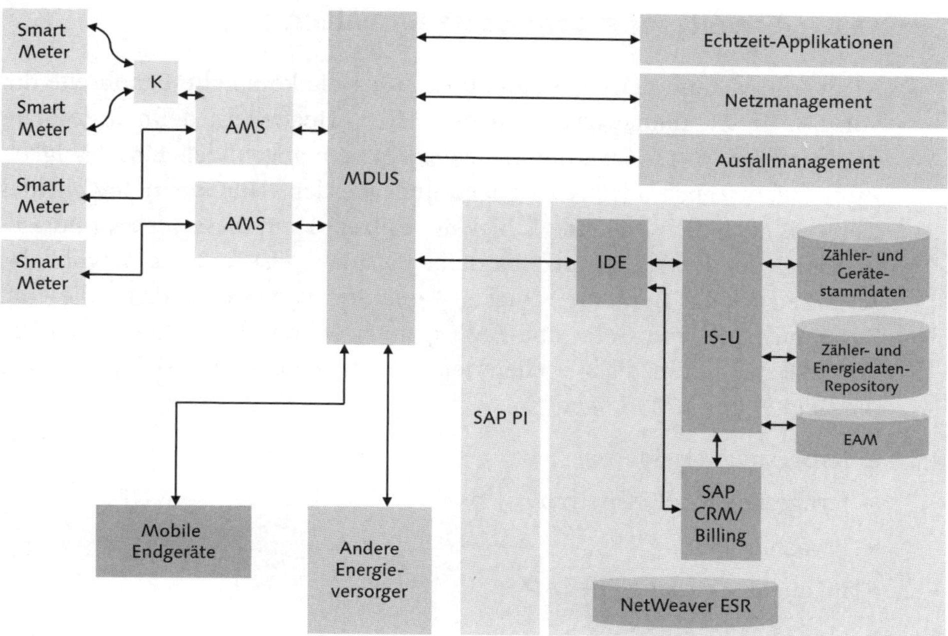

Abbildung 12.1 AMI-Systemlandschaft

In der Regel werden gleichartige Zähler von einem *Advanced Metering System (AMS)* des gleichen Herstellers gesteuert, das die technischen Details der intelligenten Zähler kennt. Dieses Advanced-Metering-System kommuniziert wiederum mit einem sogenannten MDUS-System (Metering Data Unification and Synchronisation), das die Zählerdaten sammelt, konsolidiert und aggregiert. Das IS-U-System kommuniziert ausschließlich mit diesem MDUS-System. Zwischen diesen beiden Systemen kommt in der Regel SAP NetWeaver Process Integration (PI, ehemals Exchange Infrastructure, XI) als Middleware zum Einsatz. Dadurch bietet sich die Möglichkeit, in Abhängigkeit vom Inhalt der Nachricht das Empfängersystem zu bestimmen und – in Abhängigkeit von diesem – die Nachricht zu transformieren.

Für die Kommunikation mit den MDUS-Systemen hat SAP in Zusammenarbeit mit den unterschiedlichen Herstellern dieser Systeme eine Reihe von Standardprozessen definiert, die im Rahmen der AMI-Geschäftsfunktion zur Verfügung gestellt werden. Diese dienen zur Verwaltung und zum Ablesen von intelligenten Zählern in einer Advanced Metering Infrastructure.

12.2 Erweiterung der Geräteverwaltung

Nicht jedes Gerät oder jedes AMS unterstützt die komplette Bandbreite der von SAP in Zusammenarbeit mit den MDUS-Herstellern definierten Standardprozesse. In IS-U werden daher *Fähigkeiten* abgebildet. Eine Fähigkeit kann einem Gerät oder AMS zugeordnet werden. Nur wenn sowohl das Gerät als auch das AMS eine Fähigkeit besitzen, kann diese auch im Zusammenspiel der beiden genutzt werden. Beispielsweise müssen sowohl das AMS als auch das Gerät die Fähigkeit *Fernauslesung* besitzen, damit diese im Zusammenspiel von Gerät und AMS genutzt werden kann. Die folgenden, von SAP standardmäßig ausgelieferten Fähigkeiten beziehen sich jeweils auf die Geräte- und AMS-Ebene:

- ferngesteuertes Sperren
- ferngesteuertes Entsperren
- Fernablesung
- manuelle Ablesung über AMS
- On-Demand-Ablesung

[+] **Aktivierung der AMI-Funktionalität**

Grundvoraussetzung für die Nutzung der AMI-Funktionalität in IS-U ist die Aktivierung der AMI-Geschäftsfunktion. Dazu wird die Transaktion SFW5 (Switch Framework Customizing) verwendet. Besondere Vorsicht ist geboten, da sich die Aktivierung dieser Geschäftsfunktion nicht rückgängig machen lässt.

Neben den standardmäßig ausgelieferten Fähigkeiten können eigene Fähigkeiten definiert werden. Innerhalb des kundeneigenen Codes kann dann abhängig von diesen Fähigkeiten zusätzliche Funktionalität ausgeführt werden. Die Definition eigener Fähigkeiten erfolgt im Customizingpfad Branchenkomponente Versorgungsindustrie • Advanced Metering Infrastructure • Grundeinstellungen • Advanced-Meter-Funktionen definieren. Die Fähigkeiten werden nicht einzeln zu Geräten und Advanced-Metering-Systemen zugeordnet. Stattdessen werden Gruppen von Fähigkeiten definiert und diese über eine *Findung* den Geräten und AMS zugeordnet.

Die für Geräte relevanten Fähigkeiten können in mehreren *Funktionsgruppen* gebündelt werden. Dies geschieht, indem eine Funktionsgruppe für Geräte angelegt wird und die gewünschten Fähigkeiten hinzugefügt werden. Anschließend muss eine Findung eingerichtet werden; den einzelnen Geräten wird später eine solche Findung zugewiesen. In der Findung wird definiert, welche Funktionsgruppen genutzt werden können. Dadurch lassen sich die technischen Fähigkeiten eines Gerätes zu verschiedenen Funktionsgruppen zusammenfassen.

Funktionsgruppe und Bestimmungsgruppe [zB]

Beispielsweise kann eine Funktionsgruppe angelegt werden, die lediglich für die Ablesung relevante Fähigkeiten enthält. Zusätzlich wird eine Funktionsgruppe angelegt, die darüber hinaus noch die Fähigkeiten für das Sperren und Entsperren enthält. In die Bestimmungsgruppe werden beide Funktionsgruppen aufgenommen. Dadurch kann später, beispielsweise im Rahmen des Einbauprozesses eines Gerätes, auf Basis vertraglicher Vereinbarungen mit dem Kunden entschieden werden, welche dieser Funktionsgruppen verwendet werden soll.

Die für Advanced-Metering-Systeme relevanten Fähigkeiten werden ebenfalls innerhalb mehrerer *Funktionsgruppen* gebündelt. Darauf aufbauend lässt sich ein Advanced-Metering-System konfigurieren. Dazu weisen Sie einem AMS eine Funktionsgruppe und das MDUS-System zu, mit dem es kommunizieren soll (siehe Abbildung 12.2). Analog zur Geräteebene gibt es auch auf AMS-Ebene eine Findung, in der verschiedene AMS gebündelt werden. Auf Ebene des Gerätetyps kann eine solche Findung anschließend hinterlegt werden.

Darüber hinaus lassen sich auf Ebene der Regionalstruktur mehrere AMS hinterlegen und ein Standard-AMS definieren. Dies ist erforderlich: Es kann nicht jedes Gerät mit jedem AMS kommunizieren, da es eine Vielzahl von Protokollen gibt. Daher gilt es, aus den in der Regionalstruktur verfügbaren AMS eines auszuwählen, das auch vom Gerät unterstützt wird.

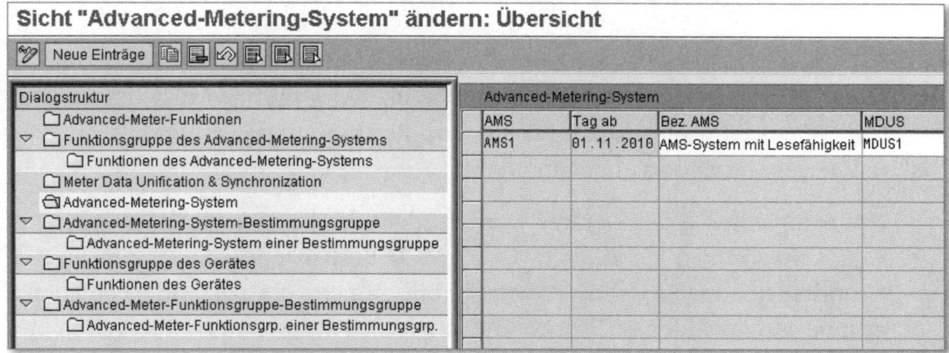

Abbildung 12.2 Fähigkeiten, Funktionsgruppen und Findungen für Geräte und Advanced-Metering-Systeme definieren

Die Verwaltung von Geräten in IS-U besitzt mehrere Dimensionen. Es werden sowohl Fakten der Materialwirtschaft wie der Lagerort als auch IS-U-spezifische Fakten wie der Sperrstatus verwaltet. Im Falle von intelligenten Zählern, die innerhalb einer Advanced Metering Infrastructure betrieben werden, entstehen darüber hinausgehende Anforderungen an die Geräteverwaltung. So wird zusätzlich für alle intelligenten Zähler neben dem Systemstatus des Gerätes ein AMI-Gerätestatus verwaltet. Dazu muss ein Zähler jedoch zunächst in IS-U als intelligenter Zähler konfiguriert werden, der innerhalb einer Advanced Metering Infrastructure betrieben wird. Dies geschieht auf Ebene des Gerätetyps. Sie können entweder einen neuen Gerätetyp für Ihre intelligenten Zähler anlegen, oder Sie ändern einen bestehenden Gerätetyp. Dazu verwenden Sie die Transaktion EG01 (Gerätetyp anlegen) für die Neuanlage bzw. EG02 (Gerätetyp ändern) für die Änderung.

[+] **Änderung des Gerätetyps**

In vielen Fällen werden Sie bereits vor der Einführung der AMI-Geschäftsfunktionen intelligente Zähler in Ihrem System angelegt haben. Bitte beachten Sie, dass sich eine Änderung an den AMI-Einstellungen eines Gerätetyps nur auf neu angelegte Geräte auswirkt. Sie können aber das Programm `REAMI_FILL_AMS_AMCG_IN_DEVICE` nutzen, um die AMI-Einstellungen der bereits von Ihnen angelegten Geräte zu aktualisieren.

Für die AMI-Einstellungen auf Ebene des Gerätetyps existiert in der Ansicht des Gerätetyps ein eigener Reiter AMI-DATEN (siehe Abbildung 12.3). Bei der Option ADVANCED METER wählen Sie aus, ob die Geräte dieses Typs ADVANCED METER oder KEIN(E) ADVANCED METER sind. Advanced Meter sind dabei Zähler, die besondere Fähigkeiten haben. Wenn die Fernauslesung zu diesen Fähigkeiten gehört, handelt es sich hierbei um Smart Meter bzw. intelligente Zähler.

Für Ihre intelligenten Zähler müssen Sie bei der Option AMCG-BESTGRUPPE (für Advanced-Meter-Capabilities-Group-Bestimmungsgruppe) die Fähigkeiten dieses Gerätetyps angeben.

Die Fähigkeiten eines Gerätes werden nicht direkt zugewiesen, sondern in Fähigkeitsgruppen gebündelt. Die AMCG-BestGruppe, die zuvor in den Grundeinstellungen definiert wurde, hilft Ihnen, die passende Fähigkeitsgruppe auszuwählen. (Dies könnte man als Findung der Fähigkeiten des Gerätes bezeichnen.) Analog gehen Sie für die Option AMS-BEST.GRP. vor, bei der Sie das Advanced-Metering-System angeben.

Während die Fähigkeiten des Gerätes in der Regel feststehen, lässt sich das Advanced-Metering-System im Vorfeld nicht immer bestimmen. Aus diesem Grund besteht nach dem Einbau des Zählers die Möglichkeit, das Advanced-Metering-System, an das ein Zähler tatsächlich angeschlossen worden ist, nachträglich zu aktualisieren.

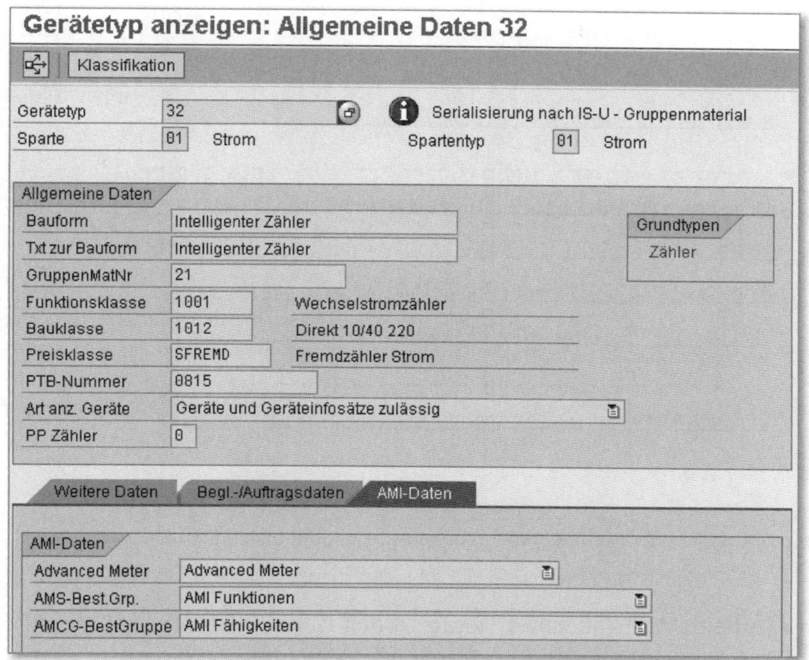

Abbildung 12.3 AMI-Konfiguration auf Ebene des Gerätetyps

Für Gerätetypen, die auf diese Weise als Advanced Meter konfiguriert worden sind, werden von jetzt an Einstellungen, die in IS-U an den Geräten vorgenommen werden, automatisch an das MDUS-System weitergeleitet. Immer dann, wenn Sie ein Gerät eines als Advanced Meter konfigurierten Typs mittels der Transaktion IQ01 (Gerät anlegen) anlegen, wird der Service `UtilitiesDeviceERPSmartMeterCreateRequest` aufgerufen. Dieser übermittelt die Daten des neu angelegten Gerätes an das MDUS-System und macht es auf diese Weise innerhalb der Advanced Meter Infrastructure bekannt. Analog wird dieser Service auch bei dem Anlegen eines Geräteinfosatzes mittels der Transaktion EG44 (Geräteinfosatz anlegen) aufgerufen. Nachdem das MDUS-System die Anfrage erfolgreich verarbeitet hat, ruft es seinerseits den Service `UtilitiesDeviceERPSmartMeterCreateConfirmation` auf, um dem IS-U-System die erfolgreiche Verarbeitung der Anfrage anzuzeigen.

Das neu angelegte Gerät bzw. der neu angelegte Geräteinfosatz ist jetzt innerhalb der gesamten Advanced Metering Infrastructure bekannt. In Abbildung 12.4 ist der Ablauf der Kommunikation beim Anlegen eines Gerätes oder Geräteinfosatzes dargestellt.

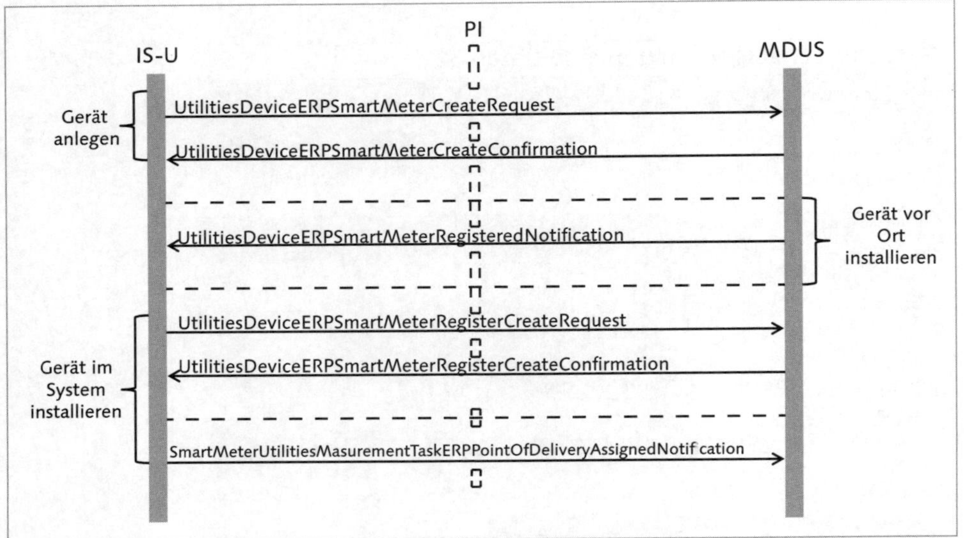

Abbildung 12.4 Ablauf der Kommunikation beim Anlegen und Installieren eines Gerätes oder Geräteinfosatzes

Ebenso wie beim Anlegen eines Gerätes oder Geräteinfosatzes ein Service aufgerufen wird, geschieht dies auch beim Ändern eines Gerätes mittels der Transaktion IQ02 (Gerät ändern) bzw. beim Ändern eines Geräteinfosatzes mittels der Transaktion EG41 (Geräteinfosatz ändern). In diesem Fall wird zunächst seitens IS-U der Service `UtilitiesDeviceERPSmartMeterChangeRequest` aufgerufen. Das MDUS-System reagiert nach der erfolgreichen Verarbeitung der Änderungsmitteilung, indem es den Service `UtilitiesDeviceERPSmartMeterChangeConfirmation` aufruft.

Mithilfe der Transaktion SXMB_MONI (Integration Engine Monitoring) können Sie den Verarbeitungsstatus der Serviceaufrufe überwachen. Per Doppelklick auf die Zeile des Service können Sie sich den im XML-Format kodierten Inhalt der erzeugten Nachricht anzeigen lassen. In Abbildung 12.5 ist als Beispiel der Inhalt der vom Service `UtilitiesDeviceERPSmartMeterCreateRequest` erzeugten Nachricht dargestellt.

```
<?xml version="1.0" encoding="utf-8" ?>
- <n0:UtilitiesDeviceERPSmartMeterCreateRequest
    xmlns:n0="http://sap.com/xi/SAPGlobal20/Global"
    xmlns:prx="urn:sap.com:proxy:AT2:/1SAI/TAS18AA78B65BDF11554DBE:701:2009/02/10">
  - <MessageHeader>
      <UUID>e098ffa6-52ce-0df1-bc26-b8ac6f902cb9</UUID>
      <CreationDateTime>2011-06-17T16:34:23Z</CreationDateTime>
    - <SenderParty>
        <StandardID schemeAgencyID="" />
      </SenderParty>
    - <RecipientParty>
        <StandardID schemeAgencyID="" />
      </RecipientParty>
    </MessageHeader>
  - <UtilitiesDevice>
      <ID>10000139</ID>
      <StartDate>2011-01-01</StartDate>
      <EndDate>9999-12-31</EndDate>
      <SerialID>29</SerialID>
      <MaterialID>32</MaterialID>
    - <IndividualMaterialManufacturerInformation>
        <PartyInternalID>Musterfirma GmbH</PartyInternalID>
      </IndividualMaterialManufacturerInformation>
    - <SmartMeter>
        <UtilitiesAdvancedMeteringSystemID>AMS1</UtilitiesAdvancedMeteringSystemID>
      </SmartMeter>
    </UtilitiesDevice>
  </n0:UtilitiesDeviceERPSmartMeterCreateRequest>
```


Abbildung 12.5 Inhalt des XML-Monitoring für die Nachricht »UtilitiesDeviceERPSmartMeterCreateRequest«

Wenn Sie eine vollständige Installation mittels der Transaktion EG31 (Einbau gesamt) durchführen, wird der Service `UtilitiesDeviceERPSmartMeterRegisterCreateRequest` aufgerufen. Dieser kommuniziert die Zählwerke, die für dieses Gerät konfiguriert worden sind. Der Service wird ebenso bei der technischen Installation eines Gerätes und bei der abrechnungstechnischen Installation eines Geräteinfosatzes aufgerufen. Das MDUS-System antwortet nach erfolgreicher Verarbeitung der von diesem Service erzeugten Nachricht durch den Aufruf des Service `UtilitiesDeviceERPSmartMeterRegisterCreateConfirmation`.

12.3 Erweiterungen in der Ablesung

Der in Abschnitt 6.3.2 vorgestellte Prozess der Ablesung wird im Rahmen der AMI-Erweiterung für Smart Meter modifiziert. Für herkömmliche Zähler ändert sich der Ableseprozess nicht. Beim Ableseprozess für einen Smart Meter werden zwei zusätzliche Prozessschritte hinzugefügt. Diese dienen der Kommunikation mit dem MDUS-System, das die Zählerstände verwaltet. In

Abbildung 12.6 sind die zusätzlichen Prozessschritte des Ableseprozesses hervorgehoben.

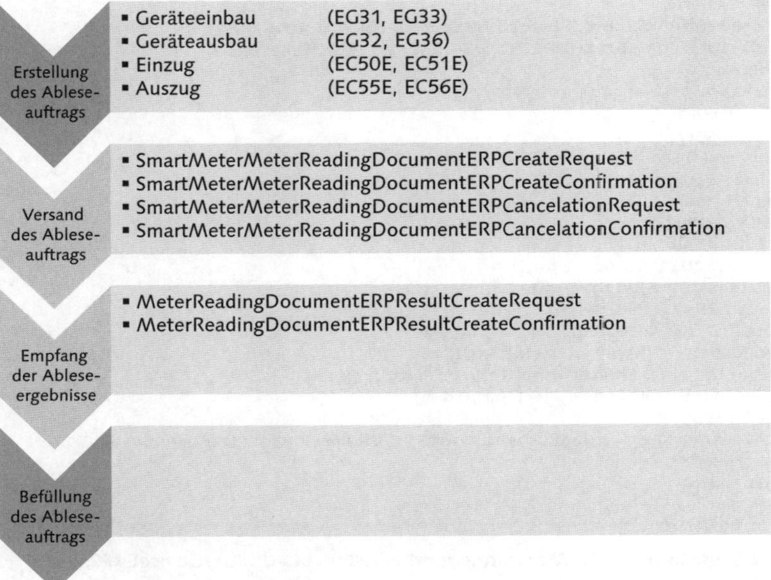
Erstellung des Ableseauftrags
▪ Geräteeinbau (EG31, EG33)
▪ Geräteausbau (EG32, EG36)
▪ Einzug (EC50E, EC51E)
▪ Auszug (EC55E, EC56E)
Versand des Ableseauftrags
▪ SmartMeterMeterReadingDocumentERPCreateRequest
▪ SmartMeterMeterReadingDocumentERPCreateConfirmation
▪ SmartMeterMeterReadingDocumentERPCancelationRequest
▪ SmartMeterMeterReadingDocumentERPCancelationConfirmation
Empfang der Ableseergebnisse
▪ MeterReadingDocumentERPResultCreateRequest
▪ MeterReadingDocumentERPResultCreateConfirmation
Befüllung des Ableseauftrags

Abbildung 12.6 Ableseprozess für Smart Meter

Beim Ein- und Ausbau von Geräten mithilfe der Transaktionen EG31 (Einbau gesamt) und EG33 (Einbau technisch) bzw. EG32 (Ausbau gesamt) und 36 (Ausbau technisch) wird im Hintergrund ein Ableseauftrag erzeugt. Dies geschieht ebenso beim Ein- und Auszug in eine Verbrauchsstelle, die mithilfe der Transaktionen EC50E (Einzugsbeleg anlegen) und EC51E (Einzugsbeleg ändern) bzw. EC55E (Auszug) und EC56E (Auszug ändern) angelegt wird. Alternativ dazu lässt sich ein Ableseauftrag auch einzeln mit der Transaktion EL01 (Auftragserstellung ausführen) anlegen.

Der auf diese Art angelegte Ableseauftrag für einen Smart Meter ruft den Service `SmartMeterMeterReadingDocumentERPCreateRequest` auf. Dieser informiert das MDUS-System darüber, dass ein Ableseauftrag angelegt werden soll. Das MDUS-System »merkt« das angegebene Gerät im angegebenen AMS vor. Anschließend ruft es seinerseits den Service `SmartMeterMeterReadingDocumentERPCreateConfirmation` auf, um dem IS-U-System die Verarbeitung der Anfrage zu bestätigen.

Wenn der Ableseauftrag aus IS-U gelöscht werden sollte, so erfolgt der Aufruf des Service `MeterReadingDocumentCancelationRequest`. Durch diesen wird dem MDUS-System mitgeteilt, dass der Ableseauftrag abgebrochen worden ist. Dies kann beispielsweise vorkommen, wenn ein Geräteeinbau mit der Transaktion EG50 (Storno Einbau/Ausbau/Wechsel) storniert wird. Das MDUS-System bestätigt den Abbruch des Ableseauftrags durch den Aufruf des Service `MeterReadingDocumentCancelationConfirmation`.

Nach Durchführung der Ablesung durch das MDUS-System ruft dieses den Service `MeterReadingDocumentERPResultCreateRequest` in IS-U auf. An diesen Service übergibt das MDUS-System das Ergebnis der Ablesung. Die Zuordnung erfolgt über den Ableseauftrag. Es ist jedoch auch möglich, dass das MDUS-System eine Ablesung ohne Ableseauftrag durchführt. In diesem Fall erfolgt die Zuordnung anhand der Equipmentnummer des Gerätes. Daraufhin wird in IS-U ein neuer Ableseauftrag erzeugt und entsprechend befüllt. Nach dem Empfang des Ableseergebnisses erfolgt der Aufruf des Service `MeterReadingDocumentERPResultCreateConfirmation`.

Diese Services für das Anlegen und Löschen von Ableseaufträgen sowie für das Versenden von Ableseergebnissen beziehen sich jeweils genau auf ein Zählwerk eines Zählers. Für Zähler mit mehreren Zählwerken existieren analog Massenservices.

- **Ableseauftrag anlegen**
  Für das Anlegen eines Ableseauftrages wird der Service `SmartMeterMeterReadingDocumentERPBulkCreateRequest` verwendet. Als Antwort darauf wird der Service `SmartMeterMeterReadingDocumentERPBulkCreateConfirmation` aufgerufen.
- **Ableseauftrag löschen**
  Das Löschen eines Ableseauftrags erzeugt einen Aufruf des Service `MeterReadingDocumentCancelationBulkRequest`. Dieser wird durch den Aufruf des Service `MeterReadingDocumentCancelationConfirmation` bestätigt.
- **Ableseergebnisse übertragen**
  Die Ableseergebnisse werden in diesem Fall durch den Aufruf des Service `MeterReadingDocumentERPResultBulkCreateRequest` übertragen. Die entsprechende Bestätigung erfolgt durch den Aufruf des Service `MeterReadingDocumentERPResultBulkCreateConfirmation`.

Die Services kommunizieren nicht direkt mit dem MDUS-System. Stattdessen findet sowohl für eingehende als auch für ausgehende Nachrichten zunächst ein Mapping und Routing auf dem PI-System statt. In Abbildung 12.7 ist die Abfolge der Services im Rahmen der Ablesung dargestellt. Der Service zum

Löschen eines Ableseauftrages und der Service zum Übertragen der Ableseergebnisse stellen alternative Prozesspfade dar.

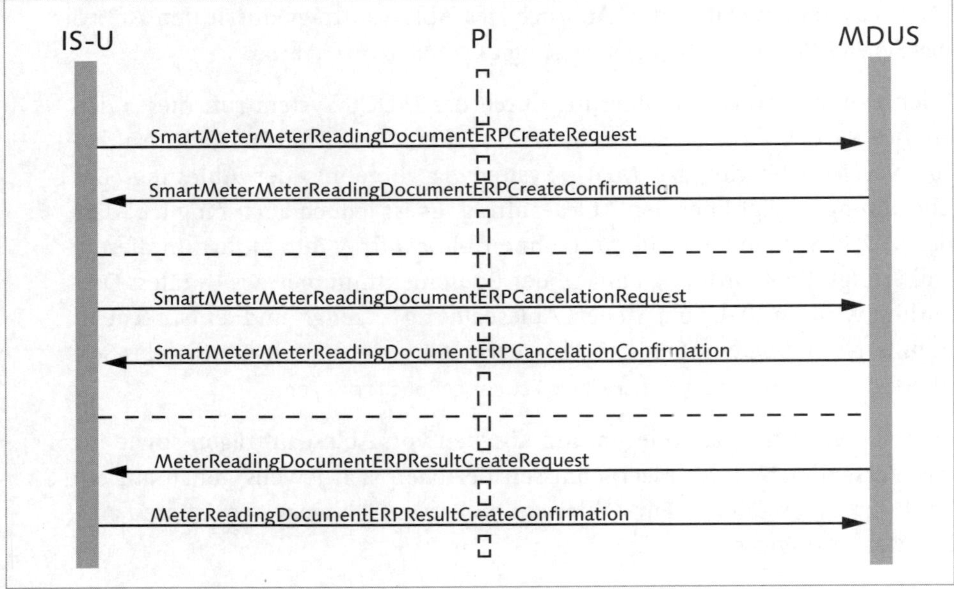

Abbildung 12.7 Abfolge der Services im Rahmen der Ablesung

Der automatische Aufruf der Services lässt sich allerdings für bestimmte Konstellationen durch Anlegen eines BAdIs am Erweiterungsspot `ISU_AMI_MR` unterdrücken. In diesem Zusammenhang gilt es aber zu beachten, dass Ableseaufträge, die für einen Smart Meter erzeugt werden, standardmäßig nicht manuell ausgefüllt werden können. Stattdessen werden sie durch die zuvor beschriebene Sequenz an Serviceaufrufen mit den im MDUS-System vorhandenen Zählerständen gefüllt.

Durch Anlegen eines BAdIs am Erweiterungsspot `ISU_AMI_ATTR_MR` lässt sich aber auch die manuelle Erfassung von Ableseergebnissen für Smart Meter aktivieren. Dabei können Sie für jede Transaktion festlegen, ob die manuelle Eingabe von Zählerständen jeweils erlaubt ist. Dies sollte insbesondere in den Konstellationen geschehen, in denen der Ableseauftrag nicht an das MDUS-System übergeben wird.

Auf Datenmodellebene ist das Objekt »Ableseauftrag« um zusätzliche Attribute zur Kommunikation mit dem MDUS-System erweitert worden. Dabei sind Attribute für das zum Zähler gehörende AMS, den Übertragungsstatus, den Änderungszeitpunkt des Übertragungsstatus und das geforderte Quellsystem des Ableseergebnisses hinzugefügt worden. Auf Datenbankebene ist dementsprechend die Tabelle EABL, in der die Ableseaufträge abgelegt sind, um die Struktur ISU_AMIINCL erweitert worden. Diese Struktur bildet die oben genannten Attribute ab. In Tabelle 12.1 werden die Felder dieser Struktur dargestellt und ihre Bedeutung beschrieben.

Feldname	Beschreibung
AMS	Mit dem abzulesenden Zähler verbundenes Advanced-Metering-System
TRANSSTAT	Übertragungsstatus des Ableseauftrags
TRANSTSTAMP	Zeitpunkt, ab dem der Übertragungsstatus erreicht worden ist
SOURCESYST	Quellsystem (Gerät oder AMI-Infrastruktur), von dem das Ableseergebnis angefordert wird

Tabelle 12.1 Neue Felder des Ableseauftrags

12.4 Erweiterungen im Kundenservice

Smart Metering ermöglicht auch im Bereich des Kundenservice neue Funktionalitäten und durchgängigere Prozesse. In SAP CRM ist beispielsweise die Produktauswahl um Selektionskriterien für Smart-Metering-Eigenschaften erweitert worden. Zudem besteht die Möglichkeit, unmittelbar eine Ablesung durchzuführen und einen Anschluss zu sperren bzw. zu entsperren. Darüber hinaus sind weitere Sichten für technische Geräteinformationen in die Anzeigen aufgenommen worden.

- Die *Erweiterung der Produktauswahl* ist beispielsweise in den Fällen sinnvoll, in denen monatlich abgerechnete Produkte nur für Kunden angeboten werden sollen, deren Zähler sich jederzeit über das AMS auslesen lassen.
- Sowohl auf Kundenwunsch als auch im Rahmen des Mahnprozesses lässt sich eine direkte *Sperrung des Anschlusses* vornehmen. Dabei kann der Zählerstand zum Zeitpunkt der Sperrung des Anschlusses über die in die Oberfläche integrierten Bedienelemente automatisch ermittelt werden. Ebenso ist es möglich, noch während des Telefonats mit dem Kunden einen Anschluss wieder zu entsperren. Eine Sperrung bzw. Entsperrung kann nur durchgeführt werden, wenn der Smart Meter diese Funktionalität unterstützt und für den Anschluss keine Versorgungsgarantie hinterlegt ist (z. B. Stromanschluss in einem Krankenhaus).

12.5 Herausforderungen durch Elektromobilität

Eines der großen Zukunftsthemen für die Versorgungsindustrie ist die *Elektromobilität*. Um die Abhängigkeit von bestimmten Rohstoffen zu reduzieren und Mobilität klimafreundlicher zu gestalten, wird die Nutzung von Elektroautos in den kommenden Jahrzehnten voraussichtlich stark zunehmen. Auch Elektroroller, Elektrofahrräder und elektrisch angetriebene LKW werden auf den Straßen unterwegs sein und zu einer Erhöhung der benötigten Strommenge beitragen.

12.5.1 Rahmenbedingungen in Deutschland

Von der deutschen Bundesregierung wurde im August 2009 der »Nationale Entwicklungsplan Elektromobilität« verabschiedet, in dem verschiedene Ziele und Absichtserklärungen enthalten sind. Dem Entwicklungsplan zufolge soll Deutschland zu einem Leitmarkt für Elektromobilität werden, in dem bis zum Jahr 2020 eine Million Elektrofahrzeuge angemeldet sind. Bis 2030 sollen fünf Millionen Fahrzeuge über einen Elektromotor verfügen, was ungefähr einem Zehntel aller Fahrzeuge entspricht. Um diese Ziele zu erreichen, müssen Netze ausgebaut werden, die notwendige Infrastruktur und Fahrzeugtechnik ist weiterzuentwickeln, und es müssen regulatorische Rahmenbedingungen und Standards geschaffen werden. In vielen Bereichen ist noch Forschungsarbeit zu betreiben. Zu diesem Zweck wurde im Mai 2010 die *Nationale Plattform Elektromobilität* (NPE) gegründet, der Vertreter der Bundesregierung, der Wirtschaft und der Forschung angehören. Die NPE setzt sich aus mehreren Arbeitsgruppen zusammen, die sich mit verschiedenen Themenfeldern der Elektromobilität befassen, dort die Forschung vorantreiben und Empfehlungen für Rahmenbedingungen und Standards liefern sollen. Mit der *Gemeinsamen Geschäftsstelle Elektromobilität* (GGEMO) hat die Bundesregierung im Jahr 2010 außerdem eine zentrale Anlaufstelle für Wirtschaft und Forschung geschaffen.

Unter dem Namen *Informations- und Kommunikationstechnologie für Elektromobilität* (IKT) wurde 2009 ein zweijähriges Förderprogramm des Bundesministeriums für Wirtschaft und Technologie in Partnerschaft mit dem Bundesministerium für Umwelt, Naturschutz und Reaktorsicherheit gestartet, das mehrere Projekte in verschiedenen Modellregionen Deutschlands umfasst. Die jeweiligen Projekte haben unterschiedliche Forschungsschwerpunkte, der Gesamtfokus liegt jedoch auf einer IT-gestützten Lade-, Steuerungs- und Abrechnungsinfrastruktur sowie auf den damit verbundenen Marktmodellen und Diensten. Auch die SAP AG ist in einige der Projekte eingebunden.

Neben diesen Projekten haben viele Versorgungsunternehmen eigene Projekte gestartet, um erste Erfahrungen mit dem Thema Elektromobilität zu sammeln. Künftig wird dieses Thema für alle Versorgungsunternehmen eine nicht zu vernachlässigende Rolle spielen.

12.5.2 Herausforderungen an die Informationstechnologie

Die Verbreitung von Elektromobilität resultiert nicht nur darin, dass vermehrt Fahrzeuge an das Stromnetz angeschlossen werden und somit der Stromverbrauch ansteigt. Vielmehr bilden sich neue Prozesse, Informationsbedarfe, Infrastrukturkomponenten und Marktrollen heraus, die auch für die beteiligen IT-Systeme relevant sind. Dadurch werden die durch die IT-Systeme – und somit auch durch das SAP-System – abzubildenden Anforderungen komplexer. Neben dem privaten Haushaltsstrom sind künftig auch die Ladevorgänge zu berücksichtigen, die teilweise zu Hause an einer privaten Ladeeinrichtung und teilweise an öffentlichen oder halböffentlichen Ladestationen vorgenommen werden. Als *halböffentlich* werden Stationen bezeichnet, die sich in Bereichen befinden, zu denen nur ein bestimmter Kundenkreis Zugang hat. Beispiele dafür sind Firmenparkplätze, Parkhäuser oder Kundenparkplätze des Einzelhandels. *Öffentliche* Stationen können z. B. an Tankstellen oder direkt an Parkstreifen am Straßenrand aufgestellt sein.

Um Ladevorgänge zeit- und mengenmäßig protokollieren, abrechnen und gegebenenfalls auch flexibel steuern zu können, ist der Einsatz von intelligenten Stromzählern notwendig. Durch die Nutzung intelligenter Zähler kann auch eine variable, lastabhängige Tarifstruktur mit im Tagesverlauf schwankenden Strompreisen eingeführt werden. Um dem Endkunden einen Überblick über die jeweils gültigen Preise für die vergangenen Tage und die prognostizierten bzw. schon fixierten Werte für die kommenden Stunden und Tage zu geben, werden die Daten über ein Kundenportal, ein fest installiertes Gerät oder ein mobiles Endgerät zur Verfügung gestellt. Auch Informationen über die getätigten Ladevorgänge können über diese Wege zeitnah an den Kunden gesendet werden. Für die Messung und Kommunikation von Dauern und Verbräuchen der Ladeaktivitäten sind in den beteiligten Systemen neue Services einzurichten. Außerdem sind Festlegungen zu treffen, wie mit Störungen umzugehen ist. Wenn z. B. eine Ladestation keine Kommunikationsverbindung hat, aber dennoch in der Lage ist, Strom abzugeben, ist zu entscheiden, ob die Nutzung der Station dennoch möglich ist und die Daten über die getätigten Ladevorgänge intern gespeichert und bei Wiederherstellung der Kommunikation an die Folgesysteme nachgeliefert werden sollen. Dabei stellt sich auch die Frage nach der Identifizierung der Fahrzeuge an einer Ladestation. Hierfür gibt es verschiedene Ansätze, von der Nutzung von RFID-Karten über eine Verknüpfung des Fahrzeugs mit einer Bankkarte mit PIN-Code bis hin zur automatischen Erkennung des Fahrzeugs über einen speziellen Stecker, der zur Beladung verwendet wird. Auch für die Identifizierungsprozesse sind neue Kommunikationswege und -verfahren notwendig, da die Daten nicht dezentral in allen Ladesäulen vorgehalten werden.

Zur Ladeinfrastruktur (Ladesäulen, Stecker, Identifizierungseinrichtungen etc.) und für die im Rahmen von Elektromobilität anfallende Datenkommunikation wird es vom Gesetzgeber und der Wirtschaft forcierte Standardisierungen geben, damit die Kunden ihre Fahrzeuge an möglichst vielen Stationen in ganz Deutschland sowie im Ausland aufladen können und auch die *interoperable Abrechnung* zwischen den einzelnen Akteuren im Markt funktioniert.

Für die kundenseitige Abrechnung öffentlicher und halböffentlicher Ladevorgänge bestehen verschiedene Modelle:

- **Halböffentliche Ladesäule**
  So könnte z. B. eine halböffentliche Ladesäule in einem Parkhaus den Strom kostenlos abgeben und dies durch einen Aufschlag auf den Parkpreis kompensieren. Ebenso denkbar ist eine direkte Bezahlung der entnommenen Strommenge vor Ort, ähnlich wie bei einem Parkautomaten.

  Am praktikabelsten erscheint jedoch eine Abrechnung aller Ladevorgänge über den privaten Stromlieferanten des Kunden. In diesem Fall müssen die Daten über alle Ladevorgänge des Kunden vom jeweiligen Betreiber bzw. Stromlieferanten der Ladestation an den Kundenlieferanten kommuniziert werden und können dann von diesem dem Kunden in Rechnung gestellt werden. Somit kann auch eine gemeinsame Rechnung des bezogenen Haushaltsstroms, der privaten und der an (halb-)öffentlichen Stationen getätigten Ladevorgänge erstellt werden. Die Versorgungsunternehmen, die in verschiedenen Rollen (Netzbetreiber, Stationsbetreiber/Messdienstleister, Stationslieferant, Kundenlieferant) an den Ladevorgängen beteiligt waren, müssen ihrerseits die entstandenen Kosten untereinander abrechnen. Dabei ist wiederum die genaue Ausprägung der beteiligten Marktrollen zu berücksichtigen.

- **Öffentliche Ladesäule**
  Für das Laden an einer öffentlichen Ladesäule besteht z. B. die Möglichkeit, dass die Ladestation einen festen *Stationslieferanten* besitzt, der den Zählpunkt der Ladestation mit Strom beliefert, die Netznutzung gegen-

über dem Verteilnetzbetreiber anmeldet und mit dem jeweiligen Lieferanten des Kunden, der die Ladesäule benutzt, den gelieferten Strom abrechnet. Alternativ kann eine Ladesäule auch ohne festen Stationslieferanten betrieben werden. Lieferant ist stattdessen immer das Unternehmen, bei dem der Kunde seinen allgemeinen Stromvertrag hat. Der Kunde bringt sozusagen seinen eigenen Lieferanten für einen Ladevorgang an die Ladesäule mit.

Je nachdem, welche Variante für die Belieferung einer Ladestation gewählt wurde, sind die Zahlungsströme zwischen den beteiligten Marktrollen unterschiedlich ausgeprägt. Damit ein deutscher Kunde sein Fahrzeug auch im Ausland aufladen kann und ein ausländisches Fahrzeug an einer Ladesäule eines deutschen Stationsbetreibers geladen werden kann, sind – ähnlich wie bei Mobilfunkverträgen – *Roaming-Verträge* zwischen den inländischen und ausländischen Versorgungsunternehmen zu schließen, die als Basis für eine interoperable Abrechnung dienen.

Wie die genaue Abbildung der genannten Szenarien im SAP-System eines Lieferanten, eines Verteilnetzbetreibers oder eines Messstellen- bzw. Stationsbetreibers aussieht, hängt von der jeweiligen Marktrolle und den gewählten Spezifikationen bezüglich der Identifikation, Kommunikation und Abrechnung ab.

In jedem Fall werden durch die Nutzung von intelligenten Zählern und die Protokollierung der Ladevorgänge wesentlich mehr Daten gespeichert und ausgetauscht, als es bisher für eine Kundenbeziehung der Fall war. Die Abrechnung gegenüber dem Kunden kann mehr Komponenten enthalten, wie z. B. die öffentlichen Ladevorgänge im In- und Ausland, und ist überdies durch variable Tarifkomponenten komplexer aufgebaut. Auch die interoperablen Abrechnungsbeziehungen der in den verschiedenen Marktrollen agierenden Versorgungsunternehmen sind abzubilden.

Durch diese Faktoren ist außerdem ein erhöhter Kommunikationsaufwand in Richtung des Kunden und in Richtung der anderen Marktteilnehmer notwendig.

12.5.3 Weitere Herausforderungen durch intelligentes Laden

Der zunehmende Einsatz erneuerbarer Energien und die Inbetriebnahme neuer Verbraucher, wie z. B. von Elektrofahrzeugen oder Wärmepumpen, führt zu einer höheren Wahrscheinlichkeit von Netzengpässen. Da Wind- und Solarkraftwerke den Strom nicht immer dann produzieren, wenn er gebraucht wird, und sich die produzierte Strommenge aus diesen Kraftwerken nur in geringem Maße regeln lässt, verliert die Versorgungsindustrie künftig an Flexibilität auf der Angebotsseite.

Diese Entwicklung muss durch eine Erhöhung der Flexibilität auf der Nachfrageseite kompensiert werden. Elektrofahrzeuge können hierzu einen wichtigen Beitrag leisten. Ein *intelligentes Lademanagement* bietet über eine Koordination der Ladevorgänge vieler Fahrzeuge verschiedene Stellschrauben, um die Menge des im Markt verfügbaren Stroms zu regulieren und die Netzsicherheit zu erhöhen.

Es gibt folgende Möglichkeiten, die Verfügbarkeit der Strommenge über intelligentes Laden zu regeln:

- zeitverzögertes Laden
- Rückspeisung in das öffentliche Stromnetz
- Rückspeisung in den eigenen Haushalt (bei privatem Laden)

Die Möglichkeit des *zeitverzögerten Ladens* bietet sich an, wenn das Fahrzeug länger steht bzw. an eine Ladestation angeschlossen ist, als es benötigt, um die Batterie voll aufzuladen. Für diesen Fall kann zwischen dem Lieferanten und dem Kunden eine Vereinbarung getroffen werden, dass der Ladevorgang von einem sogenannten *Demand Side Manager* (DSM) gesteuert wird.

Der DSM ist eine neue Marktrolle, die von einem Energieversorgungsunternehmen wahrgenommen werden kann. Er verwaltet die Ladestationen und die daran angeschlossenen Elektrofahrzeuge einer bestimmten Region als Komponenten in einem Kalkulationsszenario zur Berechnung und Steuerung der Regelleistung, die der Markt benötigt. Der DSM verfügt über die Kommunikations- und Ladeprotokolle der Fahrzeuge und kann so auch das Ladeverhalten prognostizieren. Zur Anpassung der Regelleistung sendet er Steuersignale an die einzelnen Fahrzeuge, um deren Ladeverhalten zu beeinflussen. Benötigt ein Fahrzeug z. B. aufgrund seines Ladestands nur zwei Stunden, um wieder voll aufgeladen zu sein, ist aber acht Stunden an eine Ladestation angeschlossen, kann der DSM den Ladevorgang so steuern, dass möglichst in Schwachlastzeiten geladen wird, wenn genug Energie verfügbar ist. Um die voraussichtliche Anschlussdauer an eine Ladestation zu prognostizieren, können Erfahrungswerte und Hochrechnungen herangezogen werden. Sicherer ist aber die Festlegung der voraussichtlichen Standzeit durch den Kunden selbst. Hierzu sind dem Kunden entsprechende (mobile) Anwendungen bereitzustellen, die eine einfache Eingabe der anvisierten Standzeit ermöglichen.

Damit der Kunde sein Fahrzeug für intelligentes Laden zur Verfügung stellt und somit von einer möglichst schnellen Aufladung Abstand nimmt, müssen Anreizsysteme geschaffen werden. Der Kunde könnte z. B. einen monetären Bonus bekommen, dessen Höhe sich nach der Summe der von ihm angegebenen Standzeiten richtet.

Einen Schritt weiter geht die Nutzung von Fahrzeugen als Stromspeicher, indem zu Zeiten hoher Energienachfrage Strom aus den an den Ladestationen angeschlossenen Fahrzeugen in das öffentliche Stromnetz zurückgespeist wird. Auch hier erfolgt die Regelung der *Rückspeisung* über den Demand Side Manager mithilfe von Steuersignalen, die an die Ladestationen bzw. Fahrzeuge gesendet werden. Um den Kunden für diese Form des intelligenten Ladens zu gewinnen, muss ein höherer Anreiz als für das verzögerte Laden bereitgestellt werden, weil sich zum einen der Ladestand des Fahrzeugs durch die Rückspeisung zwischenzeitlich vermindert und zum anderen die Batterie durch häufiges Laden und Entladen an Kapazität verliert. Auch eine Rückspeisung vom Fahrzeug in den privaten Haushalt ist möglich, um Lastspitzen abzufangen. Dazu ist ein lokales Steuerungssystem notwendig. Der regional agierende DSM sollte jedoch auch über die Nutzung dieser Möglichkeit informiert sein, um die Einbeziehung des Fahrzeugs in seine Kalkulation entsprechend anpassen zu können.

Für ein funktionierendes, intelligentes Lademanagement sind neue Kommunikationswege, -protokolle und intelligente Infrastrukturkomponenten notwendig. Außerdem werden Anwendungen zur Überwachung und Steuerung der Lade- und Rückspeisezeiten benötigt. Auch die Abrechnung der Ladevorgänge gewinnt an Komplexität, weil neue Komponenten wie die Vergütung von Rückspeisemengen oder Boni für die Teilnahme am intelligenten Laden zu berücksichtigen sind.

In einer Welt, die immer mehr von der Hektik des Alltags geprägt wird, gewinnen mobile Anwendungen zunehmend an Bedeutung. Dieses Kapitel gibt Ihnen einen Überblick zu den verschiedenen Arten und Möglichkeiten, um mobile Lösungen zu realisieren.

13 Mobile Anwendungen

Mobile Anwendungen werden eines der Hauptthemen in den nächsten Jahren sein. Im Rahmen der effizienten Abwicklung von Geschäftsprozessen sind *mobile Apps* (nativ oder als Webanwendung) auch für Energieversorger eine wichtige Themenstellung: Für den Kunden können sie große Mehrwerte bieten und auf diese Weise zum Wettbewerbsvorteil werden. Innerhalb des Unternehmens können mobile Lösungen Prozesse optimieren und dadurch helfen, Zeit und Kosten zu sparen.

Im ersten Abschnitt dieses Kapitels gehen wir allgemein auf die aktuellen mobilen Endgeräte sowie deren Möglichkeiten ein. Immer mehr Alltagsaufgaben, die früher über PC und Laptop abgewickelt wurden, werden mittlerweile über die mobilen Plattformen erledigt.

Im zweiten Abschnitt werden konkrete Anwendungsfälle für mobile Applikationen im Umfeld der Energiewirtschaft besprochen. Unterschieden werden dabei im Wesentlichen Anwendungen für Endkunden sowie intern genutzte Applikationen.

Im Anschluss daran wird auf die technische Umsetzung eingegangen. Dabei werden die Möglichkeiten von browserbasierten Anwendungen denen von nativen Applikationen gegenübergestellt sowie Varianten des Zugriffs auf das IS-U-Backend diskutiert.

Im letzten Abschnitt wird der Einsatz von Standardlösungen für mobile Anwendungen im Vergleich zu individuellen Eigenentwicklungen besprochen. Mithilfe eines Fragenkatalogs versuchen wir, Ihnen eine Art Leitfaden für neue Projekte an die Hand zu geben.

13.1 Mobile Anwendungen allgemein

»Die Welt wird mobil« könnte ein Fazit der technischen Entwicklung in den vergangenen Jahren lauten. Viele Aufgaben, die vor wenigen Monaten oder Jahren noch mithilfe des PCs oder Laptops erledigt worden sind, werden zunehmend mit mobilen Geräten abgewickelt. Besitzer aktueller Smartphones werden den heimischen Rechner nur noch selten bemühen, um zu prüfen, ob neue E-Mails eingegangen sind. Es reicht ein kurzer Klick auf das Handy, um die E-Mails zu lesen sowie deren Anhänge zu öffnen. »Da gibt's doch eine App dafür!«, verspricht die Werbung, und sie soll zunehmend Recht bekommen. Ob für das Online-Banking, das Buchen von Flug- oder Bahntickets, die Reservierung von Hotels oder Mietwagen, für alles gibt es mittlerweile mobile Lösungen.

Zu den bekanntesten Vertretern der aktuellen Smartphone-Generation gehören die iPhone-Reihe von Apple, Lösungen vom Blackberry-Hersteller RIM sowie die Produkte verschiedener Hersteller auf Basis des Google-Betriebssystems Android. Alle beschreiten seit einigen Jahren einen neuen Weg, der sich zu einem Erfolgsmodell entwickelt hat. So sind die Funktionen der Smartphones nicht ab Werk durch das Betriebssystem eingeschränkt, sondern können beliebig durch weitere Anwendungen (sogenannte *Apps*) ergänzt werden. Die Hersteller stellen dafür Plattformen zur Verfügung, über die Dritthersteller eigene Apps erstellen und vertreiben können. Die Smartphones können auf diese Weise mit wenigen Klicks in ihrer Funktionalität erweitert werden.

Weitere Gründe für die große Akzeptanz und Verbreitung von Smartphones und deren Applikationen sind neben der angesprochenen funktionalen Erweiterbarkeit zum einen die im Vergleich zu ersten Gerätegenerationen ausgereiftere Benutzerfreundlichkeit und Bedienung. Zum anderen ist die aktuelle Infrastruktur in Bezug auf schnelle Datennetze (EDGE, UMTS, WLAN etc.) ein großer Vorteil. Beides war vor einigen Jahren im Zeitalter erster WAP-Anwendungen noch nicht gegeben. Die Darstellung von reduzierten Webseiten auf kleinen Displays war schwierig, der Aufbau und Ladevorgang waren entsprechend langsam und die Bedienung mangels Touchscreens und interaktiven Konzepten erwies sich als sehr eingeschränkt.

Mittlerweile sind wir an einem Punkt angelangt, an dem – wie vor einigen Jahren die klassischen Weblösungen – mobile Anwendungen zu einem Wettbewerbsvorteil in allen Branchen werden.

13.2 Mobile Anwendungen in der Energiewirtschaft

Nachdem wir Ihnen nun diesen kurzen Überblick über mobile Plattformen, Anwendungen und Möglichkeiten gegeben haben, werden wir im Folgenden die relevanten Anwendungsfälle in der Energiewirtschaft betrachten. Die Anwendungen können in diesem Umfeld in zwei Bereiche untergliedert werden. Zum einen in Lösungen für die privaten und gewerblichen Kunden der Energieversorger, zum anderen in Applikationen, die unternehmensintern genutzt werden, um Prozesse zu unterstützen und zu optimieren.

13.2.1 Lösungen für Endkunden

Zunächst werden Lösungen für die Kunden der Energieversorger betrachtet. Gemeint sind damit Anwendungen, die den Service für den Kunden erhöhen, die Kundenbeziehung in einem umkämpften Markt verbessern und bestenfalls auch die Prozesse optimieren.

Viele Energieversorger bieten ihren Kunden bereits im klassischen Webumfeld sogenannte *Customer Self-Services* an. Hinter diesem Begriff verbirgt sich ein Internetportal, in das sich der Kunde – meist nach einem Registrierungsvorgang – mittels seiner persönlichen Zugangskennung im Browser seines PCs einloggen kann. Innerhalb dieses Portals stehen ihm die wichtigsten Prozesse vierundzwanzig Stunden an sieben Tagen in der Woche zur Verfügung.

Customer Self-Service [zB]

Der Kunde kann seine persönlichen Daten ändern, den Zählerstand erfassen, seine Rechnung ansehen, sein Verbrauchsverhalten einsehen etc. Mehr Informationen hierzu finden Sie in Kapitel 11.

Moderne Portallösungen sind dabei stets direkt mit dem IS-U-Backend verbunden, sodass ein direkter und synchroner Datenaustausch ohne Medienbrüche stattfinden kann.

Durch das zunehmend veränderte Kundenverhalten bezüglich der Verwendung von mobilen Geräten (siehe Abschnitt 13.2), wird es zukünftig nicht mehr nur einen Wettbewerbsvorteil darstellen, Self-Services zur Verfügung zu stellen, sondern diese auch auf mobilem Wege anzubieten und dadurch gegebenenfalls noch zu optimieren.

Ein gutes Beispiel hierfür stellt der Prozess der Zählerstandsablesung dar. Während ein Kunde aktuell noch mit Papier und Bleistift in den Keller geht, um den Zählerstand aufschreiben, den er kurz darauf am Rechner eintippt, wird er zukünftig erwarten, mit seinem Smartphone in den Keller gehen zu können, um den Zählerstand dort direkt eintragen und versenden zu können.

Auch wenn es Prozesse zwischen Kunde und Versorger gibt, die auf den ersten Blick über Smartphones gegebenenfalls weniger sinnvoll abzuwickeln sind, wird die Anzahl der relevanten Prozesse immer weiter zunehmen. Die Sinnhaftigkeit mobiler Lösungen hängt nicht zuletzt von der Frequenz der Kontakte zwischen Kunde und Versorger ab. Vor der Liberalisierung der Märkte waren diese Kontakte sehr reduziert. Die *Kontaktgründe* und der *Servicebedarf* haben mit der Liberalisierung stark zugenommen. Die Kunden haben die Möglichkeit, den Versorger zu wechseln, und informieren sich z. B. über Produkte und Services, wodurch auch die Anzahl der Prozesse steigt.

Eine weitere deutliche Verstärkung der Kundenbeziehung und damit auch die Erhöhung der Kontaktgründe stellt die Einführung von intelligenten Zählern dar. Diese *Smart Meter* sind digital und übertragen die aktuellen Verbrauchsdaten des Kunden in regelmäßigen Abständen zum Energielieferanten. Auf dieser Basis ist es möglich, dem Kunden monatliche Rechnungen über seinen exakten Verbrauch zu stellen. Die Zahlung von monatlichen geschätzten Abschlägen mit Verrechnung der tatsächlichen Verbräuche innerhalb der Jahresrechnung wird somit obsolet. Der Kunde profitiert dabei von größerer Transparenz und Planungssicherheit; der Energieversorger gewinnt bessere Informationen über das Verbrauchsverhalten der Kunden und spart sich manuelle Ablesungen.

Abbildung 13.1 Smart Meter App – Darstellung, Verbrauch und Zählerstand

Abbildung 13.2 Smart Meter App – Darstellung historischer Verbräuche

Die Abbildungen 13.1 und 13.2 zeigen Ihnen eine mobile Smart Meter App auf einem Apple iPhone. Dargestellt werden der aktuelle Verbrauch in Form eines Tachometers, der Zählerstand sowie historische Tagesverbräuche mit entsprechenden Kosten.

Die Verstärkung der Kundenbeziehung und Erhöhung der Kontaktfrequenz hängen zum einen mit der monatlichen Rechnungsstellung zusammen. Zum anderen können die Versorger durch die so gewonnenen Verbrauchsinformationen dem Kunden Analysetools an die Hand geben, um das eigene Verbrauchsverhalten exakt einzusehen oder mit deren Hilfe zu optimieren. Solche *Smart Meter Cockpits* werden ebenfalls über Internetportale zur Verfügung gestellt. Sie visualisieren die exakten Verbräuche in Form von Grafiken und bieten z. B. Vergleiche mit vergangenen Perioden.

Genau dieser Anwendungsfall eignet sich sehr gut für die Umsetzung auf mobilen Endgeräten. Um die Verbräuche der letzten Tage oder gar den aktuellen Verbrauch einsehen zu können, ist der Weg zum heimischen Rechner nicht mehr nötig: Analysen können mit einem kurzen Klick auf das Smartphone durchgeführt werden. Im Urlaub reicht ein Blick, um zu prüfen, ob der Verbrauch tatsächlich wie erwartet niedrig ist. Automatische Nachrichten auf das Handy warnen den Kunden gegebenenfalls aktiv, wenn eine signifikante Abweichung vorliegt, was z. B. auf Eindringlinge, Stromdiebstahl oder Gerätedefekte hinweisen kann. Daraus resultierende häufige *Kontakte* zwischen Kunde und Versorger dienen der Kundenbindung und bieten neue Ansätze wie die Darstellung von Spartipps, News etc. Die Hemmschwelle für den Aufruf einer mobilen App – verglichen mit dem Start des Rechners und dem Aufruf eines Internetportals – ist bedeutend geringer. Diesen Sachverhalt werden sich in den nächsten Jahren immer mehr Versorger zunutze machen – insbesondere deren Vertriebs- und Marketingabteilungen.

Verbrauchsanalysen sind nur ein erster Schritt für den Einsatz von intelligenten Zählern. Diese werden in den kommenden Jahren die Grundlage von verschiedensten Produkten und Dienstleistungen der Energieversorger sein. Bereits heute gibt es diverse Forschungsprojekte, z. B. rund um das Thema SmartHome. Darunter versteht man die Schaffung eines intelligenten Hauses, das wiederum auf den intelligenten Zählern basiert. So werden z. B. auf der Grundlage von aktuellen Netzauslastungen Strompreissignale an die Haushalte gesendet, woraufhin Haushaltsgeräte gesteuert werden. Mobile Applikationen werden ein wesentlicher Bestandteil derartiger Lösungen werden.

13.2.2 Interne Anwendungen

Während die geschilderten Anwendungen für Kunden insbesondere dem Service und der Kundenbindung dienen, ist es in erster Linie das Ziel von internen mobilen Applikationen, Prozesse zu optimieren und Kosten zu sparen.

- **Mitarbeiter im Außendienst**
  So erhalten Außendienstler z. B. die Möglichkeit, direkt vor Ort beim Kunden auf die SAP-Systeme (z. B. CRM/IS-U) zuzugreifen, um aktuelle Daten des Kunden einsehen zu können. Der Blick auf ein Smartphone spart viel Zeit und ist günstiger im Vergleich zur Nutzung von Laptops. Gleichzeitig ist sichergestellt, dass die Daten immer aktuell sind, im Vergleich zu unregelmäßigen und oftmals veralteten Datenabzügen.
- **Führungskräfte**
  Ein weiteres Beispiel bezieht sich auf Führungskräfte, die Transaktionen in Form von Freigabe-Workflows bestätigen müssen. Über mobile Lösungen erhalten sie die Möglichkeit, unabhängig von PC-Zugang und Ort, Entscheidungen zu treffen und damit Prozesse zu beschleunigen. In diesem Themenumfeld existieren bereits einige Standardlösungen von großen Herstellern. Abbildung 13.3 zeigt ein Beispiel aus der Applikation *SAP Sybase Mobile Sales & Workflow*, die auf Daten eines internen CRM-Systems zugreifen kann.

Abbildung 13.3 SAP Sybase Mobile Sales & Workflow (Quelle: SAP Sybase)

- **Management**
  Ein weiteres Beispiel für interne Applikationen sind mobile Management-Cockpits. Über diese Anwendungen haben das Management und leitende Angestellte jederzeit die Möglichkeit, ohne Zugang zu einem Rechner aktuelle Kennzahlen einzusehen, z. B. aus dem SAP NetWeaver BW-System. In Abhängigkeit der Ausprägung von SAP NetWeaver BW ist die Darstellung von aktuellen Anmeldungen und Kündigungen ebenso denkbar wie der Zugriff auf wichtige Bilanzkennziffern. Der mobile und ortsunabhängige Zugriff auf Managementinformationen sorgt für mehr Transparenz und kürzere Reaktionszeiten.

Abbildung 13.4 zeigt einen Screenshot einer mobilen Lösung von SAP – den *BusinessObjects Explorer* – auf dem iPhone. Sie sehen hier die grafische Darstellung einer Datenabfrage innerhalb eines SAP NetWeaver Business Warehouse-Systems.

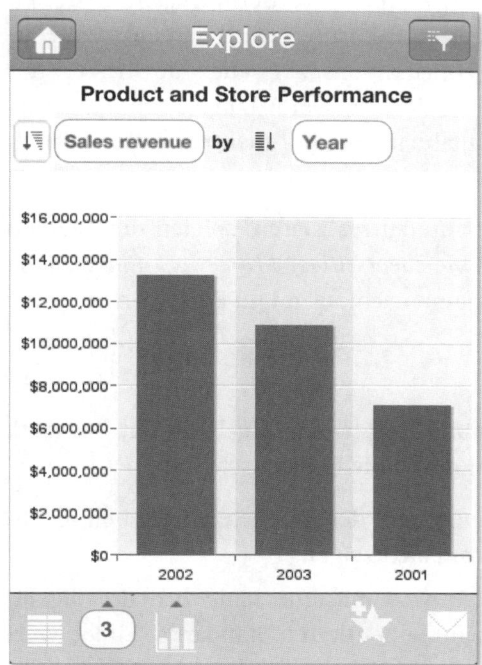

Abbildung 13.4 SAP BusinessObjects Explorer (Quelle: SAP BusinessObjects)

13.3 Technische Umsetzung der Anwendungen

Nachdem nun die verschiedenen Typen mobiler Applikationen beschrieben worden sind, wollen wir uns den Möglichkeiten ihrer technischen Umsetzung zuwenden. Zu unterscheiden sind dabei zum einen browserbasierte Webanwendungen, die für die mobilen Plattformen ausgelegt sind, und zum anderen native Apps, die plattformspezifisch entwickelt worden sind.

13.3.1 Browserbasierte Anwendungen

Unter den browserbasierten Anwendungen versteht man Webanwendungen (z. B. die bereits angesprochenen Self-Service-Portale), die speziell für mobile Endgeräte ausgelegt sind. Beim Aufruf der Seite durch ein Smartphone erkennt die Anwendung, dass es sich bei dem Client um einen mobilen Browser handelt, und stellt die Seite darauf zugeschnitten dar. Die Anpassungen, mit denen man den mobilen Geräten gerecht zu werden versucht, betreffen z. B. das Layout aufgrund der geringeren Auflösung, die Darstellung im Hinblick auf andere Interfaces wie z. B. Touchscreens, aber auch die Struktur der Anwendungen. Letzteres ist z. B. erforderlich, wenn lange Formulareingaben, die im normalen Browser handhabbar sind, auf mehrere Seiten verteilt werden müssen.

Um eine derartige mobile Portalvariante zu realisieren, spielen die Themen *Geräteerkennung*, *Inhaltsadaption* sowie *clientseitiger Framework-Einsatz* eine zentrale Rolle. Diese Themen werden nun nachfolgend im Einzelnen erläutert.

Geräteerkennung

Es gibt unzählige verschiedene mobile Geräte, die die Fähigkeit besitzen, Webseiten abzurufen. Sie alle haben individuelle Eigenschaften.

- Es gibt unterschiedlich große *Displays* mit der Möglichkeit, Farben darzustellen oder Inhalte nur monochrom anzuzeigen.
- Alle Geräte nutzen verschiedene *Browser* mit unterschiedlichen Fähigkeiten und häufig nicht vollständig implementierten Standards. Einige werden über einen Touchscreen gesteuert, andere mithilfe eines Stiftes oder ausschließlich über die Tastatur.
- Auch die *Hardware* und damit beispielsweise die zur Verfügung stehende Rechenleistung des Prozessors variiert stark und kann dazu führen, dass eine rechenintensivere Seite auf dem einen Gerät performant angezeigt

wird, während auf anderen Geräten störende Wartezeiten in Kauf genommen werden müssen.

Das macht es unmöglich, ein und denselben Seiten-Quellcode an sämtliche Geräte auszuliefern und dabei das gleiche Benutzererlebnis zu erwarten.

Um trotzdem jedem Benutzer eines Gerätes die Chance zu geben, eine Webseite angemessen oder zumindest akzeptabel nutzen zu können, führt kein Weg daran vorbei, unterschiedlichen Geräten jeweils einen auf ihre Fähigkeiten und Eigenschaften zugeschnittenen Quellcode oder Inhalt zu liefern.

Erreicht wird die Erkennung der aufrufenden Clients durch die Auswertung der Daten, die in Form von sogenannten *Request-Headern* bei jedem Aufruf mit auf den Server übermittelt werden. Anhand dieser Daten ist es möglich, das Endgerät zu erkennen und dessen Eigenschaften und Fähigkeiten abzufragen. Hierbei helfen sogenannte *Gerätedatenbanken,* in ihnen werden alle Informationen über bekannte Endgeräte vorgehalten, die schließlich von der Webanwendung abgefragt werden können. Auf diese Weise ist es möglich, die Eigenschaften der mobilen Plattformen abzufragen, sie zu gruppieren und deren Anfragen mit entsprechendem Code zu beantworten.

Inhaltsadaption

Unter der Inhaltsadaption versteht man das Anpassen des Quellcodes bzw. die Bearbeitung von Anfragen im Hinblick auf eine spezielle Gruppe von Endgeräten, die zuvor über die Geräteerkennung ermittelt worden sind. Zu unterscheiden sind hier im Wesentlichen drei verschiedene Ansätze.

- **Clientseitige Adaption**
  Bei der *clientseitigen Adaption* wird die Logik zur gerätespezifischen Anpassung auf das mobile Gerät verlagert. Dies könnte z. B. dadurch erfolgen, dass der mobile Browser entscheidet, welches Style Sheet verwendet werden soll.
- **Adaption im Netzwerk**
  Die *Adaption im Netzwerk* beinhaltet die Veränderung der Daten auf dem Weg vom Server zum Client. So könnte ein zwischengeschalteter Server (ein sogenannter *Proxy*) z. B. Bilder vor dem Versand an mobile Endgeräte eigenständig komprimieren.
- **Serverseitige Adaption**
  Der letzte Ansatz – die *serverseitige Adaption* – ist in den meisten Anwendungsfällen das Mittel der Wahl. Dabei wird der ausgelieferte Code, der an die Endgeräte versendet wird, bereits innerhalb der Anwendung speziell

für diese Geräteklasse erstellt. Häufig werden parallel zur eigentlichen Portalanwendung eine oder mehrere (abhängig von der Anzahl unterstützter Plattformgruppen) mobile Varianten erstellt. In Abhängigkeit von der anfragenden Plattform wird dann auf die jeweilige Variante umgeleitet. Für den Benutzer ist dieser Vorgang absolut transparent.

Abbildung 13.5 verdeutlicht die eben genannten Ansätze.

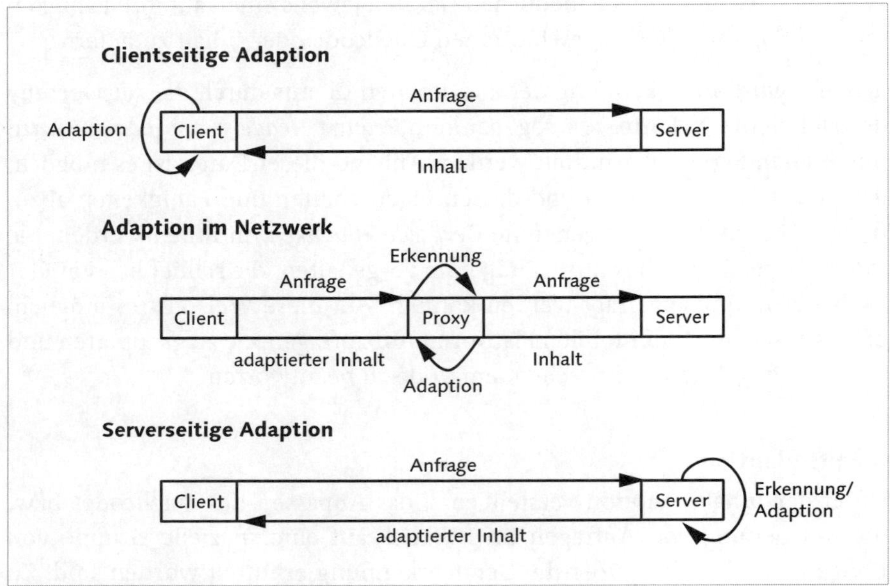

Abbildung 13.5 Ansätze der Inhaltsadaption

Clientseitiger Framework-Einsatz

Der clientseitige Einsatz von Frameworks im diskutierten Umfeld dient vor allem dazu, die Entwicklung mobiler Webseiten zu vereinfachen und zu beschleunigen. Die Frameworks erleichtern die Entwicklungen vor allem in den Bereichen Design und Interaktion. Mit ihrer Hilfe, d.h. mit den darin enthaltenen Styles und Funktionen, lassen sich mobile Webanwendungen erstellen, die gegenüber dem Benutzer den Eindruck nativer Applikationen vermitteln.

Ohne den Framework-Einsatz stehen die Entwickler vor allem vor dem Problem der Vielfalt unterschiedlicher mobiler Browser und deren unterstützter Webstandards. Einige Browser unterstützen z. B. einen Standard wie HTML5 oder CSS3 komplett, einige nur in Teilen, andere hingegen gar nicht. Diese

Komplexität soll den Entwicklern durch den Framework-Einsatz abgenommen werden.

Durch passende Entscheidungen innerhalb der Themenfelder *Geräteerkennung, Inhaltsadaption* und *clientseitiger Framework-Einsatz* lassen sich mobile Varianten klassischer Portallösungen erstellen. Sie werden über den Browser des Smartphones aufgerufen und stellen die angepassten Inhalte dar – zugeschnitten auf kleinere Displays sowie andere Interaktionskonzepte. Auch wenn der clientseitige Einsatz der Frameworks den Entwicklern viel Last abnimmt, bleibt eine erhebliche Komplexität durch die sehr unterschiedlichen Eigenschaften der Geräte bestehen. Daher ist es immens wichtig, die verschiedenen zu unterstützenden Plattformen bzw. deren Gruppierungen genau zu definieren.

Abbildung 13.6 stellt ein Beispiel eines mobilen Customer-Self-Service-Portals dar. Dieses läuft im Browser eines iPhones und simuliert mithilfe entsprechender clientseitiger Frameworks das Erscheinungsbild einer nativen Applikation.

Abbildung 13.6 Mobiles Customer-Self-Service-Portal

13.3.2 Native Applikationen

Im Gegensatz zu browserbasierten Lösungen werden native Applikationen – wie für das iPhone, Android oder Blackberry – speziell für jedes Endgerät entwickelt. Die Hersteller bieten den Entwicklern meist eigene Entwicklungsumgebungen und Softwaretools, mit deren Hilfe Anwendungen für die jeweilige Plattform erstellt werden können. Bei der Implementierung dieser individuellen Apps stehen den Entwicklern alle nativen Funktionalitäten und Schnittstellen (Positionsbestimmung über GPS, Kamerafunktion etc.) zur Verfügung, da die Anwendungen speziell für diese Plattform – also nativ – entwickelt werden. Die Apps werden meist über herstellereigene *App Stores* verteilt und den Kunden gratis oder gegen Gebühr zum Download angeboten. Unternehmensinterne Applikationen werden meist über Administrationstools an die entsprechenden Geräte im Unternehmen verteilt.

Die Individualität ist gleichermaßen der Vorteil wie auch der Nachteil von nativen Apps.

- **Unternehmensinterne Anwendungen**
  Da die nativen Apps speziell auf einen Hersteller ausgelegt sind, können sie genau hinsichtlich dessen Vorgaben definiert und programmiert werden. Vor allem bei unternehmensinternen Anwendungen, in denen die Zielgruppe meist einheitliche Smartphones verwendet, bringt dies Vorteile mit sich.

- **Plattformübergreifende Anwendungen**
  Das Gegenteil ist jedoch bei Anwendungen der Fall, die plattformübergreifend angeboten werden sollen. Die Entwicklung nativer Apps bringt hier – neben der Individualität – vor allem eine deutlich höhere Komplexität und damit verbunden höhere Kosten mit sich. Die Lösungen müssen für jede Plattform separat entwickelt werden. Fehlerbehebungen, Anpassungen und Erweiterungen müssen damit ebenfalls redundant in unterschiedlichen Entwicklungsumgebungen durchgeführt werden.

  Hinzu kommt die Tatsache, dass die einzelnen Entwicklungswerkzeuge der Hersteller häufig ganz unterschiedliche Kenntnisse der Entwickler erfordern. Native Software für das iPhone wird z. B. in der Programmiersprache *Objective-C*, Software für Android-Plattformen hingegen in *Java* geschrieben.

Abbildung 13.7 zeigt die Entwicklungsumgebung *XCODE* für Apples iPhone sowie die des zugehörigen Simulators auf dem Betriebssystem Mac OS X 10.6.

Abbildung 13.7 Entwicklungsumgebung XCODE

Die Vor- und Nachteile von nativen Anwendungen sind in den konkreten Projekten daher intensiv einander gegenüberzustellen. Aus Gründen des Umfangs und der Funktionalität einer plattformübergreifenden Applikation könnte es daher gegebenenfalls sinnvoll sein, native Lösungen für die Zielplattformen zu erstellen. Aufgrund der resultierenden Kosten und des Wartungsaufwands könnte die Entscheidung dennoch auf eine webbasierte Lösung fallen.

13.3.3 Hybrider Ansatz

Neben den soeben geschilderten Varianten (browserbasiert vs. nativ) soll noch ein weiterer Ansatz angesprochen werden. Dieser hat das Ziel, einen geeigneten Mittelweg zu bieten. Dabei werden – unterstützt durch verschiedene Frameworks – native Apps für die jeweiligen Plattformen erstellt. Diese bilden jedoch ausschließlich einen Rahmen auf dem Endgerät ab, innerhalb dessen die eigentliche Anwendung in Form von HTML und JavaScript entwickelt wird.

Ein aktuelles Beispiel für ein derartiges Framework ist *PhoneGap*. Dieses stellt den Entwicklern auf den jeweiligen unterstützten Plattformen (z. B. iPhone, Android und Blackberry) Plugins – d. h. Zusatzkomponenten – zur Verfügung. Diese Plugins sorgen für die Erstellung der Rahmenanwendung auf dem jeweiligen Endgerät, wodurch diese Arbeit dem Entwickler abgenommen wird und keine plattformspezifischen Kenntnisse benötigt werden.

Innerhalb dieses Rahmens wird die gesamte Applikation in Form von HTML und JavaScript abgebildet. Das Design der Anwendung erfolgt nicht durch native UI-Komponenten, sondern durch *Cascading Style Sheets* (CSS). Die Frameworks stellen teilweise Schnittstellen zur Verfügung, sodass innerhalb der HTML-Entwicklungen und der Skripte auf Systemkomponenten wie z. B. die Positionsbestimmung via GPS zugegriffen werden kann.

Dieser *hybride* Ansatz stellt einen guten Kompromiss bei der Erstellung von plattformübergreifenden Smartphone-Anwendungen dar. Er bietet die Möglichkeit, mit wenigen oder gar ohne plattformspezifische Entwicklungskenntnisse native Apps zu erstellen. Da die eigentliche Programmlogik in Form von HTML und JavaScript entwickelt wird, muss diese nicht redundant erfolgen, sondern kann auf allen Geräten einheitlich verwendet werden. Lediglich die Styles sind gegebenenfalls spezifisch anzupassen. Hierbei unterstützen eventuell die zuvor angesprochenen clientseitigen Frameworks.

Durch den einheitlichen Programmcode ohne Redundanzen ist die Wartung der Anwendungen deutlich weniger aufwendig. Hinzu kommt, dass im Bereich von HTML und JavaScript eine größere Entwickleranzahl zur Verfügung steht. Ob sich dieser Ansatz langfristig durchsetzt, werden die nächsten Jahre zeigen.

13.4 Anbindung an Backend-Systeme

Nachdem in den vorangegangenen Abschnitten auf die Entwicklung von browserbasierten und nativen Applikationen eingegangen wurde, soll nun der Zugriff der Anwendungen z. B. auf IS-U oder SAP CRM angesprochen werden. Da diese Kommunikation sicher sein muss, stehen dazu prinzipiell zwei Möglichkeiten zur Verfügung.

13.4.1 Zugriff über virtuelles privates Netzwerk

Die erste Möglichkeit ist der Zugriff über ein sogenanntes *virtuelles privates Netzwerk* (VPN), das insbesondere für die unternehmensinternen Applikationen relevant ist. Befindet sich ein Benutzer mit seinem Smartphone in einem öffentlichen, gegebenenfalls ungesicherten Netz (WLAN, UMTS etc.) hat er die Möglichkeit, sich über ein sogenanntes *VPN-Gateway* mit dem internen Netz seines Unternehmens zu verbinden. Durch diese VPN-Verbindung wird das Smartphone zu einem Teil des internen Netzes und kann entsprechend auf alle Ressourcen – insbesondere auf die Backend-Systeme – direkt zugreifen. Im Gegenzug unterliegen alle Zugriffe nach Eintritt in ein VPN den Restriktionen des neuen Netzes, im geschilderten Fall wäre das das Unternehmensnetz. Über die Verwendung eines geeigneten VPN-Protokolls wird sichergestellt, dass die Verbindung absolut abhör- und manipulationssicher ist; nach der Herstellung einer VPN-Verbindung können die Applikationen direkt ohne weitere Umwege mit den Backend-Systemen kommunizieren.

Die meisten aktuellen Smartphone-Plattformen bieten Standardfunktionen für die VPN-Verbindungen an. Nachdem die Daten des VPN-Gateways sowie weitere Zugangsdaten eingerichtet sind, kann eine Verbindung mit wenigen Handgriffen hergestellt werden. Abbildung 13.8 zeigt die Konfigurationsmöglichkeiten eines VPN im iPhone. Nach der einmaligen Einrichtung kann die Verbindung mit einem Klick hergestellt werden.

Abbildung 13.8 VPN-Konfiguration im iPhone

13.4.2 Zugriff über eine demilitarisierte Zone

Die geschilderte Verbindung über ein VPN ist zwar im Falle von unternehmensinternen Anwendungen sicher und sinnvoll, für Kunden-Apps, die z. B. den Zugriff auf Customer Self-Services ermöglichen, jedoch nicht zu gebrauchen. Diese Apps benötigen einen dedizierten Zugriff auf exakt definierte Anfragen und keinen generellen Zugang zum internen Netz eines Unternehmens.

Die Lösung in diesem Fall ist der Zugriff auf die Dienste eines Servers in einem vorgeschalteten Netz, der sogenannten *demilitarisierten Zone* (DMZ). Darunter versteht man ein Netz mit sicherheitstechnisch kontrollierten Zugriffsmöglichkeiten auf die daran angeschlossenen Server. Die in der DMZ aufgestellten Systeme werden durch eine oder mehrere Firewalls gesichert und bilden eine Art Schutzschicht vor dem sensiblen Unternehmensnetz.

Der Server in der DMZ stellt Schnittstellen zur Verfügung, die über eine sichere SSL-Verbindung (Secure Socket Layer) vom Smartphone aufgerufen werden. Eingehende Anfragen leitet der Server weiter an die Backend-Systeme, nimmt deren Antwort entgegen und leitet diese wiederum zurück an das Smartphone. Durch diese Vorgehensweise ist sichergestellt, dass Anfragen nie direkt an die Backend-Systeme gesendet werden können. Des Weiteren werden nur geprüfte Anfragen zugelassen, gegebenenfalls über zusätzliche Sicherheitskomponenten.

Abhängig von der Art der Anwendung (browserbasiert vs. nativ) erfolgt die Server-Antwort in Form von HTML-Dokumenten oder strukturierten Datenformaten wie XML, die innerhalb einer nativen App weiterverarbeitet werden. Ein analoges Verfahren wird bei klassischen Internetportalen angewendet, z. B. im Fall der angesprochenen Customer Self-Services, bei denen ein Webserver in der DMZ Antworten in Form von HTML-Dokumenten an den Webbrowser des Benutzers liefert.

Abbildung 13.9 verdeutlicht die unterschiedlichen Zugriffsvarianten. Im oberen Bespiel erfolgt der Zugriff über einen Application Server in der DMZ auf die SAP-Systeme im LAN hinein, im unteren Beispiel wird hingegen direkt via VPN auf das Backend zugegriffen.

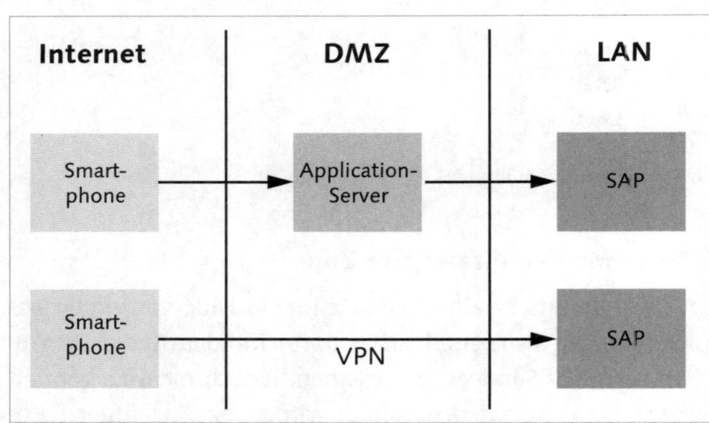

Abbildung 13.9 Zugriffsvarianten auf Backend-Systeme

13.5 Vorgehen im Projekt

Wir sind bislang detailliert auf die Art der mobilen Applikationen im Bereich der Energieversorgung sowie auf deren Entwicklungen eingegangen. Dabei hat sich herausgestellt, dass vor allem die plattformübergreifende Entwicklung unter Umständen sehr komplex sein kann. Unterschiedliche Frameworks unterstützen Sie bei der Handhabung dieser Komplexität.

Im Rahmen der Entwicklung von neuen Projekten stellt sich aufgrund der vielen unterschiedlichen geschilderten Möglichkeiten die Frage, welche Vorgehensweise am besten geeignet ist. In diesem Abschnitt werden wir daher versuchen, Ihnen eine Art Checkliste an die Hand zu geben, anhand derer Sie die wesentlichen Entscheidungen treffen können.

13.5.1 Standard- vs. Individualsoftware

Bevor wir jedoch näher auf die Implementierungsvarianten eingehen, ist es zunächst nötig, eine wesentliche Frage zu klären: Ist es sinnvoll, eine Individualsoftware zu entwickeln, oder bietet der Markt dafür bereits geeignete Standardlösungen? Beide Varianten haben ihre Vor- und Nachteile. In Abschnitt 13.2.2 werden im Bereich der internen Applikationen zwei Standardprodukte genannt – SAP Sybase Mobile Sales & Workflow sowie SAP BusinessObjects Explorer.

Sollte deren Lösungsumfang oder der anderer Produkte alle Ziele des eigenen Projekts abdecken, sind lediglich die Anschaffungs- und Lizenzkosten zu betrachten. Sinnvoll ist der Einsatz von *Standardsoftware*, insbesondere beim unternehmensinternen Einsatz: Hier sind die eingesetzten Zielplattformen meist einheitlich und klar definiert; die Anzahl der Benutzer ist im Vergleich zu externen Anwendungen (z. B. Self-Services für Privatkunden) stark eingeschränkt. Eine gegebenenfalls höhere Komplexität der Software im Vergleich zu einer *maßgeschneiderten* Individualsoftware kann z. B. mit Schulungsmaßnahmen kompensiert werden. Deckt der Lösungsumfang der infrage kommenden Standardprodukte jedoch nicht alle Projektziele ab oder ist deren Komplexität viel zu groß im Vergleich zu einer eher kleinen Anforderung, kann auch im unternehmensinternen Einsatz eine Eigenentwicklung sinnvoll sein.

Im Rahmen der *Individualsoftware* stellt sich der Sachverhalt genau umgekehrt dar. Diese ist immer dann sinnvoll, wenn keine adäquate Lösung auf dem Markt angeboten wird. Bei Applikationen für externe Zielgruppen, die zum einen einer breiten Masse an Kunden zur Verfügung gestellt werden sollen und meist sehr spezielle Anforderungen an Design und Funktionalität haben und zum anderen häufig plattformübergreifend in den jeweiligen App Stores angeboten werden sollen, ist eine Eigenentwicklung meistens unumgänglich.

In diesen Fällen sind die Kosten für Entwicklung und Wartung im Vergleich zu einem Kaufpreis mit Lizenzkosten zu betrachten. Der große Vorteil der Eigenentwicklung ist und bleibt jedoch die Flexibilität. In einem liberalisierten und immer stärker umkämpften Markt wird es auf Dauer nicht ausreichen, sich mit Standardlösungen vom Wettbewerb abzusetzen. Die vertrieblichen Ideen und Maßnahmen zur Verstärkung der Kundenbindung sind meist sehr individuell, sodass die notwendige Flexibilität der IT-Produkte nur über Eigenentwicklungen gewährleistet werden kann.

13.5.2 Projekt-Checkliste

Im Rahmen eines konkreten Projekts existieren viele Fragen, die einer strukturierten Beantwortung bedürfen. Im Folgenden werden die wesentlichen Fragen, die in den vorangegangenen Abschnitten bereits angesprochen wurden, noch einmal dargestellt.

- Existiert eine Standardlösung?
  - Reicht der Leistungsumfang aus?
  - Ist der Leistungsumfang zu groß (zu hohe Komplexität)?
  - Sind Anschaffungs- und Lizenzkosten akzeptabel?
  - Ist ausreichende Flexibilität für zukünftige Anforderungen gegeben?
  - Ist die Software auf allen Zielplattformen verfügbar?

  Können Sie die Fragen positiv beantworten, ist der Einsatz der Standardlösung sinnvoll, anderenfalls sind die folgenden Fragen bezüglich einer Eigenentwicklung zu klären.
- Kommt eine browserbasierte Anwendung infrage?
  - Kann auf native Funktionalität der Plattformen verzichtet werden?
  - Soll die Anwendung nur über den mobilen Browser aufrufbar sein und nicht über die jeweiligen App Stores vertrieben werden?

  Können Sie alle Fragen positiv beantworten, kommt eine browserbasierte Webentwicklung (gegebenenfalls mit clientseitigem Framework-Einsatz zur Simulation nativer Effekte) infrage.

- Ist eine native Applikation erforderlich?
  - Auf welchen Plattformen soll die Applikation angeboten werden?
  - Wie hoch ist die Komplexität der Anwendung?

  Bei einer rein nativen Entwicklung ergibt sich der Aufwand aus der Multiplikation des Komplexitätsgrads mit der Anzahl der Plattformen. Liegt eine komplexe Anwendung vor, die auf mehreren Plattformen verfügbar sein muss, ist gegebenenfalls der Einsatz eines Frameworks wie PhoneGap abzuwägen, um Redundanzen bei der Entwicklung und damit verbundene Wartungsaufwände zu reduzieren. Weiterhin sollte der clientseitige Framework-Einsatz gegebenenfalls geprüft werden, um native UI-Komponenten und Effekte zu simulieren.

Dem skizzierten Wandel hin zu mobilen Anwendungen werden sich Energieversorgungsunternehmen auf Dauer nicht entziehen können. Customer Self-Services für Kunden von Versorgungsunternehmen, reine Online-Produkte etc. sind längst zum Standard geworden und stellen keine Wettbewerbsvorteile mehr dar. Genau wie diese Services aktuell von den Kunden bereits vorausgesetzt werden, wird in Zukunft das Angebot von mobilen Applikationen – in Form von nativen oder auch browserbasierten Apps – selbstverständlich sein. Gesetzliche Vorgaben sowie technologische Entwicklungen wie z. B. Smart Metering, SmartHome oder Elektromobilität werden diesen Prozess noch verstärken, da mobile Anwendungen einen wesentlichen Bestandteil dieser Themen darstellen.

Um dieser Situation gerecht zu werden, wurden in diesem Kapitel die grundlegenden Zusammenhänge und Faktoren beschrieben. Die erste wesentliche Frage ist die nach der *Zielgruppe* der Anwendung. So liegen unternehmensinternen Anwendungen ganz andere Voraussetzungen und Restriktionen zugrunde, als es bei externen Apps für die breite Masse der Kunden der Fall ist. Darunter fallen z. B. die Fragen nach der Anzahl der Zielplattformen, der mögliche Einsatz von Standardsoftware bis hin zur Wahl der Zugriffsvariante auf die Backend-Systeme.

Neben der Klärung der Zielgruppe ist die Entscheidung bezüglich einer *browserbasierten Anwendung* und einer *nativen Applikation* zentral. Die erste Option sorgt gegebenenfalls für weniger redundante Entwicklungsaufwände, bietet aber nicht die Möglichkeit, native Plattformfunktionalitäten zu nutzen. Native Applikationen können über die plattformspezifischen App Stores vertrieben werden und bieten alle vom Gerät unterstützten Funktionen. Insbesondere bei mehreren zu unterstützenden Zielplattformen können die Kosten für Entwicklung und Wartung der Applikation jedoch rasant ansteigen. Eine Art Mittelweg bietet gegebenenfalls der Einsatz von entsprechenden Frameworks. Deren Funktionalitäten und Zielplattformen müssen jedoch exakt geprüft und mit den entsprechenden Projektvorgaben abgeglichen werden.

Zusammenfassend ist festzuhalten, dass das Thema der mobilen Applikationen alle Energieversorger in den nächsten Jahren betreffen wird. Zukünftige plattformübergreifende Standards werden hoffentlich dafür sorgen, dass sich die Komplexität dieser Projekte bis dahin etwas reduziert haben wird.

Die Entwicklungen in der Versorgungswirtschaft sowie die Abbildung in der SAP for Utilities-Welt sind sehr dynamisch. Bis Sie dieses Buch in den Händen halten, sind unter Umständen neue Funktionen, weitere gesetzliche Änderungen etc. umzusetzen. In diesem Ausblick geben wir eine kurze Zusammenfassung und stellen die zukünftigen Anforderungen und Funktionen kurz dar.

14 Ausblick

Im vorliegenden Buch haben Sie einen Überblick über den Status quo zur Abbildung der Geschäftsprozesse im deregulierten Energieversorgungsmarkt erhalten. Es wurden Basistechnologien, wie der SAP NetWeaver Application Server, sowie Workflow- und Schnittstellentechnologien vorgestellt. Darauf aufbauend folgte ein Einblick in die grundsätzlichen Logistik- und Rechnungswesen-Komponenten, die in der Versorgungswirtschaft den Rahmen für die Prozessunterstützung bilden. Diese wurden durch die Darstellung der speziellen Komponenten in der Versorgungswirtschaft (wie IS-U, FI-CA) und die Abbildung der Kundenprozesse ergänzt. Die Vorstellung von SAP CRM mit E-Services, den BI-Lösungen von SAP, von AMI und den mobilen Lösungen rundete die versorgungsspezifischen Geschäftsprozesse ab.

Auch der aktuelle Stand der Deregulierung und die Abbildung der daraus resultierenden Anforderungen und Markttrends wurden ausführlich diskutiert. Dabei wurden die Prozesse jeweils aus der Sicht der konkreten Marktrolle beschrieben.

14.1 Neue Rahmenbedingungen

Die Versorgungswirtschaft steht nach wie vor einem weitreichenden Wandel. Die Herstellung und der Verbrauch von Energie müssen verstärkt in einer nachhaltigen Weise erfolgen. Der Ausstieg aus der Atomenergie ist beschlossen. Zukünftige Anforderungen sind die Bereitstellung erneuerbarer Energien, intelligente Gestaltung der Netze (*Smart Grids*), Steigerung der

Energieeffizienz sowie die Integration der Elektromobilität in die Wertschöpfungskette der Stromerzeugung, des Transports und des Verbrauchs.

Weiterhin wird sich der Trend zur verstärkten Fokussierung auf Kunden bzw. Kundengruppen fortsetzen: Der Kunde steht im Mittelpunkt. Doch der energiebewusste Kunde zeigt gesteigertes Interesse am Produkt und am Preis. Dabei wirkt sich der Preisdruck bei gleichzeitig zunehmender Markttransparenz negativ auf die Margen der Energieversorger aus.

Die Aufteilung und Erweiterung der Wertschöpfungsketten in der Versorgungswirtschaft wird zunehmen: Die Unternehmen wandeln sich vom »isolierten« Energieversorger zum hochintegrierten, vernetzten Unternehmen. Durch Marktkommunikation und Verteilung der Aufgaben- und Prozesslandschaft entstehen komplexe Strukturen. Diese gilt es erfolgreich zu überwachen und zu steuern. Hierfür benötigen Energieversorger mehr denn je Flexibilität und Effizienz in ihrer Softwarelandschaft. Auch die weitere Industrialisierung erfordert Plattformstrategien, die in anderen Branchen längst etabliert sind.

14.2 SAP for Utilities Roadmap

Wer in diesem dynamischen Energieversorgungsmarkt langfristig bestehen will, der muss auf die beschriebenen und zukünftigen Anforderungen flexibel reagieren können. SAP bietet mit SAP for Utilities das optimale Werkzeug zur Umsetzung der individuellen Unternehmensstrategie.

Neben den regulatorischen Auswirkungen und Markttrends sind dabei auch technische Strömungen zu berücksichtigen. Hierzu zählt die massive Zunahme der neuen, unterschiedlichen (mobilen) Endgeräte und deren weitere Integration in das tägliche Leben jedes Einzelnen. Weiterhin ist von einer starken Zunahme des Datenvolumens auszugehen: Laut einer Yankee Group Studie aus dem Jahr 2008 verdoppelt sich das Datenvolumen alle 18 Monate. Das Internet wird zunehmend wichtiger und ist aus unserem Alltag nicht mehr wegzudenken. So werden Informationen von Mitarbeitern eher im Internet gesucht als in den IT-Systemen der Unternehmen.

Zur Flexibilisierung der IT-Systeme und -Applikationen wird zukünftig die Bereitstellung über sogenannte *Clouds* massiv zunehmen. Rechnerwolken haben primär den Ansatz, abstrahierte IT-Infrastrukturen (z. B. Rechenkapazität, Datenspeicher, Netzwerkkapazitäten oder auch fertige Software) dynamisch an den Bedarf angepasst über ein Netzwerk zur Verfügung zu stellen.

Um eine Energie-Nachfragesteuerung zu gewährleisten, sind *Smart Grids* oder *SAP AMI Integration for Utilities* eine wichtige Technologie bzw. Applikation. Durch den Einsatz von intelligenten Zählern und Netzen bekommen die Kunden volle Transparenz über ihren Verbrauch und ihre Kosten. Der Energieversorger kann seinen Kunden neue Produkte über SAP CRM anbieten und über SAP for Utilities abrechnen. Die neuen Produkte und Services können auch neue Preismodelle, etwa nach der Nutzungszeit, mit Preissignalen oder Finanzierungen sein. Eine deutlich erhöhte Prozesseffizienz bei der Durchführung von Massenprozessen zwischen Zähler und Energieversorger, wie das Senden und Empfangen von Profilen, ist dadurch möglich. Im Rahmen der Eigenerzeugung und Elektromobilität wird auf die AMI-Infrastruktur aufgesetzt, und es werden eigene Services und Prozesse entwickelt und bereitgestellt.

Über die *In-Memory-Technologie* werden neue hochperformante »On-Demand«-Auswertungen ermöglicht. Neuartige In-Memory-Datenbanken, die auch als NewDB bezeichnet werden, organisieren sämtliche Daten in Spalten – und nicht wie bisher in Zeilen. Die In-Memory-Technologie erlaubt die Verarbeitung von Massendaten zur Laufzeit im Hauptspeicher. Die SAP In-Memory Appliance (SAP HANA, ursprünglich für High-Performance Analytic Appliance) kommt dort zum Einsatz, wo es primär um das schnelle Auswerten von Geschäftsdaten geht. Die Ergebnisse der Analyse und Transaktionen stehen sofort zur Verfügung. SAP NetWeaver Business Warehouse (BW) wird mit SAP HANA vollkommen lauffähig sein. Allein durch die Einführung von Smart Metering im Massenkundenbereich wird sich das Datenaufkommen vervielfachen (je nach Analyse von 750-fach bis 2300-fach). Der Einsatz von In-Memory-Technologie bzw. SAP HANA ist damit quasi vorbestimmt. Ein beispielhaftes Anwendungsgebiet sind »Smart Grid Analytics«, bei dem es sich um Data Mining mit sehr großen (Verbrauchs-)Datenmengen handelt. Abbildung 14.1 zeigt diesbezüglich den Anwendungsbereich von HANA. Hier werden hoch performante Analysen in den folgenden Bereichen bereitgestellt:

- Auswertung von Verbräuchen (Smart Meter Profile)
- Aktivitäten (Smart Meter Event), wie die Sperrung eines intelligenten Zählers
- der Betrieb von intelligenten Zählern (Grid Operations), wie z. B. Instandhaltungskosten

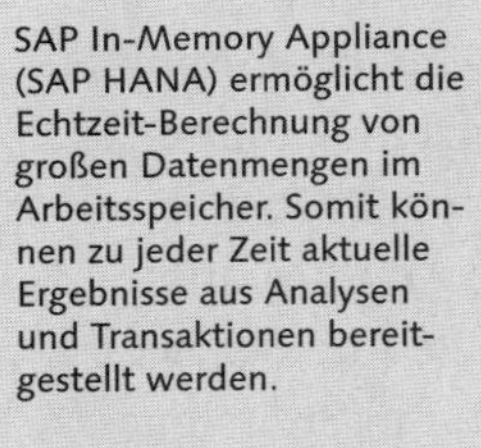

SAP In-Memory Appliance (SAP HANA) ermöglicht die Echtzeit-Berechnung von großen Datenmengen im Arbeitsspeicher. Somit können zu jeder Zeit aktuelle Ergebnisse aus Analysen und Transaktionen bereitgestellt werden.

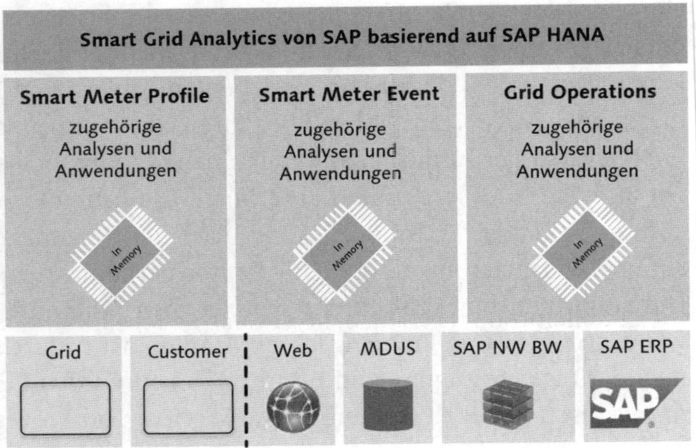

Abbildung 14.1 HANA im Bereich »Smart Grid Analytics« (Quelle: SAP)

Um die komplexe Aufgabe bei der initialen Bereitstellung der Vielzahl an intelligenten Zählern zu meistern, bietet SAP eine Lösung zum »Smart-Meter-Roll-out«. Bei engen internen Kapazitäten muss der Prozess geplant und überwacht werden. Nach der Installation müssen die intelligenten Zähler in die Anlagenverwaltung integriert werden. Weiterhin sind gegebenenfalls weitere Services und Sparten (z. B. Telco/Gas) technisch zu integrieren. Eine zentrale Fragestellung ist hierbei auch, ob ein sequenzieller Rollout nach Bezirken und Regionen erfolgen soll, um Effekte vorzeitiger erzielen zu können. Möglicherweise muss das Einbeziehen von Subdienstleistern gesteuert und überwacht werden. Die Planung des Rollouts kann in der SAP-Lösung im GIS (Geografisches Informationssystem) und somit über Kartenmaterial auf einer geografischen Benutzeroberfläche erfolgen.

Die unaufhaltsame Verbreitung der *Elektromobilität* ist in den SAP-Systemen im Rahmen der Energieverkaufs- und der Abrechnungsprozesse nach unterschiedlichen Modellen (z. B. Zahlung nach kWh/km), der Vertragsverwaltung und der Verwaltung von Energie abzubilden. Hierzu wird die vorhandene Infrastruktur um IS-U, SAP CRM und SAP AMI geöffnet und erweitert, um eine Kommunikation zwischen Versorger und Fahrzeug oder Kunde zu gewährleisten. Die Abrechnung muss unterschiedliche Szenarien zulassen (über die Energieversorgerrechnung, aber auch an den ausländischen Ladestationen, das sogenannte »Roaming«). Weiterhin müssen den Kunden Verbrauchs- und Steuerungsinformationen über Self-Services bereitgestellt werden.

Über die *SAP Convergent Charging*-Funktion können auch Nicht-Energieprodukte (z. B. Media, Telco und eMobility) abgerechnet werden.

Ein wesentliches Handlungsfeld der Versorgungswirtschaft bleibt *SAP CRM*. Durch den erhöhten Wettbewerb und die Wandlung des Marktes werden erweiterte Instrumente benötigt. Die Anzahl, Ausgestaltung und Flexibilität von Produkten wird deutlich zunehmen. Im Rahmen von SAP AMI werden Produkte zur genauen Abrechnung der Nutzungszeit, zu bestimmten Lastzeiten mit Rabatten etc. angeboten und müssen verwaltet werden. Es können auch Bündelprodukte (z. B. mehrere Sparten plus Hardware) und Services wie Finanzierungen hinzukommen. Dies erfordert eine optimierte Produktkonfiguration und gegebenenfalls Simulationsszenarien für den Kunden. Für Großkunden steht die CRM-integrierte Angebotskalkulation (*Pricing and Costing*) zur Verfügung. Diese ist nahtlos ins *Energie Portfolio Management* (EPM) integriert. EPM führt Angebot und Nachfrage in den Sparten »Strom« und »Gas« zusammen und leitet sie in die Beschaffung basierend auf aktuellen Verträgen und Prognoseprofilen über.

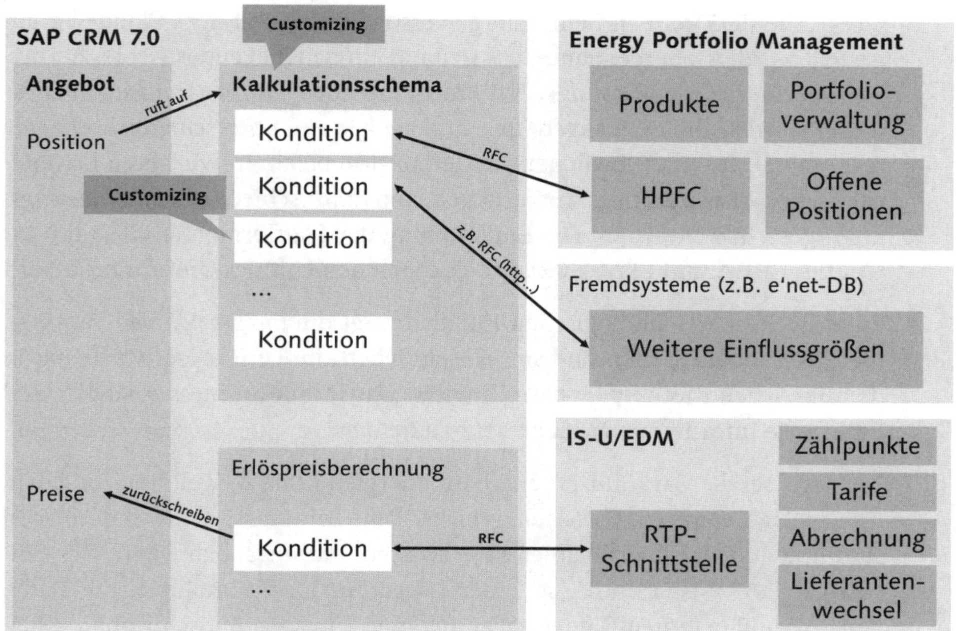

Abbildung 14.2 EPM in die IS-U-Systemlandschaft einbinden (Quelle: SAP)

Abbildung 14.2 stellt die Einbindung des Energy Portfolio Managements in die IS-U-Landschaft dar. Der Zugriff von CRM dient im Rahmen der Angebotskalkulation zum Lesen der Hourly Price Forward Curve (HPFC), mit deren Hilfe der Energiebezugspreis berechnet wird.

Auch im Bereich des Kundenmanagements zieht die *In-Memory-Technologie* ein. Durch die hohe Anzahl an Kunden- und Verbrauchsdaten ist die Technologie prädestiniert zum Dashboarding, zur Kundensegmentierung, zum Data Mining sowie zum Benchmarking. Hier können etwa aufgrund von Verbrauchswerten oder -profilen und Kundenprofitabilitäten marketingrelevante Aussagen getroffen werden. So können gezielt Produkte entwickelt werden, um eine Nachfragesteuerung im Rahmen von Energieeffizienzprogrammen umzusetzen.

Mit Unterstützung von SAP CRM werden die Themenstellungen Kampagnenmanagement und Loyalty Management intensiviert.

Um den erhöhten Informationsanforderungen der Kunden gerecht zu werden und die Wirtschaftlichkeit zu verbessern, stellt SAP die neuen *SAP Customer Online Services* (COS) (wahrscheinlich ab 2012) zur Verfügung. Hierbei handelt es sich um das Nachfolgeprodukt von UCES (Utility Customer E-Services). Die COS können beim Energieversorger sowie in der »Cloud« bereitgestellt werden. Hierbei handelt es sich um ein naheliegendes Gebiet für den Einsatz einer »Cloud-Lösung«. Auf Basis des neuen *Utilities Unification Layer* (UUL) werden die COS angeboten, und sie können unterschiedliche Kanäle (z. B. mobil, Internet) bedienen. In den nächsten Jahren wird eine Erweiterung der Softwarearchitektur erfolgen, um unterschiedlichen Benutzungsarten gerecht zu werden. Die Entkopplung der Plattformen (ab ERP 6.0 für Utilities EHP 6 und CRM 7.02) erfolgt durch den Utilities Unification Layer.

Einen weiteren technologischen Impuls bringt die *Integration von Sybase* in die SAP-Produkte. Hier sind im Wesentlichen die Leistungserweiterung in den Bereichen Mobility (Sybase Unwired Plattform), Business Analytics und Enterprise Information Management zu nennen.

Der wachsende Markt für erneuerbare Energien führt zu weiteren Aufgaben für das *SAP Enterprise Asset Management*. Neue Leitungssysteme und Anlagen sind individueller und flexibler zu verwalten und instandzuhalten. Der Einsatz von SAP Visual Business, einer User-Interface-Technologie, die Daten von SAP und externen Datenquellen in einem einzigen Bildschirmbild visualisiert, kann in diesem Kontext angedacht werden.

Es ist von einem weiteren Zusammenwachsen der Branchen Energieversorgungswirtschaft und Entsorgungswirtschaft auszugehen. Im Rahmen der Nachhaltigkeit müssen sich Energieversorger vermehrt auch um Entsorgung und Verwertung kümmern. Entsorger bewegen sich zunehmend in den Bereich der Erzeugung (*Waste to Energy*). Die Produktpalette von SAP mit SAP Waste and Recycling, SAP Environment, Health, and Safety Management – Energie und Emissionsmanagement könnte ein eigenes Buch füllen und soll hier als Hinweis auf die inhaltliche Erweiterung des Spektrums der nächsten Jahre aufgenommen werden.

14.3 Fazit

Die Grundlagen zum Verständnis und zur Einarbeitung in die neuen Aufgaben und Technologien sind mit dem vorliegenden Buch gelegt. Aber auch der Ausblick legt nahe, dass die Weiterentwicklung der Versorgungswirtschaft und der Technologie einer Dynamik unterliegt, die man in einem Buch nicht vollständig erfassen kann.

Wir freuen uns darauf, gemeinsam mit unseren Lesern zukünftige spannende Entwicklungen zu analysieren und weitere interessante Aufgaben zu bearbeiten.

A Literatur und hilfreiche Webseiten

- Bundesnetzagentur für Elektrizität, Gas, Telekommunikation, Post und Eisenbahnen: *http://www.bundesnetzagentur.de*
- Bundesnetzagentur: Beschluss BK6-06-009 »Geschäftsprozesse zur Kundenbelieferung mit Elektrizität« (GPKE), 11.07.2006: *http://www.bundesnetzagentur.de/DE/DieBundesnetzagentur/Beschlusskammern/1BK-Geschaeftszeichen-Datenbank/BK6/2006/2006_001bis100/BK6-06-009/Entscheidung%20vom%2011_07_06.pdf* [zuletzt abgerufen am 05.08.2011]
- Bundesnetzagentur: Anlage zum Beschluss BK6-06-009, 11.07.2006: *http://www.bundesnetzagentur.de/DE/DieBundesnetzagentur/Beschlusskammern/1BK-Geschaeftszeichen-Datenbank/BK6/2006/2006_001bis100/BK6-06-009/Entscheidung_Anlage_dazu_BK6-06-009.pdf* [zuletzt abgerufen am 05.08.2011]
- Bundesnetzagentur: Beschluss BK6-07-002 »Marktregeln für die Durchführung der Bilanzkreisabrechnung Strom« (MaBiS), 10.06.2009: *http://www.bundesnetzagentur.de/DE/DieBundesnetzagentur/Beschlusskammern/1BK-Geschaeftszeichen-Datenbank/BK6/2007/2007_001bis100/BK6-07-002/BK6-07-002_Beschluss10062009.pdf* [zuletzt abgerufen am 05.08.2011]
- Bundesnetzagentur: Beschluss BK6-09-034 »Wechselprozesse im Messwesen« (WiM), 09.09.2010: *http://www.bundesnetzagentur.de/DE/DieBundesnetzagentur/Beschlusskammern/BK7/Messwesen_Energie/Festlegungsverfahren_zur_Standardisierung_Gas-Strom_BK7-09-001_BK6-09-034/Beschluss_BK6-09-034.pdf* [zuletzt abgerufen am 05.08.2011]
- Bundesnetzagentur: Beschluss BK7-06-067 »Festlegung einheitlicher Geschäftsprozesse und Datenformate beim Wechsel des Lieferanten bei der Belieferung mit Gas« (GeLi Gas), 20.08.2007: *http://www.bundesnetzagentur.de/DE/DieBundesnetzagentur/Beschlusskammern/1BK-Geschaeftszeichen-Datenbank/BK7-GZ/2006/2006_001bis100/BK7-06-067/Beschluss_BK7-06-067_Id11201pdf.pdf* [zuletzt abgerufen am 05.08.2011]

- Bundesnetzagentur: Anlage zum Beschluss BK7-06-067, 20.08.2007: *http://www.bundesnetzagentur.de/DE/DieBundesnetzagentur/Beschlusskammern/1BK-Geschaeftszeichen-Datenbank/BK7-GZ/2006/2006_001bis100/BK7-06-067/Anlage_zum_Beschluss_BK_7-06-06_Id11200pdf.pdf* [zuletzt abgerufen am 05.08.2011]
- Bundesnetzagentur: Beschluss BK7-09-001 »Wechselprozesse im Messwesen« (WiM), 09.09.2010: *http://www.bundesnetzagentur.de/DE/DieBundesnetzagentur/Beschlusskammern/BK7/Messwesen_Energie/Festlegungsverfahren_zur_Standardisierung_Gas-Strom_BK7-09-001_BK6-09-034/Beschluss_BK7-09-001.pdf* [zuletzt abgerufen am 05.08.2011]
- Bundesnetzagentur: Monitoring-Fragebogen »VNB Elektrizität 2010«, 10.03.2010: *http://www.bundesnetzagentur.de/SharedDocs/Downloads/DE/BNetzA/Sachgebiete/Energie/ErhebungVonUnternDaten/Monitoring/Monitoring2010/03FBVertNetzBetrStrom2010xls.xls* [zuletzt abgerufen am 05.08.2011]
- Bundesnetzagentur: Monitoring-Fragebogen »VNB Gas 2010«, 16.03.2010: *http://www.bundesnetzagentur.de/SharedDocs/Downloads/DE/BNetzA/Sachgebiete/Energie/ErhebungVonUnternDaten/Monitoring/Monitoring2010/08FBVerteilerNetzBetrGas2010xls.xls* [zuletzt abgerufen am 05.08.2011]
- Bundesverband der Energie- und Wasserwirtschaft e.V.: *http://www.bdew.de*
- Bundesverband Informationswirtschaft, Telekommunikation und neue Medien e.V.: *http://www.bitkom.org*
- DSAG: Handlungsempfehlung für das informatorische Unbundling, 01.01.2006: *http://www.dsag.de/fileadmin/media/downloads/DSAG_Handlungsempfehlung_1_1.pdf* [zuletzt abgerufen am 05.08.2011]
- edi@energy. Datenformate Strom & Gas: *http://www.edi-energy.de*
- Egger, Norbert et.al.: SAP Business Intelligence. Bonn: Galileo Press 2006.
- Knöll, Heinz-Dieter; Schulz-Sacharow, Christoph; Zimpel, Michael: Unternehmensführung mit SAP BI: Die Grundlagen für eine erfolgreiche Umsetzung von Business Intelligence. Mit Vorgehensmodell und Fallbeispiel. Wiesbaden: Vieweg 2006.
- SAP Community Network (für nähere Informationen zum NWDS): *http://www.sdn.sap.com/irj/sdn/nw-devstudio*

- SAP Community Network (für nähere Informationen zur NWDI/JDI und zum DTR): *http://www.sdn.sap.com/irj/sdn/java?rid=/webcontent/uuid/f6eb8e9e-0901-0010-8abb-cba5279db9b6*
- SAP-Online-Hilfe (für Informationen zu SAP ERP, Komponente IS-U): *http://help.sap.com/saphelp_erp60_sp/helpdata/de/c6/4dce68eafc11d18a030000e829fbbd/frameset.htm*
- SAP-Online-Hilfe (für Informationen zu SAP CRM 7.0 EHP 1): *http://help.sap.com/saphelp_crm700_ehp01/helpdata/de/19/68a028d02b460fa899066d948ed3ab/frameset.htm*
- SAP-Online-Hilfe (für Informationen zu SAP CRM 5.0): *http://help.sap.com/saphelp_crm700_ehp01/helpdata/de/19/68a028d02b460fa899066d948ed3ab/frameset.htm*
- SAP-Online-Hilfe (für allgemeine Informationen zu den Erweiterungsspots bzw. dem Enhancement-Framework von SAP): *http://help.sap.com/saphelp_nw73/helpdata/de/94/9cdc40132a8531e10000000a1550b0/frameset.htm*
- SAP-Online-Hilfe (für Informationen zum SAP Java Connector): *http://help.sap.com/saphelp_nw73/helpdata/de/48/70792c872c1b5ae10000000a42189c/frameset.htm*
- SAP-Online-Hilfe (für Informationen zum SAP Enterprise Connector): *http://help.sap.com/saphelp_nw04/helpdata/de/ed/897483ea5011d6b2e800508b6b8a93/frameset.htm*
- SAP-Online-Hilfe (für Informationen zu JavaDocs): *http://help.sap.com/javadocs*
- SAP-Online-Hilfe (für Informationen zum BI-Content): *http://help.sap.com/saphelp_bic735/helpdata/de/37/5fb13cd0500255e10000000a114084/frameset.htm*
- SAP Service Marketplace (für die Installationsleitfäden zu den einzelnen SAP-Anwendungssystemen): *https://service.sap.com/instguides*
- SAP Service Marketplace (zum Herunterladen von Installationsmedien): *https://service.sap.com/installations*
- SAP Service Marketplace (um die Suchfunktion für SAP-Hinweise zu erreichen): *https://service.sap.com/notes*
- SAP Service Marketplace (um die Product Availability Matrix einzusehen): *https://service.sap.com/pam*
- SAP Service Marketplace (um das SAP-Sizing-Tool aufzurufen): *https://service.sap.com/quicksizing*

- Wilde, Klaus D.; Hippner, Hajo: CRM – Ein Überblick, in: Helmke, Stefan; Uebel, Matthias F.; Dangelmaier, Wilhelm (Hrsg.): Effektives Customer Relationship Management: Instrumente – Einführungskonzepte – Organisation. 4. Aufl. Wiesbaden: Gabler 2008, S. 3–38.

B Die Autoren

Jörg Frederick arbeitet seit 15 Jahren in verschiedensten SAP-Projekten. Auf eine praktische Ausbildung zum Industriekaufmann bei einem Zulieferer für die Maschinenbauindustrie folgte das Studium zum Diplom-Wirtschaftsingenieur in Hamburg, das er mit einer Diplomarbeit zu integrativen SAP-Fragestellungen abschloss. Nahtlos begann er seine Beraterlaufbahn bei einer renommierten deutschen Unternehmensberatung und betreute dort verschiedene SAP-Rechnungswesen-Projekte. Jörg Frederick ist einer der Gründer der *best practice consulting AG* (bpc AG). Als Vorstand ist er für den internen IT-Bereich verantwortlich und arbeitet als Senior-Berater in der Ver- und Entsorgungswirtschaft, nachdem er zunächst mehrere Jahre öffentliche Verwaltungen bei der Umstellung auf ein doppisches Rechnungswesen unterstützt hat. In seiner Berufspraxis hat Jörg Frederick viele Projektrollen übernommen und war in verschiedenen Branchen tätig.

Tobias Zierau begann seine berufliche Laufbahn mit einer Ausbildung zum Groß- und Außenhandelskaufmann in einem Hamburger Systemhaus. Ein Studium zum Diplom-Kaufmann an der Universität Hamburg schloss er direkt an. Während des Studiums sammelte er Erfahrungen in einem IT-Beratungshaus. Dort bewährte er sich anschließend zwei Jahre als Projektleiter für die Einführung von SAP ERP in europäischen Unternehmen. Bei der *best practice consulting AG* gehört Tobias Zierau zum Kreis der Gründer. Als Vorstand ist er für den Bereich Ver- und Entsorgungswirtschaft verantwortlich. In seiner Position ist er seit über 10 Jahren für die Ver- und Entsorgungswirtschaft im SAP-Umfeld tätig.

B.1 Mitwirkende an diesem Buch

An der Entstehung dieses Buches haben folgende Kollegen aus dem Bereich Ver- und Entsorgungswirtschaft bei der bpc AG maßgeblichen Anteil:

Frank Bornemann startete 2001 als Berater bei der bpc AG im Bereich Versorgungswirtschaft, nach seinem Studium der Wirtschaftsinformatik an der Westfälischen Wilhelms-Universität in Münster. Das Hauptaufgabengebiet von Frank Bornemann liegt in der Konzeption und Entwicklung von SAP IS-U-integrierten Online-Services (Eigenentwicklung sowie SAP Utility E-Services/UCES) bei Energieversorgern im In- und Ausland.

Lukas Duddek blickt auf über 10 Jahre erfolgreiche Tätigkeit bei der bpc AG im IT-Bereich zurück. Er betreut heute die Bereiche SAP-Basis, Systembetreuung, Netzwerkadministration und den IT-Support. Während seiner langjährigen Tätigkeit hat er zahlreiche SAP-Systemlandschaften geplant und realisiert

Marc Fischer ist als Projektleiter im Bereich der Ver- und Entsorgungswirtschaft bei der bpc AG tätig. Seit seinem Studium der Wirtschaftsinformatik in Münster beschäftigt er sich in dieser Position mit der Entwicklung von SAP-basierten Portallösungen auf Basis unterschiedlichster Technologien. Ein weiterer Schwerpunkt seiner Arbeit in diesem Umfeld ist die Konzeption und Realisierung von Lösungen für mobile Plattformen.

Frank Herbert ist Diplom-Betriebswirt und seit 2002 als Prozess- und Technologieberater für die Versorgungswirtschaft tätig. Im Fokus seiner Arbeit steht die Entwicklung und Optimierung von Internetprozessen im IS-U sowie die Geschäftsprozessoptimierung mit SAP Business Workflow. Er ist Senior-Berater.

Daniel Hermening hat nach seinem Studium der Wirtschaftsinformatik in Paderborn über viele Jahre Projekte im Bereich SAP IS-U und SAP CRM-integrierte Customer Self-Services durchgeführt sowie SAP CRM 7.0-Einführungen begleitet. Aktuell ist er als Projektleiter bei der bpc AG in diesem Umfeld tätig.

Patrick Laak ist heute als Senior Consultant bei der bpc AG tätig. Sein Weg dorthin führte ihn über einen großen Energiekonzern und ein Stadtwerk, wo der Schwerpunkt seiner Arbeit auf der Gestaltung und Implementierung der regulatorischen Anforderungen lag. Patrick Laak beschäftigt sich insbesondere mit der Abbildung und Realisierung von Geschäftsprozessen aus GPKE, GeLi, WiM, MaBiS und Smart Metering sowie dem Design von daraus resultierenden IT-Architekturen.

Christian Mertens hat nach seinem Studium der Wirtschaftsinformatik in Münster über mehrere Jahre Projekte in der öffentlichen Verwaltung und der Ver- und Entsorgungswirtschaft erfolgreich durchgeführt. Seine Themenschwerpunkte sind IS-U und das Finanzwesen. Er verbindet branchenspezifisches Prozesswissen mit Fertigkeiten der programmtechnischen Umsetzung im System und ist als Senior-Berater bei der bpc AG tätig.

Manuel Simbeck ist als Berater in der Energieversorgungsbranche tätig. Der Schwerpunkt seiner Arbeit liegt im Bereich Smart Metering. Während seiner mehrjährigen Beratertätigkeit hat er die Anforderungen, die sich aus dem Einsatz von Smart Metern ergeben, detailliert kennengelernt und Energieversorgern geholfen, die Herausforderung Smart Metering zu meistern.

Philipp Südfeld leitet heute im Auftrag der bpc AG Business-Intelligence-Projekte in den Branchen Ver- und Entsorgungswirtschaft sowie Finanzdienstleistungen. Zu seinen Kernthemen gehören das Lieferantenwechselreporting und BNetzA-Berichte bei Versorgungsunternehmen sowie im Bereich Finanzdienstleister das Fondsreporting und FI-Auswertungen. Schon während seines Studiums der Wirtschaftsinformatik in Münster war er in einem Beratungshaus tätig, das Fachanwendungen für Kommunen zur Planung und Auswertung von Maßnahmen im Bereich Jugend und Soziales entwickelt.

Index

I

J

K

L

M

N

O

T

U

V

W

X

Z

SAP PRESS
SAP Easy Access
Grundkurs
Buchhaltung mit SAP
Für Einsteiger und Anwender
Ihr leichter Einstieg
Ana Carla Psenner
Galileo Press

Schnell und zuverlässig mit SAP arbeiten

Die wichtigsten SAP-Module verständlich erklärt

Schritt für Schritt und mit vielen Beispielen und Abbildungen

Keine Vorkenntnisse erforderlich!

Olaf Schulz

Der SAP-Grundkurs für Einsteiger und Anwender

So einfach kann SAP sein! Mit diesem Grundkurs lernen Sie das SAP-System kennen und bedienen: Klick für Klick führt das Buch Sie durch die Software und zeigt Ihnen alle Funktionen, die Sie in Ihrer täglichen Arbeit benötigen. Auch die zentralen SAP-Module MM, SD, FI, CO und HR/HCM werden verständlich erklärt. Mit zahlreichen Übungsaufgaben können Sie Ihr Wissen überprüfen und festigen.

398 S., 2011, 29,90 Euro
ISBN 978-3-8362-1682-1

>> www.sap-press.de/2488